Джордж
ЭЛИОТ

Мельница на Флоссе

Роман

АЗБУКА

Санкт-Петербург

УДК 821.111
ББК 84(4Вел)-44
Э 46

Перевод с английского
Галины Островской и Леонтины Поляковой

Серийное оформление Вадима Пожидаева

Оформление обложки Татьяны Павловой

Элиот Дж.

Э 46 Мельница на Флоссе : роман / Джордж Элиот ; пер. с англ. Г. Островской, Л. Поляковой. — СПб. : Азбука, Азбука-Аттикус, 2023. — 640 с. — (Азбука-классика).

ISBN 978-5-389-22704-0

Мэри Энн Эванс, писавшая под псевдонимом Джордж Элиот, автор знаменитых книг «Мидлмарч» и «Мельница на Флоссе», вошла в историю английской литературы как выдающийся мастер поздневикторианского романа, провозвестник новой психологической прозы рубежа XIX и XX веков. Авторитет ее в сфере литературы у современников был непререкаем, на нее взирали как на учителя жизни и называли Сивиллой, сама королева Виктория была ревностной поклонницей ее таланта, а ее слава и прижизненный успех сопоставимы во всем XIX веке только с достижениями Чарльза Диккенса.

Во многом автобиографичный роман «Мельница на Флоссе», вошедший в настоящее издание, — один из лучших в английской литературе романов воспитания. Он рассказывает историю жизни и любви Мэгги Талливер, самой обаятельной из всех созданных писательницей героинь.

УДК 821.111
ББК 84(4Вел)-44

ISBN 978-5-389-22704-0

«Не разлучились они и в смерти своей»

Книга первая

БРАТ И СЕСТРА

ГЛАВА I

Окрест Дорлкоутской мельницы

По широкой равнине, раскинув зеленые берега, спешит к морю Флосс, и прилив, как нетерпеливый влюбленный, стремясь реке навстречу, сливается с нею в пылком объятии. Этот могучий прилив несет темные корабли, груженные смолистыми сосновыми досками, тугими мешками льняного семени или черным сверкающим углем, к городку Сент-Огг, что стоит между невысоким лесистым холмом и обрывистым берегом реки; крутые крыши из красной черепицы и широкие фронтоны портовых складов, загораясь под мимолетным взглядом февральского солнца, бросают на воду мягкие багряные блики. По обе стороны тянутся вдаль тучные пастбища и полоски темной земли, вспаханной под весенние посевы или покрытой нежным пушком озими. Кое-где еще видны золотые шапки прошлогодних стогов, и над живыми изгородями повсюду кроны деревьев; кажется, что мачты и коричневые паруса проплывающих вдали судов вздымаются прямо из ветвей раскидистого ясеня. Сразу за красноверхим городком во Флосс впадает его приток — Рипл. Как красива эта быстрая речушка, покрытая живым узором темной ряби! Когда я брожу по ее берегам и внимаю ее тихому, спокойному голосу, словно голосу любящего, хотя и неспособного услышать меня друга, она представляется мне живым существом. Мне не забыть старых ив, купающих ветви в воде. Мне не забыть каменного моста.

А вот и Дорлкоутская мельница. Не могу не постоять минуту-другую на мосту, чтобы полюбоваться на нее, хотя на небе собираются тучи и уже близок вечер. Даже сейчас, на исходе февраля, когда деревья еще не оделись листвой, на нее приятно смотреть, а возможно, холодная и сырая погода только прибавляет очарования уютному чистенькому домику, такому же старому, как вязы и каштаны, укрывающие его от порывов северного ветра. Река полна до краев, вода поднялась так высоко, что затопила лозняк и покрыла чуть ли не всю лужайку перед домом. Когда я гляжу на полноводный поток, на сочную траву, на нежный светло-зеленый лишайник, скрадывающий очертания могучих, чуть поблескивающих стволов и путаницу ветвей на пурпурных обнаженных суках, мне думается — нет ничего прекраснее воды, и я завидую белым уткам, которые плавают среди лозняка и окунают свои головки глубоко в воду, не заботясь о том, какая непривлекательная картина открывается взору тех, кто глядит на них сверху.

Шум воды и гул мельницы, словно огромная завеса из звуков, отделяют вас от внешнего мира и, навевая немую дрему, как будто еще усиливают безмятежный покой всего окружающего. Но вот слышится грохот — это катит домой громадный фургон, набитый мешками с зерном. Честный возница думает об обеде, который — увы! — все еще томится в печи, несмотря на поздний час; но он не прикоснется к нему, пока не накормит своих лошадей — выносливых безответных животных, которые, чудится мне, с мягким укором поглядывают на него из-за шор своими кроткими глазами: к чему так ужасающе щелкать над их головами кнутом — точно они нуждаются в этом намеке! Видите, как они напрягают все мышцы, одолевая подъем к мосту, тем усерднее, чем ближе они к дому. Посмотрите на их громадные с мохнатыми бабками ноги, словно впивающиеся в землю, на их сильные выи, покорно склоненные под тяжелыми хомутами, на могучие крупы с играющими под кожей мускулами. Хотелось бы мне услышать их ржание, когда они получат свой заработанный тяжким трудом овес, поглядеть, как, опустив освобожденные от упряжи потные шеи, они нетерпеливо погрузят морды в мутную воду пруда. Вот они уже на мосту, а там — вниз, все ускоряя свой бег, и задок фургона скрывается за деревьями на повороте дороги.

Теперь я могу снова обратить взор к мельнице и глядеть, как из-под неутомимого колеса вылетают алмазные струи. Вон та маленькая девочка в меховом капоре тоже смотрит на реку; с тех пор как я на мосту, она не двинулась со своего места у самой воды. Смешная белая собачонка с коричневым ухом прыгает и ревниво лает на колесо, безуспешно протестуя против того, что ее подруга столь поглощена его движением. Я думаю, девочке пора бы уже домой, где так заманчиво горит яркий огонь, — красноватые отблески пламени далеко видны в сгущающихся сумерках. Пора и мне убрать локти с холодного каменного парапета моста...

Ах, у меня и в самом деле онемели руки. Все это время мои локти тяжело опирались на ручки кресла, и мне чудилось, что я стою на мосту перед Дорлкоутской мельницей, точно такой, какой она была февральским вечером много лет назад. До того как я задремал, я собирался поведать вам, о чем говорили мистер и миссис Талливер, сидя в гостиной у пылающего камина в тот самый день, который мне приснился.

ГЛАВА II

Мистер Талливер, хозяин Дорлкоутской мельницы, объявляет о своем решении относительно Тома

— Чего бы я хотел, понимаешь, — начал мистер Талливер, — чего бы я хотел — так это дать Тому дельное образование, чтоб он имел свой кусок хлеба. Вот это и было у меня на уме, когда я передал, что забираю его от Джейкобза на Благовещение. Думаю послать его с Иванова дня в другую, путную школу. Кабы я прочил его в мельники или фермеры, двух лет у Джейкобза было бы за глаза; он проучился куда больше, нежели довелось мне: моя наука отцу не дорого встала — только и всего что букварь под нос да розгу под хвост. Ну а Тома я бы хотел сделать малость поученей, чтобы его не могли обвести вокруг пальца все эти господа, что красно говорят и подписываются с этаким росчерком. Был бы мне подмогой в разных там тяжбах да арбитражах и всем таком прочем. Форменного законника я из парня делать не собираюсь — не хочу, чтоб он негодяем вышел, — а так, что-нибудь вроде механика, или землемера, или аукциониста и оценщика, как Райли, или мастака по какой-нибудь другой части, где только знай себе загребай денежки и никаких расходов на обзаведение, разве что на толстую часовую цепочку да высокий табурет. Все они, по-моему, на один лад, да и законами их не запугаешь. Райли перед стряпчим Уэйкемом глаз не опустит, все равно что кот перед котом. Уж он-то его не боится.

Речь мистера Талливера была обращена к жене, миловидной белокурой женщине лет сорока, в чепце с оборками наподобие веера. (Страшно подумать, как давно носили такие чепцы, — они, наверно, вот-вот опять войдут в моду. В то время они только появились в Сент-Огге и считались премиленькими.)

— Что ж, мистер Талливер, тебе виднее. Я-то ничего не имею против. А только, может, зарежем мы на будущей неделе пару кур да позовем к обеду дядюшек и тетушек, послушаем, что про это думают сестрица Глегг и сестрица Пуллет. У нас есть птица, которая так и просится под нож!

— Перережь хоть весь птичий двор, Бесси, коли твоей душе угодно, но спрашивать, что мне делать со своим родным сыном, я не намерен ни у тетушек, ни у дядюшек, — с вызовом ответил мистер Талливер.

— Господи помилуй! — воскликнула миссис Талливер, потрясенная этим кровожадным заявлением. — Как ты можешь так говорить, мистер Талливер? И всегда ты отзываешься о моей родне неуважительно, а сестрица

Глегг валит весь грех на меня, хотя я, право, неповинна, как новорожденный младенец. Да я вечно всем твержу, как нашим детям повезло, что у них тетушки и дядюшки со средствами. А только, ежели Том пойдет в новую школу, я бы хотела, чтоб жил он неподалеку и я могла стирать и чинить его платье, не то хоть давай ему миткалевое белье вместо полотняного — все одно станет желтым после дюжины стирок. И потом, ежели бы это было по пути нашему фургону, я могла бы посылать ему пирожок, или паштет, или яблочко: он, благослови его Господь, управится с лишним кусочком, как бы там его ни накормили. Мои дети, благодарение господу, могут поесть не хуже других.

— Ладно, ладно, мы не отошлем его дальше, чем ходит фургон, ежели все остальное подойдет, — сказал мистер Талливер. — Ну и ты не ставь палки в колеса с этой своей стиркой, коли мы не найдем школы поблизости. Есть у тебя дурная черта, Бесси: увидишь ты на дороге прутик, тебе уже кажется, что через него и не переступить. Ты бы не дала мне нанять хорошего возчика потому только, что у него на лице родинка.

— Господи помилуй! — промолвила миссис Талливер с кротким изумлением. — Когда это я возражала против человека оттого, что у него на лице родинка? Да они мне даже нравятся, и у моего брата, царство ему небесное, была родинка на лбу. Но я что-то не помню, чтобы ты когда собирался нанять возчика с родинкой, мистер Талливер. Вот Джон Гиббз, так родинок у него было не больше, чем у тебя, и я очень даже хотела, чтоб ты его взял; ты и нанял его, и ежели б он не помер от горячки — а мы еще платили доктору Тэрнбулу за его лечение, — он бы, верно, и сейчас ездил с нашим фургоном. Может, у него и была родинка, где не видно, но я-то как могла об этом знать, мистер Талливер?

— Да нет, нет, Бесси, я не имел в виду именно родинку, я так, для примера. Ну, не важно; мудреное это дело — разговаривать. Я все думаю, как найти для Тома подходящую школу. Ведь тут можно снова дать маху, как с Джейкобзом. О таких заведениях я больше и слышать не желаю. В какую бы школу я Тома теперь ни определил, уж там не будет, как у Джейкобза. Там парни будут не только чистить башмаки всей семье да копать картошку. Ох и мудреная же это задача — выбрать школу.

Мистер Талливер умолк и сунул руки в карманы штанов, как будто надеялся найти там какое-нибудь решение. По-видимому, его ожидания оправдались, так как, помолчав несколько минут, он сказал:

— Я знаю, что я сделаю. Поговорю об этом с Райли. Он приезжает завтра на арбитраж насчет запруды.

— У меня уже вынуты простыни для парадной кровати, мистер Талливер, и Кезия повесила их перед огнем. Это не самые лучшие наши простыни, но их не стыдно постлать хоть кому угодно. А что до простынь из голландского полотна, мне вроде и жаль, что мы на них потратились, да ведь надо же нас как положено обрядить, когда придет наш час. И приведись тебе завтра умереть, мистер Талливер, они разглажены без единой морщиночки, и совсем готовы, и пахнут лавандой, так что любо их развернуть. Они лежат в большом дубовом сундуке для белья, в левом углу, в самой глубине, — хотя, понятно, я никому другому и пальцем до них дотронуться не позволю.

Произнеся все это, миссис Талливер вытащила из кармана блестящую связку ключей и, выбрав из них один, стала поглаживать его двумя пальцами, с безмятежной улыбкой глядя на яркий огонь. Будь мистер Талливер ревнивым супругом, он мог бы заподозрить, что она вынула ключи, дабы помочь своему воображению представить ту минуту, когда он даст ей основание пустить наконец в ход голландские простыни. К счастью, дело обстояло иначе: ревниво он относился только к своим правам на воды Флосса. К тому же за годы супружеской жизни у него выработалась привычка слушать свою благоверную только вполслуха, и с той минуты, как он упомянул о мистере Райли, он был, судя по всему, поглощен проверкой на ощупь качества своих шерстяных чулок.

— Сдается, я попал в самую точку, Бесси, — сказал он после короткого молчания. — Райли скорей, чем кто другой, может присоветовать мне школу; он человек ученый и разъезжает повсюду — с арбитражем, и оценкой, и всем прочим. И у нас будет время потолковать об этом завтра вечером, когда мы покончим с запрудой. Понимаешь, я хочу, чтобы Том был вроде Райли — умел говорить как по писаному, знал кучу слов, которые можно повернуть и так и этак, а закону к ним не придраться, ну и в делах понимал толк.

— Что ж, — сказала миссис Талливер, — я не против, чтобы он говорил как надо, и все знал, и ходил сутулясь, и взбивал на голове кок, — пусть мальчика всему этому обучат. А только эти краснобаи из больших городов всегда носят пристежные манишки, брыжи донашивают, пока совсем жеваные не станут, и тогда прикрывают их шейным платком. Райли, я знаю, так делает. И опять же, ежели Том уедет и поселится в Мадпорте, как Райли, то придется ему жить в доме, где на кухне и повернуться трудно, и не видать ему свежих яиц к завтраку, и спать он будет на четвертом, а почем знать, может, и на пятом этаже и, случись пожар, сгорит живьем, покуда доберется донизу.

— Что ты, что ты, — сказал мистер Талливер, — у меня и в мыслях не было, чтоб он уезжал в Мадпорт. Я хочу, чтобы он открыл свою контору в Сент-Огге, рядом с нами, и жил дома. А только боюсь, — продолжал, помолчав, мистер Талливер, — дельца из Тома не выйдет — голова не та. Что греха таить, не больно-то он бойкий. Он в вашу семью, Бесси.

— Да, это верно, — согласилась миссис Талливер, не улавливая в его словах задней мысли. — Прямо удивительно, как он любит суп посолонее. Ну точь-в-точь мой брат или отец.

— А все-таки жаль, — снова заговорил мистер Талливер, — что девчушка пошла в отцову породу, а малый — нет. То-то и худо с этими скрещиваниями — никогда наперед не знаешь, что выйдет. Девчонка — та в нашу семью; в два раза шустрей и смышленей Тома. Пожалуй, слишком смышленая для женщины, — продолжал мистер Талливер, раздумчиво покачивая головой. — Сейчас, покуда она мала, еще ладно, но слишком умная женщина — что длиннохвостая овца: дороже ее за это не ценят.

— Нет, мистер Талливер, не ладно и покуда она мала, потому что это ведет к упрямству. А как добиться, чтобы хоть два часа ее фартучек оставался чистым, тут я и ума не приложу... Да, совсем из головы вон, — продолжала миссис Талливер, поднимаясь и подходя к окну. — Понятия не имею, где она, а уж скоро время чай пить. Так я и думала — бродит по берегу, словно дикарка. Ох, свалится она когда-нибудь в воду!

Миссис Талливер громко постучала пальцами по стеклу и поманила кого-то, укоризненно качая головой. Проделав это несколько раз, она вернулась на свое место.

— Вот ты говоришь — смышленая, мистер Талливер, — продолжала она, садясь, — но, право, в некоторых вещах она самая настоящая дурочка; пошлешь ее за чем-нибудь наверх, а она забудет, за чем пошла, усядется на пол на солнышке и давай заплетать косы и петь про себя — как есть помешанная. А я все это время сиди и дожидайся ее внизу. Нет, этого у нас в семье, слава богу, не бывало, да и смуглой кожи также, — ведь она словно цыганка. Не хочу роптать на Провидение, а что ни говори, обидно — одна у меня дочь, и та блажная.

— Фу ты, глупости какие! — возмутился мистер Талливер. — Она складная черноглазая девчушка, любо-дорого смотреть. Не знаю, чем это она хуже других детей, а читает — ну прямо как пастор.

— Да, зато волосы у нее не хотят виться, как я с ними ни бьюсь, и она не терпит, когда их накручивают на бумажки, а заставить ее стоять спокойно, чтобы завить их щипцами, об этом и не думай.

— Подрежь их... остриги ее покороче, — опрометчиво посоветовал отец.

— Как ты можешь так говорить, мистер Талливер?

Ей уже десятый год пошел — и высока не по летам, — разве пристало ей ходить с короткими волосами? А у ее двоюродной сестрицы Люси вся головка в локончиках и ни один волосок не выбьется. Прямо зависть берет, что у сестры Дин такая хорошенькая девочка. Право, Люси больше на меня похожа, чем мое собственное детище... Мэгги, Мэгги, — продолжала мать раздраженным и вместе просительным тоном, когда эта малолетняя ошибка природы вошла в комнату, — сколько раз тебе говорить, чтоб ты не подходила близко к воде? Свалишься когда-нибудь да утонешь, вот тогда пожалеешь, что не слушалась матери.

Мэгги скинула капор, и волосы ее полностью подтвердили, что у миссис Талливер есть все основания сетовать. Стремясь, чтобы у дочки были локоны «не хуже, чем у других детей», она подстригла ее спереди слишком коротко, и волосы невозможно было убрать за уши, а так как они обычно становились совершенно прямыми через час после того, как их вынимали из папильоток, Мэгги беспрестанно встряхивала головой, чтобы откинуть тяжелые темные пряди, свисавшие ей на глаза, — точь-в-точь маленький шетландский пони.

— Боже милостивый, Мэгги, о чем ты только думаешь — бросить свой капор здесь! Будь умницей, отнеси его наверх, причешись и надень другой фартучек да перемени туфли... Ну как тебе не стыдно... А потом спускайся сюда и берись за свое шитье, веди себя как барышня.

— Ах, мама, — со страстным протестом в голосе воскликнула Мэгги, — не хочу я сшивать эти гадкие лоскуты!

— Что?! Не хочешь сшивать лоскуты, чтобы сделать хорошенькое одеяло для тетушки Глегг?

— Глупое это занятие, — заявила Мэгги, встряхивая своей гривой, — разрезать тряпки на кусочки, а потом опять их сшивать. Да и не хочу я делать ничего для тетушки Глегг, я не люблю ее.

Волоча капор за ленты, Мэгги скрывается, сопровождаемая громким смехом мистера Талливера.

— Удивляюсь я тебе, мистер Талливер! Чему тут смеяться? — сказала мать с легким раздражением. — Опять ты ей потакаешь. А потом тетушки скажут, что это я избаловала ее.

Миссис Талливер была, как говорится, кроткого нрава. В детстве разве только голод или вонзившаяся в тело булавка могли вызвать у нее слезы; с самой колыбели она была здоровая, румяная, пухлая и скучная — короче говоря, перл красоты и привлекательности в своем семействе. Но кротость, как и молоко, нестойкий продукт и, когда немного прокиснет, может оказаться не по нутру молодым желудкам. У меня не раз возникал вопрос, удавалось ли ранним мадоннам Рафаэля, этим бело-розовым красавицам с довольно глупыми лицами, сохранять безмятежность, когда их крепкие норовистые мальчуганы вырастали настолько, что не могли уже ходить голышом? Я полагаю, они были склонны кротко увещевать свои чада и становились все более и более раздражительными по мере того, как увещания их все менее и менее достигали цели.

ГЛАВА III

Мистер Райли дает совет относительно школы для Тома

Джентльмен в пышном белом галстуке и брыжах, который с таким благосклонным видом попивает грог в обществе своего доброго друга Талливера, и есть мистер Райли. Это мужчина с нездоровым цветом лица и пухлыми руками, пожалуй, даже слишком образованный для аукциониста и оценщика, но достаточно снисходительный, чтобы выказывать bonhomie[1] по отношению к своим деревенским знакомым, простым и гостеприимным людям. Мистер Райли любезно именовал их «людьми старой школы».

[1] Благожелательность *(фр.)*.

Беседа прервалась. Мистер Талливер не без задней мысли воздержался от того, чтобы в седьмой раз повторить, как хладнокровно Райли осадил Дикса — показал, что тому с ним не тягаться, — и как с Уэйкема хоть раз в жизни сбили спесь, разрешив вопрос о запруде арбитражем, и что споров о воде и вовсе бы не возникало, веди себя каждый так, как ему положено, и не сотвори нечистый законников.

Мистер Талливер обычно придерживался надежных общепринятых взглядов, но в некоторых вопросах он больше полагался на собственное разумение и пришел к нескольким весьма сомнительным выводам. Так, он считал, что долгоносики, крысы и стряпчие — порождение дьявола. К сожалению, некому было объяснить ему, что это чистейший манихеизм[1], не то он понял бы свою ошибку. Однако сегодня добро наконец восторжествовало. Это дело по поводу уровня воды оказалось довольно запутанным, хотя на первый взгляд выглядело проще простого. Но пусть и сильно пришлось голову поломать, Райли всем им нос утер... Мистер Талливер смешал себе грог крепче, чем обычно, и теперь излагал свое высокое мнение о деловых талантах мистера Райли с откровенностью, несколько опрометчивой для человека, у которого, по слухам, лежит в банке кругленькая сумма.

Но с разговором о запруде можно было и повременить, к нему всегда будет случай вернуться, возобновив его с того же самого места, а мысли мистера Талливера, как вы знаете, занимал другой предмет, насчет которого ему совершенно необходимо было посоветоваться с мистером Райли. Вот по этой-то самой причине, выпив последний глоток, он некоторое время молча, с задумчивым видом потирал колени. Не такой он был человек, чтобы так вот вдруг перескакивать с одной темы на другую. Мудреная штука — нынешний свет, любил говорить

---

[1] *Манихеизм* — учение персидского философа Мани (III в.), последователя Зороастра, согласно которому тело человека является порождением «царства тьмы», а душа — «царства света».

мистер Талливер, погонишь фургон слишком быстро, как раз опрокинешь на повороте. Мистер Райли меж тем спокойно ждал. Чего бы ему торопиться? Даже Хотспер[1] и тот бы, надо думать, сидел спокойно, греясь у пылающего камина, сунув ноги в мягкие туфли, угощаясь огромными понюшками табака и прихлебывая даровой грог.

— Есть у меня кое-что на уме, — заговорил наконец мистер Талливер, несколько умерив свой обычно громкий голос, и, повернувшись к собеседнику, пристально на него посмотрел.

— Вот как? — вежливо отозвался мистер Райли.

У него были тяжелые восковые веки, дугообразные брови, выражение его лица не менялось ни при каких обстоятельствах. Это непроницаемое выражение и привычка закладывать в нос понюшку табаку, прежде чем ответить на вопрос, делали его в глазах мистера Талливера сверхоракулом.

— Это предмет особого рода, — продолжал Талливер, — насчет моего мальчишки Тома.

Услышав слово «Том», Мэгги, сидевшая на низкой скамеечке у самого огня с большой книгой на коленях, откинула назад тяжелые волосы и с живым интересом подняла глаза на отца. Нелегко было пробудить ее, когда она грезила над книгой, но имя брата действовало на нее подобно самому пронзительному свистку. В тот же миг глаза ее загорались и она настораживалась, как скайтерьер, почуявший, что его хозяину грозит беда, и готовый бесстрашно ринуться ему на помощь.

— Видите ли, хочу определить его летом в новую школу. На Благовещение он приедет от Джейкобза; я дам ему побегать на воле месяца два-три, но после хочу отдать его в другую, путную школу, чтоб сделали из него грамотея.

— Что ж, — заметил мистер Райли, — хорошее образование — большое преимущество в жизни. Я не хочу

---

[1] *Хотспер* («Горячая шпора») — прозвище, данное английскому рыцарю сэру Перси (персонаж «Генриха IV» Шекспира), прославившемуся своим вспыльчивым нравом.

сказать, — добавил он с учтивым намеком, — я не хочу сказать, что нельзя быть превосходным мельником и фермером и к тому же дальновидным и здравомыслящим человеком без особой помощи школьного учителя.

— Оно верно, — отозвался мистер Талливер, подмигивая и склоняя голову к плечу, — но в том-то и вся штука: я вовсе не хочу, чтоб Том был мельником или фермером. Что мне за радость? Помилуйте, станет он мельником или фермером, так ему сразу мельницу и землю подавай; пойдут обиняки да намеки, что пора, дескать, на покой, надо и о душе подумать. Нет, нет, с этими сыновьями всегда одна и та же история. Зачем снимать одёжу прежде, чем ляжешь спать? Я сделаю из Тома грамотея, пристрою его к делу, а там пусть сам свое гнездо вьет, а меня из моего не выталкивает. Хватит, что после моей смерти все ему достанется. Не по мне есть кашку, покуда зубы целы.

Это был, по-видимому, пунктик мистера Талливера, и еще долго после этой тирады, прозвучавшей с несвойственными ему живостью и выразительностью, он возмущенно потряхивал головой, и обуревавшие его чувства прорывались в резком «нет уж, нет!», похожем на утихающее рычание.

Эти признаки гнева были тотчас замечены Мэгги и больно ее задели. Про Тома, выходит, думают, что он способен, когда вырастет, выгнать родного отца из дому и сделать их несчастными, — такой он гадкий. Нет, она не может этого вынести. Мэгги вскочила на ноги, забыв о тяжелой книге, которая с шумом свалилась за каминную решетку, подбежала к отцу и, остановившись перед ним, воскликнула со слезами негодования:

— Отец, Том всегда будет тебя слушаться, я знаю, что будет!

Слова дочки тронули сердце мистера Талливера, и, так как миссис Талливер не было в комнате — она надзирала за приготовлением к ужину своего коронного блюда, — Мэгги не получила нагоняя за книгу. Мистер Райли спокойно поднял ее и стал перелистывать, а отец засмеялся, и его суровое лицо засветилось нежностью. Похлопав дочку по спине, он взял ее за руки и притянул к себе.

— Что ж, про Тома и слова нельзя худого сказать, а? — глядя на Мэгги, промолвил мистер Талливер, и в глазах его заплясал огонек. Затем, повернувшись к мистеру Райли и несколько тише, словно так Мэгги его не услышит, продолжал: — Она понимает все, что говорят, прямо удивительно. А вы бы послушали, как она читает! Разом, без запинки, словно знает все наперед. И всегда за книгой! Но это плохо, очень плохо, — печально добавил мистер Талливер, стараясь подавить свой достойный порицания восторг, — к чему женщине ум, боюсь — только до беды доведет. А все же, вы не поверите, — здесь отцовская гордость снова явно взяла верх, — она прочтет вам книгу и разберется в ней куда лучше, чем многие люди, втрое ее старше.

У Мэгги от радости и волнения запылали щеки. Уж теперь-то она поднимется в глазах мистера Райли: раньше, судя по всему, он ее просто не замечал.

Мистер Райли перелистывал книгу, и она ничего не могла прочесть на его непроницаемом лице; но вот он посмотрел на нее и сказал:

— Ну-ка, поди сюда, расскажи мне об этой книжке; здесь есть картинки, я хочу знать, что тут такое нарисовано.

Еще пуще покраснев, Мэгги, не задумываясь, подошла к мистеру Райли и, нетерпеливо схватив книгу, взглянула на нее; затем, откинув со лба свою гриву, начала:

— О, я скажу вам, что это значит. Вот страшная картинка, правда? А мне так и хочется смотреть на нее. Вон та старуха — она ведьма; ее бросили в воду, чтобы узнать, заправдашняя она ведьма или нет; если она выплывет — значит ведьма, если потонет — и умрет, понимаете? — она не виновата и не ведьма, а просто бедная глупая старуха. Но ей-то что пользы, раз она уже потонула? Ну, Бог, верно, возьмет ее на небо и воздаст ей за все.

А вот тот страшный кузнец, что стоит подбоченясь и хохочет — вот гадкий, да? — я вам скажу, кто это. Он на самом деле вовсе не кузнец (здесь голос Мэгги зазвучал громче и выразительнее), а нечистый. Он, знаете, принимает вид нехороших людей, и разгуливает повсюду, и подговаривает делать нехорошие вещи, и он чаще бывает в образе злого человека, чем в каком другом, потому что, если бы люди увидели, что он нечистый, и он рычал бы на них, они бы убегали от него и не делали, что ему хочется.

Мистер Талливер с немым изумлением внимал ее словам.

— Откуда она взяла эту книгу? — вырвалось у него наконец. — Это «История дьявола» Даниэля Дефо... Не совсем подходящее чтение для маленькой девочки, — сказал мистер Райли. — Как это к вам попало?

С Мэгги сразу слетела вся ее самоуверенность; а мистер Талливер воскликнул:

— Что?! Да это же одна из книг, что я купил на распродаже у Партриджа. Они все были в одинаковых переплетах — и дорогие, знаете, переплеты, — так я думал, и книги все, верно, хорошие. Там еще есть «Святое житие и блаженная кончина» Джереми Тейлора...[1] Я частенько читаю ее вслух по воскресеньям. (Мистер Талливер питал к этому славному писателю особую симпатию, так как ему нравилось его имя.) Этих книг у нас целая куча, по большей части проповеди; у всех у них схожие корочки, вот я и полагал, что все они на один образец, как говорят. Да, знать, не суди об арбузе по корке. И мудреный же это свет!

— Ну-ну, — назидательным тоном произнес мистер Райли, снисходительно поглаживая Мэгги по голове, — советую тебе отложить «Историю дьявола» и читать какие-нибудь другие, хорошие книги. Разве у тебя нет книг получше?

---

[1] *Джереми Тейлор* (1613–1667) — английский священник, автор ряда религиозных трактатов.

— Есть, есть, — воскликнула Мэгги, слегка оживившись, — ей очень хотелось показать, как много она читает. — Я знаю, в этой книжке написано про нехорошие вещи, но мне нравятся картинки, и я придумываю к ним истории из головы. У меня еще есть басни Эзопа, и книжка про кенгуру и других зверей, и «Путь паломника»[1].

— Вот прекрасная книга, — сказал мистер Райли, — лучше не сыщешь.

— Да, но в ней очень много про нечистого, — торжествующе воскликнула Мэгги, — там даже есть картинка, где он нарисован в своем настоящем виде; это когда он сражался с Христианином. Сейчас покажу.

Мэгги стремительно кинулась в угол комнаты, взобралась на стул и достала с небольшой книжной полки старый, потрепанный том Беньяна, который сразу, избавив ее от труда искать нужную страницу, открылся там, где была эта картинка.

— Вот, — сказала она, снова подбегая к мистеру Райли, — Том раскрасил его для меня, когда был в последний раз дома на каникулах, — видите, тело все черное, а глаза красные, как огонь, потому что у нечистого внутри огонь и он светит у него из глаз.

— Полно, полно, — сказал мистер Талливер тоном, не допускавшим возражений; ему стало немного не по себе от того, с какой легкостью она обсуждала наружность могущественного существа, породившего законников. — Закрой книгу, и чтоб я больше не слышал подобных разговоров... Так я и думал: ребенок из этих книг не столько доброго, сколько худого наберется. Ступай посмотри, где твоя мать.

Глубоко обиженная, Мэгги тотчас закрыла книгу, но, не имея особого желания заниматься поисками матери, пошла на компромисс и, забившись в темный уголок позади отцовского кресла, принялась нянчить куклу, к которой изредка, обычно в отсутствие Тома, начинала вдруг

---

[1] *«Путь паломника»* — книга английского писателя и проповедника Джона Беньяна (1628–1688).

испытывать нежность; о туалете ее она не заботилась, зато запечатлевала на ней столько горячих поцелуев, что восковые щеки куклы приобрели нездоровый, сероватый оттенок.

— Ну, слыхали вы что-нибудь подобное? — сказал мистер Талливер, когда Мэгги скрылась. — Какая жалость, что она не мальчик; уж ее-то законники вокруг пальца бы не обвели, провались я на этом месте. Ведь вот что удивительно, — здесь он понизил голос, — я взял ее мать за то, что она проста и собой не урод, к тому же в их семье все — редкие хозяйки; а главное — она не очень-то свой нрав выказывает, за то я ее из всех сестер и выбрал — не позволю же я, чтоб меня учили в моем собственном доме. Да, видите ли, когда сам ты не дурак, так наперед и не скажешь, в кого пойдут дети, и даже славная, покладистая женщина может нарожать вам бестолковых парней и вострух-девчонок. Воистину свет вверх дном перевернулся. Только диву даешься!

Тут даже невозмутимому мистеру Райли изменила серьезность, и, когда он отправлял в нос очередную понюшку табаку, плечи его подозрительно тряслись. Успокоившись, он сказал:

— Но ведь ваш малый не глуп? Я видел, когда был здесь в прошлый раз, как он налаживал удочки; у него это очень ловко получалось.

— Не то чтобы глуп, на вольном воздухе он знает, что к чему, и смекалка вроде у него есть, понимает, с какого конца за что взяться. А только у него не очень-то хорошо подвешен язык, видите ли, и читает он плоховато, и терпеть не может книг, и пишет, говорят, неправильно. А уж при чужих из него и словечка не вытянешь, от него вы не услышите таких забавных вещей, как от девчушки. Вот я и хочу послать его в школу, пусть он на язык побойчей станет да набьет малость руку в письме — словом, сделается попроворней да понаходчивей. Я хочу, чтоб мой сын был не хуже всех этих молодчиков, которые обскакали меня только потому, что больше учились. Само собой, кабы все на свете оставалось, каким Бог его сотворил, я бы знал, как к чему подойти, и не уступил бы никому из них; но все теперь само на себя сделалось не похоже, и такие несуразные слова ко всему прицеплены, что я уж не раз впросак попадал. До того все дорожки стали путаные — чем прямей человек идет, тем скорей заблудится.

Мистер Талливер отхлебнул грога, медленно его проглотил и мрачно покачал головой, сознавая, что служит живым примером того, как трудно приходится разумному человеку в этом безумном мире.

— Вы совершенно правы, Талливер, — заметил мистер Райли. — Лучше потратить лишнюю сотню фунтов на образование сына, чем оставить их ему в наследство. Я бы сделал именно так, будь у меня сын; хотя, видит Бог, у меня нет под рукой столько свободных денег, да к тому же еще полон дом дочерей.

— Так вы, может статься, знаете какую-нибудь подходящую школу для Тома? — спросил мистер Талливер; сколько бы он ни сочувствовал мистеру Райли, не располагавшему наличными деньгами, это не могло заставить его забыть о своей цели.

Мистер Райли заложил в нос понюшку табаку и, словно испытывая терпение мистера Талливера, помедлил, прежде чем ответить:

— Да, есть у меня в виду одна прекрасная возможность для человека со средствами, а вы как раз такой человек, Талливер. Сказать вам правду, я никому из своих друзей не посоветовал бы отдать сына в обычную школу, если он может позволить себе что-нибудь получше. И если человек хочет, чтобы его сын получил отличное образование и воспитывался там, где все внимание учителя — превосходного человека — уделялось бы ему одному, — я знаю, кто ему нужен. Я не указал бы на эту возможность кому попало, потому что не всем удалось бы ею воспользоваться, как бы им того ни хотелось, но вам, Талливер, я на нее укажу, только пусть это останется между нами.

В глазах мистера Талливера, который все это время не сводил вопрошающего взгляда с лица своего друга, словно перед ним был оракул, еще явственнее засветилось любопытство.

— А ну-ка, ну-ка, послушаем, — сказал он, устраиваясь поудобнее, с самодовольством человека, которого сочли достойным важного сообщения.

— Он окончил Оксфордский университет, — многозначительно произнес мистер Райли и, крепко сжав губы, посмотрел, какой эффект произвело на мистера Талливера это вдохновляющее обстоятельство.

— Как, он пастор? — произнес мистер Талливер с сомнением в голосе.

— Да, и к тому же магистр искусств. Я слышал, что епископ очень высокого мнения о нем. Да, ведь это епископ и дал ему его приход.

— А! — сказал мистер Талливер, для которого что Оксфорд, что магистр искусств были понятия равно чуждые и удивительные. — Но зачем ему тогда Том?

— Видите ли, дело такое: он любит учить и сам желал бы продолжать занятия науками, а его приходские обязанности почти не предоставляют ему для этого случая. Поэтому он не прочь взять одного-двух учеников, чтобы с пользой проводить свой досуг. Мальчики будут как в родной семье — лучше и придумать нельзя, — все время под присмотром Стеллинга.

— А добавку пудинга станут давать бедному мальчонке, как вы думаете? — спросила миссис Талливер, к тому времени снова занявшая свое место. — Редко кто так любит пудинг, да и растет он к тому же! Даже подумать страшно, что ему, может, не придется есть досыта.

— А сколько это будет стоить? — спросил мистер Талливер; инстинкт подсказывал ему, что услуги этого несравненного магистра искусств обойдутся ему в изрядную сумму.

— Я знаю пастора, который берет полтораста фунтов с младших учеников, а его даже не сравнить со Стеллингом — человеком, о котором я говорю. Мне известно из достоверных источников, что одна уважаемая персона в Оксфорде сказала о нем: «Стеллинг, если бы захотел, мог бы достичь самых высоких степеней». Но он не гонится за университетскими отличиями. Он человек спокойный, шума не любит.

— А, это неплохо... это неплохо, — сказал мистер Талливер. — Но сто пятьдесят фунтов — неслыханная цена. У меня и в мыслях не было платить так много.

— Хорошее образование, разрешите вам сказать, Талливер, стоит этих денег. Но Стеллинг скромен в своих требованиях, он человек не жадный. Не сомневаюсь, что он согласится взять вашего парнишку за сто фунтов, а на это не всякий священник пойдет. Я напишу ему, если хотите.

Мистер Талливер потер колени и с задумчивым видом посмотрел на ковер.

— А он, не ровен час, не холостяк? — вставила миссис Талливер. — Я не очень-то высоко ставлю домоправительниц. У моего брата — царство ему небесное — была одно время домоправительница. Так она вынула половину перьев из лучшей перины, запаковала их и куда-то отправила; а сколько белья она перетаскала, трудно и сказать... Стотт ее звали. У меня сердце не на месте будет, ежели мы пошлем Тома в дом с управительницей. Ведь ты этого не сделаешь, мистер Талливер?

— Могу рассеять ваши опасения на этот счет, миссис Талливер, — сказал мистер Райли, — Стеллинг женат на такой милой маленькой женщине, какую только можно пожелать себе в жены. На свете нет более доброго существа; я ее хорошо знаю, и отца ее, и мать. У нее с вами много общего — такой же цвет лица и светлые вьющиеся волосы. Она из хорошей мадпортской семьи: ее не выдали бы за кого попало. Но такие люди, как Стеллинг, на каждом шагу не встречаются... И он довольно разборчив в своих знакомствах. Однако, я думаю, у него не будет никаких возражений против вашего сына... уверен, что не будет, если я его порекомендую.

— Интересно знать, что он может иметь против мальчугана, — несколько резко сказала миссис Талливер, задетая в своих материнских чувствах. — Славный румяный парнишка, любо-дорого смотреть.

— Но я вот о чем думаю, — заговорил мистер Талливер, оторвавшись наконец от созерцания ковра, и, склонив голову набок, посмотрел на мистера Райли. — Боюсь, пастор занят слишком уж высокими материями, чтобы сделать из парня делового человека. Я всегда полагал, что пасторов обучают таким вещам, которых по большей части пальцами не пощупаешь. А мне для Тома не это нужно. Я хочу, чтобы он знал счет, и писал как по-печатному, и быстро до всего доходил, и знал, что у людей на уме и как прикрыть мысли такими словами, за которые тебя к суду не притянут. Куда как приятно, — заключил мистер Талливер, покачивая головой, — показать человеку, что ты о нем думаешь, и не быть за это в ответе.

— Ах, любезный мой Талливер, — сказал мистер Райли, — вы совершенно заблуждаетесь насчет духовенства; лучшие школьные учителя — из духовного сословия. Те же, кто не из духовных, обычно люди самого низкого пошиба...

— Да, этот Джейкобз, у которого Том сейчас учится, как раз такой и есть, — прервал его мистер Талливер.

— Без сомнения... Чаще всего это люди, которых постигла неудача в другом деле. Ну а священник — джентльмен по профессии и воспитанию, к тому же достаточно сведущий и в состоянии дать ученику основательную подготовку, чтобы тот с честью мог подвизаться в дальнейшем на любом поприще. Есть, конечно, священники, которые только и знают что свои книги, но можете быть уверены, Стеллинг не из их числа. Он не витает в облаках, разрешите вам сказать. Вы только намекните ему, чего вам надо, и этого будет достаточно. Вот вы говорили о счете; так вам стоит только сказать: «Я хочу, чтобы мой сын досконально знал арифметику», и остальное можете предоставить ему.

Мистер Райли умолк, и мистер Талливер, несколько успокоенный в своих сомнениях, мысленно повторил несколько раз, обращаясь к воображаемому мистеру Стеллингу: «Я хочу, чтобы мой сын хорошо знал *арихметику*».

— Понимаете, мой любезный Талливер, — продолжал мистер Райли, — для такого глубоко образованного человека, как Стеллинг, не составит труда взяться за любую отрасль науки. Когда мастеровой владеет своим инструментом, ему все равно, что смастерить — дверь или окно.

— Что правда, то правда, — согласился мистер Талливер, уже почти убежденный в превосходстве учителей из духовных.

— Вот что я сделаю, — сказал мистер Райли, — и я не стал бы это делать для первого встречного. Когда вернусь в Мадпорт, я повидаю тестя Стеллинга или черкну ему несколько слов — что, мол, вы хотите устроить своего сынка к его зятю. Полагаю, Стеллинг напишет вам и поставит в известность о своих условиях.

— Ну, это еще не к спеху, правда? — вступила в разговор миссис Талливер. — Я надеюсь, мистер Талливер, ты не пошлешь Тома в школу раньше Иванова дня. Он пошел к Джейкобзу на Благовещение, и видишь, что из этого вышло.

— Еще бы, Бесси, еще бы! Никогда не вари пива на худом солоде в Михайлов день, не то пиво худое выйдет, — сказал мистер Талливер, улыбаясь и подмигивая мистеру Райли с естественной гордостью человека, который может похвастаться миловидной женой, заметно уступающей ему в умственных способностях, — но, верно, время еще терпит, здесь ты попала в самую точку, Бесси.

— Однако лучше все же не откладывать этого в долгий ящик и договориться сейчас, — спокойно заметил мистер Райли, — у Стеллинга могут быть и другие предложения, а я знаю, что он не возьмет больше двух-трех учеников, а может, и того меньше. На вашем месте я начал бы переговоры со Стеллингом немедля. Нет необходимости посылать к нему мальчика раньше лета, но осторожность никогда не мешает, и я бы принял меры, чтобы мне кто-нибудь не перебежал дорогу.

— А что ж, и то верно, — согласился мистер Талливер.

— Отец, — прервала их Мэгги, которая снова незаметно пробралась к самому креслу мистера Талливера и с полуоткрытым ртом слушала разговор, держа куклу вниз головой и придавив ее носом к спинке кресла, — отец, а далеко это, где Том станет учиться? Мы будем когда-нибудь к нему туда ездить?

— Не знаю, дочка, — ласково ответил отец. — Спроси лучше мистера Райли.

Мэгги немедля подошла к мистеру Райли и, став прямо перед ним, спросила:

— Скажите, пожалуйста, сэр, далеко это?

— О, очень, очень далеко, — ответил этот джентльмен, считавший, что всерьез с детьми следует говорить, только когда они капризничают. — Тебе придется раздобыть семимильные сапоги, чтобы к нему попасть.

— Ну конечно! — воскликнула Мэгги, тряхнув головой, и, надувшись, отвернулась; на глазах у нее выступили слезы. Противный этот мистер Райли... Ясно, он считает ее дурочкой и ни во что не ставит.

— Замолчи, Мэгги, как не стыдно — пристаешь с вопросами и болтаешь невесть что, — сказала мать. — Поди сядь на скамеечку, и чтоб тебя не было слышно. Но, — добавила миссис Талливер, у которой тоже пробудились некоторые опасения, — неужели это так далеко, что я не смогу обстирывать его и чинить ему платье?

— Миль пятнадцать, не больше, — успокоил ее мистер Райли. — Вы можете с полным удобством съездить за один день туда и обратно. А не то... Стеллинг гостеприимный, милый человек — он будет только рад, если вы останетесь переночевать.

— Боюсь, это слишком далеко, со стиркой ничего не выйдет, — печально произнесла миссис Талливер.

К счастью, подали ужин, и это отсрочило обсуждение вопроса и избавило мистера Райли от необходимости предложить какой-нибудь выход или компромисс — иначе он, несомненно, счел бы своим долгом это сделать: мистер Райли, как вы могли уже заметить, был весьма обязательный джентльмен. И действительно, он взял на себя труд рекомендовать мистера Стеллинга своему другу Талливеру, отнюдь не ожидая, что это принесет непосредственную и ощутимую выгоду ему самому. Правда, кое-что как будто намекало и на обратное, и это могло ввести в заблуждение чересчур проницательного наблюдателя, ибо ничто не уводит нас так далеко от истины, как проницательность, если она случайно нападет на ложный след. Считать, что люди в своих словах и поступках руководствуются определенными мотивами, идут по заранее намеченному пути, — все равно что бить дальше цели. Козни и происки предусмотрительной алчности, стремящейся к осуществлению своих эгоистических замыслов, встречаются куда чаще на сцене, нежели в действительной жизни. Они требуют слишком большого умственного напряжения, чтобы в них можно было обвинить большинство наших братьев-прихожан. Можно и без особых усилий испортить жизнь своим ближним; мы достигаем этого снисходительной уступкой и беспечной забывчивостью, мелким вероломством, которое сами едва ли сумеем объяснить, и мелким обманом, жалкой подачкой, бестактной лестью и наспех состряпанной клеветой. Все мы живем сегодняшним днем, у каждого из нас есть небольшая семейка неотложных желаний, и мы только и в силах, что урвать кусочек, дабы утолить голод этого прожорливого выводка, редко задумываясь о зерне для посева или об урожае будущего года.

Мистер Райли был делец и не пренебрегал собственными интересами, однако даже он чаще был движим неясными побуждениями, нежели дальновидными расчетами. Его не связывали с преподобным Уолтером Стеллингом узы дружбы; напротив, он даже мало был знаком с этим магистром искусств и его познаниями... далеко не достаточно, быть может, чтобы оправдать ту уверенность, с какой он рекомендовал его своему другу Талливеру. Правда, мистер Райли считал его превосходным знатоком латыни, — по крайней мере, так о нем отозвался Гэдсби, брат которого преподавал в Оксфорде и чье мнение было для мистера Райли в данном случае более веским, чем собственное. Хотя сам мистер Райли и получил в мадпортской Открытой школе некоторое представление об античной литературе и ему казалось, что в общих чертах он латынь понимает, разобраться в каком-нибудь латинском тексте было для него не так-то просто. Несомненно, его юношеское знакомство с «De Senectute»[1] и четвертой книгой «Энеиды» оставило на нем неуловимый отпечаток, но классический аромат ныне уже был утерян и ощущался только в изысканном слоге и пафосе его речей на аукционах... Кроме того, Стеллинг был из Оксфорда, а там — впрочем, нет, это, кажется, в Кембридже — все хорошие математики. Ну, не важно, человек, получивший университетское образование, может учить всему, чему пожелает, — особенно такой человек, как Стеллинг, который своей речью на городском обеде, данном по случаю какого-то политического события, произвел столь хорошее впечатление, что все сошлись на одном: этот зять Тимпсона не дурак. Естественно было ожидать от обитателя Мадпорта, прихожанина церкви Святой Урсулы, что он не преминет оказать услугу зятю Тимпсона, тем более что Тимпсон был одним из самых влиятельных людей в приходе, через его руки проходили крупные сделки и он мог быть весьма полезен. Мистеру Райли нравились такие люди даже независимо от того, что в случае их благосклонности в его карман могли перекочевать деньги из карманов людей менее достойных; и ему было приятно представить себе, как, вернувшись домой, он скажет Тимпсону: «Я раздобыл для вашего зятя хорошего ученика». У Тимпсона был полон дом дочерей. Мистер Райли мог ему посочувствовать. Кроме того, он не мыслил себе воскресной службы без Луизы Тимпсон — он так привык за пятнадцать лет видеть ее лицо и светлые локоны на фоне высокой спинки дубовой скамьи; было вполне естественно, чтобы ее муж оказался учителем, достойным всяческих похвал. К тому же у мистера Райли не было никаких оснований отдать предпо-

[1] «О старости» *(лат.)* — трактат Цицерона.

чтение кому-либо другому из известных ему учителей. Почему бы в таком случае не рекомендовать Стеллинга? Его друг Талливер попросил у него совета. Откажись он его дать, это внесло бы холодок в дружескую беседу. Ну а если уж высказывать свое мнение вообще — глупо не сделать этого с таким видом, будто вы полностью убеждены в том, что говорите, и имеете для этого все основания. А коль скоро вы высказали свое мнение, вы дали ему жизнь и, естественно, начинаете любить свое детище. Поэтому мистер Райли, не зная о мистере Стеллинге ничего дурного и желая ему добра (если у мистера Райли вообще были на этот счет какие-нибудь желания), едва успев его рекомендовать, стал с восхищением думать о человеке, рекомендованном столь высоким авторитетом, как он сам, и вскоре почувствовал к предмету разговора такой горячий интерес, что, откажись в конце концов мистер Талливер послать Тома к Стеллингу, Райли счел бы своего «друга старой школы» совершеннейшим болваном.

Если вы находите, что мистер Райли заслуживает сурового порицания за то, что дает рекомендации, не имея на то достаточных резонов, поверьте мне, вы к нему слишком строги. Почему вы думаете, что тридцать лет назад аукционист-оценщик, почти забывший свою школьную латынь, должен был проявить особую щепетильность, когда мы не всегда встречаем ее у джентльменов ученых профессий даже в наш высоконравственный век?

К тому же человеку, преисполненному млека добросердечия, трудно устоять против великодушного поступка, а не можем же мы быть великодушны ко всем сразу. Даже природа иной раз поселяет докучного паразита на теле животного, которому она вовсе не желает зла. Ну и что же? Мы восхищаемся ее заботой о паразите. Если бы мистер Райли воздержался от рекомендации, для которой не имел веских оснований, он не мог бы предложить мистеру Стеллингу выгодного ученика, и это было бы весьма прискорбно для преподобного джентльмена. Примите также в расчет, что все эти смутные соображения —

о том, что следует быть в ладу с Тимпсоном, что нехорошо отказывать в совете, когда к тебе за ним обращаются, и надо что-нибудь сказать, а если уж говоришь, то говори убедительно, и что не худо внушить другу Талливеру еще больше уважения, — приятно щекотавшие самолюбие мистера Райли и, в сочетании с пылающим камином, горячим грогом и кое-какими другими неуловимыми ингредиентами, определившие позицию, которую он занял в этом вопросе, так и остались бы втуне.

ГЛАВА IV

В ожидании Тома

К великому разочарованию Мэгги, ей не позволили поехать вместе с отцом в двуколке, когда он отправился в школу за Томом; утро слишком сырое, сказала миссис Талливер, чтобы маленькой девочке выходить из дому в парадном капоре. Мэгги придерживалась противоположного мнения, и непосредственным результатом этого расхождения во взглядах было то, что не успела миссис Талливер причесать ее непослушные черные волосы, как Мэгги выскользнула у нее из рук и, подбежав к стоящему тут же тазу, окунула голову в воду, с мстительным намерением отнять у матери всякую возможность снова завить ей сегодня локоны.

— Мэгги, Мэгги! — воскликнула миссис Талливер, опускаясь на стул и беспомощно глядя на щетки, которыми она ее причесывала. — Ну что из тебя выйдет, ежели ты будешь такой непослушной? Я расскажу все тетушке Глегг и тетушке Пуллет, когда они приедут на той неделе, и они больше не станут тебя любить. О господи! Посмотри только на свой чистый фартучек — мокрый сверху донизу. Чистое наказание, а не ребенок! Люди могут подумать, что я невесть какая грешница.

Она еще не кончила своих сетований, а Мэгги уже и след простыл. Отряхиваясь на бегу, как выскочивший из лохани скайтерьер, она взбиралась на чердак. Этот огромный чердак, под высокой и крутой, по-старинному, крышей, был ее любимым убежищем в сырые, не слишком холодные дни; здесь она громко изливала свой гнев и досаду перед ветхими полками и потемневшими от времени стропилами, украшенными гирляндами паутины; здесь же она хранила божка, на котором вымещала все свои обиды. Это была безрукая и безногая деревянная кукла; во время оно кукла таращила самые круглые, какие только можно представить, глаза над самыми румяными, какие только можно представить, щеками, но в результате долгой службы в качестве козла отпущения совершенно потеряла свое обличье. Три гвоздя, вбитые в деревянную голову, служили напоминанием о трех самых тяжких огорчениях, которые пришлось испытать Мэгги за девять лет ее тернистого жизненного пути, — такую ужасную месть подсказала ей картинка в старой Библии, где Иаиль умерщвляет Сисара[1]. Последний гвоздь был заколочен с бóльшим ожесточением, нежели обычно, ибо кукла олицетворяла в тот раз тетушку Глегг. Но затем Мэгги рассудила, что, если она загонит слишком много гвоздей, труднее будет представлять себе, что кукле больно, когда она лупит ее головой об стену, да и ласкать ее и класть воображаемые примочки, когда гнев уляжется; ведь даже тетушка Глегг может вызвать жалость, если предварительно наказать ее как следует и заставить просить у племянницы прощения. С тех пор Мэгги больше не вбивала в куклу гвоздей и утешалась тем, что попеременно то дубасила, то шаркала ее деревянной головой о кирпичи больших дымовых труб, которые двумя четырехгранными колоннами подпирали крышу. Этому занятию, забравшись на чердак, она предавалась и сейчас, не переставая рыдать с таким самозабвением, что в душе у нее не осталось места ни для чего другого — даже для воспоминания о причине ее слез. Наконец рыдания

---

[1] Согласно библейской легенде, Иаиль закрыла Сисара, скрывающегося от преследования в ее шатре, ковром, а затем вбила ему в голову деревянный гвоздь.

ее стали стихать, и удары, сыпавшиеся на куклу, сделались менее яростными. Внезапно сквозь решетку слухового окна на ветхие полки упал луч солнца; это заставило ее бросить куклу и выглянуть наружу. И правда, показалось солнце; шум мельницы стал веселее; двери амбара были распахнуты настежь, и по двору, вопросительно обнюхивая воздух, будто ища себе товарища, носился Йеп, забавный белый с коричневым терьер с завернутым ухом. Устоять было невозможно. Мэгги тряхнула головой и сбежала вниз; схватив капор, выглянула в прихожую и, кинувшись стремглав, чтобы не попасться на глаза матери, мигом очутилась во дворе. Здесь она принялась кружиться как одержимая, распевая: «Йеп, Йеп, Том приезжает!» — а Йеп прыгал вокруг нее и заливался лаем с таким видом, словно хотел сказать: «Если уж нужен шум, так лучше меня никого не сыщешь».

— Эй, эй, мисс, этак у вас голова закружится, и вы шлепнетесь прямо в грязь! — крикнул ей Люк, старший мельник, высокий широкоплечий мужчина лет сорока, черноглазый и черноволосый, но добела запорошенный мукой, как листья медвежьего ушка — белым пухом.

Мэгги на миг остановилась и сказала, слегка пошатываясь:

— О нет, Люк, у меня не кружится голова; можно мне с тобой на мельницу?

Мэгги любила бродить по просторным помещениям мельницы, и часто, когда она выходила оттуда, ее темные волосы до того были напудрены мукой, что черные глаза сверкали еще ярче, чем обычно.

Неумолчный грохот, неустанное движение огромных жерновов, внушавших ей и ужас и восхищение, которые охватывают нас подчас перед необузданными силами природы, безостановочно текущая мука, эта тончайшая, смягчающая все очертания белая пудра, от которой даже паутина выглядела как сказочное кружево, приятный сладковатый запах — все это вызывало у Мэгги такое чувство, будто мельница — особый мирок, не имеющий ничего общего с ее повседневной жизнью. Больше всего пищи для размышлений давали ей пауки. Она раздумывала, есть ли у них родственники в других местах, и полагала, что если есть, то между ними и пауками с мельницы должны быть очень натянутые отношения: жирному мельничному пауку, привыкшему к мухам, обвалянным в муке, вряд ли придется по вкусу поданная у кузена муха au naturel[1], а леди паучихи, естественно, будут шокированы внешностью друг друга... Больше всего любила Мэгги верхний этаж мельницы — хлебный закром, где лежали огромные кучи зерна; ей никогда не надоедало скатываться с них на пол. Она обычно занималась этим, беседуя с Люком, — Мэгги была с ним очень общительна, желая заслужить у него такое же высокое мнение, какое имел о ней отец.

Возможно, в то утро ей особенно хотелось поднять себя в его глазах, потому что, скатываясь с горы зерна, возле которой он был чем-то занят, она обратилась к нему, стараясь перекричать шум мельницы:

— Ты, наверно, не читаешь никаких книг, кроме Библии, Люк?

— Оно так, мисс, да и Библию-то не больно, — чистосердечно признался Люк, — какой уж я чтец!

— А хочешь, я дам тебе одну из своих книг, Люк? У меня нет таких книг, что бы тебе нетрудно было читать, но вот могу дать «Поездку Пага по Европе» — в ней рассказывают про самых разных людей на свете и, если что непонятно, можно посмотреть картинки, — там нарисовано, какие эти люди с виду, как они живут и что делают. Там есть голландцы, все толстые-претолстые и курят трубки, а один сидит на бочке.

— Нет, мисс, я невысоко ставлю голландцев. Какой толк читать про них?

— Но ведь они наши ближние, Люк; мы должны знать наших ближних.

— Какие они нам ближние, мисс! Мой старый хозяин — толковый был человек — часто говаривал: «Пусть

[1] В естественном виде *(фр.)*.

я буду проклятым голландцем, коли посею пшеницу, не просолив ее», а это все одно что сказать «дураком» или вроде того. Нет, нет, у меня и без голландцев забот хватает. Дураков и негодяев и так достаточно — к чему еще в книгах о них читать?

— Ну ладно, — в некотором замешательстве проговорила Мэгги, не ожидавшая, что Люк держится таких категорических взглядов, — может, тебе больше понравится «Одушевленная природа»; это не про голландцев, а про слонов, знаешь, и кенгуру, и мангуст, и луну-рыбу, и про птицу, которая сидит на хвосте... забыла, как ее звать. Знаешь, есть страны, где вместо коров и лошадей полно таких тварей. Неужто тебе не хочется узнать про них, Люк?

— Нет, мисс; мне надо вести счет зерну и муке — куда мне держать в голове столько разных вещей, кроме моей работы! Это людей до виселицы и доводит — чего не надо, они знают, а вот дела-то, с которого кормятся, не смыслят. И почитай, все это враки, я думаю, что в книгах пишут; а уж на этих печатных листках, которые продают на улицах, — и подавно.

— Ой, Люк, ты как мой брат Том, — сказала Мэгги, стремясь придать разговору более приятный оборот. — Том тоже читать не охотник. Я так люблю Тома, Люк, — больше всех на свете. Когда он вырастет, я стану вести у него хозяйство, и мы всегда будем жить вместе. Я буду рассказывать ему все, что знаю. Но, я думаю, Том умный, хоть и не любит читать: он делает такие хорошие кнутики и клетки для кроликов.

— Угу, — сказал Люк, — и он шибко разгневается — кролики-то ведь все перемерли.

— Что?! — закричала Мэгги, соскакивая со своего неустойчивого седалища. — Перемерли?! И вислоухий, и пятнистая крольчиха, за которую Том отдал все свои деньги?

— Мертвы, как кроты, — ответил Люк; это сравнение было явно подсказано прибитыми к стене конюшни зверьками, вид которых не вызывал сомнений в том, что их счеты с жизнью давно покончены.

— Ах, Люк, — жалобно проговорила Мэгги, и слезы градом покатились у нее из глаз. — Том велел мне о них заботиться, а я и забыла. Что мне теперь делать?

— Видите ли, мисс, их поместили в том дальнем сарайчике, где хранятся инструменты, и кто обязан был за ними приглядывать — неизвестно. Я так думаю, кормить их молодой хозяин наказал Гарри. А на него понадейся! Хуже работника у нас не бывало. Только и помнит что о своей утробе... чтоб его скрутило!

— Ах, Люк, Том велел непременно наведываться к ним каждый день, но как мне было о них помнить, если это выскочило у меня из головы? Ой, он так рассердится, знаю, что рассердится, ему будет очень жалко кроликов. И мне их очень жалко. Ах, что мне делать?

— Не горюйте, мисс, — принялся успокаивать ее Люк, — никуда они, эти вислоухие, не годятся; корми их, не корми — они бы все равно сдохли. Из того, что противу естества, вовек толку не будет, Бог всемогущий этого не любит. Он кроликов сотворил ушами назад, — так зачем супротив идти и уши им делать, чтоб висели, как у собаки? Тут мастер Том промашку дал; ужо в другой раз не оплошает. Не плачьте, мисс. Пойдемте-ка лучше ко мне, старуху мою навестите. Я сейчас домой.

Это приглашение направило мысли Мэгги в более приятное русло, и пока она рысцой бежала за Люком к его окруженному яблонями и грушами уютному домику в дальнем конце талливеровских земель, которому прилепившийся сбоку свинарник придавал весьма достойный вид, слезы ее мало-помалу высохли. Водить знакомство с миссис Моггз, женой Люка, было одно удовольствие. Она потчевала Мэгги хлебом с патокой, к тому же была обладательницей самых разнообразных произведений искусства. И Мэгги совсем позабыла, что у нее в это утро были основания печалиться, когда, взобравшись на стул, она разглядывала чудесные картинки, где изображен был Блудный сын, одетый, как сэр Чарлз

Грандисон[1], с той только разницей, что, в отличие от этого наделенного всеми совершенствами героя, у него, как и следовало ожидать от человека с такой скверной репутацией, не хватило вкуса и силы воли отказаться от парика.

Однако гибель кроликов лежала смутной тяжестью у нее на душе и вызывала в ней еще больше сочувствия к этому слабохарактерному молодому человеку — особенно когда она глядела на ту картинку, где он стоял в расстегнутых у колен панталонах и сдвинутом набок парике, бессильно прислонившись к дереву, а свиньи — по всей видимости, чужеземного происхождения, — казалось, нарочно, чтобы досадить ему, с удовольствием пожирали какую-то ботву.

— Я так рада, что отец простил его... А ты, Люк? — спросила она. — Он так жалел обо всем, что натворил, он никогда больше не станет поступать дурно.

— Э, мисс, — возразил Люк, — что там отец для него ни делай, проку с него, боюсь, не будет.

Его слова огорчили Мэгги, и она очень сокрушалась, что ничего не знает о дальнейшей судьбе этого молодого человека.

ГЛАВА V

Том приезжает домой

Не у одной Мэгги тревожно замирало сердце, когда время подошло к полудню и вот-вот могло раздаться тарахтение двуколки: единственным сильным чувством, владевшим миссис Талливер, была ее любовь к сыну. Наконец послышался дробный перестук колес, и, несмотря на гнавший тучи ветер, от которого вряд ли можно было ожидать особого почтения к локонам и лентам чепца миссис Талливер, она вышла на крыльцо и даже, забыв

---

1 *Чарлз Грандисон* — герой романа английского писателя Сэмюела Ричардсона (1689–1761).

свои утренние горести, положила руку на непокорную голову Мэгги.

— Вот он, ненаглядный мой сыночек! Боже милостивый! Где у него воротничок? Не иначе как потерял в дороге, разрознил дюжину.

Миссис Талливер раскрыла объятия, Мэгги от нетерпения прыгала то на одной, то на другой ноге; наконец Том сошел с двуколки и сказал с мужским презрением ко всяким нежностям:

— А, Йеп, и ты здесь?

Тем не менее он вполне охотно позволил себя расцеловать, хотя Мэгги так повисла у него на шее, что чуть не задушила. Все это время серо-голубые глаза его были устремлены то на двор, то на овец, то на реку, куда он твердо решил завтра же утром отправиться удить рыбу. Это был один из тех пареньков, которых сколько угодно в Англии и которые в двенадцать-тринадцать лет похожи друг на друга, как гусята: светло-русые волосы, щеки — кровь с молоком, пухлые губы, нос неопределенных очертаний, еле заметные брови — физиономия, на которой, кажется, невозможно различить ничего, кроме общих черт, присущих отрочеству, — прямая противоположность рожице бедной Мэгги, которую Природа слепила и раскрасила, словно преследуя какую-то совершенно определенную цель. Но этой самой Природе присуще низкое коварство, которое она прячет за внешней прямотой, чтобы простаки думали, будто видят ее насквозь, меж тем как она потихоньку готовит опровержение их самонадеянных пророчеств. За этими обыкновенными мальчишескими физиономиями, которые она словно выпускает целыми партиями, скрывается иногда на редкость твердая и непоколебимая воля, на редкость несгибаемый характер, и темноглазая норовистая бунтарка может в конце концов оказаться более покладистым существом, чем такой вот белый и румяный маленький мужчина с расплывчатыми чертами лица.

— Мэгги, — доверительно начал Том, отведя ее в угол, как только их мать удалилась, чтобы осмотреть содержимое его сундучка, а он отогрелся в теплой гостиной после долгой езды на холоде, — знаешь, что у меня в кармане? — И он закивал с самым таинственным видом, чтобы еще сильнее разжечь ее любопытство.

— Что? — спросила Мэгги. — Ой, Том, как они туго набиты! Мраморные шарики или орехи? — Мэгги несколько упала духом, потому что Том всегда говорил, что играть с ней в эти игры «нет никакого интереса» — так плохо она играет.

— Шарики! Нет, я променял свои шарики, отдал их мелюзге; и на что мне орехи, глупышка?.. Если б еще зеленые... Ну-ка, посмотри! — Он стал медленно вытаскивать что-то из правого кармана.

— Что это? — прошептала Мэгги. — Ничего не вижу, только желтое.

— Это... новая... Угадай, Мэгги!

— Ах, Том, не умею я угадывать! — в нетерпении воскликнула Мэгги.

— Не злись, а то возьму и не скажу, — проговорил Том, вновь засовывая руку в карман и всем своим видом показывая, что так оно и будет.

— Да нет, Том, — умоляюще произнесла Мэгги, беря его за локоть, крепко прижатый к боку. — Я не злюсь: просто я терпеть не могу отгадывать. Ну пожалуйста, пожалуйста, не сердись!

Рука Тома расслабла, и он сказал:

— Ну ладно уж, это новая леса для удочки... двух новых удочек — одна для тебя, Мэгги, твоя собственная. Я не входил в долю на конфеты и имбирные пряники нарочно, чтобы скопить денег; и Гибсон со Спаунсером чуть не подрались со мной из-за этого. А вот крючки, гляди! Слушай, Мэгги, давай пойдем завтра утром на Круглый пруд. И ты сама будешь удить и насаживать черняков и все будешь сама делать. Вот весело будет, а?!

В ответ Мэгги вскинула руки Тому на плечи, крепко обняла его и без единого слова прижалась щекой к его щеке, а Том медленно размотал леску и, помолчав немного, сказал:

— Ну разве не хороший я брат? — купил тебе леску. Ты ведь знаешь, я мог бы этого не делать, если б не захотел.

— Очень, очень хороший. Я так люблю тебя, Том.

Том положил лесу в карман и пересмотрел по очереди все крючки, прежде чем заговорил снова:

— И мальчишки дрались со мной, потому что я ни за что не уступал с конфетами.

— Ах, зачем только вы деретесь в школе! Тебе было больно, Том?

— Мне больно? Нет, — сказал Том, снова пряча крючки; вынув складной нож, он медленно открыл большое лезвие и, задумчиво глядя на него, провел по нему пальцем. Затем добавил: — Я поставил Спаунсеру фонарь, это верно; ну и поделом, пусть не лезет; будто я вошел бы в долю оттого, что кто-то там меня поколотил.

— О Том, какой ты храбрый! Я думаю, ты — как Самсон. Если бы на меня сейчас набросился лев, ты бы стал с ним сражаться — а, Том?

— Ну откуда тут взяться льву, дуреха? У нас львы только в зверинцах.

— Да, но если бы мы были в стране, где львы есть, ну в Африке, где очень жарко... там львы едят людей. У меня это на картинке нарисовано в одной книге, показать?

— Ну, я бы взял ружье и застрелил его.

— А если бы у тебя не было ружья?.. Мы могли бы выйти из дому просто так, ну как мы ходим удить рыбу, и вдруг на нас с ревом набрасывается лев, и нам некуда деться. Что тогда — а, Том?

Том помолчал и наконец отвернулся, презрительно кинув:

— Никаких львов тут нет. К чему болтать ерунду?

— А мне нравится представлять, как все это может быть, — сказала Мэгги, идя за ним следом. — Ну подумай, что бы ты тогда сделал?

— Ах, отстань, Мэгги. Ну и глупая же ты! Пойду-ка я проведаю своих кроликов.

Сердце Мэгги замерло от страха. Она не осмелилась тут же открыть брату печальную правду и, дрожа, молча пошла за ним из комнаты, раздумывая, как бы ей так сообщить новость, чтоб смягчить и горе его, и гнев. Мэгги боялась рассердить его больше всего на свете: у Тома гнев выражался совсем иначе, чем у нее.

— Том, — робко начала она, когда они вышли во двор, — сколько ты дал за своих кроликов?

— Две полукроны и шесть пенсов, — сразу же отозвался Том.

— Я думаю, у меня куда больше денег в копилке наверху. Я попрошу маму дать их тебе.

— Дать их мне? А на что, глупая? У меня и так больше денег, чем у тебя, потому что я мальчик. Мне на Рождество всегда дарят полусоверены и соверены, потому что я буду мужчиной, а тебе дают всего лишь пятишиллинговые монеты — ведь ты всего-навсего девочка.

— Да, Том, но если мама позволит мне отдать тебе две полукроны и шесть пенсов из моей копилки, чтоб ты мог положить их в карман и тратить, ты бы, знаешь, купил еще кроликов.

— Еще кроликов? Зачем мне еще?

— Ах, Том, они все подохли.

Том остановился как вкопанный, повернулся к Мэгги:

— Значит, ты забыла, что их нужно кормить, и Гарри тоже... — Кровь бросилась ему в лицо и тут же отхлынула. — Я покажу Гарри... попрошу отца, он его выгонит. А тебя, Мэгги, я не люблю. И не возьму завтра с собой удить рыбу. Я же велел тебе заглядывать к кроликам каждый день. — Он снова двинулся вперед.

— Да, но я забыла; я не нарочно, правда же, Том. Мне так, так жалко, — прошептала Мэгги, и слезы брызнули у нее из глаз.

— Ты противная девчонка, — сурово сказал Том, — и я жалею, что купил тебе леску. Я не люблю тебя.

— О Том, не будь таким злым, — всхлипнула Мэгги. — Я бы простила тебе, если бы ты что-нибудь забыл...

Что бы ты ни сделал, я бы простила тебя и любила все равно.

— Да, потому что ты дура; но ведь я никогда ничего не забываю, скажешь — нет?

— О Том, пожалуйста, прости меня, я этого не вынесу, — проговорила Мэгги, содрогаясь от рыданий, и, уцепившись за руку брата, прижалась мокрой щекой к его плечу.

Том оттолкнул ее и, снова остановившись, заговорил не допускающим возражений тоном:

— Ну-ка, послушай, Мэгги. Разве я тебе не хороший брат?

— Д-д-даа... — всхлипнула Мэгги, и у нее судорожно задергался подбородок.

— Разве я не думал о леске для тебя всю эту четверть, и решил купить ее тебе, и откладывал для этого деньги, и не хотел входить в долю на конфеты, и Спаунсер дрался со мной из-за этого?

— Д-д-да-а-а... и я... так тебя л-лю-блю, Том.

— А ты дрянная девчонка. На прошлых каникулах ты слизала краску с моей жестяной коробочки из-под леденцов, а на позапрошлых — не заметила, что мою леску затянуло под лодку, когда я велел тебе смотреть за удочкой, и ни с того ни с сего взяла и проткнула головой мой змей.

— Я не нарочно, — сказала Мэгги, — я не могла удержаться.

— Могла бы, — отрезал Том, — надо только думать, что делаешь. Ты противная девчонка, и я не возьму тебя завтра с собой удить рыбу.

Заключив свою речь этими ужасными словами, Том бросил Мэгги и пустился бегом к мельнице, чтобы поздороваться с Люком и пожаловаться ему на Гарри.

Минуту-другую Мэгги стояла недвижно, вздрагивая от рыданий, затем повернулась и побежала в дом, на свой чердак; здесь она села на пол и, совершенно подавленная горем, прислонилась головой к ветхой полке. Том наконец дома, и она так мечтала об этом, мечтала, какое это будет счастье... а теперь он на нее сердится. К чему ей все, если Том ее не любит? О, это жестоко с его стороны! Разве не хотела она отдать ему деньги, разве не сказала, что ей очень, очень жаль? Правда, она бывает нехорошей с матерью, но с Томом — никогда... никогда не хочет быть с ним нехорошей.

— О, какой он злой, — громко всхлипывала Мэгги, находя какое-то болезненное удовольствие в гулком отзвуке, разносившем ее голос по всему обширному чердаку. Ей и в голову не приходило бить и терзать свою куклу; она была слишком несчастна, чтобы сердиться.

Ах, эти горькие печали детства, когда страдания нам внове, когда у надежды еще не отросли крылья, чтобы переносить нас через дни и недели, и расстояние от лета до лета представляется неизмеримым!

Мэгги казалось, что она уже много часов на чердаке, что уже, верно, наступил вечер и все пьют чай, а о ней забыли. Пусть, она останется здесь и уморит себя голодом... спрячется за бочку и проведет здесь всю ночь; вот тогда они перепугаются, и Том увидит, что был не прав. Так гордо говорила себе Мэгги, пробираясь за бочку, но тут же снова принялась плакать при мысли, что им все равно, хоть бы она и совсем там осталась. А если она пойдет сейчас вниз — простит ее Том? Может быть, отец будет в комнате и встанет на ее защиту. Но она хочет, чтобы Том простил ее потому, что любит ее, а не по приказу отца. Нет, она ни за что не спустится вниз, если Том не придет за ней. Этого твердого решения хватило ей на пять долгих минут в темноте за бочкой, но затем жажда любви — эта самая яркая черта в натуре бедной Мэгги — вступила в единоборство с гордостью и вскоре положила ее на обе лопатки. Мэгги выбралась в более светлую часть длинного чердака и в эту минуту услышала на лестнице чьи-то быстрые шаги.

Том так увлекся разговором с Люком, обходом служб, возможностью идти куда заблагорассудится и строгать палки без особой нужды, просто потому, что ему нельзя было это делать в школе, что и думать забыл о Мэгги и о том, как подействовал на нее его гнев. Он хотел наказать ее и, выполнив свое намерение, как человек практический, занялся другими делами. Но когда его позвали пить чай, отец сказал:

— А где же маленькая?

И почти одновременно с ним миссис Талливер спросила:

— Где твоя сестра?

— Не знаю, — ответил Том. Он не хотел ябедничать на Мэгги, хотя очень на нее сердился: Том Талливер был порядочный человек.

— Что? Разве вы не вместе давеча играли? — спросил отец. — Да она только тем и бредила, что ты домой приезжаешь.

— Я уже два часа как ее не видел, — сказал Том, принимаясь за кекс с изюмом.

— Боже милостивый, она утонула! — воскликнула миссис Талливер, вставая со своего места и подбегая к окну. — И куда они только смотрят?! — добавила она, обвиняя, как пристало богобоязненной женщине, неизвестно кого неизвестно в чем.

— Ничего она не утонула, — сказал мистер Талливер. — Ты ее ненароком не обидел, Том?

— Я-то? Само собой, нет, отец, — с негодованием отозвался Том. — Она, верно, где-нибудь в доме.

— Может статься, она на чердаке, — сказала миссис Талливер, — поет и болтает сама с собой и совсем забыла, что пора чай пить.

— Отправляйся-ка и приведи ее, Том, — сердито приказал мистер Талливер; любовь к Мэгги сделала его прозорливым и заставила заподозрить, что Том плохо обошелся с сестрой, иначе она не отошла бы от него ни на шаг. — Да будь с ней поласковей, слышишь? А то смотри у меня!

Том всегда беспрекословно слушался отца — мистер Талливер не терпел возражений и никому бы не позволил, как он выражался, взять над собой верх, — но вид у мальчика, когда, держа в руке кусок кекса, он вышел из комнаты, был довольно угрюмый; он не собирался смягчать наказание, раз Мэгги его заслужила. То́му исполнилось только тринадцать, и он не имел твердых взглядов насчет грамматики и арифметики — и то и другое было для него по большей части сомнительным; но одно не вызывало у него абсолютно никаких сомнений, а именно — что каждый, кто заслуживает наказания, должен быть наказан. Что же, он сам и словечка бы не сказал против наказания, если бы заслужил его; но в том-то и штука, что сам он виноват не бывал никогда.

Итак, шаги, которые Мэгги услышала в ту минуту, когда ее жажда любви восторжествовала над гордостью, были шаги Тома. Заплаканная и растрепанная, она уже решила идти вниз — просить о снисхождении. По крайней мере отец погладит ее по голове и скажет: «Полно, полно, моя доченька». Удивительный укротитель эта потребность в любви, этот голод сердца; перед ним так же трудно устоять, как перед тем, другим голодом, который служит природе, чтобы заставлять нас тянуть лямку и изменять лицо земли.

Она узнала шаги Тома, и сердце ее отчаянно забилось от внезапно нахлынувшей надежды. Едва он остановился на верхней ступеньке и сказал: «Мэгги, тебе велено идти вниз», как она кинулась к нему и, обхватив за шею, зарыдала:

— О Том, пожалуйста, прости меня! Я не могу этого вынести. Я всегда буду хорошая... всегда буду все помнить. Только люби меня... пожалуйста, Том, милый!

С годами мы приучаемся обуздывать наши чувства. Поссорившись, мы держимся врозь, изъясняемся благовоспитанными фразами и так с необыкновенным достоинством храним отчужденность, одна сторона — выказывая твердость характера, другая — глотая свое горе. В наших поступках мы далеко отошли от непосредственности животных с более низкой организацией и ведем себя как члены общества во всех отношениях высокоцивилизованного. Мэгги и Том еще мало чем отличались от молодых звереныщей, и поэтому она могла тереться щекой о его щеку и, орошая слезами, целовать в ухо. И в душе мальчика нашлись нежные струны, откликнувшиеся на ласки Мэгги: он проявил слабость, совершенно несовместимую с его решением наказать ее как следует, — принялся целовать ее в ответ и уговаривать:

— Ну не плачь, Мэгзи, не надо; на вот, съешь кусочек кекса.

Рыдания Мэгги стали стихать, она потянулась к кексу и откусила кусок; тут и Том откусил кусочек, просто так, за компанию, и они ели вместе и терлись друг о друга щеками, лбами и носами, напоминая, не в обиду им будь сказано, двух дружных пони.

— Идем, Мэгзи, выпьем чаю, — сказал наконец Том, когда весь кекс, который он захватил с собой, был съеден.

Так окончились печали этого дня, и на следующее утро Мэгги рысцой бежала рядом с Томом, попадая, благодаря особому таланту, всегда в самую грязь; в одной руке у нее была удочка, другой она помогала брату нести корзинку; ее смуглая рожица, обрамленная меховым капором, сияла — Том был с ней ласков! Она попросила Тома надевать для нее червяков на крючок, хотя он и дал ей слово, что червякам не больно (по мнению Тома, это не имело особого значения). Он знал все о червяках, и рыбах, и тому подобных вещах; и каких птиц следует остерегаться, и как отпирать висячие замки, и в какую сторону отводить перекладину на воротах. Мэгги считала познания такого рода удивительными, — для нее это было куда труднее, чем запомнить, что написано в книгах; его превосходство внушало ей благоговейный трепет, тем более что Том единственный считал все, что она знала, «вздором» и не удивлялся ее уму. И действительно, по мнению Тома, Мэгги была глупая маленькая девочка. Все девчонки глупы: они не могут попасть камнем в цель, не умеют обращаться со складным ножом и боятся лягушек. Все же он очень любил свою сестренку и собирался всегда о ней заботиться, оставить ее у себя домоправительницей и наказывать, когда она того заслужит.

Они шли на Круглый пруд — этот удивительный пруд, который возник в давние времена, когда были большие разливы. Никто не знал, насколько он глубок, и таинственность его еще усугублялась тем, что он представлял почти правильный круг и его так тесно обступали ивы и высокий камыш, что вода открывалась взгляду, лишь когда вы подходили к самому берегу. При виде любимого уголка у Тома всегда становилось веселее на сердце, и все время, пока он, открыв драгоценную корзинку, готовил наживу, он разговаривал с Мэгги самым дружеским шепотком. Он закинул для нее удочку и вложил удилище ей в руку. Мэгги допускала возможность, что ей попадется какая-нибудь мелкая рыбешка, но крупная, конечно, будет идти на крючок Тому. Она совсем забыла о рыбе и, глядя на зеркальную воду, унеслась мечтами вдаль, как вдруг Том вполголоса окликнул ее: «Не зевай, не зевай, Мэгги!» — и подбежал, чтобы помешать ей выхватить удочку из воды.

Мэгги испугалась, не натворила ли она чего-нибудь, как обычно, но тут Том сам потянул ее удочку, и на траве запрыгал большой линь.

Том ликовал:

— Ай да Мэгзи! Молодчина!.. Опоражнивай корзинку.

Мэгги не чувствовала за собой особых заслуг, но с нее было достаточно того, что Том назвал ее «Мэгзи» и похвалил. Ничто не мешало ей наслаждаться шелестом, журчанием и навевающей мечты тишиной, когда она вслушивалась в легкий плеск играющей рыбы или в слабый шорох блаженно перешептывающихся ив, камыша и воды. Мэгги думала, что жизнь была бы истинным раем, если бы можно было сидеть вот так у пруда и никто бы тебя не бранил. Она не замечала, что у нее клюет, пока Том не говорил ей об этом, но ей очень понравилось удить рыбу.

Это был один из их самых счастливых дней; они бегали вместе и вместе садились отдыхать; им и в голову не приходило, что жизнь их когда-нибудь переменится. Они только подрастут и перестанут ходить в школу, каждый день будет вроде праздника, и они всегда будут жить вместе и любить друг друга. И грохочущая мельница, и большой каштан, под которым они так часто играли, и собственная их речушка, Рипл, где они чувствовали себя как дома, где Том всегда находил водяных крыс, а Мэгги собирала пурпурные плюмажи камыша, забывая о них потом и где-то роняя, — и, конечно, могучий Флосс, по берегам которого они бродили, словно отважные путешественники, отправляясь то посмотреть на ужасный весенний прилив, стремительно, как голодное чудовище, вырастающий в устье реки, то повидаться с Большим Ясенем, который в старину стонал и плакал, как человек, — все это навеки останется для них неизменным. Том полагал, что людям, живущим в других местах нашей планеты, сильно не повезло, а Мэгги, читая, как Христиана[1] переходила «реку, через которую нет моста», всегда представляла себе текущий меж зеленых пастбищ Флосс у Большого Ясеня.

Жизнь Тома и Мэгги, разумеется, переменилась, и все же они не ошибались, когда верили, что мысли и чувства ранних лет будут вечно с ними. Мы никогда не любили бы так нашу землю, если б не провели на ней свое детство, если бы не видели каждую весну те же цветы, что когда-то собирали своими крохотными пальчиками, сидя на траве и что-то лепеча, те же ягоды осенью, на изгородях из шиповника и боярышника, тех же малиновок, которых мы когда-то звали «божьи птички», потому что они не причиняют вреда драгоценным посевам. Какая смена впечатлений может сравниться со сладостным однообразием того, что нам привычно и потому любо?

Лес, где я брожу в этот тихий майский день, — молодая желто-коричневая листва дубов, сквозь которую про-

---

[1] *Христиана* — персонаж книги Беньяна «Путь паломника».

глядывает синее небо, белые звездочки примул, и голубоглазая вероника, и низко стелющийся плющ, — какая тропическая пальмовая роща, какие диковинные папоротники или великолепные магнолии с огромными лепестками могут затронуть столь глубокие и тонкие струны в моей душе, как эта картина родной природы! Эти знакомые с детства цветы, эти запечатленные в памяти птичьи голоса, это небо, то ясное, то облачное, эти поля и луга, благодаря прихотливым зеленым изгородям так непохожие друг на друга, — все это — родная речь нашего воображения, язык, полный сложных, неуловимых ассоциаций, которые оставило нам наше пролетевшее детство. Возможно, наши утомленные души не могли бы так наслаждаться бликами солнца на густой сочной траве и лишь смутно ощущали их прелесть, если бы не солнечный свет и трава тех далеких дней, которые все еще живут в нашей душе и претворяют это ощущение в любовь.

ГЛАВА VI

Скоро пожалуют тетушки и дядюшки

Стояла Пасхальная неделя, и сдобные ватрушки удались у миссис Талливер на славу — еще более пышные и легкие, чем обычно. «Дунь ветер, и они полетят как перышко», — восхищалась Кезия, служанка, гордая тем, что живет у хозяйки, умеющей делать такое тесто. Трудно было выбрать время или обстоятельства, более благоприятные для семейного обеда, даже если бы не было нужды посоветоваться с сестрицей Глегг и сестрицей Пуллет относительно отправки Тома в школу.

— Я бы охотно не звала на этот раз сестрицу Дин, — сказала миссис Талливер, — она такая завистливая и жадная и всегда старается выставить моих бедных детей перед их тетушками и дядюшками в самом дурном свете.

— Да нет, — отозвался мистер Талливер, — позови ее, пусть приедет. Мне теперь редко выпадает случай перемолвиться словечком с Дином — он вот уже полгода глаз не кажет. Велика важность, что она там болтает. Мои дети ни в чьих милостях не нуждаются.

— И всегда ты так говоришь, мистер Талливер, а небось из твоих-то никто, ни тетушка, ни дядюшка, и гроша ломаного им не оставит. А тут сестрица Глегг и сестрица Пуллет скопили уже бог знает сколько — ведь они откладывают проценты со своих личных денег и то, что сберегут на хозяйстве; им мужья сами всё покупают.

Миссис Талливер была кроткая женщина, но даже овца начинает брыкаться, когда дело коснется ее ягнят.

— Ш-ш! — прервал ее мистер Талливер. — На много ртов и каравай большой нужен. Что толку, что у твоих сестер есть кой-какие деньжонки, коли их надо поделить между полудюжиной племянников и племянниц. И сестрица Дин, надо думать, не позволит сестрам оставить деньги кому-нибудь одному, чтобы вся округа осуждала их после смерти.

— Уж не знаю, чего она там позволит или не позволит, — сказала миссис Талливер, — а только мои дети совсем не умеют себя вести при тетушках и дядюшках. Мэгги при них упрямится в десять раз больше, чем обычно, да и Том их не жалует, благослови его Господь... ну да в мальчике это понятнее, чем в девочке. А Люси Дин такой славный ребенок: посади ее на стул — час просидит и не попросит, чтоб сняли. Не могу не любить ее, как свое родное дитя; да что говорить — она вправду скорее в меня, чем в сестру Дин: у сестрицы Дин из всех нас всегда был самый плохой цвет лица.

— Ну что же, коли тебе девчушка по сердцу, попроси отца с матерью захватить ее с собой. И не позовешь ли ты также тетушку и дядюшку Мосс и кого-нибудь из их ребятишек?

— О господи, мистер Талливер, и так будет восемь человек, не считая детей, и мне придется на две доски раздвинуть стол и достать из буфета чуть не весь столовый сервиз; и ты не хуже меня знаешь, что мои сестры и твоя сестра не под лад друг другу.

— Ладно, ладно, делай как хочешь, Бесси, — сказал мистер Талливер, надевая шляпу и отправляясь на мельницу.

Во всем, что не касалось ее родни, миссис Талливер была покорнейшей из жен, но в девицах она звалась мисс Додсон, а Додсоны считались весьма почтенным семейством — семейством, на которое смотрели с не меньшим уважением, чем на любое другое, как в их приходе, так и в соседнем. Было известно, что все мисс Додсон чрезвычайно высоко себя ставят, и никто не удивился, когда две старшие сделали такие удачные партии... в не слишком юном возрасте, ибо ранние браки у Додсонов были не в обычае. Все в этом семействе делалось особенным образом — особенным образом белили полотно, ставили настойку из белой буквицы, коптили впрок окорока и хранили в бутылях крыжовник; поэтому каждая дщерь этого дома считала несомненной привилегией быть урожденной Додсон, а не какой-то там Гибсон или Уотсон. Похороны протекали в семействе Додсон с исключительной благопристойностью: креп на шляпах никогда не отливал синевой, перчатки никогда не лопались по шву, все, кому положено присутствовать, присутствовали, и факельщики всегда были украшены перевязью. Когда кого-нибудь из членов этого семейства постигала беда или болезнь, остальные являлись навестить незадачливого родича — обычно все в одно время — и не уклонялись от тягостного долга высказать самые неприятные истины, поскольку этого трсбовали их родственные чувства. Если бедняга заболевал или попадал в беду по собственной вине, не в привычках Додсонов было обходить это молчанием. Короче говоря, семья эта следовала самым твердым принципам в отношении того, как нужно вести хозяйство и держать себя в обществе, и единственная печальная сторона этой их прерогативы заключалась в том, что для них абсолютно неприемлемы были ни соуса, ни поведение семейств, руководствующихся другими, не додсоновскими принципами.

В «чужих домах» дамы Додсон к чаю брали один только хлеб, отказываясь от каких бы то ни было домашних изделий, ибо опасались, что масло несвежее, а варенье начало бродить, так как недостаточно проварено и пропорция сахара не та. Правда, попадались среди них Додсоны и менее правоверные; но поскольку это были «родичи», они тем самым превосходили любых «не родичей». И примечательно, что, хотя ни один Додсон не бывал доволен другим Додсоном, каждый был доволен не только собственной персоной, но и всем семейством Додсон в совокупности. Самый незаметный член семьи — самый тихий и слабохарактерный — часто становится воплощением в миниатюре типичнейших семейных черт, ревностнее всех следует семейным традициям; так и миссис Талливер, несмотря на мягкость натуры, была истинной Додсон — ведь и сидр хотя и слабое, а все же вино; и пусть в юности она постанывала под игом своих старших сестер, да и теперь еще частенько проливала слезы из-за их укоров, — ей и в голову не приходило нарушать семейные обычаи. Она была благодарна судьбе за то, что она урожденная Додсон, и за то, что один из ее детей пошел в свою родню, хотя бы чертами и цветом лица да пристрастием к соли и к бобам, которых никто из Талливеров в рот не брал.

В остальном истинный Додсон почти не проявлялся в Томе, и он столь же мало почитал свою родню с материнской стороны, как и Мэгги; если ему удавалось загодя узнать об их посещении, он обычно скрывался на целый день, захватив с собой достаточный запас подходящей провизии, — симптом, указывающий, по мнению тетушки Глегг, на испорченность его натуры и предвещающий ему самое мрачное будущее. Не очень-то хорошо было со стороны Тома, что он не посвящал Мэгги в свои намерения, но слабый пол всегда считался серьезной impedimenta[1] в случаях, когда приходится обращаться в бегство.

[1] Помехой *(лат.)*.

Уже в среду, накануне приезда тетушек и дядюшек, разнообразные ароматы, доносившиеся из кухни, так живо вызывали в воображении то пекущийся кекс с изюмом, то не остывший еще студень, то мясную подливку, что на душе сразу становилось весело; сам воздух вселял надежды. Том и Мэгги совершили несколько набегов на кухню и, как это делают все мародеры, покидали ненадолго поле боя, только если им удавалось унести с собой хорошую добычу.

— Том, — спросила Мэгги, когда, примостившись на ветках бузины, они принялись за слоеные пирожки с вареньем, — ты убежишь завтра?

— Не-ет, — протянул Том; он уже справился со своим пирожком и теперь сосредоточенно разглядывал еще один, который нужно было разделить между ними пополам. — Нет, не убегу.

— Почему? Потому что Люси приедет?

— Вот еще, — сказал Том, раскрывая нож, и, склонив голову набок, занес его над пирожком. На лице его было написано сомнение. (Разделить этот несимметричный многоугольник на две равные части представлялось довольно трудной задачей.) — На что она мне? Девчонка! Даже мяч гонять не умеет.

— Так из-за ромовой бабы с кремом? — сказала Мэгги, призывая на помощь всю свою смекалку; она наклонилась вперед, к Тому, и устремила взор на занесенный над пирожком нож.

— Вот глупая! Ромовая баба и на другой день не хуже. Нет, из-за рулета. Я знаю, какой пекут, — с абрикосовым вареньем... А, была не была!

Одновременно с этим восклицанием нож вонзился в пирожок и рассек его надвое; но результат, по-видимому, не удовлетворил Тома, так как он все еще с большим сомнением смотрел на половинки. Наконец он сказал:

— Закрой глаза, Мэгги.

— Зачем?

— Мало ли зачем. Закрывай, коли сказано.

Мэгги повиновалась.

— Тебе в какой руке — в правой или в левой?

— Мне ту, где вытекло варенье, — сказала Мэгги, зажмурив глаза, чтобы угодить Тому.

— Ну и дура, ведь она хуже. Ты получишь ее, если она тебе достанется по-честному, а иначе — нет. Правая или левая... Ну? А-а-а, — с сердцем протянул Том, так как Мэгги, не удержавшись, приоткрыла один глаз. — Закрой глаза, кому я сказал, а то совсем не получишь.

Способность Мэгги к самопожертвованию не заходила так далеко; боюсь, она движима была не столько заботой, чтобы Тому досталось больше, сколько жаждой заслужить его одобрение за то, что она уступила ему лучший кусок. Поэтому она еще крепче зажмурила глаза и, когда Том спросил: «Ну же, в которой?» — ответила: «В левой».

— Бери, — сказал Том довольно кислым тоном.

— Которую — ту, где вытекло варенье?

— Нет, вот эту, — твердо проговорил Том, протягивая Мэгги явно бóльшую долю.

— О Том, пожалуйста, возьми это себе. Мне все равно, мне нравится та половинка. Пожалуйста, возьми.

— Сказал — не возьму, — уже сердито ответил Том и принялся за тот кусок, что похуже.

Считая, что спорить дальше бесполезно, Мэгги тоже взялась за свою половинку и уничтожила ее с большим удовольствием и с неменьшей быстротой. Но Том справился первым и, чувствуя, что он вполне способен съесть еще, должен был глядеть, как она приканчивает остатки. Мэгги не знала, что Том на нее смотрит; она самозабвенно раскачивалась на ветке, наслаждаясь пирожком и полной праздностью.

— Ах ты, жадина! — сказал Том, когда она проглотила последние крошки. Он был преисполнен сознания своей честности и справедливости и полагал, что Мэгги должна быть ему благодарна и как-то его вознаградить. Он отказался от ее половинки, это верно, но мы, естественно, по-разному смотрим на вещи до и после того, как покончим с нашей долей пирога.

Мэгги даже побледнела:

— О Том, почему ты не попросил?

— Мне у тебя просить?! Ты, жадина! Могла бы сама догадаться, знала ведь, что я отдал тебе лучшую половину.

— Но ведь я предлагала, чтобы ты ее взял... разве нет? — обиженно проговорила Мэгги.

— Да, но я не хотел делать то, что нечестно, как Спаунсер. Он всегда хватает лучший кусок, если не стукнуть его за это, а если ты выберешь лучший с закрытыми глазами, он переменит руки. Делиться — так делиться честно... Только я не был бы такой жадюгой.

Бросив этот убийственный намек, Том соскочил с ветки и, крикнув: «Эй!», кинул камень в знак дружеского внимания к Йепу, который с волнением, не лишенным горечи, возбужденно подрагивая ушами, тоже смотрел, как исчезает пирожок. Однако преданный пес откликнулся на привет Тома с таким пылом, будто получил щедрое угощение.

А Мэгги, наделенная той способностью к самобичеванию, которая отличает человеческое существо от всех прочих и возносит его над любым другим, даже над погруженным в самую черную меланхолию шимпанзе, замерла на своей ветке, терзаясь незаслуженным упреком. Она отдала бы все на свете, только бы ее пирожок еще не был съеден и она могла поделиться с Томом. И не потому, что пирожок ей не понравился, — Мэгги прекрасно понимала, что вкусно, что нет, — но лучше бы ей за всю жизнь не съесть ни одного пирожка, лишь бы Том на нее не сердился и не называл ее жадиной. Ведь он сказал, что не возьмет, вот она и съела не подумав. Чем же она виновата? Слезы хлынули таким потоком, что минут десять Мэгги не видела ничего вокруг; но вот мало-помалу обида уступила место жажде примирения, и, соскочив с дерева, она стала высматривать Тома. На лужке за двором, где стояло в скирдах сено, его уже не было. Куда бы ему деваться? И Йеп с ним. Мэгги взбежала на пригорок против большого куста остролиста, откуда были видны все окрестности до самого Флосса. А, вот и Том!

Но тут сердце ее снова упало — она увидела, как близко он уже от реки, а рядом с ним, кроме Йепа, еще один спутник — противный Боб Джейкин, тот, что нанимался гонять птиц с полей; в настоящее время он если и делал это, то не столько по обязанности, сколько из любви к искусству. Мэгги была убеждена, что Боб — нехороший, не отдавая себе ясного отчета почему. Может быть, виной была мать Боба — огромная, тучная женщина, живущая в странном круглом доме вниз по реке. Однажды, когда Том и Мэгги забрели туда, на них выскочила пятнистая собака и стала яростно лаять; а когда мать Боба вышла вслед за ней и, стараясь заглушить лай, громко крикнула, чтобы они не боялись, Мэгги решила, что она их бранит, и душа у нее замерла от страха. Мэгги ничуть не удивилась бы, узнай, что в первом этаже там водятся змеи, а на втором — летучие мыши: она видела однажды, как Боб снял шапку и показал Тому сидящую там маленькую змейку, а в другой раз у него в руках оказался целый выводок летучих мышей. В общем, это была странная личность, может быть даже отчасти связанная с преисподней, судя по его близости со всякой нечистью; и в довершение всего, когда он появлялся, Том переставал играть с Мэгги и ни за что не брал ее с собой.

Спору нет, Том любил общество Боба. Как же иначе? Стоило Бобу увидеть птичье яйцо, и он уже знал — ласточкино оно, от синицы ли или от овсянки; он с легкостью находил осиные гнезда и умел ставить всевозможные силки; по деревьям он лазил как белка и обладал магической способностью обнаруживать ежей и ласок. К тому же у него хватало смелости делать нехорошие вещи, например ломать изгороди, кидать камни в овец или бить кошек, бродящих инкогнито. Эти качества в человеке, который стоит ниже тебя, с которым, хотя он куда больше тебя знает, можно общаться свысока, естественно, обладали в глазах Тома неотразимой притягательной силой; и каждые каникулы Мэгги ждало несколько грустных дней, потому что Том проводил их с Бобом.

Что ж, надеяться больше не на что. Том ушел, и Мэгги ничего не оставалось, как, сидя под деревом или бродя вдоль изгороди, воображать, что на самом деле все не так, и перекраивать окружающий ее мир на свой лад. Трудная была у Мэгги жизнь, и утешения она искала в мечтах.

Тем временем Том, совершенно забыв про Мэгги и про то, какое жало он вонзил ей в сердце своим упреком, направлялся вместе с Бобом, попавшимся ему случайно навстречу, на большую травлю крыс, которая должна была состояться на гумне по соседству. Боб знал толк в этом тонком деле и говорил о предстоящем развлечении с энтузиазмом, который легко может вообразить каждый, кто не лишен чувств, приличествующих мужчине, и представляет себе, что такое крысиная травля. Для испорченного существа, подозреваемого в общении с нечистой силой, Боб, право же, выглядел не таким уж злодеем; было даже что-то приятное в его курносом лице, окруженном короткими завитками рыжих волос. Да, но штаны у него всегда были закатаны до колен, чтобы в случае нужды удобнее было шлепать по лужам, и добродетель его, если по отношению к нему вообще применимо это слово, была, без сомнения, «добродетель в рубище», а ей, даже по свидетельству желчных философов, считающих, что хорошо одетое достоинство ценится слишком высоко, суждено, как это ни грустно, оставаться без признания (возможно, потому, что мы с ней так редко встречаемся).

— Я знаю одного парня, у которого есть хорьки, — говорил Боб хриплым дискантом, волоча по земле ноги и не отрывая голубых глаз от реки, словно некое земноводное, ожидающее, что вот-вот ему придется нырнуть в воду. — Он из Кеннел-Ярда, что в Сент-Огге, этот парень. Вот мастак крыс ловить — другого такого не сыщешь, это уж точно. Я бы лучше хотел быть крысоловом, чем кем другим, ей-ей! Крот против крысы — тьфу! Тут хорьки нужны. От собак проку нет. Да хоть этот вот пес, — продолжал Боб, указывая на Йепа и всем своим видом выражая глубочайшее отвращение. — С него толку на травле — что с козла молока. Сам видел своими глазами, когда ловили крыс на вашем гумне.

Чувствуя его уничтожающее презрение, Йеп поджал хвост и приник к самым ногам хозяина. Том, несколько задетый этими словами, был всего лишь простой смертный, и у него не хватило духу отстать от Боба в его пренебрежении к щенку, оказавшемуся отнюдь не на высоте.

— Да, — сказал он, — да, от Йепа на охоте никакой пользы. Когда я кончу школу, я заведу настоящих собак и для крыс, и для всего другого.

— Лучше хорьков, мастер Том, — с живостью подхватил Боб, — таких белых, с розовыми глазами. Вы тогда сможете ловить у себя крыс, а не то — посадить хорька в одну клетку с крысой и смотреть, как они вцепятся друг в друга... Вот это да! Уж я бы так сделал, точно; была бы потеха не хуже, чем когда парни дерутся... те, что продают на ярмарке пирожки и апельсины; ну и летает это все у них из корзинок! Некоторые пирожки так шмякаются — прямо в лепешку. А все равно вкусные, — помолчав, добавил Боб в виде сноски или примечания.

— Но послушай, Боб, — сказал Том, как бы взвешивая в уме все за и против, — хорьки здорово кусаются, цапнут, когда и не ждешь.

— Разрази меня гром, то-то и красота! Коли кто схватит хорька, сразу завопит благим матом, — вот увидите.

Тут мальчиков неожиданно задержало необыкновенное происшествие: из ближних камышей в воду метнулся какой-то маленький зверек; Боб заявил, что готов прозакладывать свою душу, коли это не водяная крыса.

— Э-ге-гей, Йеп, э-ге-гей! Вот, вот она! — захлопал в ладоши Том, следя, как маленькая черная мордочка стрелой несется к противоположному берегу. — Хватай его, братец, хватай!

Йеп насторожил уши и наморщил лоб, но в воду кинуться отказался, решив попробовать, нельзя ли тут ограничиться лаем.

— Эх ты, трус! — сказал Том и дал ему пинка с унизительным сознанием, что ни один уважающий себя охотник не захотел бы стать хозяином такой трусливой твари.

Боб воздержался от замечания и пошел дальше, предпочтя, однако, для разнообразия брести по воде, покрывавшей кромку берега.

— Он сейчас не шибко разлился, Флосс-то, — сказал Боб, поднимая ногами брызги с приятным чувством, что наносит реке оскорбление. — В прошлом году луга были что твое море, не сойти мне с этого места!

— Да, а вот, — возразил Том, который был склонен противоречить, хотя бы никаких к тому оснований и не представлялось, — а вот однажды был разлив так разлив; тогда еще появился Круглый пруд. Это верно, мне сам отец рассказывал. И все овцы и коровы потонули, и лодки ходили по полям, словно по реке.

— Ну, меня этим не испугаешь, хоть бы и разлив, — похвастался Боб, — мне все одно — что вода, что земля, я поплыву себе, вот и вся недолга.

— Да, а как нечего будет есть целый день или дольше? — сказал Том, воображение которого под воздействием такой угрозы сильно разыгралось. — Когда я вырасту большой, я сделаю баржу с деревянным домом наверху, как Ноев ковчег, и буду там держать целую кучу еды — кроликов и разное другое — на всякий случай. И как начнется разлив, мне все будет нипочем. И я возьму тебя к себе в баржу, если увижу, что ты плывешь, — покровительственно добавил он.

— Да я не боюсь, — сказал Боб, которого не так уж пугал голод. — Но я бы забрался в баржу и стукал кроликов по голове, когда вы хотели бы их съесть.

— И у меня были бы монетки в полпенса, и мы играли бы в орлянку, — продолжал Том, не допуская мысли, что, когда он достигнет зрелого возраста, это развлечение будет таить в себе куда меньше очарования. — Мы разделили бы их поровну, а там — кто выиграет.

— А у меня есть свои полпенса, — гордо заявил Боб, выходя из воды и подкидывая монету в воздух. — Орел или решка?

— Решка, — сказал Том, тотчас загораясь желанием выиграть.

— А тут орел, — крикнул Боб, поспешно хватая упавшую на землю монету.

— Нет, решка, — громко возразил Том, — давай сюда, я выиграл честно.

— Не дам, — сказал Боб, зажав монету в кулаке и сунув руку в карман.

— Ну так я тебя заставлю... увидишь у меня! — рассердился Том.

— Попробуй!

— Заставлю.

— Как бы не так!

— Я хозяин.

— Подумаешь!

— Вот я тебе покажу «подумаешь», ты, плут! — закричал Том, хватая Боба за шиворот и тряся его.

— Отстань лучше, — сказал Боб, дав Тому пинка.

Том совершенно вышел из себя. Одним прыжком он бросился на Боба и сбил его с ног, но Боб вцепился в него, как кошка, и потянул Тома за собой. Несколько минут они яростно барахтались на земле; наконец Том положил Боба на обе лопатки и решил, что победа за ним.

— Скажи, что отдашь мне теперь полпенса, — с трудом проговорил он, напрягая все силы, чтобы не позволить Бобу вырвать руки.

В этот момент Йеп, убежавший было вперед, с лаем вернулся на поле битвы и увидел, что представляется благоприятная возможность укусить Боба за босую ногу — не только безнаказанно, но даже с честью. Боль от внезапного укуса отнюдь не заставила Боба отпустить противника, напротив — он вцепился в Тома еще крепче, напрягая все силы, опрокинул на спину и сел на него верхом. Тут Йеп, который раньше не мог найти достаточной точки опоры, вонзил зубы в новое место; Боб, подвергшийся вторичному нападению, отпустил Тома и, чуть не задушив Йепа, с размаху кинул его в воду. К этому времени Том уже снова вскочил и, прежде чем Боб твердо стал на ноги после расправы с Йепом, бросился на него, повалил на землю и крепко уперся коленом ему в грудь.

— А ну, давай сюда монету, — сказал Том.

— Сам бери, — угрюмо пробормотал Боб.

— Нет, я сам ее брать не буду; ты мне ее дашь.

Боб вынул монету из кармана и бросил ее на землю.

Том выпустил его, и Боб смог подняться.

— Вон лежат твои деньги, — сказал Том. — Они мне не нужны. Я бы не взял их себе. Но ты захотел сжульничать. Обманывать подло. Я никуда с тобой не пойду, — добавил он, поворачивая к дому не без вздоха сожаления о травле крыс и других удовольствиях, которых он лишал себя, отказавшись от общества Боба.

— Ну и пусть лежат, — крикнул вслед ему Боб. — Я буду жулить, коли захочу, иначе какой интерес играть. И я знаю, где есть гнездо щегла, да не скажу. А ты поменьше рукам волю давай, ты, индюк надутый!

Том продолжал идти не оборачиваясь, и Йеп следовал его примеру — холодная ванна несколько умерила его пыл.

— Ну и проваливайте вместе со своей утоплой собакой, мне такой и задаром не надо... уж мне-то нет! — крикнул Боб, стараясь показать, что поведение Тома его совсем не трогает. Но ничто не могло заставить Тома повернуть, и голос Боба дрогнул, когда он добавил: — А я еще все вам давал, и все показывал, и не просил у вас ничего. И раз так, вот вам ваш нож с роговым черенком, что вы мне подарили. — Тут Боб кинул нож как можно дальше вслед удаляющемуся Тому. Но и это не произвело никакого впечатления, а Боб почувствовал, что существование его потеряло всякий смысл, раз у него нет больше ножа.

Он неподвижно стоял на месте, пока Том не прошел в ворота и не скрылся за оградой. Какой толк валяться ножу на земле... а Том и внимания не обратил. Чувства гордости и обиды в душе Боба не могли перевесить его любовь к ножу; даже пальцы его дрожали от желания схватить хорошо им знакомую шершавую рукоятку из оленьего рога, которую они так часто сжимали просто из привязанности к другу, в бездействии лежащему в кармане. И у него два лезвия, Боб только-только их наточил! Ну что такое жизнь без складного ножа для того, кто хоть раз вкусил высокое блаженство обладать им! Нет, потеряв лезвие, кинуть вслед за ним черенок — это еще куда ни шло: чего не сделаешь с досады. Но, потеряв друга, кидать вслед ему целехонький нож — согласитесь, в известном смысле гипербола, уж это — хватить через край. И Боб побрел обратно к тому месту, где лежал в грязи его любимый нож. С какой радостью он сжал его в руке после кратковременной разлуки, раскрыл одно за другим оба лезвия и провел по ним своим загрубелым пальцем. Бедный Боб! Он был не слишком щепетилен в вопросах чести — отнюдь не рыцарь без страха и упрека. Тонкий аромат рыцарской этики был бы совсем не по носу общественному мнению Кеннел-Ярда — самое средоточие, самый центр мира, в котором жил Боб, — даже если бы смог туда проникнуть. При всем том Боб не был ни подлецом, ни вором, как решил в запальчивости наш друг Том.

Но Том, как вы, наверно, заметили, был настоящий Радамант[1], ибо обладал более развитым, чем это свойственно его возрасту, чувством справедливости — судья, стремящийся воздать виновным по заслугам и не сомневающийся в том, что знает точную меру этих «заслуг»... Мэгги видела, что он пришел домой хмурый, и это омрачило ее радость, хотя он вернулся гораздо раньше, чем она ожидала; она едва осмелилась заговорить с ним, когда он, стоя на мельничной плотине, молча швырял в воду камешки. Мало удовольствия отказаться от охоты на крыс, раз ты настроился на это. Но если бы Тома

[1] *Радамант* — один из судей в подземном царстве *(греч. миф.)*.

спросили, какое чувство владеет им сейчас, он бы ответил: «Я снова поступил бы точно так же». Так он обычно относился к тому, что им уже сделано, в отличие от Мэгги, которая всегда жалела, зачем она не поступила иначе.

ГЛАВА VII

На сцене появляются тетушки и дядюшки

Семейство Додсон, бесспорно, отличалось благообразием, и миссис Глегг была отнюдь не хуже своих сестер. Глядя на нее, когда она сидела в гостиной миссис Талливер, ни один беспристрастный наблюдатель не стал бы отрицать, что для ее пятидесяти лет у нее весьма недурны лицо и фигура; только Том и Мэгги считали свою тетушку Глегг образцом уродства. Что правда, то правда — она презирала наряды, и, хотя, как она частенько говорила, ни одна женщина не могла бы потягаться с ней по части туалетов, не в ее привычках было надевать новое платье, пока не износилось старое. Другие женщины могли, если им угодно, отдавать свои лучшие кружева в стирку каждую неделю, но когда миссис Глегг умрет, все узнают, что в правом ящике комода, в спальне с крапчатыми обоями, у нее хранятся кружева подороже тех, что когда-либо носила сама миссис Вул из Сент-Огга, хотя миссис Вул надевает свои кружева, еще не успев за них заплатить. То же самое можно было сказать и об ее накладных локонах: несомненно, в ящиках у миссис Глегг хранились сверкающие глянцем, круто завитые каштановые накладки, а также локоны, более или менее развившиеся; но каждый день взирать на мир из-под глянцевитой, волосок к волоску накладки было бы немыслимым, даже кощунственным смешением суетного и святого. Правда, изредка, отправляясь на неделе с визитом, миссис Глегг надевала одну из своих третьесортных выходных накладок, но, конечно, не тогда, когда собиралась навестить какую-либо из сестер, особенно миссис Талливер, которая оскорбила миссис Глегг в ее лучших чувствах тем, что и после замужества продолжала носить собственные волосы, хотя, как заметила миссис Глегг в разговоре с миссис Дин, от матери семейства, да еще при муже, который вечно таскается по судам, можно было бы ожидать побольше благоразумия. Но Бесси никогда не отличалась характером!

Так что, если в этот день накладка миссис Глегг имела вид более всклокоченный, чем обычно, тут таился определенный умысел: это должно было служить острым и язвительным намеком на белокурые локоны миссис Талливер, спущенные, согласно моде того времени, на уши из-под гладко расчесанных на прямой пробор волос. Миссис Талливер пролила не одну слезу из-за нападок миссис Глегг на эти не подобающие замужней женщине кудряшки, но сознание того, что они ей к лицу, естественно, поддерживало ее дух. В этот день миссис Глегг предпочла не снимать шляпки (правда, она развязала ленты и слегка сдвинула ее назад); миссис Глегг часто практиковала это, когда ей случалось отправиться с визитом в дурном настроении. Мало ли какие сквозняки могли случиться в чужом доме! По этой самой причине на ней был небольшой соболий палантин, едва прикрывавший плечи и с трудом сходившийся на мощной груди, а ее длинную шею защищали chevaux de frise[1] из множества оборок. Нужно было быть хорошо знакомым с модами тех времен, чтобы понять, как далеко отстало от них ее шелковое платье стального цвета, но, судя по созвездиям желтых пятнышек, раскиданных по ткани, и по источаемому им затхлому запаху, наводящему на мысль о сыром сундуке для белья, оно, по всей вероятности, принадлежало к числу одеяний столь давнего геологического периода, что скоро снова могло войти в моду.

Держа в руке большие золотые часы и несколько раз обмотав цепочку вокруг пальцев, миссис Глегг заметила, обращаясь к миссис Талливер, только что вернувшейся

---

[1] Ограда, искусственное препятствие *(фр.)*.

после очередного визита на кухню, что, сколько бы там ни показывали чужие часы, хоть карманные, хоть стенные, по ее часам уже половина первого.

— Не знаю, что сталось с сестрой Пуллет, — продолжала она. — Раньше у нас и в заводе не было, чтоб один приезжал позже другого — во всяком случае, при нашем покойном отце, — чтоб одна сестра полчаса сидела и ждала, покуда пожалуют остальные! Но коли все порядки в семье перевернутся, это уж будет не моя вина — я-то ни за что не стану входить в дом, когда другие из него уже выходят. Я удивляюсь сестре Дин — она всегда поступала так же, как я. Но мой тебе совет, Бесси, не задерживать обеда; лучше начни чуть раньше, чтоб неповадно было опаздывать.

— Господи боже мой! Нечего бояться, что они не поспеют, сестрица, — сказала миссис Талливер присущим ей мягко-раздражительным тоном. — Обед будет не раньше половины второго. А ежели ты проголодалась, давай я принесу тебе ватрушку и стакан вина.

— Ну, Бесси, — с горькой усмешкой сказала миссис Глегг, чуть заметно покачав головой, — пора бы лучше знать свою сестру. Я никогда в жизни не ела между завтраком и обедом и не намерена теперь начинать. Хотя, конечно, глупо обедать в половине второго, когда можно обедать в час. Тебя не в таких правилах воспитывали, Бесси.

— Да что ж я могу поделать, Джейн? Мистер Талливер не любит обедать раньше двух, я и так из-за вас велела подавать на полчаса раньше.

— Да, да, я знаю, как оно с мужьями, — они все на свете рады отложить. Они отложат обед до чая, коли их жены по слабости потакают таким штучкам. Жаль мне тебя, Бесси, не хватает тебе характера. Боюсь, твои детки хлебнут горя из-за этого... Я надеюсь, ты не вздумала готовить парадный обед — не стала из-за нас входить в лишние расходы; твои сестры скорей согласятся грызть сухую корку, чем пособлять твоему разорению. Удивляюсь, почему ты не берешь пример с сестры Дин — она куда благоразумнее. Ведь у тебя на руках двое детей, а муженек порастряс все твое состояние на тяжбы, да и свое, верно, скоро спустит. Кусок отварной говядины, чтоб вышла еще похлебка для слуг, — добавила миссис Глегг безапелляционным тоном, — да простой пудинг без специй, с ложкой сахара, были бы куда уместней.

Ну и веселенький обещал быть денек, раз сестрица Глегг в таком расположении духа! Миссис Талливер так же трудно было заподозрить в желании ссориться с миссис Глегг, как цаплю, которая в целях самозащиты вытянула вперед одну ногу, можно заподозрить в желании ссориться с мальчишкой, кидающим в нее камни. Но вопрос об обеде был вопрос наболевший, поднимавшийся не в первый раз, и миссис Талливер могла ответить то же, что и всегда:

— Мистер Талливер говорит, что у него для друзей всегда найдется хороший обед, покуда он в состоянии заплатить за него, и он волен распоряжаться в своем доме, сестрица.

— Как знаешь, Бесси; только я не могу оставить твоим детям достаточно, чтобы уберечь их от разорения. А получить хоть что-нибудь из денег мистера Глегга тебе и надеяться нечего; хорошо, коли я не отправлюсь на тот свет раньше его — в их семье все живут долго, — а ежели ему судьба умереть первым, так он обеспечит меня только пожизненно, а там все его деньги перейдут к его родне.

Шум экипажа, прервавший речь миссис Глегг, к великому облегчению миссис Талливер, положил конец неприятному разговору, и она поспешила на крыльцо встретить сестрицу Пуллет, — судя по стуку колес, это не мог быть никто иной, ибо только сестрица Пуллет ездила в фаэтоне.

При мысли о фаэтоне миссис Глегг вскинула голову и с кислым видом поджала губы. У нее на этот счет было вполне определенное мнение.

Когда одноконный экипаж остановился у двери, миссис Талливер увидела, что сестрица Пуллет сидит вся в слезах и, судя по всему, испытывает потребность еще немного поплакать, ибо, не двигаясь с места, печально покачивает головой, глядя сквозь слезы в пространство, хотя ее муж и мистер Талливер стоят, готовые помочь ей сойти.

— Что с тобой, не случилось ли чего, сестрица? — забеспокоилась миссис Талливер.

Она не отличалась богатым воображением, но тут ей пришло в голову, что, может статься, опять разбили большое зеркало на туалетном столике в парадной спальне миссис Пуллет.

Ничего не ответив и все еще покачивая головой, миссис Пуллет медленно вышла из экипажа, кинув предварительно взгляд на мистера Пуллета, дабы убедиться, что он следит, как бы не пострадало ее нарядное шелковое платье. Мистер Пуллет был низенький человечек с носом пуговкой, маленькими моргающими глазками и тонкими губами; на нем был свежевыглаженный черный костюм и белый галстук, завязанный чрезвычайно туго, по-видимому в соответствии с принципами более высокими, чем личное удобство. Рядом со своей статной, красивой женой, в платье с буфами, в широкой мантилье и большой, обильно украшенной лентами и перьями шляпке, он выглядел как маленькое рыбачье суденышко рядом с бригом, распустившим все паруса.

Сколь трогательное зрелище и сколь поразительный пример того, как изощрила наши чувства цивилизация, являет собой охваченная горем дама, одетая по последней моде. Какой длинный ряд переходных ступеней от скорби готтентотки до скорби дамы в платье с пышными рукавами, со множеством браслетов на обеих руках, в завязанной изящными лентами шляпке — настоящем произведении архитектурного искусства! У просвещенного детища цивилизации непосредственность чувств, свойственная горю, находится под контролем рассудка и проявляется в таких неуловимых и разнообразных черточках, что это может представить интерес для аналитического ума. Если бы сокрушенная горем, почти ничего не видя из-за слез, дама, проходя в дверь, отклонилась от прямого курса, она могла бы сокрушить и свои рукава, — и таящаяся в глубине сознания мысль об этом создает то самое равновесие сил, которое помогает ей благополучно миновать дверной косяк. Чувствуя, что по щекам ее катятся слезы, она развязывает на шляпе ленты и томно отбрасывает их назад — трогательный жест, говорящий, что даже в момент глубочайшего уныния она не теряет надежды на будущее, когда слезы ее высохнут и ленты от шляпки вновь обретут былое очарование. Но вот рыдания ее понемногу стихают, и, откинув голову ровно настолько, чтобы не повредить шляпки, она осознает, что наступил тот ужасный миг, когда горе, притупившее радость жизни, начинает притупляться само; тогда она в задумчивости взглядывает на браслеты и приводит в порядок застежки с той прелестной намеренной непреднамеренностью, которая порадовала бы ее душу, если бы она была в более спокойном и здравом состоянии.

Миссис Пуллет с большим изяществом обмахнула оба косяка своими широчайшими рукавами (в ту пору женщина была в глазах строгих ценителей поистине смешной, если не достигала полутора ярдов в плечах) и, войдя в гостиную, где сидела миссис Глегг, снова приготовилась плакать.

— Поздно, поздно изволили пожаловать, сестрица. Что там еще стряслось? — довольно резко проговорила миссис Глегг, когда они поздоровались.

Миссис Пуллет села, осторожно приподняв сзади мантилью, и только тогда ответила: «Она покинула нас», бессознательно применив выразительную риторическую фигуру.

«Значит, на этот раз не зеркало», — подумала миссис Талливер.

— Умерла третьего дня, — продолжала миссис Пуллет. — И ноги у нее были с меня толщиной, — немного помолчав, добавила она с глубокой скорбью. — Счету нет, сколько раз ее кололи, чтоб выпустить воду, но воды было, говорят, хоть плавай в ней.

— Ну, Софи, тогда ее счастье, что она умерла, кто б она ни была, — отозвалась миссис Глегг с быстротой и категоричностью, свойственными ее от природы ясному и решительному уму, — хотя что до меня, понятия не имею, о ком ты толкуешь.

— Но я-то имею, — вздохнула миссис Пуллет, покачивая головой, — в приходе еще не бывало такой водянки. Мне-то известно, что это старая миссис Саттон из Твентиленда.

— Ну, она тебе не родня и, насколько я знаю, не так уж близко знакома, — заявила миссис Глегг, которая проливала столько слез, сколько положено, если что-нибудь приключалось с ее родней, но никогда не плакала в других случаях.

— Уж так близко, что я видела ее ноги, когда они раздулись как пузыри... Старая леди, а до последней минуты сама всем заправляла, и пускала в оборот свои деньги, и всегда хранила все ключи под подушкой... Да, не много теперь осталось в приходе таких, как она.

— А уж сколько лекарств она выпила! Говорят, в целый фургон не вместились бы, — вставил мистер Пуллет.

— Ах, — вздохнула миссис Пуллет, — она много лет страдала от другого недуга, прежде чем у нее началась водянка, а доктора не могли выяснить, что это такое. И она сказала мне, когда я навестила ее на Рождество: «Миссис Пуллет, если у вас когда-нибудь будет водянка, вспомните обо мне». Так вот и сказала, — добавила миссис Пуллет, снова принимаясь горько плакать, — собственные ее слова. И ее хоронят в воскресенье, Пуллет приглашен на похороны.

— Софи! — воскликнула миссис Глегг, не в силах больше сдерживать естественное негодование. — Я удивляюсь тебе, Софи: волноваться и подрывать свое здоровье из-за чужих людей! Твой бедный отец никогда так не поступал, и тетушка Фрэнсис тоже, ни о ком из семьи не скажешь ничего подобного. Ты не могла бы волноваться сильнее, ежели б вдруг стало известно, что кузен Эббот скоропостижно скончался и не оставил завещания.

Миссис Пуллет замолчала, ей пришлось унять слезы, но она была скорей польщена, чем рассержена тем, что ее укоряют в излишней чувствительности. Не каждый мог позволить себе так убиваться по людям, которые не оставили вам ничего по завещанию, но миссис Пуллет вышла замуж за джентльмена-фермера[1] и располагала досугом и деньгами, чтобы во всем, что она делает, даже в скорби, доходить до самых вершин респектабельности.

— Но миссис Саттон-то завещание оставила, — вмешался мистер Пуллет со смутным ощущением, что слова его подтверждают законность слез его жены. — Приход у нас богатый, но, говорят, никто еще не оставлял столько денег, как миссис Саттон. И она не стала их делить... так только, сущие пустяки... и отказала все целиком племяннику мужа.

— Тогда что толку было иметь много денег, — проговорила миссис Глегг, — коли ей некому было их оставить, кроме как мужниной родне. Плохо дело, ежели только ради этого ты во всем себе отказываешь. Оно, конечно, приятно, чтобы после твоей смерти у тебя нашли больше денег, отданных под проценты, чем полагали, а все ж скверная это история, когда деньги уходят из семьи.

— Право, сестрица, — сказала миссис Пуллет, успокоившись настолько, что могла снять и аккуратно сложить вуаль, — он славный человек, тот, кому миссис Саттон оставила свои деньги: он страдает астмой и каждый вечер ложится спать в восемь часов. Он сам рассказал мне об этом — да еще так, откровенно, — когда был однажды в воскресенье в нашей церкви. Он носит под рубашкой заячью шкурку и немного заикается — настоящий джентльмен. Я сказала ему, что редкий месяц обхожусь без врача. И он ответил: «Миссис Пуллет, могу вам посочувствовать». Так и сказал, этими самыми словами. Ах! — вздохнула миссис Пуллет, покачивая головой при

---

[1] *Джентльмен-фермер* — состоятельный землевладелец, сам занимающийся ведением своего хозяйства.

мысли, что мало кто мог похвастать таким богатым опытом по части белой микстуры и розовой микстуры, сильнодействующих лекарств в маленьких бутылочках и слабодействующих лекарств в больших бутылях, облаток — шиллинг за дюжину — и пластырей по полтора шиллинга.

— Ну, сестрица, теперь я могу пойти и снять шляпку... Вы не видели, вынули из коляски картонку с чепцом? — добавила она, оборачиваясь к мужу.

У мистера Пуллета это почему-то совершенно выскочило из головы, и, мучимый угрызениями совести, он поспешил во двор, чтобы исправить свою оплошность.

— Ее принесут наверх, сестрица, — сказала миссис Талливер, стремясь уйти, пока миссис Глегг не принялась выражать свои чувства по поводу пагубного для здоровья пристрастия Софи к лекарствам: никто из Додсонов сроду их в рот не брал.

Для миссис Талливер было большим удовольствием подняться с сестрицей Пуллет в спальню, осмотреть со всех сторон ее чепчик, прежде чем она его наденет, и обсудить вопрос о головных уборах вообще. Это было одной из слабостей Бесси и возбуждало в миссис Глегг сестринское сострадание: Бесси слишком любила наряжаться и была слишком горда, чтобы надевать на Мэгги те отличные вещи, которые сестра Глегг извлекала из доисторических пластов своего гардероба. Стыд и срам покупать хоть что-нибудь для этой девочки, разве что башмаки. Тут миссис Глегг была, однако, несправедлива к своей сестре: миссис Талливер прилагала величайшие усилия, чтобы заставить Мэгги носить шляпку из итальянской соломки и крашеное шелковое платье, перешитое из платья тетушки Глегг, но результаты были таковы, что миссис Талливер пришлось похоронить их в своем материнском сердце. Мэгги, объявив, что платье пахнет гадкой краской, постаралась залить его соусом от жаркого в первое же воскресенье, когда мать ей его надела, и, обнаружив, что это достигло своей цели, немного погодя окатила украшенную зелеными лентами шляпку водой из насоса, так что та стала похожа на шалфейный сыр, гарнированный увядшим латуком. В оправдание Мэгги я должен сказать, что Том смеялся над ней, когда она ходила в этой шляпке, и сказал, что она вылитая старуха Джуди[1]. Тетушка Пуллет тоже дарила им разные вещи, но они были всегда так красивы, что нравились и Мэгги и ее матери. Из всех своих сестер миссис Талливер, безусловно, больше всех любила сестрицу Пуллет, и та платила ей взаимностью, хотя и сетовала, что у Бесси такие непослушные и нескладные дети; она, понятно, сделает для них все, что может, но жаль, что они не такие примерные и хорошенькие, как дочка сестры Дин. Мэгги и Том, со своей стороны, считали тетушку Пуллет сносной, главным образом потому, что она не была тетушкой Глегг. Том и к той и к другой отказывался ходить чаще одного раза за каникулы, хотя и получал от дядюшек по монетке, но, поскольку в подвале у Пуллетов жили жабы и в них можно было кидать камнями, Том предпочитал тетушку Пуллет. Мэгги при виде жаб начинало трясти, ее потом мучили ночью кошмары, но ей нравилась музыкальная табакерка дядюшки Пуллета... Сестры миссис Талливер в ее отсутствие сходились на том, что кровь Талливеров плохо смешивается с кровью Додсонов, что, по сути, дети бедняжки Бесси — чистые Талливеры и что Том, несмотря на додсоновский цвет лица, обещает стать таким же «супротивником», как и его отец. Что до Мэгги, то она — копия тети Мосс, сестры мистера Талливера, ширококостной женщины, вышедшей замуж до крайности неудачно; у нее даже не было сервиза, а муж ее едва-едва выплачивал аренду... Однако, когда миссис Пуллет оставалась наедине с миссис Талливер, сестры, естественно, принимались обсуждать слабости миссис Глегг, и в сегодняшней конфиденциальной беседе они пришли к единодушному мнению, что трудно представить, каким пугалом сестра Джейн вырядится в следующий раз.

[1] *Джуди* — комический персонаж в английском народном кукольном театре.

Их тет-а-тет был нарушен появлением миссис Дин с крошкой Люси, и миссис Талливер с молчаливой завистью наблюдала, как приводятся в порядок белокурые локоны ребенка. Чтобы у миссис Дин, самой худой и бледной из всех мисс Додсон, была такая дочь! Да она куда больше похожа на миссис Талливер. И Мэгги рядом с Люси выглядит в два раза смуглей, чем обычно.

В этом можно было еще раз убедиться, когда дети пришли из сада с отцом и дядюшкой Глеггом. Мэгги кое-как стащила с головы капор, и волосы ее рассыпались прямыми растрепанными прядями; войдя в комнату, она сразу кинулась к Люси, стоявшей рядом с матерью. Что и говорить, контраст между двоюродными сестрами был разителен, и на первый взгляд не в пользу Мэгги, хотя знаток, возможно, увидел бы в ней «стати», сулящие в будущем куда больше, нежели аккуратная завершенность Люси. Они выглядели рядом как взлохмаченный черный, непомерно вытянувшийся щенок и белый котенок. Люси подставила изящный розовый ротик, чтобы Мэгги ее поцеловала. В ней все было изящно — округлая шейка в коралловом ожерелье, прямой, ничуть не вздернутый носик, четко очерченные бровки, значительно темнее локонов, как раз под стать карим глазам, которые застенчиво, но с удовольствием глядели на Мэгги, переросшую ее на голову, хотя между ними не было и года разницы. Мэгги всегда любовалась Люси. Она любила представлять себе такой мир, где все люди не старше, чем дети их возраста, и королевой его она видела девочку — точь-в-точь Люси, с маленькой короной на голове и скипетром в руках... только королевой была сама Мэгги.

— Ах, Люси, — выпалила она, поцеловав кузину, — ты останешься с Томом и со мной, ладно? Ах, поцелуй ее, Том.

Том тоже подошел к Люси, но целовать ее он не собирался, нет; он подошел к ней, потому что, в общем, это казалось легче, чем сказать «здравствуйте» всем этим тетушкам и дядюшкам. Он стоял, ни на кого не глядя, не зная, куда девать руки и ноги, покраснев от смущения и неопределенно улыбаясь, как это свойственно застенчивым мальчикам в обществе — будто они появились там случайно и застали всех в самом неприличном неглиже.

— Хорошенькое дело! — громко и отчетливо произнесла тетушка Глегг. — Где это видано, чтобы маленькие мальчики и девочки, входя в комнату, не здоровались со своими дядюшками и тетушками? Когда я была маленькой девочкой, у нас такой повадки не было.

— Подойдите и поговорите со своими тетушками и дядюшками, голубчики, — сказала миссис Талливер с озабоченным и грустным видом. Ей хотелось потихоньку приказать Мэгги пойти наверх и причесаться.

— Ну, как же вы поживаете? Я надеюсь, вы хорошие детки? — спросила миссис Глегг все таким же громким и отчетливым голосом; она притянула их к себе за руки так, что сделала им больно своими массивными кольцами, и поцеловала в щеки совершенно вопреки их желанию. — Подними глаза, Том, подними глаза. Мальчики, поступающие в пансион, должны высоко держать голову. Ну-ка, взгляни на меня. — (Том, видимо, решил уклониться от этого удовольствия, так как постарался вырвать у нее руку.) — Убери волосы за уши, Мэгги, и поправь на плече платье.

Тетушка Глегг всегда говорила с ними особым голосом, как будто считала их глухими или, возможно, немножко идиотами. Она надеялась этим заставить их почувствовать, что они должны отвечать за свои поступки, и думала этим благотворно воздействовать на них и сдержать их дурные наклонности. Дети Бесси так избалованы, просто необходимо, чтобы кто-нибудь внушил им чувство долга.

— Ах, мои душечки, — сказала тетушка Пуллет сострадательным тоном, — удивительно, как вы быстро растете... Боюсь, как бы они от этого не ослабели, — добавила она, меланхолически поднимая глаза на миссис Талливер. — Мне кажется, у девочки слишком много волос... На твоем месте, сестрица, я бы подстригла ее покороче. Это вредно для здоровья. Я бы не удивилась, если бы мне сказали, что именно потому она такая смуглая... Как ты думаешь, сестрица Дин?

— Вот уж не знаю, сестрица, — ответила миссис Дин и снова поджала губы, глядя на Мэгги критическим взором.

— Чепуха, — сказал мистер Талливер, — девочка совершенно здорова... у нее нигде ничего не болит. Бывает белая пшеница, бывает и красная, коли уж о том речь зашла, и многим темное зерно больше по вкусу. Но неплохо бы, Бесси, постричь ее покороче, чтоб волосы не торчали в разные стороны.

В душе у Мэгги зрел ужасный замысел, но привести его в исполнение мешало желание узнать у тетушки Дин, оставит ли она у них Люси. Тетушка Дин так редко привозила ее к ним. Исчерпав все резоны для отказа, миссис Дин обратилась к самой Люси:

— Неужели ты захочешь здесь остаться без мамы, а, Люси?

— Да, мамочка, пожалуйста, — робко промолвила Люси, и у нее даже шейка залилась краской.

— Молодец, Люси!.. Пусть остается, миссис Дин, пусть остается, — сказал мистер Дин, крупный подвижной мужчина, с внешностью, равно типичной для всех слоев английского общества, — лысина на макушке, рыжие бакенбарды, выпуклый лоб, плотное, но не грузное телосложение. Вы можете встретить пэров этого типа и подобных же торговцев бакалейным товаром или поденщиков. Но такие проницательные карие глаза, как у него, вы увидите куда реже. Он крепко держал в руке серебряную табакерку и время от времени обменивался понюшкой табаку с мистером Талливером, табакерка которого была только посеребренной; это служило поводом для постоянно повторявшейся шутки: мистер Талливер пытался обменяться с мистером Дином и табакеркой. Табакерка мистера Дина была преподнесена ему вместе с паем в деле старшими компаньонами фирмы, где он был управляющим, в знак признания его ценных услуг. Ни одного человека в Сент-Огге не ставили так высоко, как мистера Дина, и были люди, которые предсказывали, что, возможно, настанет день, когда мисс Сюзан Додсон, сделавшая, по общему суждению, самую невыгодную партию из всех сестер, будет ездить в лучшей карете и жить в лучшем доме, чем даже ее сестра Пуллет. Трудно заранее сказать, чего может достигнуть человек, ставший компаньоном такой большой фирмы, как фирма «Гест и К°», владеющая мельницами, и кораблями, и даже собственным банком. А миссис Дин, как отмечали ее закадычные подруги, была дама честолюбивая и «загребущая». Уж она-то не даст своему муженьку стоять на месте, сумеет его как следует пришпорить.

— Мэгги, — поманив дочку к себе, тихо сказала миссис Талливер, когда вопрос, останется ли у них Люси, был разрешен, — пойди причешись... Ну же, как тебе не стыдно! Ты прекрасно знаешь, что я велела тебе сперва подняться к Марте.

— Том, пойдем со мной, — шепнула Мэгги, проходя мимо брата, и потянула его за рукав; Том с готовностью последовал за ней.

— Пойдем со мной наверх, — зашептала она, как только они очутились за дверью. — Я хочу сделать до обеда одну вещь.

— Нам ни во что не успеть поиграть, — сказал Том, с нетерпением ожидавший обеда и неспособный представить себе, что можно чем-нибудь заняться в оставшееся время.

— О, это мы успеем; ну, пойдем.

Том последовал за Мэгги в комнату матери и увидел, что сестра сразу же подошла к комоду и вынула из ящика большие ножницы.

— Зачем они тебе, Мэгги? — спросил Том с пробуждающимся любопытством.

Вместо ответа Мэгги схватила переднюю прядь волос и обрезала ее у самого лба.

— Ой, Мэгги! Ну и влетит тебе! — воскликнул Том. — Ты лучше больше не режь.

Чик — снова щелкнули ножницы, и Том не мог не согласиться, что это неплохая забава: Мэгги будет выглядеть такой потешной!

— Ну-ка, Том, обрежь мне их сзади, — сказала Мэгги, опьяненная собственной смелостью и стремясь поскорей завершить свой подвиг.

— И попадет же тебе, знаешь, — сказал Том, предостерегающе покачивая головой, и нерешительно взял ножницы.

— Не важно, побыстрей! — крикнула Мэгги, топая ногой. Щеки ее пылали.

Черные пряди были так густы; трудно было найти что-нибудь более соблазнительное для мальчишки, уже вкусившего запретной радости стричь гриву пони. Я обращаюсь к тем, кто знает, какое наслаждение сомкнуть лезвия ножниц, преодолевая тугую массу волос. Один упоительный взмах, затем второй и третий — и задние пряди тяжело упали на пол; Мэгги стояла, остриженная лесенкой, но при этом испытывала такое чувство полной свободы, словно она вышла из лесу на открытую равнину.

— Ой, Мэгги, — воскликнул Том, прыгая вокруг нее и с хохотом хлопая себя по коленям, — ой, не могу, до чего ж ты смешная! Посмотри на себя в зеркало; ты похожа на того дурачка, в которого мы в школе кидали скорлупу от орехов.

Мэгги ощутила неожиданный укол в сердце. Раньше она думала прежде всего об избавлении от надоевших ей волос и не менее надоевших замечаний по их поводу и — чуточку — о победе, которую она одержит над матерью и тетками благодаря такому решительному образу действий. Она не стремилась к тому, чтобы ее волосы выглядели красиво, об этом не могло быть и речи; она только хотела, чтобы люди считали ее умной маленькой девочкой, а не находили в ней одни недостатки. Но сейчас, когда Том стал над ней смеяться и сказал, что она похожа на дурачка, все это предстало пред ней совсем в ином свете. Она посмотрела в зеркало — Том все еще смеялся и хлопал в ладоши, — и ее раскрасневшиеся щеки побледнели, губы дрогнули.

— Ой, Мэгги, тебе придется идти сейчас к обеду, — сказал Том. — Ой, не могу!

— Не смейся надо мной! — топая ногой, гневно закричала Мэгги и толкнула его; из глаз ее потоком хлынули сердитые слезы.

— Ну-ну, потише, злюка, — сказал Том. — Для чего ж ты их тогда обстригла? Ну, я иду, нюхом слышу, что сейчас будет обед.

Он поспешил вниз и оставил Мэгги во власти горького чувства, что сделанного не воротишь, — чувства, которое терзало ее детское сердечко чуть не каждый день. Она уже ясно видела, что учинила глупость и что теперь ей придется больше, чем когда-либо, слышать о своих волосах. Мэгги всегда поступала не подумав, под влиянием порыва, а затем во всех мельчайших подробностях, подсказанных живым воображением, представляла не только последствия своего поступка, но и что было бы, если бы она его не совершила. Том, обладавший удивительной врожденной способностью чуять, чтó ему на пользу, чтó во вред, никогда не делал таких глупостей, как Мэгги, и хотя был куда более своеволен и упрям, чем сестра, мать редко бранила его за непослушание. А уже если Том совершал какой-нибудь промах, он держался твердо, ему все было нипочем. Если он испортил отцовский кнут, нахлестывая ворота, он-то чем виноват? — нечего кнуту застревать в петле. Раз Том Талливер стегает ворота, значит поступок этот оправдан тем, что стегает их не кто другой, а именно он, Том Талливер, и он не намерен ни в чем раскаиваться... Но Мэгги, стоявшая в слезах перед зеркалом, чувствовала, что она просто не в состоянии сойти вниз и вынести суровые слова и взоры тетушек и смех, которым встретят ее Том, и Люси, и Марта, прислуживающая за столом, а возможно, даже отец и дядюшки, — раз Том смеялся, ясно — все остальные тоже будут. Ах, если бы она не трогала своих волос! Она сидела бы сейчас вместе с Томом и Люси и ела рулет с абрикосовым вареньем и дрочёну. Что ей еще оставалось, как не плакать? Глядя на темные пряди срезанных волос, она была в таком же отчаянии, так же нуждалась в помощи, как Аякс[1], глядящий на перебитых им овец. Возможно, закаленные невзгодами смертные, которым приходится думать о новогодних счетах, о погибшей любви и разбитой дружбе, назовут ее терзания пустыми, но для Мэгги они были не менее, а может быть, и более мучительными, чем те, что в противовес им называют истинными огорчениями зрелых лет. «Ах, дитя мое, скоро тебя ждут настоящие печали, не то что теперь», — успокаивали нас в детстве, и мы, в свою очередь, став взрослыми, успокаиваем так других детей. Кому из нас не случалось, потеряв в незнакомом месте мать или няню, жалобно всхлипывать, глядя на свои голые ножки в маленьких носочках; но мы не можем теперь вызвать в памяти острую боль той минуты и поплакать над ней, как мы плачем над памятными до сих пор страданиями, испытанными каких-нибудь пять или десять лет назад. Каждая из таких горьких минут оставила свой неизгладимый след, но следы эти уже невозможно распознать под более поздними напластованиями поры нашей юности и зрелых лет; вот почему мы смотрим на горести детей с улыбкой, не верим в реальность их мучений. Можем ли мы, оглядываясь на далекое детство, вспомнить не только то, что мы делали и что с нами случалось, что нам нравилось и что не нравилось, когда мы ходили в коротком платьице или штанишках, но и проникнуть духовным взором в те чувства, которые владели нами, когда так далеко было от одних летних каникул до других, можем ли возродить в сознании все пережитое, когда школьные товарищи не хотели с нами больше играть потому, что мы просто из упрямства неправильно подавали мяч; или когда в дождливый день, не зная, чем заняться, мы от безделья принимались за проказы, от проказ переходили

---

[1] Герой трагедии Софокла «Эант», в припадке безумия перебивший собственных овец.

к открытому непослушанию, от непослушания к угрюмой мрачности; или когда мать наотрез отказывалась сшить нам взрослое платье к новому полугодию, хотя добрая половина наших сверстников давно вышла из курточек? Я уверен, если бы мы заново могли изведать горечь тех первых обид, тех неясных предчувствий, то ощущение полной безнадежности, которое во сто крат усугубляло эту горечь, мы бы не относились с таким пренебрежением к печалям наших детей.

— Мисс Мэгги, вам велено сейчас же идти вниз, — сказала Кезия, поспешно входя в комнату. — Батюшки! Что вы натворили! В жизни такого пугала не видела.

— Перестань, Кезия, — сердито сказала Мэгги. — Уходи.

— Но, говорю вам, мисс, вам велено сейчас же идти вниз — так приказала ваша матушка, — повторила Кезия, подходя к Мэгги и беря ее за руку, чтобы поднять с полу.

— Уйди, Кезия, я не хочу обедать! — крикнула Мэгги, отталкивая ее руку. — Не пойду я вниз.

— Ну, как знаете, мне недосуг вас ждать. Я должна прислуживать за столом, — ответила Кезия, выходя из комнаты.

— Мэгги, глупая, — сказал Том, заглядывая в дверь минут десять спустя, — почему ты не идешь обедать? Там целая куча сластей, и мама велит, чтобы ты шла. Ну чего ты ревешь, — экая ты нюня.

О, это ужасно! Том так жесток и бессердечен! Если бы он сидел на полу и плакал, Мэгги тоже заплакала бы вместе с ним. И обед, наверно, вкусный, а она так хочет, так хочет есть. Ах, как ей тяжело!

Однако Том был не так уж жесток. Он не собирался плакать, и горе Мэгги не мешало ему с удовольствием предвкушать сладкое, но он подошел к ней и, прижав ее голову к своей, тихо сказал, стараясь ее утешить:

— Значит, не придешь, Мэгги? Хочешь, я принесу тебе кусочек рулета, когда съем свой, и дрочёну, и разных разностей?

— Хочу-у-у, — протянула Мэгги, чувствуя, что жизнь становится несколько более сносной.

— Хорошо, — сказал Том, выходя. Но у самых дверей он снова обернулся и добавил: — А все же лучше спускайся, знаешь. Там на десерт — орехи и настойка из буквицы.

Когда Том ушел, Мэгги перестала плакать и задумалась. Его участливые слова немного смягчили ее горе, а орехи и настойка стали предъявлять свои законные права.

Медленно поднялась она с пола, усыпанного прядями срезанных волос, медленно спустилась вниз. Здесь, прислонившись плечом к косяку, она заглянула внутрь, когда дверь в столовую приотворилась. Она увидела Тома, и Люси, и пустой стул между ними, а рядом на столике дрочёну. Это было выше ее сил. Она проскользнула в комнату и направилась к своему месту. Но не успела она сесть, как пожалела об этом, и ей снова захотелось очутиться наверху.

При виде ее миссис Талливер чуть не хватил удар: тихонько вскрикнув, она уронила большую ложку, которой набирала подливку, прямо в блюдо — с самыми неприятными последствиями для скатерти. Кезия, не желая волновать хозяйку в то время, когда та режет мясо, не открыла ей истинной причины того, почему Мэгги отказалась спуститься вниз, и миссис Талливер думала, что речь идет не более чем о приступе упрямства, за которое Мэгги сама себя наказала, лишившись половины обеда.

Возглас миссис Талливер заставил все глаза обратиться туда, куда был устремлен ее взор; щеки и уши Мэгги запылали огнем, а дядюшка Глегг, седой добродушный джентльмен, воскликнул:

— Ну и ну! Что это за маленькая девочка? Да я совсем ее не знаю. Уж не на дороге ли вы ее подобрали, Кезия?

— Гляди ты, ведь это она сама обрезала себе волосы, — вполголоса сказал мистер Талливер мистеру Дину и от души рассмеялся. — Видели вы такую негодницу?

— Ну, мисс, и смешной же у тебя теперь вид, — заметил дядюшка Пуллет; и вероятно, ни разу в жизни слова его никому не причиняли такой острой боли.

— Фи, как не стыдно! — громко произнесла тетушка Глегг тоном самого сурового порицания. — Маленьких девочек, которые стригут себе волосы, следует сечь и сажать на хлеб и воду, а не пускать за стол вместе с дядюшками и тетушками.

— Да, да, — подхватил дядюшка Глегг, желая обернуть эту угрозу в шутку, — я думаю, ее нужно отправить в тюрьму, там ей остригут остальные волосы — вот и подравняются.

— Она стала еще больше похожа на цыганку, чем раньше, — сказала тетушка Пуллет с жалостью в голосе. — Какая обида, сестрица, что девочка такая смуглая; мальчик-то беленький, ничего не скажешь. Боюсь, как бы ей это не повредило в жизни.

— Она гадкая девочка и хочет разбить своей маме сердце, — проговорила миссис Талливер со слезами на глазах.

На Мэгги сыпался град упреков и насмешек. Сперва ее щеки вспыхнули от гнева, который на некоторое время, очень ненадолго, дал ей силы для внутреннего отпора, и Том решил, что, вдохновленная появлением рулета и дрочёны, она стойко все перенесет. Под этим впечатлением он шепнул: «Ой, не могу, Мэгги, говорил я тебе, что влетит». Он сказал это из дружеских чувств, но Мэгги подумала, что Том радуется ее позору. И без того слабое сопротивление рухнуло, к горлу подкатил какой-то ком, и, вскочив со стула, она подбежала к отцу, уткнулась лицом ему в плечо и громко расплакалась.

— Полно, полно, девонька, — принялся утешать ее отец, прижимая к себе, — ну что за беда; твое право было их обрезать, коли они тебе мешали. Брось плакать, отец не даст тебя в обиду.

Целительный бальзам нежности! Мэгги не забыла ни одного из этих случаев, когда отец «не давал ее в обиду»; она хранила их в своем сердце и думала о них многие годы спустя, когда все толковали, что мистер Талливер плохо выполнил свой долг по отношению к детям.

— Ох и балует же твой муж этого ребенка, Бесси! — громко произнесла «в сторону» миссис Глегг. — Это ее погубит, ежели ты не примешь мер. Мой отец так своих детей не воспитывал, иначе не бывать бы нашей семье такой, какая она есть.

К этому времени расстройство миссис Талливер из-за семейных неприятностей достигло, видимо, того предела, за которым наступает полное безразличие. Не обратив внимания на слова сестры, она откинула назад ленты чепчика и с немой покорностью судьбе принялась раскладывать рулет.

Десерт принес Мэгги полное избавление, так как детям разрешили взять настойку и орехи в беседку, — день был очень теплый, — и с живостью букашек, выбравшихся из-под направленного на них зажигательного стекла, они выбежали из дома и помчались наперегонки по саду, где только-только стали набухать на кустах почки.

У миссис Талливер были особые основания отпустить детей. Теперь, когда покончили с обедом и мысли больше не были заняты едой, наступил подходящий момент, чтобы сообщить о планах мистера Талливера относительно Тома, и самому Тому при этом лучше было не присутствовать. Дети привыкли, что о них говорят так свободно, словно они птицы и ничего не понимают, как бы они ни вытягивали свои шейки и ни прислушивались; но в данном случае миссис Талливер проявила необычную осмотрительность, так как за последнее время по некоторым признакам убедилась, что учение у пастора для Тома — перспектива столь же малоприятная, как, например, обучение у констебля. Миссис Талливер со вздохом признавалась себе, что ее муж все равно сделает по-своему, что бы там ни говорили сестрица Глегг или сестрица Пуллет, но, во всяком случае, если дело обернется худо, никто не сможет ее упрекнуть, что она согласилась на безрассудный поступок мужа, ни слова не сказав своей родне.

— Мистер Талливер, — прервала она беседу своего мужа с мистером Дином, — не пора ли уже рассказать тетушкам и дядюшкам, что ты решил насчет Тома?

— Ладно, — довольно резко ответил мистер Талливер, — я готов кому угодно сказать, что́ я решил с ним сделать. Я решил, — продолжал он, глядя на мистера Глегга и мистера Дина, — я решил послать его к мистеру Стеллингу, пастору в Кинг-Лортоне... Очень, говорят, сведущий человек, он Тома на ум наставит.

Среди присутствующих пронесся шепот удивления, как это бывает в сельской церкви, когда священник коснется с кафедры житейских дел своей паствы. Для тетушек и дядюшек было полной неожиданностью узнать, что планы мистера Талливера как-то связаны с пастором. Что до дядюшки Пуллета, он вряд ли был бы больше сбит с толку, если бы мистер Талливер заявил, что собирается послать Тома к лорду-канцлеру. Мистер Пуллет принадлежал к тому ныне вымершему классу английских йоменов, которые одевались в тонкое сукно, платили высокие налоги и подати, исправно ходили в церковь и уничтожали по воскресеньям праздничный обед, столь же твердо веря в то, что между Британской церковью и государством нет никакого различия, как в то, что Солнце вертится вокруг Земли. Печально, но факт — у мистера Пуллета было смутное представление, что епископ — это нечто вроде баронета, который может быть, а может и не быть священнослужителем, и так как пастор его прихода был человек родовитый и состоятельный, мысль о том, что священник выступает в роли учителя, настолько противоречила всем его понятиям, что совершенно не укладывалась в голове. Я знаю, в наш просвещенный век трудно поверить в столь глубокое невежество, но поразмыслите, каких блестящих результатов может достигнуть при благоприятных условиях человек, одаренный природными способностями. А дядюшка Пуллет отличался как раз исключительной природной способностью к невежеству. Он-то первый и выразил вслух свое недоумение.

— Что? Зачем вам понадобилось посылать его к пастору? — спросил он, изумленно помаргивая, и поглядел на мистера Глегга и мистера Дина, чтобы увидеть, понимают ли они хоть что-нибудь.

— Да затем, что пасторы, как я смекаю, — лучшие учителя, — сказал бедный мистер Талливер, который в лабиринте нашего мудреного света с величайшей готовностью крепко хватался за любую путеводную нить. — Джейкобз, у которого был Том, не пастор, а что толку? Ничему он Тома не выучил. Вот я и решил — уж коли посылать Тома к учителю, так чтоб не был вроде Джейкобза. А этот мистер Стеллинг, судя по всему, как раз такой человек, какой мне нужен. Я собираюсь отправить к нему Тома после Иванова дня, — решительно закончил он, постучав по крышке табакерки, и заложил в нос понюшку табаку.

— Вам тогда придется оплатить солидный счет за полгода, э, Талливер? Пасторы имеют о себе довольно высокое понятие, — заметил мистер Дин, с шумом втягивая табак, что он проделывал во всех тех случаях, когда хотел остаться в стороне.

— И вы думаете, сосед Талливер, пастор научит его различать с первого взгляда, какая пшеница хорошая, какая плохая? — засмеялся мистер Глегг; он любил пошутить и считал, что теперь, когда он удалился от дел, ему не только простительно, но даже подобает видеть вещи с их смешной стороны.

— Да я, понимаете, задумал тут кой-что насчет Тома... — начал мистер Талливер, но, сделав это заявление, умолк и поднес к губам стакан.

— Ну, ежели мне дозволят раскрыть рот — а это не часто бывает, — с горькой многозначительностью вмешалась миссис Глегг, — я хотела бы узнать, какой толк дать мальчику воспитание не по средствам?

— Видите ли, — продолжал мистер Талливер, глядя не на миссис Глегг, а на мужскую половину своей аудитории, — я решил пустить Тома по другой части. Я уж давненько об этом подумывал, а как посмотрел на Гарнета и его сына, так и сомневаться перестал. Хочу определить его к какому-нибудь делу, где бы он мог начать без капитала; вот и надо отдать его в науку, чтоб он не уступал законникам и всяким таким людям и меня мог при случае надоумить.

Не разжимая губ, на которых играла не то жалостливая, не то презрительная улыбка, миссис Глегг издала громкое «гм».

— Было бы куда лучше для иных людей, — произнесла она после столь многообещающего введения, — кабы они оставили законников в покое.

— Значит, он стоит во главе средней классической школы, этот пастор, — вроде той, что на Маркет-Бейли? — спросил мистер Дин.

— Нет... вовсе нет, — обернулся к нему мистер Талливер. — Он возьмет не больше двух-трех учеников, так что у него будет достаточно времени для каждого из них.

— А-а, и он их быстрее выучит. А то им трудно учиться, когда их так много, — заметил дядюшка Пуллет, чувствуя, что наконец проник в самую суть этого трудного вопроса.

— Но он, верно, и деньги спросит хорошие?.. — осведомился дядюшка Глегг.

— Да, добрых сто фунтов в год... не меньше, — произнес мистер Талливер, немало гордясь своим решительным образом действий. — Но это опять же не выброшенные деньги; образование для Тома будет тот же капитал.

— Да, это имеет свой смысл, — заметил мистер Глегг. — Что ж, сосед Талливер, может, вы и правы, может, вы и правы.

Коль нет земли и нет ни пенни,
То впору взяться за ученье.

Я, помню, видел эти две строчки на витрине в Бакстоне. Но нам, неученым, лучше приберечь свои денежки, а, сосед Пуллет? — И мистер Глегг с довольным видом потер колени.

— Дивлюсь я вам, мистер Глегг, — заявила его супруга. — Не к лицу это человеку вашего возраста и положения.

— Что не к лицу, миссис Глегг? — спросил мистер Глегг, весело подмигивая окружающим. — Новый синий костюм, который я сегодня надел?

— Мне жаль вас, мистер Глегг: как можно проявлять такую слабость характера! Я говорю, не к лицу вам шутить, когда ваша родня очертя голову несется к разорению.

— Коли это вы обо мне, — отозвался мистер Талливер, задетый за живое, — так обо мне можете не беспокоиться, я справлюсь со своими делами без посторонней помощи.

— Как это я забыл, — сказал мистер Дин, благоразумно переводя разговор на другую тему, — ведь я слышал от кого-то, что Уэйкем тоже собирается послать своего сына — этого калеку — к пастору. Ты не помнишь, Сюзан? — обратился он к своей супруге.

— Ничего не могу об этом сказать, ровно ничего, — ответила миссис Дин и снова крепко сжала губы. Кто-кто, но уж никак не миссис Дин станет ввязываться в перебранку, где того и гляди достанется тебе самому.

— Что ж, — сказал мистер Талливер преувеличенно весело, чтобы миссис Глегг видела, что он и думать о ней забыл. — Уж коли Уэйкем хочет послать сына к пастору — будьте уверены, я не промахнусь, когда сделаю то же. Уэйкем — самая продувная бестия, какую породил нечистый, но уж он-то насквозь видит всякого, с кем имеет дело. Да, да, скажите мне, кто мясник Уэйкема, и я скажу вам, где покупать мясо.

— Но сын адвоката Уэйкема — горбун, — заметила миссис Пуллет со смутным ощущением, что вся эта история принимает несколько похоронный характер, — натуральнее послать его к пастору.

— Да, — вмешался мистер Глегг, опрометчиво подхватывая слова миссис Пуллет, — не забывайте об этом, сосед Талливер. Сын Уэйкема вряд ли пойдет по деловой части. Уэйкем сделает из него джентльмена, из бедного мальчонки.

— Мистер Глегг, — прервала его миссис Глегг тоном, свидетельствующим, что, хотя она решила крепко закупорить свое негодование, оно помимо ее воли с шумом просачивается наружу, — придержите лучше язык, мистер Талливер не желает знать ваше мнение, равно как и мое. Иные люди сами лучше всех все знают.

— Ну, коли судить по вашим словам, так это к вам как раз и относится, — отрезал мистер Талливер, снова начиная кипятиться.

— О, я молчу, — саркастически промолвила миссис Глегг. — Моего совета не спрашивали, я и не даю его.

— Редкий случай, — сказал мистер Талливер. — Советы — единственное, что вы даете, даже чересчур охотно.

— Давать, может, я ничего и не даю, зато охотно ссужаю, — отпарировала миссис Глегг. — Я одалживала деньги кой-кому, кто, может статься, заставит меня пожалеть, что я ссужала собственную родню.

— Полно, полно, полно, — пытался успокоить их мистер Глегг.

Но ничто не могло удержать мистера Талливера от резкого ответа:

— Ну так вы, сдается мне, имеете долговое обязательство и получаете свои пять процентов, родня это или не родня.

— Сестрица, — умоляюще промолвила миссис Талливер, — выпей настойки и возьми хоть немножко миндаля и изюма.

— Бесси, мне жаль тебя, — обернулась к ней миссис Глегг; она сильно напоминала дворняжку, которая обрадовалась случаю оставить в покое прохожего с палкой и облаять безоружного. — Ни к чему сейчас толковать мне о миндале да изюме.

— О боже, сестрица Глегг, не надо ссориться, — простонала миссис Пуллет, роняя слезу. — Да еще после обеда. Тебя может хватить удар — смотри, ты вся красная сделалась... а мы только-только сняли траур и уложили в сундуки платья с крепом. Так сестры не поступают.

— Надо думать, не поступают, — отрезала миссис Глегг. — Хорошенькие настали времена, ежели одна сестра приглашает к себе в дом другую нарочно, чтобы затеять ссору и оскорблять ее.

— Легче, легче, Джейн, не горячись, — вступился мистер Глегг.

Но не успел он договорить, как мистера Талливера, ни в коей мере еще не излившего свой гнев, снова прорвало.

— Да кто тут затевает ссоры? — вскричал он. — Вы сами не можете оставить людей в покое и вечно всех грызете. Я ни за что не стану ссориться с женщиной, ежели она знает свое место.

— Свое место! Еще чего! — повысила голос миссис Глегг. — И поважнее вас были люди, мистер Талливер, — они давно уже спят вечным сном, — а обращались со мной поуважительней, чем вы... хотя, конечно, мой муж сидит тут словно воды в рот набрал и смотрит, как меня оскорбляют. И кто? Тот, кто и думать бы об этом не посмел, когда бы некоторые члены нашей семьи не вышли замуж невесть за кого.

— Уж коли об этом речь зашла, — отпарировал мистер Талливер, — так моя семья не хуже вашей... и даже лучше — в ней нет женщины с таким вздорным характером.

— Отлично, — заявила миссис Глегг, поднимаясь, — не знаю, может, вы, мистер Глегг, думаете, что так и надо — сидеть здесь и слушать, как меня поносят, но только я и минуты не останусь в этом доме. Вы можете оставаться и ехать домой в двуколке, я пойду пешком.

— Ах ты господи, ах ты господи, — горестно промолвил мистер Глегг, выходя из комнаты вслед за своей половиной.

— Ну как ты мог это сказать? — со слезами на глазах проговорила миссис Талливер.

— Скатертью дорожка, — проворчал мистер Талливер, слишком разгоряченный, чтобы его могли охладить даже ручьи слез. — Пусть уходит, и чем скорее, тем лучше. В другой раз подумает, прежде чем указывать мне.

— Сестрица Пуллет, — растерянно обратилась к сестре миссис Талливер, — как ты полагаешь, выйдет что, ежели ты пойдешь за ней и попробуешь ее урезонить?

— Лучше не надо, лучше не надо, — сказал мистер Дин. — Уладите это в другой раз.

— Тогда, сестрицы, пойдем посмотрим, что делают дети, — предложила миссис Талливер, вытирая глаза.

Ни одно предложение не могло быть более кстати. Когда сестры вышли из комнаты, мистер Талливер вздохнул с облегчением: ну и надоели ему эти женщины — хуже мух. Одним из наибольших удовольствий мистер Талливер полагал беседу с мистером Дином, но тот был настолько занят, что видеться им удавалось очень редко. Мистер Талливер считал мистера Дина самым «смыслящим» из своих знакомых, к тому же тот обладал бойким и злым языком, чего так недоставало самому мистеру Талливеру, у которого любовь к острому словцу не находила себе членораздельного выражения. И теперь, когда женщины ушли, они могли наконец завести серьезный разговор, не опасаясь, что их прервут из-за каких-нибудь пустяков. Они могли обменяться мнениями насчет герцога Веллингтона, позиция которого в католическом вопросе показала его в совершенно новом свете, и выразить свое презрение к тому, как он вел себя во время битвы при Ватерлоо, которую он ни за что бы не выиграл, если бы в его распоряжении не было многочисленной английской армии, не говоря уже о Блюхере и пруссаках, подоспевших, как слышал мистер Талливер от весьма осведомленного человека, в самый последний момент. Тут, правда, между ними возникло небольшое разногласие, ибо мистер Дин заметил, что не склонен слишком доверять пруссакам, — форма их морских судов и неудовлетворительный характер сделок с данцигскими пивоварами заставляют его придерживаться весьма низкого мнения о пруссаках вообще. Потерпев поражение в этом вопросе, мистер Талливер принялся сетовать на то, что не бывать уже стране такой, какой она была когда-то; однако мистер Дин, связанный с фирмой, доходы которой с каждым годом росли, естественно, не так мрачно смотрел на будущее и привел несколько примеров насчет состояния экспорта, в частности экспорта кож и технического цинка, которые несколько успокоили страхи мистера Талливера и отодвинули в более отдаленное будущее те времена, когда страна окончательно станет добычей папистов и радикалов и честным людям трудно будет пробиться в жизни.

Дядюшка Пуллет сидел и, помаргивая глазками, слушал, как они обсуждают эти высокие материи. Сам он в политике ничего не смыслил, считая, что тут нужен особый талант, но, судя по тому, что они говорили, этот герцог Веллингтон совсем не подходил для своего поста.

ГЛАВА VIII

Мистер Талливер проявляет слабость

— А что, ежели сестрица Глегг потребует обратно свои деньги?.. Тебе будет не так легко раздобыть сейчас пятьсот фунтов, — сказала в тот вечер миссис Талливер своему супругу, перебирая в памяти все события этого горестного дня.

Миссис Талливер прожила с мужем тринадцать лет, однако в полной неприкосновенности сохранила с первых дней супружеской жизни способность говорить вещи, которые побуждали его делать как раз обратное тому, что ей хотелось. Удивительно, как некоторые умы ухитряются не потерять своей первозданной свежести; так золотая рыбка, дожив до самого преклонного возраста, по-видимому, продолжает питать юношескую иллюзию, что она может проплыть прямо сквозь стенку аквариума. Миссис Талливер была милой рыбкой этого рода и в течение тринадцати лет, натыкаясь лбом на одну и ту же стенку, каждый раз снова пыталась прошибить ее все с тем же рвением.

Замечание миссис Талливер немедленно склонило мистера Талливера к убеждению, что ему вовсе не трудно будет раздобыть пятьсот фунтов, а когда она стала довольно настойчиво спрашивать, как же это он их раздобудет, не закладывая мельницу и землю — чего, он, по его словам, никогда не сделает, ведь в наши дни люди не очень-то охотно ссужают деньги без залога, — мистер Талливер, разгорячась, объявил, что миссис Глегг вольна поступать, как ей угодно, деньги он вернет, потребует она их или нет. Он не желает быть обязанным ни одной из своячениц. Когда мужчина берет жену из семьи, где целая куча баб, ему со многим приходится мириться, коли он на это пойдет. Но он, мистер Талливер, не пойдет.

Миссис Талливер тихонько всплакнула, надевая ночной чепец, но очень скоро погрузилась в целительный сон, убаюканная мыслью, что завтра она переговорит обо всем с сестрицей Пуллет в Гэрум-Фёрзе, куда она была приглашена с детьми к чаю. Не то чтобы она ожидала каких-нибудь определенных результатов от этого разговора, но, хотя сделанного не воротить, не может быть, чтобы ничего не изменилось, если как следует поплакаться.

Муж ее не мог заснуть довольно долго — он тоже думал о визите, который нанесет на следующий день, и его размышления на этот счет имели далеко не такой неопределенный и утешительный характер, как мысли его любезной половины.

Под горячую руку мистер Талливер был способен на самые опрометчивые поступки, хотя это и может показаться несовместимым с тем опасливым недоверием к мудреной, удивительной природе человеческих отношений, которое было ему свойственно в минуты более спокойных раздумий. Однако вполне возможно, что между этими, как будто противоположными, чертами в действительности есть прямая связь: мне часто приходилось замечать, что нет лучшего способа запутать моток пряжи, как дернуть за одну нитку...

Вот почему на следующий день, вскоре после обеда (мистер Талливер не жаловался на пищеварение), он направлялся верхом в Бассет — повидать свою сестру Мосс и ее мужа. Дело в том, что, как только он бесповоротно решил вернуть взятые им взаймы у миссис Глегг пятьсот фунтов, ему, естественно, пришло в голову, что у него есть долговая расписка на триста фунтов, которые он ссудил своему зятю Моссу, и если бы вышеназванный Мосс ухитрился отдать деньги в ближайшее время, это в значительной степени опровергло бы ошибочное представление, будто мистер Талливер попал в затруднительные обстоятельства, — представление, которое его смелый поступок мог бы вызвать у слабых людей, непременно желающих в точности знать, как будет сделано то или иное, прежде чем они поверят в возможность благополучного исхода.

Мистер Талливер находился в положении, в котором не было ничего нового и примечательного, но, подобно многому другому, оно могло в конце концов привести к весьма плачевным результатам: его считали куда более состоятельным человеком, чем он был на самом деле. А так как все мы склонны верить тому мнению, которое составили о нас другие, то он обычно думал о банкротстве и разорении с тем же чувством, с каким поджарый, долговязый человек слышит, что полнокровного коротышку, его соседа, хватил удар: «Очень жаль, но уж мне-то это не грозит». Он привык к милым шуткам о том, какая важная он персона — хозяин мельницы и владелец хорошего участка земли, и эти шутки, естественно, поддерживали в нем ощущение, что он человек со средствами. Они придавали особо приятный вкус стакану вина, который он выпивал с друзьями в рыночный день, и если бы не нужно было каждые полгода производить очередную выплату процентов, мистер Талливер и правда забыл бы, что его заманчивый для многих участок заложен за две тысячи фунтов. Но разве он так уж в этом виноват? Тысячу он должен был выделить сестре в приданое, а как может рассчитывать выплатить деньги по закладной человек, соседи которого непременно хотят с ним судиться, в особенности если он пользуется хорошей репутацией у приятелей, которые предпочитают взять сотню фунтов взаймы, не оставляя в залог каких-то грязных бумажонок? В натуре нашего друга Талливера было много доброты, и ему неприятно было резко отказывать даже сестре, которая не только, как это свойственно сестрам, появилась на свет без малейшей в том надобности и послужила причиной того, что пришлось заложить землю, но к тому же неудачно вышла замуж и увенчала свои прегрешения восьмью детьми. Мистер Талливер знал, что проявляет слабость, но, оправдывался он перед собой, — бедняжка Гритти была такая хорошенькая до того, как вышла за Мосса... иногда тут у него даже голос дрожал. Однако в это утро он был в настроении, более приличествующем деловому человеку, и пока он ехал по изрытым глубокими колеями проселкам Бассета, расположенного так далеко от города, что доставка на рынок продуктов и подвоз удобрений поглощали добрую половину доходов, которые давала бедная бассетская земля, — он достиг должной степени раздражения против Мосса, человека без средств, человека, который, если только случались падеж или засуха, непременно получал свою долю, человека, который, чем больше вы стараетесь вытащить его из болота, тем глубже в нем увязает. Это ему только на пользу пойдет, коли придется раздобыть триста фунтов: это заставит его не быть таким растяпой и не сделать в нынешнем году такой же глупости с шерстью, как в прошлом. Да что там, он, мистер Талливер, был слишком снисходителен к своему зятю, а раз он два года не спрашивал с него даже процентов, тот, верно, подумал, что об основном долге и тревожиться нечего. Но мистер Талливер больше не собирается помогать таким людям, что сами на ногах не стоят, и поездка по дорогам Бассета вряд ли могла улучшить его настроение и поколебать эту решимость. Время от времени, когда лошадь спотыкалась, попадая в глубокие выбоины, оставленные подковами в самые грязные дни зимы, мистера Талливера подбрасывало в седле, и с уст его срывались отрывистые проклятья по адресу праотца законников, который так или иначе приложил свое копыто к этим дорогам; а заросшие сорняками земли и полуразвалившиеся изгороди, то и дело попадавшиеся ему на глаза, хотя и не имели отношения к хозяйству его зятя, Мосса, все же еще больше способствовали недовольству мистера Талливера этим незадачливым хлебопашцем. Пусть это поле чужое, но оно с успехом могло бы принадлежать и Моссу. Весь Бассет на один лад: нищенский приход. Так полагал мистер Талливер, и полагал, конечно, не без основания. В Бассете была скудная почва, скверные дороги, бедный, не проживающий в своем поместье лендлорд, бедный, не проживающий в своем приходе священник и не менее бедный помощник священника — один на два прихода. Если кто-нибудь, убежденный в способности человеческого духа торжествовать над обстоятельствами, станет утверждать, что прихожане Бассета при всем том могут быть превосходными людьми, мне нечего возразить против этого абстрактного положения: я знаю одно — в действительности духовный облик Бассета находился в полном соответствии с его обстоятельствами. Глинистые, заросшие травой или покрытые жидкой грязью проселки, которые, казалось, не вели никуда, разве что друг к другу, на самом деле терпеливо шли к пролегавшей в отдалении большой дороге; однако жители Бассета куда чаще направляли свои стопы к средоточию беспутной жизни, официально именовавшемуся «Маркиз из Грэнби», а среди завсегдатаев известному как «Дикисонов кабачок». Большая низкая комната, с посыпанным песком полом, пропитанная застарелым табачным духом, к которому примешивался запах прокисшего пива, унылое прыщавое лицо мистера Дикисона, прислонившегося к дверному косяку и выглядевшего при дневном свете столь же неуместно, как оплывший огарок с ночной пирушки, — все это может показаться не слишком заманчивым воплощением соблазна, но для большинства бассетских мужчин, проходивших мимо в зимние сумерки, здесь таилось роковое очарование. И если какая-нибудь из хозяек в Бассете хотела доказать, что муж ее не прожигатель жизни, вряд ли она могла сделать это более убедительно, чем заявив, что от одного Троицына дня до другого он не оставил у Дикисона ни шиллинга. Миссис Мосс не раз говорила это о своем муже, когда брат ее был расположен находить в нем одни недостатки — как, например, сегодня... А тут еще ворота на ферму... Не успел мистер Талливер толкнуть их рукояткой хлыста, как они сорвались с верхних петель и чуть не ушибли и его самого и лошадь; ничто не могло так усилить его раздражение. Мистер Талливер уже собрался было спешиться и провести лошадь по жидкой грязи двора, покрытого тенью от мрачных деревянных строений, к длинному полуразрушенному жилому дому, стоящему в более высокой, мощеной части участка, но тут своевременно появился пастух, и это избавило его от необходимости нарушить твердое намерение не слезать с коня во время этого визита. Если человек хочет быть непреклонным, ему лучше оставаться в седле, чтобы не видеть ничьих умоляющих глаз, и говорить, обозревая далекий горизонт... Миссис Мосс услышала лошадиный топот и, когда брат подъехал, уже стояла перед кухонной дверью, устало ему улыбаясь; на руках у нее сидел черноглазый младенец. Миссис Мосс похожа была на брата, но лицо ее поблекло, — пухленькая ручонка малыша, прижавшаяся к ее увядшей щеке, казалось, еще резче подчеркивала это.

— Рада видеть тебя, братец, — сказала она с нежностью в голосе. — Я не ждала тебя сегодня. Как поживаешь?

— О, неплохо, миссис Мосс, неплохо, — холодно обронил брат, как будто с ее стороны было изрядной дерзостью задать этот вопрос.

Она сразу поняла, что брат не в духе. Он звал ее миссис Мосс, только когда на нее сердился или когда они были на людях. Но она считала вполне естественным, что бедных каждый может унизить. Миссис Мосс не придерживалась той точки зрения, что все люди равны. Это была безропотная, чадолюбивая, мягкосердечная женщина.

— А что, мужа твоего, видно, нет? — добавил мистер Талливер после нескольких минут угрюмого молчания, во время которого из дому, как цыплята из лукошка вслед за исчезнувшей вдруг наседкой, высыпали четверо ребятишек.

— Да, но он близко, на картофельном поле... Джорджи, сбегай быстренько на Фар-Клоус, скажи отцу, что приехал твой дядя... Ты не сойдешь с лошади, братец, не перекусишь чего-нибудь?

— Нет, нет, не могу. Мне надо будет сразу же ехать домой, — ответил мистер Талливер, глядя в пространство.

— А как миссис Талливер и дети? — смиренно спросила миссис Мосс, не решаясь настаивать на своем приглашении.

— О, как нельзя лучше. Том с Иванова дня идет в новую школу... Сильно потратиться придется. Скверное дело, когда надобно дожидаться своих денег.

— Будь добр, отпусти как-нибудь Тома и Мэгги в гости к их братишкам и сестренкам. Мои малыши ждут не дождутся своей сестрички... А ведь я ее крестная и так ее люблю... Уж такую они вокруг нее суету поднимут, все, что есть, принесут. И я знаю, ей нравится у нас бывать — такое любящее сердечко, а уж до чего шустрая да умненькая, и не расскажешь.

Будь миссис Мосс не воплощенное простодушие, а хитрец из хитрецов, и тогда она не могла бы придумать ничего более удачного, чтоб умилостивить брата, нежели эта похвала по адресу Мэгги. Он редко слышал, чтобы кто-нибудь по собственному почину хвалил «маленькую»; обычно отстаивать ее достоинства приходилось ему самому. Но у тети Мосс Мэгги всегда показывала себя в наилучшем свете. Это была ее Элсейшия[1], куда не достигала рука закона: если она что-нибудь опрокидывала, пачкала башмаки или рвала платье — в доме тети Мосс это считалось в порядке вещей. Взор мистера Талливера помимо его воли смягчился, и, отвечая, он уже не отвел глаз от сестры.

— Да, ты ей, видать, куда больше по сердцу, чем другие тетушки. Она в нашу семью пошла, ни вот столечко на мать не похожа.

— Мосс говорит, она — вылитая я в молодости, — сказала миссис Мосс, — но я никогда не была такая шустрая и такая охотница до книг. Я думаю, моя Лиззи в нее — вот она и верно смышленая... Подойди сюда, Лиззи, голубка, пусть дядя на тебя посмотрит. Он тебя и не узнает, так ты выросла.

Лиззи, черноглазая девчушка лет семи, казалась немного испуганной, когда мать подтолкнула ее вперед: маленькие Моссы испытывали благоговейный трепет перед своим дядей с Дорлкоутской мельницы. Девочка настолько уступала Мэгги в живости характера и выразительности лица, что сравнение могло только польстить отцовской гордости мистера Талливера.

— Да, они немного похожи, — сказал он, благожелательно глядя на фигурку в замусоленном передничке. — Обе пошли в нашу мать. У тебя хватает девчонок, Гритти, — добавил он полусострадательным-полуукоризненным тоном.

— Четверо, благослови их Господь, — со вздохом отозвалась миссис Мосс, поглаживая Лиззи по головке, — столько же, сколько и мальчиков. На каждого брата по сестре.

— Да, но им придется самим пробивать себе дорогу, — сказал мистер Талливер, чувствуя, что твердость

---

[1] *Элсейшия* — название монастыря монахов-кармелитов в Лондоне, где в XIV–XVII вв. гражданские власти не имели права ареста преступников.

его поколеблена, и стремясь поддержать ее этим полезным намеком. — Они не должны рассчитывать только на своих братьев.

— Это верно; но, я надеюсь, братья будут любить бедняжек и не забудут, что их один отец с матерью породили. Парнишки от этого бедней не станут, — поспешно проговорила миссис Мосс, робко вспыхивая, как полупогасший огонь.

Мистер Талливер слегка ударил лошадь по крупу, затем придержал ее и сердито крякнул: «Но, ты, балуй у меня!» — к величайшему удивлению этого невинного животного.

— И чем их больше, тем больше они должны любить друг друга, — наставительно молвила миссис Мосс, глядя на детей. Но затем, снова поворачиваясь к брату, добавила: — Хотя, Бог даст, и твой парнишка всегда будет хорош с Мэгги, пусть их только двое, как нас с тобой, брат.

Эта стрела попала мистеру Талливеру прямо в сердце. Он не обладал слишком живым воображением, но мысль о Мэгги никогда не покидала его, и ему не требовалось особого труда, чтобы представить себе «маленькую» на месте ее тети Мосс. Неужели она будет когда-нибудь бедовать и Том не пожалеет ее?

— Да, да, Гритти, — сказал мельник с неожиданной мягкостью в голосе. — Но ведь я всегда делал для тебя все, что мог, — добавил он, словно оправдываясь.

— Я не спорю, брат, я не какая-нибудь неблагодарная, — согласилась бедная миссис Мосс, слишком измученная тяжким трудом и детьми, чтобы сохранить силы еще для гордости. — Но вот и отец... Ну и долго ты, Мосс!

— Долго, говоришь? — обиженно молвил мистер Мосс, едва переводя дыхание. — Я всю дорогу бежал... Что же вы не сойдете с лошади, мистер Талливер?

— Пожалуй, сойду; пройдем-ка в сад, я хочу кой о чем потолковать с вами, — сказал мистер Талливер, рассчитывая, что в отсутствие сестры он скорее выдержит характер.

Он спешился и последовал за мистером Моссом к старой беседке под тисом, а сестра осталась на месте, похлопывая младенца по спинке и задумчиво глядя им вслед.

Их появление в беседке вспугнуло нескольких кур, наслаждавшихся купанием в пыли; громко кудахтая и хлопая крыльями, куры тут же бросились врассыпную. Мистер Талливер сел на скамью, с недоверчивым видом постукал рукояткой хлыста по земле, будто ожидая, что под ней вдруг окажется яма, и ворчливо начал:

— Что это, я вижу — у вас опять пшеница на Корнер-Клоус, и хоть бы горсть удобрений в земле. Ничего у вас и в этом году не выйдет.

Мистер Мосс, до женитьбы на мисс Талливер считавшийся первым щеголем Бассета, сейчас был покрыт щетиной недельной давности и имел уныло-безнадежный вид заезженной клячи. Он ответил терпеливым и вместе раздраженным тоном:

— Что ж поделаешь? Нам, бедным фермерам, приходится изворачиваться как можем. Пусть, у кого есть шальные деньги, зарывают в землю половину того, что хотят от нее взять.

— Уж не знаю, у кого шальные деньги, как не у тех, кто берет взаймы и не платит процентов, — проворчал мистер Талливер, стремясь затеять ссору: это было бы самым простым и легким предлогом потребовать назад свои триста фунтов.

— Знаю, я запоздал с процентами, — сказал мистер Мосс, — но мне так не повезло с шерстью в прошлом году, а тут еще хозяйка моя прихворнула, все и пошло не как у людей.

— Да уж, — проворчал мистер Талливер, — у нас вечно все не как у людей; пустой мешок прямо стоять не будет.

— Ну, я не знаю, в чем вы можете меня упрекнуть, мистер Талливер, — запротестовал мистер Мосс, — ни один поденщик так не работает, как я.

— А что с того толку? — резко возразил мистер Талливер. — Женится человек без гроша за душой, а с одного приданого ферму не поставишь. Я был против этого с первого дня; да разве вы, вы оба, меня слушали? А я не могу больше дожидаться своих денег, я сам должен пять сотенных миссис Глегг, а тут еще на Тома потратиться придется; мне и так концы с концами не свести, даже коли я сполна получу, что мне причитается. Вы должны пораскинуть мозгами — как вернуть мне триста фунтов.

— Ну, ежели вы к этому вели, — отозвался мистер Мосс, безучастно глядя в одну точку, — лучше нам все пустить с молотка и покончить разом; мне придется продать весь скот до последней головы, чтобы расплатиться с вами и с лендлордом.

Кто станет спорить, что от бедных родственников — одна досада? Что до нас, лучше бы их совсем не было на свете; к тому же почти всегда они сами во всем виноваты. Мистер Талливер дошел в своем раздражении до такого накала, что ему уже ничего не стоило, поднимаясь с места, сердито сказать:

— Ну, делайте что хотите. У меня нет денег для каждого встречного и поперечного. Я должен заботиться о собственных делах и о собственной семье. Не могу я больше дожидаться своих денег, извольте-ка раздобыть их, да поскорей.

С этими словами мистер Талливер, круто повернувшись, вышел из беседки и, не оглядываясь на мистера Мосса, направился к кухонной двери дома, где старший сын Мосса держал под уздцы его лошадь и ждала миссис Мосс. Ее недоумение и тревогу не могло вполне рассеять даже ласковое воркование малыша, разыгрывавшего пальчиками музыкальные пассажи на ее увядшем лице. У миссис Мосс было восемь детей, и все же она никак не могла примириться с тем, что не выжили еще и близнецы. Мистер Мосс полагал, что их отбытие в лучший мир имеет свою утешительную сторону.

— Ты разве не зайдешь, брат? — спросила она, тревожно глядя на мужа, медленно подходившего к ним.

Мистер Талливер уже вдел ногу в стремя.

— Нет, нет, прощайте, — сказал он, натягивая поводья и трогаясь с места.

Он чувствовал себя твердым как кремень, пока не выбрался за ворота фермы и не проехал немного по изрезанной глубокими колеями дороге; но прежде чем он достиг следующего поворота, который скрыл бы от его глаз полуразрушенные строения фермы, его, казалось, поразила какая-то неожиданная мысль. Он придержал коня и, стоя на месте, погрузился в горестное раздумье, склоняя голову то к одному плечу, то к другому, словно рассматривая какой-то трудный вопрос с разных сторон. По-видимому, после сделанного сгоряча шага он снова проникся мыслью, что живем мы в мудреном мире. Он повернул лошадь и, стегнув ее, медленно направился обратно, дав выход чувствам, заставившим его изменить свои намерения, в словах: «Бедная девчушка! У нее, может статься, не будет никого, кроме Тома, когда я помру».

Мистер Талливер еще издали был замечен младшими Моссами, которые тут же поспешили с этим волнующим известием к матери, и не успел мистер Талливер подъехать, миссис Мосс снова была на пороге. Она, видимо, плакала, но, когда брат взглянул на нее, внешне никак не проявила своего горя и, убаюкивая на руках младенца, сказала только:

— Отец снова в поле. Он тебе нужен, братец?

— Нет, Гритти, нет, — мягко промолвил мистер Талливер. — Ты не тревожься... Вот и все, что я хотел сказать... Я пока как-нибудь обойдусь с деньгами... Только вы должны хозяйничать поразумней и экономить каждое пенни.

Эта нежданная доброта снова вызвала слезы у миссис Мосс, и она не могла произнести ни слова.

— Полно, полно! А Мэгги к вам приедет. Я привезу ее как-нибудь вместе с Томом, прежде чем он отправится в школу. Ты не горюй, я всегда буду тебе добрым братом.

— Спасибо тебе, брат, на этом слове, — вытирая слезы, промолвила миссис Мосс и, обернувшись к Лиззи, сказала: — Ну-ка, сбегай, принеси крашеное яичко для сестренки Мэгги.

Лиззи вбежала в дом и скоро вернулась, держа в руке бумажный пакетик.

— Оно сварено вкрутую, братец, и покрашено цветными нитками, — очень хорошенькое. Мы сделали его нарочно для Мэгги. Не возьмешь ли ты его с собой?

— Хорошо, хорошо, — сказал мистер Талливер, осторожно опуская яйцо в боковой карман. — Прощай.

И вот достойный мельник едет обратно по проселкам Бассета, снова ломая голову, как ему изыскать необходимые деньги, но вместе с тем с чувством, что он избежал какой-то опасности. Он не мог отделаться от мысли, что обойдись он плохо с сестрой, это неведомо как в отдаленном будущем приведет к тому, что Том плохо обойдется с Мэгги, когда уже не будет отца, чтобы встать на ее защиту. Простым людям вроде нашего друга мистера Талливера свойственно объяснять благородные порывы сердца мнимыми мотивами, и именно таким вот туманным образом он пытался оправдать любовью к дочке и беспокойством за ее судьбу вспыхнувшую вдруг в его душе нежность к сестре.

ГЛАВА IX

Визит в Гэрум-Фёрз

В то время как ум отца занимали треволнения, ожидавшие Мэгги в будущем, сама она вкушала горести настоящего. В детстве нас не тревожат дурные предчувствия, зато и не утешают воспоминания о печалях, оставшихся позади.

Что и говорить, день начался для Мэгги невесело. Удовольствие, которое она получала от общества Люси, и перспектива послеобеденного посещения Гэрум-Фёрза, где она будет слушать музыкальную шкатулку дядюшки Пуллета, было омрачено уже в одиннадцать часов утра прибытием сент-оггского цирюльника, который в самых резких выражениях отозвался о том, в каком виде он застал ее волосы. Поднимая одну неровно обрезанную прядь за другой, он повторял тоном, в котором боролись отвращение и жалость: «Вы только посмотрите! Ай-ай-ай!» — и для Мэгги это было равносильно открыто выраженному общественному порицанию. Мистер Рэппит, цирюльник, с густо напомаженными волнистыми волосами, которые венцом поднимались вверх, подобно языкам пламени на надгробных урнах, казался Мэгги в эту минуту самым грозным из современников; уж она постарается вовек не зайти на ту улицу в Сент-Огге, где помещается его заведение.

К тому же, поскольку приготовления к визиту всегда считались в семействе Додсонов делом серьезным, Марте было приказано убрать комнату миссис Талливер на час раньше обычного, чтобы можно было загодя достать из шкафа лучшие наряды, не откладывая сборов до последней минуты, как это часто бывает в семьях с менее строгими правилами, где никогда не закатывают лент от шляпок, ничего не заворачивают в папиросную бумагу и где взять да вынуть воскресное платье кажется самым обыкновенным делом. Уже в двенадцать часов миссис Талливер была облачена в свой парадный туалет, который защищало сооружение из сурового полотна, — точь-в-точь обтянутое атласом кресло, закрытое от мух чехлом; Мэгги, несмотря на увещания матери: «Не надо, Мэгги, милочка... ну не дуйся», хмурилась и дергала плечами, стараясь по возможности не соприкасаться с жестко накрахмаленным стоячим воротничком; пышущие ярким румянцем щеки Тома казались особенно под стать его лучшему синему костюму, к которому он относился с полным равнодушием, добившись после небольших пререканий единственного, что было для него важно, — разрешения переложить содержимое карманов будничной куртки в ту, что он надел сегодня.

Что касается Люси, она была такая же хорошенькая и аккуратненькая, как и накануне. С ее платьями никогда ничего не случалось, ей всегда в них было удобно, и она с удивлением и жалостью глядела, как Мэгги, надув губы, ежится от раздражающего ее воротничка. Мэгги, конечно, содрала бы его с себя, если бы не воспоминание о пережитом недавно унижении из-за срезанных волос. Ей ничего не оставалось, как только злиться, дергать плечами и капризничать, пока они строили до обеда карточные домики, — занятие это считается наиболее подходящим для девочек и мальчиков в праздничном платье. У Тома получались целые пирамиды, а Мэгги не удавалось уложить даже крышу. Так всегда бывало у Мэгги, и Том вывел из этого заключение, что девчонки вообще ничего не способны построить. Но Люси оказалась очень искусной; движения ее были так мягки, она так легко клала карты одну на другую, что Том удостоил ее домики высокой похвалы, наравне со своими, — с тем большей охотой, что он сам учил ее по ее просьбе. Мэгги тоже восхищалась бы домиками Люси и, бросив свои неудачные попытки, любовалась бы ими, если бы воротничок не натирал ей шею и она не была в плохом настроении и если бы Том неосмотрительно не смеялся, когда падал ее домик, и не называл ее «бестолочь».

— Не смейся надо мной, Том, — вспыхнула она, — я не бестолочь. Я знаю много вещей, которых не знаешь ты.

— О, еще бы, мисс Злючка! Я бы не хотел быть вроде тебя... Вечно ворчишь и строишь такие противные рожи. Люси так не делает. Мне Люси нравится больше. Я бы хотел, чтобы Люси была моей сестрой.

— Гадко и жестоко говорить так! — крикнула Мэгги, быстро вскакивая с пола и обрушивая по пути удивительную пагоду Тома.

Она вовсе этого не хотела, однако косвенные улики свидетельствовали против нее. Том побелел от гнева, но ничего не сказал. Он бы ударил ее, но он знал, что бить девочку — подло, а Том Талливер никогда не сделает подлости.

Мэгги застыла в смятении и ужасе. Том поднялся с пола и пошел прочь от развалин своей пагоды, а Люси молча глядела, как котенок, переставший лакать молоко.

— О, Том, — наконец проговорила Мэгги, делая к нему несколько шагов, — я не хотела опрокидывать... честное, честное слово, не хотела!

Не обращая на сестру никакого внимания, Том вытащил из кармана несколько сухих горошинок и стал щелчком посылать их одну за другой в окно... сперва так просто, а затем уже с определенным намерением попасть в престарелую навозную муху, которая грелась на весеннем солнышке, явно наперекор природе, избравшей Тома и горох для скорейшего уничтожения этой немощной особи.

Итак, утро было отравлено для Мэгги, и упорная холодность Тома во время их пути в Гэрум-Фёрз испортила все удовольствие от солнца и свежего воздуха. Том позвал Люси посмотреть на недостроенное птичье гнездо, даже не подумав показать его Мэгги, и очистил для себя и Люси по ивовому прутику, а для Мэгги — нет. Люси сказала: «Мэгги, а ты не хочешь такого?» — но Том был глух.

Все же вид павлина на стене гумна, который в самый подходящий момент, как раз когда они приближались к Гэрум-Фёрзу, распустил хвост, отвлек на время ее мысли от личных бед. И павлин был только первой из диковинок Гэрум-Фёрза. Вся живность на ферме была диковинная — пестренькие, с хохолками бентамки, фрисландские куры с перьями, торчащими в разные стороны, цесарки, которые летали, громко крича и роняя свои хорошенькие, в крапинку, перышки, зобатые голуби и ручная сорока; мало того, там были еще коза и удивительная пятнистая собака, помесь мастифа и бульдога, огромная, как лев. И повсюду белые решетки, и белые воротца, и сверкающие флюгера самых разных фасонов, и на дорожках в саду красивые узоры из цветных камешков — все в Гэрум-Фёрзе было необычно. Том полагал, что необыкновенные размеры жаб — просто дань общей необычности, отличающей владения дядюшки Пуллета, джентльмена-фермера. Жабы, вынужденные вносить арендную плату, естественно, более поджары... Дом был не менее примечателен. От центральной его части выступали вперед два крыла с зубчатыми башенками, и весь он сверкал белой штукатуркой.

Дядюшка Пуллет, увидев гостей издали в окно, поспешил снять засовы и цепочки с парадной двери, которую держали в таком забаррикадированном состоянии из страха перед бродягами, — а вдруг они узнают о выставленной в холле стеклянной витрине с чучелами птиц и, ворвавшись в дом, унесут ее на головах? Тетушка Пуллет тоже появилась на пороге и, как только сестра приблизилась настолько, что могла ее слышать, закричала:

— Ради бога, Бесси, останови детей!.. Не давай им подняться на крыльцо. Сэлли сейчас вынесет старый половик и тряпку, чтоб обтереть им башмаки.

Половики у парадной двери в доме миссис Пуллет ни в коей мере не предназначались для вытирания ног; даже железный скребок у входа имел заместителя для выполнения его грязной работы. Ничто так не возмущало Тома, как необходимость вытирать ноги, — он считал это умалением его мужского достоинства. И это было только начало неприятностей, с которыми было сопряжено пребывание в доме тетушки Пуллет, где ему однажды обмотали башмаки полотенцами и велели так сидеть, — факт, который может заставить отказаться от слишком поспешного вывода, будто посещение Гэрум-Фёрза — большое удовольствие для молодого джентльмена, который любит животных... то есть любит кидать в них камнями.

Следующей неприятности подверглись только дамы. Им пришлось подняться по полированной дубовой лестнице, для которой существовали очень красивые дорожки, но они, скатанные в трубку, хранились в запасной спальне, так что восхождение по этим скользким ступеням в варварские времена служило бы искусом, из которого только незапятнанной добродетели дано выйти с целыми конечностями. Слабость Софи к этой полированной лестнице всегда вызывала яростное возмущение миссис Глегг; но миссис Талливер не позволила себе никаких замечаний и только возблагодарила в душе Господа, когда оказалась с детьми в безопасности на верхней площадке.

— Миссис Грей прислала мне новую шляпку, Бесси, — с чувством произнесла миссис Пуллет, в то время как миссис Талливер приводила в порядок свой чепчик.

— Правда, сестрица? — отозвалась миссис Талливер весьма заинтересованным тоном. — Ну и как, нравится она тебе?

— Конечно, вынимать да укладывать обратно — только портить вещи, — продолжала миссис Пуллет, извлекая из кармана связку ключей и глядя на них с задумчивым видом, — но жаль было бы, если б ты не посмотрела на нее. Мало ли что может случиться.

Это серьезное соображение заставило ее покачать головой и отделить от связки один ключ.

— Я боюсь, тебе хлопотно доставать ее, сестрица, — сказала миссис Талливер, — а очень бы хотелось взглянуть, какую она тебе сделала тулью.

Миссис Пуллет поднялась и с меланхолическим видом отперла створку сверкающего полировкой шкафа, где, как вы, вероятно, предполагаете, она хранила новую шляпку. Ничуть не бывало! Такое опрометчивое предположение могло возникнуть только при очень поверхностном знакомстве с обычаями семейства Додсон. Из этого шкафа миссис Пуллет достала нечто настолько маленькое, что его и не увидеть среди стопок белья. Это был ключ от двери.

— Ты должна пойти со мной в парадную комнату, — произнесла миссис Пуллет.

— Можно детям тоже пойти, сестрица? — спросила миссис Талливер, увидев по глазам Люси и Мэгги, что им очень этого хочется.

— Что ж, — сказала миссис Пуллет, подумав, — пожалуй, спокойней будет, если они пойдут с нами; а то начнут тут что-нибудь трогать, если их оставить.

И вот они двинулись гуськом по начищенному до блеска скользкому коридору, тускло освещенному только верхней полукруглой створкой прикрытого ставней окна. Все это было очень торжественно. Тетушка Пуллет остановилась и отперла дверь; и взорам их предстало нечто еще более торжественное, чем коридор, — темная комната, где в еле брезжившем свете вырисовывались очертания столов и стульев в белых саванах. Все, что не было под чехлом, стояло ножками кверху. Люси схватилась за платье Мэгги, у самой Мэгги часто-часто забилось сердце. Тетушка Пуллет приоткрыла ставню и с грустной медлительностью, так гармонирующей с погребально-торжественным колоритом всей сцены, отперла шкаф. Восхитительный запах розовых лепестков, исходивший оттуда, еще увеличивал удовольствие, которое получали девочки, глядя, как разворачивают один за другим бесконечные листы папиросной бумаги, но кульминационный момент — появление шляпки — принес Мэгги разочарование: она предпочла бы увидеть что-нибудь более сверхъестественное. Однако на миссис Талливер вряд ли какой-нибудь иной предмет мог произвести столь сильное впечатление. Несколько минут она молча осматривала шляпку со всех сторон, затем с чувством проговорила:

— Ну, сестрица, в жизни больше ничего не скажу против высоких тулий.

Это была серьезная уступка. Миссис Пуллет оценила это и почувствовала, что должна достойно ответить.

— Ты хотела бы, сестрица, посмотреть, какова она на мне? — печально промолвила она. — Я еще немного приоткрою ставень.

— Конечно, ежели тебе нетрудно снять чепчик, сестрица, — попросила миссис Талливер.

Миссис Пуллет сняла чепец, открыв взорам коричневую шелковую накладку с выступающими вперед кудряшками — предмет в те времена весьма распространенный среди наиболее здравомыслящих женщин зрелых лет, — и, водрузив шляпку на голову, медленно повернулась, как манекен в модной лавке, чтобы миссис Талливер не упустила ни одной детали.

— Что-то мне кажется, с левой стороны многовато лент. Как ты думаешь, сестрица? — спросила миссис Пуллет.

Миссис Талливер склонила голову набок и внимательно осмотрела указанное место.

— Не знаю, пожалуй, оставь как есть; начнешь мудрить, так потом еще пожалеешь.

— Это верно, — согласилась миссис Пуллет, снимая шляпку и разглядывая ее с задумчивым видом.

— Интересно, сколько она могла взять с тебя за нее, сестрица? — спросила миссис Талливер, прикидывая в уме, нельзя ли создать скромную копию этого шедевра из лоскута шелка, который есть у нее дома.

Миссис Пуллет, поджав губы, покачала головой.

— За нее заплатил Пуллет, — полушепотом произнесла она, — он сказал, что у меня должна быть лучшая шляпка в Гэрумской церкви, а следующая за моей пусть будет чья угодно.

Она не спеша принялась приводить в порядок отделку, чтобы положить шляпку обратно в шкаф, и ее мысли, по-видимому, приняли грустный оборот, так как она несколько раз покачала головой.

— Ах, — вздохнула она наконец, — кто знает, сестрица, вдруг мне и не придется больше ее надевать...

— Не говори так, Софи, — прервала ее миссис Талливер, — авось ты будешь лучше чувствовать себя этим летом.

— Ах, но ведь может случиться, кто-нибудь из семьи умрет, — как в тот раз, когда я сделала себе зеленую атласную шляпку. Кузен Эббот может покинуть нас, а траур по нему и думать нечего носить меньше чем полгода.

— Вот уж некстати было бы, — подхватила миссис Талливер, ясно представляя себе последствия такой несвоевременной кончины. — Совсем не то удовольствие носить шляпку на второй год, особенно если не знаешь, какие тульи будут в моде — ведь каждое лето новые.

— Ах, так уж ведется на этом свете, — промолвила миссис Пуллет, кладя шляпку на место и запирая шкаф.

Она продолжала хранить молчание и только покачала головой, пока все они не вышли из мрачных покоев и не очутились снова в ее комнате. Тут, заплакав, она сказала:

— Сестрица, если ты не увидишь больше на мне этой шляпки до моей смерти, ты хоть будешь вспоминать, что я показала ее тебе сегодня.

Миссис Талливер понимала, что ей следовало бы растрогаться, но она была скупа на слезы; дородная и цветущая, она не могла с такой легкостью плакать, как ее сестрица Пуллет, и часто, когда ей случалось бывать на похоронах, чувствовала этот свой недостаток. Ее усилия выжать из себя хоть слезинку привели к тому, что лицо ее как-то странно исказилось. Мэгги, внимательно наблюдавшая за всем происходящим, решила, что со шляпкой тетушки Пуллет связана какая-то ужасная тайна, понять которую она по молодости лет якобы не может, и с возмущением думала, что прекрасно бы, как всегда, все поняла, если бы только ее в эту тайну посвятили.

Когда они спустились вниз, дядюшка Пуллет, с несвойственной ему проницательностью, заметил, что миссис, верно, показывала новую шляпку — вот почему они так долго пробыли наверху. Для Тома это время тянулось еще медленнее, так как после их ухода он просидел в томительной неподвижности на самом краешке дивана, прямо против дядюшки Пуллета, который рассматривал его своими мигающими глазками и время от времени обращался к нему: «Юный сэр».

«Ну-с, юный сэр, что вы учите в школе?» — было неизменным вопросом дядюшки Пуллета, на что Том всегда с глуповатым видом потирал лицо и говорил: «Не знаю». В общем, тет-а-тет с дядюшкой Пуллетом приводил его в такое смущение, что он даже не мог рассматривать гравюры на стенах, и мухоловки, и удивительные горшки с цветами; он видел одни только гетры своего дядюшки. Нельзя сказать, чтобы он испытывал благоговение перед умственным превосходством мистера Пуллета; по правде говоря, он решил, что вовсе не желает стать джентльменом-фермером, — кому охота быть таким тонконогим болваном, как его дядюшка Пуллет — форменный простофиля! Мальчишеская застенчивость ни в коей мере не показатель непреодолимого почтения, и зря вы, воображая, что мальчик подавлен вашими сединами и мудростью, всячески стараетесь его приободрить, — десять против одного, что он считает вас редким чудаком. Не знаю, утешит ли вас мое предположение, что эллинские мальчики точно так же смотрели на Аристотеля. Вот если вы справитесь с норовистой лошадью, или победите в рукопашной драке ломового извозчика, или будете разгуливать с ружьем в руках, то и застенчивые юнцы сочтут вас действительно достойным восхищения и зависти. Во всяком случае, чувства Тома Талливера по этому поводу не вызывают сомнений. В самом нежном возрасте, когда из-под его шапочки еще выглядывала кружевная оборочка, он уже стоял, бывало, у перекладины ворот, грозя пальчиком овцам, и, картавя, выкрикивал что-то непонятное, но вряд ли лестное по их адресу, стараясь поразить их и вселить страх в их души, — признак того, что уже тогда он стремился первенствовать над низшими животными, и домашними и дикими, включая майских жуков, соседских собак и маленьких сестренок, что во все времена способствовало процветанию человеческого рода. Ну а дядюшка Пуллет если и ездил верхом, то лишь на низкорослом пони и был самым миролюбивым человеком, убежденным, что оружие — вещь опасная, еще выстрелит само по себе, когда никто и не ждет. Так что у Тома были довольно веские основания в конфиденциальной беседе с приятелем назвать дядюшку Пуллета «бабой», хотя он не преминул в то же время отметить, что у него «денег куры не клюют».

Облегчало тет-а-тет с дядюшкой только то, что у него в карманах всегда водились мятные лепешки и леденцы от кашля, и, когда он затруднялся продолжать беседу, он извлекал их, заполняя паузу, к обоюдному удовольствию собеседников.

Вопрос: «Вы любите мятные лепешки, юный сэр?» — требовал только молчаливого кивка, если слова эти сопровождались подношением вышеупомянутого предмета.

Появление девочек навело дядюшку Пуллета на мысль еще об одной усладе, и он достал несколько пирожных, целый запас которых он держал под замком для личного употребления в дождливые дни; но не успели дети взять в руки соблазнительное лакомство, как тетушка Пуллет приказала им подождать, пока не принесут поднос и тарелки, не то они сплошь засыплют пол крошками. Люси это не очень огорчило: пирожное было такое миленькое, ей казалось даже жалко его есть; но Том, воспользовавшись минутой, когда старшие занялись разговором, поспешно набил рот пирожным и украдкой сжевал его. Что до Мэгги, то, зачарованная, как обычно, гравюрой «Одиссей и Навсикая» — дядюшка Пуллет купил ее в качестве «хорошенькой сценки из Священного Писания», — она уронила пирожное на пол и, неловко повернувшись, раздавила его ногой. Это вызвало такое волнение у тетушки Пуллет и ввергло Мэгги в такую немилость, что она отчаялась услышать в этот день музыкальную табакерку, пока, поразмыслив, не рассудила, что Люси-то ведь у всех в фаворе и может попросить, чтобы пустили музыку. Она шепнула об этом Люси, и та, никогда не отказывавшая в услуге, тихонько подошла к дядюшке и, зардевшись как маков цвет, теребя от смущения бусы, сказала:

— Пожалуйста, дядюшка, сыграйте нам песенку.

Люси думала, что табакерка играет такие прекрасные мелодии благодаря особому таланту дядюшки Пуллета, да, по правде говоря, так смотрели на это и большинство его соседей. Начать с того, что мистер Пуллет приобрел табакерку, кроме того, он умел ее заводить и заранее знал, какую она сейчас будет играть песню. В общем, обладание этой «музыкой» доказывало, что мистер Пуллет вовсе не такое уж полное ничтожество, каким его можно было счесть. Но дядюшка Пуллет, когда его просили показать свое искусство, никогда не обесценивал его слишком поспешным согласием. «Посмотрим», — обычно отвечал он и хотя бы несколько минут ничем не обнаруживал намерения выполнить просьбу. У дядюшки Пуллета была заготовлена программа на все торжественные случаи — таким образом он ограждал себя от тягостного замешательства при необходимости что-либо решать.

Возможно, ожидание только усилило удовольствие, и, когда волшебная музыка наконец началась, Мэгги первый раз за день совсем забыла, что у нее тяжело на душе, что Том на нее сердится; она сидела не дыша, крепко сжав руки, а когда зазвучала песня «Умолкни, милых пташек хор», на ее счастливом личике появилось то сияющее выражение, которое вызывало у ее матери утешительное чувство, что, несмотря на смуглую кожу, ее дочка иной раз может быть даже хорошенькой. Как только чудесная музыка прекратилась, Мэгги вскочила с места и, подбежав к брату, обвила руками его шею:

— О, Том, правда, прелесть?

Чтобы вы не думали, будто новый приступ гнева из-за этой неуместной и непонятно чем вызванной ласки доказывает отвратительную черствость Тома, необходимо упомянуть, что он держал в руке стакан с настойкой и от толчка пролил половину на пол. Он был бы последней тряпкой, если бы не сказал в сердцах: «Ты что — ослепла?» — тем более что его досада на Мэгги была, так сказать, поддержана всеобщим неодобрением ее поступка.

— И почему ты не можешь посидеть спокойно, Мэгги? — простонала ее мать.

— Маленьким девочкам нечего и приходить ко мне, если они так себя ведут, — подхватила миссис Пуллет.

— Очень уж вы неуклюжи, юная мисс, — прибавил дядюшка Пуллет.

Бедная Мэгги снова села на место; музыка была изгнана из ее души, и там опять водворились все семь маленьких демонов.

Миссис Талливер, не ожидая от детей ничего, кроме неприятностей, пока они в доме, воспользовалась первой возможностью предложить, чтобы теперь, когда они отдохнули с дороги, им разрешили пойти поиграть на свежем воздухе. Тетушка Пуллет дала на это свое согласие, с одним условием — гулять только по мощеным дорожкам в саду и, если они хотят смотреть, как кормят птицу, не подходить слишком близко, а стоять на скамеечке, с которой садятся на лошадь; требование это стали им предъявлять после того, как Том был пойман с поличным, когда он гонялся за павлином в иллюзорной надежде, что от страха тот вдруг потеряет перо.

Искусство модистки и материнские огорчения временно отвлекли мысли миссис Талливер от ссоры с миссис Глегг, но теперь, когда самое интересное — обсуждение шляпки — осталось позади и больше не мешали дети, вчерашние тревоги снова овладели ее душой.

— У меня прямо камень на сердце, — начала она разговор, — что сестрица Глегг ушла от нас вчера в такой обиде. Видит бог, у меня и в мыслях не было обижать родную сестру.

— А, — откликнулась миссис Пуллет, — никогда не знаешь, что выкинет Джейн. Я не сказала бы об этом никому чужому, разве что доктору Тэрнбулу, но я считаю — Джейн живет ниже своих средств. Я не раз говорила об этом Пуллету, он знает.

— Ну да, вы сказали это в прошлый понедельник, когда мы приехали домой после того, как пили у них чай; сегодня как раз неделя будет, — подтвердил мистер Пуллет, принимаясь поглаживать свое колено и укрывать его носовым платком, что он обычно делал, когда разговор принимал интересный оборот.

— Верно, так и было, — сказала миссис Пуллет, — вы лучше меня помните, когда я что скажу. У него замечательная память, у Пуллета, — продолжала она с чувством, глядя на сестру. — Мне бы плохо пришлось, если бы его вдруг хватил удар: он всегда помнит, когда мне время принимать лекарство, а у меня сейчас три разных.

— Пилюли «как прежде» через день... новые капли в одиннадцать часов и в четыре... и «горячительная микстура по надобности», — перечислил мистер Пуллет, посасывая в паузах мятную лепешечку.

— Ах, для сестрицы Глегг, может, тоже было бы лучше, ежели бы она ходила иногда к доктору, а не жевала турецкий ревень, когда у нее что заболит, — заметила миссис Талливер, естественно сводя все эти медицинские вопросы к тому, что занимало ее ум.

— Да, страшно подумать, — воскликнула миссис Пуллет, всплеснув руками, — как это люди так играют своим здоровьем! Это значит — просто судьбу искушать. Зачем тогда доктора, если не пользоваться их услугами? И когда у людей есть деньги, чтобы заплатить доктору, это просто неприлично, я тысячу раз говорила Джейн. Мне из-за нее перед знакомыми стыдно.

— Ну, нам-то нечего стыдиться, — заметил мистер Пуллет, — с тех пор как умерла миссис Саттон, у доктора Тэрнбула нет в нашем приходе другой такой больной, как вы.

— Знаешь, Бесси, Пуллет хранит все склянки от моих лекарств, — сказала миссис Пуллет. — Ни за что ни одной не продаст. Он говорит — пусть, мол, люди увидят их после моей смерти. Уже две длинные полки в кладовой заставлены, — добавила она, принимаясь плакать, — хорошо, если на третью достанет. Я могу отойти прежде, нежели закончу дюжину этих новых. Коробочки от пилюль в стенном шкафу, что в моей комнате, — ты не забудешь, сестрица? — а вот от больших облаток и показать нечего, разве что счета...

— Не говори о своей смерти, сестрица, — прервала ее миссис Талливер, — кто вступится тогда за меня перед сестрой Глегг? И ты одна только можешь заставить ее помириться с мистером Талливером — сестрица-то Дин никогда на мою сторону не станет, а ежели бы и стала, разве может она говорить как те, у кого есть свои деньги?

— Знаешь, Бесси, твой муж и правда неладный какой-то, — заметила миссис Пуллет, готовая, по доброте души и свойственной ей склонности к меланхолии, по-вздыхать и над чужой бедой. — Он никогда не относился хорошо к нашей семье, а должен бы; и дети в него — мальчик озорной, всегда убегает от своих дядюшек и тетушек, а девочка грубит и такая смуглая. Тебе не повезло, Бесси; мне очень тебя жаль, ты ведь моя любимая сестра, и нам всегда нравился одинаковый узорчик на платье.

— Я знаю, Талливер горяч и говорит лишнее, — согласилась миссис Талливер, вытирая скупую слезинку, — но, видит бог, как мы поженились, он никогда и слова не сказал против того, чтоб я звала к нам моих родных.

— Я тебе вредить не стану, Бесси, — сочувственно проговорила миссис Пуллет, — боюсь, у тебя и без того горя хватит; да еще у твоего мужа на шее эта бедная сестра и ее дети, и тяжбы заводить он, говорят, охотник. Боюсь, как бы он не оставил тебя без гроша, когда помрет. Чужому кому я, конечно, и словечком об этом не заикнулась бы.

Такой взгляд на ее обстоятельства вряд ли мог утешить миссис Талливер. Нелегко было расшевелить ее воображение, но раз уж другие думают, что случай ее действительно тяжелый, — как же ей самой этого не думать?

— Но я-то чем виновата, сестрица? — промолвила она. Опасение, что ожидающие ее несчастья могут быть сочтены заслуженной карой за грехи, побудило ее произвести исчерпывающий обзор всех своих деяний за последнее время. — Уж не знаю, кто больше старается для своих детей. О Благовещении убирались, все пологи с кроватей снимали — так я работала за двоих, видит бог; а какую настойку из бузинного цвета я сделала — диво! Я подаю ее вместе с хересом, хотя сестрица Глегг всегда твердит, что я слишком много трачу. А ежели я люблю, чтоб у меня платье было в порядке, и не хожу по дому пугалом, так зато никто в приходе про меня не скажет, что я сплетни развожу или сею раздоры, потому что я никому худа не желаю; и коли кто пришлет мне пирог с мясом, внакладе не останется, — мои пироги поспорят с лучшими из соседских. И белье всегда в таком порядке, что, умри я завтра, мне не было бы стыдно. Ни одной женщине не дано сделать больше того, что она может.

— Но все это, знаешь, ни к чему, — вздохнула миссис Пуллет, склонив голову набок и с чувством глядя на сестру, — если твой муж порастрясет все деньги. Оно, конечно, если вас пустят с торгов и чужие люди купят вашу мебель, приятно думать, что ты протирала ее как следует. А твое белье с девичьей меткой может разойтись по всей округе. Печально это будет для нашей семьи. — Миссис Пуллет медленно покачала головой.

— Но что я могу поделать, сестрица? — повернулась к ней миссис Талливер. — Мистер Талливер не такой человек, чтобы ему указывать... даже пойди я к пастору и слово в слово заучи, что́ сказать мужу для его же пользы. Да я и не смыслю, Бог свидетель, как это давать деньги на проценты и всякое такое. Я никогда не разбиралась в мужских делах, как сестрица Глегг.

— Ну, ты в этом вроде меня, Бесси, — заметила миссис Пуллет. — Я думаю, было бы куда приличнее, если бы Джейн почаще протирала зеркало в простенке — оно все в пятнах, я видела в прошлое воскресенье, — а не указывала людям, у которых доходы больше, чем у нее сроду бывало, что им делать со своими деньгами. Но мы с Джейн никогда ни в чем не сходились: она все носила только в полоску, а я люблю в крапинку. Ты тоже любишь в крапинку, Бесси, мы всегда в этом заодно были.

Растроганная этим воспоминанием, миссис Пуллет с чувством посмотрела на сестру.

— Да, Софи, — подтвердила миссис Талливер, — я помню, у нас обеих были одинаковые платья, голубые в белую точечку, — у меня и сейчас есть такой лоскут в одеяле; и ежели б ты пошла к сестрице Глегг и уговорила ее помириться с мистером Талливером, ты так бы меня одолжила. Ты всегда была мне хорошей сестрой.

— Ну, по-настоящему Талливер сам должен пойти к ней, и извиниться, и сказать, что наговорил все это сгоряча. Если он занял у нее деньги, нечего ему так высоко себя ставить, — заметила миссис Пуллет, симпатии которой не могли поколебать ее принципов: она не забывала, как должно рассуждать людям с независимым состоянием.

— Что об этом толковать, — чуть не со слезами проговорила бедная миссис Талливер, — даже стань я перед Талливером голыми коленями на камни, он бы все равно этого не сделал — слишком он гордый.

— Ну не хочешь ли ты, чтоб я уговаривала Джейн просить у него прощения? — сказала миссис Пуллет. — К ней и так-то подступу нет; хорошо, если норов не доведет ее до сумасшедшего дома, хотя в нашей семье никто еще не сходил с ума.

— У меня и в мыслях нет, чтобы она просила прощения, — отозвалась миссис Талливер. — Только бы она оставила все это без внимания и не требовала назад свои деньги — неужто сестра не может попросить об этом сестру? А там время все сгладит, и Талливер забудет о ссоре, и они снова станут друзьями.

Как видите, миссис Талливер не подозревала о бесповоротном решении мужа выплатить миссис Глегг ее пятьсот фунтов; да она просто не в состоянии была бы этому поверить.

— Ладно, Бесси, — печально промолвила миссис Пуллет, — уж кому-кому, но не мне помогать твоему разорению. Я всегда выручу тебя, если это только в моих силах. И мне не хочется, чтобы люди говорили, что у нас в семье раздоры. Я скажу это Джейн, и мне нетрудно заехать к ней завтра, если Пуллет согласен... Как вы на это смотрите, мистер Пуллет?

— Что ж, ничего не имею против, — ответил мистер Пуллет; ему было безразлично, какой бы оборот ни приняла ссора, лишь бы мистер Талливер не обращался за деньгами к нему. Мистера Пуллета очень волновал вопрос помещения капиталов, и он не мыслил себе, как человек может быть спокоен за свои деньги, если они не вложены в землю.

Они поговорили еще немного насчет того, не следует ли миссис Талливер сопровождать их к сестре Глегг, а затем миссис Пуллет, заметив, что уже время пить чай, достала из ящика буфета салфетку из камчатного полотна и проколола ее спереди наподобие фартука. И действительно, дверь скоро отворилась, но вместо подноса с чаем их взорам предстало нечто столь поразительное, что обе они, и миссис Пуллет, и миссис Талливер, вскрикнули не своим голосом, заставив дядюшку Пуллета проглотить леденец от кашля — в пятый раз за всю его жизнь, как он позднее заметил.

ГЛАВА X

Мэгги ведет себя хуже, чем сама ожидала

Это поразительное «нечто», послужившее причиной такого знаменательного события в жизни дядюшки Пуллета, оказалось ни больше ни меньше как крошкой Люси, с самым жалостным видом протягивавшей к ним испачканные ручонки; с одной стороны вся она, от крохотной ножки до верхушки капора, была покрыта жидкой грязью. Чтобы объяснить эту небывалую в доме тетушки Пуллет картину, мы должны вернуться к тому моменту, когда дети пошли играть на воздух и маленькие демоны, с утра завладевшие сердцем Мэгги, после временного отсутствия вернулись со свежими силами. Все утренние неприятности снова встали перед ней во всей своей остроте, когда Том, сильнее прежнего сердясь на Мэгги, теперь уже из-за глупой истории с настойкой, сказал: «Слышь, Люси, пойдем-ка со мной» — и направился к подвалу, где водились жабы, с таким видом, словно Мэгги вообще не существует на свете. Мэгги осталась стоять поодаль, удивительно похожая на маленькую Медузу с обрубленными змеями. Люси была, естественно, довольна, что братец Том так мил с ней, ей было смешно смотреть, как он щекочет концом веревки толстую жабу, сидящую на безопасной дистанции в защищенном железной решеткой углублении перед подвальным окном. Все же Люси хотелось, чтобы Мэгги тоже получила удовольствие от этого зрелища, тем более что та, конечно, придумала бы для жабы имя и рассказала всю ее жизнь; Люси и верила и не верила восхитительным историям, которые Мэгги сочиняла обо всех живых существах, с какими они случайно сталкивались, — например, как у миссис Уховертки была дома стирка и кто-то из ее детей упал в медный котел с кипятком, потому-то она и бежит так быстро — скорей позвать доктора. Том глубоко презирал весь тот вздор, что рассказывала Мэгги, и тут же давил уховертку каблуком, доказывая таким легким, хотя и неубедительным способом полную несостоятельность всей этой выдумки; но Люси никак не могла отделаться от мысли, что тут есть доля правды, и, во всяком случае, считала все это очень милой забавой. Поэтому, движимая сочувствием к Мэгги, к которому присоединялось желание узнать историю весьма представительной жабы, она подбежала к Мэгги со словами:

— Ах, там такая смешная толстая жаба, Мэгги! Ну пойдем посмотрим на нее.

Мэгги ничего не ответила и, еще сильнее нахмурившись, отвернулась. Раз Том предпочитает ей Люси, Люси тоже виновата в его холодности. Совсем недавно Мэгги так же трудно было рассердиться на хорошенькую маленькую Люси, как жестоко обойтись с маленькой белой мышкой, — она и представить себе этого не могла. Но ведь раньше Том не проявлял к Люси никакого интереса, а Мэгги, напротив, ласкала и баловала ее. Теперь же она почувствовала, что не прочь бы даже отшлепать или ущипнуть Люси и довести ее до слез, только чтоб досадить Тому, бить которого, если бы она и осмелилась на это, не было никакого смысла — он и внимания не обратит. Мэгги знала, что, не будь с ними Люси, Том куда бы скорее с ней помирился.

Щекотать жирную жабу, которая не обращает на это внимания, может наконец и прискучить, и вскоре Том стал оглядываться вокруг в надежде найти какое-нибудь другое занятие. Но в таком аккуратном садике, где им к тому же запрещали сходить с дорожек, выбор развлечений был довольно ограничен. Единственное удовольствие, которое ему оставалось, было удовольствие преступить все запреты, и Том стал обдумывать дерзкий поход на пруд, расположенный в конце поля за садом.

— Послушай, Люси, — начал он, снова сворачивая кольцом веревку и с многозначительным видом кивая головой, — как ты думаешь, что я собираюсь делать?

— А что, Том? — с любопытством спросила Люси.

— Я хочу пойти на пруд посмотреть на щуку, — объявил юный султан. — Можешь пойти со мной, если хочешь.

— А ты не боишься? — сказала Люси. — Тетушка не велела нам выходить из сада.

— А я выйду с другого конца, никто и не увидит. Да невелика беда, хоть бы и увидали; я убегу домой.

— Но я-то не могу убежать, — вздохнула Люси; никогда в жизни еще она не подвергалась такому жестокому искушению.

— Ну, это не важно, на тебя сердиться не станут, — возразил Том. — Скажешь, это я тебя взял.

Том направился к пруду, и Люси, робко наслаждаясь непривычной решимостью делать то, что не положено, засеменила рядом, взволнованная упоминанием о таинственной знаменитости — щуке, о которой она не могла бы с уверенностью сказать, рыба это или птица. Мэгги увидела, что они вышли из сада, и была не в силах устоять против соблазна последовать за ними. Гнев и ревность, так же как и любовь, всегда должны иметь перед собой свой объект, и мысль, что Том и Люси сделают или увидят что-нибудь, о чем она останется в неведении, была для Мэгги невыносима. Поэтому она поплелась в нескольких шагах сзади, не замечаемая Томом, который, только они подошли к пруду, забыл обо всем на свете, кроме щуки; о ней говорили, что она очень стара, огромна и обладает необыкновенным аппетитом, — исключительно интересное чудище. Щука, подобно другим знаменитостям, не показалась, когда ее ожидали, но Том заметил, как в воде что-то быстро двигается, и пошел по берегу пруда.

— Люси, Люси, — громким шепотом позвал он, — иди сюда. Осторожней! По траве иди, не ступай туда, где были коровы, — добавил он, указывая на мысок сухой травы, окаймленной с обеих сторон истоптанной копытами грязью. Одной из характерных черт, присущих девчонкам, о которых Том вообще был невысокого мнения, он считал их способность всегда шлепаться в грязь.

Люси осторожно подошла, куда ей было велено, и наклонилась взглянуть на то, что казалось издали золотым острием пущенной по воде стрелы. Это водяная змея, сказал ей Том, и Люси, рассмотрев наконец спиралевидное движение тела, была несказанно удивлена, что змея может плавать... Мэгги подходила все ближе и ближе; она тоже должна увидеть, что там такое, чего бы ей это ни стоило, хотя удовольствия она не получит, раз Том не захотел ее позвать. Наконец она вплотную подошла к Люси, и Том, который уже давно заметил, что она к ним приближается, но не хотел показывать виду, пока не был к тому вынужден, обернулся и сказал:

— А ну, убирайся отсюда, Мэгги! Здесь на траве для тебя нет места. Тебя сюда никто не звал.

В душе Мэгги забушевали такие страсти, что это могло привести к трагедии, если бы для трагедии не требовалось ничего, кроме страстей, но основной τι μέγεθος[1] в ее чувствах была жажда действия, и Мэгги сделала все, что могла, — яростным ударом смуглой руки она столкнула бедную молочно-розовую Люси прямо в растоптанную коровами грязь.

Тут уж Том не сдержался и, пробегая мимо, чтобы поднять беспомощно плачущую Люси, два раза шлепнул сестру по руке. Мэгги отступила под дерево в нескольких шагах от них и глядела оттуда, не испытывая ни малейшего раскаяния. Обычно она сразу же начинала сожалеть об опрометчивом поступке, но сейчас Том и Люси

[1] Величиной *(греч.)*.

довели ее до того, что она была рада испортить им удовольствие — рада досадить так, чтобы всем стало плохо. Чего ей раскаиваться? Том ведь никогда не торопится ее простить, как бы она ни сокрушалась о том, что сделала.

— Подожди, мисс Мэгг, я все расскажу матери, — громко и выразительно произнес Том, как только Люси поднялась и была в состоянии идти домой.

Том не имел привычки ябедничать, но здесь справедливость просто требовала, чтобы Мэгги была строжайшим образом наказана, хотя Тому, конечно, и в голову не приходило выражать свою точку зрения в такой отвлеченной форме; он никогда не употреблял слова «справедливость» и не имел ни малейшего понятия, что его стремление воздать каждому по заслугам может быть названо таким благородным именем. Люси была слишком потрясена постигшим ее несчастьем — ее хорошенькое платьице все испорчено, и так неприятно быть мокрой и грязной, — чтобы задумываться о причинах случившегося. Она совершенно не понимала, в чем ее вина, за что Мэгги могла на нее рассердиться; но ведь это гадко — так делать, и Мэгги просто злюка; потому она и не стала великодушно умолять Тома, чтобы он не говорил о Мэгги, и только жалобно плакала, семеня рядом с ним; а Мэгги сидела под деревом и глядела им вслед, как маленькая Медуза.

— Сэлли, — сказал Том, когда они появились в кухонной двери перед служанкой, так и застывшей с вилкой для поджаривания гренков в руке и куском хлеба с маслом во рту, — Сэлли, скажи маме, что Мэгги толкнула Люси.

— Господи помилуй, где вы попали в этакую грязь? — воскликнула Сэлли, с гримасой отвращения наклоняясь, чтобы лучше разглядеть corpus delicti[1].

Том не обладал столь живым и богатым воображением, чтобы в числе последствий предвидеть и этот во-

---

[1] Вещественное доказательство *(лат.)*.

прос, но не успели ему его задать, как он понял, к чему это может привести: в этом деле обвиняемой будет не одна Мэгги. Он спокойно вышел из кухни, предоставив Сэлли удовольствие самой доискиваться истины, что, как известно, деятельные умы предпочитают готовому ответу.

Сэлли, как вы знаете, в ту же минуту повела Люси в гостиную, ибо держать столь грязный предмет в комнатах Гэрум-Фёрза значило взять на себя ответственность, слишком тяжкую для одного человека.

— Боже милостивый! — издав нечленораздельный вопль, воскликнула тетушка Пуллет. — Не пускай ее дальше порога, Сэлли! Не давай ей сходить с клеенки, что бы там ни было!

— Батюшки, куда это она свалилась? — промолвила миссис Талливер, подойдя к Люси, чтобы посмотреть, насколько пострадало ее платье: она считала, что отвечает за это перед сестрой Дин.

— С вашего разрешения, мэм, это мисс Мэгги толкнула ее, — сказала Сэлли. — Мастер Том был здесь и рассказал мне; они, верно, ходили на пруд, больше им негде попасть в такую грязь.

— Видишь, Бесси! Что я тебе говорила? — произнесла миссис Пуллет грустно-пророческим тоном. — Вот они, твои дети; трудно себе представить, до чего они дойдут.

Миссис Талливер ничего не ответила; она чувствовала себя поистине несчастнейшей из матерей и, по обыкновению, мучилась мыслью, что люди сочтут все ее материнские горести заслуженной карой за грехи. Тем временем миссис Пуллет давала Сэлли сложные указания насчет того, как убрать грязь без серьезного урона для дома; кухарке велели подать чай в гостиную, а двое непослушных детей должны были быть с позором изгнаны на кухню. Миссис Талливер, полагая, что они где-нибудь поблизости, пошла побеседовать с ними, но, после некоторых поисков, нашла только Тома, который с довольно хмурым и независимым видом стоял, перегнувшись через белую ограду птичника, и концом веревки дразнил индюка.

— Том, гадкий мальчишка, где твоя сестра? — страдальческим тоном спросила миссис Талливер.

— Не знаю, — отрезал Том. Его горячее желание, чтобы Мэгги была наказана по заслугам, несколько остыло, поскольку он ясно увидел, что это вряд ли может быть осуществлено без незаслуженного осуждения его собственных поступков.

— Как, где же ты ее оставил? — заволновалась мать, оглядываясь по сторонам.

— Сидит под деревом возле пруда, — ответил Том, по-видимому безразличный ко всему, кроме индюка и веревки.

— Сию же минуту отправляйся и приведи ее сюда, гадкий мальчишка! И как ты только додумался пойти на пруд и завести сестру в такую грязь? Ты ведь знаешь, что она непременно что-нибудь натворит, дай ей только случай.

Так уж повелось у миссис Талливер — если она даже бранила Тома, виноватой так или иначе оказывалась Мэгги.

Мысль о том, что Мэгги сидит в одиночестве у пруда, пробудила в душе миссис Талливер привычный страх, и она взобралась на скамейку — удостовериться, что злополучное чадо цело и невредимо, а Том направился — не слишком поспешно — к пруду.

— Этих детей так и тянет в воду, — громко произнесла миссис Талливер, не заботясь о том, что ее никто не слышит, — ох, утонут они когда-нибудь! Лучше бы мы жили от реки подальше.

Однако, когда она не обнаружила Мэгги, а вдобавок еще увидела, что Том возвращается один, — страх, постоянно тяготевший над ней, завладел ею целиком, и она поспешила навстречу сыну.

— Мэгги у пруда нет, нигде нет, — сказал Том, — она ушла.

Можно представить себе, какое поднялось волнение, как все бросились на поиски Мэгги и с каким трудом удалось убедить ее мать, что Мэгги не утонула. Миссис Пуллет заметила, что, кто знает, ребенок, пожалуй, кончит еще хуже, если останется в живых, а мистер Пуллет, смущенный и подавленный таким нарушением установленного порядка — чай отложен, и птица напугана непривычной беготней взад-вперед, — взял лопату в качестве орудия поисков и вынул ключ, чтобы отпереть курятник, — а вдруг Мэгги там?

По прошествии некоторого времени Том (не сочтя нужным сообщить, что сам он при подобных обстоятельствах поступил бы так же) высказал предположение, что Мэгги ушла домой, и мать его ухватилась за эту мысль как за якорь спасения.

— Ради всего святого, сестрица, вели заложить коляску и отвезти меня домой; даст бог, нагоним ее по дороге. И Люси не может идти пешком в своем грязном платьице, — добавила миссис Талливер, глядя на невинную жертву, которая сидела на диване босая, закутанная в шаль.

Тетушка Пуллет была готова на все, лишь бы поскорее восстановить в своем доме порядок и спокойствие, и не прошло и получаса, как миссис Талливер уже ехала в фаэтоне, с тревогой глядя вдаль. Мысль о том, что скажет отец, если Мэгги потерялась, господствовала в ее душе над всем прочим.

ГЛАВА XI

Мэгги пробует убежать от собственной тени

Замыслы Мэгги были, как обычно, значительно шире, чем мог себе представить Том. Решение, созревшее у нее в уме, после того как скрылись из виду Том и Люси, не ограничивалось тем, что она просто уйдет домой. Нет, она убежит совсем — убежит к цыганам, и Том никогда больше ее не увидит. Идея эта ни в коей мере не была для Мэгги нова; ей так часто приходилось слышать: «форменная цыганка», «дикарка», что ей, когда она чувствовала себя несчастной, казалось, будто единственный способ спастись от насмешек, не выделяться из окружающей среды — это поселиться на выгоне в маленьком коричневом шатре. Она не сомневалась, что цыгане с радостью ее примут и будут относиться к ней с уважением, — ведь она знает куда больше их. Однажды она намекнула об этом Тому и предложила, чтобы он вымазал себе лицо в коричневый цвет и они убежали бы вместе, но Том с презрением отверг этот план, заметив, что все цыгане — воры, что живут они впроголодь и ездить им приходится только на ослах. Однако сегодня Мэгги почувствовала, что страдания ее достигли того предела, за которым единственное прибежище — цыгане. Свое место у подножия дерева она покинула с сознанием, что наступил переломный момент в ее жизни: она убежит прямо на Данлоуский выгон, где, конечно, найдет цыган, а противный Том и остальные ее родственники, которые вечно ее за все бранят, никогда ее больше не увидят. Пустившись бежать, она подумала об отце, но примирилась с мыслью о разлуке с ним, решив, что пошлет ему тайком записку с цыганенком, который сразу скроется, не сказав, где она, и в ней сообщит отцу, что ей хорошо и она счастлива и по-прежнему его любит.

Мэгги скоро совсем запыхалась от бега, но к тому времени, как Том вновь добрался до пруда, она уже оставила позади три длинных поля и была у проселочной дороги, ведущей к большаку. Она остановилась на минутку перевести дух и подумала, что убегать не так уж приятно, пока не доберешься до самого места, где живут цыгане, но решимость ее не ослабела. Вскоре она вышла через ворота на незнакомый ей проселок — из дома в Гэрум-Фёрз они шли совсем другим путем, — но она чувствовала себя здесь в большей безопасности: теперь-то уж ее наверняка не догонят. Вскоре она не без страха заметила двух мужчин, идущих впереди нее по проселку. Она не подумала о том, что может встретить чужих людей: ее слишком поглощала мысль, что ее будут искать свои. Грозные незнакомцы были в потрепанной одежде, с красными, воспаленными лицами, у одного — узелок на палке через плечо. Мэгги боялась, что они неодобрительно отнесутся к ее бегству из дому, но, к ее удивлению, мужчина с узелком остановился и жалобно и вместе подобострастно спросил, нет ли у нее монетки для бедного человека. У Мэгги было в кармане шесть пенсов — подарок дядюшки Глегга, — которые она тут же вытащила и с вежливой улыбкой протянула этому «бедному человеку», надеясь, что он оценит ее щедрость.

— Больше денег у меня нет, — произнесла она, как бы извиняясь.

— Спасибо, маленькая мисс, — сказал мужчина менее благодарным и почтительным тоном, чем она ожидала; она даже заметила, как он ухмыльнулся и подмигнул товарищу.

Мэгги поспешила дальше, ощущая на затылке их взгляды, и тут же услышала их громкий смех. Ей вдруг пришло в голову, что они приняли ее за помешанную. Том ведь сказал, что с обрезанными волосами она похожа на дурочку; слова эти причинили ей слишком острую боль, чтобы она могла их легко забыть. К тому же она была без пальто, лишь в пелерине и капоре. Ясно, что в таком виде не произвести хорошего впечатления на прохожих. Поэтому Мэгги решила идти полем, только по другую сторону проселка, чтобы не очутиться снова во владениях дядюшки Пуллета. Она свернула в первые ворота, которые оказались незапертыми, и, пробираясь вдоль изгородей, от всей души наслаждалась уединением после недавней унизительной встречи. Она привыкла бродить в одиночестве по полям и чувствовала себя там более уверенно, чем на большой дороге. Иногда ей приходилось перелезать через высокие ворота, но в том не было большой беды: она все дальше уходила от возможного преследования. Верно, скоро будет Данлоу-Коммон или какой-нибудь другой выгон; отец как-то говорил при ней, что, куда ни пойдешь, непременно наткнешься на выгон. Мэгги надеялась, что так оно и будет, — она очень устала и проголодалась, а пока не доберешься до цыган, вряд ли можно рассчитывать на хлеб с маслом. Было еще совсем светло, так как тетушка Пуллет, придерживаясь обычая Додсонов все делать пораньше, пила чай в половине пятого по солнцу и в пять по кухонным часам; и хотя с тех пор, как Мэгги пустилась в путь, прошло не меньше часа, на полях еще не начинали сгущаться сумерки и ничто не напоминало ей о приближении ночи. Все же ей казалось, что она, право, прошла очень много. И почему это, интересно, выгона все нет и нет? Она все еще не вышла за пределы Гэрума, богатого прихода со множеством пастбищ, и только раз увидела вдалеке человека. Это, пожалуй, было даже удачно, люди могли оказаться слишком невежественны, чтобы понять всю естественность ее желания попасть к цыганам; с другой стороны, неплохо бы встретить кого-нибудь, кто показал бы ей дорогу, не входя в расспросы о ее личных делах.

Наконец зеленые поля окончились, и Мэгги очутилась перед воротами, сквозь которые увидела проселок, окаймленный широкой полосой травы. Ей никогда раньше не приходилось видеть такого широкого проселка, и, неизвестно отчего, он навел ее на мысль, что выгон где-нибудь тут рядом; возможно, потому, что она заметила пасущегося на обочине осла с колодкой на ноге, а она видела как-то осла, так же безжалостно прикованного к месту, когда ехала с отцом в двуколке по Данлоу-Коммон. Мэгги пролезла между планками ворот и пошла дальше, несколько приободрившись, хотя ее и преследовали образы Аполлиона[1], и разбойника с пистолетом, и ухмыляющегося — рот до ушей — карлика в желтом, и другие самые разнообразные страхи. У бедной маленькой Мэгги отвага, вызванная охватившим ее порывом, уживалась с робостью, проистекавшей от слишком жи-

[1] *Аполлион* — дух тьмы, один из персонажей книги Беньяна «Путь паломника».

вого воображения. Очертя голову кинулась она в это рискованное предприятие — поиски неведомых родичей-цыган, а сейчас, когда очутилась в незнакомых местах, едва осмеливалась глядеть по сторонам из страха увидеть злого кузнеца в кожаном фартуке, который, подбоченясь, будет скалить на нее зубы. У нее испуганно забилось сердце, когда она заметила торчащие из-за бугра босые пятки; они показались ей чем-то отвратительным, сверхъестественным — какие-то копыта дьявола. Она была слишком возбуждена, чтобы сразу разглядеть, что их продолжением служит рваная одежда и голова, покрытая жесткой черной шевелюрой. Это был спящий мальчик, и Мэгги на цыпочках пробежала мимо, чтоб не разбудить его. Ей и на ум не пришло, что это один из ее друзей-цыган, который, по всей вероятности, окажет ей самый радушный прием. Но так оно и было, ибо за следующим поворотом дороги она и впрямь увидела струйку голубоватого дыма и небольшой черный шатер — убежище, которое должно было укрыть ее от всех тех позорных оскорблений, каким она подвергалась в цивилизованном мире. Она даже обнаружила у костра высокую женскую фигуру — это, несомненно, Старшая, цыганка-мать, в ведении которой находится чай и прочая бакалея; странно, почему это она, Мэгги, не чувствует особой радости? Мэгги очень удивило, что в конце концов она нашла цыган не на выгоне, а на дороге; по правде говоря, это ее даже разочаровало. Она не представляла себе жизни цыган иначе, как на таинственном бескрайнем выгоне с песчаными ямами, в которых можно прятаться и где до тебя никто не доберется. Однако она продолжала идти вперед, утешая себя мыслью, что цыгане, наверно, ничего не знают о полоумных, поэтому можно не опасаться, что они с первого взгляда примут ее, по ошибке, за помешанную. Она, по-видимому, уже привлекла к себе внимание, так как высокая фигура медленно двинулась ей навстречу. Это оказалась молодая цыганка с младенцем на руках; когда она подошла ближе, Мэгги не без страха глянула на нее и тут же успокоилась, подумав, что тетушка Пуллет и все прочие были правы, называя ее цыганкой: это лицо с блестящими черными глазами в обрамлении длинных волос действительно чем-то напоминало ту рожицу, которую она привыкла видеть в зеркале, пока не остриглась.

— Куда идешь, моя маленькая барышня? — спросила цыганка с угодливой почтительностью в голосе.

Это было удивительно приятно — как раз то, чего ожидала Мэгги. Цыгане сразу увидели, что она леди, и готовы были соответственно к ней относиться.

— К вам, — ответила Мэгги с таким чувством, будто повторяет слова, которые много раз говорила во сне. — Я пришла, чтобы жить с вами. Можно?

— Вот как славно! Ну, пойдем. Какая милая маленькая барышня! — сказала цыганка, беря ее за руку. Она очень понравилась Мэгги, только неплохо бы, если б она была почище.

Подойдя к костру, они застали там целую компанию. На земле, обхватив руками колени, сидела старая цыганка и время от времени помешивала вертелом в круглом чугуне, распространявшем аппетитный запах; два маленьких кудлатых цыганенка лежали ничком, опершись на локти, наподобие миниатюрных сфинксов; безмятежный осел тянулся мордой к высокой девочке, которая, развалясь на земле, чесала ему нос и угощала, к его великому удовольствию, превосходным ворованным сеном. Косые лучи заходящего солнца ласково освещали их, и Мэгги подумала, что эта сцена выглядит очень мило и уютно, только поскорей бы уж они накрывали на стол. Все будет совершенно чудесно, когда она научит их умываться и приохотит к чтению. Правда, ее несколько смутило, что молодая женщина заговорила со старухой на непонятном языке, а высокая девочка, кормившая осла, приподнялась и, не поздоровавшись с ней, во все глаза стала ее разглядывать. Наконец старуха сказала:

— Что, моя красавица, ты пришла, чтобы остаться с нами? Садись и расскажи нам о себе.

Это было прямо как в книжке. Мэгги нравилось, что ее называют красавицей и обращаются с ней так почтительно. Усевшись, она начала:

— Я ушла из дому, потому что мне там плохо и я хочу быть цыганкой. Я буду жить с вами, если вы не против, и научу вас разным вещам.

— Ах ты, моя умница! — воскликнула женщина с ребенком, садясь рядом с Мэгги и пуская малыша ползать. — А какая у нее хорошенькая шляпка и платьице, — добавила она.

Сняв с Мэгги капор и рассматривая его, она сказала что-то старухе на незнакомом языке. Высокая девочка схватила капор и, ухмыляясь, напялила себе на голову задом наперед; но Мэгги твердо решила не подавать виду, что это ей неприятно.

— Я вовсе не хочу носить капор, мне больше нравится красный платок, как у вас, — сказала она, обращаясь к сидящему рядом новому другу. — У меня были длинные волосы, но я вчера их обрезала; я думаю, они скоро снова отрастут, — добавила она извиняющимся тоном, полагая, что цыгане, возможно, питают особое пристрастие к длинным волосам. В этот миг Мэгги даже забыла про голод — так ей хотелось снискать расположение цыган.

— О, какая славная маленькая барышня... и богатая, видно, — заметила старуха. — Ты, верно, живешь в красивом доме?

— Да, у нас очень хороший дом, и я очень люблю реку, где мы удим рыбу, только мне часто бывает грустно. Мне хотелось захватить с собой книги, но я, понимаете, очень торопилась. Я могу и так рассказать вам почти все, что там написано, я читала их много раз, вам понравится. И про географию могу — это про то, где мы живем, — очень интересно и может пригодиться. Вы слышали когда-нибудь о Колумбе?

У Мэгги засверкали глаза и вспыхнули щеки; она и впрямь принялась учить цыган, оказывать на них благотворное влияние. Цыгане слушали, несколько озадаченные; правда, их внимание отчасти было отвлечено содержимым ее кармана, который новая подруга Мэгги, сидевшая справа, опустошила, не доводя об этом до ее сведения.

— Это место, где ты живешь, моя маленькая барышня? — спросила старуха при упоминании о Колумбе.

— О нет! — ответила Мэгги, глядя на нее с некоторым сожалением. — Колумб был замечательный человек, он открыл полсвета; а на него надели цепи и очень плохо с ним обращались, понимаете... Об этом написано в моей книжке, где вопросы и ответы по географии... Но может, это слишком длинная история, чтобы рассказывать ее до чая... Мне так хочется есть!

Последние слова вырвались у Мэгги помимо ее воли; покровительственно-поучающий тон неожиданно сменился просто жалобным.

— Ах, она голодная, бедняжка, — сказала женщина помоложе. — Дайте ей чего-нибудь поесть... Ты прошла, верно, немалый путь, моя драгоценная. Где же твой дом?

— Я живу на Дорлкоутской мельнице... далеко отсюда, — ответила Мэгги. — Мой отец — мистер Талливер; только он не должен знать, где я, а то он снова заберет меня домой. А где живет цыганская королева?

— Что? Ты хочешь отправиться к ней, моя ягодка? — спросила молодая цыганка.

Высокая девочка меж тем не отрывала от Мэгги глаз и во весь рот ухмылялась. Ее манеры, конечно, трудно было назвать приятными.

— Нет, — сказала Мэгги, — я просто думала, что, если она не очень хорошая королева, вы будете рады, когда она умрет, и вы сможете выбрать другую. Если бы я была королевой, я была бы очень хорошей королевой, доброй ко всем.

— Вот тебе вкусненький кусочек, поешь. — И старуха протянула ей краюшку черствого хлеба, которую вынула из мешка с объедками, и ломтик копченой грудинки.

— Спасибо, — сказала Мэгги, взглянув на грудинку, но не притрагиваясь к ней. — Не дадите ли вы мне лучше хлеба с маслом и чаю? Я не люблю грудинки.

— У нас нет ни чая, ни масла, — проворчала старуха, бросив на нее довольно хмурый взгляд; видно, ей уже прискучило ублажать Мэгги.

— Тогда, может быть, немного хлеба с патокой? — сказала Мэгги.

— Нет у нас никакой патоки, — сердито проговорила старуха, после чего между двумя женщинами завязался громкий разговор на незнакомом языке, а один из маленьких сфинксов схватил хлеб с грудинкой и стал его уплетать.

В это время высокая девочка, отошедшая было в сторону, вернулась с каким-то известием, которое произвело большой переполох. Старуха, видимо забыв, что Мэгги голодна, с новым рвением принялась мешать в чугуне, а молодая залезла под брезент и вытащила из шатра несколько тарелок и ложек. Мэгги задрожала и со страхом подумала, что вот-вот расплачется. Тут высокая девочка издала пронзительный клич, и вскоре к ним подбежал мальчик, мимо которого прошла по пути сюда Мэгги, — шустрый маленький дикарь примерно того же возраста, что и Том. Он вытаращил глаза на Мэгги, и все быстро о чем-то заговорили. Она почувствовала себя такой одинокой: еще немножко — и из глаз ее брызнут слезы. Цыгане как будто вовсе не замечали ее, и она показалась себе совсем маленькой и слабой. Но подступившие было слезы высохли от страха, когда к ним подошли двое мужчин, приближение которых и вызвало всю эту суматоху. Старший из них держал в руке мешок. Кинув его на землю, он заговорил с женщинами громким ворчливым голосом; в ответ посыпался град визгливых ругательств. К Мэгги с лаем подбежала черная дворняга, повергнув ее в трепет, который еще усилился, когда мужчина помоложе с проклятьями отогнал собаку, ударив ее толстой палкой.

Мэгги чувствовала, что никогда не могла бы она быть королевой у этих людей, не могла бы просвещать их занимательными и полезными рассказами.

Теперь мужчины, по-видимому, расспрашивали о Мэгги. Они смотрели на нее, и разговор приобрел мирный характер, как это бывает, когда одна сторона проявляет любопытство, а другая в состоянии его удовлетворить. Наконец молодая женщина сказала своим прежним, подобострастным тоном:

— Эта славная маленькая барышня пришла, чтобы жить с нами. Вы рады, правда?

— Да, очень, — отозвался мужчина помоложе, рассматривая серебряный наперсток Мэгги и прочие мелочи, извлеченные у нее из кармана. Все это, за исключением наперстка, он, что-то сказав, вернул молодой женщине, и та немедленно положила обратно в карман Мэгги, а мужчины сели на землю и рьяно принялись за тушеное мясо с картофелем, которое старуха, сняв котел с огня, вывалила на желтое деревянное блюдо.

Мэгги подумала, что Том, вероятно, был прав насчет цыган: они, конечно, воры, если только мужчина не собирается впоследствии вернуть ей наперсток. Она охотно подарила бы его, она вовсе не так уж привязана к своему наперстку, но мысль, что она находится среди воров, испортила ей все удовольствие от того, что к ней вновь стали выказывать внимание и уважение. Все воры, кроме Робин Гуда, гадкие люди.

Женщины заметили, что она напугана.

— У нас нет ничего вкусного, чтобы дать барышне, — сказала старая цыганка льстивым тоном. — А она так голодна, сахарная моя.

— Ну-ка, ягодка, попробуй: может, съешь немного вот этого, — проговорила молодая, протягивая Мэгги коричневую тарелку с тушеным мясом и железную ложку.

Мэгги, помня, что старуха рассердилась на нее за хлеб с грудинкой, не посмела отказаться, хотя от страха у нее пропал аппетит. Ах, если бы отец проехал мимо в своей двуколке и забрал ее! Или хотя бы Джек Истребитель Великанов[1], или мистер Великодушное Сердце[2], или святой Георгий[3], поражающий копьем дракона, как это нарисовано на полупенсах, случайно оказались здесь! Но, подумала Мэгги, совершенно упав духом, этих героев ни разу не встречали в окрестностях Сент-Огга... там никогда не случалось ничего чудесного.

Мэгги Талливер, как вы видите, отнюдь не была такой высокообразованной молодой особой, какими неизбежно становятся восьми-девятилетние маленькие женщины в наши дни. Она всего один год ходила в школу в Сент-Огге, и у нее было так мало книг, что иногда она читала словарь. Рассматривая, что содержится в этой головке, вы столкнулись бы с самым неожиданным невежеством наряду с самыми неожиданными познаниями. Она могла бы сообщить вам, например, что существует такое слово, как «полигамия», а поскольку она была также знакома со словом «полисемия» — «многозначность», то вывела заключение, что «поли» означает «много»; но ей и на ум не приходило, что цыгане могут испытывать нужду в бакалейных товарах, и вообще голова ее была набита забавнейшей смесью самых разумных понятий и самых безумных фантазий.

Ее взгляд на цыган претерпел за последние пять минут разительные изменения. Если ранее она считала, что они станут почтительно к ней относиться и с удовольствием будут внимать ее поучениям, то теперь у нее возникла мысль — не хотят ли они ее убить, как только стемнеет, и, разрубив на куски, пустить потом на жаркое. У нее вдруг появилось подозрение, что старик со свирепыми глазами на самом деле — нечистый дух и может в любую минуту, сбросив свою прозрачную личину, превратиться в ухмыляющегося кузнеца или в огнегла-

---

[1] Герой английской народной сказки.

[2] Герой английских баллад.

[3] Христианский святой Георгий Победоносец изображался на английских монетах достоинством в полпенни в единоборстве с дьяволом, принявшим облик дракона.

зое чудище с крыльями дракона. Нечего было и пытаться проглотить хоть кусочек тушеного мяса, а вместе с тем больше всего на свете она боялась обидеть цыган, обнаружив свое крайне нелестное о них мнение; с интересом, в котором ее не мог бы превзойти даже самый ревностный богослов, она раздумывала над тем, угадал бы нечистый ее мысли, если бы он действительно был среди них.

— Что, тебе не нравится, как это пахнет, душечка? — сказала молодая цыганка, заметив, что Мэгги не прикоснулась к еде. — Съешь немножко, ну постарайся.

— Нет, благодарю вас, — с принужденной улыбкой промолвила Мэгги, призывая все свое мужество для отчаянного шага. — Боюсь, у меня больше нет времени: кажется, уже темнеет. Думаю, я пойду сейчас домой и приду снова в другой раз, тогда я смогу принести вам корзину пирожков с вареньем и еще разных разностей.

Выдвинув этот невероятный проект, она встала, всем сердцем надеясь, что Аполлиона можно провести, но надежда ее угасла, когда старая цыганка сказала:

— Подожди-ка, подожди, маленькая барышня, мы сами отвезем тебя домой в целости и сохранности, когда поужинаем. Поедешь верхом, как настоящая леди.

Мэгги снова села, не очень-то полагаясь на это обещание, однако вскоре она увидела, как высокая девочка надела на осла уздечку и кинула ему на спину пару мешков.

— Ну-ка, маленькая мисс, — обратился к ней мужчина помоложе, поднимаясь с земли и подводя к ней осла, — скажи нам, где ты живешь. Как называется ваше место?

— Я живу на Дорлкоутской мельнице, — волнуясь, проговорила Мэгги. — Мой отец — мистер Талливер; там наш дом.

— Что?! Большая мельница, не доезжая Сент-Огга?

— Да, — сказала Мэгги. — Далеко это? Я бы лучше пошла пешком, если можно.

— Нет, нет, скоро стемнеет, нужно торопиться. А на осле тебе будет очень удобно, вот посмотришь.

И, подняв Мэгги, он посадил ее на осла. Она почувствовала облегчение при мысли, что с ней, по всей видимости, поедет не старик, но боялась даже надеяться, что везут ее действительно домой.

— Вот твой хорошенький капор, — сказала молодая цыганка, надевая ей на голову этот прежде презираемый, а теперь столь желанный предмет туалета, — и ты расскажешь, как хорошо мы с тобой обращались, правда? И называли тебя славной маленькой барышней.

— О да, благодарю вас! — воскликнула Мэгги. — Я вам очень обязана. Но мне бы хотелось, чтобы вы тоже поехали со мной. — Она подумала — все лучше, нежели остаться с глазу на глаз с одним из этих ужасных мужчин; куда приятней, если тебя зарежет целая компания.

— Так, значит, я тебе больше нравлюсь? — улыбнулась женщина. — Но я не могу с вами идти, мне за вами не угнаться.

Оказалось, что и мужчина едет на том же осле, позади Мэгги, и, хотя даже самый страшный сон не мог бы привести ее в больший трепет, она была столь же бессильна воспротивиться этому, как и сам осел. Женщина, похлопав ее по спине, сказала «до свидания», и серый, сразу уразумев, на что намекает палка хозяина, мелкой рысцой пустился по проселку в ту сторону, откуда Мэгги пришла за час до того, а высокая девочка и растрепанный мальчишка, тоже вооруженные палками, услужливо сопровождали их первую сотню шагов, визгом и ударами понукая осла.

Даже Ленора[1] во время своей фантастической полночной скачки с призраком-возлюбленным не была так напугана, как бедняжка Мэгги во время совершенно прозаической поездки на трусящем рысцой осле, с цыганом, рассчитывающим заработать полкроны. Красный свет заходящего солнца, чудилось ей, таил в себе что-то зловещее, с чем, безусловно, был связан тревожный крик второго осла, того, что с колодкой на ноге. Две низкие,

[1] *Ленора* — героиня одноименной баллады немецкого поэта Бюргера (1747–1794).

крытые соломой хибарки — единственное жилье на этом проселке — казалось, только усиливали мрачность картины. У них были крошечные оконца и двери на запоре. Вполне возможно, что там жили ведьмы, и Мэгги вздохнула с облегчением, когда осел проехал мимо.

Наконец — о радость! — этот проселок, самый длинный на свете, стал подходить к концу и уперся в широкую дорогу, по которой как раз проезжал дилижанс! А на перекрестке стоял столб — она, несомненно, видела его раньше — с дощечкой: «До Сент-Огга две мили». Значит, цыган действительно везет ее домой. Возможно, он, в конце концов, неплохой человек и, вероятно, обиделся, что она не хотела с ним ехать. Мысль эта все сильнее овладевала Мэгги, по мере того как она с несомненностью убеждалась в том, что дорога ей хорошо знакома; она ломала себе голову, как бы ей начать разговор с оскорбленным ее недоверием цыганом и не только ублаготворить его, чтобы он перестал обижаться, но стереть даже самую память о своей трусости, и тут — они как раз подъезжали к перекрестку — Мэгги увидела мужчину верхом на лошади с белой мордой.

— Остановитесь, остановитесь! — закричала она. — Это мой отец! О, отец, отец!

Внезапная радость обожгла ее, как боль, и, прежде чем отец успел подъехать, она разрыдалась. Можно представить себе удивление мистера Талливера: он ехал кружным путем из Бассета и дома еще не был.

— Как, что это значит? — спросил он, придерживая лошадь.

Мэгги, соскользнув с осла, подбежала к нему и ухватилась за стремя.

— Маленькая мисс, верно, заблудилась, — сказал цыган. — Она пришла к нашему шатру в конце Данлоулейн, и я вез ее домой. Немалый путь, после того как пробудешь на ногах весь день.

— Да, отец, он такой добрый, он повез меня домой, — подхватила Мэгги, — очень добрый, хороший человек.

— Что ж, держи, любезный, — сказал мистер Талливер, вынимая пять шиллингов. — Ты честно заработал эти деньги. Что бы я делал без моей дочки! Ну-ка, подсади ее в седло... Что же это, Мэгги, как это ты? — начал он, когда они снова двинулись к путь и Мэгги, тихо всхлипывая, прижалась к груди отца. — Как это вышло, что ты заблудилась?

— Ах, отец, — всхлипнула Мэгги, — я убежала, потому что была так несчастна: Том на меня сердился. Я не могла этого вынести.

— Фу, фу! — произнес мистер Талливер, успокаивая ее. — Разве можно убегать из дома? Что станет делать отец без своей дочки?

— О, я никогда больше не убегу, отец, — ни за что!

Когда мистер Талливер добрался в тот вечер домой, он без обиняков выразил свое мнение о случившемся, и это привело к удивительному результату: Мэгги не услышала по поводу этой глупой истории — побега к цыганам — ни одного упрека от матери, ни одной насмешки от Тома. Она была потрясена, даже несколько испугана таким непривычным обхождением. Наверно, она поступила так дурно, что об этом и упоминать нельзя.

ГЛАВА XII

Мистер и миссис Глегг у себя дома

Для того чтобы увидеть мистера и миссис Глегг у них дома, мы должны перенестись в Сент-Огг — этот освященный веками город с крышами из красной черепицы и широкими фронтонами портовых складов, где черные корабли разгружаются от привезенных с дальнего севера товаров, а взамен увозят драгоценные изделия из внутренних графств — плотно спрессованный сыр и шелковистую овечью шерсть, с которыми мои благородные читатели, несомненно, знакомы по античным буколикам.

Это один из тех старых-старых городков, которые кажутся нам таким же феноменом природы, как гнездо райской птицы или извилистые галереи муравейника, — город, где следы роста, следы его долгой истории запечатлелись, как кольца тысячелетнего дерева, — город, который возник между рекой и низким холмом и уже стоял там в те далекие времена, когда римские легионы поспешно покидали раскинутый на косогоре лагерь и свирепые длинноволосые викинги поднимались по реке, жадными глазами глядя на тучные земли. Это город, «знакомый с давно забытыми годами». Здесь время от времени является тень саксонского короля-героя[1], обозревающего места своих юношеских забав и любовных приключений, здесь встречает его мрачный дух грозного вождя язычников-скандинавов, заколотого в кругу своих воинов мечом невидимого мстителя, — дух, который осенними вечерами поднимается белым туманом с могильного кургана на холме и парит во дворе Старого замка у реки — место, где вождь был таким таинственным образом убит в те дни, когда Старого замка и не существовало. Строить этот прекрасный Старый замок начали еще норманны. Как и самый город, он рассказывает нам о замыслах и мастерстве разделенных веками поколений; там все — седая старина, и потому мы смотрим со снисходительной улыбкой на разнобой в отдельных его частях и благодарны творцам каменного крытого балкона, и зодчим готического фасада, и создателям башен искуснейшей кирпичной кладки с орнаментом из трилистника, и окон с каменными наличниками, и каменных зубцов на стенах — за то, что они не совершили святотатства — не снесли древних, наполовину бревенчатых стен, за которыми помещался пиршественный зал с потолком из дубовых балок.

Но возможно, еще более древнего происхождения кусок стены, сейчас вмурованный в колокольню приходской церкви, который, как считают, остался от самой первой часовни, построенной в честь святого заступни-

---

[1] Подразумеваются король англосаксов Альфред (король Англии с 871 г.), героически боровшийся с набегами данов, и один из вождей нашествия скандинавов на Британские острова в IX в.

ка этого старинного городка, Огга, чья история известна мне в нескольких версиях. Я склоняюсь к самой краткой, поскольку если и не все в ней истинная правда, то, по крайней мере, меньше выдумки. «Огг, сын Беорла, — повествуется в одном из имеющихся у меня манускриптов, — был лодочник; он зарабатывал свое скудное пропитание тем, что перевозил людей через реку Флосс. И случилось однажды вечером, когда дул сильный ветер, что на берегу реки сидела женщина с младенцем и тяжко вздыхала; и одета она была в рубище, вид имела измученный и изнуренный и умоляла перевезти ее через реку. И мужчины, которые там были, так ее спрашивали: „Почему желаешь ты пересечь реку? Подожди утра, пробудь ночь под кровом, и ты поступишь мудро, а не глупо“. Но она продолжала сетовать и умолять их. И Огг, сын Беорла, подошел к ним и сказал: „Я перевезу тебя, если этого жаждет твое сердце“. И он перевез ее через реку. И случилось так: когда ступила она на берег, рубище ее превратилось в ниспадающие белые одежды и лицо засияло неземной красотой, а вокруг него встал нимб и осветил воду, как луна в полнолуние. И она сказала: „Огг, сын Беорла, будь благословен за то, что не спрашивал ни о чем и не спорил с желанием сердца, но покорился жалости и облегчил чужую боль. Отныне и до века тот, кто ступит в твою ладью, не погибнет от бури; и когда она пустится на помощь погибающим, она спасет жизнь и людям, и животным“. И вот, стоило воде подняться, многих спасало это благословение, данное лодке. Но когда Огг, сын Беорла, умер, в тот миг, заметьте, когда душа его расставалась с телом, лодка сама снялась с якоря, и была тут же унесена отливом в океан, и пропала бесследно. Однако говорят, что в позднейшие годы во время наводнения Огг, сын Беорла, с наступлением вечера всегда появлялся на широко разлившихся водах, и Святая Дева сидела на носу лодки, освещая все вокруг, как луна в полнолуние, и гребцы, заметив ее в сгущающемся мраке, укреплялись духом и с новым рвением брались за весла».

Как видите, из этой легенды явствует, что уже в стародавние дни людям ниспосылалась эта «Божья кара» — наводнения, которые, даже если не губили человека, были роковыми для беспомощного скота и сметали с лица земли всю мелкую тварь. Но город знал и более тяжкие бедствия, чем наводнения, — бедствия гражданских войн. Долгие годы он был полем боя, где сперва пуритане возносили хвалу Господу за кровь роялистов, а затем роялисты — за кровь пуритан. В ту пору не один честный горожанин лишился всего своего достояния, не желая поступиться совестью, и нищим покидал родные места. Еще и сейчас стоят многие дома, из которых с грустью уходили эти честные горожане, — дома с причудливыми крышами и окнами на реку, сжатые портовыми складами более поздней постройки, дома со множеством самых удивительных переходов, которые то и дело круто заворачивают, пока наконец не выведут вас на топкий берег, постоянно заливаемый бурным приливом. Кирпич домов давно потемнел, и во времена миссис Глегг вы нигде бы еще не нашли неуместного новомодного щегольства, никаких зеркальных стекол в витринах лавок, никакой штукатурки на стенах или иной ложной попытки придать превосходному старому красному Сент-Оггу вид города, возникшего только вчера. Витрины были маленькие и без претензий, так как жен и дочерей фермеров, приезжавших за покупками раз в неделю, ничто не могло заставить изменить хорошо известным им лавкам, куда они ходили из года в год, а лавочники не интересовались покупателем, который заглянет разок по пути — и поминай как звали. Ах! Даже времена миссис Глегг кажутся сейчас давним прошлым; происшедшие перемены отодвинули их далеко назад. Война и толки о войне ушли уже тогда из памяти людей, и если фермеры в выгоревших коричневых куртках, стоя на гудящей от множества народа рыночной площади, иногда и вспоминали о ней, вытряхивая зерно из мешочков с образцами, то лишь как о далеком золотом веке, когда держались высокие цены на хлеб. Да, прошли те времена, когда широкая река могла принести к городу корабли непрошеных гостей. Россия стала просто местом, откуда привозят льняное семя — чем больше, тем лучше, — идущее на маслобойни, где тяжелые толчеи, словно огромные живые чудовища, с грохотом размельчают его и отвеивают прочь шелуху. Католики, плохой урожай и таинственные колебания рынка — вот те бедствия, коих только и приходилось опасаться человечеству; даже наводнения за последние годы были не так сильны. Сент-Огг не заглядывал мысленным оком далеко вперед, не оглядывался назад. Он получил в наследство большое прошлое, но не задумывался над ним и не видел призраков, бродивших по улицам. С тех пор как на разлившихся водах Флосса видели святого Огга и Божью Матерь на носу его лодки, многое стало воспоминанием, а затем постепенно совсем растаяло, как уходящие вдаль вершины холмов. Настоящее же было как плоская равнина, где люди перестают верить в существование вулканов и возможность землетрясений и живут убежденные, что завтра ничем не будет отличаться от вчера и что гигантские силы, потрясавшие раньше мир, уснули вечным сном. Прошли те дни, когда в жизни людей такое место занимала вера, а тем более дни, когда они могли сменить ее. Католики были страшны потому, что, дай им волю, они захватили бы власть и хозяйство страны и жгли бы людей живьем, а не потому, что хоть одного здравомыслящего и честного прихожанина Сент-Огга можно было обратить в веру папы римского. Один старожил еще помнил, в какой экстаз приходила толпа, когда на скотном рынке проповедовал Джон Уэсли[1]; но уже давно от проповедников не ждали, что они будут потрясать души людей. Случайная вспышка красноречия на кафедрах диссидентов по вопросу о крещении младенцев была единственным проявлением религиозного пыла, остывшего в нынешние трезвые времена, когда люди по горло сыты переменами.

---

[1] *Джон Уэсли* (1703–1791) — проповедник, основатель религиозной секты методистов.

Протестантизм чувствовал себя совершенно спокойно, позабыв о ересях, не заботясь о прозелитах; принадлежность к секте переходила от отцов к детям вместе с фамильными скамьями в церкви и деловыми связями, и правоверные протестанты глядели на диссидентизм с презрительным недоумением, как на глупый обычай, который держался в семьях, занимавшихся главным образом торговлей бакалейным и мелочным товаром, хотя он ничуть не мешал и успешным оптовым сделкам. Но католический вопрос поднял легкий ветерок споров, нарушивший долгий штиль. Почтенный приходской пастор в своих поучениях стал пускаться в исторические экскурсы и дискуссии с воображаемым противником, а мистер Спрей, священник-индепендент, начал произносить политические проповеди, в которых он с пламенной верой и большой тонкостью доказывал, что, с одной стороны, католикам дóлжно иметь политические права, с другой — им дóлжно гореть в геенне огненной. Но большинство его слушателей было не способно уловить все эти тонкости; одни старозаветные диссиденты сожалели, что он взял сторону католиков, другие полагали, что лучше бы ему оставить политику в покое. Служение общественным интересам не слишком высоко ставилось в Сент-Огге, и к людям, толкующим о политике, относились несколько подозрительно, считая их опасными субъектами. Среди них мало кто имел собственное дело, а если и имел, то ему, конечно, скоро грозило банкротство.

Таково было общее положение вещей в Сент-Огге в дни миссис Глегг, и в частности в тот самый период истории семейства Додсон, когда она поссорилась с мистером Талливером. Это было время, когда невежество жило куда более покойно, чем сейчас, и со всеми почестями принималось в самом лучшем обществе, не будучи вынуждено рядиться в замысловатые одежды знания; время, когда еще не в ходу были дешевые журналы и когда сельскому врачу и в голову не приходило спрашивать своих пациенток, любят ли они книги, так как он не сомневался, что они предпочитают сплетни; время, когда леди в богатых шелковых платьях носили в кармане баранью косточку как средство от судорог. Миссис Глегг тоже получила такую косточку в наследство от бабушки, вместе с парчовым платьем, которое могло стоять само по себе, наподобие рыцарских доспехов, и тростью с серебряным набалдашником, — семья Додсон считалась респектабельной уже многие поколения.

В превосходном доме миссис Глегг в Сент-Огге была парадная гостиная и другая, внутренняя, и, таким образом, было два наблюдательных пункта, с которых она могла изучать слабости своих ближних и укрепляться в чувстве благодарности за дарованную ей беспримерную силу духа. Из фасадного окна она могла видеть Тофтон-роуд, проходившую через весь Сент-Огг, и отмечать растущую тенденцию «болтаться по улицам» у жен еще не удалившихся на покой сентоггцев, а также новую моду носить бумажные вязаные чулки, что сулило мрачные перспективы будущим поколениям; из заднего же окна — смотреть на прекрасный цветник и фруктовый сад, спускающийся к реке, и наблюдать за чудачествами мистера Глегга, тратящего время на «эти цветы и овощи». Удалившись от дел, дабы до конца дней своих наслаждаться покоем, мистер Глегг нашел это занятие настолько более утомительным, нежели торговля шерстью, что был вынужден для развлечения взяться за тяжелый физический труд и, как правило, отдыхал, работая за двух садовников. То, что они, благодаря этому, экономили на работнике, могло бы, возможно, заставить миссис Глегг смотреть сквозь пальцы на причуды мистера Глегга, если бы хоть одна женщина здравого ума была способна, пускай для виду, отнестись с уважением к коньку своего мужа. Но всем известно, что подобная супружеская снисходительность присуща только слабейшей части слабого пола, которая вряд ли ясно сознает, в чем состоят обязанности супруги, и не понимает, что жене назначено обуздывать своего мужа в удовольствиях, которые почти никогда не бывают разумными и достойными похвалы.

У мистера Глегга, в свою очередь, было два источника для упражнения ума, которые обещали быть неиссякаемыми. С одной стороны, его повергали в изумление собственные открытия в области естествознания: он обнаружил, что в его небольшом саду водятся удивительные гусеницы, слизняки и насекомые, которые, насколько ему было известно, никогда раньше не привлекали к себе внимания человека, и он заметил знаменательную связь между этими зоологическими диковинами и великими событиями своего времени, — например, перед тем как сгорел Йоркский кафедральный собор, на листьях роз появились странные извилистые следы и как никогда много развелось слизняков — феномены, необъяснимые для него, пока мрачное зарево этого пожара не пролило на них свет. (Мистер Глегг обладал необыкновенно деятельным умом, который, освободившись от забот, связанных с торговлей шерстью, естественно, стал искать себе другого применения.) Вторым объектом его раздумий была «супротивность» женской натуры, типичным примером чего служила миссис Глегг. То, что существо, созданное — в генеалогическом плане — из ребра мужчины и достигшее таким образом высот респектабельности, хотя оно не приложило к этому ни малейших усилий, непременно должно возражать против самых вежливых предложений и даже против самых предупредительных уступок, было для него тайной мироздания, ключ к которой он часто и напрасно искал в первых главах Книги Бытия. Мистер Глегг избрал старшую мисс Додсон как благообразное воплощение женского здравомыслия и бережливости и, сам имея склонность к стяжанию и откладыванию впрок, рассчитывал на гармонию в супружеской жизни. Но с этим любопытным конгломератом — женским характером — легко случается, что, несмотря на превосходные ингредиенты, готовое блюдо трудно назвать лакомым; и даже высокосортная систематическая расчетливость может быть сдобрена такой приправой, которая совершенно испортит весь вкус. Так вот, у почтенного мистера Глегга скупость проявлялась в самой приятной форме; соседи величали его «запасливым», что, по сути, означает «мягкосердечный скряга». Если вы упоминали при нем, что любите корки от сыра, он никогда не забывал сберечь их для вас, радуясь, что может этим доставить вам удовольствие, и имел привычку ласкать всех животных, на содержание которых не нужно было тратиться. В мистере Глегге не было никакого лицемерия и притворства. Его глаза увлажнились бы от искреннего сочувствия при виде того, как распродают скарб какой-нибудь вдовы, хотя это можно было бы предотвратить при помощи пятифунтовой бумажки из его кармана; но денежный дар в пять фунтов «скромно живущей особе» казался мистеру Глеггу скорее безумным расточительством, нежели благотворительностью, которая всегда представлялась ему как раздача мелких пособий, а не как противодействие злой фортуне. Мистер Глегг пекся о чужих деньгах, как о своих собственных. Он сделал бы большой крюк, только бы не проезжать через заставу и не платить подорожный сбор, даже если бы расходы нес другой и его карману ничто не угрожало, и не скупился на красноречивые доводы, чтобы убедить малознакомых ему людей пользоваться вместо натуральной ваксы дешевым суррогатом. Эта неискоренимая привычка копить, ставшая самоцелью, была почти в такой же степени присуща трудолюбивым дельцам старого склада, медленно сколачивавшим свое состояние, как привычка выслеживать дичь присуща гончей. Они составляли особую породу, почти вымершую в наши дни быстрого обогащения, когда расточительность идет по пятам нищеты. В старые времена независимое положение можно было создать себе только при условии некоторой скупости, и в провинции вы могли бы найти это качество у людей с характером столь же различным, как различны фрукты, из которых добывается кислота. Истинные Гарпагоны встречались нечасто и сразу бросались в глаза; совсем другое дело — почтенные налогоплательщики, которые в прошлом ограничивали себя во всем из действительной необходимости, а впоследствии, даже удалившись от дел и живя в полном достатке, обладая собственным фруктовым садом и винным погребом, сохраняли привычку рассматривать жизнь как хитроумный процесс удовлетворения своих насущных потребностей таким образом, чтобы это не наносило слишком заметного урона их состоянию, и которые с такой же готовностью отказались бы от обложенного налогом предмета роскоши сейчас, имея пятьсот фунтов чистого годового дохода, как в то время, когда эта сумма составляла весь их капитал. Мистер Глегг был один из их числа — один из тех, с кем так трудно было договориться министру финансов; и, зная это, вы лучше сможете понять, почему, несмотря на слишком острую приправу, которой природа сдобрила добродетели старшей мисс Додсон, он не отказался от убеждения, что избрал себе достойную подругу жизни. Человек с мягким сердцем, считающий, что жизненные устои его жены отвечают его основным принципам, легко может убедить себя в том, что ни одна женщина не подошла бы ему лучше, и, бранясь и ссорясь с ней каждый день, отнюдь не перестает питать к ней добрые чувства. Будучи склонен к раздумьям и не занятый более шерстью, мистер Глегг немало удивлялся особому складу женского ума, раскрывавшемуся перед ним в его семейной жизни, и вместе с тем в области домашнего хозяйства он считал миссис Глегг образцом для всего женского пола. Ему казалось достойным жалости нарушением всех правил, если салфетки скатывались не так туго и демонстративно, как у миссис Глегг, если пироги не напоминали подошву, а пастила — почтенную окаменелость; да что там — даже специфическая смесь съедобных и лекарственных ароматов в особом буфете миссис Глегг представлялась ему единственно подобающим запахом для буфета. Я не уверен, что он не соскучился бы, если бы хоть неделя прошла без ссоры; уступчивая, кроткая жена, безусловно, не давала бы ему такой пищи для размышлений и лишила бы их остроты.

Несомненное мягкосердечие мистера Глегга проявлялось и в том, что его гораздо больше огорчали ссоры жены с кем-нибудь другим — даже с Долли, служанкой, — чем их собственные разногласия; и размолвка миссис Глегг с мистером Талливером была так ему неприятна, что совершенно свела на нет удовольствие, которое он мог получить от прекрасного вида своей ранней капусты, когда на следующее утро вышел в огород. Все же, отправляясь завтракать, он лелеял слабую надежду, что за ночь миссис Глегг остыла и гнев ее смягчился, уступив место ее твердым принципам относительно семейного декорума. Она обычно хвалилась тем, что между Додсонами сроду не бывало таких смертельных ссор, какие позорили другие семейства, что ни одного из Додсонов еще не лишали наследства и не отказывались считать членом семьи, да и с чего бы, если у всех, даже дальних родственников, водились деньжонки или, на худой конец, были собственные дома?

Одно облачко, нависавшее над челом миссис Глегг по вечерам, обычно исчезало, когда утром она садилась за завтрак. Это была ее пышно взбитая накладка; ведь, занимаясь по утрам домашними делами, было бы чистой нелепостью надевать модные локоны, вовсе излишние при приготовлении жестких булочек. К половине одиннадцатого приличия уже требовали накладки, а до тех пор миссис Глегг могла ее поберечь, и общество ничего бы об этом не узнало. Но отсутствие этого облачка дало возможность с полной ясностью увидеть, что облако враждебности осталось. Садясь за овсянку с молоком, которою мистер Глегг из присущей ему с детства умеренности привык утолять по утрам свой голод, он заметил это и благоразумно решил предоставить первое слово миссис Глегг, боясь, что малейшее прикосновение к такому нежному предмету, как женский норов, может иметь самые печальные последствия. Люди, склонные смаковать свое плохое настроение, обычно поддерживают его, принося никому не нужные жертвы. Таков был обычай и миссис Глегг. В это утро она налила себе слабого чая и отказалась от масла. Просто нестерпимо было при таком подходящем расположении духа, в полной боевой готовности воспользоваться малейшим поводом для ссоры, не услышать от мистера Глегга ни единого слова. Эдак не к чему и придраться! Но затем она, видно, нашла, что и молчание его может служить этой цели, так как обратилась к нему наконец тем самым тоном, который может быть свойствен лишь дражайшей половине:

— Ну, мистер Глегг, и это мне награда за то, что я столько лет была вам примерной женой! Ежели я должна терпеть такое обращение и дальше, лучше бы мне знать об этом до того, как умер мой бедный отец; я бы могла построить свой семейный очаг в другом месте, благо было из чего выбирать.

Мистер Глегг перестал есть и взглянул на нее не то чтобы с особым интересом, а просто с тем спокойным привычным изумлением, с которым мы относимся к загадкам природы:

— Помилуйте, миссис Глегг, да чем же я провинился на этот раз?

— Чем, мистер Глегг, чем провинились? Мне вас жаль.

Не найдя уместного ответа, мистер Глегг снова принялся за кашу.

— Есть на свете мужья, — продолжала, немного помолчав, миссис Глегг, — которые знают, что не пристало мужу брать сторону чужих людей против своей жены. Возможно, я ошибаюсь, и вы меня поправите, но я всегда слышала, что долг мужа — стоять за свою жену, а не радоваться и торжествовать, когда посторонние ее оскорбляют.

— Интересно, что дало вам повод так говорить? — довольно горячо сказал мистер Глегг. Человек он был добрый, но не такой все-таки кроткий, как ягненок. — Когда это я радовался и торжествовал?

— Есть вещи похуже, чем выложить все начистоту. По мне, лучше бы вы прямо в глаза сказали, что ни в грош меня не ставите, чем показывать, что все правы, а я не права, и приходить утром к завтраку, когда я и часу в эту ночь глаз не сомкнула, и глядеть на меня свысока, будто я грязь у вас под ногами.

— Свысока, на вас? — спросил мистер Глегг раздраженно-ироническим тоном. — Вы ни дать ни взять как тот пьяный, который считает, что все, кроме него, хватили лишку.

— Не унижайте себя, обзывая меня непристойными словами, мистер Глегг! У вас при этом очень жалкий вид, хоть вам это и невдомек, — промолвила миссис Глегг с глубоким состраданием. — В вашем положении вам следовало бы служить для других примером и говорить более дельные вещи.

— Разумеется, да разве вы станете слушать дело? — колко отпарировал мистер Глегг. — Самое дельное, что я могу вам сказать, — это то, что говорил вчера: вы не правы, ежели потребуете назад свои деньги только потому, что слегка повздорили; куда лучше оставить все как есть, и я надеялся, что за ночь вы одумались. Но уж коли вам так приспичило взять их обратно, не спешите по крайности, не разжигайте еще сильнее вражду в семье и погодите, пока подвернется хороший заклад. А не то вам придется звать стряпчего, чтобы поместил куда-нибудь ваши деньги, и тратам конца-краю не будет.

Миссис Глегг почувствовала, что его слова не лишены резона, но вскинула голову и издала горлом какой-то неопределенный звук, означавший, что ее молчание — не более чем перемирие, а никак не мир. И действительно, военные действия вскоре возобновились.

— Я был бы вам благодарен, ежели бы вы налили мне чашечку, миссис Глегг, — сказал мистер Глегг, видя, что она не собирается предложить ему чаю, как делала обычно, когда он кончал с кашей.

Вскинув голову, она подняла чайник и сказала:

— Рада слышать, что вы будете мне благодарны, мистер Глегг. Не очень-то много благодарности я получаю на этом свете за то добро, что делаю людям, хотя в вашей семье, мистер Глегг, нет женщины, достойной стоять со мной рядом, и я повторила бы это даже на смертном одре. И меня нельзя упрекнуть, что я неучтива с вашей родней, они и сами этого не скажут, а они мне неровня, никто не заставит меня отказаться от этих слов.

— Вы бы лучше не трогали мою родню, пока не бросили ссориться со своей собственной, миссис Глегг, — с едким сарказмом заметил мистер Глегг. — Не откажите в любезности передать мне молочник.

— Это самая грязная ложь, какую мне довелось услышать за всю мою жизнь, мистер Глегг, — произнесла леди, наливая ему молоко с несвойственной ей щедростью, словно хотела сказать: «Если вам угодно молока, получайте с лишком». — Вы и сами знаете, что ложь. Я не из тех, кто ссорится со своими родными. Не в пример вам.

— Да? А как же вы назовете то, что было вчера, когда вы с таким шумом ушли от своей сестры?

— С сестрой я не ссорилась, мистер Глегг, — и как только у вас язык поворачивается так говорить? Мистер Талливер мне не кровная родня, и это он первый стал нападать на меня и выгнал меня из дома. Но вам, может, больше пришлось бы по душе, коли бы я осталась, чтоб меня оскорбляли, мистер Глегг; может, вы недовольны, что не удалось послушать, как вашу жену поносят и обливают грязью? Но, разрешите сказать, это вам не делает чести.

— Ну слыхано ли было, хоть весь приход обойди, что-либо подобное? — воскликнул, разгорячившись, мистер Глегг. — Женщина живет как у Христа за пазухой, распоряжается своими деньгами по своей воле, будто это так и записано в брачном контракте, двуколка у нее заново обита и перетянута — а во сколько это встало? — и обеспечена после моей смерти, как и мечтать не могла, — и что же?! Накидывается и кусается, как бешеная собака! Уму непостижимо, как только Всевышний мог сотворить женщин такими! — Последние слова были произнесены со скорбным волнением. Мистер Глегг оттолкнул от себя чашку с чаем и обеими ладонями хлопнул по столу.

— Что ж, мистер Глегг, ежели вы так ко мне относитесь, хорошо, что я об этом узнала, — произнесла миссис Глегг, снимая салфетку и в превеликом возбуждении складывая ее. — Но ежели вы говорите, что я обеспечена, как и ожидать не могла, разрешите вам заметить, что я вправе была ожидать многого, чего и не увидела. А что до «бешеной собаки», — хорошо, коли всё графство не будет осуждать вас за ваше со мной обхождение, потому как я этого не могу стерпеть и не стерплю.

Здесь в голосе миссис Глегг послышались слезы, и, прервав свою речь, она изо всей силы дернула колокольчик.

— Долли, — поднимаясь с кресла, сказала она так, словно ее что-то душило, — разведите наверху огонь и спустите шторы. Мистер Глегг, будьте любезны заказать, что вы желаете на обед. Я буду есть овсянку.

Миссис Глегг прошла через комнату к маленькому книжному шкафу и, сняв с полки томик Бэкстера[1] «Вечный покой святых», унесла его с собой наверх. Эту книгу она обычно клала перед собой в особых случаях — в дождливые воскресные утра, или когда умирал кто-нибудь из родственников, или когда, как в данном случае, ее ссора с мистером Глеггом была на целую октаву выше обычного.

Но миссис Глегг унесла с собой наверх и еще кое-что, возможно послужившее вместе с Бэкстером и овсянкой к постепенному успокоению ее чувств, так что к тому времени, когда пришла пора пить чай, она была уже способна примириться с существованием на первом этаже. Отчасти на нее подействовал совет мистера Глегга не трогать лучше пятисот фунтов, пока не подвернется случай вложить их в выгодное дело, но, главное, помог брошенный им мимоходом намек на то, что он щедро обес-

[1] Нравоучительная книга английского пуританского проповедника Ричарда Бэкстера (1615–1691).

печил ее на случай своей смерти. Мистер Глегг, как все люди подобного склада, был крайне скрытен относительно завещания, и у миссис Глегг, когда она бывала в мрачном расположении духа, возникало предчувствие, что, подобно другим мужьям, о которых ей доводилось слышать, он затаил в душе низкое намерение усугубить ее печаль по поводу его кончины, оставив ее в нищете; она твердо решила, что в таком случае на шляпке ее почти не будет крепа и плакать она станет не больше, чем если бы он был ее вторым мужем. Но коли его завещание вправду засвидетельствует его теплые чувства, она с нежностью будет вспоминать о нем, бедняжке, когда его не станет, и даже его глупая возня с цветами, овощами и фруктами и бесконечные разглагольствования по поводу улиток будут казаться трогательными, когда им безвозвратно придет конец. Пережить мистера Глегга и тогда восхвалять его как человека хотя и подверженного слабостям, но по отношению к ней поступившего достойно, несмотря на многочисленных бедных родственников; чаще получать проценты на капитал и прятать их по разным уголкам, чтобы сбить с толку воров, даже самых искусных (для миссис Глегг держать деньги в банке или сейфе значило лишать себя всякого удовольствия — все равно что принимать пищу в таблетках), и, наконец, быть объектом почтительного внимания родных и соседей, на что может рассчитывать только женщина, объединившая в себе в прошедшем и настоящем достоинства, которые одни лишь приводят к положению «хорошо обеспеченной вдовы», — все это льстило ей и окрашивало будущее в более светлые тона. Меж тем добрый мистер Глегг, хорошенько поработав мотыгой, вернул себе обычное добродушие и, тронутый видом пустующего кресла жены с оставленным в уголке вязаньем, отправился к ней наверх и сообщил, что в церкви звонят по бедному мистеру Мортону, на что миссис Глегг великодушно ответила, будто между ними ничего и не произошло:

— А-а, ну, значит, кто-нибудь заполучит бойкое дельце.

К этому времени Бэкстер пролежал открытым по меньшей мере восемь часов — было уже около пяти: и если людям необходимо часто ссориться, им, естественно, не стоит слишком затягивать каждую ссору.

В этот вечер мистер и миссис Глегг вполне дружелюбно беседовали о Талливерах. Мистер Глегг согласился признать, что Талливер, конечно, сам напрашивается на неприятности и, вполне возможно, промотает свое состояние, а миссис Глегг, идя ему навстречу, объявила, что считает ниже своего достоинства обращать внимание на поступки такого человека и что ради сестры она оставит у него свои пятьсот фунтов еще на некоторое время, тем более что, отдав их под закладную, она будет получать только четыре процента.

ГЛАВА XIII

Мистер Талливер еще сильнее запутывает клубок жизни

Благодаря этому новому направлению мыслей миссис Глегг роль миротворицы оказалась для миссис Пуллет, приехавшей на следующий день, неожиданно легкой. Правда, миссис Глегг довольно резко ее оборвала, когда та вздумала указывать старшей сестре, как следует вести себя в семейных делах. Особенно оскорбительной показалась миссис Глегг ссылка миссис Пуллст на то, что некрасиво получится, если соседи станут говорить о ссоре в семье. Кабы добрая слава семьи зависела только от миссис Глегг, миссис Пуллет могла бы спать совершенно спокойно.

— Я думаю, никто не ждет, — заметила миссис Глегг, заканчивая прения по этому вопросу, — что я поеду на мельницу прежде, чем Бесси приедет ко мне, или упаду перед мистером Талливером на колени и стану просить у него прощения за то, что его же благодетельствую; но я не таю против него злобы, и, ежели мистер Талливер будет вежлив со мной, я буду вежлива с ним. Нечего учить меня, как себя вести.

Увидев, что нет больше необходимости просить за Талливеров, тетушка Пуллет, естественно, немного успокоилась за них и снова вспомнила о тех неприятностях, которые ей пришлось накануне претерпеть из-за отпрыска этого поистине злополучного семейства. Миссис Глегг услышала обстоятельное изложение событий, которое редкостная память мистера Пуллета уснащала все новыми подробностями; и если тетушка Пуллет жалела бедную Бесси за то, что ей так не повезло с детьми, и даже в неопределенной форме выразила намерение дать денег, чтобы Мэгги могли послать в какой-нибудь отдаленный пансион, где, конечно, ее не сделают менее смуглой, но, возможно, смягчат некоторые другие ее недостатки, то тетушка Глегг корила Бесси за слабость характера и призывала в свидетели всех, кто еще будет в живых, когда дети Талливера собьются с пути, что она, миссис Глегг, давно говорила — не будет из них проку, не преминув заметить при этом, что ей самой удивительно, как слова ее всегда сбываются.

— Значит, я могу зайти к Бесси и сказать, что ты больше не сердишься и все остается по-прежнему? — спросила миссис Пуллет перед самым отъездом.

— Да, Софи, — ответила миссис Глегг, — можешь передать мистеру Талливеру, и Бесси тоже, что я злом за зло платить не стану. Я знаю, что мне, как старшей, положено подавать пример во всех случаях жизни, и я это делаю. Никто не скажет про меня, что оно не так, коли не захочет взять грех на душу.

Можете сами посудить, как подействовало на миссис Глегг, пребывавшую в умилении от своего беспримерного великодушия, короткое письмо, полученное ею в тот же вечер, после отъезда миссис Пуллет, от мистера Талливера, который уведомлял ее, что она может не тревожиться о своих пятистах фунтах — они будут ей возвращены самое крайнее в течение ближайшего месяца, вместе с причитающимися к сроку выплаты процентами. И далее говорилось, что мистер Талливер не имел намерения быть грубым с миссис Глегг и рад видеть ее в своем доме, когда ей будет угодно их посетить, но что он не желает от нее никаких благодеяний ни для себя, ни для своих детей.

Катастрофу ускорил не кто иной, как бедная миссис Талливер, и произошло это исключительно из-за ее непобедимого простодушия, которое заставляло ее ожидать, что сходные причины приведут вдруг к различным следствиям. Опыт их совместной жизни с мистером Талливером мог бы научить ее, что стоило усомниться в его способности совершить то-то и то-то, или пожалеть его за эту предполагаемую неспособность, или как-нибудь иначе задеть его самолюбие, и он немедленно делал то, о чем шла речь; и все же в тот день она подумала, что, если рассказать ему, когда он придет пить чай, что сестрица Пуллет отправилась уговаривать сестру Глегг пойти на мировую и ему не надо ломать голову, где раздобыть деньги, это улучшит настроение за столом. Мистер Талливер и до того был тверд в своем намерении выплатить долг, но тут он положил себе сразу же написать миссис Глегг, чтобы на этот счет не оставалось никаких сомнений. Миссис Пуллет отправилась за него просить. Этого еще не хватало! Мистер Талливер был не большой охотник писать письма и считал отношения между устной и письменной речью, попросту именуемые правописанием, одной из самых мудреных штук в этом мудреном мире. Несмотря на это, он, как всегда бывает под горячую руку, справился со своей задачей быстрее обычного; а если его орфография отличалась от орфографии миссис Глегг — что из того? Оба они принадлежали к тому поколению, для которого правописание было личным делом каждого.

Это письмо не заставило миссис Глегг изменить свое завещание и лишить детей Талливера их седьмой доли в ее тысяче фунтов, ибо у нее были на этот счет свои принципы. Никто не должен упрекнуть ее после смерти, что она недостаточно справедливо разделила свои деньги между родными. В таких вопросах, как завещание, личные качества отступали на второй план перед самым основным — кровной связью, и руководствоваться при разделе своего имущества капризом, распределять наследство, не считаясь со степенью родства, было бы позором, перспектива которого отравила бы ей весь остаток жизни. На этот счет Додсоны держались твердых взглядов; это было одним из проявлений чувства чести и нравственного достоинства, которое стало в таких семьях славной традицией — традицией, составляющей соль нашего провинциального общества.

Но хотя письмо это и не могло поколебать принципов миссис Глегг, все же после него стало еще труднее заделать брешь в семейных отношениях; а что до того, как оно повлияло на мнение миссис Глегг о мистере Талливере, то она просила запомнить, что, начиная с нынешнего дня, ей вообще нечего о нем сказать. Его ум, несомненно, слишком извращен, чтобы ей стоило заниматься им хотя минуту.

Только в начале августа, за день до того, как Том отправился в школу, миссис Глегг приехала с визитом к сестре Талливер, но так и просидела все время в двуколке, выказывая свое неудовольствие тем, что демонстративно воздерживалась от каких бы то ни было советов и критических замечаний, «так как, — заметила она потом сестре Дин, — Бесси должна расплачиваться за то, что у нее такой муж, хотя мне и жаль ее», — и миссис Дин согласилась, что Бесси достойна сожаления.

В тот вечер Том сказал Мэгги:

— Ой, Мэгги, тетушка Глегг снова стала к нам жаловать; я рад, что уезжаю в школу, все удовольствие достанется теперь тебе.

Мэгги была в таком горе от предстоящей разлуки с Томом, что радость его, даже в шутку, показалась ей очень жестокой, и она уснула той ночью в слезах.

Поспешный образ действий мистера Талливера повлек за собой необходимость столь же поспешно искать подходящего человека, который согласился бы дать ему взаймы пятьсот фунтов. «Пусть это будет кто угодно, только не клиент Уэйкема», — сказал он себе, и все же не прошло и двух недель, как ему пришлось изменить свое решение — не потому, что воля мистера Талливера была слаба, а потому, что внешние обстоятельства оказались сильнее. Единственный подходящий человек, которого ему удалось найти, был клиентом Уэйкема. Над мистером Талливером, как и над Эдипом, тяготел рок, и в данном случае он, подобно Эдипу, мог сказать в свое оправдание, что все это от него не зависело, было предначертано ему судьбой.

Книга вторая

ШКОЛЬНЫЕ ГОДЫ

ГЛАВА I

Первый семестр в Кинг-Лортоне

Нелегко пришлось Тому Талливеру, оставленному в Кинг-Лортоне на попечении преподобного мистера Стеллинга, в первое учебное полугодие у этого высокочтимого джентльмена. В школе мистера Джейкобза жизнь не представлялась Тому сложной: у него было много товарищей, и, так как он хорошо играл во все подвижные игры и еще лучше дрался, он привык верховодить и считал это своим неотъемлемым правом. Сам мистер Джейкобз, которого мальчики называли между собой Старый Очкарик, не внушал ему ни страха, ни почтения; ну и пусть эти допотопные, пожелтевшие от табака притворщики запросто выводят буквы, как в прописях, делают росчерк с завитушками, не задумываясь правильно напишут любое слово и без запинки прочтут вслух: «Меня зовут Норвал», — он, Том, даже рад, что ему не грозит опасность овладеть всеми этими дурацкими премудростями. Он не собирается быть противным школьным учителем — и не ждите! Он, Том Талливер, будет богатым человеком, как его отец, который развлекался охотой, когда был помоложе, и ездил верхом на великолепной вороной кобыле — славная коняга, любо-дорого глядеть: Том не раз слышал перечисление всех ее статей. Он, Том, тоже будет ходить на охоту и пользоваться всеобщим уважением. Со взрослых, думал он, никто и не спрашивает, чтоб они писали красиво и без ошибок; когда он вырастет, он будет всему хозяин и станет делать, что его душе угодно. То́му было очень трудно примириться с мыслью, что он еще несколько лет должен ходить в школу и что ему не суждено продолжать дело своего отца, которое он считал исключительно приятным, ибо в обязанности мельника, по его мнению, входило лишь разъезжать по округе, отдавать приказания и бывать на рынке; к тому же он думал, что пастор станет пичкать его Законом Божьим и, возможно, заставит учить по воскресеньям не только краткие молитвы, но еще и Евангелие и послания апостолов. Однако, за неимением точных сведений, ему трудно было представить, насколько новая школа будет не похожа на школу мистера Джейкобза. Поэтому, чтоб не ударить лицом в грязь перед товарищами, если он их там найдет, Том позаботился захватить с собой коробочку пистонов; не то чтоб они были так нужны, а просто хотелось показать чужим мальчикам, что огнестрельное оружие ему нипочем. Бедный Том, прекрасно видя все заблуждения Мэгги, сам не свободен был от некоторых иллюзий, которым предстояло развеяться в дым при его более близком знакомстве с Кинг-Лортоном.

Он не пробыл там и двух недель, как почувствовал, что жизнь, усложнившаяся не только из-за латинской грамматики, но также и из-за новых норм английского произношения, очень нелегкая штука, а густой туман застенчивости еще усугублял это чувство. Том, как вы уже заметили, не отличался особой робостью, но ему настолько трудно было произнести хотя бы самое простое слово в ответ на замечание мистера или миссис Стеллинг, что он со страхом ждал даже вопроса, не хочет ли он добавки пудинга. Что касается пистонов, то он чуть не бросил их в ближайший пруд — так тяжело было у него на сердце: ведь Том не только оказался единственным учеником мистера Стеллинга, но даже стал несколько скептически относиться к оружию и вообще заподозрил, что его взгляды на жизнь требуют пересмотра. Мистер Стеллинг, по всей видимости, ни во что не ставил ружья и лошадей, однако Том не мог презирать его, как он презирал Старого Очкарика. Если не все то, чем блистал мистер Стеллинг, было чистое золото — как мог Том распознать это: даже мудрец лишь путем всестороннего сопоставления фактов научается отличать удары по пустой бочке от грома, возникшего в небесных сферах.

Мистер Стеллинг был крупный плечистый мужчина лет около тридцати, с соломенными волосами ежиком и большими, широко открытыми светло-серыми глазами; говорил он звучным низким голосом и держался с апломбом, который граничил с наглостью. Он приступил к пасторским обязанностям с величайшей энергией и намеревался произвести блистательное впечатление на своих ближних. Преподобный Уолтер Стеллинг был не такой человек, чтобы всю жизнь прозябать среди низшего духовенства. Он был полон чисто английской решимости пробить себе дорогу в жизни — прежде всего в качестве учителя, ибо в средней классической школе имелись превосходные должности и мистер Стеллинг рассчитывал на одну из них, но также и в качестве проповедника, — поэтому он собирался так читать свои проповеди, чтобы церковь ломилась от восхищенных слушателей из других приходов, и надеялся производить сенсацию всякий раз, как будет отправлять службу вместо когонибудь из своих менее одаренных собратьев. Проповеди свои он импровизировал, что в захолустном приходе вроде Кинг-Лортона считалось чуть ли не чудом. Отрывки из поучений Массийона[1] и Бурдалу[2], которые он знал наизусть, и правда звучали очень эффектно, когда мистер Стеллинг с чувством декламировал их на самых низких нотах своего регистра, и поскольку более слабые сентенции его собственного сочинения произносились так же громко и выразительно, они, как правило, пользовались неменьшим успехом у его паствы. Мистер Стеллинг не придерживался какой-либо определенной доктрины, разве что был у него легкий налет евангелизма,

---

[1] *Массийон* Жан-Батист — французский проповедник XVIII в.
[2] *Бурдалу* Луи — французский проповедник XVII века.

модного тогда в епархии, куда входил его приход. Короче говоря, мистер Стеллинг твердо решил преуспеть в жизни и добиться этого, очевидно, лишь благодаря собственным заслугам, ибо никаких преимуществ, кроме того, что сулило проблематическое родство с одним крупным юристом, пока еще не ставшим лордом-канцлером, у него не было. Естественно, священнослужитель, имеющий столь грандиозные замыслы, влезает поначалу в долги; ведь не думаете же вы, что он станет жить как нищий, как человек, который всю жизнь намерен оставаться помощником пастора, и если нескольких сотен фунтов, данных ему мистером Тимпсоном в приданое за дочерью, не могло хватить на обзаведение красивой мебелью, запасом вин, фортепьяно и на разбивку роскошного цветника, то неизбежно возникала альтернатива: либо на приобретение этих вещей должны быть изысканы дополнительные средства, либо преподобному мистеру Стеллингу придется обойтись без них — что было бы нелепо, ибо отодвинуло бы на неопределенный срок то время, когда он начнет вкушать плоды успеха, а в успехе мистер Стеллинг не сомневался. Он был настолько широкоплеч и решителен, что полагал себе по плечу любое дело: он прославится потрясающими души проповедями, переведет греческую трагедию, даст новое толкование нескольких текстов Священного Писания. Мистер Стеллинг еще не выбрал трагедии для перевода — ведь он был женат немногим более двух лет и весь свой досуг посвящал миссис Стеллинг, — но зато он рисовал перед этой превосходной женщиной все то, что он совершит в самом ближайшем будущем, и она с доверием внимала своему супругу: он так хорошо во всем разбирался.

Первым шагом на пути к грядущему преуспеянию должны были стать занятия с Томом Талливером, ибо, по удивительному стечению обстоятельств, с мистером Стеллингом велись переговоры относительно другого ученика из тех же мест, и если бы стало известно, что младший Талливер — который, как по секрету заметил мистер Стеллинг своей половине, был довольно-таки неотесанный парень — сделал за какие-то несколько месяцев огромные успехи, это послужило бы лишним шансом в пользу мистера Стеллинга. Поэтому на уроках он был очень строг, считая, что одна латинская грамматика без строгости вряд ли может способствовать развитию такого мальчика, как Том. И не то чтобы мистер Стеллинг был суровый или злой человек — наоборот: он шутил с Томом за столом и исправлял его провинциальную речь и манеры самым игривым тоном, но бедный Том был этим еще сильнее напуган и смущен, так как не привык к шуткам подобного рода и впервые мучился чувством, что он почему-то все делает не так. Когда мистер Стеллинг спрашивал во время обеда: «Ну-с, Талливер, что тебе больше по вкусу: просклонять по-латыни слово „ростбиф“ или отклонить это удовольствие?» — это повергало Тома, для которого каламбур и всегда-то был орешек не по зубам, в такое смятение и замешательство, что более или менее ясным оставалось для него лишь нежелание иметь дело с латынью; конечно, он отвечал: «Отклонить», раздавался общий смех, у него в шутку отбирали тарелку, и Том наконец соображал, что каким-то таинственным образом он отказался от мяса и вообще вел себя дурачком. Если бы он видел, как другие мальчики подвергаются столь же болезненным экспериментам и, не теряя бодрости, переносят их, он бы скорее примирился с этим и считал такие шутки в порядке вещей. Но есть два вида дорогостоящего образования, которое родитель может предоставить своему отпрыску, послав его к священнику единственным учеником: мальчик будет либо наслаждаться нераздельным небрежением преподобного джентльмена, либо страдать от его нераздельного внимания. Именно за это преимущество — за неусыпную заботу мистера Стеллинга о Томе в первые месяцы его жизни в Кинг-Лортоне — и заплатил мистер Талливер такую высокую цену.

Этот почтенный владелец мельницы и солодильни, оставив Тома у нового учителя, возвращался домой с чувством глубокого удовлетворения. Да, в счастливую минуту ему пришло в голову посоветоваться с Райли насчет Тома. Мистер Стеллинг так внимательно смотрел на него, так непринужденно и деловито с ним беседовал, отвечал на каждую медленную, с трудом составленную фразу: «Понимаю, уважаемый, понимаю»; «Разумеется, разумеется»; «Вы хотите, чтобы ваш сын вышел в люди», — что мистер Талливер пришел в восторг от священника, познания которого столь отвечают требованиям обыденной жизни. Пожалуй, после советника Уайлда, которого он слышал на последней судебной сессии, мистер Стеллинг — самый умный человек из всех, с кем ему доводилось встречаться; он даже похож на Уайлда: точно так же засовывает большие пальцы в проймы жилета. Мистер Талливер был отнюдь не первый, кто принимал апломб за ум; прихожане считали мистера Стеллинга человеком умным, и даже очень умным, и только его духовные собратья ставили его не слишком высоко. Он рассказал мистеру Талливеру несколько историй о жульничествах и поджогах, спросил его совета насчет откорма свиней и так толково, совсем как мирянин, рассуждал об этом предмете, что мельник решил — вот это мне и нужно. Он не сомневался, что превосходный джентльмен сведущ во всех науках и ему в точности известно, чему обучать Тома, чтобы тот мог потягаться с законниками... Сам бедный мистер Талливер и понятия о том не имел — вот он и пришел к такому далекому от истины выводу. Вряд ли справедливо будет смеяться над ним; ведь я знаю случаи, когда гораздо более осведомленные люди, чем наш мистер Талливер, делали выводы не менее далекие от истины и ничуть не более мудрые.

Миссис Талливер, в свою очередь, увидев, что миссис Стеллинг, хотя и молода и ждет еще только второго ребенка, так же, как сама миссис Талливер, мучится из-за дурного характера и поведения няньки и что взгляды этой дамы на способ сушки белья и аппетит растущих мальчиков полностью совпадают с ее собственными, выразила по пути домой полное удовлетворение по поводу того, что они оставляют Тома в доме у женщины, которая, несмотря на свою молодость, выглядит такой разумной и заботливой и так скромно спрашивает совета.

— А они, видать, в достатке живут, — сказала миссис Талливер, — все в доме так красиво — глаз не отведешь, и муар, что на ней, тоже, поди, недешево обошелся. Сестрица Пуллет шила себе платье вроде этого.

— Да, — отозвался мистер Талливер, — у него, надо полагать, водятся денежки и кроме тех, что он получает с прихода. Верно, ее отец дает им какую малость. А теперь вот прибавится еще сотня фунтов за Тома, и без особых хлопот; он говорит — у него природные способности к обучению. Вот, право, удивительно, — добавил мистер Талливер, склонив голову набок, и задумчиво пощекотал лошадь кнутом.

Возможно, именно потому, что педагогическими способностями наградила мистера Стеллинга сама природа, он принялся учить Тома, не принимая в соображение конкретных обстоятельств, с тем постоянством методов, которое отличает животных — как считается, непосредственных ее учеников. Симпатичный бобер мистера Бродерипа[1], Бинни, как рассказывает этот превосходный натуралист, так же деловито занимался постройкой плотины на четвертом этаже лондонского дома, как если бы закладывал фундамент жилища где-нибудь на реке или озере Верхней Канады. Назначением Бинни было строить: отсутствием воды и невозможностью обзавестись потомством он пренебрегал, как независящей от него случайностью. С тем же безошибочным инстинктом мистер Стеллинг принялся вдалбливать в Тома Талливера грамматику латинского языка и геометрию, которые считал единственным базисом со-

---

[1] *Бродерип* Уильям Джон — английский ученый, автор популярных статей по естествознанию.

лидного образования; все остальные способы обучения были чистым шарлатанством и не могли сделать из человека ничего, кроме дилетанта-всезнайки. Утвердившись на этом прочном базисе, можно было лишь с улыбкой сожаления посматривать на людей, получивших беспорядочное образование и щеголяющих разносторонними либо узкоспециальными сведениями: все это неплохо, но вряд ли они способны здраво судить о жизни. Придерживаясь такого взгляда, мистер Стеллинг, не в пример иным наставникам, нимало не заботился о том, достаточно ли велика его, Стеллинга, эрудиция и точны ли имеющиеся у него познания, а уж что касается Евклида, трудно было найти менее пристрастное суждение. Мистер Стеллинг ни к пасторским своим, ни к учительским обязанностям отнюдь не относился с особым энтузиазмом, но, с другой стороны, и не думал, что все на свете вздор. Он считал, что религия — это превосходная штука, и Аристотель — великий авторитет, и церковные епархии и доходы с них — полезные установления, и Великобритании свыше предопределено быть оплотом протестантизма, и в горе надо возлагать упования на Бога: он верил всему этому, как хозяин гостиницы в Швейцарии верит в красоту окружающего ландшафта и в то, какое удовольствие получают от этого ландшафта путешественники с артистическими наклонностями. Точно так же и мистер Стеллинг верил в свой метод преподавания; он не сомневался, что обучает младшего Талливера как нельзя лучше. Конечно, когда мельник туманно и неуверенно стал толковать ему о «чертении» и «арихметике», мистер Стеллинг поспешил уверить его, что вполне его понимает; но разве мог этот добрый мистер Талливер иметь разумное суждение о таких материях? Мистер Стеллинг видел свой долг в том, чтобы учить мальчика единственно правильным способом. Да он и не знал никакого другого: мистер Стеллинг не забивал себе голову ненужными сведениями.

Очень скоро мистер Стеллинг стал считать Тома на редкость глупым парнем: правда, ему удалось с тяжким трудом вдолбить Тому в голову парадигмы различных склонений, но такая абстракция, как связь между падежами и окончаниями слов, никак не умещалась у мальчика в мозгу, и он был совершенно не способен отличить отдельно взятый родительный от винительного. Мистер Стеллинг не представлял себе, что человек может быть так туп от природы; он заподозрил упрямство или по меньшей мере равнодушие и строго отчитал Тома за недостаток должного усердия. «Вы не испытываете интереса к тому, что делаете, сэр», — неоднократно говорил мистер Стеллинг, и упрек этот, увы, был совершенно справедлив. Для Тома не представляло никакого труда отличить пойнтера от сеттера: стоило только раз показать, в чем между ними разница, и его органы чувств служили ему вполне исправно. Я думаю, они были ничуть не хуже, чем у преподобного мистера Стеллинга: Том мог не глядя сказать, сколько лошадей скачет у него за спиной, и, не промахнувшись, кинуть камень на самую середину ручья, знал с точностью до дюйма, сколько раз его палка ляжет в ширину площадки для игр и мог без линейки нарисовать на грифельной доске абсолютно правильный квадрат. Но мистер Стеллинг невысоко ставил такие таланты; он замечал только, что Тому не под силу абстракции, воплощенные на страницах страшной латинской грамматики, и что он впадает в состояние, близкое к идиотизму, когда его просят доказать равенство двух данных треугольников, хотя он прекрасно видит, что они действительно равны. Из этого мистер Стеллинг вывел следующее заключение: раз ум Тома не воспринимает морфологии и доказательств теорем, его следует тем более усердно пахать и боронить этими патентованными орудиями. Классические языки и геометрия так возделывают мозг, что он затем готов к приятию любого посева, — было любимой метафорой преподобного джентльмена. Я ничего не имею против теории мистера Стеллинга: если всех непременно нужно воспитывать по одной методе, его метода кажется мне не хуже других. Я знаю только, что она оказалась совершенно непригодной для Тома Талливера, словно его усиленно потчевали сыром в качестве лекарства от желудочного заболевания, при котором сыр безусловно вреден. Прямо удивительно, к каким разным результатам можно прийти, заменив одну метафору другой. Назовите вы мозг интеллектуальным желудком — и остроумное сравнение классических языков и геометрии с плугом и бороной, по-видимому, ничего не даст. Но, с другой стороны, кто-нибудь еще пойдет по стопам признанных авторитетов и сравнит ум с чистым листом бумаги или зеркалом, и тогда наше знакомство с процессом пищеварения окажется ни к чему. Я не спорю, весьма метко было назвать верблюда кораблем пустыни, но вряд ли это сравнение особенно поможет при объездке этих полезных животных. О Аристотель! Если бы тебе повезло и ты был бы не великим старцем, а «современнейшим из современников» — ты, я думаю, не только превозносил бы метафору как признак высокого интеллекта, но и сокрушался бы, что интеллект этот так редко выражается в чем-нибудь ином и суть вещей можно раскрыть лишь в сравнении.

Том Талливер, вообще не отличавшийся красноречием, не применял метафор, чтобы выразить свои взгляды на латынь: он никогда не называл ее орудием пытки и лишь к средине следующего полугодия, когда они взялись за «Delectus»[1], дошел до таких высот, что сказал о книге: «скучища» и «дурацкая чепуха». А пока он так же мало мог представить себе, почему и зачем он должен мучиться над латинскими склонениями и спряжениями, как невинной землеройке не понять, зачем зажимают ее в расщепленном стволе ясеня, желая избавить скот от хромоты. Я согласен, что в нынешний просвещенный век кажется почти невероятным, чтобы мальчик двенадцати лет, не принадлежащий в строгом смысле слова к «массам», которые, как теперь считают, монополизировали право на невежество, не имел представления о том,

[1] «Избранное» *(лат.)* — латинская хрестоматия.

откуда появилась на белый свет такая штука, как латынь; однако так именно обстояло дело с Томом. Понадобилось бы много времени, чтобы объяснить ему, что когда-то существовал народ, который покупал и продавал быков и овец и вел свои каждодневные дела, пользуясь этим языком, и еще больше времени, чтобы заставить его понять, почему он должен учить этот язык, раз тот потерял всякую связь с жизнью. О римлянах Том знал еще из школы мистера Джейкобза, что о них упоминается в Новом Завете — данные правильные, но далеко не исчерпывающие, — а мистер Стеллинг был не из тех, кто станет ослаблять и изнеживать ум своего питомца, прибегая к упрощениям и объяснениям, или понижать укрепляющее действие морфологии, перемежая ее поверхностными и не идущими к делу сведениями вроде тех, что даются девочкам.

Однако, как это ни странно, при таком суровом воспитании Том стал больше похож на девочку, чем когда-либо раньше. У него была сильно развита гордость, и до сих пор ничто не ущемляло ее, — он мог презирать Старого Очкарика и был убежден в своем неоспоримом превосходстве над товарищами; но теперь его гордости наносился удар за ударом. Том был достаточно проницателен, чтобы понять, что у мистера Стеллинга иные, более высокие с точки зрения света мерки, чем у людей, среди которых он прожил все свое детство, и что согласно этим меркам он, Том Талливер, кажется неотесанным и глупым: сие было ему отнюдь не безразлично, и гордость его страдала так сильно, что это сводило на нет его мальчишеское самодовольство и делало Тома болезненно чувствительным. Он отличался очень настойчивым, чтобы не сказать упрямым, характером, но ему было чуждо бессмысленное, ослиное упорство: разумное начало преобладало над всем остальным; и если бы он предполагал, что, простояв целый час на одной ноге, или стукнувшись — не очень сильно — лбом о стенку, или произведя по собственному почину еще что-нибудь в этом же роде, он станет хоть немного сообразительнее на занятиях и удостоится похвалы мистера Стеллинга, — он, несомненно, попытался бы это сделать. Но Том никогда не слышал, чтобы подобные меры способствовали лучшему усвоению теорем или запоминанию слов, а он не склонен был к гипотезам и экспериментам. Правда, ему пришло в голову, что он мог бы получить некоторую помощь, если бы помолился; но, поскольку молитвы, которые он читал каждый вечер, были давным-давно заучены наизусть, ему не очень хотелось нарушать установленный порядок и добавлять экспромтом ходатайство о помощи, не имеющее, насколько он знал, прецедента. Все же однажды, когда он в пятый раз сбился, отвечая супины третьего спряжения[1], и мистер Стеллинг, убежденный, что виной тому его небрежность, ибо это превосходило все мыслимые границы тупости, как следует его отчитал, указав, что если он не воспользуется предоставленным ему сейчас прекрасным случаем выучить супины, то пожалеет об этом впоследствии, Том, совсем отчаявшись, решил прибегнуть к последнему оставшемуся в его распоряжении средству, и в тот вечер, после обычной молитвы за родителей и «маленькую сестричку» (он начал молиться за Мэгги, когда она была еще младенцем) и за то, чтобы ему всегда следовать Божьим заповедям, он добавил тем же тихим шепотом: «И пожалуйста, сделай так, чтобы я помнил свой урок по-латыни». Затем он остановился, раздумывая, как ему попросить насчет геометрии — помолиться ли о том, чтобы понять, в чем там суть, или есть какая-нибудь более подходящая форма ее усвоения. Наконец он добавил: «И сделай так, чтобы мистер Стеллинг не задавал мне больше Евклида. Аминь».

Тот факт, что на следующий день он без ошибки ответил супины, поощрил его и впредь не забывать нового добавления к своим молитвам, и восторжествовал над скептицизмом, который мог бы у него возникнуть,

---

[1] Неизменяемая глагольная форма в латинском языке, обозначающая цель при глаголах движения.

так как мистер Стеллинг не перестал задавать ему геометрию. Но вера его сильно поколебалась, когда он добрался до неправильных глаголов и увидел, что здесь ему нечего ждать поддержки. Должно быть, отчаяние, до которого доводили Тома причуды настоящего времени этих глаголов, не заслуживало Божественного вмешательства, и поскольку ему казалось, что он дошел в своих затруднениях до предела, — какой смысл было продолжать молиться о помощи? Том пришел к этому выводу в один из унылых одиноких вечеров, которые он проводил в кабинете, готовя уроки на завтра. Буквы то и дело расплывались у него перед глазами, хотя он терпеть не мог плакать и стыдился слез. Теперь он даже о Спаунсере думал с нежностью — о Спаунсере, с которым всегда дрался и ссорился; с ним бы он чувствовал себя на равной ноге и наслаждался бы своим превосходством. Мельница и Йеп, который глядит на него, навострив уши, готовый повиноваться любому его знаку, стоит лишь Тому крикнуть «Эй!», возникали перед ним, как мираж, в то время как пальцы его рассеянно играли ножом, свернутой в кольцо бечевкой или еще какой-нибудь реликвией прошлого, лежащей в кармане. Том, мы уже упоминали об этом, никогда еще не был так похож на девочку, как теперь, а в эпоху неправильных глаголов пребывал в особенно угнетенном состоянии вследствие нового способа совершенствования ума, предлагавшегося ему в часы досуга. У миссис Стеллинг незадолго до того родился второй ребенок, и, поскольку ничто не могло повлиять на мальчика благотворнее, нежели сознание, что он приносит пользу, миссис Стеллинг готова была оказать Тому услугу, поручая ему приглядывать за ангелочком Лорой, когда няня возится со слабеньким новорожденным. Ну разве не славное это занятие для Тома — в солнечный осенний день вывести Лору погулять? Это поможет ему чувствовать себя в Кинг-Лортоне как дома, стать настоящим членом семьи. Так как ангелочек Лора еще не совсем твердо держалась на ногах, ей привязывали к поясу ленту, за которую Том и водил ее, как собачонку, в те минуты, когда она желала ходить сама, но такие минуты выпадали редко, и большей частью он носил это прелестное дитя взад-вперед по саду, неподалеку от окон миссис Стеллинг, как ему было наказано. Если вы считаете, что это было несправедливостью по отношению к Тому и даже деспотизмом, то прошу принять во внимание, что есть женские добродетели, которые с трудом уживаются вместе, даже если по природе своей они и совместимы. Когда жена бедного приходского священника умудряется, несмотря ни на что, отлично одеваться и делать прическу, требующую, чтобы няня иногда служила ей камеристкой, когда к тому же ее званые обеды и обстановка гостиной говорят о стремлении к таким высотам элегантности, которые, как воображают обыкновенные женщины, требуют больших доходов, — вряд ли разумно ожидать, что она наймет вторую няню или будет сама выполнять ее обязанности. Мистер Стеллинг прекрасно понимал это: он видел, что его жена творит чудеса, и гордился ею. Конечно, таскать на руках тяжелого ребенка не очень полезно для молодого Талливера, но ведь он довольно часто гуляет и один, а на будущий год мистер Стеллинг позаботится найти Тому учителя гимнастики. В число разнообразных талантов, с помощью которых мистер Стеллинг собирался покорить фортуну и обогнать большинство своих ближних, не входило быть хозяином в собственном доме. А что ему еще оставалось? Ведь он женился на «самой доброй и милой женщине на свете», по свидетельству мистера Райли, который помнил ее белокурые локоны и неизменную улыбку еще с тех времен, когда она была девицей, и на этом основании, ежели бы между миссис Стеллинг и ее супругом возникли какие-нибудь семейные разногласия, он, не задумываясь, заявил бы, что виноват, разумеется, один мистер Стеллинг.

Будь у Тома не столь добродушный характер, он бы, несомненно, возненавидел ангелочка Лору, но в нем таилось слишком много задатков настоящего мужчины, который всегда пожалеет и защитит слабого. Боюсь, что миссис Стеллинг он действительно невзлюбил и даже много лет спустя с неприязнью смотрел на белокурые локоны и плоско заплетенные косы, поскольку они ассоциировались у него с надменными манерами и постоянными напоминаниями о долге — не своем собственном, ясное дело. Но ему нравилось забавлять маленькую Лору, и он с удовольствием играл с ней. Он даже пожертвовал ради нее своими пистонами, отчаявшись в том, что они послужат когда-нибудь более серьезной цели, и полагая, что взрыв доставит ей радость, и тут же получил нагоняй от миссис Стеллинг за то, что учит ребенка шалостям. Лора была для него чем-то вроде товарища, а Том так жаждал иметь товарищей! В глубине души он мечтал о том, чтобы приехала Мэгги, и готов был восхищаться даже ее возмутительной забывчивостью, хотя прежде чуть ли не из милости разрешал сестре сопровождать себя на прогулках.

Тоскливое полугодие не подошло еще к концу, как Мэгги действительно приехала к Тому. Миссис Стеллинг пригласила ее погостить у них в любое время: поэтому, когда в конце октября мистер Талливер отправился в Кинг-Лортон, он взял с собой Мэгги. Она ехала туда с таким чувством, будто пустилась в большое путешествие и начинает знакомиться с миром. Это был первый визит мистера Талливера в Кинг-Лортон, ибо Тому не следовало слишком много думать о доме.

— Ну, сынок, — сказал он Тому, когда мистер Стеллинг вышел, чтобы сообщить жене об их приезде, и Мэгги могла, не стесняясь, поцеловать брата, — ты отлично выглядишь! Учение пошло тебе впрок.

Тому стало досадно, что он не выглядит больным.

— Боюсь, я не очень хорошо себя чувствую, отец, — сказал он, — ты бы попросил мистера Стеллинга, чтоб он не заставлял меня учить Евклида: это, верно, от него у меня зубы болят. — Зубная боль была единственной известной Тому болезнью.

— Евклид? Это что, сынок? — спросил мистер Талливер.

— А черт его знает: определения, и аксиомы, и треугольники, и все в этом роде. Книга, где я все это учу, — ужасная чепуха.

— Полно, полно, — с укоризной сказал мистер Талливер, — как не стыдно так говорить? Ты должен учить то, что велит учитель. Он знает, что тебе нужно.

— Теперь я стану тебе помогать, — несколько покровительственно утешила его Мэгги. — Я буду жить здесь долго-долго, если миссис Стеллинг пригласит меня. Я привезла с собой сундучок и фартучки — правда, отец?

— Это ты-то мне поможешь, дуреха! — воскликнул Том, придя в восторг от ее заявления и предвкушая, как он поразит Мэгги, показав ей страничку Евклида. — Хотел бы посмотреть, как ты сделаешь хоть один из моих уроков. Ведь я даже латынь учу! Девчонки никогда не учат таких вещей, девчонки слишком глупые.

— А я знаю, что такое латынь, — нимало не смущаясь, заявила Мэгги. — Латынь — это язык. В словаре тоже есть латинские слова. Например, bonus — подарок!

— Вот вы и дали маху, мисс Мэгги, — сказал Том, втайне удивляясь. — Больно много ты о себе воображаешь! Bonus как раз значит «хороший», — bonus, bona, bonum.

— Ну и что ж, это может быть в то же время и подарок, — не сдавалась Мэгги. — Почти каждое слово имеет несколько значений. Например, лук — овощ и вместе с тем оружие у дикарей.

— Молодец, дочка! — сказал, смеясь, мистер Талливер, а Тома даже досада взяла, что она так все знает, хотя он и безмерно рад был тому, что Мэгги останется с ним. Самонадеянность быстро с нее слетит, пусть она только по-настоящему познакомится с его книжками.

Миссис Стеллинг, любезно приглашая Мэгги погостить у них, имела в виду недельку, не более, но мистер Стеллинг, поставив девочку между коленями и спросив, откуда у нее такие черные глаза, предложил, чтобы она пожила у них подольше. Мэгги решила, что мистер Стеллинг — замечательный человек, а мистер Талливер был рад оставить свою дочку там, где ее смогут оценить по заслугам. Итак, было решено, что за ней приедут только в конце второй недели.

— Давай пойдем теперь в кабинет, Мэгги, — сказал Том, когда отец уехал. — Ну что ты дергаешь головой, дурашка? — продолжал он. Хотя волосы Мэгги отросли и были гладко зачесаны за уши, она по привычке встряхивала головой, словно отбрасывала со лба воображаемые пряди. — Ты похожа тогда на помешанную.

— Я не нарочно, — нетерпеливо сказала Мэгги. — Не дразни меня, Том. Ой, сколько книг! — воскликнула она, увидев книжные шкафы в кабинете. — Как бы мне хотелось иметь столько книг!

— Ха, да тебе не прочитать ни одной из них, — с торжеством произнес брат. — Они все по-латыни.

— И вовсе нет, — возразила Мэгги. — Смотри, что написано на корешке у этой: «История упадка и разрушения Римской империи»[1].

— А что это значит, ты все равно не знаешь, — сказал Том, качая головой.

— Ну, мне нетрудно и узнать, — презрительно промолвила Мэгги.

— Да? А как?

— А заглянуть внутрь и прочитать, что там написано.

— И не пробуй, мисс Мэгги! — закричал Том, увидев, что она уже берется за книгу. — Мистер Стеллинг никому не позволяет брать свои книги без разрешения. Мне влетит, если ты ее возьмешь.

— Ну ладно! Тогда покажи мне все *твои* книги, — сказала Мэгги и, повернувшись к брату, обняла его за шею и потерлась о щеку круглым носиком.

Том, радуясь, что теперь он снова сможет спорить с сестренкой и всячески ею помыкать, схватил Мэгги за

---

[1] Многотомный труд английского историка Эдуарда Гиббона (1737–1794).

талию и стал прыгать с ней вокруг большого дубового стола. Они прыгали все быстрей и быстрей, так что волосы Мэгги рассыпáлись по плечам и взлетали как лошадиная грива. Круги, которые они описывали по комнате, делались все более неверными, и наконец, натолкнувшись на пюпитр с тяжелыми словарями, дети с грохотом свалили его на пол. К счастью, кабинет помещался в одноэтажном флигеле, и шум этот не был никем услышан, но Том еще несколько минут стоял, не в силах прийти в себя от головокружения и со страхом ожидая, не появятся ли мистер или миссис Стеллинг.

— Хватит, Мэгги, — сказал он наконец, поднимая пюпитр. — Здесь нельзя баловаться. Если мы что-нибудь разобьем, миссис Стеллинг заставит нас кричать peccavì[1].

— А что это значит? — спросила Мэгги.

— О, это по-латыни значит «хорошая взбучка», — ответил Том, гордый своими познаниями.

— А она сердитая — миссис Стеллинг?

— Еще бы! — сказал Том, энергично кивая головой.

— По-моему, все женщины злее, чем мужчины, — сказала Мэгги. — Тетушка Глегг куда злее, чем дядюшка Глегг, и мама гораздо чаще бранит меня, чем отец.

— Ну, ты и сама когда-нибудь станешь женщиной, — отозвался Том, — так уж чья бы корова мычала...

— Но я буду умной женщиной, — ответила Мэгги, тряхнув головой.

— Ну еще бы, и противной задавакой вдобавок. Никто не станет тебя любить.

— Но ты должен любить меня, Том. Будет гадко, если ты не станешь меня любить, ведь я твоя сестра.

— Если ты будешь противной девчонкой, я все равно не стану.

— О, Том, пожалуйста! Я не буду противной, я всегда буду хорошей с тобой... я со всеми буду хорошей. Ты будешь меня любить, Том, будешь, да?

---

[1] Грешен *(лат.)*.

— Ах, не приставай! Эка важность! Ну, мне уже пора учить уроки. Смотри, что я должен разобрать, — сказал Том, привлекая Мэгги к себе и показывая ей теорему, и она, заложив волосы за уши, приготовилась доказать брату, что может ему помочь. Она начала читать в полной уверенности, что легко с этим справится, но вскоре совершенно запуталась. Ничего не поделаешь — придется сознаться, что ей это не по зубам, а Мэгги вовсе не прельщало самоунижение.

— Все это вздор и скучища, — покраснев от досады, сказала она, — кому это надо тут разбираться?

— А, вот видишь, мисс Мэгги, — сказал Том, отодвигая книгу и покачивая головой, — видишь теперь, что не такая уж ты умная, как воображаешь.

— О, — вскричала Мэгги, надув губы, — я бы, конечно, все поняла, если бы учила с самого начала, как ты.

— Вовсе нет, мисс Умница, — возразил Том. — Когда знаешь все с самого начала, это еще труднее; тогда ты должен сказать наизусть определение номер три и аксиому номер пять... Ну, не мешай теперь, мне надо все это выучить. Вот латинская грамматика. Попробуй-ка здесь разобраться.

Латинская грамматика совершенно утешила Мэгги после ее унизительного провала в геометрии; она наслаждалась новыми словами и очень скоро нашла в конце книги подстрочный перевод на английский язык, при помощи которого, не прилагая больших усилий, могла показать свою осведомленность в латыни. Потом она решила совсем пропустить правила синтаксиса — так интересны оказались примеры. Эти таинственные фразы, вырванные из неизвестного контекста, как рога удивительных животных или листья неведомых растений, привезенные из дальних стран, давали безграничный простор ее фантазии и привлекали ее тем более, что были написаны своим, особенным языком, а в то же время она могла научиться их понимать. Она и правда была очень занимательной, эта латинская грамматика, недоступная, по словам Тома, ни одной девочке, и Мэгги очень гордилась, что испытывает к ней интерес. Больше всего ей нравились самые отрывочные примеры. «Mors omnibus est communis»[1] показалось бы ей скучным, не будь это написано по-латыни, но счастливый джентльмен, которого все поздравляли, потому что его сын «обладает таким прекрасным характером», предоставил ей приятную возможность строить разные догадки, и она совершенно погрузилась в «густую рощу, куда не мог проникнуть луч звезды», как вдруг Том окликнул ее:

— Ну-ка, Мэгги, дай мне грамматику.

— Ах, Том, это такая славная книжечка! — воскликнула Мэгги, вскакивая с кресла, чтобы передать ему учебник. — Куда интереснее, чем словарь. Я бы скоро выучила латынь. Мне она вовсе не кажется трудной.

— А, я знаю, что ты делала, — сказал Том. — Ты читала английский перевод. Это всякий осел может.

И, схватив книгу, он открыл ее с решительным и деловым видом, словно хотел показать, что с уроком, который ему, Тому, надо учить, всякий осел вряд ли справится.

Мэгги, задетая за живое, подошла к книжным шкафам и стала развлекаться, разгадывая, что означают надписи на корешках книг.

Вскоре Том позвал ее:

— Мэгзи, иди сюда, послушай, как я буду говорить. Стань в том конце стола: мистер Стеллинг всегда сидит там, когда я ему отвечаю.

Мэгги повиновалась и взяла раскрытую книгу.

— С какого места ты будешь говорить, Том?

— С «Appellativa arborum»[2]; я повторю с самого начала все, что я учил на этой неделе.

Том благополучно справился с тремя строчками, и Мэгги чуть не забыла о своих суфлерских обязанностях, задумавшись о том, что бы могло означать слово mas[3],

---

[1] «Никому не избежать смерти» *(лат.)*.

[2] «Названий деревьев» *(лат.)*.

[3] Мужского пола *(лат.)*.

которое уже дважды попадалось в тексте, но тут Том накрепко застрял на Sunt etiam volucrum[1].

— Не говори мне, Мэгги... Sunt etiam volucrum... Sunt etiam volucrum... ut ostrea, cetus...[2]

— Нет, — сказала Мэгги, готовая подсказать ему, и затрясла головой.

— Sunt etiam volucrum... — очень медленно произнес Том, словно ожидая, что следующие слова скорее возникнут у него в памяти, если он недвусмысленно намекнет им, что их ждут не дождутся.

— С, е, u... — сказала Мэгги, потеряв терпение.

— О, я знаю, придержи язык, — прервал ее Том. — Ceu passer, hirundo... Ferarum... ferarum[3]. — Том взял карандаш и с силой поставил несколько точек на обложке книги. — Ferarum...

— Ой, Том, ну и копуша же ты! Ut...

— Ut, ostrea...

— Да нет, — прервала Мэгги, — ut, tigris...

— Да, да, вспомнил, — сказал Том, — надо было: tigris, vulpes, слушай теперь: ut tigris, vulpes; et piscium[4].

Запинаясь и по нескольку раз повторяя одно и то же слово, Том перевалил через следующие несколько строчек.

— Ну вот, — сказал он, — а теперь идет то, что задано на завтра. Дай-ка мне книгу.

Несколько минут он бормотал что-то под нос, помогая себе ударами кулака по столу, затем вернул ей книгу.

— Mascula nomina in a[5]... — начал он.

— Нет, Том, — прервала Мэгги, — этого здесь нет. Тут: Nomen non creskens genittivo[6].

---

[1] Птиц же (названия) *(лат.)*.

[2] Как устрица, кит *(лат.)*.

[3] Как воробей, ласточка... зверей... *(лат.)*.

[4] Как тигр, лисица; и рыб *(лат.)*.

[5] Существительные мужского рода на «а» *(лат.)*.

[6] Существительные, не увеличивающие число слогов в родительном падеже *(лат.)*.

— Creskens genittivo! — воскликнул Том с презрительным смехом; Том учил этот кусок к предыдущему уроку, а мальчику вовсе не нужно до тонкости разбираться в латыни, чтобы уловить ошибку в произношении. — Creskens genittivo! Ну и дурища ты, Мэгги!

— И нечего смеяться, Том, ты сам ничего не запомнил. Пишется же это так. Откуда мне знать?

— Говорил я тебе, что девчонки не могут заниматься латынью. Правильно будет: Nomen non crescens genitivo.

— Ну и прекрасно, — сказала Мэгги, надувшись. — Я могу не хуже тебя произнести это. И ты забываешь про остановки. После точки с запятой ты должен задерживаться в два раза дольше, чем после запятой, а ты останавливаешься там, где вовсе нет никакой остановки.

— А, ладно, не трещи под ухом. Не мешай мне учить уроки.

Вскоре их позвали в гостиную, и они провели там весь остаток вечера. Мэгги так разошлась, ободренная вниманием мистера Стеллинга — ведь он, конечно же, восхищается тем, какая она умная! — что Том был изумлен и даже несколько напуган ее смелостью. Утихомирил ее только намек мистера Стеллинга на маленькую девочку, убежавшую, как он слышал, к цыганам.

— Какая это, должно быть, забавная девочка, — заметила миссис Стеллинг в шутку, но шутки на ее счет вовсе не были Мэгги по вкусу. В душу ее закралось опасение, что, пожалуй, мистер Стеллинг не такого уж высокого мнения о ней, и она отправилась спать, несколько упав духом. А миссис Стеллинг, она это чувствует, считает, наверно, ее волосы очень некрасивыми, раз они нисколько не вьются.

Эти две недели в Кинг-Лортоне были счастливым временем для Мэгги. Ей позволяли оставаться в кабинете во время занятий, и она зачитывалась примерами из латинской грамматики. Астроном, который ненавидел всех женщин, вызвал в ней множество недоумений, и она даже как-то спросила у мистера Стеллинга, все ли астрономы ненавидят женщин или только этот один. Но, тут же предвосхищая его ответ, добавила:

— Я думаю, все астрономы; потому что, вы знаете, они живут в высоких башнях, и, если женщины будут приходить к ним болтать, они помешают астрономам смотреть на звезды.

Мистеру Стеллингу очень нравилась ее болтовня, и они были с Мэгги в самых лучших отношениях. Она сказала Тому, что тоже хотела бы жить у мистера Стеллинга и учить те же уроки. Она уверена, что теперь справилась бы с Евклидом, она снова пробовала читать его и узнала значение букв А, В и С: это названия линий.

— Спорим, что нет, — сказал Том, — хочешь, спрошу у мистера Стеллинга?

— А я не боюсь, — ответила эта самонадеянная девица. — Я и сама могу спросить.

— Мистер Стеллинг, — обратилась она к нему в тот же вечер, когда все собрались в гостиной, — разве я не могла бы выучить Евклида и все уроки Тома, если бы вы занимались со мной вместо него?

— Нет, не могла бы, — с возмущением сказал Том. — Девчонки не могут понять Евклида — правда, сэр?

— Они могут нахвататься всего понемножку, я бы так сказал, — ответил мистер Стеллинг. — У них иногда неплохие способности, но знания их неглубоки, они ничего не могут постичь до конца. Они смышленые, но поверхностные.

Том, в восторге от его приговора, праздновал свой триумф, подавая головой сигналы из-за кресла мистера Стеллинга. Что касается Мэгги, то она никогда еще не была так уязвлена. Всю свою коротенькую жизнь она гордилась тем, что ее называют смышленой, а теперь оказалось, что это клеймо неполноценности. Лучше быть тугодумом вроде Тома.

— Ха-ха-ха, мисс Мэгги, — рассмеялся Том, когда они остались одни, — видишь теперь, вовсе не так хорошо быть смышленой. Ты никогда ничего не сможешь понять до конца.

И Мэгги до того была подавлена ожидающей ее страшной участью, что даже и не пыталась найти достойный ответ.

Но когда Люк увез на двуколке это маленькое вместилище поверхностной смышлености и для Тома снова потянулись одинокие дни в кабинете, как мучительно стал он скучать по ней. Он и правда стал сообразительнее и лучше справлялся с уроками, пока Мэгги была с ним; и она задавала мистеру Стеллингу такое множество вопросов о Римской империи и о том, действительно ли существовал человек, сказавший по-латыни: «Это и гроша ломаного не стоит», или эти слова только перевели на латинский язык, что у Тома возникло смутное представление: жили когда-то на свете люди, которым очень повезло, — они говорили по-латыни без всякой латинской грамматики. Это блестящее открытие сильно пополнило приобретенные им в Кинг-Лортоне познания из истории, ибо до тех пор они ограничивались знакомством с «Краткой историей иудеев».

Но это тоскливое полугодие все же пришло к концу. Как радовался Том, глядя на последние, гонимые ветром желтые листья. Ранние сумерки и первый декабрьский снег были ему куда милее августовского солнца. Когда до каникул и возвращения домой осталось всего три недели, Том, чтобы убедиться в этом воочию, воткнул в углу сада двадцать один прутик и каждый день с такой силой выдергивал один из них и швырял его прочь, что тот мог бы провалиться в тартарары, если бы прутикам доступны были столь далекие путешествия.

Но даже и такой дорогой ценой, как зубрежка латинской грамматики, стоит заплатить за счастье увидеть яркий огонь в окнах отчего дома, когда двуколка бесшумно проедет по заснеженному мосту, за счастье попасть с холода в горячие объятия родных, в тепло домашнего очага, где узор на ковре, каминная решетка и щипцы — наши первые впечатления — так же непререкаемы, как вес и мера. Нигде нам не дышится так легко, как дышалось в местах, где мы явились на свет, где все было нам дорого еще до того, как перед нами встала трудная задача выбора, когда еще внешний мир казался нам продолжением нашей личности и мы принимали его и любили, как мы принимаем наше ощущение бытия и любим свое тело. Пусть выставят на распродажу мебель первого дома, где мы жили, и она покажется ничем не примечательной, быть может даже безобразной, — развитый вкус с презрением отнесется к старомодной обивке; и правда, разве не жажда сделать красивее все, нас окружающее, есть то основное, что отличает человека от животного, — вернее, если придерживаться абсолютно точного определения, отличает двуногих обитателей Англии от четвероногих, населяющих прочие страны? Но одному Богу известно, куда эта жажда завела бы нас, если бы нам не было свойственно привязываться душой к старым, столь далеким от совершенства вещам, если бы все, что мы сейчас любим, что для нас свято, не уходило корнями в глубину нашей памяти. Бузина, нависающая над спутанной листвой живой изгороди, куда милее нашему сердцу, нежели самый великолепный ладанник или фуксии, рассыпанные по мягкому газону. Пусть это предпочтение будет совершенно неоправданно в глазах профессионала-садовника и прочих людей со строго упорядоченным умом, которых нельзя упрекнуть в склонности к тому, что не блещет самым высоким качеством, — мы предпочитаем эту бузину как раз потому, что она пробуждает в нас память о днях нашего детства, что это не диковина, лишь ласкающая наш глаз своей формой и цветом, но давний друг, неразрывно связанный с той порой, когда наши радости были так живы.

ГЛАВА II

Рождество

Добрый старый Дедушка Мороз, с белоснежными волосами и румяным лицом, как нельзя лучше выполнил в ту зиму свои обязанности и, чтобы еще сильнее оттенить тепло и яркий огонь — его богатые рождественские дары, — преподнес вместе с ними холода и снег.

Снег лежал вокруг усадьбы и на берегу Рипла волнами, нежными, как щечки ребенка; он покрывал покатые крыши, четкой линией окаймляя фронтоны и еще сильнее подчеркивая их сочный темно-красный цвет; он пригибал к земле ветви лавров и елей, пока не падал, вспугнув тишину; он облекал белым покровом разрытое поле репы, где черными пятнами выделялись неподвижные овцы. У ворот намело огромные сугробы, и оставленные нерадивым хозяином животные точно окаменевали в «застывшей скорби». Ни блеска, ни тени, небо — сплошная бледная пелена, нигде ни звука, ни движения, и только темная река, не прервавшая бега, стонет, как само неутешное горе. Но, погружая природу в это жестокое оцепенение, Дед Мороз улыбался в усы — ведь он думал этим сделать жарче огонь семейного очага, сочнее все краски в доме, желаннее теплый аромат праздничного обеда; он хотел подвергнуть людей сладостному заточению, которое еще более укрепит извечные узы родства и сделает радость на лицах близких милее, чем свет утренней звезды. Он вряд ли оказал благодеяния бездомным, вряд ли вспомнил о домах, где очаг горит не слишком жарко и где совсем не готовили праздничного обеда, о домах, где лица людей не светятся радостью, а омрачены тучами безысходной нужды. Но добрый старик был преисполнен самых благих намерений, и если он не владел секретом, как оделять дарами всех поровну, виноват в этом его отец. Время, которое, пусть все с меньшим и меньшим успехом, еще и поныне скрывает эту тайну в своем могучем, медленно бьющемся сердце.

И все же, хотя после разлуки все в доме было Тому особенно мило, первый день Рождества показался ему почему-то не таким радостным, как в прежние годы. На остролисте было не меньше ягод, чем всегда, и они с Мэгги ничуть не хуже, чем раньше, украсили окна, каминные решетки и рамы картин гирляндами из его ветвей, густо усыпанных красными ягодами, и покрытого черными ягодами плюща. После полуночи под окнами, как обычно, раздалось пение — райское пение, чудилось Мэгги, хотя Том презрительно утверждал, что это всего-навсего Пэтч, старый псаломщик, и церковный хор; ее охватывал благоговейный трепет, когда она просыпалась под эти песни, и люди в простых фланелевых блузах уступали в ее воображении место ангелам, отдыхающим на разверстом облаке. Ночные песнопения помогли, как и всегда, с самого утра создать особое, приподнятое настроение в доме, и когда время подошло к завтраку, из кухни запахло свежими гренками и элем; любимый рождественский гимн, зеленые ветви и краткая проповедь сделали особенно праздничной церковную службу; а когда Мэгги и Том с родителями вернулись из церкви и, отряхнув с ног снег, вошли в гостиную, лица тетушки и дядюшки Мосс и их семерых детей сияли так ярко, как огонь в камине. Плум-пудинг удался таким же красивым и пышным, как всегда, и на нем горели мистические голубые огоньки, словно его с опасностью для жизни пришлось выхватывать из адского пламени, куда его упекли страдающие несварением желудка святоши; десерт был ничуть не хуже, чем обычно: золотые апельсины, коричневые орехи, прозрачно-желтый яблочный мармелад и темно-красная пастила из слив, — ничто не отличало нынешние рождественские праздники от прежних; пожалуй, в этом году было даже лучше, чем когда бы то ни было, кататься на льду и играть в снежки.

Рождество искрилось весельем, но о мистере Талливере вы бы этого не сказали. Он сердился на весь свет, готов был каждую минуту взорваться, и хотя Том был полностью на стороне отца и разделял его обиды, он не мог не испытать того же тяжелого чувства, которое охватило Мэгги, когда, с появлением десерта, мистер Талливер, все больше и больше распаляясь, стал жаловаться на своих врагов. Мысль, что на свете столько мошенников и что взрослым трудно обойтись без ссор, мешала Тому отдать должное орехам и наливке. Том не любил заводить ссору, если ее нельзя было разрешить честной дракой, из которой он имел все шансы выйти победителем; поэтому раздраженный тон отца вызывал в нем чувство неловкости, хотя он даже самому себе не признался бы в этом и уж никоим образом не поставил этого в вину отцу.

На сей раз воплощением зла, с которым мистер Талливер решил помериться силами, был мистер Пиварт, владелец земель вверх по Риплу, — ведь он вздумал заняться орошением, используя водные ресурсы реки, что являлось, или явится, или должно явиться (ведь известно — вода есть вода) посягательством на законные права мистера Талливера. Дикс, хозяин мельницы на Рипле, был лишь жалким подручным у нечистого, по сравнению с Пивартом. Арбитраж быстро его образумил, советы Уэйкема не очень-то пошли ему на пользу; да, Дикс, можно сказать, младенец по части законов. Гнев мистера Талливера на Пиварта был так велик, что его презрение к бывшему, ныне поверженному противнику приобрело характер дружеской привязанности. Сегодня всю его мужскую аудиторию составлял мистер Мосс, который, по его собственным словам, ничего не смыслил в мельницах и соглашался с мистером Талливером априори, на том основании, что был его родственником и должником; но мистером Талливером руководило не пустое стремление доказать слушателям свою правоту — вовсе нет, ему просто нужно было облегчить душу. Добрый мистер Мосс изо всех сил старался не задремать, хотя от непривычно сытного обеда его неодолимо клонило ко сну; зато миссис Мосс, живо интересовавшаяся всем, что касалось брата, слушала его и вставляла словечко, когда ей позволяли это ее материнские обязанности.

— Пиварт? Это новое имя в наших краях — да, братец? — заметила она. — У него при отце здесь земли не было, да и позже, когда я жила здесь с тобой до замужества.

— Новое? Еще бы не новое, — произнес мистер Талливер, сердито подчеркивая последнее слово. — Дорлкоутская мельница переходила у нас от отца к сыну лет сто с лишком, и никто никогда не слыхал, чтобы на реке были какие-то Пиварты. А потом явился этот господин, и мы глазом моргнуть не успели, как он купил ферму Бинкома, даже не торгуясь. Но я покажу этому Пиварту... — добавил мистер Талливер, осушая стакан, в уверенности, что выразил свои намерения как нельзя более ясно.

— Тебе ведь не придется судиться с ним, братец? — спросила миссис Мосс с некоторым беспокойством.

— Уж не знаю, что там придется делать мне, а вот что ему солоно придется со всеми этими его запрудами да орошением — это я знаю, коли есть на свете закон, который стоит за правое дело. Мне доподлинно известно, кто тут всему корень: это Уэйкем его подуськивает. Уэйкем говорит ему, что его за это к суду не притянут, да ведь не один Уэйкем в законах понимает толк. Оно верно, его обойти — большой мошенник нужен, так можно и такого отыскать, что получше Уэйкема все ходы и выходы в суде знает; ведь вот проиграл же он дело Брамли.

Мистер Талливер был человек отменной честности и гордился этим, но он считал, что в суде справедливости можно добиться, лишь наняв самого ловкого мошенника, которому ничего не стоит обвести вокруг пальца мошенника менее искусного. Суд — это своего рода петушиный бой, где попранные права честного человека могут быть восстановлены только в том случае, если он поставит на боевого петуха с самым задорным нравом и самыми крепкими шпорами.

— Гор не дурак, этого ты мне не говори, — с вызовом продолжал мистер Талливер, словно бедная Гритти пыталась оспаривать таланты этого юриста, — да только рядом с Уэйкемом он слабоват. А вода — вещь особая, ее вилами не подцепишь. Недаром эти дела так по вкусу нечистому и законникам. Оно, конечно, ясно с водой, что правильно, что неправильно, надо только без обмана; ведь река есть река, и, коли у тебя мельница, тебе нужна вода, чтобы вертеть колесо, и нечего мне доказывать, что это орошение и всякие там глупости не остановят моих жерновов, я не хуже их воду знаю. Толкуют мне тут про инженеров! Всякий дурак поймет, что мне от Пивартовых запруд один вред. Но уж коли они инженеров мне тычут, я и сам могу Тома к этому делу определить — уж он там побольше смысла найдет, чем они.

Услышав, какие у отца планы, Том с беспокойством оглянулся и неосмотрительно выдернул погремушку у самой младшей из семейства Мосс, которую он забавлял; поскольку эта особа прекрасно знала, чего она хочет, она немедленно выразила свои чувства пронзительным воплем, и умиротворить ее не могло даже возвращение погремушки, так как юная девица, по-видимому, считала, что это не снимает нанесенной ей обиды. Миссис Мосс поспешила с ней в другую комнату и поделилась с сопровождающей ее миссис Талливер своим глубоким убеждением, что милая крошка имела основательную причину для крика, и те, кто полагает, будто вопли ее вызваны утратой игрушки, глубоко заблуждаются. Когда совершенно законное возмущение младенца утихло, миссис Мосс заметила, взглянув на невестку:

— Мне очень жаль, что брат так близко принимает к сердцу всю эту историю с водой.

— Такой уж у него нрав, у вашего брата, миссис Мосс; у нас в семье ничего похожего не было, — ответила миссис Талливер со скрытым укором.

В разговоре с миссис Мосс она всегда называла мужа «ваш брат», если его поступки не заслуживали безусловного ее одобрения. Добросердечная миссис Талливер, которая никогда ни на кого не сердилась, все же обладала некоторым характером, без чего она вряд ли могла бы считаться женщиной, а тем более одной из Додсон. Вынужденная в сношениях с сестрами всегда занимать оборонительную позицию, она, естественно, стремилась подчеркнуть свое превосходство урожденной Додсон, пусть даже самой слабой из всех, над золовкой — крупной, покладистой, неряшливой многодетной женщиной, которая не только была бедна и склонна сидеть на шее брата, но отличалась еще добродушием, уступчивостью и запасом любви, которого хватало и на мужа, и на многочисленных детишек, и даже на всех свойственников.

— Я только молю Бога, чтоб он не стал опять судиться, — сказала миссис Мосс, — никогда не знаешь наперед, чем это кончится. И не всегда тот берет верх, кто прав. Этот мистер Пиварт, видать, человек с деньгами, а богачи уж поставят на своем.

— Что до денег, — отвечала миссис Талливер, разглаживая складки на платье, — то мне приходилось видеть немалые деньги в нашей семье; у моих сестер мужья могут позволить себе все, что им вздумается. Да меня порой страх берет, что я ума решусь от всех этих разговоров про суды да орошения; а сестры валят всю вину на меня, они-то не знают, что это такое — выйти за человека вроде вашего брата... где им знать? Сестрица Пуллет делает все, что ее душеньке угодно.

— Ну, — сказала миссис Мосс, — не думаю, что я любила бы своего мужа, ежели бы у него своей головы не было и мне пришлось бы водить его на поводу. Куда легче угождать мужу, чем самой додумываться, что делать.

— Ну уж коли речь зашла об угождении мужу, — промолвила миссис Талливер, не слишком успешно копируя миссис Глегг, — вашему брату долгонько пришлось бы искать жену, которая так не перечила бы ему ни в чем, как я, — уж можете мне поверить. Я только и слышу что про суды да орошение, с раннего утра до поздней ночи, и никогда ни словечка ему поперек; я одно лишь твержу: «Ладно, мистер Талливер, поступай как знаешь, только не судись».

Миссис Талливер, мы это уже видели, имела некоторое влияние на своего мужа, как и всякая женщина. Ведь любая из них может заставить мужа сделать то, что ей угодно, или... как раз обратное, и бесконечные мольбы миссис Талливер, несомненно, среди многих других причин послужили толчком, ускорившим обращение мистера Талливера к услугам закона; их можно бы даже сравнить с вошедшей в пословицу каплей, которая получила славную — или бесславную — известность, переполнив чашу терпения; впрочем, если взглянуть на дело беспристрастно, винить следует скорее предыдущие капли, наполнившие чашу до краев, вследствие чего эта последняя, во всех отношениях невинная капля и должна была привести к столь печальным результатам. Конечно, робкие просьбы миссис Талливер как таковой не могли сыграть решающей роли, но стоило ей отважиться хоть в чем-нибудь прекословить мужу, как он уже видел в ней представительницу Додсонов, а мистер Талливер из принципа не пропускал ни одного случая показать, что *им* Додсоны командовать не будут, — точнее, что Талливеру, мужчине, ничего не стоит справиться с четырьмя бабами, пусть даже одна из них зовется миссис Глегг.

Но и прямые возражения этой представительницы семейства Додсон против его тяжбы с Пивартом не смогли бы до такой степени разжечь его желание затеять ее, как мысль об Уэйкеме, постоянно подогреваемая встречами в рыночные дни с этим уж больно дошлым адвокатом. Уэйкем, по глубокому убеждению мистера Талливера, «скрывался» (выражаясь метафорически) на дне всех этих Пивартовых оросительных каналов; Уэйкем побуждал Дикса подать на мистера Талливера в суд после арбитража; Уэйкем повинен в том, что он проиграл тяжбу об исключительном праве на дорогу и мост и вынужден был открыть проход по своей земле всякому негодяю, которому вздумается нарушить границы частного владения, вместо того чтобы идти, как порядочному человеку, по большой дороге. Стряпчие — все более или менее прохвосты, но вина мистера Уэйкема усугублялась еще тем, что его грязные проделки были направлены против законных интересов мистера Талливера. И последний горький укол получил оскорбленный мельник, когда ему пришлось, занимая пятьсот фунтов, самому обратиться в контору мистера Уэйкема. Эдакий крючконосый краснобай, ничем его не проймешь — всегда-то он уверен в своей игре! Жаль, что Гор, лысый круглолицый мужчина, с пухлыми руками и обходительными манерами, так мало на него похож: нужно трижды подумать, прежде чем поставить на этого петушка против Уэйкема. Гор тоже недурной плут, слабость его отнюдь не в излишней щепетильности, но как бы часто и многозначительно он ни подмигивал, это не заменит дара видеть людей насквозь; и хотя мистер Талливер был тверд в своем убеждении, что вода есть вода и что, следовательно, в этом деле Пиварту не на что опереться, иногда у него возникало опасение, что Уэйкем может вытащить больше законов против этого бесспорного (с точки зрения всех разумных людей) положения, чем Гор — за него. Но, с другой стороны, ежели дело дойдет до суда, он сможет пригласить советника Уайлда защищать свои интересы, вместо того чтобы иметь этого прославленного спорщика против себя, и перспектива увидеть, как свидетель Уэйкема потеет и мнется — так это однажды было с его, Талливера, свидетелем, — очень соблазняла его, ибо сулила возмездие за причиненное ему зло.

Не один день раздумывал мистер Талливер над этими сложными вопросами, разъезжая по округе на своей серой кобыле... не один раз склонял голову то к одному, то к другому плечу, в зависимости от того, какая чаша весов перевешивала, но итог его размышлений еще покрыт был мраком, и, чтобы прийти к нему, мистеру Талливеру надобно было не один раз горячо обсудить этот вопрос в кругу друзей и родных. Эта начальная стадия, когда мистер Талливер перечислял все нанесенные ему обиды и выкладывал свою точку зрения на занимающий его предмет всем родственникам и свойственникам, естественно, потребовала немалого времени, и к февралю, когда Тому предстояло вернуться в школу, в деле Пиварта не появилось почти ничего нового — ни новых пунктов обвинения, ни более определенных указаний на меры, какие мистер Талливер собирается принять против этого опрометчивого нарушителя аксиомы, что вода есть вода. Многократное повторение, подобно трению, чаще приводит к накалу, чем к сдвигу с мертвой точки, и накал мистера Талливера становился все ощутимее. Если мистер Талливер и не мог найти новых улик против Пиварта, то один факт был налицо: они с Уэйкемом стали друзьями — не разлить водой.

— Отец, — как-то вечером, незадолго до отъезда, сказал Том, — дядюшка Глегг говорит, что Уэйкем все-таки посылает своего сына к мистеру Стеллингу. Это неправда — все то, что там болтали, будто отец пошлет его во Францию. Ты ведь не захочешь, чтобы я учился с сыном Уэйкема, правда?

— Ну, это пустое, сынок, — ответил мистер Талливер, — ты только не учись у него дурному, вот и все. Парнишка — несчастный уродец, а лицом в мать, он, поди, и вообще-то мало на отца похож. Значит, Уэйкем высоко ставит мистера Стеллинга, коли посылает к нему своего сына, а Уэйкем не спутает — где мука, где отруби.

В глубине души мистер Талливер даже гордился, что его сын будет пользоваться теми же преимуществами, что сын Уэйкема, но самому Тому это было сильно не по нутру. Вот если бы сын стряпчего не был горбуном, все разрешилось бы куда проще: Том с чистой совестью мог бы его поколотить, не сомневаясь, что заслуживает самого высокого морального одобрения.

ГЛАВА III
Новый товарищ

Стоял сырой, холодный январский день, когда Том отправился обратно в школу, — как раз подходящий денек для начала этого нового тяжелого этапа в его жизни. Единственным светлым лучом в охватившем Тома мраке было предвкушение радости, которую он доставит маленькой Лоре своим подарком — пакетиком леденцов и восковой куклой. Он с удовольствием рисовал себе, как крошка Лора раскроет ротик и протянет ручонки к конфетам; и чтобы придать еще больше реальности этой приятной картине, он вынул из кармана пакет, проделал в бумаге дырочку и вытянул один леденец. От поднятого верха двуколки несло сыростью, вокруг почти ничего не было видно, и Тому пришлось еще не один раз прибегнуть к этому утешению, пока они добрались до Кинг-Лортона.

— Ну-с, Талливер, мы рады снова тебя видеть, — сердечно приветствовал его мистер Стеллинг. — Раздевайся и пойдем до обеда в кабинет. Там ты сможешь согреться и познакомишься с новым товарищем.

С чувством неловкости и тревоги Том принялся разматывать бесчисленные шерстяные шарфы, в которые был закутан. Он и раньше видел Филипа Уэйкема в Сент-Огге, но всегда как можно скорее отводил глаза. Ему было бы неприятно иметь товарищем горбуна, даже не будь тот сыном дурного человека; Том не представлял себе, чтобы сын дурного человека мог быть хорошим. Вот его отец — хороший человек, и Том был готов отколотить каждого, кто бы в этом усомнился. Поэтому, когда он следовал за мистером Стеллингом в кабинет, в его душе задор боролся с замешательством.

— Вот тебе новый товарищ, Талливер, — сказал преподобный джентльмен, когда они вошли в комнату, — поздоровайтесь, это мастер Филип Уэйкем. Я вас оставлю, знакомьтесь. Я думаю, вы уже кое-что слышали друг о друге — ведь вы из одних мест.

Том стоял с нерешительным и неловким видом, а Филип поднялся со своего места и застенчиво на него посмотрел. Тому не хотелось подходить к нему, так сразу протянуть руку и сказать: «Здравствуй».

Мистер Стеллинг благоразумно вышел из комнаты: стоит только взрослым уйти, и у мальчиков пропадает все их смущение.

Филип был слишком горд и вместе с тем слишком застенчив, чтобы первым подойти к Тому. Он думал, вернее, чувствовал, что Тому неприятно на него глядеть — почти никто не любил смотреть на него, — а его уродство гораздо сильнее бросалось в глаза, когда он ходил. Поэтому они не только не пожали друг другу руки, но не обменялись и словом. Том подошел к камину и стал греться у огня, время от времени украдкой посматривая на Филипа, который рассеянно рисовал что-то на лежавшем перед ним листе бумаги. Он снова сел и теперь думал, о чем бы ему заговорить с Томом, стараясь пересилить свою нелюбовь первым завязывать знакомства.

Том все чаще и чаще останавливал свой взгляд на лице Филипа, потому что мог смотреть на него, не замечая горба, а лицо это вовсе не было неприятным, — только очень взрослое, подумал Том и стал гадать, насколько Филип его старше. Анатом — даже просто физиономист — увидел бы, что горб у Филипа не врожденный, а следствие падения в раннем детстве, но трудно было ожидать, чтобы Том разбирался в таких тонкостях: для него Филип был просто горбун. Ему почему-то представлялось, будто уродство сына Уэйкема как-то связано с тем, что стряпчий — мошенник (он не раз слышал, как мистер Талливер с необыкновенным жаром обзывал его так), к тому же, сам себе в этом не признаваясь, Том побаивался, что мальчик окажется злым и, не имея сил драться, станет вредить исподтишка. Неподалеку от школы мистера Джейкобза жил горбун-портной, по всеобщему мнению, личность весьма непривлекательная, за которым с улюлюканьем вечно гонялись выразители общественного мнения — мальчишки, всячески пороча его доброе имя; таким образом, Том опирался на факты. Вместе с тем трудно было найти что-нибудь менее похожее на уродливую физиономию портного, чем грустное лицо Филипа, у которого даже волосы, волнистые и каштановые, завивались на концах, как у девчонки; Том счел его поистине достойным жалости. Этот Уэйкем — бледный, тщедушный малый: ясно, он не умеет играть ни в какие путные игры. Но он так ловко орудует карандашом, что прямо зависть берет; ему это, видно, не стоит никакого труда. Что он там такое рисует? Том уже согрелся и был не прочь найти себе какое-нибудь занятие. Все равно куда приятнее иметь товарищем горбуна со скверным характером, чем в одиночестве простаивать у окна, глядя на дождь и колотя ногой по плинтусу; каждый день что-нибудь станет случаться — ссора или еще что-нибудь; и Том подумал, что даже неплохо будет показать Филипу, что с ним, с Томом, его штучки не пройдут. Он пересек комнату и взглянул на лежавший перед Филипом лист бумаги.

— Ой, да это же осел, и еще навьюченный... и спаниель и куропатки во ржи! — воскликнул он, позабыв свою застенчивость от удивления и восторга. — Вот это да! Хотел бы я так рисовать. В этом семестре я буду учиться рисованию. Интересно, станут у меня выходить ослы и собаки?

— Этому не нужно учиться, — сказал Филип, — меня никогда не учили рисовать.

— Никогда не учили? — повторил Том с изумлением. — Как же это? Когда я рисую собак, и лошадей, и других животных, у меня и голова не получается, и ноги, хотя я очень хорошо вижу, какими они должны быть. Я умею рисовать дома с самыми разными трубами, и дымоходы вдоль стены, и слуховые окна, и всякое такое. Но у меня, верно, тоже получались бы собаки и лошади, если бы я больше старался, — добавил он, рассудив, что, если он будет слишком хулить свои рисунки, Филип может подумать, будто он, Том, намерен вообще ему подчиняться.

— Да, конечно, — подтвердил Филип, — это совсем не трудно. Нужно только хорошенько смотреть на вещь и много раз ее рисовать. Что один раз сделаешь неверно, в другой раз исправишь.

— Но разве тебя совсем ничему не учили? — озадаченно спросил Том, у которого зародилось подозрение, что горб Филипа может быть источником удивительных талантов. — Я думал, что ты уже давно ходишь в школу.

— Да, — улыбаясь, ответил Филип, — я изучал латынь, и греческий язык, и математику, и словесность, и другие предметы.

— Но ведь тебе не нравится латынь? — спросил Том, доверительно понижая голос.

— Так себе. Я к ней равнодушен.

— Так ты, верно, еще не дошел до Propria quoe maribus?[1] — Том склонил голову набок, словно хотел сказать: «Вот это орешек; интересно, что ты запоешь, когда попробуешь его раскусить!»

Филип почувствовал горькое удовлетворение, убедившись, как многообещающе глуп этот хорошо сложенный, энергичный на вид мальчик, но, так как сам он был крайне обидчив и к тому же хотел расположить к себе Тома, он удержался от смеха и вежливо ответил:

— Я уже покончил с грамматикой; я учу теперь другие вещи.

— Значит, мы не будем заниматься вместе? — разочарованно протянул Том.

— Нет, но все равно я смогу тебе помогать. Я буду рад помочь, если это в моих силах.

Том даже не сказал спасибо — так его поразила мысль, что сын Уэйкема вовсе не такой злой, как можно было бы ожидать.

— Послушай, — помолчав немного, спросил он, — ты любишь своего отца?

— Люблю, — покраснев до корней волос, ответил Филип. — А ты своего разве не любишь?

— О, разумеется... Я просто хотел знать, — сказал Том несколько устыдившись своего вопроса, когда заметил, что Филип покраснел и, по-видимому, чувствует себя неловко. Ему было очень трудно определить свое отношение к этому сыну Уэйкема; и он подумал, что, если бы Филип не любил своего отца, это в какой-то мере могло бы вывести его из затруднения.

— А теперь ты будешь учиться рисовать? — спросил он, чтобы перевести разговор на другую тему.

— Нет, — ответил Филип, — отец хочет, чтобы я сейчас все свое время отдавал другим вещам.

— Чему? Латыни, Евклиду и всякой такой штуке, да? — сказал Том.

---

[1] К морю относящееся *(лат.)*.

— Да, — ответил Филип; он уже давно перестал рисовать и сидел теперь, опершись подбородком на руку, а Том, облокотившись на стол и вытянув шею, со все растущим восхищением рассматривал осла и собаку.

— И ты ничего не имеешь против? — спросил Том с любопытством.

— Нет; мне нравится знать то, что знают другие. А потом я выучусь и тому, что мне хочется.

— Не понимаю, зачем нужно учить латынь. От нее никакого проку.

— Латынь входит в образование джентльмена, — ответил Филип. — Все джентльмены изучают одни и те же вещи.

— Ну да! Ты думаешь, сэр Джон Крейк, начальник королевской псовой охоты, тоже знает латынь? — сказал Том, который мечтал быть на него похожим.

— Он, конечно, занимался ею в детстве, — сказал Филип, — но, полагаю, давно ее забыл.

— О, это и я могу, — сказал Том, вовсе не имея намерения сострить, а просто довольный тем, что уж латынь-то, во всяком случае, не помешает ему стать таким, как сэр Джон Крейк. — Но пока учишься, придется все помнить, а то мистер Стеллинг задаст вытвердить кучу строчек из «Оратора»[1]. Мистер Стеллинг так придирается... ты еще увидишь. Он десять раз заставит повторить одну и ту же строчку, если скажешь nam[2] вместо jam...[3] У него и буковки не переврешь, уж я-то знаю.

— О, я не боюсь, — ответил Филип, не в силах удержаться от смеха. — У меня хорошая память. А некоторые уроки я просто люблю. Я очень люблю греческую историю и вообще все, что касается греков. Я бы хотел быть греком и сражаться с персами, а потом вернуться домой и писать трагедии, или быть таким мудрецом, как Сократ, чтобы все меня слушали, и умереть такой же слав-

---

[1] Сборник речей на латинском языке.

[2] Ибо *(лат.)*.

[3] Уже *(лат.)*.

ной смертью. (Филип, как вы видите, был не прочь показать хорошо сложенному варвару свое умственное превосходство.)

— А что, греки были храбрые воины? — спросил Том, почуяв, что здесь перед ним открываются широкие перспективы. — Был там кто-нибудь вроде Давида, или Голиафа, или Самсона? Я только про них и люблю читать в истории иудеев.

— О, про греков есть очень много таких сказаний — о древних героях, которые сражались с дикими зверями, как Самсон. А в «Одиссее» — это очень красивая поэма — есть еще более удивительный великан, чем Голиаф, — Полифем; у него был только один глаз посреди лба; а Одиссей ростом куда меньше, зато умный и очень хитрый — зажег ствол сосны и ткнул Полифему горящей головней прямо в глаз, так что тот заревел, как тысяча быков.

— О, вот забавно! — воскликнул Том, отскочив от стола и прыгая на месте. — Послушай, ты расскажешь мне все эти истории? Потому что греческого я учить не буду... ведь правда? — добавил он, бросив прыгать, в ужасе, что вдруг это не так. — Разве все джентльмены изучают греческий?.. Как ты думаешь, мистер Стеллинг меня тоже заставит его учить?

— Нет, не думаю... скорее всего, нет, — сказал Филип. — Но ты можешь прочитать эти сказания и не зная греческого. Они есть у меня по-английски.

— Да нет, я не люблю читать; лучше ты мне расскажи. Моя сестра Мэгги вечно пристает ко мне со своими рассказами, но она читает одни глупости. Девчонкам только глупости и нравятся. А ты много помнишь историй про сражения?

— О да, — сказал Филип, — очень много, и не только о греках. Я могу рассказать тебе про Ричарда Львиное Сердце и Саладина, и про Уильяма Уоллеса[1], и Роберта

---

[1] *Уильям Уоллес* (1272–1305) — народный герой; боролся за независимость Шотландии против английского короля Эдуарда I, за что и был казнен.

Брюса[1], и Джеймса Дугласа...[2] я знаю целую массу историй.

— Ты ведь старше меня, да? — спросил Том.

— Старше? А тебе сколько лет? Мне пятнадцать.

— А мне еще нет четырнадцати, — сказал Том. — Но я побеждал всех мальчиков у Джейкобза — это школа, где я раньше учился. И я лучше всех играл в мяч и лазил по деревьям. Хорошо бы мистер Стеллинг разрешил нам ходить на рыбную ловлю. Ты ведь можешь удить, правда? Там нужно только спокойно сидеть или стоять, знаешь.

Том, в свою очередь, стремился восстановить нарушенное равновесие. Этот горбун не должен думать, что его знакомство с историями про сражения ставит его наравне с настоящим воином и героем вроде Тома Талливера.

Филипа передернуло при этом намеке на его неспособность к подвижным играм, и он ответил не без раздражения:

— Терпеть не могу удить рыбу. По-моему, надо быть дураком, чтобы сидеть часами, глядя на удочку, или закидывать ее раз за разом — и все без толку.

— Ну, ты бы не назвал дураком того, кто вытаскивает на берег громадную щуку, это уж точно, — негодующе сказал Том.

Он ни разу в жизни не поймал ничего «громадного», но, встав на защиту рыбной ловли, не мог удержаться от некоторого преувеличения. Конечно, у этого сына Уэйкема есть свои недостатки, и нечего ему задаваться.

К счастью, окончательно гармония этой первой встречи нарушена не была, так как их позвали обедать, и Филип не имел больше возможности развивать свои порочные взгляды на обсуждаемый предмет. Но Том сказал себе, что другого от горбуна и ждать нечего.

---

[1] *Роберт Брюс* (1274–1329) — король Шотландии, национальный герой.

[2] *Джеймс Дуглас* — шотландский национальный герой, сподвижник Брюса.

ГЛАВА IV

«Гениальная» идея

Эта противоречивость чувств, возникшая при первой встрече Тома с Филипом, не оставляла Тома и в дальнейшем, даже после того, как они провели вместе много недель. Том так и не избавился от привычной мысли, что Филип, сын «мошенника», — его естественный враг, так и не смог до конца преодолеть отвращение к его уродству. Том всегда оставался верен раз принятому взгляду; как это свойственно людям, у которых ощущения господствуют над мыслью и чувством, он видел факты внешнего мира такими, какими они показались ему при первом знакомстве. Но вместе с тем ему доставляло удовольствие общество Филипа, когда тот бывал в духе. Филипу не представляло никакого труда помочь ему в латинских упражнениях, а Том смотрел на них как на головоломку, разгадать которую можно лишь благодаря счастливой случайности. И Филип знал такие удивительные истории про сражения, про Хэла из Винда, например, и про других героев, пользовавшихся особой любовью Тома, так как они разили своих врагов направо и налево. О Саладине Том был невысокого мнения: подумаешь — может в один миг разрубить саблей подушку! Кому это надо — сражаться с подушками? Это была глупая история, и больше Том не просил ее рассказывать. Но когда в битве у Бэннокберна[1] Роберт Брюс, верхом на вороном коне, приподнявшись в стременах, взмахивал добрым боевым топором и с одного удара вдребезги разбивал не только шлем, но и череп чересчур пылкого рыцаря, восторг Тома не знал границ, и будь у него под рукой кокосовый орех, он тут же расколол бы его кочергой в знак симпатии к доблестному Брюсу. Когда Филип был в хорошем настроении, он доставлял Тому превеликое удо-

---

[1] *Бэннокберн* — город в Шотландии, у которого в 1344 г. шотландцы под предводительством Роберта Брюса одержали решительную победу над англичанами.

вольствие, усугубляя пальбу, грохот и неистовство каждой битвы всем арсеналом эпитетов и метафор, имевшихся у него в запасе. Но так бывало далеко не всегда. Несколько раздраженных слов, вырвавшихся у Филипа при их первой встрече, были не случайны. Временами Филип впадал в состояние тяжелой душевной угнетенности, которая проявлялась отчасти в повышенной обидчивости, отчасти в ожесточении, вызванном сознанием своего уродства. Во время таких нервных приступов ему казалось, что каждый брошенный на него взгляд полон оскорбительного сожаления или плохо скрытой брезгливости, в лучшем случае — безразличия, а для Филипа безразличие было что порыв северного ветра для уроженца юга. Неловкое покровительство Тома на их совместных прогулках доводило Филипа до бешенства: он яростно набрасывался на бедного парнишку, не имевшего на уме ничего дурного, и глаза его, обычно спокойные и печальные, метали отнюдь не шуточные молнии. Ничего удивительного, что Том продолжал держаться с ним настороже.

С другой стороны, Тома привлекало к Филипу его удивительное умение рисовать — ведь он выучился всему этому сам. Новый учитель рисования, к великой досаде Тома, вместо ослов и собак давал ему копировать наброски ручьев, деревенских мостиков и развалин, сделанные мягким черным карандашом и наводящие на мысль, что основное в природе, так сказать, глянец. Поскольку Том был пока совершенно равнодушен к живописным ландшафтам, вполне понятно, что рисунки мистера Гудрича казались ему малоинтересными произведениями искусства. Мистер Талливер, имевший намерение пристроить Тома к какому-то еще для него самого неясному делу, где понадобится чертить планы и рисовать карты, встретив в Мадпорте мистера Райли, посетовал, что Тома, по-видимому, ничему такому не учат, и этот услужливый советчик тут же предложил, чтобы Тому взяли учителя рисования. Конечно, мистеру Талливеру придется за это заплатить, но что из того? Пусть только научат Тома хорошо владеть карандашом, а там он сможет использовать свое умение для любых целей. Поэтому было решено давать Тому специальные уроки, а кого мог пригласить мистер Стеллинг в качестве учителя, как не мистера Гудрича, считавшегося в пределах двенадцати миль вокруг Кинг-Лортона первоклассным художником? Под его руководством Том научился очень остро оттачивать карандаш и воспроизводить ландшафт в общих чертах, что при его любви к конкретным деталям казалось ему, разумеется, крайне скучным.

Все это, не забывайте, происходило в те «темные» времена, когда не существовало специальных школ, — еще до того, как учителя стали все сплошь поражать абсолютной честностью, а духовенство — широкими взглядами и разносторонней культурой. Не тайна, что в тот менее счастливый век были, кроме мистера Стеллинга, и другие священнослужители с ограниченным интеллектом и неограниченными потребностями, доход коих, по женской логике (ведь Фортуна — женщина, и к тому же слепая, так что ей свойственно ошибаться), соответствовал не потребностям их, но интеллекту, от которого, каждому ясно, доход совершенно не зависит. Проблема, стоявшая перед этими джентльменами, заключалась в том, как изменить соотношение между их потребностями и доходом, и поскольку от потребностей не так-то легко отказаться, самым простым, по-видимому, было повысить доходы. Не их вина, что сделать это можно было только одним путем: раз все те плебейские занятия, при которых люди вынуждены хорошо выполнять свою работу за низкую плату, исключены для служителей церкви, им не остается ничего иного, как взимать высокую плату за плохо выполняемую работу. К тому же откуда было мистеру Стеллингу знать, что воспитание — дело трудное и деликатное? Требовать этого от него — все равно что требовать от зверька, проделывающего ходы в скале, широкого знакомства с основами горных разработок. Мистера Стеллинга с детства учили рыть ход по прямой, и ни на что другое он не был способен. Но из сверстников Тома, которых отцы препоручали лицам духовного звания и которые по прошествии нескольких лет возвращались домой столь же невежественными, как и были ранее, очень многим пришлось куда хуже, нежели Тому Талливеру. В ту далекую пору образование подростка зависело почти всегда от случая: иногда ему везло, чаще — нет. Когда вы берете в руки бильярдный кий или стаканчик с игральными костями, вы куда вернее можете рассчитывать на удачу, чем отцы наших отцов — мистер Талливер, к примеру, — когда они выбирали школу или учителя для своих сыновей. Эти превосходные люди, вынужденные всю жизнь писать по фонетической системе — как бог на душу положит — и, несмотря на это, успешно ведущие свои дела и прикопившие достаточно денег, чтобы помочь своим чадам вступить в жизнь по более торной дороге, чем вступали они сами, поневоле должны были полагаться на совесть и эрудицию школьного учителя, проспект которого попадался им на глаза, — проспект, обещавший куда больше того, на что они рассчитывали, вплоть до предоставления ученикам белья и посуды. Еще хорошо, если какой-нибудь честолюбивый торговец мануфактурным товаром из числа их знакомых не пускал своего сынка по духовной части и этот молодой человек не завершал свои забавы в колледже опрометчивой женитьбой. В противном случае наивные отцы, стремясь сделать для своих отпрысков все, что в их силах, могли ускользнуть от сына мануфактурщика, разве что оказавшись случайно в числе основателей средней классической школы (не пользующейся особым вниманием членов попечительного совета), где два-три мальчика получали в свое полное распоряжение просторные покои и в придачу учителя — беззубого, подслеповатого и глухого, чьи нечленораздельные объяснения и абсолютное равнодушие обходились в три сотни фунтов с головы. Несомненно, муж этот был зрелым ученым, когда впервые вступил в свою должность, но за зрелостью следует другая стадия, куда менее ценимая на рынке.

Таким образом, по сравнению со многими другими английскими юнцами, его сверстниками, которым приходилось пробиваться в жизни вооруженным обрывками малопригодных знаний и изрядной дозой вполне пригодного невежества, Тому еще посчастливилось.

Мистер Стеллинг был широкоплечий здоровяк с манерами джентльмена и по-своему добрый — он считал, что растущему мальчику необходимо есть много мяса, и ему было приятно, когда Том хорошо выглядел и с удовольствием уничтожал свой обед. Он не отличался особой щепетильностью, не очень понимая, что каждое наше деяние вызывает неисчислимые последствия, и был недостаточно компетентен для своей высокой роли; но некомпетентные джентльмены тоже должны жить, и если, не имея денег, они хотят жить, как подобает благородным господам, то что им остается, кроме правительственных должностей или просвещения юношества? Том сам был виноват, что, по складу его ума, ему не шли впрок те знания, которыми его пичкал мистер Стеллинг. Мальчику, неспособному к восприятию математических символов и отвлеченных понятий, приходится страдать из-за этого врожденного недостатка так же, как если бы он родился хромым. Метод преподавания, узаконенный путем долгой практики нашими почтенными предками, заключался в том, что они не отступали даже перед выходящей из ряда вон тупостью того или иного отдельно взятого ученика. И мистер Стеллинг был убежден, что мальчик, не усваивающий символов и отвлеченных понятий, не усвоит и ничего другого, если бы даже преподобный джентльмен и мог его этому другому обучать. У наших почтенных предков было в обиходе весьма остроумное орудие пытки — тиски; сжимая их все сильней и сильней, они извлекали на свет несуществующие факты. В твердом убеждении, что факты эти существуют, что́ могли они делать, как не сжимать тиски? Так и мистер Стеллинг был твердо убежден, что каждый мальчик, даже самый неспособный, может выучить то, чему только и стоит мальчиков учить; если дело подвигается туго, значит нужно покрепче сжать тиски — еще строже спрашивать уроки, а чтобы возбудить более горячий интерес к латинским стихам, надо давать в качестве наказания выучить наизусть страницу из Вергилия.

Однако во втором полугодии тиски были несколько ослаблены. Филип делал очень большие успехи, и мистер Стеллинг увидел, что куда легче добиться репутации хорошего учителя, лишь немного помогая этому способному мальчику, нежели с огромным трудом вдалбливая науки в тупую голову Тома. Джентльмены с широкими плечами и честолюбивыми устремлениями часто обманывают ожидания друзей, не сумев добиться успеха в жизни. Возможно, дело здесь в том, что для преуспеяния требуются какие-то исключительные качества, а не только исключительное желание преуспеть; возможно, дело здесь в том, что эти рослые джентльмены довольно ленивы и их divinæ particulum auræ[1] гаснет из-за слишком хорошего аппетита. По этой ли причине или по другой, но мистер Стеллинг медлил с осуществлением своих смелых проектов — не взялся на досуге за перевод греческой трагедии или за какую-нибудь другую, требующую эрудиции работу; вместо того он, с решительным видом заперев за собой дверь кабинета, усаживался читать роман Теодора Гука. Тома все менее строго спрашивали уроки, и, так как Филип ему помогал, он теперь мог коекак брести от задания к заданию, делая вид, что старается изо всех сил, и не рискуя, что мистер Стеллинг уличит его в полном безразличии к предмету занятий. Том считал теперь школу куда более сносной и двигался вперед, вполне довольный жизнью, подхватывая случайные знания там, где их вовсе не предполагалось, и набивая руку в письме, чтении и каллиграфии, между тем как ему самым сложным образом преподносились малопонятные вещи, для запоминания которых требовалась бесконечная зубрежка, а к ней-то он оказался совершенно неспособным. Так вот и шло его образование.

---

[1] Частица божественного вдохновения *(лат.)*.

Все же Том сделал заметные успехи — возможно, потому, что был не абстракцией, на которой можно демонстрировать вред неправильного обучения, а живым мальчиком из плоти и крови, не склонным поддаваться обстоятельствам.

Так, он стал гораздо лучше держаться, и благодарить за это в значительной степени следовало мистера Поултера, деревенского школьного учителя, ветерана испанских кампаний[1], занимавшегося с Томом гимнастикой, к их полному взаимному удовольствию. Мистер Поултер, который, как считали завсегдатаи «Черного лебедя», в былые времена вселял страх в сердца французов, теперь имел вид не особенно грозный. Это был сморщенный старичок, с самого утра уже нетвердый на ногах, и не возраст был тому виной, а неслыханное озорство кинглортоновских мальчишек, выносить которое он мог лишь при помощи джина. Однако держался он, как подобает военному, прямо, сюртук у него был всегда тщательно вычищен, штрипки на панталонах туго натянуты, и когда он по средам и субботам приходил заниматься с Томом, джин и воспоминания, переполнявшие его, придавали ему весьма воинственный вид — ни дать ни взять престарелый боевой конь, заслышавший зов барабана. Занятия их обычно затягивались, так как мистер Поултер пускался в повествования о военных событиях, куда более интересных для Тома, чем эпизоды из «Илиады», с которыми его познакомил Филип: ведь в «Илиаде» не было пушечной пальбы, к тому же Тома несколько возмутило, что ни Гектора, ни Ахилла, возможно, вообще никогда не существовало на свете. Но герцог Веллингтон еще и сейчас был жив, да и Бонапартишка не так давно умер, — поэтому рассказы мистера Поултера об испанской кампании не вызывали сомнений в их подлинности. Мистер Поултер, оказывается, был видной фигурой в битве под Талаверой и немало способствовал устра-

---

[1] В период Наполеоновских войн английский экспедиционный корпус воевал с французами на территории Испании.

шению врага. В те дни, когда его память получала более крепкое, чем обычно, поощрение, он вспоминал (под строжайшим секретом, чтобы не возбудить ни в ком зависти), что герцог Веллингтон с большой похвалой отозвался об этом бравом солдате — Поултере. Даже лекарь в госпитале, где он лежал, получив порцию картечи, был поражен тем, какой он здоровяк: в жизни своей он не видел, чтобы раны заживали так быстро. Во всех вопросах, связанных с этой важной кампанией, но носящих менее личный характер, мистер Поултер не был так красноречив и заботился лишь о том, чтобы не подкрепить своим авторитетом каких-нибудь недостоверных сведений, относящихся к военной истории. А уж тот, кто претендовал на знакомство с осадой Бадахоса, мог вызвать в мистере Поултере лишь молчаливое сожаление. Пусть бы этого болтуна сбили с ног в самом начале осады и бежали по нему, едва не вышибив из него дух, как это было с мистером Поултером, — вот тогда бы он знал, что такое осада Бадахоса! Временами Том навлекал гнев своего учителя, проявляя интерес к военным событиям, в которых мистер Поултер не участвовал.

— А генерал Вулф[1], мистер Поултер, — правда, он храбрый воин? — спросил Том, считавший, что все военные герои, увековеченные на вывесках трактиров, сражались против Бонапарта.

— Вовсе нет, — с презрением отвечал мистер Поултер. — Ничего подобного!.. Выше го́ловы! — тут же строго скомандовал он, к вящему восторгу Тома, сразу вообразившему, что он представляет в своем лице целый полк.

— Нет, нет, — продолжал мистер Поултер, уже скомандовав «вольно». — Лучше не говори мне о генерале Вулфе. Что он сделал? Умер от ран. Подумаешь, геройство! Любой умер бы от тех ран, что получил я... Пусть бы

---

[1] *Вулф* — командующий английскими войсками в Канаде во время семилетней войны с французами; погиб после взятия форта Дюкен в 1799 г.

этого генерала Вулфа рубанули разок саблей, как меня, сразу бы из него дух вон!

— Мистер Поултер, — начинал просить Том, как только тот упоминал о сабле, — как бы мне хотелось, чтобы вы принесли саблю и показали мне сабельные приемы.

Долгое время мистер Поултер в ответ на эту просьбу только с важным видом качал головой и покровительственно улыбался, как Зевс на слишком дерзкие требования Семелы. Но однажды, когда сильный ливень задержал мистера Поултера в «Черном лебеде» на двадцать минут дольше обычного, сабля была принесена... только чтобы на нее посмотрели.

— И это та самая сабля, которая была при вас во всех сражениях, мистер Поултер? — спросил Том, дотрагиваясь до эфеса. — Вам случалось этой саблей срубать голову французу?

— Голову? Еще бы! Он не ушел бы от меня, будь у него даже три головы.

— Но ведь у вас были, кроме того, и мушкет и штык? — сказал Том. — По мне, мушкет и штык лучше всего: можно сначала застрелить врага, а потом заколоть его... Бах! Взз! — Том разыграл соответственную пантомиму, показывая, какое это удовольствие — спустить курок и пронзить врага штыком.

— О, нет ничего лучше сабли, когда дело дойдет до рукопашной, — возразил мистер Поултер, поддаваясь восторгу Тома, и так неожиданно выхватил саблю из ножен, что Том стремительно отскочил в сторону.

— Ах, мистер Поултер, если вы хотите показать мне приемы, — быстро сказал Том, чувствуя, что проявил не подобающее англичанину малодушие, — разрешите, я сбегаю за Филипом. Ему тоже будет интересно посмотреть.

— Этому горбатому мальчонке? — с презрением произнес мистер Поултер. — Что толку ему смотреть?

— О, он так много знает о сражениях, — настаивал Том, — и как раньше стреляли из луков, и про боевые топоры.

— Ладно, пусть придет. Я ему покажу кое-что получше, чем его луки и топоры, — сказал мистер Поултер, покашливая, и, став в позицию, сделал для разминки несколько движений кистью руки.

Том понесся в гостиную к Филипу, который, сидя за роялем, наслаждался, подбирая по слуху мелодии и подпевая игре. Он был на верху блаженства, пристроившись, как бесформенный тюк, на высоком табурете — голова откинута назад, глаза устремлены в потолок, рот широко раскрыт — и в полный голос выводя поразивший его воображение романс Арне[1].

— Пойдем, Филип, — закричал Том, врываясь в комнату, — хватит сидеть здесь и вопить «ля-ля-ля»... Пойдем в каретный сарай, мистер Поултер покажет нам сабельные приемы.

Одного того, что Том грубо нарушил его уединение, этого диссонанса между громким мальчишеским голосом и теми звуками, что заставляли трепетать все существо Филипа, было вполне достаточно, чтобы вывести его из себя, даже если бы речь шла не о Поултере и сабельных приемах. Том, торопясь отвлечь мистера Поултера от мысли, будто он испугался сабли, так поспешно от него отпрянув, не придумал ничего лучше, чем попросить разрешения позвать Филипа, хотя прекрасно знал, что Филип не выносит даже упоминания о занятиях с мистером Поултером. Том никогда не поступил бы столь опрометчиво, не будь так сильно задета его гордость.

Филип весь затрясся: он прервал игру и, залившись краской, крикнул, вне себя от ярости:

— Убирайся вон, идиот! Не смей приходить ко мне и орать тут во всю глотку. Тебе только с ломовыми лошадьми разговаривать!

Случалось, что и раньше Филип сердился на Тома, но никогда еще он не обрушивал на товарища столь доступных его пониманию словесных ядер.

---

[1] *Арне* Томас (1710–1778) — английский композитор.

— Я могу разговаривать с людьми почище тебя, ты... трус несчастный, — сказал Том, мигом вспыхивая от огня, которым пылал Филип. — Ты знаешь — я тебя не ударю, ведь ты все равно что девчонка. Но мой отец — честный человек, а вот твой — мошенник! Все это говорят.

Том выскочил из комнаты и изо всех сил хлопнул дверью, позабыв от злости про всякую осторожность: хлопать дверьми в пределах, доступных слуху миссис Стеллинг, которая могла оказаться где-нибудь неподалеку, считалось оскорблением, смыть которое могли только двадцать строчек Вергилия. И действительно, эта леди тут же спустилась из своей комнаты, чтобы выяснить причину шума и последовавшей за ним полной тишины. Она увидела, что Филип сидит, скорчившись на подушечке для молитвы, и плачет.

— В чем дело, Уэйкем? Что тут за шум? Кто хлопнул дверью?

Филип взглянул на нее и поспешно вытер глаза.

— Сюда заходил Талливер... звал меня во двор.

— А с тобой что такое? — спросила миссис Стеллинг.

Из двух учеников она предпочитала Тома: он был более обязателен и она часто пользовалась его услугами. Вместе с тем отец Филипа платил больше, чем мистер Талливер, и миссис Стеллинг хотела показать мальчику, что относится к нему как нельзя лучше. Филип, однако, встречал ее авансы так же, как моллюск — самые любезные приглашения вылезть из своей раковины. Миссис Стеллинг не отличалась любящим и нежным сердцем; это была женщина, которая умела хорошо одеваться и, спрашивая: «Как вы поживаете?» — с рассеянным видом поправляла пояс или приглаживала волосы. Это безусловно ценится в свете, но для Филипа ее достоинства не имели никакой цены. Только любовью можно было завоевать его душу.

В ответ на ее вопрос он сказал:

— У меня снова заболел зуб, вот и нервы расшалились.

Это с ним однажды действительно случилось, и он обрадовался, когда нашел, словно по наитию, как объяснить свои слезы. Ему пришлось положить на зуб одеколон, отказавшись от креозота, но это было нетрудно.

Тем временем Том, пустив отравленную стрелу в сердце Филипа, возвратился в каретный сарай, где мистер Поултер, мрачно уставившись в одну точку, расточал все совершенство своих сабельных приемов перед крысами — может быть, и внимательными, однако неспособными оценить его по заслугам зрителями. Но мистер Поултер и один стоил сотни; я хочу сказать, что он сам восхищался собой больше, нежели целая сотня зрителей. Он не обратил на Тома никакого внимания — так он был поглощен своим делом: один великолепный выпад, за ним — второй, третий, четвертый; и Том, не без тревоги глядя на сосредоточенное лицо мистера Поултера и кровожадную саблю, которой, казалось, не терпится рассечь что-нибудь поплотнее воздуха, любовался представлением из самого дальнего угла. И только когда мистер Поултер остановился и утер со лба испарину, Том вполне почувствовал прелесть упражнений и пожалел, что все уже позади.

— Мистер Поултер, — сказал Том, когда сабля наконец была спрятана в ножны, — дайте ее мне ненадолго.

— Ну нет, молодой джентльмен, — возразил мистер Поултер, решительно качая головой, — ты можешь себе что-нибудь повредить.

— Ну что вы, я буду осторожен, я не пораню себя — правда не пораню. Да я и не буду вынимать ее из ножен, я просто стал бы салютовать ею и все такое.

— Нет, ничего не выйдет, говорю тебе, ничего не выйдет, — ответил мистер Поултер, готовясь к отбытию. — Что бы на это сказал мистер Стеллинг?

— О, послушайте, мистер Поултер, я отдам вам свои пять шиллингов, если вы одолжите мне саблю на недельку. Вот, — сказал Том, протягивая соблазнительный кружочек серебра. Хитрец! Он рассчитал эффект не хуже зрелого философа.

— Хорошо, — еще более серьезно сказал мистер Поултер, — только ее никто не должен видеть.

— О, конечно, я положу ее под кровать, — нетерпеливо пообещал Том, — или даже на дно своего сундучка.

— Ну-ка, давай посмотрим, можешь ли ты вытаскивать ее из ножен, не поранившись.

После того как эта операция была проделана несколько раз, мистер Поултер почувствовал, что совесть у него чиста, и сказал:

— Ну хорошо, мастер Том, я возьму крону, чтобы быть уверенным, что ты себе не повредишь.

— О, конечно нет, мистер Поултер! — воскликнул Том, с восторгом протягивая ему монету и сжимая в руке саблю, которая, кстати, могла бы быть и полегче.

— А если мистер Стеллинг увидит, как ты несешь ее в дом? — выдвинул мистер Поултер новый довод, предварительно спрятав деньги в карман.

— О, по субботам он всегда сидит наверху, в своем кабинете, — сказал Том.

Он не любил действовать исподтишка, но был не против небольшой военной хитрости, когда дело того стоило. Поэтому с триумфом, смешанным со страхом — страхом, что ему могут повстречаться мистер или миссис Стеллинг, — он унес саблю в свою комнату и, по некотором размышлении, спрятал ее в чуланчике, за висящим там платьем. В этот вечер он уснул, предвкушая, как поразит Мэгги, когда она приедет: подвяжет ножны к поясу красным шарфом и объявит ей, что сабля его собственная и что он собирается идти в солдаты. Никто, кроме Мэгги, не будет так глуп, чтобы поверить ему, и никому, кроме Мэгги, он не отважится показать саблю; а Мэгги и правда должна была приехать к нему на следующей неделе, перед тем как отправиться вместе с Люси в пансион.

Если вы думаете, что мальчику в тринадцать лет не пристало быть таким ребячливым, вы, должно быть, исключительно благоразумный человек и — пусть даже посвятили себя гражданской профессии, требующей скорее мирного, чем грозного вида, — никогда, с тех пор как у вас появились усы, не принимали воинственной позы перед зеркалом и не хмурили брови, глядя на свое отражение. Я не уверен, что мы могли бы пополнять нашу армию, если бы дома не было штатских людей, которые любят воображать себя солдатами. Войнам, как и другим драматическим зрелищам, вероятно, пришел бы конец, не будь на свете «публики».

ГЛАВА V

Второе посещение Мэгги

Трещину в отношениях двух мальчиков было не так просто заделать, и они довольно долго разговаривали друг с другом, только когда их к тому вынуждала необходимость. При различии их темпераментов обида легко могла перейти в ненависть, и у Филипа этот процесс, по-видимому, уже начался. По натуре он не был злым, но обидчивость часто толкала его к недобрым чувствам.

Быку — мы можем позволить себе утверждать это, ссылаясь на авторитет одного из великих классиков, — несвойственно пускать в ход зубы как средство нападения. Том был милый тринадцатилетний бычок и бросался на подозрительные предметы со всей присущей быкам ловкостью, но он случайно попал в самое уязвимое место и причинил Филипу такую острую боль, будто, преисполненный ядовитой злобы, долго и тщательно целился, чтобы поразить его посильней.

Том не понимал, почему бы им не покончить с этой ссорой, так же как они кончали со многими другими, просто делая вид, что ровно ничего не случилось. Хотя он никогда раньше не говорил Филипу, что его отец — мошенник, мысль эта всегда в какой-то степени определяла его отношение к товарищу, который не вызывал у него доверия и которого он не мог ни любить, ни ненавидеть; поэтому выражение этой мысли вслух не явилось для него таким событием, как для Филипа. Он имел полное право сказать так, раз Филип первый на него набросился и обозвал худыми словами. Но, заметив, что все попытки пойти на мировую не встречают со стороны Филипа никакого отклика, Том снова надулся и решил никогда больше не обращаться к нему за помощью — ни с рисунками, ни с латынью. Они держались друг с другом настолько корректно, насколько это было необходимо, чтобы мистер Стеллинг не заметил, что они в ссоре, — он сразу бы положил конец таким глупостям.

Но Мэгги, приехав к Тому, не могла удержаться, чтобы не смотреть со все растущим интересом на его нового товарища, хотя он и был сыном этого гадкого Уэйкема, на которого так сердился ее отец. Она прибыла в разгар занятий и сидела в сторонке, пока Филип отвечал уроки мистеру Стеллингу. Том за несколько недель до ее приезда писал ей, что Филип знает бесчисленное множество разных историй, не таких глупых, как у нее, и теперь, слушая его, Мэгги решила, что он, должно быть, очень умный. Она надеялась, что Филип найдет умной и ее, Мэгги, когда они поговорят друг с другом. К тому же Мэгги с нежностью относилась ко всем калекам; она предпочитала хромых ягнят, потому что ей казалось, что сильные и здоровые не так рады будут ее ласкам, а ей больше всего на свете нравилось ласкать тех, кому это доставляет радость. Она очень любила Тома, но ей хотелось, чтобы его больше беспокоило, любит она его или нет.

— А Филип Уэйкем, кажется, славный мальчик — а, Том? — сказала она, когда они вышли вместе в сад перед обедом. — Он же не мог сам выбрать себе отца, правда? И я читала об очень плохих людях, у которых были хорошие сыновья, и о хороших родителях и плохих детях. А если Филип хороший, мы должны только жалеть его, раз у него отец плохой человек. Ведь он тебе тоже нравится, да?

— Странный он какой-то, — отрывисто бросил Том, — и злится на меня за то, что я назвал его отца мошенником. А я имел полное право это сказать, ведь так оно и есть, и он первый начал браниться. Побудь тут минутку одна, Мэгги, ладно? Мне надо сбегать в мою комнату. У меня там что-то есть.

— А мне можно с тобой? — спросила Мэгги, которой в первый день после разлуки была мила даже тень Тома.

— Нет, я тебе потом расскажу, что это, сейчас еще рано, — сказал Том и вприпрыжку побежал от нее прочь.

После обеда мальчики снова пошли в кабинет готовить уроки на завтра, чтобы в честь приезда Мэгги быть вечером свободными. Том сгорбился над латинской грамматикой, бесшумно шевеля губами, как ревностный католик, стремящийся поскорее повторить «Отче наш» положенное число раз, а Филип в другом конце комнаты прилежно читал что-то, заглядывая то в одну, то в другую большую книгу, с таким довольным видом, что возбудил любопытство у Мэгги, — совсем непохоже было, что он учит уроки. Она сидела у камина на низенькой скамеечке недалеко от обоих мальчиков, попеременно наблюдая то за тем то за другим; и как-то, оторвавшись от книги, Филип встретился взглядом с внимательными черными глазами, глядевшими на него с немым вопросом. Он подумал, что эта сестренка Талливера — премилое создание и совершенно не похожа на своего брата; он бы хотел, чтобы у него, Филипа, была младшая сестренка. Есть у нее что-то такое в глазах, отчего на ум приходит принцесса из сказки, превращенная в бессловесную лягушку или лебедя... Я думаю, он увидел в них неудовлетворенную мысль и неудовлетворенную жажду любви.

— Послушай, Мэгзи, — сказал наконец Том, закрывая книги и откладывая их в сторону с энергией и решительностью истинного мастера в искусстве ничегонеделанья. — С уроками покончено. Пойдем со мной наверх.

— А зачем? — спросила Мэгги, когда они вышли из комнаты; она вспомнила его предварительный визит в спальню и возымела кое-какие подозрения. — Ты, может, хочешь сыграть со мной какую-нибудь штуку?

— Да нет, Мэгги, нет, — уговаривал ее Том, — тебе это очень-очень понравится.

Он обнял ее за шею, она обвила рукой его талию, и так, обнявшись, они пошли наверх.

— Послушай, Мэгги, только ты никому не говори, знаешь, — сказал Том, — а то я получу пятьдесят строчек.

— А оно живое? — спросила Мэгги, которой вдруг пришло в голову, что он тайком держит в своей комнате хорька.

— Сейчас увидишь, — ответил Том. — Иди теперь в тот угол и закрой пока глаза, — добавил он, запирая дверь спальни. — Я скажу тебе, когда можно будет повернуться. Только не визжи.

— Если ты меня напугаешь — буду, — сказала Мэгги, становясь серьезной.

— Да нечего тут пугаться, глупая, — сказал Том. — Ну, закрывай глаза, да смотри не подглядывай.

— Очень мне нужно, — презрительно сказала Мэгги и уткнулась лицом в подушку, показывая, что честь для нее превыше всего.

Том, опасливо оглядываясь, пошел к чулану, затем забрался в него и притворил за собой дверь. Мэгги ничего не стоило сдержать свое слово, даже не опираясь на твердые принципы: лежа с закрытыми глазами, она скоро забыла, где находится, и задумалась о бедном горбатом мальчикс — таком умном! — но тут Том позвал ее:

— Гляди теперь, Мэгги!

Тому пришлось немало поломать голову и заранее подготовить кое-какие эффекты, для того чтобы предстать перед Мэгги в столь поразительном обличье. Недовольный мирным выражением своего лица — его круглые розовые щеки и добродушные серо-голубые глаза, над которыми виднелся лишь слабый намек на соломенного цвета брови, никак не желали принимать грозный вид, сколько бы он ни хмурился перед зеркалом (Филип как-то рассказал ему о человеке, у которого морщины на лбу напоминали подкову, и Том изо всех сил старался хмуриться, чтобы и у него на лбу были такие же морщины), — он прибегнул к помощи незаменимого в этих случаях средства — к жженой пробке — и навел себе черные брови, благополучно сошедшиеся над переносицей, и зачернил подбородок — уже менее аккуратно. Вокруг ночного колпака он обмотал наподобие тюрбана красный платок, а грудь перехватил красным шарфом, как перевязью. Весь этот красный цвет в сочетании с насупленными бровями и решительность, с которой он сжимал саблю, держа ее острием вниз, должны были дать хотя бы примерное представление о его жестокой и кровожадной натуре.

Какую-то секунду Мэгги смотрела на него в полном недоумении, и Том получил огромное удовольствие, но тут же она рассмеялась и, хлопая в ладоши, воскликнула:

— О, Том, ты нарядился, как Синяя Борода в балагане.

Очевидно, сабля ничуть ее не поразила — она была в ножнах. Это легкомысленное существо нуждалось для устрашения в более сильных средствах, и Том решил перейти к своему коронному номеру. Нахмурившись в два раза грознее, чем прежде, — в воображении, если не в действительности, — он осторожно вытащил саблю и направил ее на Мэгги.

— О, Том, пожалуйста, не надо! — стараясь не выдать своего страха, воскликнула Мэгги и отбежала от него в противоположный конец комнаты. — Я закричу, честное слово, закричу! Ой, не надо! Лучше бы я совсем сюда не приходила!

Лицо Тома стало расплываться в удовлетворенной улыбке, но он тут же сдержал это проявление чувств, не подобающее суровому воину. Медленно, чтобы не наделать шума, он опустил ножны на пол и грозно сказал:

— Я герцог Веллингтон! Шагом марш!

Он топнул правой ногой, все еще направляя шпагу на Мэгги, которая, дрожа и чуть не плача от страха, забралась на кровать, чтобы хоть немного увеличить расстояние между собой и братом.

Том, в восторге, что имеет свидетеля своих военных подвигов — пусть даже свидетель этот Мэгги, — напряг все силы, чтобы показать такое умение владеть саблей, какого естественно было ожидать от герцога Веллингтона.

— Том, я этого не вынесу... я буду сейчас кричать, — всхлипнула Мэгги при первом движении сабли. — Ты поранишься, ты отрубишь себе голову.

— Раз... два, — решительно произнес Том, хотя на «два» рука его дрогнула. «Три» прозвучало не так уверенно, и тут сабля покачнулась, а Мэгги громко вскрикнула.

Сабля упала, да еще лезвием Тому на ногу, а сразу же за тем и он тоже упал. Все еще крича, Мэгги одним прыжком соскочила на пол, и тут послышался звук быстрых шагов.

Первым из своего кабинета в том же этаже подоспел мистер Стеллинг. Он увидел обоих детей на полу. Том был без сознания, и Мэгги, обезумев от страха, с громким плачем трясла его за курточку. Бедняжка решила, что он умер, и все же трясла его, словно это могло вернуть его к жизни. А через минуту она заплакала от радости — Том открыл глаза. Она еще не в состоянии была горевать из-за того, что он поранил себе ногу. Том жив, — казалось, нет большего счастья!

ГЛАВА VI

Объяснение в любви

Бедный Том, стоически вытерпев жестокую боль, не отступил от своего решения не ябедничать на мистера Поултера и рассказал только то, что невозможно было скрыть: отданная за шпагу крона осталась тайной даже для Мэгги. Но его мучила ужасная мысль, настолько ужасная, что он не решался задать вопрос, боясь услышать роковое «да», — он не решался спросить у доктора или мистера Стеллинга: «Я останусь хромым, сэр?» Он держал себя в руках и не кричал во время перевязки, но когда возле него осталась одна Мэгги, оба они, положив голову на одну подушку, дружно расплакались. Том думал, что теперь ему придется ходить на костылях, как сыну колесного мастера, а Мэгги, не догадываясь, что у него на душе, плакала просто за компанию. Ни доктору, ни мистеру Стеллингу не пришло в голову, что у Тома могут возникнуть такие опасения и что следует его успокоить. Но Филип подкараулил мистера Стеллинга, когда он пошел провожать врача, и получил ответ на тот вопрос, который не отважился задать Том.

— Простите, сэр... что́ мистер Аскерн говорит насчет Талливера — он будет хромать?

— О нет, нет, — ответил мистер Стеллинг, — только первое время.

— А он сказал об этом Талливеру, как вы думаете?

— Нет, на эту тему не было вообще никаких разговоров.

— Так мне можно пойти сказать ему, сэр?

— Да, конечно. Хорошо, что ты мне напомнил, это и правда может его тревожить. Пойди к нему, только не поднимайте там никакой возни.

Первой мыслью Филипа, когда он услышал о несчастье, было: «Неужели Талливер останется хромым? Это будет для него очень тяжело» — и обида, которую он до сих пор не мог простить Тому, потонула в жалости к товарищу по несчастью. Филип чувствовал, что теперь их ничто не разъединяет, у них обоих одна беда и ждут их одни и те же страдания. Он не столько думал о происшедшей катастрофе и ее последствиях, сколько о том, что должен чувствовать в эту минуту Том. Филип прожил на свете всего пятнадцать лет, но эти годы были отравлены мыслями о его непоправимом несчастье.

— Знаешь, Талливер, мистер Аскерн сказал, что ты скоро поправишься, — застенчиво проговорил он, подходя к кровати Тома. — Я только что спрашивал мистера Стеллинга, и он говорит, что понемножку ты станешь ходить — не хуже, чем прежде.

От нежданной радости у Тома на миг перехватило дыхание, затем он облегченно вздохнул, и его серо-голубые глаза взглянули прямо в лицо Филипу, а этого не бывало уже больше двух недель. Что до Мэгги, намек на опасность, о которой она и не думала, взволновал ее, словно пришла новая беда; и при мысли, что Том вдруг на всю жизнь останется хромым, хотя Филип уверял, что это вряд ли может с ним случиться, она прильнула к брату и снова расплакалась.

— Ну, не будь такой глупенькой, Мэгзи, — нежно произнес Том, обретя теперь всю свою храбрость, — я скоро поправлюсь.

— До свидания, Талливер, — сказал Филип, протягивая ему небольшую хрупкую руку, и Том немедленно ответил ему пожатием своей куда более крепкой руки.

— Послушай, — сказал Том, — попроси мистера Стеллинга, чтобы он разрешил тебе приходить сюда, пока я лежу... и знаешь что, Уэйкем, расскажи мне про Роберта Брюса.

С тех пор все свободное от занятий время Филип проводил с Томом и Мэгги. Том по-прежнему с удовольствием слушал рассказы о сражениях, но всякий раз утверждал, что все эти великие воины, совершившие столько славных деяний и оставшиеся целыми и невредимыми, были с ног до головы защищены превосходными доспехами, а при таких условиях, конечно, сражаться нетрудно. Он бы не поранил себе ногу, будь на нем железный башмак. Он с большим интересом выслушал новую историю про человека, у которого была жестокая рана на ноге и который так ужасно кричал от боли, что друзья не могли этого вынести и высадили его на необитаемом острове, ничего не оставив ему, кроме отравленных стрел, чтобы он мог добывать себе пропитание[1].

---

[1] Имеется в виду Филоктет, герой древнегреческого эпоса, один из участников осады Трои.

— А я даже не пикнул, знаешь, — ответил Том, — а у меня нога болела не меньше, чем у него. Только трусы кричат от боли.

Но Мэгги считала, что, когда тебе очень больно, ничуть не зазорно немножко поплакать и жестоко было со стороны друзей так поступить с Филоктетом. Она хотела знать, была ли у него сестра и почему она не отправилась вместе с братом на необитаемый остров, чтобы ухаживать за ним.

Однажды, вскоре после этого разговора, Филип и Мэгги сидели вдвоем в кабинете, пока Тому делали перевязку. Филип читал книгу, а Мэгги, бесцельно послонявшись по комнате и не желая приниматься за какое-нибудь занятие, потому что скоро снова вернется к Тому, подошла и, облокотившись на стол рядом с Филипом, стала смотреть, что он читает; они к этому времени уже были хорошими друзьями и держались друг с другом запросто.

— О чем это ты читаешь по-гречески? — спросила она. — Это стихи, верно? Потому что короткие строки.

— О Филоктете... Помнишь, хромой человек, о котором я вам рассказывал, — ответил он, подперев голову рукой и устремляя на нее взор, видимо даже довольный, что она прервала его чтение.

Мэгги рассеянно смотрела на него, опершись грудью на стол и болтая ногами, и взгляд ее черных глаз становился все более неподвижным и отсутствующим, как будто она совсем забыла о Филипе и его книге.

— Мэгги, — сказал после минутного молчания Филип, все еще подпирая голову руками и глядя на нее, — если бы у тебя был такой брат, как я, ты бы любила его так же, как Тома?

Пробужденная от задумчивости, Мэгги слегка вздрогнула и сказала: «Что?» Филип повторил свой вопрос.

— О да, даже больше, — без колебаний ответила она. — Нет, не больше, потому что не думаю, чтобы я могла любить кого-нибудь сильнее Тома. Но мне было бы тебя так жаль... так жаль.

Филип покраснел: именно это он и хотел знать — сможет ли она любить его, несмотря на его уродство, и все же, когда она сказала об этом так прямо, почувствовал, что ее жалость причиняет ему боль. Мэгги, несмотря на свои десять лет, поняла, что так говорить не следовало. До сих пор она вела себя так, словно не замечала его горба: присущая ей чуткость и собственный печальный опыт подсказали это ей лучше, чем самое утонченное воспитание.

— Ведь ты такой умный, Филип, и так хорошо играешь на рояле и поешь, — добавила она быстро. — Я бы очень-очень хотела, чтобы ты был моим братом. Я тебя так люблю. И ты бы оставался со мной дома, когда Том уходил бы гулять, и учил бы меня всему, правда? Греческому языку и всему другому.

— Но ты скоро уедешь отсюда, Мэгги, и отправишься в школу, — сказал Филип, — и тогда ты совсем меня забудешь, и тебе будет все равно, есть я на свете или нет. А потом я встречу тебя, когда ты уже станешь взрослая, и ты меня даже и не заметишь.

— О нет, я знаю — я тебя не забуду, — сказала Мэгги, с серьезным видом покачивая головой. — Я никогда ни о ком не забываю и думаю о всех, с кем я расстаюсь. Я думаю о бедном Йепе... у него опухоль в глотке, и Люк говорит, что он подохнет. Только не рассказывай Тому, он очень огорчится. Ты никогда не видел Йепа: он такой забавный песик... И никому-то до него дела нет, кроме Тома и меня.

— А обо мне ты тоже будешь думать, хотя бы как о Йепе? — с грустной улыбкой промолвил Филип.

— О да, еще бы! — смеясь отвечала Мэгги.

— А я тебя очень люблю, Мэгги, я тебя никогда не забуду, — сказал Филип, — и, когда буду чувствовать себя очень несчастным, я стану думать о тебе и мечтать, чтобы у меня была сестренка с такими, как у тебя, черными глазами.

— А почему тебе нравятся мои глаза? — спросила польщенная Мэгги. Она никогда не слышала, чтобы кто-нибудь, кроме отца, отзывался о них с похвалой.

— Не знаю, — сказал Филип. — Они не такие, как у всех. Кажется, что они говорят... и говорят с такой добротой. Я не выношу, когда люди долго на меня смотрят, но когда ты глядишь на меня, Мэгги, мне это только приятно.

— Странно, похоже, что ты любишь меня больше, чем Том, — со вздохом промолвила Мэгги. Затем, желая доказать ему, что он нравится ей ничуть не меньше из-за его горба, она добавила: — Хочешь, я тебя поцелую, как Тома? Я с удовольствием поцелую, если ты хочешь.

— Да, очень: меня никто никогда не целует.

Мэгги обняла его за шею и с серьезным видом поцеловала.

— Ну вот, — сказала она, — я всегда буду тебя помнить и, когда встречу, снова тебя поцелую, хотя бы это было через много лет. А теперь я пойду; мистер Аскерн, верно, уже перевязал Тома.

Когда отец приехал за ней, она сказала ему:

— О, отец, Филип Уэйкем так хорошо относится к Тому... Он такой умный мальчик, и я так его люблю. И ты тоже его любишь — да, Том? Ну скажи, что ты его любишь, — умоляюще добавила она.

Слегка покраснев, Том взглянул на отца и сказал:

— Я не буду дружить с ним после школы, отец; но сейчас мы с ним помирились, после того как я поранил себе ногу, и он научил меня играть в шашки, и я у него выигрываю.

— Ну что ж, сынок, — сказал мистер Талливер, — коли он с тобой хорош, отвечай ему тем же и будь хорош с ним. Он бедный калека и пошел в свою покойную мать. А только больно близко с ним не сходись... ведь и отцова кровь в нем тоже есть. Да, да, яблочко от яблони недалеко падает.

Полная противоположность характеров Филипа и Тома сделала то, чего не могло бы сделать одно только предостережение мистера Талливера: несмотря на доброту, проявленную Филипом во время несчастья с Томом, и на ответное расположение Тома, они так и не стали близкими друзьями. Когда Мэгги уехала и нога у Тома поправилась, дружеский огонь, зажженный жалостью и чувством благодарности, постепенно угас, и между ними установились прежние отношения. Филип часто бывал раздражителен и насмешлив, и постепенно память о его доброте уступила в душе Тома место прежнему недоверию и антипатии к этому чудно́му мальчишке, горбуну и сыну мошенника. Для того чтобы мальчиков, да и взрослых, соединила вспышка мимолетного чувства, они должны быть из металлов, которые легко сплавить, — в противном же случае они неизбежно разойдутся в разные стороны, как только вспышка погаснет.

ГЛАВА VII

Золотые врата остаются позади

И вот Том без особых происшествий подошел к своему пятому полугодию в Кинг-Лортоне — ему уже исполнилось шестнадцать, — а Мэгги, вытянувшись с быстротой, достойной, по мнению тетушек, всяческого порицания, проходила курс обучения в пансионе мисс Фёрнис, в старинном городке Лейсхеме на Флоссе, куда была отправлена вместе с кузиной Люси. Первое время она в письмах к Тому всегда просила передать Филипу привет и интересовалась, как он поживает, но в ответ Том коротко сообщал ей о своей зубной боли, о том, что помогает строить в саду домик из дерна, и еще что-нибудь в этом роде. Она огорчилась, услышав на каникулах от Тома, что Филип стал таким же странным, как прежде, и часто бывает очень злым; насколько она поняла, они не дружили больше, и когда она напомнила Тому, что он должен всегда любить Филипа за его прежнюю доброту, Том ответил: «Ну, я тут ни при чем. Я ему ничего плохого не делаю». Она почти не встречалась с Филипом за те годы, что провела у мисс Фёрнис; в летние каникулы он всегда уезжал к морю, а на Рождество она лишь изредка видела его в Сент-Огге. Когда они все же сталкивались где-нибудь, она вспоминала о своем обещании поцеловать его при встрече, но, как молодая леди, обучающаяся в пансионе, понимала теперь, что о таком приветствии не может быть и речи и что Филип тоже этого не ждет от нее. Обещание оказалось неосуществимым, подобно многим другим милым несбыточным обетам наших детских лет, как обещания Эдема, где царила вечная весна и рядом с белоснежными цветами персика рдели зрелые плоды, — неосуществимым, когда золотые врата остаются позади.

А тут еще отец, перейдя от слов к делу, действительно начал тяжбу, и представителем Пиварта и нечистого против мистера Талливера выступил Уэйкем; Мэгги с огорчением поняла, что вряд ли они когда-нибудь опять сблизятся с Филипом: одно упоминание об Уэйкеме приводило ее отца в ярость, и она слышала, как он сказал однажды, что, если этот горбун, его сын, унаследует богатства своего отца, нажитые нечестным путем, на его голову тоже падет проклятие. «Старайся поменьше иметь с ним дела, сынок», — приказал он Тому, и выполнить это приказание было тем легче, что к этому времени мистер Стеллинг взял еще двух учеников. Хотя этот джентльмен шел в гору и не с той молниеносной быстротой, какой поклонники его безудержного красноречия ожидали от человека с таким громовым голосом, все же он преуспел настолько, что мог позволить себе увеличить расходы значительно больше, нежели возросли его доходы.

Школьные дни Тома текли монотонно, как вода на мельнице, и ум его, питаемый неинтересными ему или неудобоваримыми понятиями, продолжал пребывать в спячке. Но каждые каникулы он привозил домой рисунки все большего и большего формата, сделанные в манере мистера Гудрича, и акварели, где преобладал ярко-зеленый цвет, а также толстые тетради с переписанными из учебников задачами и упражнениями — тетради, где главное внимание их владельца уделялось каллиграфии. После каждого семестра Том привозил домой новую тетрадь или две в доказательство своих успехов по истории, христианскому вероучению и античной литературе; но его знакомство с этими предметами проявлялось и еще кое в чем. Ухо Тома и его язык привыкли ко многим словам и выражениям, которые считаются обязательными для образованного человека, и хотя он никогда и не пытался разобраться в том, что учил, все же уроки оставили в его уме кое-какие слабые, неопределенные и отрывочные следы. Мистер Талливер, видя, что Том занимается вещами выше его, мистера Талливера, разумения, решил, что, значит, с образованием сына все в порядке. Правда, он заметил, что Том не рисует карт и как будто мало времени уделяет «арихметике», но не стал высказывать неудовольствия мистеру Стеллингу. Мудреное дело вся эта наука; а коли он заберет Тома от мистера Стеллинга, почем знать, найдет ли он что получше.

К концу пребывания Тома в Кинг-Лортоне вы не узнали бы в нем того неуклюжего, застенчивого подростка, каким он был, покидая школу мистера Джейкобза. Он стал теперь рослым юношей с непринужденными манерами и речью, сдержанной настолько, насколько это приличествует человеку скромному, но знающему себе цену; носил фрак и высокие воротнички и каждый день трогал пушок на верхней губе, с нетерпением ожидая той минуты, когда сможет наконец пустить в ход бездействующую бритву, приобретенную во время последних каникул. Филип уже уехал после летнего семестра, чтобы провести зиму на юге, так как здоровье его оставляло желать лучшего, и его отъезд еще усилил охватившее Тома беспокойное и радостное чувство, которое обычно бывает у нас перед окончанием школы. К тому же была надежда, что в течение этого семестра тяжба отца будет наконец решена, и это делало перспективу возвращения домой значительно более приятной. Том, знавший о тяжбе только со слов отца, не сомневался, что проиграет Пиварт.

Он уже несколько недель не получал вестей из дома — факт, которому он не придавал особого значения, так как его родителям несвойственно было выражать свою любовь к нему в слишком частых письмах, — как вдруг, к его великому удивлению, утром холодного пасмурного дня, в последних числах ноября, ему сообщили, что приехала Мэгги и дожидается его в гостиной. Сказала ему об этом миссис Стеллинг и тут же оставила его.

Мэгги тоже сильно выросла к этому времени — она была не намного ниже Тома, хотя ей только недавно минуло тринадцать — и уже закалывала косы короной на голове, а сейчас казалась даже старше брата. Она скинула шляпку, ее тяжелые косы были спущены на затылок, словно ей невмоготу была еще и эта тяжесть, и, когда она с тревогой обратила свой взгляд к двери, навстречу Тому, ее юное лицо казалось странно повзрослевшим. Она ничего не сказала ему и только, обхватив его шею, сдержанно поцеловала. Том привык к ее изменчивым настроениям, и сдержанность ее приветствия не вызвала в нем никакого беспокойства.

— Что случилось, почему ты приехала так рано, да еще в такую холодину? Ты в двуколке? — спрашивал Том.

Мэгги между тем присела на диван и, потянув его за руку, усадила рядом с собой.

— Нет, я дилижансом. Я шла от заставы пешком.

— Но почему ты не в школе? Разве у вас уже каникулы?

— Отец хотел, чтобы я была дома, — сказала Мэгги, и губы ее дрогнули. — Я приехала четыре дня назад.

— Разве отец нездоров? — начиная тревожиться, спросил Том.

— Да, немного, — сказала Мэгги. — У нас большое несчастье, Том. Тяжба окончилась, и я приехала сказать тебе об этом. Я думала, лучше тебе узнать обо всем до того, как ты вернешься домой, а писать мне не хотелось.

— Неужто отец проиграл? — поспешно спросил Том, вскакивая на ноги и резким движением засовывая руки в карманы.

— Проиграл, Том, милый, — сказала Мэгги, глядя на него и дрожа всем телом.

Несколько минут Том молчал, уставившись в землю. Затем проговорил:

— Значит, отцу придется заплатить большие деньги?

— Да, — еле слышно вымолвила Мэгги.

— Ну что ж, тут ничего не поделаешь, — бодро сказал Том, не представляя себе реально, как может отразиться на них потеря большой суммы денег. — Но отец, верно, очень раздосадован? — добавил он, взглянув на Мэгги; он подумал, что волнение ее объясняется свойственной всем девчонкам привычкой делать из мухи слона.

— Да, — опять еле слышно промолвила Мэгги. Затем, видя, что Том не понимает всей глубины несчастья, добавила громко и быстро, точно слова вырывались у нее помимо ее воли: — О Том, он потеряет мельницу, и землю, и все; у нас ничего не останется.

В глазах Тома блеснуло изумление, он побледнел, и его пронизала дрожь. Не сказав ни слова, он снова сел на диван и устремил отсутствующий взор в окно напротив.

Том никогда не тревожился о своем будущем. Его отец ездил на хорошей лошади, держал открытый дом и имел бодрый, уверенный вид состоятельного человека; То́му и в голову не могло прийти, что его отец вдруг прогорит. О такого рода беде у них всегда говорили как о бесчестье, а он никак не мог связать представление о бесчестье с кем-либо из своих близких, меньше всего — с отцом. Том родился и вырос в семье, где сам воздух был пропитан гордой респектабельностью. Он знал, что в Сент-Огге есть люди, щеголяющие богатством, и его родня всегда отзывалась о них с насмешкой и осуждением. Всю жизнь он верил, не имея тому, собственно, никаких доказательств, что отец может потратить любую сумму, если ему это заблагорассудится, и, поскольку образование, полученное у мистера Стеллинга, повысило его требования к жизни, Том часто мечтал, как он, когда станет старше, обзаведется собственной лошадью, собаками, седлом и всей прочей амуницией, приличествующей благородному молодому джентльмену, займет видное положение в обществе и покажет, что он не хуже своих сент-оггских сверстников, воображающих, будто они стоят выше на общественной лестнице только потому, что отцы их — юристы, врачи или владельцы крупных маслобоен. А что касается тетушек и дядюшек с их пророчествами и многозначительным покачиванием головой — Том просто не обращал на это никакого внимания и считал, что родичи — малоприятная компания: сколько он себя помнит, он только и слышал, как они бранят все на свете. Отец лучше их знал, что нужно делать.

На губе Тома уже показался пушок, но его мысли и мечты о будущем мало чем отличались от тех мальчишеских фантазий, которых он был полон три года назад. Тем более жестоким показалось ему пробуждение.

Мэгги испугало молчание Тома, его бледность и дрожь. Ведь она еще не все сообщила ему... Она еще не сказала самого страшного. Наконец она обвила руками его шею и, проглотив слезы, проговорила:

— О Том... милый, милый Том, не волнуйся так сильно... постарайся стойко это перенести... — Она умоляюще поцеловала его.

Том безучастно подставил ей щеку, и на глаза его навернулись слезы, но он тут же смахнул их рукой. Жест этот, казалось, вывел его из оцепенения, потому что он встрепенулся и сказал:

— Я поеду с тобой, Мэгги. Разве отец не велел, чтобы я приехал?

— Нет, Том, отец об этом не говорил, — сказала Мэгги; ее тревога за брата помогла ей побороть собственное волнение. Что с ним будет, когда она расскажет ему все? — Но маме хотелось бы, чтобы ты приехал... бедная мама... она так плачет. О Том, дома так ужасно.

Губы Мэгги побелели, и она дрожала почти так же, как Том. Бедняжки теснее прижались друг к другу... их трясла лихорадка: одного — от неопределенной тревоги, другую — при мысли об ужасной действительности. Когда Мэгги заговорила, Том едва мог ее расслышать.

— И... и... бедный отец!..

Язык не повиновался Мэгги. Но неизвестность была для Тома невыносима. Его смутные опасения перешли в страх, что отца за долги посадили в тюрьму.

— Где отец? — нетерпеливо спросил он. — Да говори же, Мэгги!

— Он дома, — сказала Мэгги; отвечать на вопрос ей было все-таки легче. — Но, — добавила она, помолчав, — он не в себе... Он упал с лошади... Он никого не узнает, кроме меня, с тех пор... Он, кажется, не в своем уме... О, отец, отец...

И Мэгги разрыдалась тем отчаяннее, что долго сдерживала слезы. Но Том не мог плакать — так сжалось у него сердце. Он не имел столь ясного представления о размерах свалившейся на них беды, как Мэгги, побывавшая дома; он только чувствовал, как его давит всесокрушающее бремя непоправимого, по-видимому, несчастья. Он почти безотчетно крепче прижал к себе плачущую Мэгги, однако лицо его было сурово... в сухих глазах пустота... словно черное облако вдруг бросило тень на его грядущий путь.

Но скоро Мэгги перестала плакать: довольно было одной мысли, чтобы пробудить ее к действию.

— Нам пора, Том... мы не должны задерживаться. Отец станет звать меня... Мы должны быть у заставы в десять, иначе пропустим дилижанс, — торопливо проговорила она, решительно поднялась с дивана и, вытерев глаза, стала надевать шляпку.

Ее настроение сразу же передалось Тому.

— Подожди минутку, Мэгги, — сказал он. — Я должен сообщить обо всем мистеру Стеллингу.

Он собирался зайти в кабинет, где были другие ученики, но мистер Стеллинг, услышав от жены, что Мэгги была, по-видимому, очень расстроена, когда просила позвать к ней Тома, и решив, что брат и сестра достаточно пробыли вместе, уже сам шел к ним, чтобы узнать, в чем дело, и выразить свое соболезнование.

— Простите, сэр, я должен ехать домой, — отрывисто проговорил Том, встретив мистера Стеллинга в коридоре. — Я должен сейчас же вместе с сестрой вернуться. Мой отец проиграл тяжбу... потерял все свое состояние... и очень тяжело болен.

Мистер Стеллинг был добрый человек; он понимал, что, возможно, и сам понесет некоторые убытки, но это никак не отразилось на том чувстве глубокого сострадания, с которым он смотрел на брата и сестру, сраженных горем на самом пороге юности. Когда он узнал, что Мэгги приехала в дилижансе, и увидел, как она стремится поскорей снова быть дома, он не стал их задерживать и только шепнул что-то миссис Стеллинг, которая пришла за ним следом, и она тут же покинула комнату.

Том и Мэгги стояли, уже готовые отправиться в путь, когда миссис Стеллинг вошла с небольшой корзинкой и, повесив ее на руку Мэгги, сказала:

— Не забудьте поесть по пути, дорогая.

Сердце Мэгги устремилось к этой женщине, которую она никогда не любила, и она молча поцеловала ее. Это был первый порыв того чувства, которым одаривает нас несчастье, — той благодарности за простое внимание, что завязывает крепкие узы нежной дружбы; так уже одно присутствие товарища пробуждает в измученном человеке, выброшенном кораблекрушением на айсберг, неиссякаемый источник любви.

Мистер Стеллинг положил руку Тому на плечо и сказал:

— Да благословит тебя Бог, мой мальчик; напиши мне, как у тебя дела. — Затем он молча простился с Мэгги.

Том часто думал о радостном дне, когда он навсегда оставит школу. А сейчас его школьные годы казались ему праздником, которому теперь пришел конец.

Скоро две хрупкие юношеские фигуры уже едва можно было различить вдали, и наконец они скрылись за высокой изгородью.

Они ушли вдвоем в свою новую жизнь — жизнь печали, и отныне уже не видеть им радости, не омраченной заботой. Впереди лежала покрытая терниями пустыня, и золотые врата детства закрылись за ними навсегда.

Книга третья

КРУШЕНИЕ

ГЛАВА I

Что случилось дома

Когда мистер Талливер узнал, что его дело в суде проиграно и что Пиварт и Уэйкем торжествуют над ним победу, он, по мнению всех, видевших его в то время, принял удар удивительно спокойно для такого горячего и самолюбивого человека. Он и сам так полагал. Если Уэйкем или еще кто другой, думал он, считают его разбитым, он покажет им, что они очень и очень ошибаются. Он не закрывал глаза на то, что издержки этой затянувшейся тяжбы больше стоимости всего его имущества, но старался убедить самого себя, что у него сколько угодно способов свести на нет неприятные последствия своего провала и сохранить видимость прежнего благополучия. Все присущее ему упрямство, вся заносчивость, перед которыми оказались закрыты старые пути, требовали немедленного решения задачи, как выйти из создавшегося положения и остаться, несмотря ни на что, мистером Талливером с Дорлкоутской мельницы. В уме его толпилось множество проектов, когда он расстался со своим поверенным, мистером Гором, и сел на лошадь, отправляясь домой из Линдума, и не приходилось удивляться, что он выглядел таким красным и возбужденным. Вот Фёрли, к примеру, который держит закладную на его землю, — ведь он разумный человек, он поймет, какое выгодное предложение делает ему мистер Талливер, и будет, конечно, рад не только приобрести все его имение, включая мельницу и усадьбу, но и отдать его мистеру Талливеру в аренду и охотно ссудит ему деньги, которые с лихвой будут возмещены доходами с мельницы — ведь мистер Талливер станет оставлять себе только самую малость, необходимую для поддержания семьи. Кто упустит такой выгодный случай? Уж конечно, не Фёрли, раз мистер Талливер заранее решил, что Фёрли с величайшей готовностью пойдет ему навстречу. Есть люди, которым даже в спокойном состоянии — а ведь мозг мистера Талливера был воспламенен проигрышем тяжбы — свойственно считать, что их интересами и желаниями должны руководствоваться в своих поступках все другие. Нет никакого сомнения, думал мельник, что Фёрли сделает то, чего он от него ждет, а раз так — что ж, положение еще не страшное. Мистеру Талливеру с семьей придется жить более скромно, во многом себя урезывая, но это продлится только до тех пор, пока доходы с мельницы не покроют взятые взаймы деньги, а этого не так уж долго придется ждать. Он уверен, что расходы по тяжбе удастся выплатить, не покидая насиженного гнезда, избежав банкротства. Конечно, положение дел у него не блестящее. А тут еще это поручительство за Райли, который внезапно умер в апреле прошлого года, предоставив своему другу уплатить за него долг в двести пятьдесят фунтов — в результате чего банковский счет мистера Талливера представлял собой к концу года куда менее приятное зрелище, чем можно было пожелать. Ну что же, он никогда не был одним из тех подлых трусов, что отказываются протянуть руку помощи ближнему, шагающему рядом по путям этого мудреного света. Куда досаднее, что несколько месяцев назад человек, у которого он занял пятьсот фунтов, чтобы вернуть долг миссис Глегг, забеспокоился насчет своих денег (по наущению Уэйкема, разумеется), и мистер Талливер, все еще уверенный, что выиграет дело, и считая крайне неудобным доставать такую сумму до того, как произойдет это долгожданное событие, опрометчиво согласился выдать в обеспечение долга вместо векселя закладную на мебель и прочее домашнее имущество. Все одно, сказал он себе, он скоро выплатит эти деньги, а какая разница — по векселю или по закладной? Но сейчас последствия этой опрометчивости предстали перед ним в новом свете, и он вспомнил, что подходит срок уплаты и, если у него не окажется в наличии денег, его имущество будет продано с торгов. Два месяца назад мистер Талливер решительно объявил бы, что ни за что не станет одолжаться у родных своей жены, но теперь он так же решительно сказал себе, что будет только справедливо и вполне естественно, если Бесси пойдет к Пуллетам и обо всем им расскажет. Вряд ли они захотят, чтобы мебель Бесси пустили с молотка, а Пуллет, ежели и даст деньги, может взять закладную, так что в конце концов тут и речи нет ни о каком подарке или одолжении. Для себя мистер Талливер никогда не стал бы ничего просить у такого ничтожества, как мистер Пуллет, но коли Бесси так уж этого хочется, пускай, он не возражает.

Как ни странно, самые гордые и упрямые люди способны скорее других менять свою позицию и противоречить самим себе столь неожиданным образом; для них нет ничего труднее, чем признать, что они потерпели поражение и должны начинать жизнь сначала. А мистер Талливер, пусть всего лишь превосходный мельник и владелец солодовни, был, как вы могли уже заметить, не менее горд и упрям, чем какая-нибудь выдающаяся историческая личность, у которой эти свойства характера зачастую приводят к получающей широкую известность трагедии, придающей возвышенность даже самым скучным хроникам и воплощаемой затем на сцене, где персонажи величественно выступают в царских мантиях.

Гордость и упрямство мельников и других незаметных людей, мимо которых вы проходите каждый день, не обращая на них внимания, тоже ведет к трагедиям, но о них никто не знает, никто не проливает над ними слез, они переходят от отца к сыну, не оставляя следа в летописях. Разве не трагедия — тягостные переживания жаждущих радости юных сердец, когда судьба вдруг повернется к ним спиной и утро не сулит надежды рассеять мрак, нависший над их домашним очагом, где под гнетом обид и разочарований измученных, отчаявшихся родителей дети задыхаются, как в затхлом воздухе, губительном для всего живого? Разве не трагедия — медленная или внезапная смерть из-за разбитой любви, пусть даже похороны будут за счет прихода? Есть животные, для которых неподвижность — закон жизни; троньте их, и они зачахнут. Так и некоторые человеческие существа: сознание превосходства для них такой же закон жизни; они могут пребывать в унижении, только пока не верят в него, пока хотя бы мысленно все еще чувствуют себя выше других.

Подъезжая к Сент-Оггу по пути домой, мистер Талливер все еще считал, что он хозяин положения. Но что подтолкнуло его, когда он увидел дилижанс из Лейсхема, последовать за ним до почтовой конторы и попросить клерка написать Мэгги, чтобы она немедленно приехала домой? Руки мистера Талливера так тряслись от возбуждения, что сам он не мог писать. Он попросил кучера доставить утром письмо в школу мисс Фёрнис. Его томило желание, объяснить которое он не мог бы даже самому себе, — желание видеть Мэгги немедленно. Она должна приехать завтра с утренней каретой.

Вернувшись домой, он не стал посвящать миссис Талливер в свои затруднения и оборвал ее сетования по поводу проигранного дела, сердито заявив, что плакать тут особенно не о чем. В тот вечер он ничего не сказал ей о закладной на мебель и предстоящем ей разговоре с миссис Пуллет, так как в свое время не поставил ее в известность о характере этой сделки и объяснил необходимость составить опись имущества тем, что это нужно для его завещания. Если жена заметно уступает вам по уму, это, подобно другим крупным преимуществам, влечет за собой и некоторые неудобства, в частности необходимость прибегать изредка к обману.

На следующий день мистер Талливер после обеда снова отправился в Сент-Огг, в контору мистера Гора. Мистер Гор должен был повидаться утром с Фёрли и позондировать почву насчет его взгляда на предложение мистера Талливера. Но не успел мистер Талливер проехать и половины пути, как встретил клерка Гора, который вез ему письмо. Мистера Гора неожиданно вызвали по делу, и он не сможет, как они условились, ждать мистера Талливера в конторе, но будет там завтра в одиннадцать часов утра, а пока передает какие-то важные известия письмом.

— А! — сказал мистер Талливер, взяв письмо, но не вскрывая его. — Так передайте мистеру Гору, что я буду у него завтра в одиннадцать. — И он повернул лошадь.

Клерк, пораженный тем, как лихорадочно блестели глаза мистера Талливера, несколько секунд глядел ему вслед и затем поехал обратно. Чтение писем было для почтенного мельника нелегким делом: до него очень медленно доходил смысл не только написанного от руки, но даже печатного слова; поэтому он положил письмо в карман, намереваясь прочитать его дома, в своем кресле. Но затем ему пришло в голову, что там могут содержаться вещи, о которых миссис Талливер лучше не знать, а если так — незачем ей и видеть это письмо. Он остановил лошадь, вынул письмо из кармана и прочитал его. Письмо было очень короткое: мистер Гор установил из секретных, но достоверных источников, что у Фёрли последнее время были денежные затруднения и он расстался с частью своих ценных бумаг, в том числе с закладной на имущество мистера Талливера, которую он передал... Уэйкему.

Полчаса спустя возчик мистера Талливера нашел его без сознания у края дороги, с раскрытым письмом в руке; рядом стояла серая кобыла, тревожно втягивая ноздрями воздух.

К тому времени, как Мэгги, выполняя просьбу отца, добралась до дому, к мистеру Талливеру уже вернулось сознание. Примерно за час до ее приезда он пришел в себя и, посмотрев вокруг отсутствующим взглядом, пробормотал что-то насчет письма и затем нетерпеливо повторил это слово еще несколько раз. По настоянию доктора

Тэрнбула письмо Гора было принесено и положено на постель, и больной, казалось, успокоился. Некоторое время он лежал, устремив глаза на письмо, словно пытался при его помощи связать воедино свои мысли. Но вскоре в его уме, по-видимому, всплыло другое воспоминание и смело́ все предыдущее; он перевел глаза с письма на дверь и, тревожно вглядываясь, словно стремясь рассмотреть что-то невидимое его взору, произнес: «маленькая». Он то и дело беспокойно звал дочь, по всей видимости глухой ко всему, кроме этого своего неотступного желания, и ничем не показывал, что узнает жену или кого-нибудь еще; и бедная миссис Талливер, потеряв последнюю способность рассуждать от сыплющихся на ее голову ударов, каждую минуту выбегала к воротам посмотреть, не едет ли карета из Лейсхема, хотя ждать ее было еще рано.

Но наконец карета прибыла, и из нее вышла бедная, встревоженная девочка, «маленькая» только в воображении любящего отца.

— О, мама, что случилось? — спросила, побледнев, Мэгги, когда мать в слезах встретила ее у ворот. Ей не пришло в голову, что отец болен, потому что только сегодня она получила из Сент-Огга письмо, написанное под его диктовку.

Но тут к ней вышел мистер Тэрнбул. Доктор — это ангел-хранитель в доме, где случилось несчастье; и Мэгги обратила тревожный взгляд на старого друга, которого она помнила с тех пор, как стала сознавать окружающее.

— Не надо так пугаться, дорогая, — сказал он, беря ее за руку. — У твоего отца был удар, и к нему еще не совсем вернулась память. Он спрашивает о тебе все время, и твое присутствие пойдет ему на пользу. Постарайся быть как можно спокойнее, раздевайся и пойдем со мной наверх.

У Мэгги так отчаянно колотилось сердце, что, казалось, вся жизнь сосредоточилась в этих болезненных толчках. Даже само спокойствие мистера Тэрнбула вызывало в ее разгоряченном воображении всякие ужасы. Глаза отца по-прежнему были с тревогой устремлены на дверь; она вошла и встретила этот странный, тоскливый, беспомощный взгляд, который так долго искал ее и все напрасно. В тот же миг кровь прихлынула к его лицу, и, протянув к ней руки, он приподнялся на постели... Мэгги кинулась к нему и, обняв, осы́пала горячими поцелуями.

Бедное дитя! Как рано пришлось ей испытать один из тех переломных моментов в жизни, когда наши надежды и радости, наши страхи и терзания теряют вдруг всякий смысл... тонут, как незначащая мелочь, в той простой, извечной любви, которая связывает нас с самыми близкими нам существами, когда им в их горе так нужна наша поддержка.

Эта вспышка сознания оказалась слишком тяжелой для больного, ослабленного разума ее отца. Он снова впал в беспамятство, длившееся много часов подряд, лишь изредка ненадолго приходя в себя. Тогда он безразлично съедал все, что ему давали, и, казалось, испытывал младенческое удовольствие от присутствия Мэгги — как ребенок, попавший наконец на руки к няньке.

Миссис Талливер послала за сестрами, и гостиная стала свидетельницей бесчисленных причитаний и бесконечного воздымания рук: оба дядюшки и обе тетушки сошлись на том, что Бесси и ее дети, как они и предрекали, полностью разорены, что мистера Талливера постигла вполне заслуженная кара и было бы даже грешно смягчать ее излишней добротой. Но Мэгги почти ничего этого не слышала, она не покидала комнаты отца и, сидя у его постели, держала его за руку. Миссис Талливер хотела, чтобы приехал домой и Том, и, казалось, думала о сыне больше, чем о муже; но тетушки и дядюшки воспротивились этому: Тому куда лучше быть в школе, раз, как сказал доктор Тэрнбул, прямой опасности для жизни, по-видимому, нет. Но к концу второго дня, когда Мэгги привыкла к тому, что отец временами впадает в забытье, и уже спокойнее ждала, покуда он снова очнется, мысль о Томе стала тревожить и ее, и когда мать, проплакав весь вечер, сказала со вздохом: «Мой бедный мальчик, сам Бог велел ему быть сейчас дома», Мэгги отозвалась:

— Разреши, я съезжу за ним и расскажу ему все, мама. Я поеду завтра утром, если отец не позовет меня и я не буду ему нужна. То́му будет так тяжело, если он приедет, еще ничего не зная.

И на следующее утро, как мы уже видели, Мэгги отправилась в Кинг-Лортон. Сидя в карете по пути домой, брат и сестра разговаривали печальным шепотом, перемежаемым длинными паузами.

— Говорят, мистер Уэйкем получил закладную или что-то такое на нашу землю, — сказала Мэгги. — Полагают, что как раз письмо, где об этом было написано, и довело отца до удара.

— Я уверен, что этот негодяй уже давно задумал разорить отца, — сказал Том, делая скачок от туманных предположений к неопровержимым выводам. — Он у меня за это поплатится, когда я выраету. Смотри никогда больше не разговаривай с Филипом.

— О, Том, — с печальным укором сказала Мэгги, но у нее не было ни сил, ни тем более желания спорить с братом и досаждать ему своими возражениями.

ГЛАВА II

Домашние божки миссис Талливер, или Лары и пенаты

С тех пор как Мэгги отправилась из дому, прошло уже пять часов, и, когда они вышли из кареты, Мэгги с беспокойством подумала, что была здесь нужна отцу и он напрасно звал свою «маленькую». Ей и в голову не приходило, что могут произойти еще какие-нибудь события.

Мэгги чуть не бегом пустилась по усыпанной гравием дорожке, ведущей от ворот к дому, но у входа в удивлении остановилась, почувствовав сильный запах табака. Дверь гостиной была распахнута настежь — табачный дым шел оттуда. Странно, кто бы это мог курить здесь в такое время? А мама где? Надо сказать ей, что они приехали. Мэгги только было открыла дверь, как подоспел Том, и они одновременно заглянули в гостиную. В кресле отца сидел какой-то неряшливый, грубого вида человек с трубкой в зубах, и лицо его показалось Тому как будто знакомым; перед ним на столе стоял кувшин с элем и стакан.

Тома точно осенило. Он с детства привык слышать: «У них в доме был судебный пристав» или «Их распродали с молотка», — это входило в то представление о позоре и несчастье, которое несет в себе слово «прогорел», — когда человек теряет все свои деньги, впадает в нищету, опускается до положения простого работника. Чего же еще ждать, если отец лишился своего состояния! Ему и в голову не пришло, что посещение судебного пристава может быть связано с чем-нибудь еще, кроме проигранной тяжбы. Но когда Том воочию убедился в павшем на них позоре, это поразило его куда сильнее, нежели самые худшие предчувствия, словно сейчас только и начались истинные его страдания: так прикосновение к обнаженному нерву заставляет забыть долго мучившую нас тупую боль.

— Здравствуйте, сэр, — с грубоватой вежливостью сказал человек, вынимая трубку изо рта. Их юные испуганные лица привели его в некоторое замешательство.

Том, не ответив, поспешно отвернулся; вид пристава был для него невыносим. Мэгги не поняла, что означает приход этого незнакомца, и последовала за Томом, шепча: «Кто бы это мог быть, Том... в чем дело?» Затем, испугавшись вдруг, не связано ли как-нибудь его присутствие с переменой в состоянии отца, она взбежала наверх, на минутку задержалась в дверях, чтобы скинуть шляпку, и на цыпочках вошла в комнату. Все было тихо: отец лежал с закрытыми глазами, безразличный ко всему окружающему, так же как утром, когда она его оставила. Возле него сидела служанка, но матери не было и здесь.

— Где мама? — шепнула Мэгги.

Служанка не знала.

Мэгги быстро вышла из комнаты и сказала Тому:

— Отец лежит спокойно; давай пойдем поищем мать. Не представляю себе, где она.

Внизу миссис Талливер не было... Не нашли они ее и ни в одной из спален. Оставалась только одна комната под чердаком, куда Мэгги еще не заглядывала, — кладовая, где миссис Талливер хранила белье и все свои драгоценные «лучшие вещи», которые разворачивали и выносили оттуда только в торжественных случаях. Том обогнал Мэгги, открыл туда дверь и воскликнул:

— Мама!

Миссис Талливер сидела там среди всех накопленных ею сокровищ. Один из сундуков с бельем был открыт, серебряный чайник был вынут из своих бесчисленных оберток, на крышке другого сундука стоял ее лучший фарфоровый сервиз, на полках рядами лежали ложки, вертела и уполовники, и бедная женщина, горько сжав губы, плакала, разглядывая метку «Элизабет Додсон» на уголке скатерти, лежавшей у нее на коленях.

Услышав голос Тома, она вскочила, и скатерть упала на пол.

— О мой мальчик, мой мальчик, — всхлипывала она, обнимая его. — И подумать только, что я дожила до такого дня! Мы разорены... Все будет продано с торгов... Подумать только, что ваш отец женился на мне, чтобы довести нас до такого позора! У нас ничего не осталось... Мы пойдем по миру... Нам придется жить в работном доме.

Она поцеловала его, затем снова села и, взяв другую скатерть, развернула ее, чтобы посмотреть на узор, а дети стояли рядом, не в силах произнести ни слова, совершенно подавленные мыслью о «работном доме» и о том, что они «пойдут по миру».

— И подумать, что я сама пряла для этих скатертей пряжу, — продолжала она, вынимая их из сундука и разворачивая с волнением тем более странным и жалостным, что эту дородную белокурую женщину обычно нелегко было вывести из равновесия; если что и задевало ее раньше, то не очень глубоко. — И Джоб Хэкси соткал мою пряжу и принес весь кусок на спине, и я, помню, стояла и смотрела, как он идет к нам, когда у меня еще и в мыслях не было выходить замуж за вашего отца. И узор я сама выбирала, и так хорошо отбелено, и я своими руками делала на них метки, да такие, что раньше никто и не видывал, — прочные, хоть вырезай — такой тут особый стежок. И все они будут проданы... и разойдутся по чужим домам, и, кто знает, может, их изрежут ножами и до дыр протрут раньше, чем я умру. И ни одна из них теперь тебе не достанется, мой мальчик, — вздохнула она, глядя на Тома глазами, полными слез, — а я хранила их для тебя. Все вот с этим узором. А для Мэгги те, что в крупную клетку... Они не так красиво выглядят, когда на них стоит посуда.

Том был глубоко тронут, но тут же в нем вспыхнуло возмущение. Покраснев, он сердито сказал:

— Неужто тетушки потерпят, чтобы все это распродали, мама? Они знают о том, что у нас описывают имущество? Ведь они же не допустят, чтобы твое белье ушло из семьи. Ты их известила?

— Да, я послала Люка сразу, как пришел судебный пристав, и ваша тетушка Пуллет приезжала и... О боже, боже, она так плачет и говорит — ваш отец опозорил нашу семью, теперь вся округа станет про нас языки чесать; и она купит те скатерти, что в горошек, потому как она очень любит этот узор, и, сколько у нее ни есть, ей все мало, и они останутся в семье, но клетчатых у нее и так больше, чем нужно. (Здесь миссис Талливер принялась прятать скатерти обратно в сундук, машинально разглаживая их и складывая.) И ваш дядюшка Глегг тоже был, и он говорит — для нас нужно выкупить кой-какие вещи, чтобы хоть было куда голову положить, да ему надо посоветоваться с вашей тетушкой; и они приедут и все решат... Но я знаю, никто из них не возьмет мой сервиз, — добавила она, глядя на чашки и блюдца, — они все хаяли его, когда я его купила, потому что между цветами пущена золотая веточка. А ни у кого из них нет посуды лучше, даже у самой сестрицы Пуллет... и я купила его на свои собственные деньги, что откладывала с пятнадцати лет; и серебряный чайник тоже... ваш отец на них ни пенни не потратил. И подумать только, что он женился на мне и довел меня до этого.

И, прижав платок к глазам, миссис Талливер снова принялась плакать. Но вот она отняла платок и нетвердым еще голосом произнесла, словно не могла больше молчать:

— А ведь я тысячу раз ему говорила: «Поступай как знаешь, но только не судись». Ну что я еще могла сделать? Я должна была сидеть и смотреть, как пускают на ветер мое состояние и все, что должно было отойти детям? У тебя теперь нет и пенни за душой, мой мальчик... но твоя бедная мать в этом не виновата.

Протянув руку к сыну, она жалобно посмотрела на него беспомощными детскими голубыми глазами. Бедный паренек подошел к ней и поцеловал, и она прильнула к нему. В первый раз Том подумал об отце с упреком. Его врожденная склонность искать виноватого, до тех пор не распространявшаяся на отца, поскольку Том заранее считал его всегда правым, просто по той причине, что он отец Тома Талливера, теперь, после сетований матери, нашла себе новый выход, и к негодованию против Уэйкема стало примешиваться еще одно близкое к нему чувство. Возможно, отец тоже приложил руку к их разорению, к тому, чтобы люди смотрели на них сверху вниз; но никому не удастся долго смотреть сверху вниз на Тома Талливера. В нем заговорили присущие ему сила и твердость характера, вызванные к жизни, с одной стороны, злой досадой на тетушек, с другой — сознанием, что он должен держать себя как мужчина и позаботиться о матери.

— Не убивайся, мать, — нежно сказал он. — Я скоро начну зарабатывать, я достану себе какое-нибудь место.

— Благослови тебя Господь, мой мальчик! — проговорила миссис Талливер, немного успокоившись. Затем, печально поглядев вокруг, добавила: — Я бы так не расстраивалась, если бы могла оставить себе вещи с моей меткой.

Мэгги наблюдала эту сцену со все возрастающим гневом. Скрытые упреки по адресу отца — ее отца, который лежал там, словно живой труп, развеяли всю ее жалость к матери, так горюющей об утрате скатертей и посуды; и обиду за отца еще усугубляло горькое чувство, что Том, так же как и мать, казалось, вовсе исключил ее из их общей печали. Мэгги привыкла к неодобрительному равнодушию матери, и ее это уже почти не трогало, но мысль, что Том, пусть даже внутренне, соглашается с таким отношением, заставила ее жестоко страдать. Бедняжка Мэгги не была создана для безответной любви и, если любила, хотела, чтобы ей платили тем же. Наконец, не выдержав, она разразилась взволнованной, почти исступленной речью:

— Мама, как ты можешь так говорить? Значит, для тебя важны только те вещи, на которых стоит твое имя, а те, где отцовское, — нет?.. Как ты можешь думать о чем-нибудь, кроме нашего дорогого отца, когда он лежит там, словно мертвый? Вдруг мы никогда больше не услышим его голоса? Том, что же ты молчишь? Почему ты разрешаешь попрекать его?

Мэгги душили гнев и обида; выбежав из комнаты, она села на свое обычное место у постели отца. При мысли, что его винят и упрекают, сердце ее устремилось к нему с еще большей любовью. Мэгги ненавидела упреки: всю жизнь ее за что-нибудь упрекали, но это лишь заставляло ее злиться. Отец всегда защищал и оправдывал ее, и память о его нежности придавала ей силы; нет такой вещи, которой бы она не сделала или не вынесла ради него.

Том был возмущен вспышкой Мэгги... Подумать только — диктует ему и матери, как себя вести. Пора бы уж ей оставить этот высокомерный, вызывающий тон.

Но когда он вошел в комнату отца, зрелище, которое он там застал, так взволновало его, что совершенно изгладило все предыдущие впечатления. Мэгги почувствовала, как он потрясен, подошла к нему, обняла, и оба они забыли обо всем, кроме отца и своего общего горя.

ГЛАВА III
Семейный совет

Назавтра, в одиннадцать часов утра, дядюшки и тетушки прибыли на семейный совет. В большой гостиной затопили камин, и бедная миссис Талливер, со смутным ощущением, что происходит некое торжество, нечто вроде поминок, сняла чехлы с кисточек на шнурах от колокольчика и, отколов занавеси, расправила как следует складки. Обводя взглядом все вокруг, каждую полированную ножку стула, каждую столешницу, которые даже сама сестрица Пуллет не могла бы обвинить в недостаточном блеске, она печально качала головой.

Мистера Дина не ждали — он уехал по делам; но миссис Дин прибыла точно в назначенное время, в той красивой новой коляске с ливрейным лакеем за кучера, которая, по утверждению сент-оггских приятельниц миссис Дин, пролила такой яркий свет на некоторые черты ее характера.

Мистер Дин столь же быстро поднимался по общественной лестнице, сколь быстро мистер Талливер спускался по ней, и в доме миссис Дин додсоновское белье и посуда уже отошли на второе место, уступив другим, более дорогим предметам, купленным за последние годы. Перемена эта привела даже к временному охлаждению между миссис Дин и миссис Глегг, которая видела, что Сюзан делается такой же, «как все», и скоро единственной носительницей истинного додсоновского духа останется она одна да еще, надо надеяться, те племянники, что поддерживают честь имени на наследственных землях далеко в нагорьях. Люди, живущие далеко от нас, естественно, имеют меньше недостатков, нежели те, кто находится на глазах, и, если учесть отдаленность Эфиопии и то, как мало дела имели с ее обитателями греки, излишне спрашивать, почему Гомер называл эфиопов безгрешными.

Миссис Дин прибыла первой, и как только ее проводили в большую гостиную, к ней спустилась миссис Талливер; ее миловидное лицо припухло, словно она все это время плакала. Ей несвойственно было проливать слезы по пустякам, но сейчас ведь ей угрожает опасность потерять всю свою мебель, и она чувствовала, что оставаться спокойной при создавшихся обстоятельствах было бы просто неприлично.

— Ах, сестрица, как устроен этот мир! — воскликнула она, входя в комнату. — Беда-то какая! О боже мой!

Миссис Дин, тонкогубая женщина, имела обыкновение в особо важных случаях изрекать сентенции, которые затем повторяла слово в слово мужу, для того чтобы он подтвердил, насколько она права.

— Да, сестрица, — ответила она, обдумывая каждое слово, — мир изменчив, и мы не знаем сегодня, что с нами будет завтра. Но мы должны быть готовы ко всему и, если нам ниспослано несчастье, не забывать, что всё имеет свою причину. Мне очень жаль тебя, как сестру, и когда доктор пропишет мистеру Талливеру желе, я надеюсь, ты сообщишь мне об этом, я охотно пришлю вам баночку. Пока мистер Талливер болен, за ним должен быть самый лучший уход.

— Спасибо, Сюзан, — едва слышно проговорила миссис Талливер, пожав своей пухлой рукой худую руку сестры. — Пока о желе еще не было речи. — Затем, помолчав, добавила: — А наверху у меня есть дюжина граненых вазочек... Никогда уж мне больше не класть в них желе.

При этих словах в голосе ее послышалось волнение, но стук колес отвлек ее мысли в другую сторону. Прибыли мистер и миссис Глегг и почти сразу следом за ними мистер и миссис Пуллет.

Миссис Пуллет вошла со слезами, которые считала наилучшим способом выразить без долгих разговоров свои взгляды на жизнь вообще и на данный случай в частности.

На миссис Глегг была самая растрепанная из всех ее накладок и платье, которое, судя по залежавшимся складкам, только недавно было извлечено на свет божий после погребения в сундуке: костюм, выбранный с высокоморальной целью — внушить Бесси и ее детям должное смирение.

— Миссис Глегг, не хотите ли сесть у камина? — спросил ее муж, опасаясь занять удобное место, не предложив его прежде жене.

— Вы видите, что я уже сижу, мистер Глегг, — ответила эта превосходная женщина, — можете сами поджариваться, коли вам угодно.

— Ну-с, — не вступая с нею в спор, спросил мистер Глегг, усаживаясь, — а как дела наверху, у бедняги Талливера?

— Доктор Тэрнбул считает, что ему сегодня лучше, — сказала миссис Талливер. — Он больше обращает внимания на то, что делается вокруг, и заговорил со мной, но он так и не узнал Тома... Смотрит на бедного мальчика словно на чужого, хотя и вспоминал, как Том катался на пони. Доктор говорит — у него в памяти осталось только то, что было много лет назад, и он не узнаёт Тома, потому что думает о нем как о маленьком мальчике. О боже, боже!

— Верно, это вода кинулась ему в голову, — сказала тетушка Пуллет, отходя от зеркала, перед которым с меланхолическим видом поправляла чепец. — Хорошо, если он вообще встанет с постели. Да если и встанет, то может впасть в детство, как бедняжка мистер Кар. Его три года кормили с ложечки, словно младенца. И он не мог шевельнуть ни одним пальцем. Но зато у него было кресло-каталка и человек, который его возил, а у тебя, Бесси, этого, боюсь, не будет.

— Сестра Пуллет, — грозно произнесла миссис Глегг, — ежели я не ошибаюсь, мы собрались сегодня, чтобы решить, что делать, когда такой позор пал на нашу семью, а не для разговоров о людях, которые нам сбоку припека. Мистер Кар нам не родственник и, насколько я знаю, даже не свойственник.

— Сестрица Глегг, — плачущим голосом сказала миссис Пуллет, снова натягивая перчатки и в волнении поглаживая пальцы, — если ты хочешь сказать что плохое о мистере Каре, будь добра, не говори этого при мне. Я-то знаю, каким он был, — со вздохом добавила она, — он страдал такой одышкой, что его было слышно за две комнаты.

— Софи, — с возмущением заявила миссис Глегг, — ты столько говоришь о чужих хворостях, что это становится просто неприличным. Но я опять повторяю — я приехала сюда не для того, чтобы обсуждать наших знакомых, с одышкой они или без одышки. Мы, кажется, собрались здесь для того, чтобы обсудить промеж себя, как спасти сестру и ее детей от работного дома, а ежели не так — я уезжаю. Я думаю, порознь тут ничего не сделаешь. Не ожидаете же вы, что я все взвалю на свои плечи...

— Но, Джейн, — сказала миссис Пуллет, — я не вижу, чтобы ты так уж спешила что-нибудь сделать. Насколько я знаю, после того как стало известно, что в доме судебный пристав, ты приехала сюда в первый раз, а я была здесь вчера и осмотрела все белье и посуду и сказала Бесси, что выкуплю скатерти в горошек. Большего от меня и требовать нельзя; а что до чайника, который Бесси не хочет продавать чужим людям, — каждому ясно, что мне ни к чему два серебряных чайника, тем более — у него прямой носик... А полотно в горошек я всегда любила.

— Мне бы очень хотелось, чтобы мой чайник, и сервиз, и лучшие судки для соли и перца не пошли в распродажу, — умоляюще произнесла миссис Талливер, —

и щипчики для сахара — первая вещь, что я приобрела в своей жизни.

— Ну, тут уж, знаете, ничего не поделаешь, — сказал мистер Глегг. — Ежели кто из семьи захочет их купить, его воля, но все должно идти с торгов.

— И нечего ожидать, — сказал дядюшка Пуллет с необычной для него независимостью суждений, — что ваши родные станут платить больше, чем дадут другие. Все вещи могут пойти за бесценок.

— О боже, боже, — вздохнула миссис Талливер, — подумать только, что мой сервиз будет продан с молотка... А я купила его, когда вышла замуж, в точности как ты, Джейн, и ты Софи, и я знаю — он вам не нравится из-за веточек, но я так его любила, и ни одна чашечка не разбита, потому как мыла их я всегда сама, а какие на них тюльпаны и розы — просто глаз не отвести. И ты бы не хотела, Джейн, чтобы твой сервиз продали за гроши и разбили, хотя на твоем и совсем нет никакого рисунка — он белый с бороздками и стоил дешевле моего. А судочки? Сестрица Дин, неужто ты не захочешь купить судочки? Ведь ты говорила, что они хорошенькие.

— Что ж, я не прочь купить кое-что из лучших вещей, — снисходительно обронила миссис Дин, — мы можем себе позволить иметь в доме не только самое необходимое.

— Из лучших вещей! — воскликнула миссис Глегг с запальчивостью тем более сильной, что она так долго молчала. — Тут потеряешь всякое терпение, слушая, как вы толкуете о лучших вещах да о покупке того, другого и третьего вроде серебра и фарфора. Ты, видно, не понимаешь, в каких ты обстоятельствах, Бесси; тебе не о серебре и фарфоре думать, а о том, будет ли у тебя хотя бы стул, чтобы присесть, да тюфяк, чтобы лечь, да одеяло, чтобы укрыться. Ты должна помнить, что ежели они у тебя и будут, то лишь благодаря тому, что их для тебя выкупили и ты всем обязана своей родне; ведь твой муженек лежит там, наверху, без движения, и у него ни гроша за душой. Я говорю это для твоего же блага — ты должна сознавать свое положение и какой позор твой муж навлек на всю семью: ведь у тебя теперь и рубашки своей нет на теле, и не след тебе много о себе понимать.

Миссис Глегг остановилась: поучать ближних ради их блага, да еще с таким жаром, — естественно, занятие утомительное. Миссис Талливер, которую миссис Глегг всегда подавляла своим превосходством еще с детских лет, когда, как старшая, держала ее под своей ферулой, умоляюще проговорила:

— Видит Бог, сестрица, я никого ни о чем не прошу, как только купить вещи, которые каждому будет приятно иметь в доме, — боюсь, что их попортят чужие люди. Я не прошу, чтоб выкупали вещи для меня и моих детей, хотя там есть белье, что я пряла своими руками, и я думала, когда Том родился, — первое, о чем я думала, когда он лежал в колыбельке, — что все вещи, которые я купила на свои деньги и держала в таком порядке, перейдут потом к нему. Но я не прошу, чтоб мои сестры тратились на меня. А что сделал мой муж для своей сестры — это один Бог ведает, и мы бы сейчас так не нуждались, ежели бы он не давал денег без отдачи.

— Полно, полно, — добродушно промолвил мистер Глегг. — Зачем видеть все в таком мрачном свете? Что сделано, то сделано. Мы постараемся купить то, что вам нужно, хотя, как говорит миссис Глегг, это должны быть простые, полезные вещи. Только самое необходимое: стол, пара стульев, кухонная утварь, хорошая кровать и еще что-нибудь. А что же, были времена, когда я не имел даже мешка, чтобы подостлать под бок. Мы накупаем кучу бесполезных вещей только потому, что у нас есть лишние деньги.

— Мистер Глегг, — сказала миссис Глегг, — будьте так добры, разрешите и мне вымолвить словечко: вы не даете мне и рта раскрыть... Так вот, Бесси, не очень-то тебе пристало говорить, что ты не просишь нас ничего покупать; разреши тебе заметить, ты *должна* была нас просить. Скажи, пожалуйста, как ты жить станешь, ежели твои родные тебе не помогут? Да тебе придется брать деньги в приходе! И ты должна это помнить и со смирением просить нас сделать то, что мы можем, а не хвалиться, что ни о чем нас не просишь.

— Вы говорили о Моссах и о том, что для них сделал мистер Талливер, — сказал дядюшка Пуллет, у которого даже кое-какие мысли появлялись, когда грозила опасность его деньгам. — Почему они не с вами? Они тоже должны что-нибудь сделать для вас, как и другие, и если мистер Талливер одолжил им деньги, надо заставить их эти деньги вернуть.

— Да, конечно, — подтвердила миссис Дин, — я тоже об этом думала. Как это вышло, что мы не видим здесь мистера и миссис Мосс? Будет только справедливо, если и они внесут свой вклад.

— О господи, — сказала миссис Талливер, — я им даже весточки не послала насчет мистера Талливера, а они живут в самом конце Бассетского прихода, так далеко, что новости узнают только тогда, когда мистер Мосс бывает на рынке. Но я о них даже не вспомнила. Удивляюсь, как это Мэгги о них не подумала — она всегда так любила тетю Мосс.

— Почему не пришли сюда твои дети, Бесси? — спросила миссис Пуллет при упоминании о Мэгги. — Им не вредно бы послушать, что скажут их тетушки и дядюшки, а Мэгги бы следовало больше думать о своей тете Пуллет, нежели о тете Мосс: ведь я как-никак платила за нее половину в пансион. А вдруг я скончаюсь внезапно, когда вернусь сегодня домой... кто знает?

— Ежели бы тут все делалось по-моему, — заметила миссис Глегг, — дети были бы здесь с самого начала. Пора уже им знать, на кого они только и могут рассчитывать, и кто-нибудь должен же поговорить с ними, растолковать, в каком они сейчас положении, как низко они опустились, да заставить их почувствовать, что они страдают за грехи своего отца.

— Что ж, я пойду позову их, сестрица, — покорно сказала миссис Талливер. Она была совершенно подавлена и о сокровищах в кладовой думала с полным отчаянием.

Она поднялась наверх, чтобы позвать детей, сидевших в комнате отца, и уже шла вниз, когда, при взгляде на дверь кладовой, ей пришла в голову новая мысль. Она направилась туда, предоставив детям спуститься одним.

Тетушки и дядюшки о чем-то горячо спорили, когда брат и сестра вошли в комнату, оба — с большой неохотой. Хотя Том, практический ум которого был пробужден потрясениями вчерашнего дня, обдумывал некий проект, чтобы предложить его кому-нибудь из тетушек или дядюшек, он отнюдь не испытывал к ним дружеских чувств и думал о встрече с таким же страхом, с каким мы думаем об ожидающей нас большой дозе лекарства, которое и маленькими-то порциями трудно проглотить. Мэгги же в тот день была в особенно угнетенном состоянии; ее разбудили в три часа утра, и ею владела та странная дремотная усталость, что охватывает человека, когда он просидит холодные предутренние часы и первую пору рассвета у постели больного и жизнь за окном кажется потерявшей всякий смысл, а дневной свет — лишь обрамлением мрака спальни... При их появлении все замолкли. Молча и торжественно они совершали приветственную церемонию, и лишь дядюшка Пуллет сказал, когда Том подошел, чтобы пожать ему руку:

— Ну-с, молодой человек, мы как раз говорили, что нам могут понадобиться твои перо и чернила; ты теперь, поди, превосходно пишешь, проучившись столько лет.

— Верно, верно, — поддержал его дядюшка Глегг, добродушным тоном смягчая укор, — пора уже увидеть пользу от всей этой науки, на которую твой отец ухлопал столько денег.

Коль нет земли и нет ни пенни,
То впору взяться за ученье.

А теперь пришла пора, Том, увидеть пользу от всего этого учения. Посмотрим, больше ли ты преуспеешь в жизни, чем я, — ведь я составил себе состояние без всякой науки. Но я, когда начинал, довольствовался малым: я мог жить на миске каши и корке хлеба с сыром. Боюсь, после роскошной школы да роскошного житья тебе, молодой человек, это будет потрудней, чем мне...

— Ну, работать ему придется, трудно ему будет или нет, — энергично прервала мужа миссис Глегг. — Не о том он должен думать, чтоб ему было полегче, а о том, чтоб не сидеть у родных на шее. Он должен пожинать плоды заблуждений своего отца и уразуметь, что его ждет тяжелая жизнь и тяжелая работа. Он должен смирить свою гордость и быть благодарен тетушкам и дядюшкам за то, что они делают для его отца с матерью. Ведь коли родня им не поможет, их выгонят на улицу, и им придется идти в работный дом. И сестра его тоже, — продолжала миссис Глегг, сурово глядя на Мэгги, которая села на диван возле миссис Дин только потому, что она — мать Люси, — она тоже должна быть смиренной и работать, теперь некому будет ей прислуживать... пусть зарубит это себе на носу. Она должна взять на себя всю работу по дому, должна уважать и любить своих тетушек, которые так много для нее сделали и которые копили деньги, чтобы оставить их своим племянникам и племянницам.

Том все еще стоял у стола посреди комнаты. Он густо покраснел, и вид его далеко нельзя было назвать смиренным, но он собирался со всей почтительностью заговорить о том, что надумал до прихода сюда. Вдруг дверь отворилась, и в комнату вошла мать.

Бедная миссис Талливер держала в руках небольшой поднос, на котором она разместила серебряный чайник, чашку и блюдце из сервиза на образец, судочки для соли и сахарные щипчики.

— Взгляни, сестрица, — сказала она миссис Дин, ставя поднос на стол, — я думала, коли ты снова посмотришь на чайник — ты его давненько не видела, — он тебе, может статься, больше понравится, и в нем получается такой вкусный чай, и к нему есть подставка и все остальное, ты можешь пустить его на каждый день, а не то спрятать для Люси, когда она сама станет хозяйкой. Мне бы так не хотелось, чтобы он попал в «Золотой лев», — сказала бедная женщина, и глаза ее наполнились слезами, — я его купила, когда вышла замуж, и подумать только, что на нем будут царапины и его станут подавать приезжим и всем кому попало, а ведь тут мои буквы — посмотри: Э. Д. — и все это увидят.

— Ах, боже мой, — вздохнула тетушка Пуллет, скорбно покачивая головой, — что может быть хуже... Подумать только, что наши инициалы разойдутся по всей округе... У нас этого вовек не бывало; незадачливая же ты у нас, Бесси. Но какой толк покупать чайник, раз белье, и ложки, и все остальное все равно будет распродано, а на некоторых вещах даже твое полное имя... да к тому же у чайника прямой носик.

— Ну, что до позора для всей семьи, — сказала миссис Глегг, — тут покупкой чайников делу не поможешь. Позор, что одна из нас вышла замуж за человека, который довел ее до нищеты. Позор, что их пустили с молотка. Мы не можем воспрепятствовать всей округе узнать об этом.

При намеке на отца Мэгги, покраснев, вскочила с дивана, но Том увидел это вовремя, чтобы помешать ей заговорить. «Помолчи, Мэгги», — повелительно сказал он, толкнув ее обратно. И, проявив удивительное для мальчика его лет самообладание и рассудительность, он начал спокойно и почтительно, хотя голос его дрожал, так как слова матери задели его самолюбие.

— Раз вы считаете, тетушка, — сказал он, глядя прямо в глаза миссис Глегг, — что распродажа — позор для семьи, не лучше ли будет не допустить до нее совсем? И если вы и тетушка Пуллет, — продолжал он, взглянув на вторую тетушку, — думаете оставить мне и Мэгги какие-нибудь деньги, не лучше ли дать их нам сейчас, чтобы мы могли заплатить долг, из-за которого у нас описали имущество, и избавить мать от разлуки с ее вещами?

Несколько секунд царило молчание: все, включая Мэгги, были поражены его неожиданно взрослым тоном. Первым заговорил дядюшка Глегг:

— Ого, молодой человек, а ты кое в чем разбираешься. Но ты забыл о процентах: твои тетушки получают пять процентов на свои деньги, и коли они дадут их вам сейчас, они на этом проигрывают — вот о чем ты не подумал.

— Я буду работать и выплачивать проценты каждый год, — не колеблясь ответил Том. — Я сделаю все что угодно, только бы матери не пришлось расставаться со всем своим добром.

— Молодец! — с восхищением заметил дядюшка Глегг. Не то чтоб он считал проект Тома осуществимым, но ему хотелось послушать, что тот еще скажет. К сожалению, его слова рассердили миссис Глегг.

— О да, мистер Глегг, — сказала эта леди с едким сарказмом, — вы неплохо придумали — отдать мои деньги, а сами еще прикидывались, будто оставляете их в моем распоряжении. Значит, и то, что получено мной от отца, и то, что я сама копила, каждый год откладывая все больше и больше, — все это растранжирят на чью-то мебель, чтобы кто-то продолжал жить в роскоши и расточительстве, на которые и средств-то не будет. Мне что же — менять свое завещание или сделать приписку и оставить после смерти на две или три сотни фунтов меньше? Я всегда поступала как положено и не сорила деньгами, да я и самая старшая в семье, а теперь мои деньги будут переведены на тех, кто имел такие же шансы в жизни, да не боялся Бога и свои деньги бросал на ветер? Сестрица Пуллет, *ты* можешь поступать как знаешь, можешь позволить своему муженьку отобрать обратно то, что он тебе дал, но со *мной* это не выйдет.

— Фу, Джейн, ну разве можно так горячиться? — сказала миссис Пуллет. — Тебе еще худо станет, и придется кровь отворять. Мне очень жаль Бесси и детей... видит Бог, я всю ночь только о них и думала, потому что очень плохо сплю с этим новым лекарством; но какой мне толк делать что-нибудь, если ты умываешь руки?

— Тут вот о чем надо подумать, — сказал мистер Глегг. — Нет смысла отдавать этот долг, чтобы сохранить мебель, когда так или иначе на судебные издержки уйдет все до последнего шиллинга, больше, чем можно выручить за землю и инвентарь, — так я понял из слов мистера Гора. Нам понадобятся наши деньги, чтобы поддержать беднягу там, наверху, и нет смысла тратить их на мебель, которая ему обеда не заменит. Непременно тебе надо вскинуться на человека, Джейн, словно я сам не знаю, что разумно, что нет.

— А знаете — так и говорите дело, мистер Глегг, — сказала его жена, отчеканивая каждое слово, и многозначительно кивнула головой.

У Тома вытянулось лицо и задрожали губы, но он твердо решил не давать волю чувствам. Он будет вести себя как мужчина. Мэгги, напротив, лишь на миг воспрянув духом, пока слушала Тома, снова погрузилась в отчаяние, смешанное с возмущением. Мать стояла рядом с Томом, прижавшись к его плечу; Мэгги внезапно вскочила с места и, отстранив их, стала перед тетушками и дядюшками; глаза ее сверкали, как у молодой тигрицы.

— Зачем же вы пришли тогда, — взорвалась она, — болтать тут и вмешиваться в наши дела и отчитывать нас, если вы не собираетесь помочь моей бедной матери — вашей родной сестре, если вы нс жалеете ее, когда у нас несчастье, и не хотите расстаться ни с единым пенни, хотя вам это совсем не трудно, чтобы избавить ее от страданий? Раз так, не приходите к нам бранить моего отца — он был лучше, чем вы все, он был добрый, он бы помог вам, если бы вы попали в беду. Мы с Томом и брать не станем ваших денег, раз вы не желаете помочь матери. Они нам не нужны! Мы обойдемся без вас!

Излив свое возмущение, Мэгги стояла, сверкая черными глазами, готовая ко всему.

Миссис Талливер пришла в ужас; было что-то чудовищное в этой бешеной вспышке, ей казалось — мир сейчас перевернется. Том рассердился: что толку с ними так говорить? Тетушки застыли в изумленном молчании. Наконец, решив, что такая сумасшедшая выходка не заслуживает даже ответа, миссис Пуллет заметила:

— И когда ты перестанешь мучиться с этой девочкой, Бесси? Ну до чего дерзкая и неблагодарная, прямо ужас! И зачем только я давала деньги на ее учение? Она стала еще хуже, чем прежде.

— А что с нее спрашивать! — присоединилась к сестре миссис Глегг. — Меня это не удивляет. Я твердила без устали еще много лет назад: «Попомните мои слова, из этого ребенка не выйдет ничего хорошего; в ней нет ни капли нашей крови». А что до учения, я никогда не ждала от этого проку — я знала, что делаю, когда сказала, что не дам ни пенни.

— Полно, полно, — перебил ее мистер Глегг, — хватит тратить время на разговоры, давайте займемся делом. Том, неси сюда перо и чернила...

В это время в окне промелькнула высокая темная фигура.

— Ой, да это же миссис Мосс, — воскликнула миссис Талливер. — Значит, до нее уже дошли дурные вести.

И она вышла, чтобы отпереть дверь, а Мэгги метнулась за ней следом.

— Вот удачно, — сказала миссис Глегг. — Она тоже примет участие в выкупе вещей по нашему списку. Это будет только справедливо — ведь он ей родной брат.

Миссис Мосс была в слишком большом волнении, чтобы протестовать, когда миссис Талливер по привычке повлекла ее в гостиную, не подумав, что ей тяжело будет очутиться среди такого множества людей в первый печальный момент встречи. Высокая, темноволосая, измученная женщина в поношенном платье и наспех накинутых шали и шляпке представляла разительный контраст сестрам Додсон. Она вошла в комнату, безразличная ко всему от горя и, казалось, никого не видя, кроме прильнувшей к ней Мэгги и Тома. Она подошла к нему и взяла за руку.

— Милые мои детки, — воскликнула миссис Мосс, — я не виню вас, что вы обо мне не подумали: чем я могу вам помочь, когда сама только беру, а не даю? Как себя чувствует братец?

— Мистер Тэрнбул считает, что скоро ему должно стать лучше, — сказала Мэгги. — Садись, тетя Гритти. Не расстраивайся так.

— Славная ты моя девочка, у меня прямо сердце надвое разрывается, — сказала миссис Мосс, послушно идя вслед за Мэгги к дивану и, казалось, все еще не замечая никого вокруг. — Мы взяли у братца три сотни фунтов, и теперь они нужны ему и вам, мои бедняжки!.. Но чтобы вернуть их, мы должны будем распродать все до последнего, а что делать с детишками — ведь их целых восемь, меньшенькая еще даже и не говорит. И на душе у меня так, словно я граблю вас. Но, видит Бог, я и не знала, что братец...

Слезы помешали бедной женщине продолжать.

— Триста фунтов! О боже, боже! — воскликнула миссис Талливер. Когда она говорила, что муж ее дает сестре бог весть сколько денег, она не представляла, какая это может быть сумма, и чувствовала теперь законное негодование, что муж держал ее в неведении.

— Действительно безумие, — проворчала миссис Глегг. — Семейный человек! Он не имел права раздавать деньги таким образом. И верно, без всякого обеспечения, если говорить начистоту.

Голос миссис Глегг привлек внимание миссис Мосс, и, взглянув на нее, она сказала:

— Нет, с обеспечением. Мой муж дал долговую расписку. Не такие мы люди, чтобы грабить детей родного брата, и мы надеялись отдать долг, когда у нас станет немного полегче с деньгами.

— Все это так, — мягко сказал мистер Глегг, — но не может ли ваш муж достать сейчас эти деньги? Потому что для них это будет вроде целое состояние, ежели только Талливеру удастся избежать банкротства. У вашего мужа есть кое-какие запасы в хозяйстве: мне кажется, только справедливо будет, ежели он вернет сейчас эти деньги... хотя мне и очень вас жаль, миссис Мосс.

— О, сэр, вы не знаете, как нам в этом году не везло. На ферме не осталось никаких запасов; и мы продали всю пшеницу и задержались с выплатой ренты... Не то чтоб мы не хотели сделать по справедливости, и я бы работала по ночам, кабы это могло помочь... но дети... и четверо еще совсем маленьких...

— Не плачь, тетя... не расстраивайся, — шепнула Мэгги, не выпуская ее руки.

— Вам мистер Талливер дал эти деньги разом? — спросила миссис Талливер, все еще растерянно пытаясь понять, что же это творилось без ее ведома.

— Нет, за два раза, — ответила миссис Мосс, вытирая глаза и стараясь сдержать слезы. — Во второй — после моей болезни, четыре года назад, когда нам во всем была неудача, и тогда Мосс написал новую расписку. Из-за моих болезней да невезения я только обузой была брату все эти годы.

— Да, миссис Мосс, — решительно подтвердила миссис Глегг. — Незадачливая ваша семья — тем печальней это для моей сестры.

— Я отправилась сюда, как только услышала, что случилось, — сказала миссис Мосс, глядя на миссис Талливер. — Я бы уже давно приехала, кабы вы прислали мне весточку. И не подумайте, что я лишь о своей семье тревожусь, а о брате нет... а только у меня всё эти деньги с ума нейдут... вот я и заговорила перво-наперво о них. Мы с мужем хотим поступить по справедливости, сэр, — добавила она, глядя на мистера Глегга, — и мы сделаем что в наших силах и выплатим деньги, коли это все, на что братец может надеяться. А там — будь что будет! Нам не привыкать к нужде. Мне только ребятишек жаль, прямо сердце надвое разрывается.

— Да, но тут нужно вот о чем подумать, миссис Мосс, — сказал мистер Глегг, — и нечестно будет вас не предупредить: ежели Талливера объявят несостоятельным должником и у него есть вексель вашего мужа на триста фунтов, вам все равно придется выплатить эти деньги, кредиторы с вас их взыщут.

— О боже, о боже, — вздохнула миссис Талливер, думая о банкротстве, а никак не о последствиях его для миссис Мосс.

Сама миссис Мосс смиренно и испуганно слушала мистера Глегга, а Мэгги в мучительном недоумении смотрела на Тома, стараясь уловить, понимает ли он, в чем эта новая беда, и жалеет ли он тетю Мосс. Но Том сосредоточенно разглядывал скатерть.

— А ежели его не объявят несостоятельным, — продолжал мистер Глегг, — триста фунтов будут для него, бедняги, как я уже сказал, целым состоянием. Мы ведь не знаем, — может, он на всю жизнь останется калекой, даже ежели и поднимется с постели. Мне очень жаль, что вам все это так трудно, миссис Мосс, но... мое мнение такое: с одной стороны поглядеть — только справедливо, чтоб вы отдали эти деньги мистеру Талливеру, а с другой — с вас все равно их взыщут. Вы на меня, надеюсь, не в обиде за то, что я сказал вам правду.

— Дядюшка, — неожиданно заговорил Том, оторвав взгляд от скатерти. — Я думаю, тетя Мосс не должна отдавать деньги, если это против воли отца, — правда ведь?

Мистер Глегг удивленно взглянул на него, затем сказал:

— Пожалуй что нет, Том, но ведь тогда бы он уничтожил долговую расписку. Надо ее поискать. А почему ты думаешь, что это против его воли?

— Да потому, — ответил Том, покраснев, но стараясь говорить твердо, хотя голос его прерывался, — что я хорошо помню, как перед моим отъездом к мистеру Стеллингу отец сказал мне однажды вечером, когда мы сидели вдвоем у камина и никого больше не было в комнате... — Том запнулся, но тут же продолжал: — Он сказал мне кое-что насчет Мэгги, а потом добавил: «Я всегда был добр к моей сестре, хотя она и вышла замуж против моего желания... и я одолжил Моссу деньги. Но я и не подумаю их с него требовать, пусть лучше совсем потеряю. Мои дети не должны жалеть, что станут от этого немного беднее». И раз теперь отец болен и не может сказать об этом, мне бы не хотелось, чтобы что-нибудь делалось не так, как бы он сделал сам.

— Да, но в таком случае, мой мальчик, — сказал мистер Глегг, доброжелательность которого помогла ему понять Тома, хотя ему нелегко было отрешиться от естественного отвращения к такому безрассудству, как ликвидация ценных бумаг или отказ от суммы, довольно ощутимо меняющей состояние, — в таком случае нам придется уничтожить расписку, чтобы избежать возможных последствий, ежели отца объявят несостоятельным.

— Мистер Глегг, — возмущенно прервала его жена, — думайте, что вы говорите. Вы слишком много берете на себя в чужих делах. Не пеняйте потом на меня, коли сами несете невесть что.

— В жизни не слышал ничего подобного, — сказал дядюшка Пуллет, чуть не подавившись мятной лепешкой, — так он торопился выразить свое удивление. — Уничтожить долговую расписку! Да вас любой может отвести к констеблю за такие штуки!

— Да, — сказала миссис Талливер, — но ежели расписка стоит столько денег, почему бы нам не отдать ее в счет долга и не спасти мои вещи? Нечего нам вмешиваться, Том, в дела твоего дяди и тети Мосс, коли ты думаешь, что отец осерчает за это, когда поправится.

Миссис Талливер была несведуща в вопросе учета векселей, просто мысли ее устремлялись все на ту же проторенную дорожку.

— Ну-ну-ну, вы, женщины, не разбираетесь в таких вещах, — проворчал дядюшка Глегг. — Единственный способ, чтобы мистер и миссис Мосс не пострадали, — это уничтожить расписку.

— В таком случае, дядюшка, я надеюсь, вы поможете мне это сделать, — серьезно сказал Том. — Если отец не поправится, мне будет очень тяжело думать, что мы поступили против его желания. А я твердо знаю — он хотел, чтобы я запомнил то, что он сказал мне в тот вечер. Я должен следовать воле отца насчет его имущества.

Даже миссис Глегг не могла удержаться от одобрения, глядя на Тома; она увидела в нем додсоновскую кровь, хотя, ежели бы его отец был Додсон, Тому и в голову бы не пришла такая глупость, как отказываться от своих денег. Мэгги едва не кинулась Тому на шею, но тетя Мосс ее опередила. Быстро встав с места и взяв Тома за руку, она произнесла прерывающимся от волнения голосом:

— Ты от этого не обеднеешь, мой мальчик, Бог свидетель, и ежели эти деньги будут нужны твоему отцу, мы с Моссом выплатим их — все равно, есть долговая расписка или нет. Мы не сделаем другим того, чего сами себе не желаем, и коли нашим детям нет ни в чем другом удачи, у них хотя бы честные отец и мать.

— Ну что ж, — сказал мистер Глегг, все это время раздумывавший над словами Тома, — мы не нанесем ущерба кредиторам, даже ежели отца и объявят несостоятельным. Я сам был кредитором, и меня без конца обманывали. Коли он задумал отдать деньги твоей тете еще до того, как ввязался в это дело с Пивартом, — это все равно что он бы сам уничтожил вексель, раз он решил не брать денег обратно. Но когда имеешь дело с деньгами, о многом приходится думать, молодой человек, — предостерегающе заметил дядюшка Глегг, глядя на Тома, — а то, может статься, заберешь у одного обед, чтобы сделать другому завтрак. Но тебе этого, верно, еще не понять.

— Нет, я понимаю, — решительно ответил Том. — Я знаю, что, если я должен деньги одному человеку, я не вправе давать их другому. Но если мой отец решил отдать деньги тете до того, как попал в долги, он имел на то полное право.

— Хорошо сказано, мальчик! — от души промолвил дядюшка Глегг. — Я не ожидал от тебя такой сметки.

Но возможно, отец и сам уничтожил расписку. Давай пойдем поищем ее в сундуке.

— Сундук у отца в комнате. Пойдемте тоже туда, тетя Гритти, — шепнула Мэгги.

ГЛАВА IV

Проблеск надежды

Даже между приступами спазматического оцепенения, в которое мистер Талливер погружался время от времени с той самой минуты, как упал с лошади, он находился в состоянии столь глубокой апатии, что можно было свободно входить к нему в комнату, не боясь его потревожить. Все это утро он лежал совершенно неподвижно, с закрытыми глазами, и Мэгги сказала тете Мосс, что вряд ли отец заметит их приход.

Они вошли тихо, миссис Мосс села у изголовья, а Мэгги — на свое обычное место на краю постели; она положила руку на руку отца, но на лице его не дрогнул ни один мускул.

Мистер Глегг и Том осторожно вошли за ними следом и теперь из связки, взятой Томом в конторке отца, подбирали ключ к старому дубовому сундуку. Им удалось без особого шума открыть сундук, стоявший в ногах кровати мистера Талливера, и подпереть крышку железной подпоркой.

— Смотри, жестяная коробка, — шепнул мистер Глегг, — вполне возможно, что отец положил сюда такую небольшую бумажку, как вексель. Возьми ее, Том, а я посмотрю, что под теми бумагами, — это, верно, документы на мельницу и дом.

Вынув бумаги, мистер Глегг отошел на шаг от сундука — к счастью для себя, так как подпорка вдруг соскочила и тяжелая крышка с треском захлопнулась. Шум раскатился по всему дому.

Видно, было в этом звуке что-то еще, кроме простого колебания воздуха. Чем иначе объяснить тот эффект, который он произвел на лежащего пластом человека, мгновенно выведя его из оцепенения? Сундук принадлежал его отцу, а до того — его деду, и мистер Талливер всегда с некоторым волнением открывал его. Все знакомые с детских лет предметы, будь то простая задвижка на окне или дверная щеколда, имеют свой неповторимый голос — голос, который, затронув в нас душевные струны, пробуждает глубоко скрытые чувства. Крышка захлопнулась, и в тот же миг мистер Талливер сел на постели и совершенно сознательным взглядом посмотрел на сундук, мистера Глегга с документами в руках и Тома, державшего жестяную коробку. Все взоры обратились к мистеру Талливеру.

— Что вы хотите делать с этими бумагами? — спросил он раздраженным тоном, обычным для него, когда что-нибудь вызывало его неудовольствие. — Подойди сюда, Том. Что тебе нужно в моем сундуке?

Том, весь дрожа, повиновался. В первый раз отец узнал его. Но, ничего ему не сказав, отец со все растущим подозрением смотрел на мистера Глегга и бумаги у него в руках.

— Что здесь происходит? — сердито произнес мистер Талливер. — Зачем вы суете нос в мои бумаги? Разве Уэйкем уже на все наложил свою лапу?.. Почему вы не говорите мне, что вы тут делаете? — нетерпеливо повторил он, так как мистер Глегг подошел и стал в ногах кровати, все еще не проронив ни слова.

— Нет, нет, друг Талливер, — успокаивая его, сказал мистер Глегг. — Никто ни на что лап не накладывал. Просто мы с Томом пришли посмотреть, что здесь в сундуке. Вы были немного нездоровы, и нам пришлось приглядывать за делами. Ну, будем надеяться, вы теперь скоро встанете и сами всем займетесь.

Мистер Талливер задумчиво посмотрел кругом, на Тома, на мистера Глегга и на Мэгги, затем, видимо вдруг почувствовав, что кто-то сидит рядом, в головах у него, он резко повернулся и увидел миссис Мосс.

— А, Гритти, — сказал он тем немного печальным и ласковым голосом, каким обыкновенно говорил с сестрой. — И ты здесь! Как тебе удалось оставить детишек?

— О братец! — воскликнула миссис Мосс, забывая от радости всякую осторожность. — Я благодарю Бога, что приехала и увидела тебя снова в полной памяти... Я боялась, ты никогда больше нас не узнаешь.

— Что? У меня был удар? — с беспокойством спросил мистер Талливер, глядя на мистера Глегга.

— Вы упали с лошади... небольшое сотрясение... вот и все, я думаю, — сказал мистер Глегг. — Но будем надеяться, что вы скоро поправитесь.

Мистер Талливер уставился на одеяло и несколько минут молчал. Затем на лице его мелькнула новая мысль. Он взглянул на Мэгги и тихо спросил:

— Значит, ты получила мое письмо, дочка?

— Да, отец, — ответила она, горячо его целуя. Ей казалось, что отец воскрес из мертвых и что наконец будет удовлетворена ее жажда показать ему, как она его любит.

— Где мать? — спросил он, настолько занятый своими мыслями, что принял ее поцелуй так безучастно, как могло бы его принять какое-нибудь смирное животное.

— Она внизу с тетушками, отец. Позвать ее?

— Да, да. Бедная моя Бесси! — И когда Мэгги вышла, он обратил свой взгляд к Тому: — Ты должен позаботиться о них обеих, когда я умру, Том. Боюсь, трудно вам придется. Но ты уж постарайся всем заплатить. И не забудь — я взял у Люка пятьдесят фунтов, вложил их в дело... Он давал деньги по частям, а доказать это ему нечем. Перво-наперво отдай деньги ему.

Дядюшка Глегг невольно покачал головой, еще более озабоченный, чем прежде, но Том твердо сказал:

— Хорошо, отец. А где у тебя расписка на те триста фунтов от дяди Мосса? Мы как раз пришли, чтобы поискать ее. Что ты хочешь с ней сделать, отец?

— А, я рад, что ты об этом вспомнил, сынок, — сказал мистер Талливер, — я никогда не собирался требовать с них уплаты — это ради твоей тети. Ты не должен жалеть, что потеряешь эти деньги, коль они не могут их выплатить... а они, скорей всего, не смогут. Расписка в этой коробке, помни! Я всегда хотел быть тебе хорошим братом, Гритти, — сказал мистер Талливер, оборачиваясь к сестре, — хотя ты знаешь, что рассердила меня, когда вышла за Мосса.

В эту минуту в комнату снова вошла Мэгги, а с ней миссис Талливер, сильно взволнованная известием, что муж пришел в себя.

— Ну, Бесси, — сказал он, когда она его поцеловала, — ты уж прости меня, коли оказалась беднее, чем ожидала. Но это всё виноваты законники... а не я, — добавил он сердито. — Это мошенники виноваты. Том, смотри крепко запомни: ежели будет случай, заставь Уэйкема за все ответить. Коли ты этого не сделаешь, ты мне дурной сын. Ты мог бы отхлестать его кнутом, но он притянет тебя к суду — суд только и делает, что покрывает мошенников.

Мистер Талливер говорил все более и более возбужденно, на лице его заиграл опасный румянец. Мистер Глегг хотел было сказать что-нибудь успокоительное, но мистер Талливер снова заговорил, на этот раз обращаясь к жене.

— Они уж постараются все выплатить, Бесси, — сказал он, — а твои вещи все же от тебя не уйдут, и сестры тебе как-никак пособят... и Том вырастет... правда, что из него выйдет, я не знаю... я сделал что мог... отдал его в ученье... а маленькая — она выйдет замуж... но это когда еще будет...

Действие целебного стука упавшей крышки окончилось. С последними словами несчастный снова без сознания упал на постель.

Хотя он всего лишь вернулся в состояние, ставшее уже привычным, это поразило присутствующих, словно пришел конец — и не только по контрасту с его недавним возвращением к жизни, но и потому, что в словах его слышалось ожидание смерти. Однако бедному Талливеру не суждено было одним прыжком покинуть земную юдоль — его ожидало еще долгое томительное погружение в небытие.

Послали за мистером Тэрнбулом. Услышав о последних событиях, он сказал, что это восстановление памяти, пусть временное, указывает на отсутствие органической травмы и внушает надежду на полное исцеление.

Среди нитей прошлого, которые подхватил разбитый параличом человек, он упустил одну — закладную на мебель; мгновенное просветление позволило ему увидеть лишь то, что находилось на поверхности сознания, и он снова впал в беспамятство, так и не узнав о всей тяжести выпавшего на его долю позора.

Но Том твердо запомнил две вещи: что расписка его дяди Мосса должна быть уничтожена и что Люку непременно следует вернуть пятьдесят фунтов — если не удастся иначе, то из его и Мэгги собственных денег, лежащих в банке. Как вы видите, кое-что Том понимал куда лучше, нежели тонкости латинских конструкций или соотношение математических доказательств.

ГЛАВА V

Том пытается сам раскрыть створки устрицы

На следующий день в десять часов утра Том шел в Сент-Огг к своему дядюшке Дину, который, по словам миссис Дин, должен был вернуться домой накануне вечером; а Том решил, что дядюшка Дин как раз подходящий человек, чтобы посоветоваться с ним насчет работы. Он был компаньоном крупной фирмы, он шире смотрел на вещи, чем дядюшка Глегг, и он шел в гору с быстротой, отвечающей честолюбивым замыслам Тома.

Было темное, сырое, туманное, сулящее дождь утро — одно из тех, когда даже счастливые люди ищут прибежища в надеждах. А Том был очень несчастлив: его гордая натура не могла смириться с бесчестьем и предстоящей им нищетой, и, как ни был для него неколебим авторитет отца, Том не мог подавить в себе возмущение, вызванное его поступком, а незаслуженность несчастья делала его еще тяжелей. Если все это — результат пристрастия к тяжбам, значит его дядюшки и тетушки правы и отец действительно заслуживает порицания. Хотя Том и считал, что тетушки должны помочь матери, он — и это весьма показательно для него — вовсе не возмущался, подобно Мэгги, не видя с их стороны особого рвения проявить великодушие и щедрость. Не в его характере было ожидать от людей того, чего он не мог требовать от них по праву. С какой стати давать кучу денег тем, кто не сумел уберечь свои собственные капиталы? Том видел в их осуждении справедливость своего рода, тем более что уж он-то — в этом Том не сомневался — никогда не навлечет на себя подобного справедливого осуждения. Конечно, ему очень не повезло, что неосмотрительность отца поставила его в столь невыгодные условия, но он не собирался жаловаться и бранить других за то, что они не спешат ему помочь. Он просит одного — дать ему работу и платить за нее. Бедняга Том тоже искал в надеждах прибежище от холодного, сырого тумана, обступившего его со всех сторон, как стены тюрьмы, — под стать его домашним невзгодам. В шестнадцать лет даже самый рьяный сторонник фактов не свободен от иллюзий и преувеличения своих достоинств; и Том, рисуя в воображении будущее, руководствовался лишь тем, что подсказывала ему храбрая уверенность в себе. Он знал, что оба его дяди — и мистер Глегг, и мистер Дин — были когда-то бедны; но он не хотел медленно копить деньги, как дядюшка Глегг, и удалиться от дел, имея скромный доход; он станет таким, как дядя Дин, — получит место в какой-нибудь крупной торговой фирме и быстро добьется успеха. Он почти не видел дядюшки Дина за последние три года — их семьи встречались все реже и реже, — но именно поэтому так надеялся на его помощь. Дядюшка Глегг, он в этом уверен, ни за что не поддержит смелого начинания, а дядюшка Дин, казалось ему почему-то, обладает почти неограниченными возможностями. Том помнил — еще давно отец рассказывал, как мистер Дин стал совершенно незаменим у «Геста и К°», и старшие компаньоны фирмы были только рады, когда он согласился войти в дело; именно так Том представлял себе свое будущее. Он не мог вынести мысли, что останется на всю жизнь бедным и на него будут смотреть сверху вниз. Он обеспечит мать и сестру и заслужит всеобщий почет и уважение. Так Том перескочил через годы и, подгоняемый жаждой достигнуть цели, забыл, что годы эти складываются из медленных дней, часов и минут.

К тому времени, как он прошел каменный мост через Флосс и вступил в Сент-Огг, Том добрался в своих мечтах до того, как, разбогатев, он выкупит отцовскую землю и мельницу, починит дом и станет там жить; он предпочтет его любому другому более новому, более нарядному; к тому же он сможет держать там столько лошадей и собак, сколько его душе угодно.

Том быстро и твердо шагал уже улицей, как вдруг мечты его были прерваны человеком, незаметно приблизившимся к нему и заговорившим грубоватым, словно бы знакомым голосом:

— Ба, мастер Том! Как себя чувствует сегодня ваш отец?

Это был трактирщик из Сент-Огга, постоянный клиент мистера Талливера. Тому было неприятно, что с ним заговорили, но он вежливо ответил:

— Он все еще очень болен, благодарю вас.

— Да, не повезло вам, молодой человек, что тяжба эта повернулась против него, — сказал трактирщик, в хмельном благодушии полагая, что выказывает Тому свое сочувствие.

Том покраснел и прошел мимо: даже куда более тонкий и деликатный намек на их обстоятельства был бы для него прикосновением к открытой ране.

— Это сын Талливера, — заметил трактирщик торговцу бакалеей, стоявшему у соседней двери.

— Да? — отозвался бакалейщик. — То-то мне его лицо показалось знакомым. Он пошел в мать; она из Додсонов. Славный, крепкий паренек. Чему он обучен?

— О! Задирать нос перед старыми клиентами своего отца и корчить из себя важного джентльмена — вряд ли чему еще, так я думаю.

Том, возвращенный от мечтаний о будущем к реальности настоящего, ускорил шаг, торопясь поскорей добраться до расположенной при складах конторы «Геста и К°», где он рассчитывал найти дядюшку Дина. Но мистер Дин по четвергам всегда проводит утро в банке — с презрением к его невежеству сообщил ему клерк: мистера Дина никогда в этот день не найдешь утром на Ривер-стрит.

В банке Тома, когда он назвал свое имя, немедленно провели в кабинет его дяди. Мистер Дин проверял со старшим клерком бухгалтерские книги, но, когда Том вошел, он оторвался на миг от своего занятия и, протянув ему руку, сказал:

— Ну, Том, ничего нового, надеюсь? Как отец?

— Благодарю вас, дядя, почти без перемен, — сказал Том, волнуясь. — Мне бы хотелось поговорить с вами, когда вы освободитесь.

— Присаживайся, присаживайся, — сказал мистер Дин, снова погрузившись в книги, и в течение получаса они с клерком были так поглощены своим делом, что Том уже стал побаиваться, не придется ли ему просидеть тут до закрытия банка, — казалось, эти холеные, преуспевающие деловые люди никогда не кончат своей монотонной неспешной проверки. А что, если дядя предложит ему место в банке? Это будет очень скучная, прозаическая работа, думал он, целыми днями строчить здесь под громкое тиканье часов. Он предпочитает другие способы разбогатеть... Но наконец дядя взял перо и написал что-то, закончив росчерком.

— Сходите, пожалуйста, сейчас в контору Торри, мистер Спенс, — сказал мистер Дин, и тиканье часов сразу перестало быть таким громким и медленным.

— Ну, что скажешь, Том? — произнес мистер Дин, когда они остались одни, и, повернувшись в кресле всей своей дородной фигурой, вынул табакерку. — Какое у тебя ко мне дело, мальчик? — Мистер Дин, слышавший от жены о том, что произошло накануне, был уверен, что Том пришел к нему с просьбой как-нибудь предотвратить распродажу их домашней утвари.

— Прошу извинить за беспокойство, дядя, — сказал Том, — но, я думаю, никто лучше вас не посоветует мне, что делать. — Он покраснел, но голос его, хотя и прерывался от волнения, звучал довольно гордо и независимо.

— Вот как? — сказал мистер Дин, все еще держа понюшку и взглянув на Тома с неожиданным интересом. — Ну, говори.

— Я хочу получить место, дядя, чтобы зарабатывать деньги, — сказал Том, не любивший ходить вокруг да около.

— Место? — повторил мистер Дин и принялся методично закладывать в нос понюшку, стараясь не обидеть ни одну ноздрю. Том подумал, что нюханье табака — на редкость раздражающая привычка. — Постой-ка, а сколько тебе лет? — спросил мистер Дин, снова откидываясь в кресле.

— Шестнадцать... то есть мне скоро будет семнадцать, — сказал Том, надеясь, что дядя заметит пушок у него на щеках.

— Так-так... Твой отец как будто хотел сделать из тебя инженера?

— Ну, вряд ли я смогу этим сразу зарабатывать деньги, как вы думаете?

— Это верно, но человек вообще не зарабатывает много денег, когда ему всего шестнадцать, мой мальчик. Однако ты много учился, ты, верно, неплохо разбираешься в счетоводстве, а? Знаешь ты бухгалтерию?

— Нет, — запинаясь, ответил Том. — Мы до нее еще не дошли. Но мистер Стеллинг говорил, что у меня хороший почерк, дядя. Вот посмотрите, — добавил Том, кладя на стол копию списка, который он сделал накануне...

— Неплохо, неплохо. Но, видишь ли, при самом лучшем почерке ты можешь стать не более чем простым переписчиком, если ты нисколько не разбираешься в бухгалтерии и не знаешь счетоводства. А переписчики — это дешевый товар. Чему же ты тогда учился в школе?

Мистера Дина никогда не интересовали вопросы образования, и он не имел ни малейшего понятия о том, чем занимаются в дорогих школах.

— Мы изучали латынь, — начал Том, останавливаясь после каждого пункта, словно пересматривая книги на парте, чтобы помочь своей памяти, — много латыни, и последний семестр я писал сочинения, одну неделю по-латыни, другую — по-английски; и греческую и римскую историю; и геометрию; и я начал алгебру, но скоро снова бросил; и один день в неделю мы занимались арифметикой. Потом мне давали уроки рисования, и еще были разные книги, которые мы читали или учили из них наизусть: «Английская поэзия» и «Часы досуга»[1], а последнее полугодие — «Риторика» Блэра[2].

Мистер Дин снова постучал по табакерке и поджал губы; он чувствовал себя в положении тех достойных людей, которые, прочитав таможенный справочник, обнаруживают, что в страну ввозится множество товаров, о которых они никогда не слышали; как деловой человек, он был слишком осторожен, чтобы поспешно судить о сырье, с которым не имел раньше дела, но он предполагал, что, если бы это на что-нибудь годилось, ему, мистеру Дину, вряд ли было бы о том неизвестно. Что касается латыни, он имел на этот счет свое мнение: он считал, что в случае новой войны, поскольку никто больше не носит пудреных париков, было бы неплохо ввести налог на латынь как предмет роскоши, нужный только

[1] Книга религиозного содержания.

[2] Учебник риторики Хью Блэра (1718–1800), шотландского проповедника.

высшим классам и не приносящий никакого дохода фирме «Гест и К°». Но, как он понимал, «Часы досуга» могли быть вещью менее безобидной. В целом этот список предметов вызвал в нем нечто вроде отвращения к бедному Тому.

— Ну что ж, — сказал он наконец довольно холодным, даже саркастическим тоном, — ты потратил три года на все эти вещи — ты должен был все это неплохо усвоить. Не лучше ли тебе выбрать такое занятие, где это может пригодиться?

Том покраснел и продолжал с новой энергией:

— Мне бы не хотелось ничем таким заниматься, дядюшка. Я не люблю латыни и всех этих наук. И на что они мне, если не сделаться младшим учителем в школе, — а для этого я недостаточно хорошо их знаю. Да я скорее пойду в погонщики. Я не хочу быть учителем или чем-нибудь вроде этого. Я бы хотел заняться таким делом, где я мог бы добиться успеха... мужским делом, где бы я должен был присматривать, чтобы все шло как надо, и мог заслужить всеобщее уважение. И я хочу содержать свою мать и сестру.

— Ну, молодой человек, — сказал мистер Дин, движимый склонностью разбивать юношеские надежды — что дородные, преуспевающие в жизни джентльмены пятидесяти лет считают одной из приятнейших своих обязанностей, — это легче сказать, чем сделать, вот оно что.

— Но разве *вы* не так добились успеха? — сказал Том, несколько раздосадованный тем, что дядя не спешит стать на его точку зрения. — Я хочу сказать — разве вы не получали должности все лучше и лучше благодаря своим способностям и хорошему поведению?

— Да, да, сэр, — сказал мистер Дин, поудобней устраиваясь в кресле, с полной готовностью заняться обозрением своего прошлого. — Но я расскажу тебе, как я добился успеха. Я не сел верхом на палочку в расчете, что она превратится в лошадь, если я посижу на ней достаточно долго. Я внимательно ко всему приглядывался и ничего не пропускал мимо ушей, сэр, и я не жалел своей спины, и интересы моего хозяина были моими интересами. К примеру — посмотрев, как идут дела на мельнице, я сразу увидел, что там зря тратится пять сотен фунтов в год. Да, сэр, когда я начинал, я знал не больше мальчишки из приюта, но я скоро понял, что и шагу не смогу ступить без бухгалтерии, и стал изучать ее в свободные часы, после работы. Посмотри-ка. — Мистер Дин раскрыл конторскую книгу и показал Тому страницу. — У меня неплохой почерк, и мало кто может потягаться со мной в устном счете, а добился я всего этого тяжелым трудом и платил за обучение из заработанных мною же денег — часто за счет обеда и ужина. Я старался докопаться до сути всего, с чем мы сталкиваемся в нашем деле, и узнать побольше о своей работе, а потом я над всем этим раздумывал. Да что там, я не механик и не претендую на это, но я предложил кое-какие вещи, которые и в голову не пришли механикам, и это неплохо сказалось на наших доходах. И нет таких товаров из тех, что грузят на корабли в нашей пристани или сгружают с них, чтобы я не разбирался в их качестве. Если я получал новую должность, сэр, то потому, что умел стать годным для нее. Ежели ты хочешь попасть в круглую дырочку, ты должен превратиться в шарик... вот оно что.

Мистер Дин снова постучал по крышке табакерки. Он увлекся предметом разговора и совершенно забыл, какое отношение имеет этот ретроспективный обзор к его слушателю. Он нередко и раньше находил повод поговорить на эту тему и сейчас совершенно упустил из виду, что это не беседа за рюмкой портвейна.

— Но, дядюшка, — чуть-чуть жалобно сказал Том, — это как раз то, что бы я хотел сделать. Разве я не могу добиться успеха таким же образом?

— Таким же образом? — повторил мистер Дин, внимательно глядя на Тома, словно прикидывая, чего он стоит. — Ну, тут надо выяснить еще кое-какие вопросы, мастер Том. Прежде всего — из какого ты сделан теста и ту ли ты прошел обработку, что надо. Но вот что я тебе скажу. Твой бедный отец пошел по неверному пути, дав тебе образование. Это не мое было дело, я и не вмешивался, но вышло так, как я думал. Ты научился таким вещам, которые недурны для молодого джентльмена вроде нашего Стивена Геста, которому всю жизнь придется только одним заниматься — подписывать чеки, так что он может с таким же успехом держать латынь в голове, как и любую другую начинку.

— Но, дядя, — серьезно сказал Том, — я не понимаю, чем латынь может мне помешать. Я скоро все это забуду, что за важность! Я должен был готовить уроки, когда учился в школе, но я всегда думал, что проку мне от них потом не будет... Я и не очень-то старался.

— Да, да, все это прекрасно, — согласился мистер Дин, — но это не меняет того, что я хотел сказать. Латынь и прочую ерунду ты скоро забудешь, верно, — но что у тебя останется? К тому же это избавило тебя от грубой работы и ты вырос белоручкой. А что ты знаешь? Начнем с того, что ты совсем не разбираешься в бухгалтерии, а считаешь хуже простого торговца. Тебе придется начинать с самой нижней ступеньки, если ты хочешь преуспеть в жизни. Что толку забывать науку, за которую отец платил столько денег, ежели ты не выучишься ничему другому?

Том изо всей силы закусил губу; он чувствовал, что к глазам его подступают слезы, и готов был скорее умереть, чем заплакать.

— Ты хочешь, чтобы я помог тебе устроиться, — продолжал мистер Дин. — Что же, в этом нет ничего предосудительного. Я охотно для тебя что-нибудь сделаю. Но вы, теперешние молодые люди, думаете, что можно начать с легкой работы и веселой жизни: вы хотите сесть на лошадь, прежде чем походите пешком. Ты должен помнить, чтó ты собой представляешь, — ты парень шестнадцати лет, не обученный никакому определенному делу. Вас таких, ни на что не годных, пропасть — хоть пруд пруди. Ну, ты мог бы пойти куда-нибудь в ученики — например, к аптекарю, там бы хоть твоя латынь пригодилась...

Том хотел было заговорить, но мистер Дин движением руки остановил его:

— Стоп! Послушай, что я тебе скажу. Ты не хочешь быть учеником — я знаю; я знаю, ты хочешь быстро двигаться вперед... и тебе не по душе стоять за прилавком. Но если ты будешь переписчиком, тебе предстоит стоять за конторкой и целый день не видеть ничего, кроме пера и чернил; это не сулит никакого будущего, и в конце года ты будешь не намного умней, чем был в начале. Жизнь состоит не из одной только бумаги, пера и чернил, молодой человек, и, если ты хочешь продвинуться, ты должен знать, что она собой представляет. Самое лучшее место для тебя сейчас было бы в гавани или на товарных складах, там бы ты узнал, что к чему... Но, я уверен, тебе это будет не по вкусу; там придется и померзнуть, и помокнуть, да еще толкнуть могут какие-нибудь грубые парни. Слишком ты для этого деликатный джентльмен.

Мистер Дин замолчал и испытующе посмотрел на племянника. Не без внутренней борьбы Том ответил:

— Я лучше буду делать то, что окажется полезным для меня в конечном счете, сэр, и примирюсь с тем, что неприятно сейчас.

— Неплохо, если только ты выдержишь до конца. Но ты должен помнить — мало ухватиться за веревку, нужно тянуть и тянуть. Вы, парни, у которых пусто в голове или в кармане, ошибаетесь, когда думаете, что скорее чего-нибудь добьетесь, если попадете на место, где не испачкаете ручек, чтобы продавщицы из магазинов могли принимать вас за важных джентльменов. Я не так начинал, молодой человек: когда мне было шестнадцать, моя куртка пахла смолой, и я не боялся взять в руки головку сыра. Вот почему я ношу теперь тонкое сукно и сижу за одним столом с хозяевами лучших фирм в Сент-Огге.

Мистер Дин постучал по табакерке и расправил плечи: казалось, он даже несколько раздался вширь под своим жилетом с выпущенной поверх цепочкой от часов.

— А сейчас у вас нет, дядюшка, какого-нибудь свободного места, для которого я мог бы подойти? Мне бы хотелось сразу взяться за работу, — сказал Том дрогнувшим голосом.

— Погоди, погоди, спешить некуда. Ты должен иметь в виду, что если я устраиваю тебя на место, для которого ты еще молод, только потому, что ты случайно мой племянник, то я за тебя отвечаю. И никаких других оснований, кроме того, что ты мой племянник, пока нет; ведь еще надо посмотреть, выйдет ли из тебя толк.

— Надеюсь, я не опозорю вас, дядюшка, — сказал Том с обидой, естественной для мальчика его лет, когда он убеждается в малоприятной истине, что на него не очень-то спешат положиться. — Я слишком дорожу своим добрым именем.

— Славно сказано, Том, славно сказано! Так и надо смотреть на вещи, и я никогда не откажу в помощи тому, кто сам знает себе цену. Я сейчас присматриваюсь к одному юноше — ему двадцать два года. Я посодействую ему как смогу, у него есть хватка. Но он зря времени не терял — первоклассный калькулятор: в одну секунду может сказать, какому кубическому объему соответствует такой-то вес любого товара, а на днях надоумил меня насчет нового рынка сбыта шведской коры; удивительно хорошо разбирается в товарах этот молодой человек.

— Я, пожалуй, сразу возьмусь за бухгалтерию — да, дядюшка? — сказал Том, стремясь доказать свою готовность сделать все, что в его силах.

— Да, да, это не помешает. Только... А, Спенс, вы вернулись? Ну, Том, сейчас я тебе больше ничего не могу сказать, и мне пора снова приниматься за работу. До свиданья. Передай привет матери.

Мистер Дин дружески протянул ему руку, показывая, что разговор окончен, и Том не осмелился задать ему больше ни одного вопроса, особенно в присутствии мистера Спенса. Он вышел на улицу. Было по-прежнему сыро и холодно. Ему нужно было зайти к дядюшке Глеггу насчет своих денег в банке, и к тому времени, когда он двинулся в обратный путь, туман сгустился еще больше и в двух шагах уже ничего не было видно. Но когда он снова шел по Ривер-стрит, его внимание привлекли слова «Дорлкоутская мельница», написанные крупным шрифтом на афише, выставленной в витрине магазина. Казалось, ее поместили там нарочно, чтобы она бросилась Тому в глаза. Это был перечень вещей, поступающих на следующей неделе в продажу с аукциона, — и Том прибавил шагу, чтобы поскорее выбраться из города.

На обратном пути Том уже не строил планов относительно далекого будущего — он только чувствовал тяжесть настоящего. Ему казалось несправедливым, что дядюшка Дин не доверяет ему — не увидел с первого взгляда, что Том справится с любой работой, в чем сам Том нисколько не сомневался. Похоже на то, что ему, Тому Талливеру, вряд ли удастся занять заметное место в обществе, и в первый раз у него упало сердце при мысли, что он действительно ничего не знает и очень мало умеет. Кто этот достойный зависти юноша, которому ничего не стоит в одну секунду сказать вам кубический объем любой вещи и который вносит предложения насчет шведской коры? Шведская кора! Том был всегда очень доволен собой, несмотря на то что он не умел доказывать теоремы и переводил «Nunc illas promite vires»[1] как «Теперь обещайте этим людям», но тут он вдруг почувствовал себя в невыгодном положении из-за того, что знает меньше другого. Наверно, с этой шведской корой связана куча вещей, которые, знай он их, помогли бы ему добиться успеха. Да, куда легче играть важную роль, имея горячего скакуна под новым седлом.

Два часа назад, когда Том шел в Сент-Огг, он видел отдаленное будущее как заманчивую песчаную отмель, которую отделяет от него узкая полоса гальки; он был

[1] Теперь приложите эти силы *(лат.)*.

на поросшем травой берегу и надеялся быстро оставить гальку позади. Но теперь в ноги ему врезались острые камни, полоса гальки стала шире, а песчаная отмель почти совсем скрылась вдали.

— Что сказал дядюшка Дин, Том? — спросила Мэгги, беря Тома под руку, когда он угрюмо стоял на кухне, греясь у огня. — Обещал он тебе место?

— Нет, не обещал. Он вообще не обещал мне ничего определенного; он, по-видимому, думает, что мне не получить хорошего места. Я слишком молод.

— Но он разговаривал с тобой любезно?

— Любезно?! Да какое это имеет значение? Пусть бы говорил как угодно, лишь бы дал мне работу. Но все так досадно и неудачно... Я все эти годы учил латынь и прочие глупости, а мне это совершенно ни к чему... И теперь дядюшка говорит, что я должен взяться за бухгалтерию и калькуляцию и еще что-то в этом роде. Он, видно, считает, что я ни на что не годен.

И Том, горько сжав губы, уставился в огонь.

— Ах, как жаль, что здесь нет Домини Сэмсона[1], — сказала Мэгги, которая не могла отказаться от шутки даже в грустную минуту. — Если бы я занималась с ним бухгалтерией, двойной и итальянской, как Люси Бертрам[2], я могла бы выучить и тебя, Том.

— Ты выучишь! Ну еще бы! Другого от тебя не услышишь, — рассердился Том.

— Том, милый, я просто пошутила, — сказала Мэгги, прижимаясь щекой к его плечу.

— Ну, Мэгги, вечно у тебя одно и то же, — проворчал Том, хмурясь, как всегда, когда хотел выказать справедливую строгость. — Вечно ты задираешь передо мною нос и ставишь себя выше всех. Я уже несколько раз хотел сказать тебе об этом. Ты не должна была так говорить с тетушками и дядюшками — и могла предоставить мне

---

[1] *Домини Сэмсон* — один из персонажей романа В. Скотта «Гай Мэннеринг».

[2] *Люси Бертрам* — персонаж из того же романа.

позаботиться о матери и о тебе, а не выскакивать вперед. Тебе кажется, что ты знаешь все лучше всех, а сама почти всегда не права. Я получше во всем разбираюсь, чем ты.

Бедный Том! Ему только что пришлось выслушать нотацию и проглотить не одну горькую пилюлю: он искал случая поднять себя в своих глазах, а тут можно было с полным основанием сорвать на ком-то сердце. Мэгги вспыхнула, и губы ее задрожали. В ней боролись разноречивые чувства: возмущение и любовь, благоговейный трепет и невольный восторг перед его столь твердым и непреклонным характером. Она молчала. С языка ее рвались злые слова, но она проглотила их и наконец промолвила:

— Ты часто думаешь, Том, что я важничаю, когда у меня этого и в мыслях нет. Я вовсе не хочу ставить себя выше всех: я знаю, вчера ты вел себя куда лучше, чем я. Но ты всегда так со мной резок, Том. — В ней снова поднималось негодование.

— Нет, я не резок, — сурово и решительно произнес Том. — Я добр к тебе и всегда буду добрым, я всегда буду о тебе заботиться. Но ты должна меня слушаться.

Тут в комнату вошла мать, и Мэгги выбежала, чтобы подступающие к горлу слезы не вырвались наружу прежде, чем она будет в безопасности у себя в комнате. Это были очень горькие слезы. Все, все относились к ней так жестоко; ни от кого она не слышала доброго слова, не видела нежности, никто не жалел, не баловал ее, как в том воображаемом мире, который она создавала в мечтах. В книгах все были милые и ласковые, им доставляло удовольствие сделать другого счастливым, и не в постоянных попреках выражалась их доброта. Но действительный мир, Мэгги чувствовала, был далеко не таким приятным; в этом мире люди лучше всего относятся вовсе не к своим родным, которых они якобы любят. А если в жизни нет любви, что еще остается в ней для Мэгги? Ничего, кроме нужды да мелких огорчений матери... да еще, может быть, надрывающей сердце детской беспомощности отца. Нет печали безнадежнее, чем печаль ранней юности, когда душа наша полна порывов, а опыт прошлого, опыт жизни других людей, еще не может служить нам поддержкой; те, кто смотрит со стороны, слишком легко относятся к этим юношеским терзаниям, как будто их способность заглядывать в будущее может осветить настоящее для слепого страдальца.

Девочку в коричневом платье, с глазами, покрасневшими от слез, и откинутыми на спину толстыми косами, что сидела у постели больного отца, глядя на унылые стены печальной обители, ставшей теперь средоточием ее мира, переполняли нетерпеливое стремление ко всему прекрасному и радостному и страстная жажда знания; ее ухо старалось уловить сказочную музыку, которая, так и не приблизившись, замирала вдали; ее томила глухая, неосознанная тоска по чему-то, что связало бы воедино все удивительные впечатления этой непостижимой жизни и помогло ей найти свое место в ней.

Нечего удивляться, что такое противоречие между внутренним и внешним миром приводит к мучительному душевному разладу.

ГЛАВА VI

В опровержение распространенного предрассудка, будто не следует дарить ножей

Продажа домашнего имущества продолжалась два дня, два темных декабрьских дня. Мистер Талливер, который в моменты просветления выказывал признаки раздражительности, часто снова приводившей к потере сознания и к прострации, в те критические часы, когда шум аукциона разносился по всему дому, лежал живым трупом в своей спальне. Мистер Тэрнбул решил, что они меньше рискуют, оставив его там, чем если перенесут в коттедж Люка, как предложил миссис Талливер этот верный слуга, решив, что нехорошо будет, если хозяин очнется среди шума распродажи; и теперь жена и дети сидели, запершись, в его спальне, молча глядя на распростертое в постели тело и трепеща от страха, что неподвижное лицо вдруг дрогнет при звуке ударов, которые отдавались у них в ушах с упорным, мучительным однообразием.

Но наконец все осталось позади — и назойливый стук, и томительное бдение. Металлический голос, почти такой же резкий, как следующий за ним удар молотка, умолк, затихли шаги на гравийной дорожке. Розовое лицо миссис Талливер, казалось, постарело на десять лет за эти тридцать часов: каждый раз, когда ужасный молоток возвещал, что вещь перешла к новому владельцу, бедная женщина старалась догадаться, куда уходят ее главные сокровища; сердце ее сжималось при мысли, что тот или иной предмет попал в ненавистный ей «Золотой лев» и будет там опознан всеми как собственность одной из Додсон, а ей все это время приходилось сидеть, ничем не выказывая своего волнения. Такие минуты оставляют морщины на гладком круглом лице и делают шире белую прядку в волосах, которые когда-то выглядели так, словно их окунули в солнечный свет.

В три часа Кезия, их служанка с дурным характером и добрым сердцем, считавшая всех пришедших на распродажу своими личными врагами — даже грязь на сапогах у них особенно мерзкая, — принялась скрести и мыть с энергией, поддерживаемой неумолкающей воркотней насчет «людей, что приходят покупать вещи других» и которым ничего не стоит поцарапать стол красного дерева, пусть над ним получше их люди трудились до седьмого пота. Скрсбла она нс всздс, а с разбором — придут еще те, кто сразу не забрал купленных вещей, и нанесут еще такой же отвратительной грязи; но она хотела сделать хотя бы гостиную, где до тех пор сидела «эта прокуренная свинья» судебный пристав, настолько уютной, насколько этого можно было добиться, чисто прибрав и расставив те несколько предметов меблировки, которые выкупили для них родственники. Кезия твердо решила, что ее хозяйка и Том с Мэгги будут в тот вечер пить чай в гостиной.

Между пятью и шестью часами, незадолго до чаепития, Кезия поднялась наверх и сказала, что Тома спрашивают. Человек, который хотел его видеть, находился в кухне, и в первый момент, при слабом свете очага и свечки, Том никак не мог узнать этого приземистого, подвижного на вид парня, возможно года на два старше его, с голубыми глазами на круглом, усыпанном веснушками лице и рыжими вихрами, которые он тут же принялся теребить, всячески стараясь выказать Тому свое уважение. Клеенчатая шляпа с низкой тульей и отложения грязи на всем его костюме, блестевшем, как чисто вытертая грифельная доска, наводили на мысль о занятии, связанном с рекой; но это никак не освежило памяти Тома.

— Мое почтение, мастер Том, — приветствовал его рыжеволосый, не в силах сдержать улыбки, хотя он, видимо, считал необходимым хранить грустный вид. — Вы меня, поди, и не признали? — продолжал он, видя, что Том вопросительно смотрит на него. — Я бы хотел потолковать с вами с глазу на глаз, коли вы не против.

— Я затопила камин в гостиной, мастер Том, — сказала Кезия, не желавшая уходить из кухни в самый разгар поджаривания гренков.

— Пойдемте туда, — предложил Том, подумав, не работает ли этот парень на пристани «Геста и К°»; мысли его все обращались к тому же, так как он ждал, что в любую минуту может освободиться место и дядюшка Дин пришлет за ним.

Лампа в гостиной зажжена не была, но яркий огонь камина достаточно хорошо освещал голый пол, несколько стульев, конторку и единственный стол... нет, не единственный — в углу стоял еще один, где лежали Библия и несколько книг. Тома так поразила эта непривычная пустота, что он не воспользовался случаем повнимательнее взглянуть на лицо парня, теперь тоже хорошо видное при ярком свете. Тот бросил на него украдкой смущенный взгляд и сказал таким же чужим, как лицо, голосом:

— Надо же, вы так и не признали Боба — Боба, которому подарили когда-то складной нож! — И он тут же вынул из кармана нож с роговой ручкой и открыл большое лезвие, считая это самым неопровержимым аргументом.

— Как! Боб Джейкин? — воскликнул Том, нельзя сказать, чтобы с особым восторгом, так как немного стыдился этой детской дружбы, символом которой был вынутый нож, и совсем не был уверен, что мотивы, заставившие Боба вспомнить о ней, заслуживают безоговорочного восхищения.

— Так, так, Боб Джейкин — коли без Джейкина не обойтись, потому как Бобов на свете хоть отбавляй. Боб, с которым вы ходили охотиться на белок, — я еще в тот день грохнулся с дерева и здорово распорол ногу... Но я все равно поймал белку... Ну и царапалась же она. А вот это маленькое лезвие сломалось, видите, но я не захотел вставлять новое, а то еще надуют да подсунут чужой нож заместо этого, а другого такого во всей округе не сыщешь... он прямо как по моей руке сделан. И мне сроду никто ничего не дарил, разве что я сам у кого выманю хитростью, вот только Бил Фокс отдал мне щенка терьера, которого хотел утопить, да и то пришлось два часа его уламывать.

Все это он бойко произнес звонким дискантом и, с удивительной быстротой добравшись до конца своей долгой речи, нежно потер лезвие о рукав куртки.

— Ну, Боб, — немного покровительственно произнес Том, которого все эти воспоминания побудили отнестись к Бобу настолько дружески, насколько это подобало ему в его положении, хотя лучше всего из истории их знакомства он помнил причину прощальной ссоры, — могу я быть тебе чем-нибудь полезен?

— Что вы, что вы, мастер Том, — ответил Боб, со щелканьем закрывая нож и пряча его в карман, где тут же стал нашаривать что-то другое. — Я бы не стал к вам соваться, когда с вами такая беда приключилась и люди говорят, что хозяин — я еще для него птиц пугал, и он меня разок вытянул кнутом для потехи, когда увидел, как я таскаю с поля репу, — хозяин, говорят, больше никогда и головы не подымет... Я бы не пришел просить у вас второй нож, потому что вы дали мне раньше этот. Коли мне кто подставит фонарь, с меня этого хватит — я не жду второго, а тут же даю сдачи: услуга за услугу, а добрая услуга не хуже дурной, что там ни говори. Я снова вниз расти не стану, мастер Том, а вы мне больше всех по сердцу пришлись, когда я сам был еще мальчишкой, хоть вы и вздули меня тогда и ушли — и даже обернуться не захотели. Вот, к примеру, Дик Брамби, — да я мог дубасить его сколько душе угодно, а что за радость! Тут и рука устанет колотить парня, коли он все одно не видит, куда ему надо целить. Я знал парней, что битый час стояли, выпялив глаза на дерево, и не видели, где хвост птицы, а где листок. Нет хуже, чем водиться с таким дурачьем... Вот вы так умели бросать в цель, мастер Том: уж я знал, что вы в самый раз попадете палкой в крысу, или в ласку, или какая там еще была дичь, когда я выгонял их из-под кустов.

Боб вытащил из кармана грязный парусиновый мешочек и, возможно, продолжал бы свою речь, если бы в комнату не вошла Мэгги. Увидев ее, он в знак почтения снова принялся теребить свои рыжие вихры. Мэгги бросила на него удивленный и любопытный взгляд, но в следующий миг вид почти пустой комнаты поразил ее с такой силой, что она совсем забыла о присутствии Боба. Ее глаза сразу обратились туда, где висела раньше книжная полка, но на ее месте осталась лишь полоса невыцветших обоев, а под ней — столик с Библией и жалкой стопкой книг.

— О Том! — воскликнула она, всплескивая руками. — Где же книги? Мне казалось, дядюшка Глегг обещал купить их... разве нет?... Неужто это все, что они нам оставили?

— Видно, так, — ответил Том с безразличием отчаяния. — С чего бы им покупать много книг, когда они купили так мало мебели?

— О, но ведь... — И, еле сдерживая слезы, она бросилась к столу, где лежали книги, чтобы посмотреть, что из них уцелело. — Наш дорогой «Путь паломника», который ты сам раскрасил, когда был еще совсем маленьким! Помнишь эту картинку, где пилигрим одет в мантию и так похож на черепаху... О боже! — продолжала, чуть не плача, Мэгги, перебирая немногие оставшиеся книжки. — Я думала, мы никогда не расстанемся с ними, до самой смерти... а теперь все от нас уходит... и в старости ничто нам не напомнит наши детские годы!

Крупные слезы готовы были брызнуть у нее из глаз. Мэгги отошла от стола и бросилась в кресло, совершенно позабыв о Бобе, который неотступно следил за ней взглядом, как умный пес, чувствующий куда больше, чем может понять.

— Ну, Боб, — сказал Том, считая, что разговор о книгах был довольно неуместен, — ты, видимо, пришел повидать нас, потому что мы в горе? Это очень хорошо с твоей стороны.

— Я вам выложу все, как оно есть, мастер Том, — сказал Боб, начиная развязывать парусиновый мешочек. — Я, знаете, плавал на барке эти два года — надо же на хлеб заработать; а то смотрю за топками на маслобойне у Торри. Ну и на прошлой неделе мне такая удача привалила... я всегда знал, что я парень везучий: уж коли поставлю ловушку, в нее всегда что-нибудь да попадет; но в этот раз была не ловушка, а пожар на маслобойне, и я погасил его, а то бы загорелось все масло, и хозяин дал мне десять соверенов... сам, своими руками. Сначала он сказал, что я храбрый малый — ну да про то я и сам знаю, — но потом он выложил десять соверенов, а это мне уже в диковинку. Вот они — все, кроме одного! — И с этими словами Боб высыпал монеты из мешочка на стол. — Когда я получил эти деньги, у меня в голове закипело, словно в котле с похлебкой, — я все прикидывал, за какое бы дело мне теперь взяться, потому как у меня много к чему душа лежит, а баркой я сыт по горло, дни там тянутся, что свиные кишки. Сначала я подумал было накупить собак и хорьков да заделаться крысоловом, а потом решил взяться за что-нибудь новенькое, чтоб свет поглядеть, а то ло́влю крыс я уж вдоль и поперек знаю. Думал я, думал и решил наконец стать бродячим торговцем — вот это дошлые парни!.. И я стал бы носить самые легкие товары и мог бы пустить в ход свой язык, а при крысах да на барке с него мало проку. И я бы ходил по всей округе, из конца в конец, и стал бы заговаривать зубы женщинам, и ел бы горячее в харчевнях — вот это была бы жизнь!

Боб остановился и затем сказал с отчаянной решимостью, мужественно отворачиваясь от этой райской картины:

— Но мне не жалко — право слово, не жалко! Я разменял один из соверенов — купил матери гуся на обед и себе синюю плюшевую жилетку и шапку вот эту. Раз я хотел стать бродячим торговцем, так надо делать все как положено. Но мне не жалко — право слово, не жалко! У меня на плечах голова, а не репа, сэр, и я, может статься, еще какой пожар потушу. Так вот, сделайте милость, мастер Том, возьмите эти девять соверенов и пустите, куда вам там нужно, — раз оно правда, что с хозяином дело худо. Надолго-то их не хватит, но малость они вас выручат.

Том был так тронут, что забыл и подозрения свои и гордость.

— Ты добрый парень, Боб, — сказал он, покраснев, с той легкой дрожью застенчивости в голосе, которая придавала очарование даже его высокомерию и суровости, — и я больше тебя не забуду, хотя сегодня и не узнал. Но я не могу взять твои девять соверенов: я заберу все, что у тебя есть, а мне они мало чем помогут.

— Да, мастер Том? — сказал Боб сокрушенно. — Вы так говорите потому, что думаете — они мне нужны? А я вовсе не такой уж бедный парень. И мать неплохо зарабатывает — она щиплет птицу, и всякая другая работа есть, и посади ее хоть на хлеб и воду, у нее это все одно идет в жир. И мне всегда так везет, а вам, поди, не очень, мастер Том... Старому хозяину, уж верно, нет... Чего ж вам не взять маленько моей удачи; кому от того худо? Да послушайте только — я выловил раз целый окорок в реке: видать, упал с одной из этих голландских лоханок, лопни мои глаза, не вру. Может, все-таки возьмете — а, мастер Том? Ради старого знакомства... не то я подумаю, что у вас против меня зуб.

Боб подвинул монеты вперед, но, прежде чем Том успел что-нибудь сказать, Мэгги, стиснув руки, заговорила, покаянно глядя на Боба:

— О, мне так стыдно, Боб... я никогда не думала, что ты такой хороший. Да ты самый добрый человек на свете!

Боб не знал о том нелестном мнении о себе, в котором Мэгги теперь внутренне раскаивалась, но, судя по его улыбке, ему приятно было выслушать этот красноречивый панегирик, особенно от молодой девушки с такими, как он сообщил в тот вечер матери, «диковинными глазами; они так на него глядели, что он стал сам не свой».

— Нет, право, Боб, я не могу взять деньги, — сказал Том, — но ты не думай, раз я отказываюсь, так не чувствую твоей доброты. Я не хочу ничего ни у кого брать, я хочу сам зарабатывать на жизнь. А эти деньги не очень бы мне помогли — правда, даже если бы я их и взял. Разреши мне вместо того пожать твою руку.

Том протянул розовую ладонь, и Боб не замедлил вложить в нее свою загрубелую смуглую руку.

— Дай я спрячу соверены в мешочек, Боб, — сказала Мэгги, — и приходи повидаться с нами, когда накупишь себе товару.

— Выходит, я словно нарочно пришел похвалиться деньгами, — сказал Боб с досадой, беря у Мэгги мешочек, — коли беру их обратно. Я сплутовать не прочь, это верно, да только здесь я не плутовал; вот когда попадется мне жулик или простофиля, я люблю его немного околпачить, а так — нет.

— Ты лучше брось свои проделки, Боб, — сказал Том, — а то смотри — вышлют тебя в колонии в один прекрасный день.

— Ну уж нет, только не меня, — отозвался Боб с радостной уверенностью. — Против блошиных укусов закона нет. А коли я когда и облапошу дурака, так он с того только умнее будет. Ну хоть один соверен возьмите, купите себе и мисс что-нибудь на память... вы ведь подарили мне нож.

С этими словами Боб положил на стол соверен и решительно завязал мешочек. Том отодвинул монету и сказал:

— Нет, право, Боб, благодарю тебя от всего сердца, но принять я его не могу.

И Мэгги, взяв монету, протянула ее Бобу и добавила как можно убедительнее:

— Сейчас нет... но, возможно, в другой раз. Если Тому или отцу понадобится твоя помощь, мы тебе сообщим... правда, Том? Ведь ты хочешь, чтобы мы всегда рассчитывали на тебя как на друга?

— Да, мисс, благодарю вас, — сказал Боб, неохотно забирая деньги. — Я того хочу, чего вы хотите. До свидания, мисс, желаю удачи, мастер Том, спасибо, что пожали мне руку, хоть вы и не хотите взять деньги.

Приход Кезии, которая с самым мрачным видом спросила, можно ли подавать чай или гренки непременно должны превратиться в уголь, своевременно оборвал поток красноречия Боба и ускорил прощание.

ГЛАВА VII

Курица пускается на хитрость

День шел за днем, и у мистера Талливера появились, по крайней мере на взгляд врача, более определенные симптомы выздоровления: мало-помалу он начал владеть руками и ногами и рассудок его делал судорожные усилия вырваться из сковывающего его оцепенения, точно живое существо, выкарабкивающееся из-под снежного сугроба, который все снова и снова оседает, засыпая только что проделанное отверстие. Если бы те, кто сидел по ночам у его постели, измеряли время лишь неверной надеждой, ведя счет часам, проведенным в спальне больного, оно бы потянулось для них невыносимо медленно, но они измеряли его, ведя счет дням, оставшимся до страшной минуты, когда состоится продажа мельницы, — а их оставалось все меньше и меньше, — и ночи мелькали для них слишком быстро. Пока мистер Талливер постепенно возвращался к жизни, все ближе и ближе подходил тот миг, когда в его судьбе должна была произойти решительная перемена. Чиновники, определяющие судебные издержки, делают свое дело так же добросовестно, как почтенный оружейник, изготовляющий мушкет, который, попав, когда придет срок, в храбрые руки, оборвет не одну жизнь. Взыскание судебных издержек, опротестовывание векселей, постановления о продаже имущества — все это дозволенное законом оружие, корабельные ядра или картечь, которые поражают не одну только намеченную цель, но и все вокруг. Так уж устроена наша жизнь, где одни страдают за грехи других, где так неизбежно взаимосвязаны человеческие страдания, что даже у правосудия есть свои жертвы, и возмездие часто идет дальше цели, карая ни в чем не повинных людей.

На второй неделе января повсюду были развешаны объявления о том, что в «Золотом льве» в отведенное для таких дел послеобеденное время состоится продажа с торгов сельскохозяйственного и другого инвентаря мистера Талливера, а вслед за тем — принадлежащих ему мельницы и земли. Сам мельник, не подозревая, что прошло уже так много времени, думал, что находится в той ранней стадии своих злосчастий, когда можно еще найти какой-нибудь выход, и нередко в те часы, когда он приходил в себя, бессвязно толковал слабым голосом о планах, которые приведет в исполнение, когда поправится. У жены и детей была некоторая надежда на такой исход дела, который по крайней мере позволит мистеру Талливеру не покидать родного дома и не искать совершенно нового для себя занятия. К этому времени мельницей заинтересовался мистер Дин. Он рассудил, что для «Геста и К°» может быть небезвыгодно купить Дорлкоутскую мельницу, которая и сейчас дает прибыль, а может дать и больше, если применить паровую энергию; в таком случае Талливера можно было бы оставить управляющим. Однако мистер Дин не мог еще сказать ничего определенного: раз у Уэйкема в руках закладная на землю, ему может прийти в голову купить также и мельницу и набить на нее цену, а фирма »Гест и К°» в делах не руководствуется чувствами. Когда мистер Дин вместе с мистером Глеггом приезжал на мельницу, чтобы проверить, в каком состоянии находятся документы, он вынужден был сказать миссис Талливер что-то именно в этом духе, так как она заметила: «Пусть бы „Гест и К°“ подумали только, что отец и дед мистера Талливера владели мельницей задолго до того, как на свете появилась их маслобойня». Мистер Дин в ответ выразил сомнение в том, чтобы солидный возраст Дорлкоутской мельницы неопровержимо доказывал, насколько выгоднее вкладывать капитал в нее, чем в маслобойню «Геста и К°». Что касается дядюшки Глегга, то все это лежало за пределами его понимания. Добросердечный старик искренне сочувствовал Талливеру и его семье, но все его деньги были помещены в превосходные закладные, и он не мог рисковать — это было бы несправедливо по отношению к его собственным родным; зато он твердо решил послать Талливеру фланелевые жилеты, от которых сам отказался в пользу сделанных из более эластичного материала, и время от времени покупать миссис Талливер фунт чая; он уже заранее тешился мыслью о собственной щедрости, предвкушая, как преподнесет ей чай и как она будет довольна, узнав, что это самый высший сорт.

Все же было ясно, что мистер Дин расположен к Талливерам. Как-то раз он привез с собой Люси, приехавшую домой на рождественские каникулы; она прильнула к смуглой щеке Мэгги златокудрой ангельской головкой и, орошая обильными слезами, осыпала сестру поцелуями. Эти стройненькие белокурые дочки занимают самый уютный уголок в сердце не одного почтенного компаньона почтенной фирмы, и, может быть, тревожные и сочувственные расспросы Люси о брате и сестре как раз и заставили мистера Дина поспешить с подысканием Тому временного места на товарных складах и рекомендовать человека, который обучал бы его по вечерам счетоводству и калькуляции.

Это приободрило бы мальчика и несколько оживило его надежды, если бы в это время не обрушился тот удар, которого он так страшился: его отец будет объявлен банкротом; во всяком случае, придется просить кредиторов взять меньше того, что им следует, а для не изощренного в юридических тонкостях Тома это было то же банкротство. Про отца не только станут говорить, что он потерял все свое состояние, но и что он прогорел, а Том не знал более позорного слова. Когда были внесены судебные издержки, остался еще счет мистера Гора и дефицит в банке, да еще ряд мелких долгов; все это значительно превышало сумму, которую можно было выручить за имущество мистера Талливера, и кредиторам оставалось «максимум по десять или двенадцать шиллингов за фунт», как, поджав губы, авторитетно предсказал мистер Дин; слова эти кипящей смолой обожгли Тома, оставив в нем неутихающую боль.

А ему так нужна была какая-нибудь поддержка, чтобы не пасть духом в эти первые тягостные дни его новой жизни, когда ему внезапно пришлось сменить легкую скуку занятий в уютном доме мистера Стеллинга и деятельную праздность последнего полугодия, посвященного возведению воздушных замков, на общество мешков, и кож, и шумных парней, с грохотом кидающих на пол тяжелый груз чуть не прямо ему под ноги. Первый шаг на пути к успеху приходилось делать среди пыли, холода и шума, и, кроме всего прочего, Том каждый день сидел до ночи не евши, потому что оставался в Сент-Огге для вечерних занятий с одноруким клерком в комнате, пропахшей крепким табаком. К тому времени, когда он добирался до дому и, голодный как волк, садился за ужин, его румяное лицо успевало сильно побледнеть. Нечего удивляться, что он не особенно приветливо отвечал, если мать или Мэгги с ним заговаривали.

Все это время миссис Талливер вынашивала план, при помощи которого она, и никто другой, отвратит то, чего они больше всего боялись, и заставит Уэйкема отказаться от покупки мельницы, если он питает такое намерение. Представьте себе почтенную и приятную во всех отношениях курицу, которая по странной прихоти природы вдруг примется изобретать способы, как бы помешать хозяйке свернуть ей шею или отправить вместе с цыплятами на рынок; вряд ли из этого получится что-нибудь, кроме громкого кудахтанья и хлопанья крыльями. Миссис Талливер, видя, в какую они попали беду, решила, что была недостаточно энергична и что, если бы она занималась делами и время от времени вставляла свое твердое слово, это пошло бы на благо и ей, и всей семье. Никто, оказывается, и не подумал обратиться к самому Уэйкему относительно мельницы; а ведь это, рассуждала миссис Талливер, кратчайший путь к достижению цели. Конечно, мистеру Талливеру к нему ходить не стоит, даже если бы он мог и хотел это сделать, — ведь он тягался с ним и ругал на чем свет стоит все эти десять лет; ничего удивительного, если Уэйкем затаил против него злобу. И поскольку миссис Талливер пришла к убеждению, что ее муж кругом ошибался, раз довел ее до такого несчастья, она была склонна думать, что его мнение об Уэйкеме также ошибочно. Оно верно, Уэйкем посадил судебного пристава в дом и пустил все с молотка, но она предполагала, что он сделал это в угоду своему клиенту, одолжившему мистеру Талливеру деньги, — ведь адвокату приходится многим угождать, и с чего бы ему ставить мистера Талливера, который к тому же с ним судился, выше других? Этот поверенный, может статься, даже вполне разумный человек — почему бы нет? Он женился на одной из мисс Клинт, и когда миссис Талливер услышала об этой женитьбе — это было в то самое лето, когда она сделала себе голубой атласный спенсер и еще даже не помышляла о мистере Талливере, — за Уэйкемом не водилось ничего дурного. И не может того быть, чтобы к ней, которую он помнит еще как мисс Додсон, он отнесся недоброжелательно, коль скоро она объяснит ему, что она лично всегда была против всяких тяжб и сейчас вообще скорее склонна разделять во всем его, мистера Уэйкема, точку зрения, нежели точку зрения мужа. Короче говоря, если этот поверенный увидит, что почтенная матрона вроде нее, миссис Талливер, желает поговорить с ним по душам, почему бы ему и не отнестись благосклонно к ее ходатайству? Ведь она ему все толком объяснит, а этого еще ни разу никто не сделал. Не отправится же он поднимать цену на аукционе, только чтобы досадить ей, невинной женщине: ведь они, возможно, даже танцевали вместе когда-то у сквайра Дарли на этих больших балах — она со многими тогда танцевала, разве всех упомнишь?

Миссис Талливер таила все эти аргументы про себя, ибо, когда она заикнулась было мистеру Дину и мистеру Глеггу, что не прочь сама пойти поговорить с Уэйкемом, они сказали: «Нет, нет, нет», «Глупости, глупости», «Оставьте Уэйкема в покое», и тон их показывал, что вряд ли они отнесутся с должным вниманием к более детальному изложению ее проекта. В еще меньшей степени могла она решиться намекнуть о своих планах Тому и Мэгги; ведь «дети всегда во всем против того, что им говорит мать», а Том, она заметила, был почти так же настроен против Уэйкема, как и сам мистер Талливер. Но это не присущее ей напряжение ума вызвало у миссис Талливер не присущие ей изобретательность и решимость, и за несколько дней до аукциона, когда уже нельзя было больше терять ни минуты, она придумала, как привести свой план в исполнение. Она завела речь о маринадах — большом запасе маринадов и кетчупа, которые мистер Хиндмарш, бакалейщик, несомненно, у нее купил бы, если бы она могла лично вступить с ним в переговоры; поэтому она хочет пойти утром с Томом в Сент-Огг. Когда Том стал убеждать ее пока не трогать маринадов — ему бы не хотелось, чтобы она сейчас появлялась в городе, — она сделала вид, что обиделась на такое отношение родного сына: спорит с ней насчет маринадов, которые она собственноручно варила по фамильным рецептам, унаследованным еще от его бабушки, умершей, когда его мать была маленькой девочкой. Том уступил, и они вместе дошли до Даниш-стрит, где находилась бакалейная лавка мистера Хиндмарша, а неподалеку от нее контора Уэйкема.

Мистер Уэйкем еще не пришел, не присядет ли пока миссис Талливер у огня в его кабинете? Ждать ей пришлось недолго, поверенный явился точно в положенное время и, нахмурив брови, окинул испытующим взглядом полную белокурую женщину, которая поднялась, когда он вошел, и сделала ему почтительный реверанс. Перед ней был высокий мужчина с орлиным носом и густыми волосами с проседью. Вы никогда раньше не видели мистера Уэйкема и, возможно, интересуетесь, действительно ли он такой исключительно ловкий мошенник и злейший враг каждого честного человека вообще и мистера Талливера в частности, каким он представлялся вспыльчивому мельнику.

Вы уже могли убедиться, что мистер Талливер был из той породы людей, которые каждый случайный, слегка их задевший выстрел толкуют как покушение на свою жизнь и легко попадают впросак в нашем мудреном свете, а это, если учесть, что сами они, разумеется, непогрешимы, можно объяснить лишь происками дьявола и его приспешников. Вполне вероятно, что поверенный был виноват перед ним не больше, чем сложная, безостановочно действующая машина — перед неосторожным человеком, который, подойдя слишком близко, попадает в маховое колесо и неожиданно для себя превращается в фарш.

Но, просто поглядев на мистера Уэйкема, решить все эти вопросы, право, было невозможно: черты и выражение лица, подобно другим символам, нелегко прочитать без ключа. На первый взгляд орлиный нос поверенного, так раздражавший мистера Талливера, столь же мало, как и фасон его крахмального воротничка, указывал на то, что владелец его — мошенник; но стоило только признать это положение априори, и воротничок, как и нос, становился неопровержимым доказательством его вины.

— Миссис Талливер, если не ошибаюсь?

— Да, сэр. Урожденная мисс Элизабет Додсон.

— Садитесь, пожалуйста. У вас ко мне дело?

— О да, сэр, да, — сказала миссис Талливер; теперь, оказавшись перед этим грозным человеком и сообразив, что она так и не решила, как ей начать разговор, она испугалась собственной смелости. Мистер Уэйкем, сунув пальцы в карманы жилета, молча глядел на нее.

— Надеюсь, сэр, — начала она наконец, — надеюсь, сэр, вы не думаете, что я желаю вам зла, раз мой муж проиграл тяжбу, и в дом посадили судебного пристава, и пришлось продать все белье... О боже!.. Разве меня так воспитывали! Вы, верно, помните моего отца, сэр, они были закадычные друзья со сквайром Дарли, и мы всегда ходили к ним на танцы... Мы те самые мисс Додсон... Ни на кого так не обращали внимания... Оно и понятно, нас было целых четверо, и вы, верно, знаете, что миссис Глегг и миссис Дин мне доводятся сестрами. А что до судов, и чтобы потерять все свои деньги, и пустить все с молотка еще при жизни — такого я отроду не видела до замужества, да и после того долгое время. Ведь не виновата же я, что, по несчастью, попала из нашей семьи в такую, где все так нескладно делается. А чтобы я оскорбила вас когда, как другие люди, сэр, — никто вам этого про меня не скажет.

Миссис Талливер слегка покачала головой и поглядела на рубчик носового платка.

— Я не сомневаюсь в том, что вы говорите, миссис Талливер, — сказал мистер Уэйкем с холодной вежливостью. — Но вы хотели меня о чем-то просить?

— Да, сэр. И я вот что сказала себе; я сказала — ведь и у вас есть свои чувства, а что до моего мужа — он вот уже два месяца не в себе, — я его не защищаю ни вот столечко, что он такой шум поднял из-за этого орошения... Хотя есть и хуже его люди, он никого не обманет и на шиллинг, даже на пенни, разве что ненароком... А коли он такой горячий и любит судиться, что я могу тут поделать? Как получил он письмо, где написано было, что земля теперь в ваших руках, тут с ним удар и приключился — лежал будто мертвый. Но я знаю, вы будете вести себя как джентльмен.

— Что все это значит, миссис Талливер? — сказал мистер Уэйкем довольно резко. — О чем вы хотите меня просить?

— Да вот, сэр, кабы вы были так добры, — вздрогнув, заторопилась миссис Талливер, — кабы вы были так добры и не покупали мельницу и землю... землю-то еще куда ни шло... а только муж с ума сойдет от злости, ежели все вам достанется.

В глазах мистера Уэйкема промелькнула новая мысль, и он спросил:

— Кто вам сказал, что я собираюсь ее покупать?

— Ах, сэр, где мне самой такое выдумать? Мне бы это и на ум не пришло — ведь мой муж, а уж ему ли не знать законников, он всегда говорил, что им ни к чему покупать дома или там землю — они их заполучают другим путем. Верно, и вы сделаете так же, я никогда и не говорила, что вы иначе станете делать.

— Ну хорошо, а кто же это все-таки сказал? — спросил мистер Уэйкем и, откинув крышку конторки, стал перебирать там бумаги, еле слышно что-то насвистывая.

— Да мистер Глегг и мистер Дин, сэр, — они теперь занимаются всеми делами; и мистер Дин думает, что «Гест и К°» купят мельницу и оставят мистера Талливера работать для них, ежели вы не захотите сами ее купить и не поднимете цену. А для мужа было бы так хорошо остаться на старом месте, коли он только сможет там заработать на хлеб: ведь она раньше его отцу принадлежала — мельница-то, а выстроил ее его дед; хотя мне и не нравилось, как она шумит, когда я только вышла замуж, — у нас в семье мельниц не было, у Додсонов-то, — и кабы я знала, что с этими мельницами вечно надо судиться, пусть бы другой кто из Додсонов выходил замуж за мельника, а не я; но я шла с завязанными глазами, уж это так, а тут все эти орошения и прочее.

— Что?! «Гест и К°» покупают мельницу? Они, конечно, все возьмут в свои руки и будут платить вашему мужу жалованье?

— О боже, сэр, тяжко подумать, — сказала бедная миссис Талливер, и по щеке ее скатилась скупая слезинка, — что мой муж станет получать жалованье. Но это будет все же больше похоже на прежние времена, ежели мы останемся жить на мельнице и нам не придется уйти куда глаза глядят... И вы только одно возьмите в соображение — ежели вы купите мельницу, мужа может опять удар хватить, и он никогда больше не встанет на ноги.

— Ну а если бы я купил мельницу и оставил вашего мужа управляющим — тогда как? — спросил мистер Уэйкем.

— О, сэр, боюсь, он в жизни не согласится, даже коли сама мельница остановилась бы и стала молить его об этом. Ваше имя для него хуже яда, а уж особенно теперь; он так полагает, что это вы довели его до разорения, еще с тех пор, как оттягали по суду ту дорогу через луг — восемь лет назад; вот он с тех пор и начал... А я всегда говорила ему, что он не прав...

— Он тупоумный сквернослов и болван! — взорвался мистер Уэйкем, не в силах больше сдерживаться.

— О боже, сэр! — воскликнула миссис Талливер в ужасе, что слова ее привели к таким неожиданным результатам. — Я не хочу с вами спорить, сэр, и он, возможно, изменил свое мнение за время болезни... он забыл многое из того, о чем раньше толковал частенько. И ведь не захотите вы иметь покойника на совести, ежели он вдруг помрет; а люди и правда говорят, что это не к добру, когда Дорлкоутская мельница переходит из рук в руки: может вся вода уйти, и тогда... Но вы не подумайте, что я желаю вам зла, сэр, и я забыла сказать, что я помню вашу свадьбу, словно это только вчера было... ведь миссис Уэйкем урожденная мисс Клинт, я это доподлинно знаю... И мой мальчик — а такого славного, красивого, статного мальчика только поискать — учился вместе с вашим сыном и...

Мистер Уэйкем поднялся, открыл дверь и позвал клерка.

— Простите, что я вас прерываю, миссис Талливер, но мне сейчас надо заняться делами; и, я думаю, все, что нужно, уже сказано.

— И кабы вы имели все это в виду и не шли против меня и моих детей... Я не спорю, мистер Талливер не прав, но он уже довольно наказан, и есть и похуже люди, потому как его вина только в том, что он все раздает другим. Он никому не причинил вреда, только себе да своей семье... Тем хуже для нас... И я каждый день смотрю на пустые полки и вспоминаю, где что стояло...

— Да, да, я буду иметь это в виду, — быстро проговорил мистер Уэйкем, глядя на раскрытую дверь.

— И ежели вы будете так добры — не говорите никому, что я приходила к вам, а то мой сын будет сердиться на меня — скажет, я себя роняю, а у меня и без того довольно неприятностей, не хватает еще, чтоб меня бранили родные дети.

Голос бедной миссис Талливер задрожал, и, не в силах вымолвить ни слова в ответ на «прощайте» мистера Уэйкема, она только присела и молча вышла из комнаты.

— Когда состоятся торги на Дорлкоутскую мельницу? Где объявление? — спросил мистер Уэйкем у клерка, как только они остались одни.

— В следующую пятницу, в шесть часов вечера.

— А! Сбегайте-ка к Уиншину, аукционисту: у меня есть к нему дело. Если он дома, попросите его зайти.

Хотя, направляясь в то утро в контору, мистер Уэйкем и не помышлял о Дорлкоутской мельнице, сейчас он уже твердо решил купить ее: толчком послужил разговор с миссис Талливер, из которого его быстрый ум сделал все необходимые выводы. Мистер Уэйкем принадлежал к тем людям, которые умеют быть стремительными без опрометчивости, ибо все желания их направлены к одной цели и их никогда не мучат внутренние противоречия.

Предположить, что мистер Уэйкем относился к Талливеру с той же непримиримой ненавистью, с какой Талливер относился к нему, значило бы представить, будто щука и плотва могут смотреть друг на друга с одной точки зрения. Плотва, естественно, питает отвращение к тому способу, каким щука удовлетворяет свой аппетит, а щука если и думает о плотве, даже о самой негодующей, то разве как о великолепном блюде; и только когда плотва встанет у нее поперек горла, щука начнет испытывать к ней личную вражду. Если бы мистер Талливер как-нибудь серьезно навредил поверенному или расстроил его планы, мистер Уэйкем не преминул бы почтить его своей местью. Но когда в базарный день мельник во всеуслышание называл мистера Уэйкема мошенником, клиенты стряпчего вовсе и не думали из-за этого забирать у него свои дела, и если при этом случае какой-нибудь шутник-скототорговец, подзадоренный примером и выпитым бренди, делал выпад против Уэйкема, намекнув на завещания старых леди, поверенный, случись ему быть тут же, сохранял полнейшее sang froid[1], ибо не сомневался, что большинство состоятельных граждан Сент-Огга вполне довольны тем, что «Уэйкем есть Уэйкем», другими словами — человек, который и в мутной водице не слишком благовидных дел всегда сумеет сыскать брод. Джентльмен, составивший себе большое состояние, имеющий прекрасный загородный дом в Тофтоне и безусловно лучший винный погреб в Сент-Огге и его окрестностях, мог не бояться общественного мнения. И я не уверен, что даже сам честный мистер Талливер,

---

[1] Хладнокровие *(фр.)*.

глядящий на зал суда как на арену для петушиных боев, не стал бы одобрительно относиться к тому, что «Уэйкем есть Уэйкем», если бы обстоятельства сложились иначе; согласно свидетельству лиц, сведущих в истории, нам всегда свойственно смотреть сквозь пальцы на слабости победителей, если победа на нашей стороне. По всем этим причинам Талливер не мог быть помехой Уэйкему, — напротив, этот бедняга сам получил от адвоката несколько жестоких ударов; глупец всегда вредит себе своей запальчивостью. Уэйкем ничуть не мучился угрызениями совести из-за того, что он разок-другой провел мельника. С чего же ему было ненавидеть этого незадачливого тяжебщика — этого достойного жалости бешеного быка, запутавшегося в его сетях?

Вместе с тем в число слабостей, которым подвержена человеческая природа, моралисты никогда не включали излишнюю слабость к людям, открыто оскорбляющим нас. Удачливый Желтый кандидат от Олд-Топпинга, возможно, не чувствует неутолимой ненависти к издателю Голубой газеты, развлекающему своих подписчиков напыщенной бранью по адресу Желтых, которые продают родину и соблазняют чужих жен и дочерей; но он вряд ли будет огорчаться, если закон и удобный случай помогут ему так лягнуть Голубого издателя, что тот из голубого сразу станет синим[1]. Люди преуспевающие не прочь иной раз отомстить своим врагам, так же как они не прочь поразвлечься, если это не требует с их стороны больших усилий и не вредит делу. Ну разве не приятно наказать человека, помешав ему получить место, где он был бы как нельзя более кстати, или, отнюдь не преднамеренно, очернить его доброе имя? А такие хладнокровные маленькие отплаты искалечили не одну жизнь. Видеть, как люди, которые нанесли нам пустячную обиду, доведены до нищеты и унижения без вся-

---

[1] Намек на «итенсуилские выборы» из романа Ч. Диккенса «Пиквикский клуб». Голубые — партия тори, Желтые — партия вигов.

кого нашего участия в этом, — что может сильнее польстить тщеславию и оказать на нас более умиротворяющее действие? Провидение, а может быть, другой властитель этого мира, оказывается, позаботилось воздать по заслугам нашим врагам: обстоятельства почему-то складываются так, что им действительно никогда нет удачи.

Уэйкем тоже был не прочь мимоходом отомстить злополучному мельнику; и когда миссис Талливер подсказала ему, как это выполнить, он решил потешить свою душу, сделав то самое, что сильнее всего уязвит мистера Талливера, — причем потешить не просто грубым проявлением низменной злобы, но поступком, который позволит ему любоваться самим собой. Видеть, как твой враг унижен, приятно, нет слов, но это ничто по сравнению с той высокой радостью, которую мы испытываем, унижая его благодеянием или благотворительностью. Такого рода мщение может пасть на чашу добродетелей, а мистер Уэйкем не забывал следить, чтобы эта чаша перевешивала другую. Он уже однажды доставил себе удовольствие поместить своего старого врага в сент-оггскую богадельню, на переустройство которой внес большую сумму; а теперь ему представлялась возможность «позаботиться» о другом, сделав его своим слугой. Такие вещи придают особый вкус богатству и доставляют столь приятные ощущения, какие и не снятся близорукой, распаленной мстительностью злобе, лезущей из кожи вон, чтобы нанести врагу прямой удар. К тому же Талливер, всем ему обязанный, вынужден будет придерживать свой грубый язык и будет ему куда лучшим слугой, чем какой-нибудь случайный работник, униженно выпрашивающий себе место. Талливер пользовался славой человека, который по праву гордится своей честностью, а у Уэйкема хватало ума не мерить всех на свой аршин. Он был склонен судить о ближних скорее по собственным наблюдениям, нежели согласно привычным нормам, и никто лучше его не знал, что есть на свете и честные люди. Да он и сам станет присматривать за мельницей — он любит все это деревенское хозяйство. Но, покупая Дорлкоутскую мельницу, он преследовал и другие цели, помимо желания отомстить мистеру Талливеру своей «благотворительностью». Это было и в самом деле превосходное вложение капитала; кроме того, ее хотели купить «Гест и К°». Мистер Гест и мистер Уэйкем часто встречались в обществе, и поверенному было приятно взять верх над этим владельцем судов и маслобоен, голос которого стал звучать чересчур громко как в городских делах, так и в застольной беседе. Уэйкем был не только делец: его считали обходительнейшим человеком в высших кругах Сент-Огга, он умел вести остроумную беседу за портвейном, копался в часы досуга у себя в саду и, вне сомнения, был превосходным мужем и отцом: в церкви, когда он ее посещал, он сидел под прекрасным барельефом, сделанным в память его жены. Большинство мужчин на его месте женились бы вторично, а он, говорили, нежнее относился к сыну-калеке, чем многие другие к своим куда лучше сложенным отпрыскам. Мы не стали бы утверждать, что у него не было других сыновей, кроме Филипа, но в отношении тех его отцовство оставалось в тени, и, заботясь о них, он не считал нужным поднимать их до себя. В этом, по правде говоря, и заключался самый веский довод в пользу покупки Дорлкоутской мельницы: еще во время разговора с миссис Талливер дальновидному адвокату среди прочих мотивов пришло на ум, что эта покупка предоставит ему в будущем прекрасную возможность устроить одного славного паренька, которого он намеревался вывести в люди.

Таковы были соображения человека, на которого хотела воздействовать миссис Талливер. Она потерпела неудачу; факт этот до некоторой степени может быть прояснен замечанием великого философа, что рыболовам, удящим на муху, не удается сделать свою наживку заманчивой, потому что они недостаточно знакомы с рыбьей психологией.

ГЛАВА VIII

Луч солнца на обломках крушения

Был ясный морозный январский день, когда мистер Талливер впервые спустился вниз. Взглянув на освещенные ярким солнцем ветви каштана и крыши напротив его окна, он с раздражением заявил, что не желает больше сидеть взаперти. Ему казалось, что в этот солнечный день в любом другом месте лучше, чем в его спальне; он ничего не знал о пустоте внизу, еще подчеркнутой потоками бесчувственно-назойливого солнца, которому словно доставляло удовольствие освещать все те места, где раньше стояли знакомые издавна предметы. Судя по разговорам мистера Талливера, он был уверен, что лишь вчера получил письмо от мистера Гора, и попытки объяснить ему, что с тех пор прошло много недель и случилось много событий, были совершенно безуспешны, так как он каждый раз снова об этом забывал. В конце концов даже мистер Тэрнбул отчаялся подготовить больного к ожидающему его удару. Полностью осознать настоящее он сможет только постепенно, исходя из нового опыта, а не из слов, которые отступают перед впечатлениями, оставленными прошлым... Решение спуститься вниз вызвало трепет у жены и детей. Миссис Талливер попросила Тома не уходить в Сент-Огг — он должен задержаться и проводить отца в гостиную, и Том уступил ее просьбе, хотя внутренне весь сжался при мысли о том, что им предстоит. Последние несколько дней все трое были в особенно подавленном настроении, так как «Гест и К°» не купили мельницу. И мельница и земля достались Уэйкему, который приезжал к ним и в присутствии миссис Талливер высказал мистеру Дину и мистеру Глеггу свою готовность оставить мистера Талливера, когда он поправится, в качестве управляющего. Это предложение послужило предметом горячих семейных споров. Дядюшки и тетушки почти единогласно держались того взгляда, что предложение это нельзя отвергать, если принять его мешают только чувства мистера Талливера, которые, поскольку ни тетушки, ни дядюшки их не разделяли, казались им абсолютно неуместными и ребяческими. По правде говоря, они считали, что он обратил против Уэйкема то возмущение и ненависть, которых, по сути, заслуживал сам за свой вздорный характер, и в частности за приверженность к тяжбам. Он получал возможность обеспечить жену и детей, не обращаясь к помощи родственников и не впадая слишком открыто в нищету, — а кому из почтенных людей приятно встретить у обочины дороги опустившегося члена семьи? Мистера Талливера, рассуждала миссис Глегг, надо заставить понять, когда к нему окончательно вернется память, что теперь ему уже ничем себя не унизить; она всегда говорила, что так будет, раз он неуважительно относился к тем, «кто были его лучшими друзьями, на кого ему только и остается рассчитывать». Мистер Глегг и мистер Дин были не столь неумолимы; но оба они думали, что мистер Талливер уже достаточно причинил зла своей горячностью и причудами и должен забыть о них, когда ему предлагают средства к существованию; Уэйкем отнесся к Талливеру так, как надо, — Уэйкем на него зла не держит. Том был против того, чтобы принимать предложение, — ему было бы неприятно видеть отца в услужении у Уэйкема: он боялся, что это сочтут позорным; а главное горе его матери заключалось в полной невозможности заставить мистера Талливера изменить свой взгляд на Уэйкема и вообще «принять какие-нибудь резоны»... Нет, им придется поселиться в свинарнике, чтобы досадить Уэйкему, который отнесся к ним так благородно, что благороднее и быть не может. По правде сказать, от всех этих необъяснимых горестей, на которые она беспрестанно сетовала, взывая: «О боже, чем я хуже других женщин, чем я провинилась, что ты меня так покарал?» — мысли миссис Талливер пришли в такой беспорядок, что Мэгги начала бояться, как бы она не повредилась в уме.

— Том, — сказала она, когда они вместе вышли из комнаты мистера Талливера, — мы все же должны попытаться хоть немного втолковать отцу, что произошло, прежде чем он спустится вниз. Но нужно забрать оттуда мать, а то она скажет что-нибудь невпопад и только все испортит. Попроси Кезию позвать ее вниз и занять чем-нибудь по хозяйству.

Кезии ничего не стоило справиться с этой задачей. Объявив о своем решении остаться у них «с жалованьем или без жалованья» до тех пор, пока хозяин не начнет выходить после болезни, она до некоторой степени вознаграждала себя тем, что прибрала к рукам хозяйку и ворчала на нее за то, что она целый день хнычет и ходит в несвежем чепчике, словно у нее «не все дома». В общем, это время неприятностей в семье было для Кезии настоящим праздником: она могла вволю помыкать стоящими выше нее, не боясь, что ее за это осудят. На этот раз ей понадобилось занести в дом высохшее белье! Хотела бы она знать, как одна пара рук может управляться со всем хозяйством и по дому, и по двору, и вообще миссис Талливер будет только на пользу надеть шляпку и подышать свежим воздухом, а заодно сделать это необходимое дело. Бедная миссис Талливер послушно пошла вниз; получать приказания от служанки — вот все, что осталось ей от былого величия; скоро у нее уже не будет и служанки, которая могла бы ею помыкать.

Мистер Талливер отдыхал в кресле после одевания, а Мэгги и Том сидели рядом с ним, когда в комнату вошел Люк и спросил, не надо ли помочь хозяину спуститься.

— Да, да, Люк, подожди немножко, садись, — сказал мистер Талливер, указывая палкой на стул и глядя на Люка неотступным взглядом, совсем как дитя на няню, — тем взглядом, которым так часто смотрят выздоравливающие на тех, кто ухаживал за ними: Люк почти неотлучно сидел по ночам у его постели.

— Как сейчас вода, а, Люк? — сказал мистер Талливер. — Дикс больше не запруживает реку, а?

— Нет, сэр, все в порядке.

— А, я думаю, он теперь не скоро сунется, Райли его утихомирил. Вот что я сказал Райли вчера... Я сказал...

Мистер Талливер, опершись на подлокотники, наклонился вперед и уставился в пол, словно искал там что-то, стремясь поймать ускользающую мысль, как человек, борющийся с дремотой. Мэгги взглянула на Тома в немом отчаянии — мысли отца были так далеки от настоящего, которое вот-вот обрушится на его еще неокрепший мозг. Том готов был выбежать из комнаты, не в силах вынести мучительное напряжение, — вот одно из существенных различий между юношей и девушкой, мужчиной и женщиной.

— Отец, — сказала Мэгги, касаясь его руки, — разве ты не помнишь, что мистер Райли умер?

— Умер? — резко переспросил мистер Талливер, глядя ей в лицо странным испытующим взором.

— Да, он умер от удара почти год назад; ты еще говорил, что должен заплатить за него деньги; и он оставил своих дочерей в бедности... Одна из них — младшая учительница у мисс Фёрнис, у которой, знаешь, я была в школе...

— А? — неопределенно протянул отец, все еще продолжая смотреть на нее.

Но как только заговорил Том, он и на него обратил тот же вопрошающий взор, словно его несколько удивляло присутствие здесь этих двух молодых людей. Когда ум его странствовал в прошлом, он забывал их нынешние лица: они были не похожи на лица того мальчугана и той девчушки, которые хранила его память.

— Прошло много времени после спора с Диксом, отец, — сказал Том. — Я помню, как ты говорил об этом три года назад, перед тем как я уехал учиться к мистеру Стеллингу. Я ведь все эти три года был в школе; ты разве забыл?

Мистер Талливер снова откинулся в кресле, перестав глядеть на них с детским любопытством, — наплыв новых мыслей отвлек его от того, что происходило вокруг.

— Да, да, — сказал он, помолчав немного, — я немалые деньги отдал за это... Уж я так решил, чтобы мой сын прошел хорошее обучение... Сам-то я его не имел и всегда это чувствовал. Это заменит ему состояние — вот что я говорю, коли Уэйкему удастся снова взять надо мной верх...

Мысль об Уэйкеме задела новые струны, и он, взглянув на свой сюртук, принялся шарить по карманам. Затем повернулся к Тому и сказал прежним своим раздраженным тоном:

— Куда они задевали письмо Гора?

Оно лежало поблизости, в ящике от комода, — он и раньше часто о нем вспоминал.

— Ты знаешь, что в этом письме, отец? — спросил Том, подавая его мистеру Талливеру.

— Ясное дело, знаю, — ответил мистер Талливер довольно сердито. — Ну и что с того? Коли Фёрли не может взять мельницу, найдется другой: хватит на свете людей и кроме Фёрли. Досадно только, что я захворал... Пойди, Люк, скажи, чтоб запрягали: ничего со мной не станется, доеду до Сент-Огга. Меня ждет Гор.

— Нет, дорогой отец, — умоляюще прервала его Мэгги. — Прошло уже очень много времени с тех пор: ты был болен много недель... больше чем два месяца... Все изменилось.

Мистер Талливер посмотрел на всех троих по очереди с тревогой и удивлением; мысль, что немало произошло такого, о чем он не знает, изредка мелькала у него и прежде, но сейчас он словно в первый раз осознал это по-настоящему.

— Да, отец, — сказал Том в ответ на его взгляд. — Тебе не надо заниматься делами, пока ты совсем не поправишься: сейчас все устроено... и с мельницей, и с землей, и с долгами.

— Как устроено? — сердито спросил отец.

— Да вы не тревожьтесь об этом так сильно, хозяин, — сказал Люк. — Вы бы всем заплатили, кабы могли... Вот что я толкую все время мастеру Тому... Я говорю — вы бы всем заплатили, кабы могли.

Для доброго Люка, как это нередко случается с преданным работником, проведшим всю жизнь в услужении и не желающим лучшей доли, падение хозяина было трагедией. Ему хотелось как-то выразить свои чувства по поводу семейного горя, и эти слова, которые он неоднократно повторял Тому, когда отказывался взять свои пятьдесят фунтов (Том отдавал их ему из собственных денег), первыми пришли ему на ум. Как раз те слова, которые всего больнее должны были поразить его хозяина.

— Всем заплатил? — повторил он в невыразимом волнении; лицо его покраснело, и глаза зажглись огнем. — Как... что... меня объявили банкротом?

— О отец, милый отец, — воскликнула Мэгги, зная, что это ужасное слово полностью соответствует действительности, — постарайся перенести это... ведь мы так любим тебя... твои дети всегда будут тебя любить! Том заплатит им, когда вырастет; он сам сказал.

Она чувствовала, что отца начинает бить дрожь, и голос его тоже дрожал, когда, помолчав минуту, он произнес:

— Да, моя девочка, но мне-то второй жизни не прожить.

— Ты доживешь до того времени, как я со всеми расплачусь, отец, — сказал Том, которому с трудом повиновался язык.

— Ах, сынок, — вздохнул мистер Талливер, медленно покачивая головой, — что разбилось, снова не склеишь: это уж будет твоя заслуга, не моя. — Затем, снова взглянув на него, продолжал: — Тебе только шестнадцать... Трудненько тебе придется... Но ты не должен винить отца, мне не под силу было справиться со всеми мошенниками. Зато я дал тебе хорошее обучение... Это тебе поможет стать на ноги.

Казалось, в горле у него застрял комок, с таким трудом он произнес последние слова; румянец, напугавший детей, ибо он часто предвещал временное возвращение паралича, схлынул, лицо его было бледно и взволнованно. Том ничего не ответил: он все еще боролся с желанием убежать из комнаты. Отец несколько минут сидел, не говоря ни слова, но мысли его, казалось, больше не блуждали в прошлом.

— Значит, все пустили с молотка? — спросил он более спокойно, словно его просто интересовало, что произошло за последнее время.

— Все продано, отец; но мы еще не знаем, кому достались земля и мельница, — сказал Том, стремясь предупредить его вопрос, чтобы не пришлось обнаружить, что купил их Уэйкем.

— Ты не должен удивляться, что внизу так пусто, отец, — сказала Мэгги, — но твое кресло и конторка там... Они, по крайней мере, у нас остались.

— Ну так пойдем.... Помоги мне спуститься, Люк... Я хочу сам на все посмотреть, — сказал мистер Талливер, опираясь на палку и протягивая другую руку Люку.

— Да, сэр, — отозвался Люк, подставляя плечо хозяину, — вам легче будет все это понять, когда вы своими глазами увидите: так быстрей привыкнешь. Это как моя матушка говорит о своей одышке... Она говорит: «Мы теперь старые друзья», хоть она изо всех сил боролась против нее спервоначала.

Мэгги побежала вперед, чтобы проверить, все ли в порядке в мрачной гостиной, где огонь, почти бесцветный в лучах зимнего солнца, казалось, еще усиливал общее убожество. Она повернула кресло отца, отодвинула в сторону стол, чтобы сделать шире проход, и с бьющимся сердцем стала ждать, когда он войдет и в первый раз глянет вокруг. Том шел впереди, неся скамеечку для ног, и остановился рядом с Мэгги в дверях комнаты.

У Тома было куда тяжелее на сердце — Мэгги, при всей ее чуткости, не так страдала, ибо горе открыло простор для ее любви, дало возможность излиться ее страстной натуре. Ни один настоящий мальчик не может этого понять: он готов лучше отправиться убивать Немейского льва[1] или совершить сколько угодно геройских подвигов,

---

[1] Ссылка на подвиг героя древнегреческого эпоса Геракла, обладавшего необыкновенной силой.

нежели постоянно терзаться чувством жалости, если он не в силах уничтожить зло, причинившее страдание.

Мистер Талливер остановился в дверях, опершись на руку Люка, и посмотрел вокруг, на все те пустые места, что были для него заполнены тенями стоявших там раньше предметов — каждодневных спутников его жизни. Казалось, сознание мистера Талливера с каждой минутой крепло, поддерживаемое свидетельством его пяти чувств.

— А! — медленно произнес он, двинувшись к своему креслу, — они продали все с молотка... продали все с молотка.

Затем, усевшись в кресло и опустив палку на пол, он снова обвел взглядом комнату.

— Они оставили большую Библию, — сказал он. — В ней все записано... когда я родился и когда взял себе жену... Принеси ее мне, Том.

Библия была положена перед ним и раскрыта на чистом листе в начале книги, а когда он медленно читал записи, в комнату вошла миссис Талливер и, увидя, что ее муж уже спустился вниз и сидит с семейной Библией в руках, остановилась в безмолвном изумлении.

— А, — сказал он, глядя на то место, где лежал его палец, — моя мать была Маргарет Битон... умерла в сорок семь лет: в их семье никто долго не жил... а мы пошли в мать — Гритти и я, — мы тоже скоро уйдем на покой.

Над записями о рождении и замужестве сестры он остановился, словно они навели его на новые мысли, затем вдруг взглянул на Тома и встревоженно спросил:

— Они не заставили Мосса выплатить деньги, что я ему одолжил, нет?

— Нет, отец, — сказал Том, — расписка была сожжена.

Мистер Талливер снова обратил свой взор на страницу и немного погодя промолвил:

— А... Элизабет Додсон... Вот уже восемнадцать лет, как я женился на ней.

— Будет в следующее Благовещение, — добавила миссис Талливер, подходя к нему и глядя на страницу.

Муж серьезно взглянул ей в лицо.

— Бедняжка Бесси, — сказал он, — ты была тогда красивая девушка — все это говорили... и я всегда думал, что ты на редкость хорошо сохранилась... А теперь ты так постарела... Не держи на меня зла... Я хотел сделать, как для тебя лучше... Мы обещали друг другу делить и радость и горе.

— Но я никогда не думала, что будет столько горя, — сказала бедная миссис Талливер со странным испуганным видом, который стал появляться у нее в последнее время, — мой покойный отец отдал меня... и все это случилось так вдруг...

— О, мама, — прервала ее Мэгги, — зачем ты это все говоришь?

— Да, я знаю, вы не даете бедной матери и рта раскрыть... И так всю жизнь... Ваш отец никогда не слушал, что я ему говорю... Никакого толку не было просить его... И сейчас не будет, даже стань я перед ним на колени.

— Не говори так, Бесси, — сказал мистер Талливер, который в эти первые минуты унижения не мог не видеть, как ни был он горд, что упреки его жены справедливы. — Коли я могу что сделать, чтобы загладить свою вину перед тобой, я не скажу «нет».

— Значит, мы можем остаться здесь, и у нас будет свой кусок хлеба, и я не должна расставаться с сестрами... А я всегда была тебе такой хорошей женой, никогда ни в чем не перечила... И они все говорят... все говорят — это только справедливо... Да ведь ты так настроен против Уэйкема.

— Мать, — сурово сказал Том, — сейчас не время говорить об этом.

— Пусть говорит, — прервал его мистер Талливер. — Что ты хочешь сказать, Бесси?

— Да ведь теперь и мельница, и земли — всё в руках Уэйкема, и что толку ссориться с ним, когда он говорит, что ты можешь остаться здесь — чего уж благороднее —

и вести все дела и иметь тридцать шиллингов в неделю и лошадь, чтобы ездить на рынок... А где нам голову приклонить? Нам придется переехать в домик на деревне. Чтобы мне и детям дойти до этого... И все потому, что ты не можешь не ссориться с людьми и слушать никого не желаешь...

Мистер Талливер, дрожа, сжался в кресле.

— Твое право требовать от меня чего хочешь, Бесси, — тихо сказал он. — Довел тебя до бедности... Этот мир мне не по силам... я теперь ничто... несостоятельный должник... Где уж мне теперь стоять на своем?

— Отец, — сказал Том, — я не согласен с матерью и дядюшками, ты не должен служить у Уэйкема. Я получаю теперь фунт в неделю, и ты сможешь найти какую-нибудь работу, когда поправишься.

— Молчи, Том, молчи; на сегодня с меня хватит. Поцелуй меня, Бесси, и давай не держать друг на друга зла: нам никогда уже не быть молодыми... Этот мир мне не по силам.

ГЛАВА IX

Еще одна запись в фамильной Библии

За этим первым моментом самоотречения и покорности последовали дни отчаянной душевной борьбы; становясь все крепче, мельник мог шире охватить внутренним взором то сложное положение, в которое он сам себя поставил. Измученное животное не рвется с привязи; так и мы, ослабленные болезнью, не можем отказаться от обетов, которые потом, когда мы наберемся сил, представляются нам немыслимыми. Были дни, когда Талливеру казалось, что выполнить данное им Бесси обещание выше сил человеческих: он дал согласие, не зная, чего она от него потребует... Она с таким же успехом могла попросить его поднять на плечи дом. Но, помимо мысли, что он, женившись на Бесси, сделал ее несчастной, были и еще соображения, говорившие в пользу просьбы жены. Он видел здесь возможность, отказывая себе во всем, скопить из жалованья деньги, чтобы вернуть все сполна кредиторам, а вряд ли ему будет легко найти себе другое столь подходящее место. Он привык вести не слишком обременительную жизнь, много распоряжаться и мало работать и не знал, приспособится ли к новому делу. А если ему ничего не останется, кроме поденной работы, и жене придется прибегнуть к помощи сестер? Перспектива вдвойне для него неприятная после того, как они позволили продать все сокровища Бесси — наверняка с умыслом, чтобы восстановить ее против мужа: пусть почувствует, что это он довел ее до такой крайности. Слушая их увещания, когда они приезжали убеждать его, что он обязан это сделать ради Бесси, он отводил глаза, и лишь когда они поворачивались к нему спиной, бросал на них исподтишка гневные взгляды. Только страх, что иначе ему придется прибегнуть к их помощи, мог побудить его последовать их совету.

Но сильнее всего в нем говорила любовь к старым местам, где он бегал когда-то еще мальчишкой — так же, как впоследствии Том. Талливеры жили здесь уже много поколений, и он помнил, как, сидя зимними вечерами на низкой скамеечке, слушал рассказы отца о старой, наполовину бревенчатой мельнице, которая стояла на этом же месте, пока не была почти совсем разрушена наводнением, и его дед снес ее и поставил новую. Когда мистер Талливер начал уже ходить и снова увидел все то, к чему с детства привык его взор, — тут-то он по-настоящему почувствовал, как крепко держит его любовь к родному дому, который стал частью его жизни, частью его самого. Он не мог вынести мысли, что ему придется оставить его — дом, где он различал скрип каждой двери и каждых ворот, где форма и цвет каждой крыши для него хороши, потому что они питали его юные чувства. Наши высокоученые пилигримы, взращенные на книгах о путешествиях и уносящиеся воображением в Замбези, которым некогда задерживаться у зеленых изгородей — ведь им надо поскорее попасть в тропики, где они как дома среди пальм и смоковниц, — вряд ли могут хоть отчасти понять, что за чувства питает такой старозаветный человек, как Талливер, к месту, с которым связаны все его воспоминания и где жизнь кажется привычной старой мотыгой с отполированной временем ручкой, уютно покоящейся в его ладони. А он сейчас жил воспоминаниями далекого прошлого, которые особенно ярко встают в нашей памяти в часы вынужденного безделья, когда мы оправляемся от болезни.

— Да, Люк, — сказал он однажды, глядя на сад, — я помню тот день, когда посадили эти яблони. Никто так не умел сажать деревья, как мой отец, — для него прямо праздник был достать повозку саженцев... а я вечно бегал за ним, как собачонка, и в жару и в холод.

Затем он повернулся и, прислонившись к садовым воротам, оглядел строения напротив:

— Старая мельница будет скучать по мне — а, Люк? Говорят, когда мельница переходит в другие руки, река гневается... Я слышал, как отец не раз говорил это. Кто знает — может, оно и верно, мудреный это свет, тут без нечистого не обошлось... Мне этот свет оказался не под силу, я знаю.

— Да, сэр, — сочувственно сказал Люк, — как подумаешь про ржу на пшенице да как скирды сами загораются и про всякое такое, что я перевидал на своем веку... свет и вправду часто кажется чудны́м: вот у последней свиньи, что мы закололи, сало плавится точно масло — ничего на сковородке не остается.

— Помню, словно это вчера было, — продолжал мистер Талливер, — как мой отец начал варить солод. Так и вижу тот день, когда была закончена солодовня. Я думал, это какой большой праздник; мать тогда приготовила плум-пудинг, и я сказал матери... она была красивая черноглазая женщина, моя мать, — Мэгги будет как две капли воды на нее похожа... — Здесь мистер Талливер зажал палку между колен и вынул табакерку, чтобы в полной мере насладиться историей, которую рассказывал, роняя слово за словом, будто образы прошлого отвлекали его в сторону. — Я был совсем маленький мальчик, немногим выше материных колен... Она так любила нас, ребятишек, Гритти и меня... И я сказал ей: «Мать, — сказал я, — теперь каждый день будет плум-пудинг, раз у нас новая солодовня?» Она рассказывала мне это до своего смертного часа. Она была еще молодая женщина, когда умерла, — моя мать. Но вот уже сорок лет с лишком прошло с тех пор, как построили солодовню, и не было дня за это время, чтобы я не выглянул утром во двор посмотреть первым делом на нее, и так круглый год. Я бы ума решился на новом месте. Я буду словно в чужом лесу... Как ни прикидывай — все тяжко... Хомут натрет мне холку, но все же лучше тянуть свой воз по старой дороге, чем по новой.

— Да, сэр, — отозвался Люк, — вам будет легче здесь, чем в другом месте. Я сам недолюбливаю новые места, все там так нескладно... на колесах у фургонов узкие ободья, может статься — и перелазы иначе сделаны, и овсяные лепешки по-другому пекут, как вот в верховьях Флосса. Нет хуже, как уезжать из родных мест.

— Но боюсь, Люк, они захотят рассчитать Бена, и тебе в помощь останется один парнишка... Ну и я могу немного пособить на мельнице. Твое место станет похуже, чем прежде.

— Не тревожьтесь, сэр, я о том не пожалею. Я был с вами двадцать лет, а двадцать лет не прибегут, коли вы им посвистите, как и деревья от того не вырастут, — все в руках Божьих. Я не терплю новых кушаний и новых лиц, никогда не знаешь, придутся ли они тебе по нутру.

Закончилась прогулка в молчании, ибо Люк, стремясь убедить хозяина, был необычно многоречив и совершенно истощил свои словесные запасы, а мистер Талливер вернулся от воспоминаний детства к мучительным раздумьям о стоящем перед ним выборе. Мэгги заметила, что он был необыкновенно рассеян за вечерним чаем. Потом он сидел, понурившись, в кресле и, уставясь в пол, шевелил губами и время от времени покачивал головой. Но вот он пристально посмотрел на миссис Талливер, которая вязала, сидя против него, затем на Мэгги, склонившуюся над шитьем; она всем существом своим чувствовала, что в душе отца происходит тяжелая драма. Вдруг мистер Талливер взял кочергу и с яростью разбил большой кусок угля.

— Господи боже мой, мистер Талливер, о чем ты только думаешь? — проговорила жена, испуганно взглядывая на него. — Ты совсем не жалеешь уголь, разбиваешь большие куски, а у нас его и так мало осталось, одному богу известно, откуда мы достанем еще.

— Мне кажется, ты не совсем хорошо себя чувствуешь, отец, а? — сказала Мэгги. — Тебя что-нибудь тревожит?

— Почему это до сих пор нет Тома? — в нетерпении спросил мистер Талливер.

— Боже мой! Разве уже пора? Мне надо пойти приготовить ему ужин, — сказала миссис Талливер и, положив на стол вязанье, вышла из комнаты.

— Уже почти половина девятого, — проворчал мистер Талливер. — Он должен скоро быть. Пойди принеси большую Библию и открой ее на первом листе, где все записано. И достань перо и чернила.

Мэгги, удивленная, повиновалась, но отец больше ни о чем ее не стал просить и только прислушивался, не раздадутся ли шаги Тома на гравийной дорожке, раздраженный, по-видимому, тем, что поднявшийся ветер заглушает своим ревом все другие звуки. В глазах его горел странный огонь, порядком напугавший Мэгги; теперь уже и она не могла дождаться Тома.

— А, вот он, — взволнованно сказал мистер Талливер, когда наконец раздался стук в дверь.

Мэгги пошла открыть Тому, но из кухни уже спешила мать:

— Погоди, Мэгги, я сама открою.

Миссис Талливер стала немного побаиваться сына, но ревниво относилась к малейшей услуге, оказанной ему другими.

— Ужин готов, стоит на столе у камина, — сказала она, когда он разделся. — Тебе никто не будет мешать: я знаю, ты этого не любишь, и я не буду с тобой разговаривать.

— Мне кажется, мама, Тома хочет видеть отец, — сказала Мэгги, — он должен сперва зайти в гостиную.

Том вошел в комнату, как всегда по вечерам — угрюмый, но, увидев раскрытую Библию и чернильницу, встревоженно и удивленно взглянул на отца, встретившего его словами:

— Входи, входи. Что так поздно сегодня? Ты мне нужен.

— Что-нибудь случилось, отец? — спросил Том.

— Садись, все садитесь, — повелительно произнес мистер Талливер. — Том, ты подойди сюда; я хочу, чтобы ты кое-что записал в Библию.

Все трое сели, глядя на него. Он начал медленно, посмотрев на жену:

— Я принял решение, Бесси, и не отступлюсь от своего слова. Мы ляжем с тобой в одну могилу, и не надо нам держать зла друг против друга. Я останусь на старом месте и буду служить Уэйкему... и служить буду честно, Талливер не может быть нечестным — помни это, Том. — Здесь голос его поднялся. — Меня будут винить, что я не выплатил все сполна... но я тут ни при чем... все потому, что на свете развелось столько мошенников. Мне не под силу было тягаться с ними, пришлось уступить. Я суну свою шею в ярмо, потому как ты вправе сказать, что я довел тебя до нищеты, Бесси... И я буду служить ему честно, словно он и не мошенник: я честный человек, хотя никогда мне больше не держать высоко головы... Я сломанное дерево... сломанное дерево.

Он замолчал и посмотрел в землю. Затем, вдруг подняв голову, сказал громким и проникновенным голосом:

— Но я не прощу ему! Я знаю — они говорят, будто он не хотел причинить мне зла... Так-то нечистый и помогает мошенникам... Уэйкем был всему затейщик... но он слишком важный господин... знаю, знаю. Говорят, я не должен был начинать тяжбу. Но кто сделал так, что ни арбитража нет, ни справедливости не добиться? Ему-то все нипочем; он один из этих важных джентльменов, что наживают деньги на бедных людях, а когда пустят их по миру, начинают им же благодетельствовать. Я ему не прощу! Да падет на его голову позор, чтобы родной сын от него отвернулся. Хоть бы он такое что сделал, чтобы его послали щебенку бить на дороге! Да нет, он слишком большой мошенник, закону не наложить на него руку. И запомни это, Том, — ты тоже никогда не прощай ему, коли хочешь быть мне сыном. Может, еще наступит время, что ты отплатишь ему... Для меня оно уже не придет — моя голова в ярме. Теперь пиши... пиши это в Библию.

— О, отец, что ты! — воскликнула Мэгги, бледная и трепещущая, опускаясь на пол у его колен. — Грешно проклинать своих ближних и таить в душе зло.

— Нет, не грешно, говорю тебе, — исступленно проговорил отец. — Грешно, когда мошенники живут припеваючи — это работа дьявола. Делай, как я тебе говорю, Том. Пиши!

— Что мне писать, отец? — спросил Том с мрачной покорностью.

— Пиши, что твой отец, Эдуард Талливер, поступил на службу к Джону Уэйкему, человеку, разорившему его, потому как обещал жене сделать что в его силах, чтобы загладить свою вину перед ней, и потому как хотел умереть на старом месте, где сам родился и где родился его отец. Напиши все это как положено... ты знаешь как... а потом напиши, что пусть все это и так — я не простил его и, хоть служить ему буду честно, желаю ему всякого зла. Напиши это.

В мертвой тишине перо Тома двигалось по бумаге. Миссис Талливер была испугана, Мэгги трепетала как лист.

— Ну, послушаем, что ты написал, — сказал мистер Талливер.

Том медленно прочитал вслух свою запись.

— А теперь напиши... напиши, что и ты никогда не забудешь того зла, которое Уэйкем причинил твоему отцу, и отомстишь ему и его родным, коли это будет в твоих силах. И подпишись: Том Талливер.

— О нет, отец, милый отец! — прошептала Мэгги, еле шевеля губами от ужаса. — Ты не должен заставлять Тома писать это.

— Замолчи, Мэгги! — сказал Том. — Я так напишу.

Книга четвертая

ЮДОЛЬ УНИЧИЖЕНИЯ[1]

ГЛАВА I

Разновидность протестантизма, неизвестная Боссюэ[2]

Проплывая по Роне в ясный летний день, вы, наверно, испытывали тоскливое чувство при виде рассеянных по ее берегам разрушенных деревень, которые повествуют о том, как быстрая река поднялась некогда, подобно гневному карающему божеству, сметая на своем пути бренные поколения, чья жизнь — лишь преходящий миг, и превращая их жилища в развалины. Странный контраст, возможно, подумали вы, между впечатлением, какое производят на нас эти унылые останки обыкновенных домов, которые даже в лучшие свои дни свидетельствовали об убогом существовании, столь характерном для нашей вульгарной эпохи, и тем, какое производят руины замков на Рейне, столь органически слившиеся с зелеными скалистыми кручами, что кажутся неотъемлемыми от них, как растущая на вершине сосна. Да нет, даже и в те дни, когда они были построены, эти замки, вероятно, имели то же внутреннее единство со всем окружающим, словно воздвигли их дети земли, унаследовавшие от своей великой матери инстинктивное чувство пропорций. Романтическое то было время! Пусть

---

[1] *Юдоль уничижения* — название долины из книги Беньяна «Путь паломника»; в этой долине герой повествования встречает дьявола и побеждает его.

[2] *Боссюэ* Жак (1627–1704) — французский писатель, автор трактата «Разновидности протестантских верований».

эти разбойники и пьяницы — бароны — недалеко ушли от свирепых великанов-людоедов, зато в них сохранилось своеобразное величие дикого зверя; это были лесные кабаны с грозными клыками, ни в чем не знающие преграды, а не домашние хряки; они воплощали в себе демонические силы в вечном столкновении с красотой, добродетелью и всеми гуманными началами жизни и служили превосходным фоном для странствующего менестреля, нежноустой принцессы, благочестивого отшельника и робкой израильтянки. То было время ярких красок, когда солнце бросало свои лучи на сверкающую сталь и развевающиеся стяги, время смелых приключений и жестокой борьбы, более того — время живого религиозного искусства и религиозного подъема, ибо разве не в те дни были построены все соборы, разве не в те дни императоры покидали свои дворцы на Западе, дабы сложить головы перед твердынями неверных на священном Востоке? Вот почему эти рейнские замки так волнуют меня, взывая к моему чувству прекрасного: они принадлежат величественной поре в жизни человечества и воскрешают предо мною образ той эпохи. Но эти тронутые тленом, костлявые, с пустыми глазницами скелеты деревень на берегах Роны внушают мне тягостную мысль, что человеческая жизнь почти всегда есть прозябание в уродстве и убожестве и даже бедствия не могут возвысить ее, а скорее вскрывают всю таящуюся в ней тривиальность. И как ни жестоко это, я убежден, что люди, оставившие свой жизненный след в этих развалинах, входят в число тех никому не известных живых созданий, которые канут в вечность так же незаметно, как поколения пчел или бобров.

Возможно, вас тяготили такие же чувства, когда вы наблюдали эту старозаветную жизнь на берегах Флосса — жизнь, которую даже страдание не в силах поднять над уровнем трагикомедии. Жалкая жизнь, скажете вы, у этих Талливеров и Додсонов — не озаренная ни возвышенными идеями, ни романтическими мечтами, ни деятельной самоотверженной верой, неколеблемая ни одной из тех диких, необузданных страстей, что заводят в мрачные глубины несчастья и преступления, без той примитивной, грубой простоты желаний, того тяжкого, смиренного, неблагодарного труда, тех усилий прочесть письмена природы, которые вносят свою поэзию в жизнь селянина.

Светские понятия, условности и привычки без образованности и без лоска — может ли быть более прозаическая форма человеческого существования? Гордая респектабельность в старомодной двуколке, этикет без нескольких перемен к обеду. Близко наблюдая этих людей, мы даже тогда, когда железная рука несчастья выбивает их из седла жизни, почти не видим следов веры, еще меньше — следов христианского вероучения. Их почитание Невидимого в той степени, в какой оно проявляется, носит скорее языческий характер; их моральные убеждения, хотя они их держатся весьма стойко, основываются, по-видимому, исключительно на семейных традициях. Вы бы не смогли жить среди таких людей; вы задыхаетесь, отгороженные глухой стеной от всего прекрасного, великого и благородного; вас раздражают эти унылые мужчины и женщины, так не гармонирующие с тем уголком земли, где они живут, — этой благодатной равниной, по которой полноводный Флосс стремится все дальше и дальше к морю, смыкая медленный пульс старинного английского городка с биением могучего сердца всего мира. Идолопоклонники, яростно бичующие своих богов или собственные спины, и те, кажется, больше отвечают высокому предназначению человека, чем эти подобные муравьям Додсоны и Талливеры.

Я разделяю с вами то гнетущее чувство, которое вызывает в вас их убогий мирок, но нам надобно претерпеть это, если мы хотим понять, каково было его воздействие на жизнь Тома и Мэгги — на многие поколения юных существ, поднявшихся в извечном стремлении человека вперед над духовным уровнем своих отцов и дедов, с которыми при всем том их связывали крепчайшие душевные узы. В каждом городе у сотен семейных очагов мы находим таких страдальцев: это мученики или жертвы, без которых невозможен ни один этап исторического развития человека; и не нужно бояться подобного сравнения ничтожного с великим — разве наука не говорит нам, что ее главная цель — установить единство между самым малым и самым большим? В естествознании, как я понимаю, ничто не кажется слишком незначительным уму, который способен видеть широкие связи явлений и которого каждый единичный объект наводит на мысль о совокупности огромного числа сопутствующих ему условий. Несомненно, это относится и к наблюдениям над человеческой жизнью.

Спору нет, религиозные и моральные взгляды Додсонов и Талливеров носили слишком своеобразный характер, чтобы их можно было уяснить себе чисто дедуктивным путем, исходя лишь из того, что эти семейства принадлежали к той части населения Великобритании, которая исповедует протестантизм. Их взгляды на жизнь были, по сути своей, вполне здравы, как это и положено взглядам, на которых взращены приличные и преуспевающие семьи, достигшие полного благосостояния; но их знакомство с религиозными доктринами было весьма поверхностным. И если у сестер Додсон в их девические годы Библия чаще раскрывалась на определенных страницах, причиной тому были сухие лепестки тюльпана, заложенные куда придется, а отнюдь не особое пристрастие к истории церкви, молитвам или догматам.

Религия их носила простой, полуязыческий характер, но им совершенно чужда была ересь — если понимать под ней отступление от общепринятой веры, — поскольку они даже понятия не имели о том, что наряду с англиканской церковью существуют другие вероучения, если не считать учения нонконформистов[1], которое в иных семьях передавалось по наследству, как астма. Откуда им было это знать? Викарий их славного сельского при-

[1] *Нонконформисты* — в Англии наименование членов церковных организаций, не признающих обрядов и учения господствующей англиканской церкви.

хода гораздо лучше умел играть в вист или пошутить с хорошенькой прихожанкой, чем выступать в религиозных спорах. Религия Додсонов заключалась в почитании всего привычного и респектабельного: необходимо быть окрещенным — иначе вас не похоронят на кладбище — и причаститься перед смертью, дабы оградить себя от других, менее определенных опасностей, но в равной мере необходимо было иметь соответствующих вашему положению факельщиков на похоронах, хорошо прокопченный окорок на поминках и безупречное завещание у нотариуса. Ни один из Додсонов не даст никому оснований обвинить его в том, что он забыл о требованиях приличия или уклонился от незыблемого порядка вещей, узаконенного практикой наиболее состоятельных прихожан и семейными традициями, такими как повиновение родителям, верность родне, трудолюбие, непоколебимая честность, бережливость, начищенная до блеска деревянная и медная посуда, запасы звонкой монеты, которой грозит в скором времени выйти из обращения, производство первосортных изделий для рынка и приверженность к предметам домашнего изготовления. Додсоны были очень гордой кастой, и гордость их основывалась на том, что их невозможно было при всем желании упрекнуть в нарушении освященного обычаем долга или правил благопристойности. То была гордость, благотворная во многих отношениях, поскольку она отождествляла честь с честностью, добросовестностью в работе и верностью общепризнанным принципам; и общество обязано кое-какими ценными качествами своих членов матерям додсоновского толка, которые сбивали отличное масло, пекли отличный хлеб и считали бы позором для себя поступать иначе. Быть честным и бедным никогда не было девизом Додсонов; еще меньше — быть бедным, а казаться богатым; скорее уж семья придерживалась заповеди — быть честным и богатым, и не только богатым, но богаче, чем думают другие. Жить, пользуясь всеобщим уважением, и быть похороненным по всем правилам — вот цель всего их существования; но достижение этой цели свелось бы на нет, если бы по обнародовании завещания они оказались беднее, чем предполагалось, или же оставили деньги по своей прихоти, без строгого учета степени родства, — тем самым они упали бы в глазах своих ближних. К родне нужно относиться по справедливости. А справедливость требует строго указывать на ошибки, если родные умаляют честь семьи, но не лишать их и малейшей доли причитающихся им по праву серебряных пряжек для туфель и прочего фамильного добра. Самая примечательная черта додсоновского характера — прямота: в присущих им пороках и добродетелях в равной мере проявлялся гордый, честный эгоизм; им глубоко противно все то, что может повредить их репутации и противоречит их интересам; они не будут стесняться в выражениях, разговаривая с недостойным родичем, но никогда его не покинут и не отвернутся от него — не дадут ему остаться без куска хлеба, лишь потребуют, чтобы он запивал этот кусок горькой чашей унижения.

Тот же культ всего освященного обычаем вошел в плоть и кровь Талливеров, но кровь в их жилах текла горячей, им не чужды были великодушие и дерзость, нежность и сердечность, вспыльчивость и безрассудство. Дед мистера Талливера, случалось, говаривал, будто среди его предков был некий Ралф Талливер, на редкость умный малый, который кончил тем, что разорился. Не лишено вероятия, что этот умный малый жил на широкую ногу, ездил на резвых лошадях и всегда твердо стоял на своем. С другой стороны, никто никогда не слыхивал, чтобы разорился кто-либо из Додсонов; это было не в их обычае.

Таковы принципы, на которых взращивались Додсоны и Талливеры в добрые старые времена Питта[1] и высоких цен, а так как вам уже известно состояние общественной жизни Сент-Огга, вы можете сделать вывод, что

---

[1] *Уильям Питт Старший* (1708–1778) — английский государственный деятель.

и последующие годы не принесли ничего нового. Даже в эту позднюю эпоху антикатолицизма многие жители городка умудрялись придерживаться языческих верований и, несмотря на то, считать себя хорошими христианами; поэтому нечего удивляться, что мистер Талливер, хотя и регулярно посещал церковь, навеки запечатлел на страницах семейной Библии свой обет отомстить Уэйкему. И нельзя сказать, чтобы виноват в этом был викарий их очаровательного сельского прихода: он происходил из родовитой семьи, был безукоризненным джентльменом, холостяком с изысканными вкусами, окончил университет с отличием и был оставлен при колледже. Мистер Талливер смотрел на него с должным уважением, как и на все имеющее отношение к церковной службе, но считал, что церковь — это одно, а здравый смысл — совсем другое; а уж что такое здравый смысл, вы могли ему не говорить, это он и сам знал. Семена некоторых растений, произрастающих в неблагоприятных условиях, природа снабжает зацепками, давая им возможность укрепиться даже в самой неподатливой почве. Семена, посеянные в душе мистера Талливера, были, видимо, лишены подобного приспособления и поэтому не дали никаких всходов.

ГЛАВА II

Терния в разоренном гнезде

Волнение, сопутствующее первым ударам постигшего нас несчастья, в самом себе таит спасительную помощь; так острая боль часто ведет к нервному возбуждению, которое ненадолго дает нам силы выдержать ее. Но когда вслед за тем наступает тоскливая, столь непохожая на прежнюю жизнь, когда острота горя притупляется и теряет напряженность, облегчавшую наши страдания, когда день идет за днем с мрачным однообразием, не сулящим ничего впереди, и унылая рутина становится тяжким искусом для наших сил, — вот тогда-то нам угрожает отчаяние, вот тогда-то нас так властно охватывает духовный голод, и наше зрение и слух стремятся раскрыть непознаваемую тайну бытия, которая дала бы нам силы с радостью нести возложенный на нас крест.

Для Мэгги эта критическая пора наступила, когда ей минуло всего тринадцать лет. Рано развившись, как и все девочки, она к тому же преждевременно познала ту душевную борьбу, то противоречие между внутренним и внешним миром, которые являются уделом всякой одаренной воображением страстной натуры, а годы, прошедшие с тех пор, как она, сидя на чердаке, вбивала гвозди в свою деревянную куклу, были полны такой напряженной жизни в сложном мире Действительности, Книг и Грез наяву, что Мэгги можно было бы счесть гораздо старше ее лет, если бы не полное отсутствие благоразумия и самообладания — качеств, которые делали Тома взрослым, несмотря на детскую примитивность его мышления.

А теперь ее ожидало унылое, беспросветное однообразие, и она еще сильнее, чем прежде, замкнулась в себе. Отец ее настолько оправился после болезни, что мог присматривать за мельницей, дела его были приведены в порядок, и он исполнял должность управляющего Уэйкема на старом месте. Том каждое утро уходил в Сент-Огг и возвращался поздно вечером; он все реже разговаривал с ней в те короткие часы, что проводил дома, — о чем им было говорить?! Один день ничем не разнился от другого, и теперь, когда все его мечты были разбиты, все планы разрушены, единственное, что интересовало Тома, был вопрос: как с честью выстоять перед свалившейся на них бедой? Его стали раздражать многие черты родителей, представшие перед ним в обнаженном виде, после того как спал скрадывавший их покров благоденствия, ранее царившего в доме. Тома отличал ясный, прозаический взгляд на вещи, которому несвойственно было затуманиваться слезою чувства или воображения. Бедная миссис Талливер, казалось, никогда не станет снова сама собой, не вернется к своей безмятежной возне по хозяйству. Да и как бы она могла? Все, что доставляло ей такую радость, ушло, — все ее маленькие надежды, планы и предположения, все приятные маленькие заботы о сокровищах, которые в течение четверти века, с тех самых пор, как она произвела свою первую покупку — щипчики для сахара, придавали смысл ее существованию, — всего этого она была вдруг лишена, и миссис Талливер потеряла всякую опору в жизни, сразу ставшей бессодержательной.

Почему все это случилось именно с ней, а не с кем-нибудь другим, — вот неразрешимый вопрос, который она беспрестанно задавала себе, сравнивая прошлое с настоящим. Жаль было смотреть, как худеет эта миловидная женщина под бременем хлопот и душевного беспокойства, которое заставляло ее, окончив работу, бродить по пустому дому, пока Мэгги, встревожившись, не уводила ее вниз под предлогом, что Том рассердится, если она будет губить свое здоровье, ни разу за целый день не присев. Но при всей своей внутренней и внешней беспомощности миссис Талливер стала относиться к Мэгги с такой трогательной преданностью, с такой смиренной материнской любовью, что, несмотря на невольную досаду, которую вызывала в ней душевная слабость матери, Мэгги не могла не чувствовать к ней нежности. Миссис Талливер не допускала дочь к тяжелой и грязной работе и ворчала, когда Мэгги пыталась вместо нее вымести золу из камина или почистить посуду. «Оставь это, доченька, ты испортишь себе руки, — обычно говорила она, — это моя забота. Шить-то я уже не могу — глаза не те». Она, как и раньше, расчесывала и убирала Мэгги волосы, наконец-то примирившись с ними, — они стали длинные и густые, хотя по-прежнему отказывались виться. Мэгги никогда не была ее любимицей, и вообще было бы куда лучше, будь девочка не такой, какая она есть; но теперь все надежды бедной женщины, лишенной своих маленьких радостей, сосредоточились на будущем этого юного существа; она тешила себя, выполняя всю тяжелую работу, лишь бы уберечь от нее более нежные руки.

Однако постоянные сетования и растерянность матери не так были мучительны для Мэгги, как угрюмая замкнутость и мрачность отца. Пока он еще не совсем оправился от паралича и можно было опасаться, что он навсегда останется беспомощен, как ребенок, пока он еще полностью не осознал всей глубины постигшего его несчастья, Мэгги захлестывала такая могучая волна любви и жалости к нему, все душевные силы ее были так напряжены, что ей казалось — ради отца она вынесет все. Но теперь детская беспомощность уступила место молчаливому упорному стремлению к одной цели, так непохожему на его прежнюю бурную общительность и бодрость духа; и это тянулось день за днем, неделя за неделей; ни разу за все время глаза его не загорелись надеждой, не вспыхнули радостью. Юным сердцам кажется жестокой и непостижимой эта неизменная хмурость пожилых и старых людей, разочарованных и не удовлетворенных жизнью, на лицах которых улыбка является такой редкой гостьей, что горькие складки на лбу и возле рта, кажется, даже не замечают ее — и, испуганная столь неприветливым приемом, она снова спешит прочь. «Ну почему они никогда ничем не довольны? — думает неунывающая молодость. — Это совсем не так трудно, стоит только захотеть».

И эти никогда не рассеивающиеся свинцовые тучи могут омрачить даже дочернюю и сыновнюю привязанность, которая потоком любви и жалости изливается в годину истинных бедствий.

Мистер Талливер теперь всегда спешил поскорей вернуться домой: он не задерживался на рынке, а в тех домах, куда заезжал по делу, отказывался от приглашения остаться поболтать, как это бывало в прежние годы. Он не мог примириться со своей судьбой; не было такой минуты, когда бы гордость его не ощущала нанесенного ей удара: как бы к нему ни относились — тепло или холодно, он видел в этом намек на свои изменившиеся обстоятельства. Даже дни, когда на мельницу приезжал Уэйкем, чтобы осмотреть свои владения и получить отчет о том, как идут дела, были для мистера Талливера не столь тяжкими, как поездки на рынок, где он встречал тех кредиторов, которым не смог выплатить все сполна. Скопить деньги, чтобы вернуть им свой долг, стало единственной его целью, к этому сводились все помыслы мистера Талливера и были направлены все его усилия; и под влиянием этой всепоглощающей потребности, снедавшей его сердце, щедрый когда-то человек, которому ненавистно было урезывать себя или кого-либо другого в своем доме, постепенно превратился в скрягу, настороженно следящего, чтобы не пропала зря ни одна кроха. Как миссис Талливер ни экономила на еде и угле, ему все было мало, и он соглашался есть лишь самую простую пищу. Том, хотя его отталкивала угрюмость отца и подавляла тоскливая атмосфера, царившая в доме, полностью разделял желание мистера Талливера поскорее выплатить деньги, и когда бедный мальчик принес свое первое жалованье, он с приятным чувством выполненного долга отдал его отцу, чтобы тот положил деньги в жестяную коробку, где хранилось все, что они скопили. Эта небольшая кучка соверенов была единственным зрелищем, которое вызывало слабый проблеск удовольствия в глазах мельника — слабый и мимолетный, ибо он скоро угасал при мысли, что потребуется очень много лет — возможно, больше, чем осталось ему прожить, — прежде чем эти скудные сбережения снимут с его плеч ненавистное бремя долга. Пятьсот с лишним фунтов и проценты, которые будут нарастать с каждым годом, — такую яму нелегко заполнить, когда ты получаешь всего тридцать шиллингов в неделю, даже если прибавить сюда предполагаемые заработки Тома. В этом вопросе у всех четверых, когда они сидели перед сном у еле тлеющего камина, наблюдалось, несмотря на столь разные характеры, полное единодушие. У миссис Талливер в крови была гордая честность Додсонов, и она с детства усвоила, что «обидеть людей насчет их денег» — смягченная форма понятия «не вернуть долг» — значит морально пригвоздить себя к позорному столбу; она сочла бы безнравственным идти наперекор желанию мужа сделать все как положено и вернуть себе доброе имя. Ею владела смутная и туманная мысль, что, когда они расквитаются со всеми кредиторами, ее посуда и белье должны будут вернуться к ней, но она с молоком матери всосала убеждение, что, пока люди в долгах и не в состоянии выплатить их, они ничего не могут по праву назвать своим. Она немного поворчала, когда мистер Талливер наотрез отказался взыскать деньги с мистера и миссис Мосс, но всем его требованиям экономить в хозяйстве она подчинялась столь покорно, что считала роскошью даже самую дешевую приправу к еде, и бунт ее выражался лишь в попытках потихоньку скрасить чем-нибудь ужин Тома.

Эти узкие взгляды на долги, которых придерживались старозаветные Талливеры, возможно, вызовут улыбку на лице многих читающих эту книгу в наши дни широких коммерческих взглядов и широкой философии, согласно которой справедливость восстанавливается сама собой, без всяких хлопот с нашей стороны; на тот факт, что я способствовал облегчению карманов моего поставщика, нужно смотреть спокойно, в уверенности, что чей-то другой поставщик набил себе карманы за счет кого-нибудь другого; и поскольку на свете не обойтись без этого зла — долгов, чистейшим эгоизмом было бы протестовать против того, что в долги залезаем именно мы, а не наши сограждане. Я рассказываю вам историю людей очень простых, у которых никогда не было свойственных нашему просвещенному веку сомнений относительно того, что такое честь и что такое честность.

При всей своей мрачной подавленности, несмотря на то что все помыслы его устремлялись к одной цели, мистер Талливер сохранил нежную привязанность к «маленькой», и ее присутствие было ему необходимо, хотя и не могло развеять его грусть. Мэгги по-прежнему оставалась отрадой его глаз; но к сладостному роднику отцовской любви, как и ко всему, примешивалась горечь. Кончая вечером свое шитье, Мэгги обычно садилась на низенькую скамеечку у ног отца и прижималась щекой к его колену. Как ей хотелось, чтобы он погладил ее по голове или как-нибудь иначе показал, что ее любовь служит ему утешением! Но теперь она не встречала ответа на свои робкие ласки ни от отца, ни от Тома — этих двух кумиров, которым поклонялась всю жизнь. Те немногие часы, что Том проводил дома, он сидел усталый, погруженный в себя; отца же терзала горькая мысль, что девочка растет — быстро превращается в женщину; а что ждет ее впереди? Мало шансов сделать хорошую партию, когда они впали в такую бедность. А ему невыносима была мысль, что она может выйти замуж за бедняка, как ее тетя Гритти. Его девчушка будет так же измучена детьми и непосильной работой, как тетя Мосс! Да это заставит его в гробу перевернуться. Когда человека, стоящего на низкой ступени развития, ум которого заключен в узкие рамки личного опыта, в течение долгого времени гнетет несчастье, его внутренняя жизнь превращается в бесконечный круговорот печальных и горьких мыслей; одни и те же слова, одни и те же сцены все снова и снова возникают в памяти, все то же настроение сопутствует им... Конец года находит его таким же, каким он был в начале, словно перед нами машина с механическим заводом.

Однообразие их дней редко нарушалось посетителями. Тетушки и дядюшки заглядывали к ним теперь только на минутку и, уж конечно, никак не могли остаться к обеду; та принужденность, которую они чувствовали в присутствии мистера Талливера, чье тяжелое молчание, казалось, еще усиливало гулкий резонанс, вызванный громкими голосами тетушек в полупустой комнате без ковров, делала эти визиты еще менее приятными для обеих сторон, и они становились все реже и реже. А что до знакомых — те, кому не повезло в жизни, окружены ледяной атмосферой, и люди стремятся избежать их, как бегут из холодного помещения; человеческие существа, просто мужчины и женщины, потерявшие всякий вес в обществе, которым некуда посадить нас, нечем нас угостить, только приводят нас в замешательство, — нам ни к чему видеть их, нам не о чем с ними толковать. В те далекие дни семья, спустившаяся по общественной лестнице, оказывалась в цивилизованном христианском обществе нашего королевства в самом глубоком одиночестве, если только не принадлежала к сектантской церкви, которая в какой-то мере сохраняет тепло́ братства, не давая угаснуть священному огню.

ГЛАВА III

Голос из прошлого

Как-то после полудня, в ту пору года, когда начинают цвести каштаны, Мэгги вынесла стул в сад и села с книгой возле парадной двери. Ее темные глаза рассеянно блуждали по сторонам, но казалось, она даже не замечает солнечных лучей, пронизывающих жасминовые ветви, что пологом нависали над выступающим крыльцом справа от нее и отбрасывали узорную тень на бледный овал ее лица; она словно искала что-то там, куда не может проникнуть солнечный свет. В тот день Мэгги была в еще более угнетенном состоянии, чем обычно: после того как к ним заехал Уэйкем, отцом овладел страшный приступ гнева, и за какую-то пустяковую провинность он ударил мальчика, помогающего Люку на мельнице. Это был второй случай со времени его болезни — в первый раз он ударил лошадь, и эта сцена оставила в сердце Мэгги неизгладимый ужас. У нее возникло опасение, что рано или поздно он поднимет руку и на миссис Талливер, доведись ей в неподходящий момент заговорить с ним своим жалобным тоном. Больше всего она боялась, как бы отец не усугубил своих несчастий — не отягчил совесть поступком, в котором будет потом раскаиваться всю жизнь. Старый учебник Тома, лежавший у нее на коленях, не мог отогнать давящий ее страх, укрепить ее силу духа, и глаза ее, бесцельно перебегавшие с предмета на предмет, то и дело наполнялись слезами:

она не видела ни каштанов, ни отдаленного горизонта — все заслоняли печальные картины ожидающей их жизни.

Внезапно ее пробудил от задумчивости скрип ворот и чьи-то шаги на гравийной дорожке, ведущей к дому. Это был не Том. К ней приближался человек в клеенчатой шляпе и голубом плюшевом жилете, с тюком на спине; за ним по пятам бежал пестрый бультерьер весьма заносчивого вида.

— А, это ты, Боб! — сказала Мэгги, с приветливой улыбкой поднимаясь ему навстречу: люди не так часто баловали ее своей добротой, чтобы стереть из ее памяти великодушный поступок Боба. — Рада тебя видеть.

— Благодарствую, мисс, — приподнял шляпу Боб, сияя от удовольствия, но тут же, чтобы скрыть смущение, уставился на собаку и произнес сердито: — Не лезь ко мне ты, дуралей несчастный.

— Брата еще нет дома, Боб, — сказала Мэгги, — днем он всегда в Сент-Огге.

— Ну, мисс, — сказал Боб, — я, само собой, рад был бы повидать мастера Тома... но пришел-то я не за тем... Вот поглядите-ка!

С этими словами он опустил на порог свой тюк и пачку книжек, перевязанных бечевкой. Но по-видимому, предмет, к которому он хотел привлечь внимание Мэгги, была не эта пачка, а узел у него под мышкой.

— Поглядите, — повторил он, кладя его поверх книг и разворачивая красный платок. — Вы ведь не посчитаете, что я много себе позволяю, мисс? Я случаем наткнулся на эти книжки, вот я и подумал, — может, они вам хоть малость заменят те, что у вас были; я слышал, вы толковали о картинках, а уж картинок тут! Вы только взгляните!

Из развернутого платка показался ветхий альбом со стихами и рисунками и несколько выпусков «Королевской галереи»[1] большого формата; «картинка», на кото-

---

[1] *«Королевская галерея»* — тетради портретов королевской семьи и аристократии; издавались отдельными выпусками.

рую так горячо просил взглянуть Боб, была портретом Георга Четвертого, изображенного во всем его великолепии, со сплющенным черепом и в необъятном жабо.

— Тут какие вашей душе угодно джентльмены, — продолжал Боб восторженно, перелистывая страницы, — и с какими хотите носами... и лысые есть, и в париках — верно, всё парламентские господа. А здесь... — добавил он, раскрывая альбом, — здесь вам всякие разные леди, одни с кудряшками, а другие гладкие, одни улыбаются, наклонив головку, другие того и гляди слезу пустят — вот тут, видите... которые сидят на земле в саду, все наряженные, как те леди, что приезжают в каретах на бал в Старый замок. Интересно, что́ только парни надевают, когда идут свататься к ним?! Я вчера до двенадцати часов ночи не спал, все глядел на них, право слово... пока они не уставились на меня с картинок, словно понимают, что я им говорю. Но я бы и словечка не подобрал, чтобы поболтать с ними, это уж как бог свят! Вам больше подходит с ними компанию водить, мисс. А продавец в книжном ларе сказал, что они все картинки за пояс заткнут... Он сказал, это товар — первый сорт!

— И ты купил их для меня, Боб? — воскликнула Мэгги, глубоко тронутая его добротой. — Какой ты хороший! Но ты, верно, отдал за них кучу денег.

— Что вы! — воскликнул Боб. — Да я бы в три раза больше отдал, кабы они хоть маленько заменили вам те книги, что у вас забрали в распродажу. Я ни в жизнь не забуду, как вы убивались о тех книжках... так и стоите у меня перед глазами, словно портрет. Я как увидел эту книжку на прилавке, а с открытой страницы смотрела на меня одна леди, и глаза у нее малость на ваши похожи были, когда вы из-за книг убивались, вы уж простите, коли я что не так сказал, мисс, — я и подумал: была не была, а я куплю ее для вас, а потом взял еще книгу с джентльменами, чтобы этим леди не скучно было, и... — здесь Боб поднял с земли перевязанную бечевкой пачечку книг, — я еще подумал: может, вам захочется и почитать, не только на картинки посмотреть; вот я и купил эти книжки, да еще чуть не задаром; они битком набиты буквами, я и решил — не будет греха, коли они пойдут заодно с теми книгами, что получше. Вы ведь не скажете мне «нет», не откажетесь взять их, как тогда мастер Том не взял соверены.

— Конечно не откажусь, Боб, — ответила Мэгги, — я очень-очень благодарна тебе за то, что ты обо мне подумал и так хорошо относишься к нам с Томом. Право, никто еще не был так добр ко мне. У меня так мало друзей.

— Заведите себе собаку, мисс! Они лучшие друзья, чем христиане, — сказал Боб, снова опуская на землю тюк, который было поднял, чтобы поскорей уйти, так как чувствовал довольно сильное смущение, разговаривая с Мэгги, хотя, по его же собственным словам, ему было не угнаться за своим языком, стоило только начать говорить. — Я не могу отдать вам Мампса, он умрет с горя, коли ему придется расстаться со мной... А, Мампс, что ты скажешь, негодник? (Мампс не пожелал тратить лишних слов и ограничился лишь утвердительным движением хвоста.) Но я достану для вас щеночка, мисс; вот будет вам забава!

— Нет, спасибо, Боб. У нас уже есть цепная собака, я не могу заводить еще одну для себя.

— Жаль, жаль, а то есть у меня на примете один щенок, коли вам не обязательно, чтобы он был чистых кровей; его мать играет в кукольном театре — на редкость смышленая сука... В ее лае больше толку, чем у многих людей в том, что они болтают с утра до ночи. Один парень, разносчик горшков, — не очень-то это почтенное занятие, — так он говорит: «А что в нем есть — в Тоби? Ублюдок — и все, и глядеть-то не на что». Но я ему говорю: «А ты-то сам не ублюдок, что ли? На тебя глянуть — так тебе не очень-то отца с матерью подбирали». Не то чтобы я сам был против породы, а только не люблю, когда одна дворняжка над другой зубы скалит. Всего вам хорошего, мисс, — неожиданно кончил Боб и снова взялся за тюк, чувствуя, что его язык начинает позволять себе вольности.

— Приходи как-нибудь вечерком, Боб, повидаться с братом, — сказала Мэгги.

— Спасибо, мисс, в другой раз зайду. Передайте ему мое почтение, сделайте милость. Он теперь молодец хоть куда — наш мастер Том — красивый, статный; он в рост пошел, а вот я — так нет.

Тюк снова очутился на земле; что-то случилось с застежкой.

— Но Мампс ведь не дворняжка, верно? — спросила Мэгги, предполагая, что интерес, проявленный к Мампсу, доставит удовольствие его хозяину.

— Нет, мисс, и рядом не сидел, — ответил Боб с улыбкой сожаления. — Второго такого пса, как Мампс, вам не найти, хоть весь Флосс проплывите — уж я-то знаю, не раз на барке этот путь проходил. Важные господа и те останавливаются на него поглядеть, но вы не увидите, чтобы Мампс на них глаза пялил, — он в чужие дела нос не сует, уж это можете мне поверить.

Морда Мампса, который, по-видимому, вообще только-только терпел существование посторонних предметов, вполне подтверждала эту высокую похвалу.

— Он кажется ужасно сердитым, — сказал Мэгги. — Он даст мне себя погладить?

— Да, ясное дело, даст, и спасибо вам. Уж Мампс своих от чужих завсегда отличит. Вы его с имбирным пряником в зубах не поймаете — кого-кого, а не Мампса: он куда скорее унюхает вора, чем пряник. Да что там, я другой раз битый час с ним толкую, когда хожу по таким местам, где никого нет, и коли я словчу малость, всегда ему расскажу. У меня от Мампса секретов нет. И про мой большой палец он тоже знает, Мампс-то.

— Твой большой палец? Какой палец, Боб? — спросила Мэгги.

— А вот этот, мисс, — быстро проговорил Боб, показывая на редкость широкий образчик этого отличия человека от обезьяны. — Очень помогает, понимаете, когда отмериваешь фланель. Я продаю фланель, она легкая и дорогая, так что от моего большого пальца мне немалая польза. Я кладу палец на конец ярда и потом отрезаю по внутренней стороне, а старухам ни в жизнь не додуматься, в чем там подвох.

— Ах, Боб, — сказала Мэгги, серьезно глядя на него, — но ведь это нечестно. Мне неприятно это слышать.

— Да, мисс? — сокрушенно промолвил Боб. — Тогда жаль, что я рассказал вам. Я привык разговаривать с Мампсом, а он не против, коли я малость и сплутую, когда продаю фланель старым бабам, — ведь от жадности они готовы торговаться с тобой, пока не охрипнут, и рады бы купить все задаром; они и знать не хотят, как я зарабатываю свой кусок хлеба. Я ни в жизнь не облапошу того, кто сам не хочет меня облапошить, мисс, — я честный парень, не сойти мне с этого места, а только надо же и мне поразвлечься, а теперь, как я бросил охотиться с хорьками на крыс, мне только и остались на поживу что эти старухи, сквалыги. Всего хорошего, мисс.

— До свидания, Боб. Спасибо тебе за книги. Приходи повидаться с Томом.

— Ладно, мисс, — ответил Боб и сделал несколько шагов, затем обернулся и сказал: — Я брошу эту штуку с большим пальцем, коли вы дурно обо мне думаете из-за нее, мисс, а только жалко, право слово, жалко. Мне больше такой хорошей штуки не выдумать... и какой тогда толк в таком широком пальце? Мог бы и узким быть, все едино.

Мэгги, оказавшаяся нежданно-негаданно в роли божества, указующего Бобу праведный путь, невольно рассмеялась; в голубых глазах ее почитателя сразу же заплясали веселые огоньки, и он при этих добрых предзнаменованиях еще раз прикоснулся к шляпе и отбыл восвояси.

Рыцарские времена еще не отошли в прошлое, несмотря на торжественную панихиду, которую отслужил по ним Бёрк[1]; они все еще живут в том поклонении издалека, с которым многие и многие юноши и мужчины смотрят на женщину, даже в мечтах не осмеливаясь коснуться ее мизинца или края одежды. Боб, простой бродячий торговец, испытывал к этой черноглазой девочке чувство такого почтительного обожания, словно рыцарь в доспехах, что спешит на турнир, дабы прославить даму своего сердца.

Проблеск веселья вскоре погас в глазах Мэгги и, возможно, сделал еще мрачнее сменившее его уныние. Она была так удручена, что ей не хотелось даже отвечать на неизбежные расспросы о книгах, полученных от Боба в подарок, и она унесла их к себе в спальню и, положив на стол, уселась на единственной оставшейся в комнате скамеечке, не испытывая желания хотя бы взглянуть на них. Она прильнула щекой к переплету окна, думая о том, что беззаботному Бобу выпал куда более счастливый удел, нежели ей.

Чем ярче расцветала весна, тем сильнее томили Мэгги одиночество и жажда радости. На всех ее любимых уголках вокруг, которые, казалось, вместе с родителями взрастили и взлелеяли ее, лежала теперь та же печать грусти, что и на ее родном доме; даже от солнечных лучей они не становились веселее. Все, что бедняжка раньше любила, что доставляло ей наслаждение, мучило ее теперь, как обнаженный нерв. Ей больше не приходилось слушать музыку — ни рояля, ни слившихся в аккорд голосов, ни восхитительных скрипок и арф, страстные стоны которых, словно зов заточенных в неволю духов, заставляли трепетать все ее существо. От школьной жизни у нее не осталось ничего, кроме стопки учебников, которые она перебирала с горестным чувством, что знает их от корки до корки и ни один из них не может дать ей утешения. Еще в школе она мечтала о книгах, в которых

---

[1] *Бёрк* Эдмунд (1729–1797) — английский государственный деятель, философ, публицист.

было бы больше... чего? Все, что она из них извлекала, походило на концы длинных нитей, которые тут же обрывались. А теперь, когда ее не поддерживало бессознательное стремление быть первой, в «Телемахе»[1] она видела только шелуху слов, сухим и жестоким казался ей катехизис: там не было души, не было силы. Иногда Мэгги казалось, что она могла бы успокоиться, уйдя в мечты; о, если б только у нее были романы Вальтера Скотта, поэмы Байрона! Тогда, возможно, она бы нашла в них радость, которая позволила бы ей не так остро чувствовать боль, причиняемую повседневной жизнью. И все же... вряд ли это было то, что ей нужно. Она сама могла построить мир грез, но сейчас ее не удовлетворили бы никакие грезы. Она хотела найти объяснение суровой действительности: печальный отец, в молчании сидящий за скудной трапезой, беспомощная, растерянная мать; занятия, лишенные живого содержания и лишь заполняющие время, или еще более подавляющая пустота унылого, безрадостного досуга; потребность в нежной, открытой любви; горькое сознание, что Тому безразличны ее думы и чувства, что они перестали быть друзьями; отсутствие всяких удовольствий, которое она, Мэгги, ощущала куда острей, чем остальные... Она хотела найти ключ, который помог бы ей понять, а поняв, легче перенести то тяжкое бремя, что легло на ее юную душу. Если бы ей были преподаны «истинные знания и мудрость, ведомые великим мужам», она бы сумела, наверно, познать тайны бытия! Если бы только у нее были книги, чтобы она могла сама изучить все то, что знают мудрые люди! Святые и мученики никогда не интересовали Мэгги так, как мудрецы и поэты. Она мало что знала о святых и мучениках, а из того, чему ее учили в школе, вынесла впечатление, что они служили временной мерой предосторожности против распространения католицизма и все погибли в Смитфилде.

---

[1] Имеется в виду эпический роман «Приключения Телемаха» французского писателя Фенелона (1651–1715).

Как-то во время одного из таких раздумий ей пришло в голову, что она совсем забыла об учебниках Тома, которые были присланы домой в его сундучке. Правда, она обнаружила, что запас их необъяснимо уменьшился — осталось всего несколько старых, захватанных пальцами книг: латинский словарь и грамматика, «Избранное» — хрестоматия античной литературы, рваная «Краткая история римлян» Евтропия, потрепанный Вергилий, «Логика» Олдрича и приведшая ее некогда в отчаяние Евклидова «Геометрия». Все же латынь, Евклид и «Логика» могли стать значительным шагом на пути к мужской мудрости, дать ей те знания, благодаря которым мужчины испытывают удовлетворение и даже радость от жизни. Нельзя сказать, чтобы ее стремление к действенной мудрости было совсем бескорыстным: нет-нет и встанет перед ней в пустыне будущего мираж, и ей видится, как ее превозносят за удивительную ученость. И вот бедная девочка, подгоняемая душевным голодом и способностью к самообольщению, принялась вкушать от толстокожего плода с древа познания, посвящая свободные часы латыни, геометрии и формам силлогизмов и испытывая иной раз чувство, близкое к торжеству, — ведь она в состоянии понять эти науки, доступные якобы только мужчинам. Неделю или две она решительно шла вперед, хотя, бывало, и падала духом, как путник, отправившийся один в обетованную землю и вдруг обнаруживший, что идти туда надо непроторенной дорогой через знойную пустыню, где легко сбиться с пути. В первое время, строго следуя своему решению, она брала Олдрича и уходила с ним в поле, но глаза ее то и дело покидали книгу и устремлялись к небу, где звенел жаворонок, или к кустам и камышу на берегу реки, откуда с тревожным шелестом взлетали неуклюжие утки, и она с испугом чувствовала, что Олдрич и этот живой мир неизмеримо далеки друг от друга. Шли дни, и Мэгги все больше теряла уверенность в своих силах; ее нетерпеливое сердце все сильней и сильней брало перевес над терпеливым рассудком. Стоило ей сесть с книгой у окна, как взгляд ее помимо воли обращался к залитому солнцем пейзажу, затем глаза наполнялись слезами, и часто, если матери не было в комнате, занятия кончались рыданиями. Она восставала против своей судьбы, она теряла мужество от одиночества, и злоба, даже ненависть к родителям, которые были так далеки от того, чем бы она хотела их видеть, к Тому, который всегда обрывал ее, который не разделял ни одного ее взгляда или чувства, изливались подобно потоку лавы, погребая под собой ее любовь к ним и веления совести, и Мэгги содрогалась при мысли, что еще немного — и она превратится в фурию. Тогда ею овладевали самые необузданные фантазии: она убежит из дому на поиски менее убогой и мрачной жизни, она отправится к какому-нибудь великому человеку — например, к Вальтеру Скотту — и расскажет ему, как она несчастна и как умна, и он, уж конечно, ей поможет. Но тут в комнату входил отец и, удивленный тем, что она сидит неподвижно, не замечая его, укоризненно говорил: «Что же — мне самому доставать себе туфли?» — и голос его пронзал Мэгги, как меч: не ей одной тяжело, а она хотела отвернуться от чужой печали, была готова покинуть отца.

В тот день веселое веснушчатое лицо Боба направило ее мысли по новому руслу. Верно, выпавшие ей на долю испытания кажутся так тяжелы еще и потому, думала она, что ее отягощает бремя потребностей, бóльших, чем у других людей, что она терзается безграничной, безысходной тоской по всему самому великому и самому прекрасному. Ах, если бы она могла быть такой, как Боб, которому в его неведении так легко угодить, или такой, как Том, у которого есть определенное дело и он может твердо идти к своей цели, пренебрегая всем остальным! Бедное дитя! Когда она стояла, прислонившись головой к переплету окна, ломая в отчаянии руки и топая ногой, она чувствовала себя такой одинокой в своем горе, словно в цивилизованном мире тех дней она была единственной девушкой, вышедшей из школы с душой, не подготовленной к неминуемым жизненным битвам, унаследовав от завоеванных тяжким трудом сокровищ мысли, которые поколение за поколением по́том и кровью накапливали для человечества, лишь клочки и обрывки жалкой литературы и далекой от правды истории, получив подробные и совершенно бесполезные сведения о саксонских и других королях с сомнительной репутацией, но, к несчастью, без того знания непреложных законов души и внешнего мира, которое, определяя наше поведение, становится нашей этикой, а внушая покорность и смирение — нашей религией, — она чувствовала себя такой одинокой в своем горе, словно всех девушек, кроме нее, лелеяли и охраняли умудренные опытом опекуны, не забывшие собственной юности, когда так велика жажда жизни и так сильны все порывы.

Наконец взор Мэгги обратился к книгам, лежавшим на подоконнике, и, все еще не выйдя из задумчивости, она стала равнодушно перелистывать страницы «Королевской галереи», но вскоре отложила ее в сторону и занялась книгами из завязанной веревкой пачки. «Портреты и биографии известных красавиц», «Расселас»[1], «Экономия жизни»[2], «Письма папы Григория» — все было ей знакомо... «Христианский год»[3] — видимо, сборник гимнов... Она снова положила его на подоконник... Фома Кемпийский? Это имя встречалось ей раньше, и она почувствовала знакомое всем нам удовольствие при мысли, что имя, одиноко блуждающее в памяти, можно будет облечь в определенный образ.

Не без любопытства она взяла в руки старую, необычно толстую книжку: на многих страницах уголки были загнуты, и чья-то рука, давно обретшая вечный покой, жирно подчеркнула отдельные фразы чернилами, уже выцветшими от времени. Мэгги переворачивала страницу за страницей и читала места, отмеченные спокойной рукой... «Знай, что, возлюбя самого себя, сам себя

---

[1] Роман английского писателя Сэмюела Джонсона (1709–1784).

[2] Памфлет неизвестного автора.

[3] Сборник изречений и религиозных гимнов в форме календаря.

наипаче всего уязвляешь... Ежели алчешь ты того либо иного, ежели туда либо сюда влечешься, дабы желание свое исполнить и вкусить усладу, ты не обрящешь покоя, не избавишься от тревоги: всегда чего-то будет тебе недоставать, всюду что-то будет тебе помехой... И внизу и вверху, по какому пути ты ни пойдешь, — всюду ожидают тебя испытания и всюду терпение иметь дóлжно, ежели ты ищешь мира души и вечного венца... Ежели жаждешь ты высоты достигнуть, дóлжно тебе преисполниться мужества и с корнем исторгнуть из сердца своего и истребить всю таящуюся там чрезмерную любовь к самому себе и ко всем земным благам. От сего греха, от того, что человек чрезмерно самого себя любит, едва ли не все проистекает, что тебе надобно преодолеть, и когда зло это превозможешь и подчинишь себе, наступит от того мир великий и спокойствие... Страдания твои ничто рядом со страданиями тех, кому выпало страдать так много, кто так сильно искушаем был, кому причиняли столь нестерпимые мучения, кого подвергали всяческим испытаниям. Посему дóлжно тебе вспомнить о более тяжких мытарствах других, дабы легче тебе было вынести не столь тяжкие страдания, выпавшие на твою долю. И ежели они тебе тяжелы кажутся, остерегайся, дабы нетерпеливость твоя не усугубила их еще более... Благословенны те, кто приклоняют ухо гласу Божию и не слушают зовов мира. Благословенны те, кто не внемлют гласу, звучащему извне, а лишь Истине, коя наставляет нас в душе нашея».

Странный трепет охватил Мэгги, трепет благоговения и страха, словно ее разбудили ночью звуки торжественной музыки, говоря ей о существах, чьи души бодрствуют, в то время как ее душа погружена в оцепенение. Она читала все дальше и дальше, переходя от одной выцветшей пометки к другой, словно ведомая спокойной рукой, почти не сознавая, что она делает, — ей чудилось, что она слушает чей-то тихий голос:

«Почто вокруг себя взираешь? Не здесь найдешь ты успокоение. На небесах быть должна твоя обитель, и на все земное лишь так зреть долженствует — споспешествует ли оно твоему восхождению туда. Все сущее бренно есть, и ты такожде. И так не прилепляйся душой своея ни к чему, когда не хочешь обмануту и погублену быти. Ежели человек отдаст все добро его, сие еще ничто есть. И ежели накладывает на себя епитимьи великие, сего еще мало. И ежели он достигнет всего знания, он еще далек от цели. И ежели он преисполнен добродетелей и глубокого благочестия, ему еще многого недостает, сиречь одного, что надобно ему превыше всего. Что сие есть? Отрешиться от всего сущего, отрешиться от самого себя, истребить любовь к себе... Не раз я говорил тебе и днесь вновь я скажу сие — забудь себя, послушен будь воле Всевышнего, и на душу твою снизойдет покой... Тогда все суетные мечтания, все греховные волнения и тщетные заботы улетят прочь, тогда безмерный страх покинет тебя и чрезмерная любовь умрет».

Мэгги глубоко вздохнула и откинула со лба тяжелые пряди, точно желая лучше разглядеть представшие ее взору видения. Так вот где сокрыт истинный путь, который позволит ей отказаться от всех других поисков, — горние выси, коих можно достичь без помощи внешнего мира, вот его прови́дение, мощь и победа, завоевать которую можно силами, таящимися в ее душе: там высокий учитель ждет, дабы она приклонила к нему свой слух. Словно озарение снизошло на нее и разрешило мучившие ее вопросы: все несчастья ее юной жизни проистекают из того, что помыслы ее всегда устремлены к собственному благу, будто во вселенной нет ничего важнее; впервые она увидела, что можно иначе посмотреть на исполнение своих желаний, отрешиться от самой себя и взглянуть на свою жизнь как на ничтожную частицу целого, направляемого Божественным промыслом. Она читала все дальше и дальше, жадно впитывая каждое слово беседы с незримым учителем — этим воплощением скорби, источником силы; возвращалась к книге после того, как ее за чем-нибудь отзывали, и закончила, лишь когда солнце опустилось за ивами. Сидя в сгущающихся сумерках, она со всей стремительностью пылкой мысли, которая рвется за пределы настоящего, строила планы самоуничижения и беззаветной преданности Богу, и в экстазе открытия отказ от себя казался ей путем к той внутренней удовлетворенности, которой она так давно и так тщетно ищет. Она не видела — да и могла ли она видеть, прожив еще так мало? — сокровенных глубин в излияниях сердца старого монаха, не видела того, что самоотречение неотделимо от печали — пусть мы несем эту печаль с охотой. Мэгги по-прежнему страстно мечтала о счастье и теперь объята была ликованием, ибо нашла ключ к нему. Она не знала ничего о доктринах и системах, о мистицизме или квиетизме, — но этот голос из далекого Средневековья говорил ей о вере и испытаниях человеческой души, и он достиг Мэгги как провозвестник непреложных истин.

Я полагаю — именно поэтому маленькая старомодная книжечка, за которую с вас возьмут всего шесть пенсов в книжной лавке, и по сей день творит чудеса, претворяя горечь в нектар, меж тем как изданные ныне в роскошных переплетах проповеди и трактаты ничуть нас не трогают. То летопись одиночества, незримых страданий, борьбы, веры и победы; ее писала рука, которой водило сердце, а не те, кто, сидя на бархатных подушках, учат терпению людей, бредущих по острым камням, от которых кровоточат их ноги. Потому-то в книге этой запечатлено навеки все то, чего так жаждет душа и что приносит ей утешение; это голос брата, который уже века назад прошел через те же мытарства и отрекся от всех земных радостей. Он жил в монастыре, ходил, быть может, во власянице и выстригал на голове тонзуру, пел псалмы и подолгу постился. И речь его не походила совсем на нашу... но над ним было то же далекое безмолвное небо, а в душе — те же, что у нас, страстные желания, те же порывы, те же падения, та же усталость.

Рассказывая историю старозаветной семьи, легко впасть в пафос, что отнюдь не принято в хорошем обществе, где принципы и верования не только весьма умеренны, но и предопределены заранее и лишь то не вызывает возражений, что может быть затронуто с легкой и изящной иронией. Все это так, но у хорошего общества есть кларет и бархатные ковры, званые обеды с приглашениями за полтора месяца, опера и великолепные бальные залы; хорошее общество бежит от скуки на породистых рысаках, коротает досуг в клубах и сторонится вихрей, поднимаемых кринолинами; наукой занимается за него Фарадей, а религией — высшее духовенство, которое можно встретить в лучших домах; у него нет ни времени для веры и пафоса, ни потребности в них. Но хорошее общество, парящее на легких, как осенняя паутинка, крыльях иронии, обходится весьма дорого, и для его поддержания надо, чтобы жизнь всего народа проходила в тяжком труде на отнюдь не благоуханных, оглушающих грохотом фабриках и в тесных шахтах, чтобы он обливался по́том у топок, гранил, ткал, ковал в душных помещениях со спертым воздухом или разбредался по козьим тропам, по одиноким домам и хижинам на глинистых или меловых холмах, где сеют хлеб и где так тоскливо тянутся дождливые дни. И эта жизнь, жизнь всего народа, держится только на пафосе — пафосе нужды, побуждающей его ко всей той деятельности, без которой нельзя сохранить хорошее общество и легкую иронию; и протекает эта жизнь — один тяжкий год за другим — в холоде, а не на мягких коврах, в семейных сварах, не приглушаемых длинными коридорами. Понятно, что при этом среди миллионов, составляющих народ, множеству людей абсолютно необходима исполненная пафоса вера: столь мало привлекательная жизнь заставляет искать какого-то выхода даже тех, кому несвойственны раздумья, — так мы исследуем, чем набита наша постель, если что-то впивается нам в бок, тогда как гагачий пух и превосходные французские пружины не зовут нас к подобным изысканиям. Некоторые ищут выхода в вине и находят свой ekstasis[1] или внешнюю точ-

[1] Экстаз, восторженное состояние *(греч.)*.

ку опоры в опьянении; но остальным требуется нечто иное — то, что хорошее общество назовет фанатизмом, что позволяет оправдать полное отсутствие наград на этом свете, дает силы терпеть и поддерживать нашу любовь к людям, когда все тело болит от усталости и мы ни в ком не находим участия, — то, что исключает все личные желания, что состоит в отказе от собственного блага и в деятельной любви к ближним. Иногда такая преисполненная веры душа услышит давно отзвучавший голос, который доносит к ней опыт, рожденный из глубочайшей потребности сердца. И вот долетевшие до Мэгги издалека отзвуки такого голоса помогли этой девочке найти в себе силу, обрести надежду, которые поддерживали ее в годы одиночества, когда никто не замечал ее печалей, и создать для себя веру без помощи признанных авторитетов и присяжных советчиков, ибо их не оказалось под рукой, а потребность в них была неотложна. Зная ее, вы не удивитесь, что она вкладывала своеволие, гордость и порывистость даже в самоотречение, и здесь, как и во всем, впадая в крайность. Ее собственная жизнь все еще была для нее драмой, и она требовала от себя, чтобы роль ее в этой драме была сыграна ярко и глубоко. И поэтому часто случалось, что она утрачивала дух смирения, чересчур усердно выказывая его; стремилась взлететь слишком высоко и падала, забрызгивая грязью свои бедные полуоперившиеся крылышки. Так, она не только решила заниматься шитьем, чтобы, со своей стороны, способствовать увеличению суммы в жестяной коробке, но в пылу самоуничижения отправилась в Сент-Огг просить работы в бельевой лавке, вместо того чтобы достать шитье более тихим и окольным путем, и увидела только несправедливость и жестокость, мало того — притеснение в том выговоре, который сделал ей брат за этот совершенно ненужный шаг. «Я не желаю, чтобы моя сестра так поступала, — сказал Том, — я сам позабочусь о том, как выплатить все долги, нечего моей сестре унижать себя таким образом». Конечно, в этой краткой речи было не меньше нежности и мужества, чем самолюбия и гордыни, но Мэгги видела в ней только шлак, не замечая крупиц золота, и приняла упреки Тома как одно из возложенных на нее испытаний. Том так жесток к ней, думала она во время своих долгих ночных бдений, — к ней, которая всегда любила его; но затем она старалась примириться с его жестокостью и ничего от него не требовать. Это тот путь, по которому все мы предпочитаем идти, когда хотим победить в себе эгоизм. Путь мученичества и долготерпения, где растут лавры, куда более нам по душе, чем крутая тропа терпимости, справедливой снисходительности и самообвинения, где никто не возложит на наше чело лавровый венок.

Вергилий, Евклид и Олдрич — эти сморщенные плоды с древа познания — все были отложены в сторону, ибо Мэгги отказалась от суетной мечты разделить мысли мудрых. В своем новоявленном рвении она отбросила книги с чувством торжества, что поднялась выше потребности в них; и если бы они принадлежали ей лично, она бы сожгла их, веруя, что никогда о том не пожалеет. Она так ревностно и неусыпно читала оставленные ею три книги: Библию, Фому Кемпийского и «Христианский год» (не отвергаемый ею более), что в уме ее непрерывным потоком проносились мерные фразы; с таким пылом училась видеть природу и жизнь в свете новой своей веры, что не нуждалась ни в каком ином предмете для размышлений, когда сидела с иглой в руках, усердно трудясь над рубашкой или иным сложным шитьем, совершенно ошибочно называемым простым, — оно отнюдь не было простым для Мэгги, поскольку манжеты, и рукава, и все прочее отличалось способностью пришиваться наизнанку, стоило глубоко задуматься.

Приятно было глядеть на Мэгги, когда она сидела так, прилежно склонившись над шитьем. Ее новая внутренняя жизнь — хотя заточенные страсти нет-нет да и прорывались наружу — озаряла ее лицо нежным, кротким светом, который, сливаясь со все более яркими красками и мягкими очертаниями расцветающей юности, еще усиливал ее очарование. Мать с изумлением замечала происшедшую в ней перемену — прямо поразительно, что Мэгги «так выровнялась»; она только диву давалась, почему эта когда-то «супротивная» девочка сделалась столь покорной и с такой готовностью отказывается от своих желаний. Часто, отрываясь от работы, Мэгги видела, что глаза матери прикованы к ней: они смотрели на нее и ждали ответного взгляда больших юных глаз, словно стареющее сердце получало от них такое нужное ему тепло. Миссис Талливер все больше и больше привязывалась к своей высокой смуглой дочке — единственной собственности, которой она могла отдать свою заботу и гордость, и Мэгги, несмотря на аскетизм и нежелание украшать себя, была вынуждена уступить матери и позволить укладывать свои тяжелые черные косы короной, как, увы, было в моде в те давнишние времена.

— Не лишай меня этого маленького удовольствия, голубка, — говорила миссис Талливер, — я столько намаялась с твоими волосами.

И Мэгги, довольная, что может чем-то порадовать ее и скрасить долгий день, ждущий их впереди, соглашалась потешить тщеславие матери, а миссис Талливер могла любоваться царственной головкой, с которой так не гармонировало старое домашнее платьице, — сама Мэгги наотрез отказывалась взглянуть на себя в зеркало. Матери нравилось обращать внимание мистера Талливера на волосы Мэгги и другие обнаружившиеся в ней достоинства, но у него всегда был наготове ответ:

— Ничего удивительного — я давным-давно знал, какая она станет. А только жаль, что она не сделана из теста попроще... боюсь, пропадать ей зря: здесь не найдется никого, кто был бы ей пара.

И все очарование дочери — внутреннее и внешнее — только усиливало окутывающий его мрак. Она читала ему Библию или, когда им случалось оставаться одним, робко говорила, что и горе может стать благом, и он терпеливо слушал, видя в этих словах лишнее доказательство ее доброты; но его злосчастья казались ему еще тяжелей, ибо они преграждали ей путь к счастью. В душе, где царит жажда мести, в душе, которая стремится к одной цели, нет и уголка для новых чувств: мистер Талливер не нуждался в духовном утешении, он желал одного — выплатить долги, избавиться от бесчестья и отомстить за свой позор.

Книга пятая

ДОБРЫЕ СЕМЕНА И ПЛЕВЕЛЫ

ГЛАВА I

В Красном Овраге

Гостиная, где обычно собиралась вся семья Талливеров, была длинной и узкой комнатой с двумя окнами, расположенными друг против друга: одно выходило на лужайку перед домом, за которой вился Рипл, уходя к берегам Флосса, другое — на мельничный двор. Сидя однажды с шитьем у этого окна, Мэгги увидела, что во двор въезжает мистер Уэйкем, как обычно — на прекрасной вороной лошади, но на сей раз не один. Рядом с ним на красивом пони ехал еще кто-то, закутанный в плащ. Не успела Мэгги подумать, что это, наверно, Филип возвратился из Франции, как они уже были под самым окном; Филип приветствовал ее, приподняв шляпу, а его отец, увидев это краешком глаза, обернулся и окинул их обоих пронзительным взглядом.

Мэгги поспешно отошла от окна и поднялась с шитьем к себе в комнату, так как мистер Уэйкем, случалось, заходил в дом, чтобы проверить счетные книги, а Мэгги чувствовала, что в присутствии отца и мистера Уэйкема свидание с Филипом будет лишено для нее всякого удовольствия. Как-нибудь она, наверное, встретится с ним, сможет пожать ему руку и сказать, что не забыла о его доброте к Тому и помнит все то, что он говорил ей в старые дни, хотя им и нельзя больше быть друзьями. При виде Филипа в душе Мэгги не поднялось волнения; как и в детстве, она испытывала к нему только жалость и признательность за его доброту и восхищалась его умом.

В первое время, когда она была так одинока, она не раз вызывала в памяти его образ рядом со всеми теми, кто был к ней раньше добр, не раз хотелось ей, чтобы он был ее братом и наставником, как они мечтали в Кинг-Лортоне. Но она уже давно отказалась от этой мечты, как и от многих других, в которых ей чудилось стремление утвердить свою волю. К тому же она думала, что Филип мог перемениться, живя за границей, — мог вдруг стать светским молодым человеком и не испытывает ни малейшего желания беседовать с ней. Но нет, его лицо на редкость мало изменилось; оно повзрослело, возмужало, но было все таким же, как в детстве, — бледное тонкое лицо, с серыми глазами и волнистыми каштановыми волосами; его горб по-прежнему вызывал в ней жалость, и после всех своих раздумий Мэгги пришла к заключению, что ей и впрямь очень хотелось бы перемолвиться с ним словечком. Возможно, он и теперь часто грустит, и ему будет приятно увидеть сочувствие в ее глазах. Интересно, помнит ли он, как они ему нравились? С этой мыслью Мэгги взглянула на квадратное зеркало, осужденное висеть стеклом к стене, и уже было поднялась, чтобы перевернуть его, но тут же сдержала этот порыв и, схватив шитье, принялась, напрягая память, напевать отрывки гимнов, чтобы подавить возникшее вдруг желание. Наконец она увидела, что Филип с отцом отправились обратно в Сент-Огг и она может снова спуститься вниз.

Стоял конец июня, и Мэгги была склонна затягивать свои ежедневные прогулки — единственное удовольствие, которое она себе позволяла; но в тот день и все последующие дни она была очень занята шитьем, так как его следовало поскорее закончить, и не покидала пределов мельницы, лишь ненадолго выходя посидеть у крыльца, чтобы подышать свежим воздухом. Если Мэгги не нужно было идти в Сент-Огг, она чаще всего направлялась в одно место, расположенное позади так называемого Холма — небольшой, увенчанной купой деревьев гряды, которая тянулась вдоль дороги, что шла мимо ворот Дорлкоутской мельницы. Небольшой, говорю я, ибо по высоте она была не больше обыкновенной насыпи, но иногда природа делает простую насыпь средством для достижения весьма важных целей; вот почему я прошу вас представить себе эту гряду с деревьями по гребню, как она неровной стеной идет на протяжении четверти мили вдоль левой границы Дорлкоутской мельницы и дальше — вдоль зеленых полей, за которыми напевает свою песенку Рипл.

В том самом месте, где гряда эта отлого спадает вниз, от большой дороги отходит проселок, ведущий на противоположный склон возвышенности; почва здесь изрезана причудливыми ложбинками и холмиками, которые остались после разработки карьера, заброшенного уже давно, так давно, что и холмы и ложбинки поросли деревьями и кустами ежевики; там и сям зеленеет полоска травы, почти под корень ощипанной одиноко пасущимися здесь овцами. В детстве Мэгги испытывала перед этим местом, прозванным Красный Овраг, непреодолимый суеверный страх и должна была призывать всю свою веру в храбрость Тома, чтобы заставить себя пойти с ним туда, — ибо в каждой ложбинке ей чудились разбойники и дикие звери. Но теперь здесь таилось для нее очарование, которое в холмистой местности, даже в самой игрушечной скале или ущелье, находят те, чьи глаза привыкли к равнинным ландшафтам. Особенно хорошо было летом, когда она могла присесть на траву в ложбинке под сенью раскидистого ясеня, склонившегося с крутого холма у нее над головой, и слушать треск кузнечиков, жужжание пчел, гудение жуков — перезвон крохотных колокольчиков на плаще Безмолвия, — смотреть, как солнечные стрелы пронзают кроны деревьев, словно в погоне за небесно-голубыми, как осколки лазури, дикими гиацинтами, которые следует водворить обратно на небо. А в июне еще во всем великолепии расцветал шиповник, поэтому нечего удивляться, что именно сюда, в Красный Овраг, а не в какое-либо иное место направилась Мэгги в первый же день, когда она освободилась от работы и могла побродить вволю; наслаждение, которое это ей доставляло, было столь велико, что иногда в пылу самоотречения она спрашивала себя, следует ли отдаваться ему так часто.

Взгляните на нее сейчас, когда она сворачивает на свою любимую дорогу и по узкой тропинке между пихтами вступает в Красный Овраг: на плечах у нее полученная от одной из тетушек черная шелковая шаль крупного плетения, сквозь которую просвечивает старенькое сиреневое платьице и обрисовывается ее стройная фигура; убедившись, что ее никто не видит, она снимает шляпку и, связав ленты, вешает ее на руку. Трудно поверить, что ей всего шестнадцать лет; возможно, причиной тому тихая, смиренная печаль ее взгляда, возможно — ее фигура с округлившейся грудью, отчего Мэгги кажется уже взрослой девушкой. Юность и здоровье помогли ей вынести все испытания — и те, что ниспослала ей судьба, и те, что она сама на себя возложила, и ночи, проведенные для умерщвления плоти на голом полу, не оставили на ней никаких видимых следов: взгляд ее ясен, золотистые щеки круглы и упруги, пухлые губы пунцовы. Смуглая, высокая, с черной как смоль косой, венчающей голову, она кажется сродни величавым пихтам, на которые смотрит сейчас с такой любовью. И все же, когда глядишь на нее, ощущаешь тревогу... ощущаешь, что она полна противоречий и они вот-вот яростно столкнутся; на ее лице лежит печать смирения, которое часто можно увидеть на более взрослых лицах под монашеским покрывалом, — смирения, так не вяжущегося с бунтарской юностью, и вы все время ждете, что скрытые в ее душе страсти вдруг блеснут во внезапном пылком взгляде и развеют этот покой, подобно тому как притушенный огонь вспыхивает вновь, когда нам кажется, что он совсем погас.

Но ничто не тревожило Мэгги в эту минуту. Она спокойно наслаждалась свежестью воздуха и, всматриваясь в старые пихты, думала о том, что сломанные ветви — это следы прошлых бурь, которые только помогли красным стволам подняться выше к свету. Но тут, все еще глядя вверх, на пихты, она почувствовала, что на поросшую травой дорожку упала чья-то тень, и, вздрогнув, опустила взор. Перед ней стоял Филип Уэйкем. Приподняв шляпу и густо покраснев, он подошел к ней и протянул руку. Мэгги тоже вспыхнула — от удивления, которое тут же сменилось радостью. Она подала ему руку и посмотрела на юношу ясным взором, не отражавшим в этот миг ничего, кроме памяти о ее детской приязни к нему — памяти, которая всегда была в ней жива. Первая заговорила Мэгги.

— Вы меня напугали, — сказала она с легкой улыбкой. — Я никогда здесь никого не встречаю. Как вы попали сюда? Вы пришли нарочно, чтобы меня встретить?

Нельзя было не видеть, что Мэгги чувствует себя с ним маленькой девочкой.

— Да, — ответил Филип, все еще не оправившись от смущения. — Мне очень хотелось повидать вас. Вчера я долго сидел на берегу возле вашего дома, все ждал, что вы выйдете, но так и не дождался. Сегодня я снова пришел и, когда заметил, куда вы направились, постарался не потерять вас из виду и прошел сюда берегом, там, за деревьями. Вы ведь не сердитесь на меня за это?

— Нет, — сказала Мэгги серьезно и просто и пошла вперед, словно приглашая Филипа следовать за ней. — Я очень рада, что вы пришли, мне тоже хотелось как-нибудь поговорить с вами. Я не забыла вашей доброты к Тому, да и ко мне тоже, в те далекие дни, но я вовсе не была уверена, что вы тоже нас помните. Нам с Томом выпало много горя с тех пор, — верно, это и заставляет чаще вспоминать все то, что было в прежние, счастливые дни.

— Не думаю, чтобы вы вспоминали меня чаще, чем я вас, — застенчиво промолвил Филип. — Знаете, там, за границей, я нарисовал ваш портрет — такой, какой вы были в то утро в кабинете, когда сказали, что будете всегда меня помнить.

Филип вынул из кармана большой медальон и открыл его. Мэгги увидела девочку с черными волосами, заложенными за уши, которая, опершись локтями о стол, удивленно и мечтательно глядела в пространство. Этот набросок, сделанный акварелью, был совсем неплох.

— О боже! — воскликнула Мэгги, улыбаясь, и даже покраснела от удовольствия. — Какая я была в детстве смешная! А я помню, когда носила так волосы. И это розовое платье. Я и вправду была похожа на цыганку. Верно, я и теперь похожа, — добавила она после короткого молчания. — Вы такой и ожидали меня встретить?

Подобные слова были бы уместны в устах кокетки, но и тени кокетства не мелькнуло в открытом взгляде ясных глаз, обращенных к Филипу. Она надеялась, что и теперь понравится ему, но потому лишь, что в ней вновь заговорила жажда быть предметом любви и восхищения. Филип встретил ее взгляд и долго молча смотрел на нее. Наконец он сказал спокойно:

— Нет, Мэгги.

Лицо Мэгги затуманилось, чуть дрогнули губы. Она опустила ресницы, но не отвернулась, и Филип продолжал на нее смотреть. Затем он медленно произнес:

— Вы гораздо красивее, чем я ожидал.

— Правда? — воскликнула Мэгги, еще жарче вспыхивая от удовольствия.

Она отвернулась и молча сделала несколько шагов, глядя прямо вперед, словно стараясь примирить свои прежние представления с этой новой для нее мыслью. Девушки обычно считают, что тщеславие проявляется главным образом в любви к нарядам; поэтому, чтобы не поощрять в себе этот суетный порок, Мэгги избегала смотреться в зеркало. Она сравнивала себя с элегантными молодыми особами в дорогих туалетах, и ей не верилось, что она может кому-нибудь понравиться. Филип, казалось, был рад молчанию. Он шел рядом, не отводя взора от ее лица, словно глядеть на нее было пределом его мечтаний. Они вышли из-под пихт и оказались у зеленой полянки, окруженной зарослями розового шиповника. Но по мере того как вокруг становилось светлее, лицо Мэгги меркло. Выйдя на поляну, она остановилась и, снова взглянув на Филипа, сказала серьезно и печально:

— Мне бы очень хотелось, чтобы мы были друзьями... то есть если бы могли, если бы это было хорошо и правильно. Но уж таково ниспосланное мне испытание: я не могу удержать ничего из того, что любила маленькой девочкой. Ушли от меня старые книги, и Том изменился, и отец тоже. Всему конец. Я должна расстаться со всем, что было мне дорого в мои детские годы. Мне придется расстаться и с вами, Филип: мы впредь не должны замечать друг друга. Это я и собиралась сказать вам. Я хочу, чтобы вы знали — ни Том, ни я не можем поступать по своему желанию, и если я буду вести себя так, словно я забыла вас, причиной тому не зависть, или гордость, или... или какое-нибудь другое нехорошее чувство.

Голос ее звучал все печальней и мягче, в глазах показались слезы. Гримаса боли, исказившая лицо Филипа, сделала его еще более похожим на того мальчика, которого она так любила в детстве, и теперь его уродство еще громче взывало к ее состраданию.

— Я понимаю, чтó вы имеете в виду, — проговорил он дрогнувшим голосом, сразу упав духом. — Я знаю, чтó не дает нам быть друзьями, но это неправильно, Мэгги, — не сердитесь на меня, я так привык называть вас по имени в своих мечтах. Я от многого откажусь ради своего отца, но я не откажусь от дружбы или... или другого рода привязанности только из повиновения ему, если я считаю, что он не прав.

— Не знаю, — задумчиво проговорила Мэгги. — Часто, когда я сержусь и чувствую неудовлетворенность жизнью, мне кажется, будто я не обязана от всего отказываться; я все думаю и думаю, пока додумываюсь чуть ли не до того, что забываю о своем долге. Но ничего хорошего из этого не получается, и думать так грешно. Я уверена — как бы я ни поступила, в конце концов я скорее откажусь от всего, к чему стремилась, чем сделаю жизнь отца еще более тяжелой.

— Но разве жизнь его станет более тяжелой оттого, что мы с вами будем изредка встречаться? — спросил Филип. Он хотел еще что-то добавить, но промолчал.

— О, я уверена, отцу бы это не понравилось. Не спрашивайте меня — почему. И вообще ничего не спрашивайте об этом, — печально сказала Мэгги. — Отец так близко принимает к сердцу некоторые вещи. Его никак не назовешь счастливым.

— И меня тоже, — порывисто сказал Филип. — Уж я-то никак не счастлив.

— Почему? — сочувственно спросила Мэгги. — Ах... мне не следовало этого спрашивать, но мне так, так жаль вас.

Филип шагнул вперед, словно ему невмоготу было стоять на месте, и они молча покинули полянку, вьющуюся меж кустов и деревьев. После слов Филипа Мэгги трудно было настаивать на том, чтобы сразу распрощаться с ним.

— Я стала куда счастливее, — робко промолвила она, — с тех пор как перестала стремиться к тому, что легко и приятно, и терзаться, что не могу поступать по своей воле. Наша жизнь предопределена свыше, и у нас становится легко на душе, когда мы отказываемся от желаний и думаем только, как бы не уронить возложенную на нас ношу и выполнить то, что нам предначертано.

— Но я не могу отказаться от желаний! — нетерпеливо вскричал Филип. — Мы не можем отказаться от стремлений и желаний, пока в нас теплится жизнь. Есть вещи, которые кажутся нам прекрасными, и мы невольно стремимся к ним. И пока чувства наши не притупятся, мы не будем без них счастливы. Я получаю наслаждение от прекрасных картин... моя мечта — научиться писать такие картины. Я прилагаю к этому все усилия и не могу добиться того, чего хочу. Это для меня мука и всегда будет мукой, пока мои ощущения не потеряют своей остроты, как зрение в старости. Есть еще многое, о чем я мечтаю... — Филип запнулся было, но тут же продолжал: — Многое, чем обладают другие люди и в чем навсегда отказано мне. В моей жизни никогда не будет ничего великого и прекрасного; лучше бы мне на свет не рождаться.

— Ах, Филип, — воскликнула Мэгги, — пожалуйста, не говорите так! — Но и в ее сердце стало закрадываться недовольство, которым был охвачен Филип.

— Хорошо, — сказал он, и его серые глаза с мольбой устремились к ней. — Я не буду жаловаться на жизнь, если вы позволите мне хоть изредка вас видеть. — Затем, заметив, что на ее лице отразился испуг, он умолк и, отведя взгляд, сказал более спокойно: — У меня нет друга, с которым я мог бы делиться мыслями... нет никого, кому я не был бы безразличен; если бы только я мог видеть вас время от времени и говорить с вами, если бы вы дали мне почувствовать, что я вам хоть немного дорог и что мы всегда будем в душе друзьями и станем помогать друг другу, — тогда бы я, возможно, стал даже радоваться жизни.

— Но как же нам видеться, Филип? — нерешительно произнесла Мэгги. (Она и правда может облегчить его участь? Будет очень тяжело сказать ему сегодня «прощай» и больше никогда его не видеть. В ее однообразной жизни появился какой-то интерес... Было куда легче отказаться от него до того, как он появился.)

— Если бы вы разрешили мне приходить сюда изредка... гулять здесь с вами, хоть один-два раза в месяц, я уже был бы рад. От этого никто не станет несчастлив, а мою жизнь это сделает менее горькой. К тому же, — продолжал Филип с изобретательной хитростью любви, что бывает в двадцать один год, — если между нашими родными вражда, мы тем более должны стараться погасить ее нашей дружбой... Я хочу сказать, что, влияя каждый на своего отца, мы могли бы залечить раны, нанесенные в прошлом; только вы должны рассказать мне об этом подробней. Но я уверен, что мой отец не питает никакой вражды; я думаю, он это доказал.

Мэгги медленно покачала головой и ничего не ответила: в ее душе боролись противоречивые чувства. Как бы ей хотелось думать, что видеть Филипа время от времени и поддерживать с ним дружбу не только не предосудительно, но и отвечает ее долгу; может быть, ей и впрямь удастся помочь ему найти удовлетворение в том, в чем нашла она сама. Голос, говорящий это, звучал для Мэгги сладостной музыкой, но его заглушал другой — тот, которому все эти месяцы она училась подчиняться; он все снова и снова настойчиво предупреждал ее, что встречи с Филипом могут быть только тайными, что она будет страшиться, как бы их не открыли, что, если их откроют, это вызовет гнев и боль и что согласие на поступок, граничащий с ложью, может привести к духовному падению. И все же, затихнув было, музыка вновь нарастала, как звон колоколов, доносимый порывами ветра, нашептывая ей, что зло не в ней, а в проступках и слабостях других и что иногда мы приносим ненужную жертву одному человеку за счет счастья другого. Разве не жестоко избегать Филипа из-за греховного желания отомстить его отцу, — бедняжку Филипа, которого иные избегают потому только, что он горбат. Мысль, что он может стать ее возлюбленным или что их встречи могут предстать в подобном свете и тем вызвать неодобрение окружающих, не приходила ей в голову, и Филип это ясно видел — видел не без боли, хотя именно поэтому она скорее могла склониться на его просьбу. Горько было ему сознавать, что Мэгги держится с ним почти так же бесхитростно и непринужденно, как в детстве.

— Я не могу сказать ни да ни нет, — вымолвила она наконец, поворачивая к тому месту, с которого началась их прогулка, — мне нужно время, чтобы не ошибиться с ответом. Я должна получить наставление.

— Так мне можно прийти сюда завтра — или послезавтра... или на следующей неделе?

— Пожалуй, я лучше напишу, — сказала Мэгги, снова в нерешительности. — Мне иногда приходится бывать в Сент-Огге, и я могу послать письмо по почте.

— О нет, — с беспокойством сказал Филип, — не стоит. Его может увидеть отец, и... я уверен, он не питает никаких враждебных чувств, но он смотрит на многие вещи иначе, чем я: он очень высоко ставит богатство и общественное положение. Пожалуйста, разрешите мне снова сюда прийти. Скажите когда, а если вам это трудно, я буду приходить как можно чаще, пока не увижу вас.

— Хорошо, так, пожалуй, и сделаем, — промолвила Мэгги, — я не могу с уверенностью сказать, в какой именно вечер приду сюда.

Отложив окончательный ответ, Мэгги почувствовала большое облегчение. Теперь она могла свободно насладиться теми несколькими минутами, что она пробудет в обществе Филипа; она даже подумала, что вправе немного задержаться: в следующую их встречу ей придется причинить ему боль, сообщив о своем решении.

Они молча прошли несколько шагов.

— Мне все приходит в голову, — сказала она, глядя на него с улыбкой, — как странно, что вот мы встретились и разговариваем так, словно только вчера расстались в Кинг-Лортоне. А ведь мы, должно быть, сильно изменились за эти пять лет, верно? Почему вы думали, будто я — прежняя Мэгги?.. Я вовсе не была уверена, что вы не изменились: ведь вы такой умный и должны были так много увидеть и узнать за эти годы, что для меня могло и не остаться места в ваших мыслях, и я не знала, будете ли вы относиться ко мне по-старому.

— А я никогда не сомневался, что вы будете такой же, когда бы я вас ни встретил, — сказал Филип, — то есть такой же во всем, чем вы нравитесь мне, чем отличаетесь от всех других. Я этого и объяснять не хочу: я думаю, что самые яркие впечатления, оставляющие глубокий след в нашей душе, нельзя объяснить. Мы не в силах обнаружить ни того, каким образом получаем эти впечатления, ни того, в чем секрет их воздействия. Величайший из художников только однажды нарисовал непостижимо Божественного младенца; он не смог бы сказать, как сделал это, и мы не можем сказать, почему мы чувствуем, что дитя божественно. Я думаю, в человеческой душе есть такие сокровенные уголки, куда никому не дано проникнуть. Некоторые мелодии удивительно на меня влияют — когда я слышу их, у меня совершенно меняется состояние духа, и, если бы влияние их было более длительным, я был бы способен на подвиг.

— О, я понимаю, что вы хотите сказать; когда я слушаю музыку, я тоже испытываю такое чувство, — воскликнула Мэгги, всплеснув руками с прежней пылкостью. — Во всяком случае, испытывала раньше, — добавила она печально, — теперь единственное, что я слушаю, — это орган в церкви.

— И вы тоскуете по музыке, Мэгги? — сказал Филип, глядя на нее с сочувствием и нежностью. — Ах, как мало сейчас прекрасного в вашей жизни. Есть у вас книги? Вы так любили читать, когда были девочкой!

Они снова вышли на полянку, окруженную кустами шиповника, и остановились, зачарованные волшебным вечерним светом, словно отраженным от нежно-розовых лепестков.

— Нет, я больше не читаю, — спокойно ответила Мэгги, — разве очень немногие книги.

Филип вынул из кармана небольшую книжку и, взглянув на корешок, сказал:

— А, это второй том, а то бы вы могли взять ее. Я сунул ее в карман, потому что ищу в ней сюжет для картины.

Мэгги тоже взглянула на книгу и увидела заглавие; былые впечатления ожили в ней с непреодолимой силой.

— «Пират»![1] — воскликнула она, беря книгу из рук Филипа. — О, я когда-то начинала ее и дошла до того места, где Минна гуляет с Кливлендом; но мне так и не удалось дочитать. Я сама придумала продолжение, даже несколько, но все — печальные. Я не могла придумать счастливого конца для этой истории. Бедная Минна! Интересно, как же все кончилось на самом деле. Я долго

[1] *«Пират»* — роман Вальтера Скотта.

не могла забыть Шетландских островов — мне казалось, я прямо чувствую, как в лицо мне дует соленый ветер.

Слова ее обгоняли друг друга, глаза блестели.

— Возьмите ее себе, Мэгги, — сказал Филип, любуясь девушкой. — Она мне теперь не нужна. Я не буду брать оттуда сюжет. Я лучше нарисую вас... вас — среди пихт и вечерних теней.

Мэгги не слышала ни единого слова; открыв наугад «Пирата», она погрузилась в чтение. Но вдруг она захлопнула книгу и протянула ее Филипу, отрицательно покачав головой, словно хотела сказать «Прочь!» проносящимся перед ее глазами видениям.

— Оставьте ее у себя, Мэгги, — умоляюще проговорил Филип, — вы получите от нее удовольствие.

— Нет, спасибо, — сказала Мэгги, отстраняя книгу, и пошла вперед. — Она заставит меня снова полюбить этот мир, как я любила его раньше... заставит меня стремиться к тому, чтобы многое увидеть и узнать... заставит меня стремиться жить полной жизнью.

— Но ведь не вечно же вам жить в заточении — ваша участь изменится; к чему же лишать пищи свой ум? Это узкий аскетизм... мне грустно видеть, что вы в нем упорствуете, Мэгги. Поэзия, искусство и знание чисты и святы.

— Но они не для меня... не для меня, — проговорила Мэгги, ускоряя шаг. — Я захотела бы слишком многого. Я буду ждать. Наша жизнь скоротечна.

— Не убегайте от меня, Мэгги, не сказав «до свидания», — промолвил Филип, когда они дошли до пихт и она продолжала свой путь, все еще не говоря ни слова. — Я думаю, мне лучше не идти дальше. Правда?

— О да, я забыла; до свидания, — сказала Мэгги, останавливаясь, и протянула ему руку. Сердце ее снова залила горячая волна сочувствия Филипу. Они постояли несколько мгновений, рука в руке, молча глядя друг на друга. Затем, отнимая руку, она сказала: — Я очень благодарна вам за то, что вы думали обо мне все эти годы. Так приятно, когда ты кому-то дорог. Ну не удивительно ли, не прекрасно ли, что Господь сотворил ваше сердце таким и вам не безразлична смешная маленькая девочка, которую вы знали всего несколько недель! Я, помню, говорила вам, что, кажется, вы больше любите меня, чем мой брат.

— Ах, Мэгги, — чуть не с раздражением произнес Филип, — вы никогда не будете любить меня так, как Тома.

— Возможно, и нет, — просто ответила Мэгги, — ведь, знаете, первое мое воспоминание — это как я стою рядом с Томом на берегу Флосса и он держит меня за руку: все, что было до того, покрыто мраком. Но я никогда не забуду вас... хотя мы и не должны встречаться.

— Не говорите так, Мэгги, — сказал Филип. — Если я хранил эту маленькую девочку в моем сердце все пять долгих лет, неужели я не приобрел на нее никаких прав? Она не должна совсем уходить из моей жизни.

— Да, если бы я была свободна, — сказала Мэгги, — но я не принадлежу себе... я должна покориться. — Она замялась было, затем добавила: — И я хотела сказать вам, чтоб вы не заговаривали с Томом — здоровайтесь с ним, и только. Он когда-то наказал мне не общаться с вами, и чувства его с тех пор не переменились... О боже, солнце уже зашло. Я слишком задержалась. До свидания. — Она снова подала ему руку.

— Я буду приходить сюда, когда только смогу, пока снова вас не увижу, Мэгги. Думайте немного и обо мне, не только о других.

— Ну конечно, — откликнулась Мэгги, ускоряя шаг, и вскоре исчезла за последними пихтами; но Филип долго глядел ей вслед, словно все еще видел ее.

И вот они разошлись: Мэгги — чтобы искать выхода из уже начавшейся в ее душе борьбы, Филип — чтобы вспоминать и надеяться. Вы, конечно, жестоко его порицаете. Он был лет на пять старше Мэгги, полностью отдавал себе отчет в своем чувстве к ней и должен был предвидеть, как будут выглядеть их предполагаемые встречи в глазах посторонних. Но вы не должны думать, что в нем говорил грубый эгоизм: он успокоился, только когда убедил себя, что стремится сделать жизнь Мэгги хоть немножко более счастливой — стремится к этому даже больше, чем к достижению своих личных целей. У него она найдет сочувствие, у него она найдет помощь. По тому, как она держалась с ним, он видел, что ему нечего и надеяться на взаимность с ее стороны; она выказывала по отношению к нему ту же прелестную детскую нежность, что и в те времена, когда ей было двенадцать лет; возможно, она никогда не полюбит его... возможно, ни одна женщина не способна его полюбить... Ну что же, он перенесет это; он будет довольствоваться счастьем видеть ее... чувствовать хоть в чем-то ее близость. Потом он опять судорожно хватался за мысль — вдруг она все-таки его полюбит; может быть, в ней зародится к нему чувство, если она увидит, как он нуждается в той неусыпной нежности, которой так полно все ее существо. Если какая-нибудь женщина может полюбить его, то это только Мэгги; в ней таятся неиссякаемые сокровища любви, и некому предъявить на них права. К тому же разве не жаль, что такой ум должен увянуть в самом расцвете, словно молодое деревцо в лесу, где недостает света и простора! Не может ли он помешать этому, убедить ее сбросить оковы, которые она сама на себя налагает? Он будет ее ангелом-хранителем; он сделает ради нее все, все вынесет... кроме разлуки.

ГЛАВА II

Тетушка Глегг знакомится с шириной большого пальца Боба

В то время как у Мэгги борьба шла в глубинах души, где одна призрачная армия сражалась с другой и поверженные призраки вновь и вновь восставали к жизни, Том принимал участие в более прозаической и шумной битве, борясь с препятствиями более реальными и одерживая более ощутимые победы. Так оно ведется со времен Гекубы и Гектора[1], укротителя коней: внутри ограды женщины с развевающимися волосами вздымают руки в молитве, издали глядя на потрясающую мир борьбу и заполняя долгие пустые дни воспоминаниями и страхами; вне ее — мужчины, в жестокой схватке с врагами божественными и земными, отгоняют воспоминания более ярким светом зовущей их цели, не чувствуя страха, не ощущая ран в пылу молниеносных сражений.

Вы достаточно знаете Тома и, я думаю, вряд ли усомнитесь, что он добьется своего, если очень захочет. Тот, кто поставит на него, скорее всего, выиграет, несмотря на его ничтожные успехи в классических языках и литературе, ибо Том никогда не стремился быть первым в этой области, а для того, чтобы глупость расцвела пышным цветом, нет лучше средства, чем пичкать ум кучей предметов, к которым он не питает никакого влечения. Но теперь присущая Тому сила воли, слив воедино его честность, гордость, его стыд за павший на семью позор и его личное честолюбие, направила его усилия к одной цели и не позволяла ему падать духом. Дядюшка Дин, который внимательно следил за Томом, вскоре стал возлагать на него большие надежды и даже в какой-то степени гордиться, что взял на службу племянника, обладающего, как обнаружилось, такой хорошей практической сметкой. Том скоро увидел, что дядюшка действительно думал о его благе, поместив его сперва на товарные склады, так как мистер Дин стал намекать, что по прошествии некоторого времени фирма, возможно, доверит ему внешние закупки кое-каких простых товаров, названиями которых я не хочу оскорблять ничей изысканный слух. Несомненно памятуя об этом, мистер Дин обычно приглашал Тома к себе в кабинет, когда оставался в одиночестве распить после обеда бутылку портвейна, и битый час читал ему наставления или задавал вопросы о различных предметах ввоза и вывоза, пускаясь время от

[1] Персонажи из поэмы Гомера «Илиада».

времени в экскурсы, имевшие более косвенную практическую ценность, касательно того, что выгодней для торговых фирм Сент-Огга — привозить товары на своих судах или на иноземных: предмет, в котором мистер Дин, будучи судовладельцем, естественно, мог блеснуть, тем паче разгорячившись от вина и собственного красноречия. Уже на второй год работы Тому было повышено жалованье, но все, кроме денег на обед и одежду, шло домой в жестяную коробку; он даже сторонился товарищей, так как боялся, что дружеские связи могут привести его к невольным тратам. И не то чтобы Том был вылеплен по сентиментальному образцу трудолюбивого подмастерья — он наделен был здоровым аппетитом ко всяким удовольствиям: хотел бы стать укротителем коней, заметной фигурой в обществе, устраивать щедрые пиры, любезно оделять всех милостями и считаться одним из первых среди молодых людей в округе; да что там — он твердо решил рано или поздно добиться всего этого, но его практический ум говорил ему, что пока есть один только путь — путь отказа от всего и путь воздержания; ему предстояло миновать ряд придорожных столбов, и одним из них была выплата отцовского долга. Твердо решив это сделать, он шагал прямо вперед, и в характере его появилась мрачная непреклонность, столь свойственная юности, когда ей раньше времени приходится полагаться только на себя. Он полностью разделял чувства отца, источником которых была фамильная гордость, и твердо решил быть безукоризненным сыном, но, постепенно приобретая все больший деловой опыт, не мог в душе не осуждать мистера Талливера за опрометчивость и неблагоразумие. У них не было ничего общего в характере, и в те немногие часы, которые Том проводил дома, лицо его обычно оставалось хмурым. Он внушал Мэгги благоговейный страх, с которым она боролась, сознавая, что у нее нет для него оснований — она шире мыслит и побуждения ее глубже, — но борьба эта была бесплодна. Цельная натура, которая выполняет то, что задумала, глушит в себе всякий импульс, способный этому помешать, и не мечтает о недостижимом, сильна именно своей ограниченностью.

Нетрудно догадаться, что несходство между Томом и его отцом, проявлявшееся ярче и ярче, все больше располагало к нему тетушек и дядюшек с материнской стороны, и слова мистера Дина, с похвалой отзывавшегося в разговорах с мистером Глеггом о деловых качествах Тома и прочившего ему успех, все чаще обсуждались в их кругу, хотя прием они встречали различный. Оказывается, Том может стать достойным своей родни, и при этом без малейших с их стороны затрат и беспокойства. Ну что ж, миссис Пуллет всегда считала, что превосходный цвет лица, унаследованный Томом от Додсонов, служит верным доказательством ожидающего его благополучия, а его юношеские проступки — проделка с индюком и вообще недостаточное уважение к тетушкам — говорят лишь о небольшой примеси талливеровской крови, от чего он с возрастом, несомненно, избавится. Мистер Глегг, возымевший к Тому расположение еще с той поры, когда он так мужественно и разумно вел себя в день описи имущества, настолько позабыл присущую ему осторожность, что выразил намерение содействовать его успехам... когда-нибудь в будущем, если представится возможность сделать это, не выходя за рамки благоразумия, ничего в конечном счете не теряя. Однако миссис Глегг заметила, что не в ее привычках бросать слова на ветер, как это делают иные, и кто меньше говорит, от того больше проку, а когда наступит время, все увидят, кто умеет не только болтать языком. Дядюшка Пуллет после молчаливых раздумий, на которые ему потребовалось несколько мятных лепешек, решительно заключил, что, если молодой человек, судя по всему, идет к успеху, лучше не вмешиваться в его дела.

Но Том отнюдь не был склонен рассчитывать на кого бы то ни было, кроме себя самого, хотя, весьма чувствительный от природы к любой похвале, в чем бы она ни выражалась, радовался, когда дядюшка Глегг дружески посматривал на него, заходя в контору по делу, и приглашал его к себе обедать; правда, он обычно отказывался под тем предлогом, что может не поспеть вовремя. Но за год до описываемых событий Том имел случай подвергнуть испытанию дружеские чувства дядюшки Глегга.

Однажды вечером по пути домой из Сент-Огга Том встретил на мосту Боба Джейкина — тот всегда заходил навестить их с Мэгги, когда бывал в городе, а теперь поджидал его, чтобы побеседовать с глазу на глаз. Боб взял на себя смелость поинтересоваться — не подумывает ли мастер Том, что недурно бы заработать немножко деньжат, торгуя на свой страх и риск. Торгуя? А как? — желал бы знать Том. Как? Да вот послать несколько штук товара в заграничные порты. У Боба есть один близкий друг, который предлагает ему провернуть дельце с лейсхемскими товарами и будет рад услужить мастеру Тому на тех же основаниях. Том сразу же заинтересовался и попросил объяснить все подробнее, удивляясь, как ему самому не пришла в голову такая мысль. Он так обрадовался возможности путем этой комбинации превратить медленный процесс сложения в умножение, что тут же решил поговорить с отцом и взять с его согласия часть денег на приобретение небольшой партии товара. Он бы предпочел не посвящать в это отца, но он как раз положил в коробку свое жалованье за последние полгода, и у него не было другого выхода. Все сбережения лежали в жестяной коробке, ибо мистер Талливер не соглашался отдать деньги под проценты, боясь их потерять. После того как он пытался заработать на зерне и продал себе в убыток, у него душа была бы не на месте, если бы он выпустил деньги из-под присмотра.

В тот вечер, сидя вместе с отцом перед камином, Том осторожно заговорил о своем плане. Мистер Талливер слушал, наклонившись вперед в кресле и подозрительно посматривая на сына. Первым его побуждением было отказать наотрез, но он стал теперь прислушиваться к желаниям Тома, и, поскольку им владело чувство, что он неудачливый отец, он куда менее безапелляционно выражал свое мнение и не стремился непременно поставить на своем. Он вынул из кармана ключи от бюро, достал оттуда ключ от большого сундука и медленно, словно желая оттянуть тягостный миг прощания, вынул жестяную коробку. Затем сел за стол и открыл коробку ключиком, который лежал у него в кармане жилета, — он всегда машинально принимался нащупывать его, стоило ему только задуматься. Вот они — засаленные банкноты и блестящие соверены; выкладывая на стол, он пересчитал их: всего сто шестнадцать фунтов за два года, и это притом, что они во всем урезывают себя.

— Сколько же тебе нужно? — спросил мистер Талливер так, будто слова жгли ему губы.

— Ты не будешь против, если я начну с тридцати шести фунтов, отец? — сказал Том.

Мистер Талливер отделил требуемую сумму и, положив на нее руку, вздохнул:

— Это все, что я могу скопить при своем жалованье за целый год.

— Да, отец, из тех жалких грошей, что мы получаем, не скоро накопишь, сколько нам нужно. А теперь мы сможем удвоить наши сбережения.

— Оно верно, сынок, — сказал отец, все еще держа руку на деньгах, — но ты можешь и потерять их — потерять год моей жизни... а у меня этих лет осталось не так уж много.

Том ничего не ответил.

— Ты ведь знаешь, что я не стал выплачивать долга из первой сотни, потому как я хочу видеть все деньги вместе — только тогда я спокоен, что они у меня есть. Коли понадеешься на удачу, она наверняка повернется спиной. Удача-то в лапах у нечистого: а коли я потеряю хоть один год, мне уж никогда его не найти — смерть меня перегонит.

У мистера Талливера задрожал голос. Помолчав немного, Том сказал:

— Я откажусь от этого дела, отец, раз это тебе так не по душе.

Но, не желая совсем расставаться со своим планом, он решил попросить дядюшку Глегга рискнуть двадцатью фунтами — одолжить их ему из пяти процентов. Не такая уж это большая просьба. Вот почему, когда на следующий день Боб заглянул на пристань, чтобы узнать, каково его решение, Том предложил вместе пойти к дядюшке Глеггу для переговоров; гордость и застенчивость связывали ему язык, и он чувствовал, что Боб поможет ему справиться с замешательством.

Было четыре часа пополудни — самое приятное время жаркого августовского дня, и мистер Глегг, разумеется, пересчитывал плоды на деревьях, растущих у изгороди, желая удостовериться, что со вчерашнего дня общая сумма их не изменилась. Туда к нему и прошел Том в весьма сомнительной, как показалось мистеру Глеггу, компании: его сопровождал какой-то человек с тюком на спине — Боб снова приготовился в путь — и огромный пятнистый бультерьер, который бежал, помахивая хвостом и посматривая на всех прищуренным глазом с угрюмым безразличием, за коим могли скрываться весьма воинственные намерения. Благодаря очкам, в которых мистер Глегг считал фрукты, все эти подозрительные подробности предстали перед ним с пугающей ясностью.

— Эй, эй, придержите-ка собаку! — закричал он, схватив палку и выставляя ее перед собой, как щит, когда посетители подошли к нему ближе.

— А ну, убирайся, Мампс, — сказал Боб, пнув его ногой. — Он кроток, как овечка, сэр. — Слова эти Мампс подтвердил глухим рычанием, отступая за спину хозяина.

— Что это значит, Том? — сказал мистер Глегг. — Ты получил сведения о негодяях, которые срубили мои деревья? — Если Боб олицетворял собою эти «сведения», мистер Глегг мог допустить и некоторое нарушение порядка.

— Нет, сэр, — сказал Том, — я пришел поговорить с вами об одном деле, касающемся лично меня.

— А... хорошо, но при чем же тут этот пес? — спросил старый джентльмен, успокаиваясь.

— Это мой пес, сэр, — сказал Боб, который никогда не терялся. — Я-то и надоумил мастера Тома насчет этого дельца: ведь мастер Том был мне другом, еще когда я пешком под стол ходил; я тогда пугал птиц для старого хозяина — первая моя работа. И коли мне подворачивается выгодное дельце, я всегда думаю, как бы и мастеру Тому перепал кусочек. Стыд и срам не сколотить немного деньжат, послав за границу товары, — чистых десять-двенадцать процентов прибыли после того, как заплатишь за перевозку и отдашь за услугу, — а только он не может воспользоваться этим, потому как у него нет наличных. А товары-то какие — лейсхемские! Да ведь они будто нарочно сделаны для тех, кто хочет послать за границу небольшой груз, — лопни мои глаза, коли не так! Легкие и, почитай, никакого места не занимают; двадцать фунтов запакуешь — и не видно. А уж качество — любому дураку по вкусу: они долго не залежатся, можете мне поверить. Я как раз иду в Лейсхем покупать товар для себя и могу купить и для мастера Тома тоже. А на одной посудине есть у меня знакомый третий помощник — так он обещал вывезти их отсюда. Я его хорошо знаю, на него можно положиться, у него здесь в городе семья. Его зовут Сол — вот уж верно, соленый парень, — а коли вы мне не верите, я могу свести вас к нему.

Дядюшка Глегг даже рот разинул от изумления, слушая эту бойкую тираду, за которой он еле мог поспеть. Он поглядел на Боба сперва поверх очков, затем через очки, затем снова поверх; а Том, не зная, какое впечатление все это произвело на дядюшку Глегга, уже жалел, что взял с собой этого единственного в своем роде Аарона[1], глашатая их общих интересов. Теперь, когда Боба слушал, кроме него, еще кто-то, его разглагольствования показались Тому куда менее уместными.

---

[1] *Аарон* — иудейский первосвященник, славившийся своим красноречием.

— А ты, видать, разбитной парень, — сказал наконец мистер Глегг.

— Да, сэр, истинная правда, — утвердительно кивнул Боб и склонил голову набок. — Мне чудится, что в котелке у меня прямо все кишмя кишит, как в старом сыре, потому как у меня столько всяких планов, один другой так и выпихивают. Ежели бы не Мампс, чтобы было с кем поболтать, я бы, верно, и на ногах не устоял — так голова перевешивает. Это, видать, потому, что я не ходил в шкоду. Я уж и то ругаю свою старуху. «Ты бы должна была чаще посылать меня в школу, — говорю я ей, — мог бы я читать всякие занятные книжки, так и было бы у меня в голове прохладно и пусто». Да, моя старуха живет теперь припеваючи, ест жареное мясо с картошкой сколько влезет. Деньги на меня так и сыплются — придется завести жену, чтобы она их изводила. А только хлопотное это дело — жена, да и Мампсу она может прийтись не по вкусу.

Дядюшку Глегга, который с тех пор, как удалился от дел, считал себя шутником, Боб определенно стал забавлять, но так как он имел в виду сделать ему неодобрительное замечание, он старался не улыбаться.

— Да, — сказал он, — можно поверить, что ты не знаешь, куда девать деньги, ежели держишь этого пса; он же ест за двоих. Просто позор, просто позор! — Но в голосе его звучала скорее печаль, чем гнев, и он быстро добавил: — Ну ладно, давай поговорим о делах, Том. Ты, верно, хочешь занять у меня небольшую сумму. Но где же твои деньги? Ты ведь не тратишь все до последнего пенни — а?

— Нет, сэр, — ответил Том, покраснев, — но отцу не хотелось бы рисковать ими, и мне неприятно настаивать на своем. Если бы я мог достать для начала двадцать или тридцать фунтов, я бы выплачивал за них из расчета пяти процентов и постепенно скопил бы небольшой капитал, так что мог бы обойтись без займа.

— Ну что ж, — одобрительно заметил мистер Глегг, — неплохо придумано, и я не против того, чтобы оказать тебе эту услугу. Но было бы не вредно повидаться с вашим Солом, и затем... твой приятель предлагает купить для тебя товары. У тебя есть кто-нибудь, кто бы мог за тебя поручиться, раз нам придется отдать в твои руки деньги? — добавил осторожный старый джентльмен, глядя поверх очков на Боба.

— Не думаю, чтоб это было необходимо, дядюшка, — сказал Том. — Во всяком случае, для меня, потому что я хорошо знаю Боба; но, возможно, вам действительно нужен какой-нибудь залог.

— Ты берешь процент за то, что закупаешь товары, — так ведь? — сказал дядюшка Глегг, глядя на Боба.

— Нет, сэр, — ответил Боб с негодованием, — я не для того предлагаю достать мастеру Тому яблоко, чтобы самому откусить кусок. Уж коли я хочу сыграть с кем-нибудь штуку, так могу что и посмешнее придумать.

— Ну, только справедливо, чтобы ты имел свою выгоду, — сказал мистер Глегг. — Я невысоко ставлю сделку, когда одна из сторон ничего от нее не имеет. Это всегда плохо выглядит.

— Так я вам скажу, какая мне с нее выгода, — промолвил Боб, достаточно проницательный, чтобы с полуслова понять, на что тот намекает, — и, в конце концов, это тоже деньги в мой карман: когда я закупаю много товаров, я кажусь более важным. Вот об этом-то я и думал. Я парень не промах, можете мне поверить.

— Мистер Глегг, мистер Глегг, — послышался свирепый голос из окна гостиной, — будьте любезны сообщить мне — вы намерены идти пить чай или собираетесь стоять там и точить лясы с бродячими торговцами, пока вас не зарежут среди бела дня?

— Зарежут? — сказал мистер Глегг. — О чем толкует эта женщина? Здесь ваш племянник Том пришел по делу.

— Да, именно — зарежут... Разве давно бродячий торговец убил молодую женщину в глухом переулке, украл ее наперсток и бросил тело в канаву?

— Да полноте, что вы, — стараясь утихомирить ее, произнес мистер Глегг, — то был безногий, который ездил на двуколке.

— Ну, невелика разница, мистер Глегг... только вам непременно надо перечить, а ежели мой племянник пришел по делу, уместнее было бы привести его в дом и рассказать обо всем его тетушке, а не шептаться по углам, словно вы замышляете что-то недоброе.

— Ладно, ладно, — отозвался мистер Глегг. — Мы идем.

— А тебе нечего стоять здесь, — обращаясь к Бобу, сказала леди громким голосом, предназначенным покрыть разделяющее их общественное — не физическое — расстояние. — Нам ничего не нужно. Я не покупаю у бродячих торговцев. Не забудь закрыть за собой калитку.

— Погодите минутку. Зачем торопиться? — сказал мистер Глегг. — Я еще не покончил с этим молодым человеком. Заходи, Том, заходи, — добавил он, входя в комнату через балконную дверь.

— Мистер Глегг, — произнесла миссис Глегг трагическим тоном, — ежели вы намерены пустить этого парня и его собаку на мой ковер прямо у меня на глазах, будьте добры сказать мне об этом. Я надеюсь, жена заслужила право на это.

— Не волнуйтесь, мэм, — сказал Боб, прикасаясь к шапке. Он сразу же увидел, что миссис Глегг — дичь, за которой стоит поохотиться, и ему не терпелось приступить к делу. — Мы с Мампсом останемся здесь на дорожке. Мампс знает свое место — можете мне поверить. Его хоть битый час науськивай — не тронет настоящую леди вроде вас. Я прямо диву даюсь — откуда он узнает красивых леди, а пуще всего он любит тех, что в теле. Да, — добавил Боб, кладя свой тюк на усыпанную гравием дорожку, — уж такая жалость, что леди вроде вас не хотят покупать у бродячих торговцев, а ходят в эти новомодные лавки, где торчит с полдюжины важных джентльменов, похожих на бутылки с разукрашенными пробками, — им даже шеи не согнуть из-за крахмальных воротничков, и все они должны заработать себе на хлеб с одного куска ситца; нечего удивляться, что вы платите им втридорога, не то что бродячему торговцу, который достает товары попросту, и не тратится на помещение, и не обязан давить себя воротничками, покуда не выдавит из себя всяких врак, хочет он того или нет. Да о чем толковать, мэм: вы лучше меня знаете, что это такое, — уж кто-кто, а вы их, этих лавочников, насквозь видите — провалиться мне на месте!

— Да, спору нет, вижу, и бродячих торговцев — тоже, — заметила миссис Глегг, желая показать, что уж на нее-то лесть Боба не произвела никакого впечатления.

Мистер Глегг, который все это время стоял за ее спиной, сунув руки в карманы и широко расставив ноги, подмигнул и заулыбался от восторга при мысли, что его дражайшую половину, пожалуй, могут обвести вокруг пальца.

— Ясное дело, мэм, — сказал Боб. — Вы, поди, не у одного бродячего торговца покупали товары, когда были молоденькой девушкой, еще прежде, чем мистеру подвезло вас увидеть. Я знаю, где вы жили, тысячу раз проходил мимо — каменный дом со ступеньками, неподалеку от дома сквайра Дарли...

— Да, верно, — сказала миссис Глегг, разливая чай. — Значит, ты знаешь, из какой я семьи... Ты не родня тому косому торговцу, что приносил всегда ирландское полотно?

— Вот видите, — сказал Боб, уклоняясь от прямого ответа. — Не говорил я, что самые лучшие покупки — вспомните — вы делали у бродячих торговцев? То-то и оно, что даже косой бродячий торговец лучше, чем лавочник, пусть он даже ничуть не косит. Да кабы мне такая удача — приходить в каменные дома с моим тюком, вот этим самым, — наклоняясь и выразительно тыча кулаком в тюк, — да чтобы красивые девушки стояли вокруг меня на каменных ступеньках... вот тогда бы стоило развязывать тюк — это да. Но теперь нас в таких домах ждут разве только служанки, а так ходишь все по бедным людям. Худые теперь пошли времена. Да что там, мэм, — возьмите хотя бы набивные ткани, разве такие они были раньше? Вы бы теперь и не надели платья из них, уж за это могу поручиться. Они должны быть первого сорта — товары, что вы покупаете, — чтоб и не старели никогда, как ваше лицо не стареет.

— Да, такого сорта, какого у тебя в тюке не сыщешь; у тебя только наглость первого сорта, вот в этом не сомневаюсь, — с торжествующим видом сказала миссис Глегг, весьма довольная своей проницательностью, от которой ничто не может укрыться. — Мистер Глегг, вы когда-нибудь сядете пить чай? Том, вот и тебе чашка.

— Что верно, то верно, мэм, — согласился Боб. — Мой тюк не для таких леди, как вы. Минуло то время. Я теперь продаю все задешево. Небольшой изъян там или тут, что можно отрезать при шитье, а то и просто незаметный в но́ске, — да ведь не станешь предлагать такой товар богатым людям, которые могут себе позволить заплатить лишнее за кусок, который никто никогда и не увидит. Уж вам-то я не стану показывать свой товар, мэм: кто другой, только не я; я парень бойкий, как вы сказали, мэм, — такие теперь времена, хочешь не хочешь станешь бойким, — но до этого я еще не дошел.

— Какие же это товары ты носишь в тюке? — спросила миссис Глегг. — Верно, всякие пестрые тряпки — шали и прочее в этом роде?

— Все что угодно, мэм, все что угодно, — сказал Боб, ударяя кулаком по тюку, — но не будем больше об этом говорить, коли *вы* не возражаете. Я пришел сюда насчет дельца мастера Тома — так неужто я буду занимать ваше время своими делами?

— А скажите на милость, что это за дельце такое, которое от меня скрывают? — проговорила миссис Глегг; вдвойне обуреваемая любопытством, она была вынуждена удовлетворить его сперва лишь вполовину.

— У племянника Тома есть один небольшой план, — сказал добродушный мистер Глегг, — и не такой уж плохой, мне кажется, — он хочет заработать немного денег; правильный план для молодого человека, которому еще надо составить себе состояние, — а, Джейн?

— Надеюсь, он в своих планах не рассчитывает, что все за него сделает родня; нынешние молодые люди только на то и надеются. А какое, скажите на милость, отношение имеет этот бродячий торговец к тому, что касается лишь нашей семьи? Том, что ты молчишь словно воды в рот набрал, — ты что, не можешь сам все толком объяснить своей тетушке, как подобает племяннику?

— Это Боб Джейкин, тетушка, — сказал Том, сдерживая раздражение, которое в нем всегда вызывал голос тетушки Глегг. — Я знаю его с самого детства. Он очень хороший парень и всегда готов оказать мне услугу. У него есть некоторый опыт в отправке товаров за границу — посылает немного вместе с чужим грузом, на свой страх и риск; и говорит, что, если бы я стал делать то же, я мог бы заработать немного денег. Таким способом можно получить большие проценты.

— Большие проценты? — со жгучим интересом повторила миссис Глегг. — А что ты называешь большими процентами?

— Десять или двенадцать процентов прибыли, говорит Боб, после того как оплачены все расходы.

— Почему же мне раньше об этом не сказали, мистер Глегг? — поворачиваясь к мужу, спросила миссис Глегг глубоко укоризненным тоном, и голос ее заскрипел еще сильнее, чем обычно. — Разве вы не говорили мне всегда, что больше пяти процентов получить невозможно?

— Глупости, глупости, голубушка, — сказал мистер Глегг. — Не можете же вы взяться за торговлю. А отдавая деньги под залог, больше пяти процентов не получишь.

— Но я готов пустить для вас в оборот немного деньжонок, мэм, и с превеликой охотой, — сказал Боб, — коли не боитесь рискнуть... хотя о риске и речи нет. А ежели вы надумаете одолжить немножко деньжат мастеру Тому, он выплатит вам шесть или семь процентов и ему самому еще малость останется; а такой доброй леди, как вы, приятнее будет получить деньги, коли ее племянник тоже на них кое-что заработал.

— Что вы на это скажете, миссис Глегг? — спросил мистер Глегг. — Я так думаю — когда я обо всем подробнее разузнаю, возможно, я и помогу Тому — дам ему на зубок немного денег; он, ясное дело, будет платить мне проценты; и ежели у вас есть несколько соверенов, что лежат без дела, в старом чулке или...

— Ну, мистер Глегг, дальше некуда! Вам только и осталось, что сообщить о моих деньгах бродягам — пусть придут и ограбят меня.

— Ладно, ладно, я лишь хотел сказать, что ежели вы хотите действовать со мной вместе и дать двадцать фунтов — можете это сделать. А я подбавлю еще тридцать. Пятьдесят фунтов — недурной подарочек, а, Том?

— Надеюсь, вы не рассчитываете на меня, мистер Глегг, — промолвила его супруга. — Вы бы прекрасно распорядились моими деньгами — в этом я не сомневаюсь.

— Ну что ж, — не без раздражения сказал мистер Глегг, — тогда обойдемся без вас. Я пойду с тобой повидать этого Сола, — добавил он, поворачиваясь к Бобу.

— А теперь вы опять перегнули палку, мистер Глегг, — сказала миссис Глегг, — словно мне и дела нет до моего родного племянника. Я ведь не говорю, что не дам ему денег... хотя и не обязательно двадцать фунтов, как вы готовы были тут наобещать... Придет время, Том увидит, что права была его тетушка, когда не желала рисковать деньгами, которые скопила для него, не уверившись наперед, что она их не потеряет.

— Одно удовольствие так рисковать — это верно, — сказал мистер Глегг, неосторожно подмигивая Тому, который не мог сдержать улыбки. Но Боб пресек в зародыше взрыв негодования оскорбленной леди.

— Да, мэм, — восхищенно сказал он, — вас не обведешь вокруг пальца, это точно. Что ж, вы правы. Посмотрите, как удастся это дельце в первый раз, а там и вложите свои денежки. Эх, что и говорить, нет лучше — иметь хорошую родню. Я-то раздобыл себе «на зубок», как говорит хозяин, — все сам, своими руками, потому что всегда глядел в оба. Десять соверенов за то, что потушил на маслобойне у Торри пожар; они помаленьку все росли да росли, покуда я не смог вложить в дело тридцать фунтов, да еще и старуху свою обеспечить. Я бы и больше скопил, да только я такой олух с женщинами — всегда им продаю себе в убыток. Любой парень заработал бы на этом вот тюке (и он изо всей силы ударил его кулаком) хорошую копеечку. А я?.. Отдаю чуть не за те же деньги, что сам платил, вот не сойти мне с этого места.

— Есть у тебя кусок хорошего тюля? — покровительственно произнесла миссис Глегг, отходя от стола и складывая салфетку.

— Есть-то есть, да только такой, мэм, что вы и смотреть не захотите. Мне стыдно даже показать его вам. Вы еще за обиду посчитаете.

— Все же дай-ка я посмотрю, — сказала миссис Глегг, по-прежнему покровительственно. — Ежели это попорченные товары, они, верно, из хороших сортов.

— Не стоит, мэм. Я свое место знаю, — сказал Боб, поднимая тюк и взваливая его на спину. — Такой леди, как вы, да показывать, как низко упало наше дело! Торговля вразнос теперь уже не та; вам даже обидно станет, когда вы увидите разницу... Я к вашим услугам, сэр, когда вы надумаете пойти повидаться с Солом.

— Все в свое время, — сказал мистер Глегг, которому очень не хотелось обрывать этот диалог. — Тебя ждут на складе, Том?

— Нет, сэр, я оставил вместо себя Стоуна.

— Ну, клади тюк и дай мне посмотреть твой товар, — сказала миссис Глегг, подтаскивая кресло к окну и с важным видом усаживаясь в него.

— Увольте, мэм, — умоляюще произнес Боб.

— Хватит разговоров, — сурово произнесла миссис Глегг, — делай, что тебе сказано.

— Ах, мэм, уж больно мне не хочется... право слово, — сказал Боб, медленно опуская тюк на ступеньку и неохотно принимаясь его развязывать. — Но коли вы приказываете, будь по-вашему. (Он уже рылся в тюке.) Я и не жду, что вы у меня что-нибудь купите... Я бы этого даже не хотел... Подумайте о бедных женщинах, там, в деревнях, что и на сто шагов не отходят от дома... Жаль было бы, кабы кто перехватил их покупку. Для них сущий праздник, когда они видят меня с моим тюком... а мне уже не достать для них таких товаров. По крайности сейчас, ведь я иду в Лейсхем. Ну вот, поглядите, — продолжал Боб, теперь уже быстро вынимая из тюка пунцовый шерстяной платок, на котором в одном углу была вышита гирлянда, — у любой девушки слюнки потекут, стоит ей только на него взглянуть, а цена — всего два шиллинга. И почему? Да потому, что он немного трачен молью с этого края, где нет вышивки. Право же, мне думается, Бог для того и создал моль, да еще плесень, чтобы красивые женщины, у которых негусто денег, могли покупать товары по дешевке. Ведь кабы не моль, эти платки все до единого были бы проданы богатым леди вроде вас, мэм, по пять шиллингов за штуку, и ни на фартинг дешевле. А что делает моль? Она выедает три шиллинга так, что и оглянуться не успеешь, и тогда бродячий торговец вроде меня может закупить их для бедных девушек, что живут в темных домишках под соломенной крышей, чтобы платки горели там как пламя. Да что говорить! Поглядеть на такой платок — все равно что у огня посидеть!

Боб отвел руку с платком назад, чтобы им можно было полюбоваться издали, но миссис Глегг резко прервала его.

— Кому нужен огонь в такое время года? Отложи эти цветные тряпки... дай мне посмотреть на твой тюль, ежели только он у тебя есть.

— Э, мэм, не говорил разве я, как оно будет, — сказал Боб, отбрасывая платок в сторону и всем своим видом выражая отчаяние. — Я так и знал, вам и глядеть тошно на жалкие товары, которые я ношу в тюке. Вот, к примеру, штука узорчатого муслина — ну к чему вам его показывать? Все равно что показать обед бедного фермера — только испортить вам аппетит. Тут в середине есть кусок — не больше ярда, — где не отпечатался узор... а муслин такой, что сама королева Виктория не постыдилась бы надеть, провались я на этом месте, но... — Тут Боб отбросил материю за спину на траву, словно желал избавить миссис Глегг от этого зрелища, — купит его жена молочного торговца в Фиб-Энде — вот куда он пойдет, десять шиллингов за всю штуку, за десять ярдов, вместе с попорченным, а стоил бы двадцать пять шиллингов — ни на пенни дешевле. Но я молчу, мэм, — что вам такой муслин? Вы можете позволить себе заплатить втрое дороже за товар, который и вполовину не так хорош. Вы говорили о тюле; что ж, у меня есть кусок, да вы только посмеетесь над ним...

— Дай-ка мне этот муслин, — сказала миссис Глегг, — он темно-желтый... Я питаю слабость к желтому цвету.

— Да ведь это попорченный кусок, — запротестовал Боб, словно самая мысль о нем внушала ему отвращение. — Он вам ни к чему, мэм... вы отдадите его кухарке. Я знаю, отдадите, а жаль — она будет в нем выглядеть как настоящая леди... Он слишком хорош для служанки.

— Достань его и посмотрим, как ты его отмеришь, — повелительно произнесла миссис Глегг.

Боб повиновался с напускной неохотой.

— Видите, сколько тут лишку, — сказал он, указывая на оставшиеся пол-ярда, в то время как миссис Глегг занялась осмотром испорченного куска материи и, откинув голову, старалась определить, будет ли заметен изъян издалека.

— Даю шесть шиллингов, — сказала она, бросая муслин на стол с таким видом, словно это ее последнее слово.

— Ну не говорил я, мэм, что показывать вам эти товары — только оскорблять ваши чувства? Вас от этого попорченного куска с души воротит, я вижу, что воротит, — сказал Боб, молниеносно заворачивая муслин и, по-видимому, готовый снова увязать весь тюк. — Раньше, когда вы жили в каменном доме, не такие были товары. Торговля вразнос теперь уж не та, я же вам говорил — мои товары для простых людей. Миссис Пеппер даст мне за него десять шиллингов и будет жалеть, что я не принес больше. Эта материя очень ноская, краски не выцветут, покуда нитки не расползутся в лохани для стирки, а этого даже я не дождусь.

— Ладно, семь шиллингов, — сказала миссис Глегг.

— Забудьте об этом муслине, мэм, прошу вас, — сказал Боб. — Вот кусок тюля, взгляните на него, прежде чем я завяжу тюк, просто чтоб убедиться, до чего дошла торговля вразнос. Видите — мушки и веточки, глаз не отведешь, но желтый. Долго лежал на складе и пожелтел. Кабы не это, ни за что бы не купить мне такой тюль. Да, немало пришлось поучиться, покуда я узнал цену таким товарам; когда я только начинал, я был глуп, как теленок: тюль или ситец — мне было все едино. Я думал — чем толще материя, тем дороже. А сколько раз меня оставляли в дураках! Я ведь парень простой... на хитрости не мастак. Я только всего и знаю, что нос — это нос, а коли что потруднее спросите, я тут же в тупик стану. Я дал за этот тюль пять шиллингов восемь пенсов... не сойти мне с этого места, коли вру; пять шиллингов восемь пенсов я и прошу за него... ни пенни больше, потому что это дамский товар, а я люблю услужить дамам. Пять шиллингов восемь пенсов за шесть ярдов — дешевка!

— Я не прочь взять три ярда, — заметила миссис Глегг.

— Ничего не получится, мэм, он идет одним куском, — сказал Боб. — Не стоит, мэм, вам терять время даром; вы можете завтра пойти в магазин и купить такой самый тюль, да еще и хорошо отбеленный. Правда, в три раза дороже — эка важность для такой леди, как вы! — И он с подчеркнутым старанием затянул потуже узел на тюке.

— Ну ладно, вынь этот муслин, — приказала миссис Глегг. — Вот тебе за него восемь шиллингов.

— Уж вы не можете не пошутить, мэм, — сказал Боб, расплываясь в улыбке. — Я сразу увидел, что вы веселая леди, как только подошел к окну.

— Сейчас же вынь муслин, — повторила миссис Глегг не допускающим возражения тоном.

— Только будьте уж так добры, мэм, не говорите никому, что я уступил вам его за десять шиллингов. Мне не дадут проходу... Все бродячие торговцы засмеют меня, коли узнают об этом. Я и так должен вид делать, что беру за свой товар больше, чем получаю на деле, не то они сразу поймут, какой я простофиля. Я рад, что вы передумали насчет тюля, а то бы я потерял свои лучшие сделки с миссис Пеппер из Фиб-Энда, — а она редкий покупатель.

— Дай-ка мне снова взглянуть на твой тюль, — сказала миссис Глегг, загораясь жаждой заполучить дешевые мушки и веточки, как только увидела, что они грозят вот-вот навсегда исчезнуть.

— Ну, вам я отказать не могу, мэм, — сказал Боб, протягивая ей тюль. — Вы только поглядите, какой узор. Настоящий лейсхемский товар. Вот такие материи я и советую мастеру Тому посылать за границу. Для тех, у кого водятся деньжата, нет ничего лучше — стоит заняться лейсхемским товаром, и они начнут плодиться, как мухи. Кабы я был леди с деньгами... Да что там, я знаю одну леди — так она накупила такого товара на тридцать фунтов... У нее пробковая нога, но сметливая эта леди — ничего наобум делать не станет, она сперва как следует оглядится, а уж потом приступит к делу. Так вот эта леди дала тридцать фунтов одному парню, что служит у торговца мануфактурным товаром, а он купил на них лейсхемских тканей, и один мой знакомый помощник капитана — не Сол, а другой — отвез их за границу, и она получила свои восемь процентов после первого же плавания... и теперь она никакого удержу не знает — ни одного корабля не пропустит, чтобы не послать с ним груза. Денежки на нее так и сыплются. Ее зовут Бакс — она из другого города... Ну ладно. Будьте добры, мэм, дайте мне тюль и...

— Вот тебе пятнадцать шиллингов за то и за другое, — сказала миссис Глегг. — Но это чистый грабеж.

— Нет, мэм, вы не скажете так через пять лет, когда будете сидеть в церкви в платье из этого муслина. Я вам прямо даром отдаю, право же, даром. Эти шесть пенсов срезают мою прибыль почище бритвы. Ну что же, сэр, — продолжал Боб, взваливая тюк на спину, — коли вам будет угодно, я рад пойти похлопотать насчет дельца мастера Тома. Да я бы не отказался заполучить и для себя еще фунтов двадцать, чтобы прикупить на них товару. Уж я бы не стал глядеть в катехизис, чтоб найти ответ, на что их потратить.

— Подождите-ка, мистер Глегг, — сказала леди, видя, что ее муж уже берется за шляпу, — вы мне и рта раскрыть не даете. Теперь вы отправитесь и покончите с этим делом, а потом скажете, что уже поздно. Словно я не родная тетка своему племяннику, не глава семьи с материнской стороны! Словно не я откладывала для него гинеи, все новенькие, полного веса, чтобы он знал, кого ему надо почитать, когда я сойду в могилу.

— Ну и что из того, миссис Глегг, что вы хотите этим сказать? — запальчиво спросил мистер Глегг.

— А вот что: я желаю, чтобы ничего не делалось без моего ведома. Пожалуй, я и вложу двадцать фунтов, ежели выяснится, что это можно сделать без риска. И ежели я дам тебе эти деньги, Том, — продолжала миссис Глегг, с величественным видом обращаясь к племяннику, — я надеюсь, ты всегда будешь об этом помнить и будешь благодарен, что у тебя такая тетушка. Ты, понятно, станешь выплачивать мне проценты — я не одобряю, когда люди дают что-нибудь даром; *в нашей* семье на это никто никогда не рассчитывал.

— Благодарю вас, тетушка, — сказал Том с достоинством. — Я предпочитаю брать взаймы.

— Прекрасно — это истинно додсоновский дух, — произнесла миссис Глегг, поднимаясь, чтобы взять вязанье, ибо чувствовала, что после этих слов любые другие прозвучат банально.

Они обнаружили Сола — этого знаменитого «соленого парня», — окруженного клубами табачного дыма, в таверне «Якорь», и, поскольку мистер Глегг получил удовлетворительные ответы на все интересующие его вопросы, он счел возможным ссудить Тому «на зубок» пятьдесят фунтов, двадцать из которых были вкладом миссис Глегг, и это скромное начало может послужить объяснением тому удивительному факту, что Том, без ведома отца, быстро скопил такую сумму, которая обещала вкупе со сбережениями, куда более медленно накапливающимися в жестяной коробке, вполне покрыть их долг. Открыв этот новый источник дохода, Том твердо решил использовать его как можно лучше и не терял случая добыть нужные ему сведения и расширить оборот. А отцу он не говорил ничего потому, что им владели противоречивые чувства, которые иногда сочетаются в нашей душе самым удивительным образом, давая право равно и порицать нас и хвалить: с одной стороны — ревнивое стремление сохранить свою тайну, что мы нередко наблюдаем среди близких людей, — эта семейная отчужденность омрачает самые святые узы нашей жизни; с другой — желание доставить отцу великую радость, сделав ему такой сюрприз. Он не понимал, что лучше было бы облегчить долгое ожидание, вселив в душу отца новую надежду, и не доводить его вновь до горячки внезапным, хотя и радостным волнением.

К тому времени, когда Мэгги первый раз встретилась с Филипом в Красном Овраге, у Тома было уже почти полтораста фунтов собственных денег, и в тот самый час, как они гуляли на закате солнца, он, под косыми лучами того же солнца, ехал верхом в Лейсхем, гордясь этой первой поездкой по поручению фирмы, и взвешивал в уме возможные шансы удвоить к концу будущего года свои доходы, снять позор банкротства с плеч отца и, надо полагать — ведь ему скоро исполнится двадцать один год, — сделать шаг вперед на пути к успеху, получив лучшее место. Разве он того не заслужил? Конечно, заслужил — в этом у Тома не было ни малейших сомнений.

ГЛАВА III

Чаши весов колеблются

Я уже упоминал, что, когда Мэгги отправилась в тот вечер домой из Красного Оврага, в душе ее началась борьба. Из ее разговора с Филипом вам должно быть ясно, в чем эта борьба заключалась. Перед ней неожиданно открылся проход среди скал, стеной ограждавших тесную юдоль самоуничижения, откуда она не видела ничего, кроме далекого бездонного неба, и земные радости, так и не утратившие своей манящей силы, вновь стали для нее достижимы. Ее ждут книги, беседы, дружба... она может узнать обо всем, что происходит в мире, из которого она удалилась в добровольное, но тяжкое изгнание; к тому же она проявит доброту к Филипу, бедняжке Филипу — сразу видно, что он отнюдь не счастлив; и, кто знает, — вдруг здесь-то и возникнет для нее возможность сделать свой ум более достойным высокого служения — ведь истинное благочестие, полное посвящение себя Богу, верно, немыслимо без широких знаний; так ли уж обязательно отказываться от всего, что предлагает ей жизнь, и заточать себя в темницу? Ну что дурного может быть в ее невинной дружбе с Филипом? Мотивы, по которым она должна чуждаться его, противоречат всякому здравому смыслу, противоречат самой христианской морали! Но суровый, монотонный голос предостерегал ее снова и снова: он говорил ей, что, если она вступит на стезю обмана, жизнь ее потеряет свою простоту и ясность, что, отказавшись от самоотречения, она отдаст себя во власть соблазнов и ничем не ограниченных желаний. Только тогда, когда ей показалось, что у нее достанет сил последовать этому голосу, она позволила себе пойти вечером в Красный Овраг. Но хоть она и твердо решила сказать Филипу нежное «прощай» — как она ждала этой вечерней прогулки по тихим, испещренным тенями полянкам, вдали от всего грубого и уродливого, как ждала любящего, восхищенного взгляда, которым Филип ее встретит, тепла дружеской привязанности, которым детские воспоминания согреют нынешнюю более зрелую беседу, как радовала ее мысль, что Филипу интересно каждое ее слово, а кому еще это было нужно? Ах, как трудно будет ей прервать их встречу, зная, что больше она не повторится! И тем не менее она сказала ему все, что намеревалась сказать, и вид у нее был печальный, но твердый.

— Филип, я приняла решение — мы не должны больше встречаться... разве что в наших воспоминаниях. Мы могли бы видеться только украдкой... Подождите, я знаю, что́ вы хотите сказать — что другие люди и их ни на чем не основанные чувства вынуждают нас к этому обману; но обман есть обман, чем бы он ни был вызван. Я уверена, что это будет нехорошо для меня, нехорошо для нас обоих. А кроме того, если бы наши тайные встречи были открыты, это вызвало бы страдания и величайший гнев; нам все равно пришлось бы расстаться, а это было бы еще труднее после того, как мы привыкли видеть друг друга.

Филип вспыхнул, и какое-то мгновение казалось, что он тут же с жаром начнет убеждать Мэгги отказаться от этих слов. Но он овладел собой и произнес с напускным спокойствием:

— Ну что ж, Мэгги, если нам суждено расстаться, давайте забудем об этом хотя бы на полчаса; давайте еще немного поговорим — в последний раз.

Он взял ее за руку, и Мэгги не видела оснований отнять ее; его спокойствие только подтвердило ее уверенность, что она причинила ему сильную боль, и она хотела показать, что сделала это не по своей охоте. Рука об руку они прошли несколько шагов в молчании.

— Давайте сядем здесь на полянке, — сказал Филип, — где мы стояли в прошлый раз. Видите, шиповник уже осыпался, вся земля розовая от его лепестков.

Они сели у корней склонившегося ясеня.

— Я начал ваш портрет, Мэгги, вы — среди пихт, — сказал Филип, — поэтому позвольте мне как следует на вас посмотреть, пока вы здесь, — ведь больше я вас не увижу. Поверните, пожалуйста, голову вот так.

Это было сказано умоляющим тоном; жестоко было бы со стороны Мэгги отказать ему. И, как божество, весьма довольное тем фимиамом, что ему возносят, она обратила свое округлое, озаренное юностью лицо, увенчанное блестящей черной короной, к бледному, тонкому лицу юноши, глядящему на нее снизу вверх.

— Значит, я буду позировать для своего второго портрета, — сказала она, улыбаясь. — Он будет больше, чем первый?

— О да, гораздо больше. Я буду его писать маслом. Я изображу вас в виде дриады — высокой, сильной, смуглой, статной; она только что вышла прямо из пихты, вечером, когда стволы бросают на траву косые тени.

— Вы, кажется, больше всего сейчас увлекаетесь живописью, — да, Филип?

— Пожалуй, да, — ответил Филип довольно печально, — но я увлекаюсь слишком многим — кидаю в землю самые разные семена, а плоды моих трудов довольно жалки. Мое проклятие в том, что я наделен способностью чувствовать прекрасное во всех его многообразных проявлениях, но обделен способностью творить. Я люблю живопись и музыку; я люблю литературу — древнюю, и средневековую, и современную; я перепархиваю с предмета на предмет, а взлететь не в силах.

— Но разве не счастье иметь такие разносторонние вкусы... наслаждаться таким множеством прекрасных вещей, когда они тебе доступны? — задумчиво проговорила Мэгги. — Мне всегда казалось, что человек, одаренный только в одной области, похож на почтового голубя — это своего рода умная глупость.

— Мои разносторонние вкусы могли бы сделать меня счастливым, если бы я был такой, как все остальные люди, — с горечью сказал Филип. — Я мог бы достигнуть влияния и славы даже и без исключительных способностей, так же как все они; и во всяком случае, я мог бы довольствоваться теми простыми радостями, которые позволяют людям обходиться без радостей высоких. Я мог бы тогда найти приятным общество Сент-Огга. Но ничто не в силах окупить жестоких мук — моей платы за жизнь, — кроме такого таланта, который поднял бы меня над мертвой гладью провинциального существования. Да, еще одно — страстное увлечение — могло бы заменить мне талант.

Мэгги не слышала его последних слов: она старалась побороть ту неудовлетворенность, которую так часто испытывала раньше и которая вновь зазвучала в ее душе от слов Филипа.

— Я понимаю, что вы хотите сказать, — промолвила она, — хотя знаю гораздо меньше вас. Я раньше думала, что не смогу примириться с жизнью, если каждый завтрашний день будет походить на вчерашний, и мне всегда придется заниматься пустяками, и ничто великое не ждет меня впереди. Но, Филип, милый, я думаю, мы всего лишь дети под присмотром того, кто мудрее нас. Не правильнее ли всецело смириться с тем, что нам не все дано? Я нахожу в этом покой последние два-три года... я даже радость нашла в отказе от своей воли.

— О Мэгги, — с жаром произнес Филип, — вы заключаете себя в стены узкого фанатизма и только обманываете сами себя, потому что этим путем избежать страданий можно, лишь притупив все лучшие способности, дарованные вам природой. Радость и мир — не в смирении: смирение — это добровольное приятие боли, которая не утихает и — вы это знаете — никогда не утихнет. Не смирение, а атрофия чувств и мыслей — вот к чему может привести ваше желание ничего не знать, закрыть все пути, которые позволили бы вам познакомиться с окружающей жизнью. Я не хочу смирения: боюсь, жизнь слишком коротка, чтобы выучить этот урок. И вы, Мэгги, вы тоже не достигли смирения, вы просто пытаетесь усыпить свой ум и сердце.

У Мэгги задрожали губы: она понимала, что в словах Филипа есть доля правды, и вместе с тем какое-то более глубокое чувство подсказывало ей, что сейчас для нее в них кроется ложь: она не может руководствоваться ими в своих поступках. Эта двойственная реакция была вызвана двойственными побуждениями юноши. Филип всей душой верил в то, что говорил, но говорил он все это с такой горячностью потому, что видел здесь довод против ее решения — решения, разбивавшего его мечты. Однако при взгляде на Мэгги, готовую расплакаться совсем по-детски, он устыдился своей жестокости и эгоизма. Взяв ее руку в свою, он нежно сказал:

— Не будем думать о таких вещах в эти короткие полчаса, Мэгги. Сейчас главное для нас — что мы вместе... Мы останемся друзьями, несмотря на разлуку... Мы никогда не забудем друг друга. Я буду радоваться жизни, пока живете вы; меня станет поддерживать мысль, что наступит такой день, когда я буду в силах... когда вы позволите мне помочь вам хоть чем-нибудь.

— Каким ласковым, каким хорошим братом могли бы вы мне быть, Филип, — сказала Мэгги, улыбаясь, хотя глаза ее все еще были затуманены слезами. — Я думаю, вы так бы обо мне заботились и так были бы рады, что я вас люблю, что это удовлетворило бы даже меня. Вы любили бы меня так сильно, что мирились бы со всеми моими недостатками и всё бы мне прощали. Как я всегда мечтала, чтобы Том так относился ко мне. Я никогда не могла довольствоваться малым. Вот почему для меня лучше совсем обходиться без мирских радостей... Мне не хватало музыки, которую я слышала, мне хотелось, чтобы играло больше инструментов... хотелось, чтобы голоса были сочнее и глубже. Вы теперь поете когда-нибудь, Филип? — спросила она внезапно, словно забыв, о чем шла речь.

— Да, — сказал он, — почти каждый день. Но голос у меня посредственный, как и все прочее.

— О, спойте мне что-нибудь... только одну песню. Ведь могу я послушать вас, прежде чем уйду... Какую-нибудь из тех песен, что вы пели в Лортоне по субботним вечерам, когда никого, кроме нас, не было в гостиной и я закрывала голову передником, чтобы мне ничто не мешало слушать.

— А, я знаю что, — сказал Филип; Мэгги закрыла лицо руками, а он пропел вполголоса: «В ее глазах любовь играет» и затем добавил: — Это?

— О нет, я не могу больше оставаться, — сказала Мэгги, вскакивая с места. — Она не даст мне потом покоя. Пойдемте, Филип. Мне пора домой.

Она двинулась вперед, и ему ничего не оставалось, как последовать за ней.

— Мэгги, — сказал он умоляюще, — откажитесь от этого бессмысленного духовного поста, на который вы сознательно себя обрекаете. Мне больно, когда я вижу, как вы притупляете ваши чувства, как налагаете оковы на ум и душу. Девочкой вы были полны жизни. Я думал, из вас выйдет блестящая женщина, с незаурядным умом и ярким воображением. И сейчас это нет-нет да и сверкнет в вашем взгляде, когда вы не надеваете на себя маску глухого спокойствия.

— Почему вы говорите с такой горечью, Филип? — спросила Мэгги.

— Потому, что я предвижу — это не кончится добром: нельзя до бесконечности продолжать это самоистязание.

— Мне будут ниспосланы силы, — трепетным голосом проговорила Мэгги.

— Нет, Мэгги, никому не дано сил делать то, что противно природе. Искать спасения в бегстве от всех и вся — не что иное, как трусость. Так не закалить свой характер. В один прекрасный день вам придется окунуться в жизнь, и тогда каждый зов вашей натуры, на который вы сейчас отказываетесь откликнуться хоть чем-нибудь, станет терзать вас, как лютый голод.

Мэгги вздрогнула и остановилась, с тревогой глядя на Филипа.

— Как вы смеете, Филип, вселять сомнение в мою душу? Вы — искуситель.

— Нет, Мэгги, я не искуситель; но любовь делает нас чуткими, а чутье помогает предвидеть будущее. Послушайте — ну послушайте меня... Разрешите мне давать вам книги, разрешите мне видеться с вами хоть изредка... быть вашим братом и наставником, как, помните, вы говорили в Лортоне. Во встречах со мной куда меньше вреда, чем в этом длительном самоубийстве.

Мэгги не в силах была вымолвить ни слова. Она покачала головой и продолжала идти молча, пока не кончились пихты. Здесь она протянула ему руку, давая понять, что пора расстаться.

— Значит, вы навсегда изгоняете меня, Мэгги? Разве я не могу здесь изредка гулять? Если я встречу вас случайно, в этом ведь не будет обмана.

Именно такие моменты, когда кажется, что вот-вот будет закрыт путь к отступлению, когда за нами готовы захлопнуться железные ворота судьбы, и служат испытанием для силы духа. Тогда, позабыв о часах трезвых раздумий и о твердых выводах, к которым мы пришли, хватаемся мы за любой софизм, зачеркивающий всю нашу борьбу и несущий поражение, которое нам сладостнее победы.

Мэгги почувствовала, как при этих словах Филипа — ведь они открывали ей лазейку — сердце встрепенулось у нее в груди, и по лицу ее пробежал еле заметный трепет облегчения. Филип видел это, и они молча расстались.

Филип вполне понимал, какое создалось положение, поэтому в душе его не могло не мелькнуть мимолетное беспокойство, что он слишком самонадеянно вмешался в дела, касающиеся совести одной Мэгги... может быть, даже из эгоистических побуждений. Но нет, убеждал он себя, его побуждения продиктованы не эгоизмом. Вряд ли Мэгги когда-нибудь ответит на то сильное чувство, которое он к ней питает; но во имя ее будущего, ради тех лет, когда исчезнут все эти мелочные семейные обстоятельства, мешающие ее свободе, надо, чтобы настоящее ее не было так безвозвратно принесено в жертву, чтобы у нее была какая-нибудь возможность расширить свой кругозор... возможность обмена мыслями с умом, стоящим выше пошлого уровня тех, с кем она осуждена сейчас влачить свое существование. Если мы достаточно далеко смотрим вперед на последствия наших поступков, мы всегда находим точку, где они сочетаются так, что дают возможность оправдать наши сегодняшние действия, и, встав на позиции Провидения, которое ведет нас определенными путями, или философа, который прослеживает их, мы получаем возможность достигнуть полного удовлетворения собой, делая то, что сейчас больше всего нам по вкусу. Филип нашел оправдание своим казуистическим попыткам заставить Мэгги не слушать тот внутренний голос, что остерегал ее от обмана, который мог внести разлад в ее душу и причинить новые страдания тем, кто имеет на нее права, дарованные самой природой. Но он был во власти столь страстного чувства, что оно делало почти излишним поиски оправдания. В своей жажде видеть Мэгги, войти в ее жизнь он отчасти был движим первобытным импульсом — не упустить встретившуюся на пути радость, — который возникает у человека, обреченного по своим духовным или физическим свойствам на постоянное страдание. Он не получил своей доли благ, отпущенных для всех людей, он не может соперничать даже с самыми ничтожными из них, он всегда будет достойным жалости исключением, ему не дано то, что так обычно для других. Даже Мэгги смотрит на него не так, как на всех. Мысль о том, что он может стать ее возлюбленным, судя по всему, никогда не приходила ей в голову.

Не осуждайте Филипа слишком сурово. Уроды и калеки нуждаются в исключительных добродетелях, ибо без них им, вероятно, весьма неприютно на свете, но теория, будто исключительные добродетели являются прямым следствием неблагоприятных условий, в которые нас поставила природа, — на манер того, как в суровом климате звери обрастают более густой шерстью, — пожалуй, несколько натянута. Подробно расписываются искушения, которым подвергается красота; но, мне кажется, их можно так же сравнивать с искушениями, порождаемыми уродством, как соблазн предаться излишествам на пиру, где разнообразнейшие яства пленяют глаз и обоняние, не говоря уже о вкусе, можно сравнить с соблазном, атакующим отчаяние голода. Разве Башня голода[1] не есть символ наивысшего испытания наших духовных сил?

Филип никогда не знал материнской любви, которая изливается на нас тем полнее, чем больше мы в ней нуждаемся, и льнет к нам с тем большей нежностью, чем меньше у нас шансов стать победителями на жизненной арене; благодарность же за ласку и заботу, которые проявлял к нему отец, была омрачена горьким чувством осуждения. Взращенный вдали от практической жизни и по самой натуре своей чуткий почти как женщина, Филип испытывал свойственные женщинам нетерпимость и отвращение к тем, для кого главное — жизненные блага, кто сознательно ищет плотских наслаждений; и эти единственные крепкие узы, наложенные на него природой, — его привязанность к отцу — причиняли ему постоянную боль. Возможно, в человеческом существе, которое оказалось в исключительном положении, положении худшем, чем прочие люди, — неизбежно будет что-то извращенное до тех пор, пока в нем не победит доброе начало, а к двадцати двум годам еще так мало можно в этом преуспеть. Доброе начало было очень сильно в Филипе, но ведь даже солнце выглядит тусклым сквозь утренний туман.

---

[1] Имеется в виду башня, в которую заточали в Средние века узников, приговоренных к пытке голодом.

ГЛАВА IV

Еще одно объяснение в любви

В начале апреля, примерно год спустя после того, казалось бы, прощального свидания, свидетелем которого вы были, вы можете, если захотите, снова увидеть, как Мэгги входит под пихты. Но сейчас не вечер, а полдень; резкая свежесть весеннего воздуха заставляет ее плотнее закутаться в шаль и ускорить шаг, и все же она, как обычно, любуется милыми ее сердцу пихтами. Взгляд у нее более живой и пытливый, чем это было год назад, и на губах блуждает улыбка, словно какие-то шутливые слова не могут дождаться своего слушателя. И слушатель не замедлил явиться.

— Возьмите обратно вашу «Коринну»[1], — сказала Мэгги, вынимая книгу из-под шали. — Вы были правы, когда говорили, что мне будет грустно ее читать, и не правы, если думали, что я захочу походить на героиню.

— Неужели вы бы не хотели быть десятой музой, Мэгги? — сказал Филип, глядя на ее лицо так, как мы глядим на первый просвет в тучах, который сулит нам, что скоро вновь засияет солнце.

— Ничуть, — сказала со смехом Мэгги. — Музам из всех богинь выпал самый тяжкий жребий — они вынуждены вечно таскать за собой свитки со стихами и музыкальные инструменты. Если бы я должна была носить арфу, то при нашем климате ее пришлось бы засунуть в футляр из зеленого сукна... и, уж конечно, я бы забыла ее где-нибудь по рассеянности.

— Значит, вам, как и мне, «Коринна» не очень понравилась.

— Я не дочитала до конца, — сказала Мэгги. — Как только я дошла до белокурой молодой леди, прогуливающейся по парку, я закрыла книгу и решила больше не открывать ее. Я предвидела, что эта желтоволосая деви-

---

[1] *«Коринна»* — роман французской писательницы де Сталь (1766–1817).

ца вытеснит Коринну из сердца ее возлюбленного и сделает ее несчастной. Я твердо решила не читать больше книг, где белокурые женщины похищают чужое счастье. У меня скоро возникнет против них предубеждение. Если бы вы могли дать мне такую историю, где победу одерживает брюнетка, это восстановило бы равновесие. Я хочу отомстить за Ревекку, и за Флору Мак-Ивор, и Минну[1], и за всех остальных темноволосых бедняжек. Раз вы мой наставник, вы должны оберегать мой ум от ложных взглядов — ведь вы всегда ратуете против предвзятости мнений.

— Ну, может быть, вы отомстите за всех темноволосых женщин и похитите любовь у своей кузины Люси. За ней, безусловно, увивается сейчас какой-нибудь красавчик из Сент-Огга; стоит вам озарить его своими лучами, и вы затмите вашу незаметную маленькую кузину.

— Как нехорошо, Филип, делать из моих глупых слов такие выводы, — сказала Мэгги обиженным тоном. — Как будто я, в моих старых платьях, без всякого светского лоска, могу соперничать с душечкой Люси, которая знает множество прелестных вещей и чего только не умеет, да и в десять раз красивее меня... даже если бы у меня явилось подлое и низкое желание стать ей соперницей. К тому же я никогда не хожу к ним, когда у них кто-нибудь посторонний; только потому, что Люси такая добрая и милая, она приходит навестить нас и заставляет меня иногда бывать у них.

— Мэгги, — удивленно сказал Филип, — на вас это не похоже, — вы принимаете шутки всерьез. Вы, верно, были сегодня утром в Сент-Огге и потеряли там свою догадливость.

— Ну, — улыбаясь, сказала Мэгги, — если это была шутка, то не очень удачная, но я восприняла это как вполне справедливый укор. Я думала, вы хотите напо-

---

[1] Персонажи из романов Вальтера Скотта: Ревекка — из «Айвенго», Флора Мак-Ивор — из «Уэверли», Минна Тройл — из «Пирата».

мнить мне, что я тщеславна и желаю, чтобы все мною восхищались. Но я вовсе не потому озабочена судьбой темноволосых женщин, что у меня самой черные волосы, а просто меня всегда больше трогает тот, кто несчастлив: если бы покинули белокурую девушку, я бы пожалела ее. В книгах я всегда становлюсь на сторону отвергнутого влюбленного.

— Значит, у вас не хватило бы жестокости самой отвергнуть его — а, Мэгги? — сказал Филип, слегка покраснев.

— Не знаю, — неуверенно проговорила Мэгги. Затем с ясной улыбкой добавила: — Я думаю, может быть, и хватило бы, если бы он был очень самодоволен; и все же, если бы он потом отбросил свое самодовольство, я бы, наверно, смягчилась.

— Я часто задавал себе вопрос, Мэгги, — с некоторым усилием сказал Филип, — не должен ли вам больше понравиться такой мужчина, который обычно не нравится женщинам.

— Ну, это зависит от того, почему он им не нравится, — со смехом сказала Мэгги. — Он может быть и очень противным. Он может глядеть на меня в монокль и корчить гадкие рожи, как молодой Торри. Я не думаю, чтобы это было по вкусу и другим женщинам, но я никогда не чувствовала к нему симпатии. Я не жалею самодовольных людей: по-моему, они могут сами себя утешить.

— Но предположим, Мэгги... предположим, что это человек совсем не самодовольный, что у него нет — и он это знает — никаких оснований быть довольным собой... человек, который с самого детства отмечен особым недугом... для которого вы всю его жизнь были утренней звездой... который любит вас, поклоняется вам так горячо, что для него уже счастье, если вы хоть изредка позволяете ему себя видеть...

Филип остановился. Острой болью пронизал его страх, что его признание может оборвать это счастье, — тот самый страх, который все эти долгие месяцы заставлял безмолвствовать его любовь. Застенчивость, вновь охватившая его, твердила ему, что говорить все это было безумием. В это утро Мэгги держала себя так же непринужденно и спокойно, как всегда.

Но сейчас ее вид отнюдь не был спокойным. Пораженная необычным волнением, зазвучавшим в голосе Филипа, она обернулась, чтобы взглянуть на него, и, пока он продолжал говорить, в ней произошла перемена — она вспыхнула, и по лицу ее пробежал трепет, как это бывает с человеком, услышавшим новость, переворачивающую все его представления о прошлом. Молча, без единого слова, она подошла к стволу поваленного дерева и опустилась на него, словно ее не держали ноги. Она вся дрожала.

— Мэгги, — промолвил Филип, волнуясь все больше и больше по мере того, как длилось ее молчание, — я был глупцом, что сказал все это, — забудьте мои слова. Я буду доволен, если все останется как прежде.

Страдание, звучавшее в его голосе, заставило Мэгги ответить ему:

— Я так поражена, Филип... я никогда об этом не думала. — И усилие, которого ей стоили эти слова, вызвало на ее глаза слезы.

— И теперь вы станете ненавидеть меня, Мэгги? — воскликнул Филип. — Станете считать меня самонадеянным болваном?

— О Филип, — сказала Мэгги, — зачем вы так говорите?.. Будто вы не знаете, как я благодарна даже за крупицу любви? Просто... мне никогда не приходило в голову, что вы полюбите меня. Возможность того, что кто-нибудь меня полюбит, казалась мне такой далекой — как сон, как одна из тех сказок, что придумываешь для себя сам.

— Значит, вам не противна мысль, что я вас люблю, Мэгги? — сказал Филип, возносясь на крыльях внезапной надежды. Он сел рядом и взял ее за руку. — А вы — вы меня любите?

Мэгги побледнела: не так легко оказалось ответить на этот прямой вопрос. Но она не опустила взора под взглядом Филипа, глаза которого, прекрасные, полные слез, молили ее о любви. И ответила — нерешительно, но с прелестной простотой и девической нежностью:

— Я не думаю, чтобы я могла кого-нибудь любить больше, чем вас; мне все в вас нравится. — Она остановилась, затем добавила: — Но будет лучше для нас не говорить больше об этом... правда, Филип, милый? Вы ведь знаете, мы бы не могли быть даже друзьями, если бы о нашей дружбе узнали. Я всегда чувствовала, что не права, уступая вам и соглашаясь на наши встречи... хотя они многим дороги мне; а сейчас меня опять с новой силой охватывает страх, что это доведет нас до беды.

— Но ведь пока ничего дурного не произошло, Мэгги; а если бы вы поддались этому страху, вы бы только провели еще один унылый год, усыпляющий и ум и чувства, вместо того чтобы снова обрести себя.

Мэгги покачала головой:

— Это было очень приятно, я знаю — все наши беседы, и книги, и предвкушение прогулки, когда я смогу поделиться с вами всем тем, что пришло мне в голову со времени нашей последней встречи. Но это унесло прочь мое спокойствие, это заставило меня много думать; у меня снова появились мятежные порывы; я устаю от своего дома... А потом меня ранит в самое сердце мысль, что я могла устать от отца и матери. Я думаю — то, что вы называете усыплением ума и чувств, лучше для меня, во всяком случае, потому что тогда уснули бы мои эгоистические желания.

Филип снова был на ногах и нетерпеливо ходил взад и вперед.

— Нет, Мэгги, у вас неправильное представление о том, что такое победа над собой: я уже не раз вам это говорил. То, что вы называете победой над собой, — сознательное стремление ничего не видеть, ничего не слышать, кроме ограниченного круга вещей, — такой натуре, как ваша, лишь почва для мономании.

Все это он проговорил почти с раздражением, но вот он снова сел с ней рядом и взял ее за руку:

— Не думайте сейчас о прошлом, Мэгги; думайте только о нашей любви. Если вы можете прильнуть ко мне всем сердцем, все препятствия со временем будут преодолены, нам нужно только ждать. Я готов жить надеждой. Посмотрите на меня, Мэгги, скажите мне снова, что вы можете меня полюбить. Не отводите глаз, не надо смотреть на это раздвоенное дерево — это дурная примета.

Она обратила на него большие черные глаза и печально улыбнулась.

— Ну же, Мэгги, скажите мне хоть одно доброе слово; вы были милосерднее ко мне в Лортоне. Вы спросили тогда: не хочу ли я, чтобы вы меня поцеловали, — помните? — и обещали поцеловать, когда мы встретимся снова. Но вы не сдержали своего обещания.

Воспоминание о детских годах принесло Мэгги сладостное облегчение, и настоящее представилось ей менее странным. Мэгги поцеловала Филипа почти так же просто и спокойно, как тогда, когда ей было всего двенадцать лет. Глаза юноши вспыхнули от радости, но в словах его, когда он заговорил, не было удовлетворения.

— Вы не кажетесь счастливой, Мэгги; вы просто из жалости заставляете себя говорить, что любите меня.

— Нет, Филип, — сказала Мэгги, покачивая головой, как она это делала в детстве. — Я сказала вам правду. Все это ново для меня и странно, но я не думаю, что могла бы любить кого-нибудь больше, чем вас. Мне бы хотелось всегда быть с вами вместе... делать вас счастливым. Мне всегда хорошо, когда я с вами. Только на одно я не пойду ради вас — я не совершу ничего, что может причинить боль отцу. Никогда не просите меня об этом.

— О да, Мэгги, я ни о чем не буду просить... Я все вытерплю... Я готов ждать целый год одного только поцелуя, если вы полюбите меня всем сердцем.

— Ну, — улыбаясь, сказала Мэгги, — я не заставлю вас ждать так долго. — Но затем, снова став серьезной, добавила, поднимаясь с места: — Но что сказал бы ваш отец, Филип? О, мы никогда не сможем быть больше чем друзьями — братом и сестрой в душе, как было весь этот год. Не будем думать ни о чем ином.

— Нет, Мэгги, я не могу отказаться от вас... если только вы меня не обманываете... если ваши чувства ко мне — нечто большее, чем привязанность сестры. Скажите мне правду.

— Право, Филип, это так. Разве я бывала счастливей, чем в те минуты, что проводила с вами? Разве только в детстве, когда Том не отталкивал меня. А ваш ум для меня — целый мир: вы можете рассказать мне обо всем, что мне хочется знать. Мне, кажется, никогда не надоест быть с вами вместе.

Они шли рука об руку, глядя друг на друга. Правда, Мэгги торопилась, зная, что ей уже пора уходить. Но мысль о расставании заставляла ее еще сильнее тревожиться, как бы не обидеть его ненароком. Это был один из тех чреватых опасностью моментов, когда слова искренни и в то же время не вполне правдивы; когда чувство, поднимаясь выше указанных сердцем пределов, оставляет вехи, которых никогда больше не сможет достигнуть.

Они остановились под пихтами, чтобы попрощаться.

— Теперь жизнь моя полна надежды, Мэгги, — и я буду счастливее всех людей на свете, несмотря ни на что. Мы и правда принадлежим друг другу... на веки веков... не важно, вместе мы или в разлуке?

— Да, Филип, я бы хотела никогда с вами не разлучаться; я бы хотела сделать вашу жизнь счастливой.

— Я все еще чего-то жду... Не знаю, не обманусь ли я в моих ожиданиях.

Мэгги улыбнулась сквозь слезы и, склонив гибкую шею, поцеловала бледное лицо, полное робкой, умоляющей любви — как у женщины.

Это был миг истинного счастья — миг, когда Мэгги не сомневалась, что если в этой любви и есть жертва, тем полней утолит она голод сердца.

Мэгги повернулась и торопливо пошла к дому, чувствуя, что с того часа, который она здесь провела, для нее началась новая эра. Дымка смутных мечтаний должна становиться все тоньше и тоньше, и все нити ее мыслей и чувств должны теперь постепенно вплетаться в ткань действительности, в ткань ее повседневной жизни.

ГЛАВА V

Раздвоенное дерево

Тайны редко выходят наружу или раскрываются тем путем, который подсказывает нам наш страх. Нас обычно преследуют жуткие драматические сцены, снова и снова возникая в нашем воображении, как мы ни доказываем себе их малую вероятность; и в течение того года, когда совесть Мэгги была отягчена тайными свиданиями с Филипом, возможность, что их раскроют, представала перед ней в виде неожиданной встречи с отцом или Томом во время прогулки с Филипом в Красном Овраге. Она понимала, что это вряд ли произойдет, но ее внутренняя тревога всего ярче рисовала ей картину такой именно встречи. А меж тем случайное, казалось бы, стечение обстоятельств, непредвиденное нами состояние духа, дающие о себе знать лишь легким косвенным намеком, — вот излюбленный реквизит Факта, но воображение не склонно возводить свои постройки из этого материала.

Ясно, что лицом, которое меньше всего могло вызвать опасения Мэгги, была тетушка Пуллет, и, поскольку она не жила в Сент-Огге и не обладала ни проницательным взглядом, ни проницательным умом, было бы просто нелепо связывать свои страхи с ней, а не с тетушкой Глегг, к примеру. Однако орудием судьбы, той тучей, из которой грянул гром, оказался не кто иной, как тетушка Пуллет. Она не жила в Сент-Огге, но путь туда из Гэрум-Фёрза пролегал мимо Красного Оврага, с другой его стороны — не той, откуда приходила туда Мэгги.

Поскольку мистеру Пуллету в воскресенье, на следующий день после встречи Мэгги с Филипом, надлежало явиться в украшенной крепом шляпе и черном шарфе на отпевание в сент-оггскую церковь, миссис Пуллет решила воспользоваться этим случаем, чтобы пообедать с сестрицей Дин, а к чаю заехать к бедной сестрице Талливер. Воскресенье — единственный день, когда Том оставался дома, и приподнятое настроение, в котором он пребывал все последнее время, достигло сегодня таких высот, что он не только вступил в оживленную дружескую беседу с отцом — а это не часто случалось, — но даже позвал: «Мэгги, пойдем с нами», когда вышел с матерью в сад посмотреть, как цветет вишня. Он больше был доволен ею с тех пор, как она несколько умерила свои «чудачества» и аскетизм, он даже начал гордиться ею — он уже не раз слышал, как его сестру называли красавицей. Сегодня лицо ее сияло ярче обычного; причина крылась в том внутреннем возбуждении, когда колебания и боль чередуются с радостью, но это могло сойти за сияние счастья.

— Ты прекрасно выглядишь, милочка, — печально покачивая головой, промолвила тетушка Пуллет, когда они сели пить чай. — Вот уж не думала, Бесси, что твоя дочка станет такой красивой. Но тебе следует носить розовое, милочка: эта голубая тряпка, что дала тебе тетушка Глегг, делает из тебя огородное чучело. У Джейн никогда не было вкуса. Почему ты не носишь то платье, которое я тебе подарила?

— Оно такое хорошенькое, тетушка, такое нарядное. Мне кажется, оно слишком роскошно для меня... во всяком случае, для всех тех старых вещей, что мне приходится надевать вместе с ним.

— Спору нет, тебе не пристало бы носить его, если бы никто не знал, что среди твоей родни есть и такие, что могут позволить себе дарить вещи, когда они им больше самим не нужны. Всякому ясно, что я должна иногда отдавать своей родной племяннице платья, если сама я что ни год покупаю новые и никогда ничего не снашиваю. А уж Люси-то делать подарки ни к чему, у нее и так есть все самое лучшее — сестрица Дин может высоко держать голову; а только она совсем пожелтела, бедняжка; боюсь, как бы печень не свела ее в могилу. Нынче об этом как раз говорил наш новый викарий, пастор Кенн, во время заупокойной службы.

— Ах, я только и слышу, какой он удивительный проповедник... это правда, Софи? — спросила миссис Талливер.

— Вот хоть сегодня... на Люси был такой воротничок, — продолжала миссис Пуллет, задумчиво устремив взгляд в одну точку, — что хоть и не скажу — все мои хуже, а придется поискать среди лучших, чтобы найти ему пару.

— Говорят, мисс Люси зовут «колокольчик Сент-Огга» — вот забавное прозвище, — заметил дядюшка Пуллет, которого тайны этимологии иногда совсем подавляли своим грузом.

— Пф! — фыркнул мистер Талливер, ревнивый ко всему, что могло умалить достоинство Мэгги. — Она слишком мала, и смотреть-то не на что. Красивые перышки — так и птичка красива. И что находят в этих маленьких женщинах? Они глупо выглядят рядом с мужчиной — еле-еле до пояса достают. Когда я выбирал жену, я выбрал такого размера, как надо, — не слишком маленькую и не слишком большую.

Бедняжка-жена, краса которой давно увяла, гордо улыбнулась.

— Но ведь не все мужчины высокие, — сказал дядюшка Пуллет не без намека на самого себя. — Молодой человек может быть красивым и не имея шести футов роста, как мастер Том.

— Ах, что говорить, кто высокий, кто низкий; надо благодарить Бога за то, что ты не горбат, как этот калека — сын адвоката Уэйкема... Я видела его нынче в церкви. Боже, боже! Только подумать, какое к нему перейдет состояние; а люди говорят, он какой-то чудной, ни с кем не водится, все один ходит. Я бы не удивилась, если бы он свихнулся, — всякий раз, что мы проезжаем мимо Красного Оврага, я вижу, как он бродит там среди кустов и деревьев.

Этот тонкий намек на тот факт, что миссис Пуллет дважды видела Филипа в вышеупомянутом месте, произвел на Мэгги впечатление тем более ошеломляющее, что напротив нее сидел Том и ей так важно было казаться безразличной. При имени Филипа она вспыхнула, и румянец ее с каждой секундой становился все гуще, а когда тетушка упомянула о Красном Овраге, Мэгги охватило чувство, будто тайна ее уже раскрыта, и она не осмеливалась даже протянуть руку за ложкой, чтобы не заметили, как она дрожит. К счастью, отец сидел по ту же сторону стола, что и она, рядом с дядюшкой Пуллетом, и, чтобы увидеть ее, ему надо было наклониться вперед. Голос матери принес ей некоторое облегчение — встревожившись, как всегда, когда при муже упоминали об Уэйкеме, она постаралась перевести разговор на другую тему. Постепенно Мэгги настолько овладела собой, что нашла в себе силы оторвать взор от стола; она встретилась взглядом с Томом, но он тотчас отвернулся, и, ложась в тот вечер в постель, она так и не могла решить, возникли ли у него какие-нибудь подозрения. Возможно, и нет: возможно, он подумал, что смятение ее объясняется той тревогой, которую в ней должно было вызвать упоминание об Уэйкеме при отце, — именно так объяснила ее поведение мать. Для мистера Талливера Уэйкем был вроде проказы, о которой сам он не должен забывать ни на миг, но когда о нем вспоминали другие, это было ему как нож в сердце. Мэгги надеялась, что даже столь сильное волнение, если оно вызвано тревогой за отца, не покажется Тому странным.

Но Том оказался более проницательным; его не успокоило такое объяснение; он достаточно ясно видел, что крайнее замешательство Мэгги чем-то отличается от беспокойства за отца. Стараясь воскресить в памяти обстоятельства, которые могли бы облечь в плоть его подозрения, он вспомнил, как совсем недавно мать бранила Мэгги за то, что она гуляла после дождя в Красном Овраге и перепачкала башмаки красной глиной. И все же, издавна питая отвращение к уродству Филипа, Том не в состоянии был представить себе, что его сестра может испытывать что-нибудь иное, нежели дружеский интерес к столь жалкой разновидности homo sapiens[1]. Такие натуры, как Том, обычно чувствуют нечто вроде суеверной антипатии ко всему, что выходит за пределы нормы. Любовь всякой женщины к калеке показалась бы ему отвратительной, а если бы речь шла о его сестре — то и невыносимой. Но какой бы характер ни носило ее общение с Филипом, ему немедленно должен быть положен конец; Мэгги пренебрегла чувствами своего отца, ослушалась недвусмысленного приказания брата, не говоря уже о том, что этими тайными встречами она набрасывает тень на свое доброе имя. Он вышел из дому на следующее утро в том настороженном состоянии, при котором самые обыденные факты ведут к полным особого смысла сопоставлениям.

Часов около четырех пополудни Том стоял на товарной пристани, обсуждая с Бобом возможность скорого возвращения «прекрасного» парусника «Аделаиды» в Сент-Огг, что влекло для них обоих немаловажные последствия.

— Э, — мимоходом кинул Боб, глядя на противоположный берег Флосса, — вон идет этот скрюченный малый — сын Уэйкема. Я узнаю его даже по тени, хоть за две мили, — каждый божий день натыкаюсь на него на той стороне.

Тома пронзила внезапная мысль.

— Я должен идти, Боб, — сказал он. — Мне надо кое-чем заняться.

Забежав на склад, он оставил записку с просьбой заменить его ненадолго — его вызвали домой по срочному делу.

Чуть не бегом он пустился в путь по кратчайшей дороге и скоро был у ворот мельницы; там он замедлил шаг, чтобы войти в дом со спокойным видом, и в то самое время, как он не спеша открывал калитку, из парад-

[1] Мыслящего человека *(лат.)*.

ной двери вышла Мэгги в шляпке и шали. Его догадка оправдалась, и он остался ждать ее у ворот. Увидев его, она вздрогнула.

— Том, почему ты дома? Что-нибудь случилось? — Мэгги говорила тихим прерывистым голосом.

— Я пришел, чтобы пойти с тобой в Красный Овраг и встретиться с Филипом Уэйкемом, — сказал Том, и складка между бровей, которая теперь обычно прорезала его лоб, обозначилась еще резче.

Мэгги похолодела... Ее покинули силы... Румянец схлынул с ее лица. Значит, Том каким-то образом обо всем проведал. Наконец она сказала: «Я не пойду туда» — и повернула к дому.

— Нет, пойдешь, но сперва я с тобой поговорю. Где отец?

— Куда-то отправился верхом.

— А мать?

— Наверно, на дворе, кормит птицу.

— Значит, она меня не увидит.

Они вместе вошли в дом, и, пройдя в гостиную, Том сказал Мэгги:

— Иди сюда.

Она повиновалась, и он закрыл за ней дверь.

— Ну, Мэгги, немедленно расскажи мне все, что было между тобой и Филипом Уэйкемом.

— Отец что-нибудь знает? — спросила Мэгги, все еще не в силах унять дрожь.

— Нет, — негодующе ответил Том. — Но он непременно узнает, если ты и дальше будешь меня обманывать.

— Я никого не собираюсь обманывать, — сказала Мэгги, вспыхивая от негодования, что он произнес такое слово.

— Тогда расскажи мне всю правду.

— Может быть, ты уже ее знаешь.

— Не важно, знаю или нет. Или ты расскажешь подробно, что произошло между вами, или все станет известно отцу.

— Я расскажу, но только ради него.

— О да, это на тебя похоже — делаешь вид, что любишь отца, и в то же время попираешь самые глубокие его чувства.

— А вот ты никогда не заблуждаешься, Том, — язвительно проговорила Мэгги.

— Сознательно — никогда, — с гордой искренностью ответил Том. — Но я не желаю с тобой разговаривать, меня интересует только одно: что было между тобой и Филипом. Когда ты впервые встретилась с ним в Красном Овраге?

— Год тому назад, — спокойно ответила Мэгги. Суровость Тома придала ей силы для отпора и позволила забыть о своей вине. — Можешь больше не задавать мне вопросов. Мы дружим с ним уже целый год. Мы часто встречались и гуляли вместе. Он приносил мне книги.

— И это все? — спросил Том, глядя ей прямо в глаза и по-прежнему хмурясь.

На миг Мэгги замялась, затем, чтобы лишить Тома всякого права обвинять ее в обмане, надменно произнесла:

— Нет, не совсем. В эту субботу он сказал мне, что он меня любит. Я раньше об этом не думала — я всегда считала его просто своим добрым другом.

— И ты поощрила его надежды? — спросил Том, всем своим видом выражая отвращение.

— Я сказала ему, что я тоже его люблю.

Несколько секунд Том молчал; засунув руки в карманы, угрюмо смотрел в землю. Наконец он поднял на нее глаза и холодно произнес:

— Так вот, Мэгги: одно из двух — или ты поклянешься на Библии, что никогда больше не станешь встречаться с Филипом Уэйкемом наедине и не обменяешься с ним ни словом, или я все расскажу отцу, и сейчас, когда благодаря моим усилиям он мог бы опять стать счастливым, ты нанесешь ему новый удар — он узнает, что ты непослушная, лживая дочь, которая не бережет свое доброе имя и встречается тайком с сыном человека, разорившего ее отца. Выбирай, — кончил Том холодно и твердо и, подойдя к столику, где лежала семейная Библия, раскрыл ее на первом листе.

Эта неотвратимость выбора сокрушила Мэгги.

— Том, — взмолилась она, вынужденная забыть о гордости, — не требуй от меня этого. Я обещаю тебе не встречаться больше с Филипом, если ты позволишь мне увидеться с ним последний раз или хотя бы написать ему и все объяснить... Обещаю не встречаться с ним, пока это может причинить страдания отцу... У меня ведь и к Филипу тоже есть какие-то чувства. Он ведь тоже несчастлив.

— Я ничего не желаю слышать о твоих чувствах; я сказал то, что сказал: выбирай, и побыстрее, а то может войти мать.

— Если я дам тебе слово, это будет так же крепко меня связывать, как клятва на Библии. Мне не нужны еще какие-то оковы.

— Но *мне* нужны, — сказал Том, — я не могу тебе доверять, Мэгги. В тебе нет твердости. Положи руку на Библию и скажи: «Я отказываюсь от встреч с Филипом Уэйкемом и бесед с ним наедине с этого дня и навеки». Иначе ты навлечешь позор на всех нас и причинишь горе отцу. И какой толк в том, что я лезу из кожи вон и во всем себе отказываю, лишь бы заплатить долги, если ты доведешь его до умоисступления как раз тогда, когда у него могло бы стать легко на сердце, когда он снова мог бы высоко держать голову.

— О Том, неужели мы скоро выплатим долги? — воскликнула Мэгги, всплескивая руками, и вспышка нежданной радости осветила окружающий ее мрак.

— Если все обернется так, как я рассчитываю, — сказал Том. — Но, — добавил он, и голос его задрожал от негодования, — в то время как я работал не покладая рук, чтобы отец мог прожить конец дней своих в мире... трудился, чтобы вернуть доброе имя нашей семье, ты делала все, что могла, чтобы лишить его и того и другого.

Глубокое раскаяние охватило Мэгги, разум ее перестал бороться с тем, что, по ее мнению, было бессмысленной жестокостью; в этот миг она оправдала брата, готова была признать свою вину.

— Том, — тихо проговорила она, — это было дурно с моей стороны... но я была так одинока... и мне так жаль было Филипа. И я думаю, враждовать и ненавидеть друг друга грешно.

— Глупости! — отрезал Том. — Твой долг был тебе ясен. Хватит разговоров — клянись, да теми словами, что я сказал.

— Я должна, непременно должна еще раз поговорить с Филипом.

— Пойдешь сейчас вместе со мной и поговоришь с ним.

— Я даю тебе слово, что не буду больше встречаться с ним и писать ему без твоего ведома. Это единственное, что я обещаю. Я поклянусь на Библии, если ты хочешь.

— Поклянись!

Мэгги положила руку на раскрытую страницу и повторила свое обещание.

Том закрыл книгу и сказал:

— Теперь пойдем.

По пути они не обменялись ни словом. Мэгги заранее мучилась теми страданиями, которые ожидали Филипа, и страшилась тех оскорбительных слов, которые бросит ему в лицо Том, но внутренний голос говорил ей, что все попытки предотвратить это будут напрасны и ей остается только покориться. Том мертвой хваткой держал ее совесть и таившийся в глубине сердца страх; она терзалась от того, на первый взгляд справедливого, приговора, который он вынес ее поступку, и вместе с тем все в ее душе восставало против его суда, неправедного, ибо он столь многого не хотел видеть. Меж тем Том чувствовал, что жало его негодования обращается против Филипа. Он сам не знал, до какой степени отвращение к Филипу, зародившееся еще в школьные годы, враждебность к нему и оскорбленная гордость служат подоплекой тех жестоких и горьких слов, высказать которые он считал своим долгом брата и сына. Тому несвойственно было заниматься углубленным анализом своих побуждений, равно как и прочих тонких материй; он был вполне уверен, что его побуждения, так же как и его поступки, всегда хороши, — в противном случае он не имел бы с ними ничего общего.

Единственное, на что надеялась Мэгги, — вдруг Филипу, в первый раз за все время, что-нибудь помешает прийти. Тогда у нее будет отсрочка... Может быть, Том разрешит ей ему написать. Когда они подошли к пихтам, сердце ее забилось с удвоенной силой. Последняя секунда неизвестности, думала она: Филип всегда встречал ее неподалеку от этого места. Но они уже миновали открытую лужайку и шли узкой тропкой меж кустами у подножия холма. Еще один поворот — и они лицом к лицу столкнулись с Филипом. Юноши остановились как вкопанные. Оба молчали. Филип бросил вопрошающий взгляд на Мэгги и прочел ответ в ее бледных приоткрытых устах, в испуге, застывшем в глубине огромных глаз. В своем воображении, всегда обгоняющем действительность, она уже видела, как ее высокий сильный брат хватает хрупкого Филипа в охапку и, швырнув на землю, топчет ногами.

— И это вы называете поведением, достойным мужчины и джентльмена, сэр? — сказал Том с едким сарказмом, как только Филип снова обратил к нему взор.

— Что вы имеете в виду? — высокомерно спросил Филип.

— Имею в виду?! Отойдите от меня подальше, пока я не пустил в ход кулаки, и я объясню вам, что я имею в виду. Воспользоваться глупостью и неведением молодой девушки, чтобы вовлечь ее в тайные встречи, — вот что. Осмелиться шутить честью семьи, для которой нет ничего дороже доброго имени...

— Я отрицаю это, — пылко прервал его Филип. — Никогда бы я не стал шутить тем, от чего зависит счастье вашей сестры. Мне она дороже, чем вам; я уважаю ее больше, чем когда-либо сможете уважать вы, я отдал бы за нее жизнь.

— Бросьте всю эту высокопарную чепуху, сэр. Неужели вы хотите сказать, что не знали, как губительно для нее встречаться здесь с вами неделя за неделей? Хотите сказать, что имели право изливать перед ней свои чувства — даже если б вы были для нее подходящей парой, — меж тем как ни ее, ни ваш отец никогда не дадут согласия на брак между вами? Вам... вам делать попытки вкрасться в сердце красивой девушки, которой еще и восемнадцати нет, которая оказалась в стороне от жизни из-за несчастья, постигшего ее отца! Так вы понимаете честь, да? Я называю это подлым вероломством, я называю это — воспользоваться обстоятельствами, чтобы заполучить то, что слишком хорошо для вас... то, чего вы никогда бы не добились честным путем.

— О, как благородно с вашей стороны так говорить со мной, — с горечью промолвил Филип, весь дрожа под наплывом неистовых чувств. — Великаны еще в незапамятные времена завоевали право на глупость и на грубые оскорбления. Вы даже понять не способны, каковы мои чувства к вашей сестре. Они настолько сильны, что я готов был даже на дружбу с вами.

— Я и понимать не хочу ваши чувства, — с язвительной насмешкой сказал Том. — Я хочу одного: чтобы вы поняли меня... поняли, что я буду следить за своей сестрой, и, если вы осмелитесь сделать хоть малейшую попытку встретиться с ней, или написать ей, или хоть как-нибудь напомнить ей о себе, вас не спасет даже ваше жалкое тщедушное тело, которое могло бы внушить вам немного больше скромности. Я изобью вас... Я выставлю вас на посмеяние. Кто не расхохочется, узнав, что вы хотели стать возлюбленным красивой девушки?

— Том, я этого не вынесу... Я больше не желаю слушать, — крикнула Мэгги сдавленным голосом.

— Постойте, Мэгги, — сказал Филип, сделав героическое усилие, чтобы заговорить. Затем повернулся к Тому. — Я полагаю, вы силой привели сюда сестру, чтобы она слушала ваши угрозы и оскорбления. Вам, естественно, казалось, что таким путем можно на меня повлиять. Но вы ошибаетесь. Пусть говорит она сама. Если она скажет, что должна оставить меня, я выполню ее желание беспрекословно.

— Я сделала это ради отца, Филип, — умоляюще проговорила Мэгги. — Том грозил все рассказать отцу... а он не вынесет этого; я дала слово, я торжественно поклялась, что мы не будем общаться без ведома брата.

— Достаточно, Мэгги. Мои чувства останутся теми же, но я хочу, чтобы вы считали себя совершенно свободной. Только верьте мне... помните, что я всегда желал лишь блага всем, кто вам дорог.

— О да, — сказал Том, выведенный из себя той позицией, которую занял Филип, — теперь вы можете говорить, что желаете блага ей и тем, кто ей дорог; а чего вы желали раньше?

— Ее блага... хотя знал, чем это грозит. Но я хотел, чтобы у нее был друг на всю жизнь... который заботился бы о ней, который ценил бы ее больше, чем ее грубый и ограниченный брат... А она всегда так щедро отдавала ему свою любовь!

— Да, я забочусь о ней иначе, чем вы, и я скажу вам, в чем разница. Я помешаю ей ослушаться отца, опозорить его доброе имя; я помешаю ей погубить себя ради вас, не дам выставить себя на посмешище, спасу от пренебрежения такого человека, как ваш отец, — ведь она недостаточно хороша для его сына. Вы прекрасно знаете, какая цена была бы ей в его глазах, какую бы она увидела заботу. Но меня не обманешь красивыми словами, я сужу по делам. Идем, Мэгги.

И Том схватил Мэгги за руку. Она протянула Филипу другую, он сжал ее на миг и, бросив на Мэгги взгляд, полный страстного волнения, быстро отошел.

Несколько шагов Том и Мэгги прошли в молчании. Он все еще крепко держал ее за руку, словно увлекая преступника с места злодеяния. Наконец Мэгги яростным движением выдернула у него руку, и ее так долго сдерживаемый гнев излился в словах:

— Не воображай, Том, что я считаю тебя правым, не думай, что я склонилась перед твоей волей. Я презираю те чувства, которые ты выказал в разговоре с Филипом; мне ненавистны твои недостойные мужчины оскорбительные намеки на его несчастье. Всю жизнь ты упрекаешь других... Ты всегда уверен в своей правоте, тебе недостает широты взглядов, ты не видишь, что есть кое-что и получше, нежели твои поступки и твои мелочные цели.

— Конечно, — холодно ответил Том. — Я не вижу, чтобы твои поступки были лучше, равно как и твои цели. Если твое поведение и поведение Филипа Уэйкема было правильно, почему же ты боишься, что о нем станет известно? Ответь-ка мне! Я-то, поступая так или иначе, знаю, к каким целям я стремлюсь, и я добился успеха; скажи, пожалуйста, что хорошего вышло из твоих поступков для тебя или кого-нибудь другого?

— Я не хочу защищать себя, — все так же горячо продолжала Мэгги, — я знаю, я бываю не права — часто, постоянно. И все же иногда я поступаю неправильно потому, что мной движут побуждения, которые и тебе не грех бы иметь. Если бы ты был виноват... если бы ты поступил очень дурно, я бы сочувствовала тем мукам, которые это причинило тебе; я бы не хотела, чтобы тебя постигла кара. Но тебе всегда доставляло удовольствие наказывать меня... Ты всегда был ко мне суров и жесток: даже тогда, когда я была маленькой девочкой и любила тебя больше всех на свете, ты допускал, чтобы я ложилась спать в слезах, так и не дождавшись от тебя прощения. В тебе нет жалости, ты не видишь своих недостатков и своих грехов. Грех быть жестоким — это не подобает тому, кто сам смертен, не подобает христианину. Ты просто фарисей. Ты благодаришь Бога лишь за собственные добродетели... ты думаешь, они так велики, что завоюют тебе весь мир. Ты даже представить себе не можешь таких чувств, рядом с которыми твои блистательные добродетели не что иное, как темная ночь.

— Что ж, — с холодным презрением сказал Том, — если твои чувства настолько лучше моих, докажи это как-нибудь иначе, а не выходками, которые могут навлечь позор на всех нас... не впадая то в одну нелепую крайность, то в другую. Скажи на милость, в чем выразилась твоя любовь, о которой ты столько говоришь, к отцу или ко мне? В неповиновении и обмане. Я свою любовь доказываю иначе.

— Потому что ты мужчина, Том, ты сильный — и можешь что-то сделать в жизни.

— Ну а раз ты ничего не можешь, подчиняйся тем, кто может.

— Я и буду, охотно буду подчиняться тому, что признаю и что чувствую правильным. Я подчинюсь даже тому, что неразумно, если это исходит от отца, но воспротивлюсь, если того потребуешь ты. Ты кичишься своими добродетелями и считаешь, что они дают тебе право быть жестоким и недостойно вести себя, как сегодня. Не думай, что это из послушания тебе я согласилась не встречаться больше с Филипом Уэйкемом. Его несчастье, которым ты воспользовался, чтоб оскорблять его, вызывает во мне еще больше жалости к нему и делает его еще более дорогим для меня.

— Прекрасно... Значит, так ты смотришь на вещи, — сказал Том еще более холодно. — Можешь не продолжать, мне и без того ясно, какая между нами пропасть. Давай не забывать об этом в дальнейшем и прекратим этот разговор.

Том отправился обратно в Сент-Огг — встретиться, как было условлено, с дядюшкой Дином и получить от него указания относительно поездки, которая предстояла ему на следующее утро.

Мэгги поднялась к себе в комнату, чтобы в горьких слезах излить негодование, к которому разум Тома был глух. Но когда улегся первый взрыв неутоленного гнева, она вспомнила о спокойном течении тех дней, когда душевные утехи, окончившиеся сегодня так горестно, еще не нарушали ясности и простоты ее жизни. В то время она часто думала, что ею одержаны немалые победы и она навеки завоевала себе право парить в горних высях над земными соблазнами и столкновениями. И вот она снова низвергнута, снова в гуще яростной борьбы со своими и чужими страстями. Видно, жизнь не так быстротечна и вечный покой не так близок, как мечталось ей, когда она была на два года моложе. Ей предстояли еще новые битвы... возможно, еще падения. Если бы она твердо знала, что она не права, а Том во всем прав, она бы скорее обрела душевное равновесие; теперь же ее раскаянию и смирению мешал гнев, казавшийся ей вполне справедливым. При мысли о Филипе сердце ее обливалось кровью; она вновь и вновь слышала оскорбления, которыми осыпал его Том, и так остро ощущала испытанную им боль, что воспоминание это причиняло ей почти физическую муку, и она колотила ногой об пол и вонзала ногти в ладони.

Так почему же в душе нет-нет да и шевельнется ей самой непонятное облегчение оттого, что она вынуждена расстаться с Филипом? Конечно же, только потому, что кончился обман, который ее так тяготил, от которого она так жаждала избавиться.

ГЛАВА VI

Победа, добытая дорогой ценой

Три недели спустя, в ту пору года, когда Дорлкоутская мельница бывает всего краше — огромные каштаны в цвету, в густой траве белеют маргаритки, — Том Талливер возвращался вечером домой раньше обычного и, проходя по мосту, глядел все с той же глубокой любовью на почтенный красный кирпичный дом, который попрежнему казался веселым и гостеприимным, как ни пусты были комнаты и печальны сердца его обитателей.

Серо-голубые глаза юноши, то и дело поглядывающие на окна дома, светятся оживлением, складка меж бровей, хотя и не разгладилась, сейчас не портит его —

она указывает на силу воли и, когда взгляд его смягчается, а губы теряют свою жесткость, не делает его суровым. Его твердый шаг становится быстрее, и как он ни сжимает губы, стараясь сдержать улыбку, она сопротивляется его усилиям.

Когда он проходил по мосту, никто из тех, кто был в гостиной, не обратил туда взора. Они сидели молча, в ожидании его прихода; мистер Талливер, уставший от долгой поездки верхом, расположился в кресле и размышлял о чем-то, удрученно глядя на Мэгги, склонившуюся над шитьем; миссис Талливер собирала на стол.

Они все с удивлением подняли глаза, услышав знакомую поступь.

— Что случилось, Том? — спросил отец. — Ты сегодня раньше, чем всегда.

— Мне больше нечего было делать, вот я и ушел. Ну, как дела, мать?

Том подошел к миссис Талливер и поцеловал ее — признак редкого у него хорошего настроения. За прошедшие три недели он не обменялся с Мэгги ни словом, ни взглядом, но, поскольку он и вообще был теперь дома неразговорчив, это не бросилось родителям в глаза.

— Отец, — сказал Том, когда чаепитие подошло к концу, — ты точно знаешь, сколько денег в жестяной коробке?

— Всего сто девяносто три фунта, — отозвался мистер Талливер. — Ты приносил меньше последнее время, но молодые люди любят сами распоряжаться своими деньгами. Правда, я не поступал как мне вздумается, до того как достиг совершеннолетия. — В его голосе звучало робкое недовольство.

— Ты уверен, что именно столько, отец? — спросил Том. — Я бы хотел, чтобы ты достал жестяную коробку, если тебе не трудно. Вдруг ты ошибся?

— Как я мог ошибиться? — резко возразил отец. — Я так часто их пересчитываю. Но я могу достать коробку, коли ты мне не веришь.

Доставать жестяную коробку и пересчитывать деньги было единственной утехой в безрадостной жизни мистера Талливера.

— Не уходи, мать, — сказал Том, увидев, что она собирается тоже выйти из комнаты, когда отец отправился в спальню.

— А Мэгги можно уйти? — спросила миссис Талливер. — Ведь кому-то надо вынести посуду.

— Как ей будет угодно, — равнодушно сказал Том.

Как горько было Мэгги это слышать! Сердце ее внезапно подпрыгнуло в груди — а вдруг Том собирается сказать отцу, что они могут расплатиться с долгами, и ему безразлично, будет ли она при этом! Но она вынесла поднос и тут же снова вернулась в комнату. В такую минуту все личные обиды должны отойти на задний план.

Когда жестяная коробка была поставлена на стол и открыта, Том придвинулся поближе к отцу, и падавший на них красный вечерний свет еще сильнее подчеркнул печаль и уныние во всем облике измученного темноглазого отца и скрытую радость на лице белокурого сына. Мать и Мэгги сидели у другого края стола: одна — в терпеливом неведении, другая — трепеща от ожидания.

Мистер Талливер пересчитал деньги, вынимая из коробки монету за монетой и раскладывая их столбиками на столе, и сказал, бросив на Тома быстрый взгляд:

— Ну вот видишь, я был прав.

Он замолчал и взглянул на деньги с безнадежным отчаянием:

— Здесь не хватает больше трех сотен фунтов... немало воды утечет, прежде чем я их скоплю. А мне еще так не повезло с зерном — потерял сорок два фунта. Да, этот мир мне не под силу. Четыре года прошло, пока я скопил эти деньги... Хорошо, если я не сойду в могилу раньше, чем пройдет еще четыре... Придется, видно, тебе выплачивать мои долги, — продолжал он дрожащим голосом, — коли ты не передумал теперь, когда стал совершеннолетним... Но похоже, ты раньше зароешь меня в землю.

Он жалобно взглянул на сына, точно моля, чтобы тот уверил его в обратном.

— Нет, отец, — сказал Том решительно и твердо, хотя в голосе его прорывалась дрожь, — ты своими глазами увидишь, как будут выплачены все долги. Ты заплатишь их своей собственной рукой.

В его словах звучало нечто большее, чем просто надежда или решимость. Мистера Талливера словно пронзил слабый электрический разряд: не отрывая глаз он со жгучим вопросом смотрел на Тома; Мэгги, не в силах сдержать волнение, бросилась к отцу и опустилась на колени рядом с креслом. Помолчав, Том продолжал:

— Несколько лет назад дядюшка Глегг одолжил мне немного денег, чтобы я мог купить товары для отправки за границу. Я хорошо на этом заработал: сейчас у меня в банке лежит триста двадцать фунтов.

Не успел он произнести эти слова, как руки матери обвились вокруг его шеи, и она проговорила сквозь слезы:

— О мой мальчик, я знала, что ты все поправишь, когда станешь взрослым.

Но отец молчал: прилив чувств лишил его речи. Тома и Мэгги охватил страх, как бы внезапная радость не оказалась роковой. К счастью, пришли спасительные слезы. Широкая грудь поднялась, лицо исказилось, и старик громко разрыдался. Постепенно рыдания стихли, он застыл в неподвижности, стараясь совладать с волнением. Наконец он взглянул на жену и нежно сказал:

— Подойди ко мне, Бесси, поцелуй меня. Сын загладил мою вину перед тобой. Может статься, ты снова будешь в довольстве.

Она поцеловала его, и с минуту он молча держал ее руку в своей, затем мысли его снова обратились к деньгам.

— Мне бы хотелось, чтобы ты принес деньги домой, — сказал он, перебирая лежащие на столе монеты. — Посмотреть бы мне на них своими глазами, тогда бы я знал, что они есть на самом деле.

— Ты увидишь их завтра, отец, — сказал Том. — Дядюшка Дин назначил в «Золотом льве» встречу всех кредиторов и заказал для них обед на два часа дня. И он и дядя Глегг оба там будут. В субботу мы поместили объявление об этом в «Вестнике».

— Значит, Уэйкем об этом знает! — воскликнул мистер Талливер, и глаза его зажглись торжеством. — Ага, — протянул он и, вынув табакерку — единственное удовольствие, которое он разрешал себе, — с вызовом постучал по крышке, почти так же, как в старые времена. — Ну уж из-под его каблука я теперь выйду, хоть мне и придется покинуть мельницу. Я думал — я все снесу, лишь бы умереть на старом месте... но невмоготу стало. У нас нет выпить чего-нибудь — а, Бесси?

— Есть, — сказала миссис Талливер, вынимая сильно поредевшую связку ключей. — У меня есть бренди, что принесла сестрица Дин, когда я прихворнула.

— Тогда налей мне стаканчик, мне что-то не по себе. Том, сынок, — начал он более твердым голосом, выпив немного бренди с водой, — ты должен сказать им речь. А я скажу им, что это ты достал, почитай, все деньги. Они увидят, что я наконец снова честный человек и что у меня честный сын. Да, Уэйкем был бы рад-радешенек иметь такого сына, как мой, — красивого, статного молодца вместо этого несчастного скрюченного калеки! Ты добьешься успеха в жизни, сынок; еще, поди, настанет день, когда ты на несколько кругов обойдешь Уэйкема и его сына. Может статься, тебя возьмут в компаньоны, как твоего дядюшку Дина, — ты стоишь на верной дороге к этому, — а тогда уж ты наверняка разбогатеешь... И помни, коли у тебя достанет денег, постарайся откупить нашу мельницу.

Мистер Талливер откинулся на спинку кресла: в уме его, где так долго не было места ничему, кроме горечи и мрачных предчувствий, под влиянием радости, словно по волшебству, вдруг зароились видения будущего благоденствия. Но что-то неуловимое мешало ему представить в этих картинах себя.

— Пожми мне руку, сынок, — вдруг произнес он, обращаясь к Тому. — Великое дело, когда можешь гордиться сыном. Мне выпало это счастье.

Никогда еще в жизни Том не испытывал такого блаженства, как в эту минуту. И Мэгги не могла не забыть свою обиду. Да, Том действительно хороший; и в сладостном смирении, которое охватывает нас в моменты истинного восхищения и благодарности, она говорила себе, что он искупил свою вину, а она свою еще не искупила. В тот вечер она даже не испытывала ревности, хотя в первый раз Том оттеснил ее на задний план в отцовском сердце.

Они долго беседовали, перед тем как лечь спать. Мистер Талливер, естественно, хотел во всех подробностях узнать о коммерческих подвигах Тома и слушал его со все возрастающим интересом и волнением. Ему любопытно было, что говорили в каждом отдельном случае, по возможности — даже что думали. Особенный восторг вызвал в нем Боб Джейкин и тот неизменный успех, который венчал ловкость этого примечательного бродячего торговца. Мистер Талливер вспоминал все, что ему было известно о детстве Боба, уже тогда подававшего большие надежды, с тем чувством удивления, которое характерно для всех воспоминаний о юных годах великих людей.

И хорошо, что стремление обо всем расспросить Тома на время приглушило бессознательное неистовое чувство торжества над Уэйкемом, не то радость мистера Талливера устремилась бы именно по этому руслу, и устремилась бы с опасной силой. Даже и теперь чувство это то и дело угрожало подавить все прочие, о чем говорили вырывавшиеся у него вдруг восклицания, никак не относившиеся к делу.

В ту ночь мистер Талливер долго не мог уснуть, а когда наконец он забылся, сон его был полон тревожных видений. В половине шестого утра, когда миссис Талливер уже вставала, он напугал ее, со сдавленным криком приподнявшись в постели; его невидящий взгляд был обращен на стену.

— Что с тобой, мистер Талливер? — спросила жена. Все еще не совсем очнувшись, он посмотрел на нее и наконец ответил:

— А... мне снилось... Я кричал?.. Мне снилось, что я до него добрался...

ГЛАВА VII
День расплаты

Мистер Талливер был, в общем, человек непьющий — хотя он умел и был не прочь выпить иной раз стаканчик, никогда он не преступал границ умеренности. Он от природы обладал пылким темпераментом и не нуждался в огненной влаге, чтобы воспламениться; в соответственных случаях ему вполне хватало душевного жара и без такого подкрепления. Поэтому его просьба дать ему стаканчик бренди свидетельствовала о том, что внезапная радость нанесла опасный удар организму, ослабленному четырьмя годами отчаяния и непривычно скудного стола. Но этот первый угрожающий момент миновал, и под влиянием все больше овладевавшего им возбуждения мистер Талливер, казалось, испытывал все возрастающий прилив сил. На следующий день, когда он сидел за одним столом со своими кредиторами и глаза его горели, а щеки пылали от сознания, что скоро он снова станет уважаемым человеком, он был больше похож на гордого, уверенного в себе, сердечного и вспыльчивого Талливера старых дней, чем этому могли бы поверить те, кто видел его неделю назад, когда он — как это вошло у него в привычку за последние четыре года, с тех пор как мысли о банкротстве и невыплаченных долгах камнем давили его душу, — ехал, опустив голову и нехотя бросая взгляд на тех, кто старался привлечь к себе его внимание. На обеде он произнес спич, где с прежним самоуверенным задором заявил о своих честных принципах, намекнул на мошенников и преследовавшие его неудачи, которые ему, однако, удалось преодолеть благодаря тяжелому труду и помощи примерного сына, и завершил все рассказом, как Том достал бóльшую часть нужных им денег. Но струя раздражения и злорадного торжества, казалось, растворилась на время в потоке отцовской гордости и удовольствия, когда после тоста, предложенного за здоровье Тома, и нескольких похвальных слов о его характере и поведении, сказанных к случаю дядюшкой Дином, Том встал и произнес первую в своей жизни речь. Трудно было бы сделать ее короче: он благодарит джентльменов за оказанную ему честь. Он рад, что мог помочь отцу доказать свою честность и вернуть себе доброе имя, и надеется, что он, Том, никогда не покусится на дело своих рук и не запятнает этого имени. Одобрение, вызванное его речью, было, однако, столь горячо, и Том, высокий и стройный, выглядел таким джентльменом, что мистер Талливер счел нужным объяснить своим соседям справа и слева, что он потратил уйму денег на образование сына.

Обед, прошедший без особых возлияний, окончился в пять часов. Том остался в Сент-Огге по делу, а мистер Талливер поехал верхом домой, чтобы описать достопамятное событие «бедняжке Бесси и дочке». То взволнованно-приподнятое состояние, в котором он находился, было вызвано не столько приветственными речами или каким-либо другим возбудителем, сколько крепким вином торжествующей радости. Сегодня он не поехал, как обычно, задворками, но, высоко подняв голову, свободно глядя по сторонам, направился к мосту по главной улице города. Почему судьба не послала ему навстречу Уэйкема? Какая досада, что ему так не повезло! — с раздражением думал мистер Талливер. Может статься, Уэйкем нарочно уехал из города, чтобы не видеть и не слышать ничего о его благородном поступке — ведь это вряд ли доставило бы ему удовольствие. Попадись Уэйкем ему сейчас навстречу, он посмотрел бы мошеннику прямо в глаза, это бы ему небось поубавило спеси. Он скоро узнает, что честный человек больше ему служить не намерен — не желает он, чтобы, пользуясь его честностью, другой набивал карманы, уже битком набитые нечестной наживой. Может статься, удача повернется теперь к нему, Талливеру, лицом; может статься, не все лучшие карты в руках у нечистого.

Все сильнее распаляясь от этих мыслей, мистер Талливер подъехал к воротам, ведущим на мельницу, и тут увидел, что из них на холеной вороной лошади выезжает хорошо знакомая ему фигура. Они встретились в пятидесяти шагах от ворот, между старыми каштанами и вязами и высоким берегом Рипла.

— Талливер, — отрывисто произнес Уэйкем, и голос его звучал еще надменнее, чем обычно, — что это за глупость вы учинили — вы что это посеяли в Фар-Клоусе? Я говорил вам, из этого ничего не выйдет; но вас, голубчиков, никогда не выучишь по правилам обрабатывать землю.

— О! — мгновенно вскипел Талливер. — Тогда ищите себе кого-нибудь другого, кого-нибудь, кто попросит вас поучить его.

— Вы, верно, пьяны, — сказал Уэйкем, действительно полагая, что именно по этой причине у Талливера пылает лицо и сверкают глаза.

— Нет, я не пьян, — ответил Талливер, — мне не нужно вина, я и так могу решить, что не буду больше работать под началом у негодяя.

— Прекрасно! В таком случае завтра же убирайтесь отсюда, а теперь придержите свой дерзкий язык и дайте мне проехать. (Остановившись поперек дороги, Талливер осаживал свою лошадь, чтобы загородить путь Уэйкему.)

— Нет, я не дам вам проехать, — сказал Талливер, распаляясь все больше. — Прежде я скажу вам, что́ я о вас думаю. Вы слишком большой мошенник, чтобы вас могли повесить... вы...

— Пропусти меня, невежественная скотина, или я на тебя наеду.

Мистер Талливер, пришпорив лошадь и подняв хлыст, кинулся вперед; лошадь Уэйкема, встав на дыбы и попятившись, сбросила седока, и он упал на правый бок. У Уэйкема хватило присутствия духа сразу ослабить поводья, а так как лошадь сделала, шатаясь, всего несколько шагов и тут же остановилась, он мог бы подняться и снова сесть в седло, отделавшись встряской и парой синяков. Но прежде чем он успел встать с земли, Талливер тоже спешился. При виде ненавистного ему человека, всегда бравшего над ним верх, а сейчас поверженного ниц и полностью оказавшегося в его власти, он словно обезумел от мстительного торжества, которое придало ему сверхъестественную быстроту и силу. Кинувшись на Уэйкема, пытавшегося встать на ноги, он схватил его за левую руку — на правую тот упал, придавив ее всей тяжестью тела, — и яростно стал стегать его хлыстом. Уэйкем закричал, призывая на помощь, но помощь не приходила. Наконец он услышал женский вопль и возглас: «Отец, отец!»

Внезапно Уэйкем почувствовал, что удары прекратились — что-то остановило руку мистера Талливера; пальцы, схватившие его запястье, стали разжиматься.

— Убирайся отсюда... Уходи! — сердито сказал мистер Талливер. Но обращался он не к Уэйкему.

Адвокат медленно поднялся с земли и, обернувшись, увидел, что руку мистера Талливера удерживает прильнувшая к нему молоденькая девушка или, вернее, страх, как бы не ударить ее ненароком.

— О Люк, мама... скорей сюда, помогите мистеру Уэйкему! — вскричала Мэгги, услышав долгожданные шаги.

— Подсади-ка меня на ту лошадь, она пониже, — сказал Уэйкем Люку, — может быть, я смогу на нее взобраться, хотя — проклятье! — кажется, я повредил себе руку. — Затем он повернулся к мельнику и сказал с холодной яростью: — Вы ответите за это, сэр, ваша дочь — свидетель, что вы на меня напали.

— А мне все равно, — сказал мистер Талливер хриплым от гнева голосом. — Отправляйтесь и показывайте всем свою спину, да скажите, что я отстегал вас. Пусть знают, что я хоть малость с вами сквитался.

— Поезжай со мной на моей лошади, — сказал Уэйкем Люку. — По Тофтон-Ферри... не через город.

— Отец, пойдем в дом, — умоляюще промолвила Мэгги. Затем, увидев, что Уэйкем уехал и что можно не опасаться повторения этой бешеной вспышки, она отпустила отца и разразилась истерическими рыданиями. Миссис Талливер безмолвно стояла рядом, дрожа от страха. Но тут Мэгги почувствовала, что отец, которого она теперь уже не держала, сам стал за нее цепляться и наваливаться на нее. От удивления она даже перестала плакать.

— Мне неможется... мне худо, — сказал он. — Бесси, помоги мне войти в дом... У меня все плывет перед глазами и так болит голова.

Медленно, неверной поступью, опираясь на жену и дочь, он вошел в дом и там еле добрался до кресла. Багровый румянец уступил место бледности, руки его были холодны.

— Не послать ли за доктором? — спросила миссис Талливер.

Он, казалось, был настолько слаб и так страдал, что вряд ли слышал ее, но, когда она велела Мэгги: «Пойди пошли кого-нибудь за доктором», он посмотрел на нее вполне сознательным взглядом и сказал:

— За доктором? Нет... не надо доктора. У меня просто болит голова. Помоги мне лечь в постель.

Печальный конец дня, начало которого возвестило им всем наступление лучших времен! Но тот, кто сеет добрые семена вместе с плевелами, не снимет хорошего урожая.

Через полчаса после того, как отец лег в постель, вернулся домой Том. С ним был Боб Джейкин, который тоже хотел поздравить «старого хозяина» — не без гордости, вполне простительной, что и он содействовал удаче мастера Тома; Том думал, что беседа с Бобом будет для отца самым приятным завершением этого дня. А теперь Тома ожидал вечер мрачных размышлений о тех неприятных последствиях, которые будет иметь эта безумная вспышка ненависти, так долго не находившей себе выхода. Он сидел молча, после того как ему сообщили печальные новости: он не нашел в себе ни сил, ни желания рассказывать матери и сестре об обеде... да им тоже было не до того. Видно, разные нити в ткани их жизни были так удивительно сплетены между собой, что за радостью по пятам неизбежно шло горе. Тома угнетала мысль, что все его добропорядочные усилия вечно сводятся на нет предосудительными действиями других; Мэгги снова и снова переживала боль той минуты, когда она кинулась к отцу и повисла у него на руке; она содрогалась от смутного предчувствия, что впереди еще не одна такая ужасная сцена. Никто из домашних не испытывал особой тревоги о здоровье мистера Талливера: симптомы не походили на прежний опасный приступ, и им представлялось вполне естественным, что после яростной вспышки и физического напряжения, последовавших за часами непривычного нервного подъема, он может почувствовать недомогание. Отдых восстановит его силы.

Том, усталый после хлопотливого дня, вскоре крепко уснул; ему казалось, что он только что лег, когда, проснувшись, он увидел в сумеречном свете раннего утра мать, стоявшую у его постели.

— Сынок, вставай скорее; я послала за доктором, и отец хочет, чтобы вы с Мэгги пришли к нему.

— Ему хуже, мама?

— У него всю ночь болела голова, но он не жаловался, что ему стало хуже. Он только вдруг сказал: «Бесси, позови детей. Скажи им, чтоб они поторопились».

Едва начинало светать. В своих холодных спальнях Мэгги и Том поспешно накинули платье и почти одновременно подошли к комнате отца. Отец ждал их: лицо его искажала гримаса боли, но в тревожном взгляде светилось сознание. Миссис Талливер, испуганная, дрожащая, стояла в ногах кровати, лицо ее казалось измученным и постаревшим — ведь она почти не спала в эту ночь. Мэгги первая подбежала к постели, но отец обратил глаза к Тому, который подошел и стал с ней рядом.

— Том, сынок, думается мне, я больше не встану... Этот мир был мне не по силам, но ты сделал что мог, чтобы со всеми сквитаться. Пожми мне еще раз руку, сынок, пока я не ушел от вас.

Отец и сын соединили руки и мгновение глядели друг на друга. Затем Том сказал, стараясь, чтобы голос его звучал твердо:

— Нет ли у тебя какого-нибудь желания, отец, которое я мог бы выполнить, когда...

— Да, сынок... Постарайся откупить нашу мельницу.

— Хорошо, отец.

— И твоя мать... Постарайся загладить перед ней мою вину... И вот еще дочка...

Отец обратил взор на Мэгги, и в его взгляде еще сильнее проступила тревога, а она опустилась на колени, чтобы быть ближе к дорогому, изборожденному морщинами лицу того, кто в течение долгих лет был для нее предметом глубочайшей любви и источником тягчайших испытаний.

— Ты должен позаботиться о ней, Том... Не тревожься, моя дочушка... Придет кто-нибудь, кто будет любить тебя и не даст тебя в обиду... И ты должен быть хорош с ней, сынок. Я был хорош со своей сестрой. Поцелуй меня, Мэгги... Полно, Бесси... Ты уж постарайся, наскреби на кирпичную могилу, Том, чтобы мы с матерью могли лежать рядом.

Сказав это, он отвел от них взгляд и несколько минут лежал молча, а они стояли, глядя на него, не осмеливаясь шевельнуться. Уже наступило утро, и они видели, что лицо его становится все более тяжелым, взор все более тусклым. Наконец он посмотрел на Тома и сказал:

— Я своего дождался — отстегал его. Это было только справедливо. Я всегда хотел справедливости.

— Но, отец, милый отец! — воскликнула Мэгги в невыразимом волнении, пересилившем даже ее горе. — Ты ведь прощаешь его... ты всех теперь прощаешь?

Он не перевел на нее взгляда, но ответил:

— Нет, доченька. Я не прощаю его... При чем тут прощение? Я не могу любить негодяя...

Голос его стал глуше; но он хотел еще что-то добавить и вновь и вновь шевелил губами, силясь заговорить. Наконец слова с трудом проложили себе путь:

— Разве Всевышний прощает мошенников?.. Но коли и так, Он все равно будет милостив ко мне.

Руки его беспокойно задвигались, точно он хотел сбросить давящий его груз. Два или три раза с губ его сорвались отрывочные слова:

— Этот свет... не под силу... честный человек... мудреный...

Скоро слова превратились в невнятное бормотание; глаза померкли; затем воцарилось безмолвие.

Но не смерть. Час или даже больше грудь его вздымалась, слышалось громкое хриплое дыхание; но постепенно оно становилось медленнее, а лоб его покрылся холодным потом.

Наконец наступила полная неподвижность, и бродившую в потемках душу бедного Талливера навеки перестала тревожить мучительная загадка жизни.

Сразу прибежали, чтобы помочь, Люк с женой; приехал доктор Тэрнбул, но, увы, слишком поздно — их всех опередила смерть.

Том и Мэгги вместе сошли в комнату, где стояло опустевшее кресло отца. Глаза их обратились в ту сторону, и Мэгги сказала:

— Том, прости меня... не будем никогда ссориться.

И они прильнули друг к другу, и слезы их смешались.

Книга шестая

ВЕЛИКОЕ ИСКУШЕНИЕ

ГЛАВА I

Дуэт в раю

Прекрасно обставленная гостиная, где стоит открытый рояль и за окнами виднеется сад, отлого спускающийся к лодочной пристани на берегу Флосса, принадлежит мистеру Дину. Грациозная маленькая леди в трауре, склонившая светло-каштановые локоны над вышиванием, которым заняты ее прилежные пальчики, — это, конечно, мисс Люси Дин, а блестящий молодой человек, нагнувшийся, чтобы щелкнуть ножницами под самым носом у миниатюрного кинг-чарльза[1], примостившегося на туфельке этой юной леди, — не кто иной, как мистер Стивен Гест. Его бриллиантовый перстень, и аромат розового масла, и беспечно праздный вид в двенадцать часов дня являют собой изящное и благоуханное доказательство процветания маслобойной фабрики и самой крупной судовой верфи Сент-Огга.

На первый взгляд проделка с ножницами кажется весьма невинной, но вы, со свойственной вам проницательностью, тотчас же догадаетесь, что здесь таится некий замысел, делающий честь этому высоколобому и длинноногому молодому человеку: как видите, Люси понадобились ножницы, и она нехотя откинула назад локоны, подняла мягкие карие глаза и, подарив кокетливой улыбкой того, чье лицо находится почти на уровне ее колен, сказала, протягивая розовую, как раковина, ладонь:

---

[1] *Кинг-чарльз* — порода комнатной собачки.

— Верните мне, пожалуйста, ножницы и, если вы способны пожертвовать своим удовольствием, перестаньте дразнить мою бедную Минни.

Но освободить пальцы от злополучных ножниц не так-то просто, и Геркулес с беспомощным видом протягивает свою попавшую в ловушку руку:

— Проклятые ножницы! Избавьте меня от них. У них какие-то нелепые кольца.

— У вас ведь есть вторая рука, — лукаво говорит Люси.

— Да, но я не левша.

Люси смеется, и ножницы мигом оказываются у нее в руках; но это сопровождается таким нежным прикосновением ее пальчиков, что мистер Стивен Гест, как и следовало ожидать, склонен повторить свою проделку da capo[1]. И он не спускает глаз с ножниц, чтобы, улучив минуту, снова завладеть ими.

— Нет, нет, — сказала Люси, засовывая их за пяльцы, — они больше не попадут к вам в руки, вы и так искривили их. И не надо дразнить Минни, не то она опять заворчит. Сядьте прямо и постарайтесь вести себя благоразумно — тогда я расскажу вам одну новость.

— Какую? — спросил Стивен, откинувшись в кресле и свесив через спинку правую руку.

Вздумай художник запечатлеть его в этой позе, получился бы превосходный портрет двадцатипятилетнего молодого человека весьма незаурядной наружности, с высоким лбом, волнистыми, словно густая рожь, короткими темно-каштановыми волосами, прямыми, четко очерченными бровями и взглядом, вместе и пылким и насмешливым. — Что-нибудь очень важное?

— Да, очень. Угадайте.

— Вы придумали новое блюдо для Минни, и она теперь будет ежедневно получать три миндальных печенья с десертной ложкой сливок.

— Вот и не угадали.

---

[1] Сначала *(ит.)*.

— Тогда, быть может, пастор Кен призывал в своей проповеди не слишком увлекаться пышными юбками и рукавами, и вы, дамы, обратились к нему с петицией, где сказано, что это требование церкви слишком сурово и не под силу ни одному верующему?

— Фи, и вам не стыдно? — проговорила Люси, строго поджимая губки. — Какой же вы недогадливый! А мне казалось, вы поймете меня с полуслова; ведь я совсем недавно упоминала об этом в разговоре.

— О чем только вы не упоминали совсем недавно! Неужели, довольствуясь лишь этим обстоятельством, я должен тотчас же узнавать, о чем идет речь? Вот оно — женское тиранство!

— Я знаю, вы считаете меня глупенькой.

— Я считаю вас очаровательной.

— И мое очарование состоит главным образом в моей глупости?

— Этого я не говорил.

— Но ведь мне хорошо известно, что вы предпочитаете недалеких женщин. Вас выдал Филип Уэйкем: както в ваше отсутствие он сказал мне об этом.

— О, я знаю, Филип в этом вопросе непримирим: можно подумать, что речь идет о чем-то касающемся его лично. Должно быть, он томится по какой-нибудь незнакомке, по некой возвышенной Беатриче, повстречавшейся ему за границей.

— Кстати, — сказала Люси, отрываясь от вышивания, — мне только что пришло в голову, что я так и не выяснила, как отнесется моя кузина Мэгги к присутствию Филипа. Ее брат не желает с ним встречаться; Том не переступит порога, если ему заранее будет известно, что у нас Филип. Возможно, и Мэгги не захочет его видеть. Тогда, увы, мы не сможем больше петь наши трио.

— Что! К вам приезжает ваша кузина? — воскликнул Стивен, и на лице его промелькнула тень неудовольствия.

— Да, это и есть та самая новость, которую вы не смогли угадать. Мэгги хочет отказаться от места, где она, бедняжка, пробыла почти два года — с тех пор, как умер ее отец, — и погостить у меня месяц-два... а может быть, и больше.

— И я должен выразить радость по этому поводу?

— О, вовсе нет, — сказала Люси, задетая за живое, — для меня это большая радость, но вы совсем не обязаны разделять ее. Я люблю Мэгги больше всех моих подруг!

— Надо полагать, после приезда вашей кузины вы будете с ней неразлучны. И мы ни на минуту не сможем оставаться с вами наедине, разве что вы подыщете ей поклонника, который хоть изредка пожелает составить ей компанию. Да — а чем прогневил ее Филип? Он был бы в этом случае незаменим.

— Всему виной ссора между ее отцом и отцом Филипа. Кажется, с этим связаны очень грустные обстоятельства. Но я так до конца и не знаю, что произошло. Моему дядюшке Талливеру не повезло, и он разорился. Как видно, он считал, что мистер Уэйкем причастен к этому. Мистер Уэйкем купил Дорлкоутскую мельницу, а мельница эта досталась дяде по наследству, и он прожил там всю свою жизнь. Вы помните дядю Талливера, не правда ли?

— Нет, — ответил Стивен с высокомерной небрежностью. — Имя мне, правда, известно, и, возможно, я знал этого человека по виду, но в моем сознании одно с другим не связывается. Таким же образом мне знакома добрая половина людей в нашей округе.

— Дядя был очень вспыльчив. Помню, когда в детстве я бывала у них в гостях, он часто пугал меня — так сердито он разговаривал. Я слышала от отца, что как раз накануне смерти дяди Талливера у него произошла страшная ссора с мистером Уэйкемом, но толки о ней удалось замять. Вы в это время были в Лондоне. Отец убежден, что дядя во многом был не прав: неудачи озлобили его. Нет ничего удивительного, что для Тома и Мэгги тягостно всякое напоминание об этих событиях. На их долю выпало столько горя. Мэгги — это было шесть лет тому назад — училась вместе со мной в пансионе, и как только с дядей приключились все эти несчастья, ее увезли оттуда; мне кажется, с тех пор у нее не было ни одного светлого дня. Как ей, должно быть, тоскливо в этой школе, куда она поступила учительницей сразу же после смерти дяди, потому что твердо решила быть независимой и не захотела жить у тетушки Пуллет. В ту пору я и думать не могла о том, чтобы пригласить ее к себе, — это совпало с болезнью моей бедной мамы, с таким тяжелым для нас временем. Вот отчего я так хочу, чтобы теперь она приехала ко мне на долгий, долгий отдых.

— Вы ангельски добры, — сказал Стивен, глядя на нее с восхищенной улыбкой, — особенно если принять во внимание, что ваша кузина, вероятно, унаследовала от своей матушки дар красноречия.

— Бедняжка-тетя! Как жестоко с вашей стороны высмеивать ее! Не знаю, что бы я без нее делала. Она прекрасно ведет дом — гораздо лучше, чем чужой человек, — и она была мне такой поддержкой во время болезни мамы!

— Охотно верю. Но она отнюдь не украшение общества. Куда приятнее, когда она присутствует незримо, воплотившись в свои кремовые торты и шерри-бренди. Я с дрожью думаю о том, что ее дочь, не обладая столь чудесной способностью, будет всегда присутствовать здесь во плоти — эдакая толстая блондинка с круглыми голубыми глазами, которые она станет молча таращить на нас.

— О да! — торжествующе воскликнула Люси, хлопая в ладоши. — Это точный портрет кузины Мэгги! Вы, наверное, видели ее когда-нибудь?

— Нет. Я только стараюсь представить себе, какой должна быть дочь миссис Талливер; а если она при этом еще вздумает изгнать отсюда Филипа и лишит нас единственного, можно сказать, тенора, мы погрузимся в полное уныние.

— Надеюсь, этого не случится. И все же мне бы хотелось, чтобы вы заехали к Филипу и предупредили его, что завтра приезжает Мэгги. Филип знает, как к нему относится Том, и старается не попадаться ему на глаза. Если вы скажете, что я просила его не приезжать к нам, пока я ему не напишу, он все поймет.

— Мне думается, лучше будет, если вы напишете ему милую записочку, а я ее передам. Фил так обидчив, отпугнуть его очень легко, а вы сами знаете, какого труда нам стоило приручить его к вашему дому. Все мои попытки заманить его в Парк-Хауз кончались неудачей, — видимо, он недолюбливает моих сестер. И только вы одна своим волшебным прикосновением умеете пригладить его взъерошенные перышки.

Стивен завладел маленькой ручкой, нерешительно тянувшейся к столу, и слегка коснулся ее губами. Крошка Люси испытала прилив гордости и счастья. Она и Стивен находились в той стадии влюбленности, которая составляет самую чудесную пору юности — пору первого пробуждения чувств, когда каждый уверен в любви другого, но решающего объяснения еще не произошло, и предугадывание взаимных признаний придает значительность любому банальному слову, случайному жесту, рождая трепет тонкий и восхитительный, как еле уловимый запах жасмина. Определенность, которую вносит помолвка, притупляет остроту восприятия: срезанный жасмин собран в пышный букет.

— Но право же, можно только удивляться, как верно вы описали внешность и манеры Мэгги, — сказала коварная Люси, вставая и направляясь к письменному столу, — ведь могла бы она, например, походить на своего брата, а у Тома вовсе не круглые глаза, и он меньше всего склонен таращить их на вас.

— Я думаю, он пошел в отца и, кажется, горд, как Люцифер. Но вот блестящим собеседником я бы его не назвал.

— Мне Том нравится. Когда я потеряла Лоло, он подарил мне Минни; и папа очень к нему благоволит. Он говорит, что Том — человек высоких принципов. Если бы не он, дядя умер бы, так и не расплатившись с долгами.

— Да, да, я слыхал об этом, и не дальше как на днях. Наши почтенные отцы, как всегда затеяв после обеда бесконечную беседу о делах, говорили и о молодом Талливере. Они собираются что-то сделать для него, он спас их от потери весьма значительной суммы, примчавшись каким-то чудесным образом, подобно Турпину[1], и вовремя оповестив, что банк прекращает платежи или что-то в этом роде. Признаюсь, меня в этот момент клонило ко сну.

Стивен поднялся с кресла, перешел к роялю и стал перелистывать стоявшие на пюпитре ноты «Сотворения мира»[2], напевая фальцетом «Супружеское согласие»[3].

— Идите сюда и споем это, — предложил он, увидев, что Люси встает с места.

— Как — «Супружеское согласие»? Но, мне кажется, это не соответствует вашему голосу.

— Что за беда! Это вполне соответствует моим чувствам, а Филип находит, что в пении это главное. Я заметил, что те, у кого голос оставляет желать много лучшего, склонны придерживаться именно такого мнения.

— На днях Филип метал громы по поводу «Сотворения мира», — сказала Люси, усаживаясь за рояль. — Он говорит, что оно проникнуто таким сладеньким благодушием и льстивым притворством, словно написано по случаю дня рождения эрцгерцога.

— Чепуха! Филип ожесточен, как Адам, изгнанный из рая. Ну а мы — Адам и Ева, пребывающие в райском блаженстве. Итак, порядка ради начнем с речитатива; вы будете петь партию сопрано «В покорности я счастье, я гордость обрела».

— Нет, я не в силах уважать Адама, который так тянет каждую ноту, — промолвила Люси, принимаясь играть.

---

[1] *Турпин* (ум. ок. 800) — архиепископ Реймсский, прославившийся как отличный наездник.

[2] *«Сотворение мира»* — оратория Гайдна (1732–1809) на сюжет поэмы Мильтона «Потерянный рай».

[3] *«Супружеское согласие»* — дуэт из оратории «Сотворение мира».

Бесспорно, пение вдвоем — это единственная возможность для влюбленных, отрешившись от страхов и сомнений, свободно проявлять свои чувства. Ощущение полной гармонии, возникающее, когда две низкие ноты, оправдывая ожидание, заполняют паузу между двумя серебристыми трелями сопрано, когда сливаются в стройном созвучии сменяющие друг друга терции и квинты, когда слышится всегда предопределенная любовная погоня фуги, — ощущение это может вытеснить на время всякую потребность в иных, более прозаических формах общения. Контральто никогда не придет в голову затеять скучную беседу с басом; тенор может не опасаться, что вечером, оставшись наедине с прелестным сопрано, он будет смущен отсутствием тем. К тому же в провинции, где музыка в те далекие времена была редкостью, любители ее не могли не испытывать взаимного влечения друг к другу. В подобных случаях даже незыблемость политических принципов ставилась под угрозу, и старозаветная скрипка, вероятно, не раз испытывала искушение вступить в изменнический союз с новомодной виолончелью. И когда сопрано с горлышком жаворонка и густой бас пели:

С тобой восторг мне вечно нов,
С тобою жизнь сулит блаженство, —

они искренне верили в то, что поют, ибо пели о себе.

— Ну а теперь арию Рафаила, — произнесла Люси, когда они окончили дуэт. — Вы виртуозно исполняете «Допотопные твари».

— Как это лестно слышать! — сказал Стивен и взглянул на часы. — Ого, уже без малого половина второго. Впрочем, у меня хватит времени, чтобы спеть это.

Он с восхитительной легкостью взял несколько низких нот, изображающих тяжелую поступь животных; но когда певца слушают хотя бы двое, их мнения могут разойтись. Хозяйка Минни была в полном восторге, но самой Минни, которая при первых же звуках музыки, дрожа, забилась в свою корзиночку, эти громоподобные раскаты пришлись настолько не по вкусу, что она выскочила из своей крепости и позорно бежала в самый дальний угол, под шифоньерку, полагая, что именно там надлежит маленькой собачонке дожидаться Страшного суда.

— Adieu, «Супружеское согласие»! — окончив пение и застегиваясь на все пуговицы, проговорил Стивен. С высоты своего роста он несколько снисходительно улыбался сидящей у рояля маленькой леди. — Увы, мое блаженство не бесконечно, я должен во весь опор мчаться домой. Я обещал возвратиться к завтраку.

— Значит, вам не удастся побывать у Филипа? Хотя это не так уж существенно, в записке все сказано.

— Завтра вы посвятите, конечно, весь день вашей кузине?

— Да, у нас небольшое семейное торжество. Кузен Том приглашен к нам на обед, и бедняжка-тетя впервые за долгое время увидит рядом с собой обоих своих детей. Это будет премило! Я только об этом и думаю.

— Но могу я появиться у вас послезавтра?

— О, непременно приезжайте! Я представлю вас моей кузине, хотя мне, право же, трудно поверить, что вы с ней незнакомы, — так прекрасно вы ее описали.

— Ну что ж, прощайте.

В подобных случаях за этим обычно следует легкое рукопожатие, глаза на мгновение встречаются, и лицо юной леди расцветает румянцем и улыбкой, которые исчезают далеко не сразу после того, как захлопывается дверь; и она почему-то предпочитает ходить взад и вперед по комнате, вместо того чтобы спокойно сидеть и вышивать или еще каким-нибудь разумным образом совершенствовать свои таланты. С Люси, по крайней мере, все происходило именно так, и я надеюсь, вы не истолкуете превратно взгляд, брошенный ею мимоходом в висящее над камином зеркало, — ведь это вовсе не означает, что тщеславие одержало в ней верх над более благородными чувствами. Желание женщины убедиться, что она не была похожа на чучело все то время, пока длился визит, не выходит за рамки весьма похвальной предупредительности, проистекающей из благожелательного отношения к ближним. А в натуре Люси было так много этой благожелательности, что я склонен усматривать ее даже в мелких проявлениях эгоизма, подобно тому как привкус голого эгоизма явственно чувствуется в мелких проявлениях благожелательности многих хорошо известных вам лиц. Вот и теперь, когда Люси, простодушно торжествуя, ходит по комнате и ее юное сердце взволнованно бьется от сознания, что она любима тем, кто занимает столь высокое положение в ее маленьком мире, карие глаза ее лучатся неизменной добротой, в которой бесследно тонут невинные вспышки тщеславия. Думы о возлюбленном еще потому наполняют ее счастьем, что они легко уживаются с милыми привязанностями и добрыми делами, которыми заполнен ее мирный досуг. Даже теперь мысль Люси со свойственной нашим мыслям способностью мгновенно перебегать от одного к другому — благодаря чему два потока чувства или воображения часто сливаются воедино, — отвлекаясь то и дело от Стивена, устремляется к неоконченным приготовлениям в комнате Мэгги. Кузину Мэгги будут принимать в их доме как знатную гостью и даже более — ведь стены ее комнаты украсят любимые гравюры и рисунки Люси, а на столе ее будет ожидать прелестный букет весенних цветов. И бедной тетушке Талливер, о которой всегда забывают, тоже готовится сюрприз — чепец самого отменного качества, а потом за нее поднимут сердечный тост; Люси нынче же вечером вовлечет отца в свой маленький заговор. Естественно, что у нее нет времени подолгу предаваться мечтам о собственной счастливой любви. С этой мыслью она направилась к двери, но остановилась на пороге.

— Чем ты недовольна, Минни? — спросила она, наклоняясь к жалобно скулящему крохотному четвероногому и прижимая шелковистую мордочку к своей розовой щеке. — Неужели ты думаешь, я ушла бы, бросив тебя на произвол судьбы? Ну, пойдем поглядим на Синдбада.

Гнедой Синдбад был собственностью Люси, и, когда он находился в загоне, она кормила его из своих рук. Ей нравилось кормить своих подопечных: она знала особые пристрастия и вкусы всех обитавших в доме животных и не уставала восторгаться тихими журчащими звуками, которые издают канарейки, деловито поклевывая свежее зерно, и скромными гастрономическими радостями неких животных, которых, чтобы Люси не прослыла у нас слишком уж большой простушкой, я назову здесь «знакомые всем грызуны».

Разве не прав был Стивен Гест в своем убеждении, что мужчина, женившись на этой изящной восемнадцатилетней барышне, вряд ли раскается в совершенном им шаге? Ибо много ли на свете женщин, способных нежно и заботливо относиться к другим женщинам, проникать любящим взором в их тайные горести и обиды, с наслаждением обдумывать маленькие удовольствия, которые можно им доставить, вместо того чтобы, награждая их поцелуем Иуды, исподволь отыскивать в них желанные недостатки. Вероятно, Стивен, восхищаясь Люси, не придавал особого значения этим весьма редким ее свойствам; вероятно, он именно потому был доволен своим выбором, что Люси не потрясла его воображения необычностью своей натуры. Мужчине приятно, если у него хорошенькая жена, — что ж, Люси была хороша, но не настолько, чтобы сводить с ума. Мужчине приятно, если его жена наделена всяческими совершенствами, мила, нежна и неглупа, — а у Люси имелись все эти достоинства. Для Стивена не было ничего неожиданного в том, что он влюбился в Люси. И он был доволен собой, понимая, как превосходно он рассудил, отдав предпочтение Люси, дочери младшего компаньона своего отца, а не мисс Лейберн, дочери члена совета графства; к тому же он не посчитался с легким разочарованием и неудовольствием отца и сестер и настоял на своем, а это всегда приятно возвышает молодого джентльмена в собственном мнении. Стивен гордился, что у него достало независимости и здравого смысла, откинув все побочные соображения, выбрать себе жену, способную составить его счастье. Да, он женится на Люси: она прелестное создание и принадлежит к тому типу женщин, которыми он всегда восхищался.

ГЛАВА II

Первые впечатления

— Если бы ты знала, Мэгги, как он умен! — сказала Люси, усадив смуглую леди в кресло, обитое красным бархатом, и опустившись на скамеечку у ее ног. — Он должен тебе понравиться — я так надеюсь на это!

— О, мне нелегко угодить! — с улыбкой сказала Мэгги, играя длинным локоном Люси, по которому скользил луч солнца. — Джентльмен, считающий себя достойным Люси, должен быть готов подвергнуться строгому разбору.

— Право, он даже слишком хорош для меня, и когда его нет, мне почти не верится, что он меня любит. Зато когда он со мной, все мои сомнения рассеиваются. Но я была бы в отчаянии, если бы кто-нибудь, кроме тебя, знал о моих чувствах.

— Значит, вы не помолвлены? И если я не одобрю твой выбор, у тебя еще есть возможность передумать, — произнесла Мэгги с шутливой серьезностью.

— Ты знаешь, я рада, что мы не помолвлены, — вслед за помолвкой люди поневоле начинают спешить со свадьбой, а мне хочется, чтобы еще долго все было как сейчас, — сказала Люси, настолько поглощенная собой, что пропустила мимо ушей шутку Мэгги. — Иногда я просто боюсь услышать от Стивена, что он уже говорил с папой: у папы на днях в разговоре проскользнуло, что он и мистер Гест ждут этого. Сестры Стивена теперь тоже очень милы со мной, хотя вначале мне казалось, что они не совсем одобряют его выбор. И это вполне естественно: даже представить себе трудно, что такое маленькое, неприметное существо, как я, будет обитать в величественном Парк-Хаузе.

— Но ведь люди не улитки; кому же придет в голову требовать, чтобы они были ростом с дом? А разве сестры мистера Геста великанши?

— О нет! К тому же они совсем некрасивы... Я хотела сказать — не особенно красивы, — поправилась Люси, уже раскаиваясь в своем невеликодушном замечании, — а он... О, он очень красив, — по крайней мере, так считают все.

— А ты? Ты, конечно, не считаешь его красивым?

— Не знаю, — сказала Люси, краснея до корней волос. — Мне не следует его расхваливать, не то ты будешь разочарована; а вот ему я готовлю прелестный сюрприз и посмеюсь над ним вволю. Впрочем, не буду тебя в это посвящать.

Поднявшись с колен и склонив набок свою хорошенькую головку, Люси отступила на несколько шагов, словно собираясь писать портрет с Мэгги и оценивая, достаточно ли изящна ее поза.

— Встань на минутку, Мэгги!

— Что ты там затеяла? — с невольной улыбкой спросила Мэгги, поднимаясь с кресла и поглядывая на свою хрупкую, воздушную кузину, фигурка которой совершенно терялась в безупречно спадавших складках шелка и крепа. Люси еще несколько мгновений молча предавалась созерцанию, потом сказала:

— Не могу понять, какое колдовство в тебе, Мэгги! Почему тебе так к лицу этот неприглядный наряд, который, кстати сказать, давно уже пора заменить новым. Хотя, знаешь, нынче ночью я напрасно пыталась представить тебя в красивом модном платье, все равно ты виделась мне в твоем стареньком мериносовом: оно словно создано для тебя. Наверное, и Мария-Антуанетта выглядела более величественно, чем когда бы то ни было, в платье с заштопанными локтями. Ну а если бы мне вздумалось так нарядиться, я стала бы совсем незаметной — как какой-нибудь лоскуток.

— О, конечно, — сказала Мэгги с иронической серьезностью, — и тебя вместе с пылью и паутиной вымели бы из комнаты, и, подобно Золушке, ты очутилась бы в золе у камина. Дозволено ли мне будет сесть?

— Пожалуйста, — смеясь, сказала Люси. Затем, словно занятая важными мыслями, она стала откалывать от платья крупную агатовую брошь. — Как хочешь, Мэгги, а брошками мы должны поменяться. Твоя маленькая бабочка выглядит на тебе ужасно глупо.

— А мой неприглядный наряд? Не нарушит ли твоя брошь его очарования? — сказала Мэгги и покорно опустилась в кресло, между тем как Люси, снова пристроившись на скамеечке, отстегнула пресловутую бабочку. — Как жаль, что мама не разделяет твоего мнения; вчера вечером она никак не могла примириться с тем, что это мое парадное платье. Мне, правда, удалось скопить немного денег, но они предназначены для оплаты уроков. При таком образовании, как у меня, никогда не найдешь хорошего места.

Мэгги тихонько вздохнула.

— Пожалуйста, Мэгги, не делай такого скорбного лица, — сказала Люси, прикалывая брошь и любуясь точеной шеей Мэгги. — Ты забыла, что тебе не надо больше возвращаться в твою противную школу и без конца чинить детские платья.

— Ты права, — сказала Мэгги. — Я совсем как томящийся в неволе белый медведь, которого мне раз довелось видеть в зверинце. Помню, я тогда подумала, что он, бедняжка, так отупел, двигаясь взад и вперед по тесной клетке, что, выпусти его на свободу, он все равно станет топтаться на месте. Так и мы — постепенно свыкаемся со своим несчастьем, и оно переходит в привычку.

— О, я собираюсь обрушить на тебя столько развлечений, что ты мигом избавишься от этой своей дурной привычки, — сказала Люси, рассеянно прикалывая к воротнику черную бабочку, в то время как ее полный нежности взгляд встретился со взглядом Мэгги.

— Милая ты моя крошка! — воскликнула Мэгги в порыве любви и восхищения. — Как бы я хотела быть такой, как ты! Тебя так радует чужое счастье, что, наверное, ты прекрасно могла бы обойтись без своего.

— Не знаю; пока мне не пришлось испытать этого, — сказала Люси. — Я всегда была очень счастлива. Не представляю себе, как бы я выдержала, свались на меня настоящее горе, — кроме смерти мамы, мою жизнь ничто еще не омрачало. Зато на твою долю выпали тяжелые испытания; и все же я уверена, что ты, так же как я, сочувствуешь людям.

— Нет, Люси, — возразила Мэгги, медленно качая головой. — Я была бы гораздо счастливее, если бы умела, как ты, радоваться чужому счастью. Конечно, я сочувствую людям, когда они в беде, и для меня было бы невыносимо сделать кого-нибудь несчастным, но порой меня раздражает вид счастливых людей, и я ненавижу себя за это. Мне кажется, с годами я становлюсь все хуже, все эгоистичнее. Это ужасно!

— Я не верю ни одному твоему слову, Мэгги! — укоризненно сказала Люси. — Все это только твоя мрачная фантазия. Скучная, безрадостная жизнь нагнала на тебя уныние.

— Возможно, — сказала Мэгги, откидываясь в кресле; сделав над собой усилие, она улыбнулась лучезарной улыбкой, сразу же прогнавшей хмурые тучи с ее лица. — Скорее всего, в этом повинна школьная диета — водянистый рисовый пудинг, приправленный Пинноком[1]. Будем надеяться, что мое уныние не устоит перед мамиными кремами и этим прелестным Джеффри Крейоном[2].

С этими словами Мэгги взяла со стола книгу.

— Как ты думаешь, могу я показаться кому-нибудь с этой брошкой? — спросила Люси, подходя к висящему над камином зеркалу, чтобы проверить, какое она производит впечатление.

---

[1] *Пиннок* Уильям — английский издатель и автор популярных школьных учебников в форме вопросов и ответов.

[2] *Джеффри Крейон* — псевдоним американского писателя В. Ирвинга, под которым он опубликовал в 1820 г. свои «Очерки».

— Ни за что на свете: если мистер Гест увидит на тебе эту брошку, он, несомненно, покинет ваш дом. Ступай скорее, приколи другую.

Люси быстро выпорхнула из комнаты, но Мэгги не воспользовалась ее уходом и не стала рассматривать альбом; она опустила его на колени, а тем временем глаза ее обратились к окну, за которым виднелись залитые солнцем пышные клумбы весенних цветов и стройный ряд лавров — а там, вдали, серебристая ширь милого старого Флосса, словно погруженного в сладкую утреннюю дрему. В окно лились свежие и нежные запахи сада; птицы неустанно взлетали и снова садились, щебетали и пели. И все же глаза Мэгги наполнились слезами. При виде хорошо знакомых картин на нее в первый же вечер нахлынули горестные воспоминания, и хотя вновь обретенный покой матери и дружеское расположение Тома наполняли ее радостью, она все же чувствовала себя не участницей счастливых событий, а сторонней наблюдательницей — так радует нас дошедшая издалека добрая весть о друзьях. Память и воображение красноречиво твердили ей о нужде, не давая вкусить от тех благ, что предлагало мимолетное настоящее; будущее представлялось ей еще более мрачным, чем прошлое, ибо после долгих лет добровольного самоотречения в ней снова пробудились былые желания и мечты, все труднее стало переносить безрадостные дни, заполненные ненавистным трудом, все настойчивее осаждали ее образы той яркой, полной разнообразия жизни, к которой она так тянулась и которая казалась ей до отчаяния несбыточной. Скрип открывающейся двери заставил ее очнуться, и, быстро смахнув слезу, она принялась перелистывать альбом.

— Знаешь, Мэгги, есть одно удовольствие, перед которым не устоит даже твое уныние, — проговорила Люси, едва переступив порог комнаты, — это музыка, и я угощу тебя ею на славу. Мне так хочется, чтобы ты снова начала играть! Ведь ты, когда мы учились в Лейсхеме, была гораздо способнее меня.

— Ты бы от души посмеялась, — сказала Мэгги, — если бы видела, как я снова и снова наигрываю маленьким ученицам их нехитрые гаммы, просто чтобы лишний раз пробежаться пальцами по милым клавишам. Но право, я не отважилась бы теперь сыграть что-нибудь более сложное, чем «Прощайте, скучные заботы».

— Я помню, в какой неистовый восторг ты приходила, когда слушала рождественские гимны, — сказала Люси, принимаясь за вышивание, — и ты могла бы снова услышать самые любимые из них, будь я только уверена, что ты смотришь на некоторые вещи иначе, чем Том.

— Мне кажется, в этом ты можешь не сомневаться, — улыбнулась Мэгги.

— Вернее — на одну определенную вещь, — продолжала Люси, — потому что, если ты разделяешь чувства Тома, мы рискуем остаться без третьего голоса. В Сент-Огге молодые люди, любящие музыку, наперечет. В сущности, только Стивен и Филип Уэйкем как-то разбираются в ней и способны петь.

Тут Люси подняла глаза от вышивания и увидела, что Мэгги изменилась в лице.

— Тебе неприятно слышать это имя? Если так, я никогда не произнесу его больше. Мне ведь известно, что Том всячески избегает Филипа.

— Нет, я отношусь к этому иначе, чем Том, — сказала Мэгги, вставая с места и подходя к окну, как бы для того, чтобы полюбоваться видом. — Мне Филип всегда нравился — с тех самых пор, как я девочкой увидела его в Лортоне. Он был таким добрым, когда Том поранил себе ногу.

— Как я рада! — воскликнула Люси. — Значит, ты не возражаешь, если он иногда станет приезжать к нам. Мы будем чудесно музицировать, а то без него это почти невозможно. Я очень привязана к бедняжке Филипу. Только жаль, что он так болезненно переживает свое увечье. Наверное, оттого он и бывает таким печальным, а порой даже угрюмым. Как грустно видеть его бледное лицо и жалкую горбатую фигурку среди рослых, сильных мужчин.

— Но, Люси... — сказала Мэгги, напрасно пытаясь остановить этот поток болтовни.

— Ты слышишь колокольчик? Это, верно, Стивен, — продолжала Люси, не замечая робкой попытки Мэгги прервать ее. — Меня особенно восхищает в нем то, что всем своим друзьям он предпочитает Филипа.

Теперь Мэгги даже при всем желании не смогла бы ничего сказать; дверь гостиной отворилась, и Минни уже приветствовала недовольным ворчанием стройного молодого человека, который подошел к Люси и, пожав ей руку, о чем-то спросил, выражая тоном и взглядом больше нежности, нежели того требует простая учтивость: он явно не подозревал, что в комнате присутствует третье лицо.

— Позвольте мне представить вас моей кузине мисс Талливер, — не скрывая легкого злорадства, промолвила Люси и обернулась к Мэгги, которая, отойдя от окна, приближалась к ним.

Стивен не сразу справился с изумлением, охватившим его при виде этой высокой темноглазой нимфы с головкой, увенчанной короной черных блестящих волос; Мэгги, в свою очередь, испытала незнакомое доселе чувство: впервые в жизни ей была принесена дань в виде румянца смущения и низкого поклона, в котором склонился перед ней статный молодой человек, почему-то внушивший ей робость. Это новое ощущение было приятным — настолько приятным, что почти улеглась тревога, вызванная в ней упоминанием о Филипе. И когда она села в кресло, глаза ее ярко блестели, а на щеках играли краски, придававшие особую прелесть ее лицу.

— Теперь оцените, какой поразительно верный портрет вы нарисовали позавчера, — сказала Люси, милым смехом выражая свое торжество. Она наслаждалась замешательством своего возлюбленного, тем более что обычно все преимущества были на его стороне.

— Ваша коварная кузина ввела меня в заблуждение, мисс Талливер, — сказал Стивен и, усевшись подле Люси, принялся играть с Минни; на Мэгги он взглядывал только украдкой. — Мисс Дин говорила, что у вас голубые глаза и светлые волосы.

— Простите, это говорили вы. Я только не хотела поколебать в вас веры в ваш дар ясновидения.

— Желал бы я всегда так грешить против истины, — сказал Стивен, — и потом убеждаться, что реальность много прекраснее моих предвзятых суждений.

— Вы с честью вышли из неловкого положения, сказав то, к чему вас обязывает учтивость, — проговорила Мэгги.

В ее взгляде сверкнул легкий вызов; Мэгги понимала, что портрет, нарисованный Стивеном заочно, отнюдь ей не льстил. Люси ведь говорила, что он склонен к насмешке. И весьма самоуверен, мысленно добавила она.

«Однако с ней надо быть настороже!» — мелькнуло в голове у Стивена. Позже, когда Мэгги склонилась над шитьем, он подумал: «Хотел бы я, чтобы она снова на меня посмотрела» — и наконец ответил:

— Я полагаю, учтивые фразы время от времени отвечают своему назначению. Когда мы говорим «благодарю вас», мы действительно испытываем благодарность, и не наша вина, что те же слова люди произносят, желая отклонить не очень приятное предложение. Согласны вы со мной, мисс Талливер?

— Нет, — ответила Мэгги, глядя ему прямо в глаза. — Когда мы произносим обычные слова по какому-нибудь необычному поводу, они звучат особенно выразительно: ведь они сразу обретают особый смысл, как старые знамена или будничное платье в храме.

— Тогда мой комплимент должен быть вдвойне выразителен, — сказал Стивен, теряясь под устремленным на него взглядом Мэгги и плохо понимая, что он говорит. — Слова, которыми я воспользовался, были явно недостаточно красноречивы.

— Комплимент красноречиво говорит лишь о безразличии, — сказала Мэгги, слегка покраснев.

Люси не на шутку встревожилась, решив, что Стивен и Мэгги не понравились друг другу. Она всегда опасалась, что Мэгги слишком умна и своеобразна, чтобы прийтись по вкусу этому насмешливому джентльмену.

— Но, Мэгги, — вмешалась она, — ты ведь никогда не скрывала, что любишь, когда тобою восхищаются, а теперь ты, по-моему, недовольна тем, что кто-то осмелился выразить свое восхищение вслух.

— Вовсе нет, — сказала Мэгги. — Мне очень приятно знать, что мною восхищаются, но комплименты никогда меня в этом не убеждали.

— Я больше не сделаю вам ни одного комплимента.

— Благодарю вас: этим вы докажете ваше уважение.

Бедная Мэгги! Она настолько не привыкла бывать в обществе, что склонна была придавать значение фразам, продиктованным простой учтивостью, и сама никогда не произносила незначащих слов, которые рождаются только на губах. Дамам, более искушенным в светском обхождении, ее способность волноваться по столь ничтожному поводу показалась бы просто смешной. Даже и она почувствовала, что в этом случае ведет себя несколько нелепо. Правда, Мэгги вообще была противницей комплиментов и когда-то в порыве досады сказала Филипу, что считает диким обычай твердить с глупой улыбкой дамам, что они прекрасны: не повторяют ведь ежесекундно старикам, что они почтенны. И все же — как она безрассудна, что ни с того ни с сего проявила столько запальчивости! Ведь до этой встречи ей ни разу не случалось видеть Стивена Геста — почему же она приняла так близко к сердцу пренебрежительные слова, сказанные о ней до их знакомства! Не успев кончить последнюю фразу, Мэгги устыдилась. Она не отдавала себе отчета в том, что причина ее раздражения кроется в охватившем ее ранее более приятном чувстве: так иногда невинная капелька холодной воды, разрушая блаженное ощущение тепла, которое мы испытываем, причиняет нам жгучую боль.

Стивен был слишком хорошо воспитан, чтобы не почувствовать, что разговор принял неловкий оборот, и быстро перевел его на другую тему: он спросил Люси, не известно ли ей, когда наконец откроется благотворительный базар, и можно ли надеяться, что она обратит свой милостивый взор на предметы более благодарные, нежели эти шерстяные цветы, которые расцветают под ее пальчиками.

— Наверное, в будущем месяце, — сказала Люси. — Ваши сестры трудятся еще усерднее — ведь им отведена самая большая палатка.

— О да! Но они священнодействуют у себя в гостиной, а туда я не вторгаюсь. Кажется, вы не подвержены этому модному пороку, мисс Талливер. Вы не вышиваете? — спросил Стивен, видя, как Мэгги что-то подрубает простым швом.

— Нет, — сказала Мэгги, — дальше мужских рубашек мое искусство не простирается.

— Твой простой шов выглядит так изящно, что я попрошу у тебя несколько образчиков для базара, — это не хуже вышивки. Но право же, для меня загадка, как ты стала такой мастерицей; ведь в былое время ты терпеть не могла рукоделия.

— Разгадать эту загадку нетрудно, дорогая, — сказала Мэгги, спокойно поднимая глаза. — Волей-неволей мне пришлось научиться: только шитьем я могла заработать себе на жизнь.

Люси, сколь ни была она добра и простодушна, немного смутилась: Мэгги могла бы не упоминать об этом в присутствии Стивена. Возможно, признание Мэгги было отчасти продиктовано гордостью — гордостью бедняка, который не стыдится своей нужды. Но будь она даже королевой кокеток и пожелай придать особую пикантность своей красоте, она и тогда не смогла бы выдумать ничего удачнее. Я не уверен, что сказанная без всякой аффектации фраза о бедности и шитье ради заработка сама по себе произвела бы впечатление на Стивена, но так как Мэгги была красива, то после этих слов она показалась ему еще более непохожей на всех прочих женщин.

— Я умею вязать, Люси, — продолжала Мэгги. — Может быть, это пригодится для базара?

— И даже очень. Я завтра же дам тебе красный гарус и засажу за работу. Каким завидным талантом обладает ваша сестра, — сказала Люси, оборачиваясь к Стивену, — ведь она лепит! Сейчас она делает по памяти чудесный бюст пастора Кена.

— Что ж, если она не забудет сдвинуть глаза как можно ближе и раздвинуть уголки губ как можно дальше, Сент-Огг, несомненно, будет потрясен сходством.

— До чего же вы безжалостны! — сказала Люси с упреком. — Никогда не думала, что вы способны так непочтительно говорить о пасторе Кене.

— Разве я непочтительно отозвался о нем? Упаси бог! Но нельзя же требовать, чтобы я благоговел перед его смехотворным бюстом. Я считаю Кена достойнейшим человеком: таких, как он, немного найдется на свете. Мне, правда, нет дела до грандиозных подсвечников, которые он водрузил на столике перед алтарем, и я не намерен портить себе настроение, поднимаясь ни свет ни заря, чтобы поспеть к утреннему богослужению, но Кен — единственный из всех известных мне людей, в котором есть что-то от подлинного апостола: он раздает две трети своего дохода и, имея восемьсот фунтов в год, довольствуется сосновой мебелью и вареной говядиной! А разве не благородно было приютить у себя в доме Грэтена — мальчишку, который по несчастной случайности застрелил родную мать? Он уделяет ему все свое свободное время, чтобы только спасти беднягу от умопомешательства. Кто еще был бы способен на это! Кен не отпускает его от себя ни на шаг, я сам тому свидетель.

— Как это прекрасно! — сказала Мэгги. Она давно уже выпустила из рук шитье и слушала Стивена затаив дыхание. — Мне еще не приходилось встречать таких людей.

— И подобные поступки Кена тем более восхищают нас, что, как правило, он весьма сдержан и суров в обхождении. В нем нет никакой слащавой сентиментальности.

— О, по-моему, он — идеал! — воскликнула Люси с милым воодушевлением.

— В этом я позволю себе с вами не согласиться, — сказал Стивен с иронической серьезностью.

— А что вы можете поставить ему в упрек?

— Он принадлежит к англиканской церкви.

— Что ж, я думаю, он придерживается истинной веры, — с глубокомысленным видом проговорила Люси.

— Да, если рассуждать отвлеченно, а не с парламентской точки зрения, — сказал Стивен. — Кен посеял рознь между диссидентами и сторонниками англиканской церкви. И будущий государственный муж вроде меня — а без моих услуг страна обойтись не может — встретит из-за этого немало затруднений, когда станет добиваться чести представлять Сент-Огг в парламенте.

— Вы в самом деле об этом подумываете? — спросила Люси, и глаза ее засияли горделивой радостью, заставившей ее мгновенно позабыть интересы англиканской церкви и вызванный ими спор.

— Не только подумываю, но и сделаю, когда подагра и забота о благе общества заставят старого Лейберна освободить место. Отец мечтает об этом, да и мои таланты... — При этих словах Стивен выпрямился и с шутливым самодовольством пригладил волосы. — Мои таланты, знаете ли, очень ко многому обязывают. Вы согласны со мной, мисс Талливер?

— Да, — ответила Мэгги и, не поднимая глаз, улыбнулась. — Такой дар слова и самообладание заслуживают самой широкой аудитории.

— Я вижу, вы необыкновенно проницательны, — сказал Стивен. — Вы уже обнаружили, что я не в меру болтлив и самоуверен, тогда как люди поверхностные обычно этого не замечают, — наверное, оттого, что у меня прекрасные манеры.

Мэгги и Люси засмеялись, а Стивен подумал: «Она не смотрит на меня, когда я говорю о себе. Попробуем переменить тему». Затем последовал вопрос — не предполагает ли Люси в ближайшую неделю посетить собрание Клуба книги — и совет выбрать для обсуждения «Жизнь Каупера» Саути[1], если только Люси не настроена на философский лад и не хочет вызвать переполох среди дам Сент-Огга, предложив их вниманию один из бриджуотерских трактатов[2]. Люси пожелала, конечно, узнать, что написано в этих устрашающе ученых книгах, и так как всегда приятно просвещать умы дам, непринужденно толкуя о предметах, им неизвестных, то Стивен принялся с истинным блеском пересказывать ученый труд Бакленда[3], который он как раз читал в то время. Он был вознагражден тем, что Мэгги опять выпустила из рук шитье и постепенно так увлеклась его рассказами о геологических чудесах, что, скрестив руки на груди и слегка подавшись вперед, смотрела на него без всякого смущения, словно была юным питомцем колледжа, а он — старым профессором, насквозь пропахшим нюхательным табаком. Ясный взгляд этих широко раскрытых глаз заворожил Стивена, и под конец он уже не смотрел на Люси — а она, милое дитя, не испытывала ничего, кроме радости. Ей приятно было думать, что Мэгги наконец убедится, как умен Стивен, и что теперь они, конечно, станут друзьями.

— Хотите, я привезу вам эту книгу, мисс Талливер? — спросил Стивен, когда поток его красноречия почти иссяк. — Там много иллюстраций, вам интересно будет взглянуть на них.

— О, благодарю вас, — снова смущенно краснея, сказала Мэгги, как только Стивен обратился к ней, и склонилась над шитьем.

---

[1] *Саути* Роберт (1774—1843) — английский поэт, принадлежавший к «озерной школе».

[2] *Бриджуотер* Фрэнсис (1756—1829) — английский священник; завещал 40 тыс. фунтов стерлингов автору, который напишет лучший трактат на религиозные и различные научные темы.

[3] *Бакленд* Уильям (1784—1856) — английский ученый, автор одного из бриджуотерских трактатов «Геология и минералогия».

— Нет, нет, — вмешалась Люси, — я запрещаю вам привозить книги для Мэгги. Она зароется в них, и ее будет не оторвать. А я хочу, чтобы дни ее проходили в восхитительном безделье: мы будем кататься на лодке, болтать, совершать прогулки и ездить верхом — Мэгги необходимо пожить беспечной жизнью.

— Кстати, — сказал Стивен, взглянув на часы, — почему бы нам сейчас не покататься на лодке? Мы проплывем вниз по течению до Тофтона, а назад вернемся пешком.

Для Мэгги ничего не могло быть заманчивее этого предложения — ведь прошло столько времени с тех пор, как она была на Флоссе. Она вышла за шляпкой, а Люси задержалась в гостиной, чтобы отдать распоряжения служанке, и, пользуясь случаем, сообщила Стивену, что Мэгги ничего не имеет против общества Филипа и не было нужды посылать ему записку. Впрочем, завтра же она пошлет ему приглашение.

— Хотите, я нагряну к Филипу и привезу его к вам завтра вечером? Когда мои сестры узнают, что у вас гостит кузина, они, конечно, захотят нанести вам визит. Утро я должен буду предоставить им.

— О, пожалуйста, привезите Филипа, — сказала Люси. — И ведь Мэгги вам понравилась, не правда ли? — добавила она просительным тоном. — Ну разве она не прелесть? И как много благородства в ее красоте!

— Слишком высока, — сказал Стивен, с улыбкой поглядывая на Люси, — и, на мой взгляд, несколько запальчива! Словом, не в моем вкусе.

Известно, что джентльмены склонны делать подобного рода признания и неосторожно высказывать дамам нелестное мнение о других представительницах прекрасного пола. Вот отчего многие женщины отлично осведомлены, что те самые мужчины, которые ревностно и самозабвенно ухаживают за ними, втайне питают к ним глубокое отвращение! То, что Люси, безоговорочно поверив словам Стивена, все же твердо решила утаить их от Мэгги, как нельзя лучше раскрывает ее характер. Но вы, зная истинную цену словам и следуя иной, высшей логике, уже предвидите ход событий, и вас не удивит, что, направляясь к лодочной пристани, Стивен, наделенный живым воображением, мысленно пожинал плоды своей удачной затеи с лодкой, размышляя о том, что Мэгги по крайней мере дважды обопрется на его руку и что джентльмен, желающий, чтобы глаза дам были обращены на него, занимает крайне выгодную позицию, когда сидит на веслах. Что из этого следует? Неужели Стивен влюбился с первого взгляда в эту удивительную дочь миссис Талливер? Разумеется, нет. Подобные вещи происходят только в романах. К тому же он был влюблен и даже почти помолвлен с самым прелестным созданием на свете и уж никак не был склонен делать себя посмешищем в глазах людей. Но когда человеку двадцать пять лет и у него нет подагрических утолщений на пальцах, ему не может быть совершенно безразличным прикосновение ручки прелестной девушки. Вполне естественно и безопасно — по крайней мере при данных обстоятельствах — восхищаться красотой и с удовольствием ее созерцать. А в этой девушке, изведавшей бедность и невзгоды, было что-то поистине притягательное; приятно было наблюдать и нежную дружбу двух кузин. Как правило, Стивену не нравились женщины, поражающие своей необычностью, но в этом случае необычность, как видно, была высшего порядка, и коль скоро никто не неволит человека жениться на подобной женщине — что ж! — они вносят приятное разнообразие в рутину светской жизни.

Обманув ожидания Стивена, Мэгги в первые четверть часа ни разу не посмотрела в его сторону; она не могла наглядеться на старые, знакомые ей с детства берега. Она вдруг почувствовала себя очень одинокой вдали от Филипа — только он один и любил ее той нежной, преданной любовью, которой ей так недоставало. Но вскоре внимание ее привлекло мерное движение весел, и у нее мелькнула мысль, что хорошо было бы научиться грести. Это пробудило ее от задумчивости. Она попросила дать ей весло, и, когда оказалось, что она совсем не умеет с ним обращаться, в ней заговорило тщеславие. От напряженных усилий кровь прихлынула к ее щекам, и она заметно оживилась.

— Я не успокоюсь, пока не научусь грести и не смогу катать Люси и вас, — весело сказала Мэгги, выходя из лодки.

Как известно, Мэгги склонна была к некоторой рассеянности, особенно когда бывала чем-нибудь увлечена. Вот и теперь Мэгги выбрала для своего замечания самый неподходящий момент: она поскользнулась, но, по счастью, мистер Стивен Гест, подхватив ее под руку, не дал ей упасть.

— Надеюсь, вы не ушиблись? — спросил он, наклоняясь к Мэгги и с беспокойством заглядывая ей в лицо.

Как чудесно, когда кто-то высокий и сильный таким милым, деликатным образом проявляет заботу о вас! Мэгги впервые довелось испытать подобное ощущение.

Добравшись до дому, они застали там тетушку и дядюшку Пуллетов, сидевших в гостиной с миссис Талливер, и Стивен поспешил откланяться, испросив позволение вернуться вечером.

— Пожалуйста, привезите ноты Пёрселла[1], которые вы взяли у меня, — сказала Люси. — Я хочу, чтобы Мэгги послушала то, что вам больше всего удается.

Тетушка Пуллет, нисколько не сомневаясь, что Мэгги будет повсюду сопровождать Люси и, вероятно, получит приглашение в Парк-Хауз, пришла в ужас от ее наряда; ведь если Мэгги предстанет в нем перед высшим обществом Сент-Огга, она навлечет позор на всю семью. Надо было самым быстрым и решительным образом спасать положение, и по сему случаю состоялся совет с участием миссис Талливер и Люси, которые рьяно принялись обсуждать с тетушкой Пуллет, что именно из ее

[1] *Пёрселл* Генри (1658–1695) — английский композитор.

обширного гардероба больше всего подойдет для этой цели. Право же, Мэгги необходимо вечернее платье, и притом как можно скорее, а ростом она почти с тетушку Пуллет.

— Вот ведь незадача, что в плечах она шире меня! — проговорила миссис Пуллет. — Ей как раз пришлось бы впору мое черное штофное. Да только что делать с ее руками? — добавила она со скорбным видом, взяв большую округлую руку Мэгги. — Разве она влезет в мои рукава!

— О, это не важно, тетя; пожалуйста, пришлите нам свое платье, — сказала Люси. — Я и не хочу наряжать Мэгги в платье с длинными рукавами. У меня есть много черных кружев, мы их как-нибудь приспособим, и руки Мэгги будут выглядеть прелестно.

— У Мэгги и без того красивые руки, — вмешалась миссис Талливер, — почти такие, как были у меня смолоду, только мои-то никогда не были смуглыми. Жалко, что она пошла не в нашу породу.

— Вздор, тетушка! — сказала Люси, поглаживая миссис Талливер по плечу. — Вы в этом плохо разбираетесь. Художник пришел бы в восторг от смуглой кожи Мэгги.

— Может, оно и так, — покорно согласилась миссис Талливер, — тебе лучше знать. Только в прежнее время смуглая кожа была не очень-то в чести у людей достойных.

— Что правда, то правда! — поддакнул дядюшка Пуллет, который сосал мятные лепешки, слушая с великим интересом разговоры дам. — Еще была такая песенка про сумасбродную

Кэт, бедняжку с темной кожей,
Что на орех была похожа.

Да, кажется, что так, а точно и не припомню.

— Пощадите, пощадите! — смеясь, но не без ноток раздражения в голосе воскликнула Мэгги. — Моя смуглая кожа изменит свой цвет, если о ней будут постоянно толковать.

ГЛАВА III

Сердечные излияния

Когда в тот же вечер Мэгги вернулась в свою комнату, она не в силах была сразу раздеться и лечь в постель. Машинально поставив свечу на первый попавшийся столик, она принялась ходить по просторной комнате твердыми, решительными и быстрыми шагами, которые свидетельствовали о владевшем ею сильном возбуждении.

В блеске ее глаз, в лихорадочном румянце и в том, как, закинув назад голову, она судорожно сжимала руки, можно было прочесть, насколько она поглощена своими чувствами и мыслями.

Что же произошло?

Ничего, что вы могли бы признать хоть в какой-то мере заслуживающим внимания. Она слышала, как низкий и приятный мужской голос пел романсы, но ведь пел он их по-дилетантски, в провинциальной манере, которая вряд ли удовлетворила бы более взыскательное ухо. И она чувствовала, как из-под прямых, четко очерченных бровей на нее неотступно, хотя и украдкой, смотрят глаза, взгляд которых, казалось, перенял у голоса его способность рождать в душе отзвук. Все это не произвело бы сколько-нибудь заметного действия на рассудительную и благовоспитанную молодую леди, обладающую всеми преимуществами, какие дают богатство, хорошие наставники и изящное общество. Однако, будь Мэгги похожа на вышеупомянутую молодую леди, вы, скорее всего, ничего не узнали бы о ней — жизнь ее протекла бы так гладко, что писать было бы вовсе не о чем, ибо у счастливых женщин, как и у счастливых народов, нет истории.

Но на преисполненную жажды жизни, натянутую как струна душу бедной Мэгги, едва вырвавшейся из захолустной школы с ее раздражающим шумом и кругом повседневных мелочных обязанностей, эти столь незначительные обстоятельства подействовали с неотразимой силой, пробудив и воспламенив ее воображение. Не то чтобы она думала о мистере Стивене Гесте или пыталась разгадать значение его восхищенных взглядов — нет, скорее, она ощущала, что к ней приблизился мир любви, красоты и счастья, сотканный из неясных, сливающихся воедино образов, почерпнутых когда-то из стихов и старинных романов, а быть может, созданных ее собственной фантазией в часы мечтательных раздумий.

Несколько раз Мэгги мысленно возвращалась к тем временам, когда для нее радостью было бы любое самопожертвование, когда, как ей казалось, в ней угасли все ее стремления и порывы; но это душевное состояние было утрачено безвозвратно, и Мэгги содрогнулась при воспоминании о нем. Ни молитвы, ни внутренняя борьба не вернут ей прежнего, пусть и мертвящего, покоя. Видно, судьба ее не могла быть решена таким простым и легким путем — путем отречения от всего на самом пороге жизни. Музыка все еще звучала в ней — необузданно-страстная и прихотливая музыка Пёрселла, — отгоняя воспоминания печального, одинокого прошлого. Мэгги витала в прекрасном мире воздушных замков, когда раздался легкий стук в дверь и на пороге в просторном белом пеньюаре появилась ее кузина.

— До чего же ты неблагоразумна, Мэгги! Почему ты до сих пор не раздета? — удивленно воскликнула Люси. — Я обещала не приходить и не болтать с тобой, думая, что ты устала. А у тебя такой вид, что тебе впору наряжаться и ехать на бал. Изволь сейчас же надеть капот и расплести косы.

— Ты не намного меня опередила, — возразила Мэгги, быстро достав свой простенький розовый капот и поглядывая на откинутые назад в прихотливом беспорядке светло-каштановые локоны Люси.

— О, мне остались сущие пустяки. Я поболтаю с тобой, пока не увижу, что ты действительно собираешься ложиться.

Накинув розовый капот, Мэгги принялась расплетать длинные черные косы, а Люси, усевшись у туалетного столика и склонив набок голову — совсем как хорошенький спаниель, — не сводила с нее любящего взгляда. Если вам покажется неправдоподобным, что такая обстановка располагает молодых леди к сердечным излияниям, я позволю себе напомнить вам, что человеческая жизнь таит в себе много неожиданного.

— Надеюсь, дорогая, ты сегодня вполне насладилась музыкой?

— О да. Она и теперь не дает мне заснуть. Если бы я всегда могла вдоволь слушать музыку, мне больше ничего на свете не было бы и нужно: она придает силы и одушевляет меня. Пока звучит музыка, жизнь представляется мне такой легкой, не то что порой, когда она давит на плечи, как непосильная ноша.

— Чудесный голос у Стивена, правда?

— Боюсь, нам с тобой трудно судить об этом, — смеясь, промолвила Мэгги; она села и, тряхнув головой, откинула назад свои длинные волосы. — Ты далеко не беспристрастна, а меня и шарманка в восторг приводит.

— Скажи, Мэгги, что ты думаешь о нем? Говори все — и хорошее и плохое.

— По-моему, тебе не мешало бы иногда быть более небрежной с ним. Для влюбленного он держится слишком уверенно и непринужденно. Влюбленному пристало больше робеть.

— Что за вздор, Мэгги! Неужели кто-нибудь может робеть передо мной? Он, может быть, показался тебе самонадеянным? Но ведь ты не испытываешь к нему неприязни?

— Неприязни? Бог с тобой! Можно подумать, будто я так избалована блестящим обществом, что на меня никак не угодишь! Да и могу ли я испытывать неприязнь к тому, кто намерен сделать тебя счастливой, глупышка! — Тут Мэгги ущипнула украшенный ямочкой подбородок Люси.

— Завтра вечером мы сможем музицировать с еще большим успехом, — сказала Люси, просияв. — Стивен привезет с собой Филипа Уэйкема.

— О, я не могу с ним видеться, Люси! — сказала Мэгги, побледнев. — Во всяком случае, я должна сначала спросить позволения у брата.

— Неужели Том такой деспот? — воскликнула изумленная Люси. — Ну хорошо, я все возьму на себя, мы скажем ему, что это моя вина.

— Нет, дорогая, — начала Мэгги, запинаясь, — я обещала Тому — еще до смерти отца, — я поклялась ему, что никогда без его ведома и согласия не буду видеться с Филипом. И мне очень страшно возвращаться к этому разговору — я боюсь, мы снова поссоримся.

— Вот уж никогда не слыхала ничего более странного и нелепого. Что плохого мог сделать бедный Филип? Позволь мне поговорить об этом с Томом.

— Нет, нет, дорогая, не надо! — взмолилась Мэгги. — Я сама пойду к нему завтра и скажу, что вы ожидаете к себе Филипа. Я и раньше хотела просить Тома, чтобы он снял с меня свой запрет, но все как-то не могла собраться с духом.

Некоторое время обе молчали. Потом Люси сказала:

— Мэгги, ты от меня что-то скрываешь, а у меня от тебя нет секретов.

Мэгги отвела взгляд от Люси и погрузилась в раздумье. Затем, повернувшись к ней, промолвила:

— Мне очень хотелось бы рассказать тебе о Филипе, только, Люси, никто не должен знать, что ты в это посвящена, и уж прежде всего сам Филип и мистер Стивен Гест.

Рассказ длился долго. Мэгги никогда раньше не случалось облегчать душу подобной исповедью, она никогда не говорила с Люси о таких сокровенных вещах, но милое лицо, склонившееся к ней с сочувственным интересом, и маленькая рука, сжимавшая ее руки, как бы побуждали ее высказаться до конца. Только в двух случаях она не сказала всей правды. Она умолчала о том, что и по сей день терзало ее сердце, — об оскорблениях, которые ее брат обрушил на Филипа. По-прежнему она закипала гневом при воспоминании об этой обиде, и тем не менее ей — как из-за Тома, так и из-за Филипа — невыносима была мысль, что еще кто-нибудь узнает об этом. И она не могла заставить себя рассказать Люси о последней ссоре ее отца с мистером Уэйкемом, хотя отдавала себе отчет, что именно это воздвигло непреодолимый барьер между ней и Филипом. Она сказала только, что теперь понимает Тома, который, в сущности, прав, утверждая, что при нынешних обстоятельствах не может быть и речи о ее любви и браке с Филипом. Да и мистер Уэйкем тоже, конечно, не даст своего согласия.

— Вот, Люси, и вся моя история, — сказала Мэгги, улыбаясь сквозь слезы. — Видишь, как и сэра Эндрю Эгьючика[1], «меня однажды тоже обожали».

— Я вижу другое: я поняла, почему ты так хорошо знаешь Шекспира, да и все прочее, что стало тебе известно уже после того, как ты покинула пансион. Мне всегда казалось это чудом, одним из твоих загадочных свойств. — Люси опустила глаза и задумалась, потом, снова взглянув на Мэгги, добавила: — Как прекрасно что ты любишь Филипа. Вот уж никак не предполагала, что ему выпадет такое счастье. И по-моему, ты не должна от него отказываться. Сейчас, конечно, есть препятствия, но со временем они могут отпасть.

Мэгги покачала головой.

— Да, да! — настаивала Люси. — Сердце мне подсказывает, что так и будет. Во всем этом есть что-то романтическое, это так не похоже на то, что бывает в жизни, — да ничего иного я от тебя и не ожидала. И Филип будет боготворить тебя, как принцессу из волшебной сказки. О, я до тех пор не буду знать покоя, пока не изобрету способа уговорить всех. И ты сможешь выйти замуж за Филипа, когда я... тоже выйду замуж. Разве это не чудесная развязка грустной истории моей бедной, бедной Мэгги?

---

[1] *Эндрю Эгьючик* — персонаж из комедии Шекспира «Двенадцатая ночь».

Мэгги попыталась улыбнуться, но невольно вздрогнула, словно на нее внезапно повеяло холодом.

— Ты совсем замерзла, дорогая, — сказала Люси. — Ложись скорее в постель, да и мне давно пора. Боюсь даже подумать, который теперь час.

Они поцеловались, и Люси ушла, унося с собой признание, под влиянием которого она воспринимала последующие события. Мэгги была совершенно искренна, она и не могла быть иной. Но сердечные излияния порой вводят в заблуждение, даже когда они бывают вполне искренними.

ГЛАВА IV

Брат и сестра

Мэгги отправилась к брату уже в середине дня. Чтобы застать его дома, она выбрала тот час, когда он приходил обедать. Том нанимал комнату у человека не совсем ему чужого. Наш друг Боб Джейкин вот уже восемь месяцев как с молчаливого согласия Мампса обзавелся женой, а также одним из тех старинных, прорезанных лабиринтами коридоров диковинных домишек на берегу Флосса, где его мать и жена предоставляли любителям речных прогулок две лодки, в которые он вложил часть своих сбережений, и сдавали внаем гостиную и свободную спальню, чтобы, как говорил Боб, не впасть в грех от безделья. Вот при каких обстоятельствах, к удовольствию обеих заинтересованных сторон, Том в качестве жильца водворился в доме Боба.

Дверь отворила жена Боба. Это была крохотная женщина, обликом своим напоминавшая голландскую куклу; рядом с матерью Боба, вдруг выросшей за ее спиной и заполнившей весь проход, она производила то же впечатление, что и люди, которые так кстати для скульптора постоянно толпятся у подножия огромных статуй, подчеркивая их грандиозность. Открыв дверь, крохотная женщина низко присела и подняла на Мэгги взгляд, полный благоговейного трепета; но как только Мэгги проговорила с улыбкой: «Могу я повидать брата?» — она, придя в необычайное возбуждение, обернулась и воскликнула:

— Матушка, матушка, скажите Бобу — это мисс Мэгги! Господи, да входите же, мисс, — продолжала она, распахнув боковую дверь, и, стремясь предоставить гостье как можно больше места, так плотно прижалась к стене, что почти слилась с ней.

Грустные воспоминания нахлынули на Мэгги, когда она вошла в тесную гостиную, которую только и мог теперь ее бедный брат называть своим домом, — а ведь в минувшие годы это слово обозначало для них обоих отчий кров со всеми привычными с детства и милыми им предметами. Однако не все в этой комнате было незнакомо Мэгги. Взгляд ее сразу же упал на большую Библию, и вид этой ветхой книги отнюдь не способствовал тому, чтобы разогнать грустные мысли. Мэгги молчала, отдавшись воспоминаниям.

— Не присядете ли вы, мисс? — сказала миссис Джейкин и, смахнув со стула несуществующую пыль своим передником, подняла за уголок эту принадлежность туалета и со смущенным видом поднесла ее к лицу, не переставая при этом с интересом рассматривать Мэгги.

— Значит, Боб дома? — спросила Мэгги, овладев собой и улыбаясь этой оробевшей голландской куколке.

— Да, мисс, только он, должно быть, моется да наряжается, пойду-ка я погляжу, — сказала миссис Джейкин, исчезая за дверью. В самом скором времени она возвратилась, храбро выглядывая из-за спины мужа, который, появившись во всем великолепии своих белоснежных ровных зубов и голубых глаз, еще с порога почтительно кланялся Мэгги.

— Как поживаешь, Боб? — спросила Мэгги, протягивая ему руку. — Я собиралась навестить твою жену и, если миссис Джейкин не возражает, приду к вам на днях именно с этой целью. Но сегодня меня привело другое: мне надо поговорить с братом.

— Он скоро воротится, мисс. У него дела как по маслу идут, у мастера Тома то есть. Он так в гору пошел, что скоро всех здесь обскачет, — попомните мои слова, мисс.

— Я уверена, Боб, как бы судьба ни вознесла Тома, никогда он не забудет, чем обязан тебе; я только повторяю слова, сказанные им на днях.

— Э, мисс, вольно же ему так думать. Хотя, вообще-то, я знаю, мастер Том зря слов на ветер не бросает, это не то что я: у меня часто язык попусту мелет. Ей-богу, я все равно что опрокинутая бутылка: слова льются, льются, никак их не удержишь. Ну а на вас, мисс, любо-дорого глядеть, прямо сердце радуется. Что скажешь, Присси? — проговорил Боб, оборачиваясь к жене. — Видишь теперь, что я говорил правду? А ведь не много сыщется товаров, которые я не перехвалил бы, коли уж возьмусь про них рассуждать.

Казалось, маленький носик миссис Джейкин, следуя примеру ее глаз, тоже почтительно устремился вверх, к Мэгги, однако теперь она настолько осмелела, что была в состоянии улыбнуться, присесть и даже произнести:

— Мне страсть как не терпелось поглядеть на вас, мисс, а то мой муж с того самого дня, как стал меня примечать, бывало, начнет про вас рассказывать, да так и остановиться не может, будто совсем в уме повредился.

— Будет, будет, — смущенно оборвал ее Боб. — Ступай погляди, готов ли у тебя обед, а то как бы мастеру Тому не пришлось потом дожидаться.

— Надеюсь, Боб, твой Мампс дружелюбно встретил миссис Джейкин, — спросила Мэгги, улыбаясь. — Помню, ты всегда говорил, что он будет очень недоволен, если ты женишься.

— Э, мисс, — сказал Боб, ухмыляясь, — он про это и думать забыл, когда увидел, какая она маленькая. Сперва он все прикидывался, будто ее и нет вовсе или что она недомерок какой. А вот насчет мастера Тома, мисс, —

тут Боб понизил голос и сразу стал серьезным, — хотя он как из чугуна отлит — ни с какого бока внутрь не заглянешь, — ну да у меня глаз зоркий, и теперь, когда я уже не расхаживаю больше с коробом, а стал вольной птицей и, выходит, не знаю, что мне с моими мозгами делать — не пропадать же им зря, — поневоле приходится думать, что у кого на душе делается. Так вот, не нравится мне, мисс, что сидит мастер Том один, хмурый как туча, брови у него насуплены и все в огонь глядит, и это каждый вечер. Ему бы теперь малость повеселеть — такой джентльмен, прямо на диво, мастер Том то есть! И жена замечала, что войдет она к нему, а ему и ни к чему, что она тут; сидит насупившись и смотрит в огонь, словно кого там видит.

— Он постоянно думает о делах, Боб, — сказала Мэгги.

— Э, мисс, — произнес Боб, еще больше понижая голос, — сдается мне, тут еще кое-что примешано. У него ведь сло́ва клещами не вытянешь, у мастера Тома, ну да у меня глаз наметанный, и вот в прошлое Рождество я уж было думал, что углядел, где его слабое место. Это насчет маленького черного спаниеля, мисс, — эдакая чистопородная безделка, — уж чего он только не придумывал, чтобы раздобыть его. Но с той поры на него прямо что-то нашло, еще пуще стиснул зубы, и весь свет ему не мил, хотя с чего бы, кажется, — дела у него идут на славу. Я это вам к тому рассказываю, мисс, что, может, вы тут чем подсобите теперь, как вы приехали. Он ведь все один-одинешенек, никогда на людях не бывает.

— Боюсь, это не в моей власти, Боб, Том не очень меня слушается, — сказала Мэгги, немало потрясенная высказанной Бобом догадкой.

Ей никогда и в голову не приходило, что Том может страдать от любви. Бедняжка! Надо же ему было влюбиться в Люси! Но быть может, все это лишь измышления неугомонного ума Боба. Разве нельзя подарить собачку из родственных чувств или, наконец, просто из благодарности. Но тут Боб воскликнул: «А вот и мастер Том», — и издалека донесся звук отворяемой двери.

— Я знаю, Том, как тебе дорога каждая минута, — проговорила Мэгги, едва Боб оставил их наедине, — и сразу скажу, что привело меня к тебе. Я не хочу, чтобы из-за меня ты лишился обеда.

Том стоял, прислонившись спиной к камину, а Мэгги сидела к нему лицом, и на нее падал свет. От Тома не укрылось ее смятение, и он сразу же угадал, о чем будет разговор. Вот отчего его голос звучал так холодно и сурово, когда он произнес: «Что же это?»

Тон, которым задан был вопрос, пробудил в Мэгги дух протеста, и она изложила свою просьбу совсем иначе, чем это было задумано. Встав с места и глядя на Тома в упор, она сказала:

— Я хочу, чтобы ты освободил меня от обещания относительно Филипа Уэйкема. Вернее, я обещала, что не буду видеться с ним, не сказав тебе об этом, — вот я и пришла сказать, что хочу его видеть.

— Прекрасно, — отозвался Том уже совсем ледяным голосом.

Но не успела Мэгги договорить, как раскаялась и устрашилась, что слова ее, сказанные холодным, вызывающим тоном, снова создадут отчужденность между ней и братом.

— Я не ради себя обращаюсь к тебе, дорогой Том. Поверь, я сама не стала бы просить тебя об этом, но ты же знаешь, что Люси дружна с Филипом, и она хочет, чтобы он бывал у них в доме — он зван к ним нынче вечером; вот мне и пришлось сказать Люси, что я не могу с ним встретиться без твоего согласия. Мы будем видеться только в присутствии посторонних. Никогда у нас не будет никаких тайн.

Том еще больше нахмурился и некоторое время не смотрел на Мэгги. Потом, повернувшись к ней, произнес медленно и внушительно:

— Тебе известно, что́ я об этом думаю, Мэгги. Нет нужды повторять то, что ты слышала от меня год назад.

Пока был жив отец, я считал своим долгом делать все, что в моей власти, чтобы не дать тебе опозорить его, себя и всех нас. Теперь я не стану тебя неволить — поступай как знаешь. Ты хочешь быть независимой — так ты сказала мне после смерти отца. Изволь. Я своего мнения не меняю: если твоим избранником станет Филип Уэйкем, помни — у тебя больше нет брата.

— Нет, нет, милый Том! Поверь, я хорошо понимаю, что сейчас не время обо всем этом думать. Я знаю, что это только приведет к несчастью. Но ведь я пробуду здесь совсем недолго, пока не найду работу. И вот мне хотелось бы в эти немногие дни по-прежнему быть в дружеских отношениях с Филипом.

Сурово нахмуренное лицо Тома несколько смягчилось.

— Я не возражаю, чтобы вы иногда виделись в доме дяди: не следует возбуждать толков. Но у меня нет к тебе доверия, Мэгги. От тебя можно ожидать чего угодно.

Это были безжалостные слова. У Мэгги задрожали губы.

— Зачем ты так говоришь, Том? Это жестоко! Разве я не делала всего, что было в моих силах, не сносила всего безропотно? И я сдержала слово, которое дала тебе, когда... когда... Мне ведь тоже несладко живется, Том, не лучше, чем тебе.

Ее душили слезы, в лице появилось что-то детское. Если Мэгги не была охвачена гневом, на нее всякое ласковое или сердитое слово действовало, как на маргаритку — луч солнца или тень от тучки: желание быть любимой всегда будет склонять ее к покорности, как это было в детстве на старом чердаке. Слова Мэгги нашли отклик в душе Тома, но он выразил свои братские чувства так, как это ему было свойственно. Мягко опустив руку на плечо Мэгги, он произнес тоном доброго наставника:

— Послушай, Мэгги. Вот что я хочу тебе сказать. Ты ни в чем не знаешь меры — у тебя нет ни благоразумия, ни самообладания, и при этом ты убеждена, что умнее всех, и не терпишь, когда тобой руководят. Вспомни, я не хотел, чтобы ты работала. Тетушка Пуллет с радостью приняла бы тебя под свой кров, и ты жила бы, как тебе подобает, в кругу родных, а там я смог бы предоставить тебе и матери свой дом. Это всегда было моим желанием. Я мечтал, что моя сестра будет леди, и я заботился бы о тебе, как того хотел наш отец, пока тебе не представилась бы хорошая партия. Но мы с тобой ни в чем не сходимся, и ты всегда поступаешь по-своему. Хотя, кажется, здравый смысл должен был подсказать тебе, что брату, который больше тебя знает жизнь и людей, виднее, что подобает и приличествует его сестре. Ты сомневаешься в моей доброте и не сознаешь, что я стремлюсь к твоему благу, к тому, что я считаю для тебя благом.

— Да... я знаю... дорогой Том, — сказала Мэгги, силясь удержать слезы, но все еще всхлипывая. — Я знаю, ты готов очень многое для меня сделать. Я вижу, как ты работаешь, как не щадишь себя. И я полна благодарности. Но право же, не во всем я могу следовать твоим советам: мы с тобою так не похожи друг на друга! И ты не понимаешь, как иной раз меня задевает то, что тебя оставляет равнодушным.

— Понимаю. Очень хорошо понимаю! Нужно быть совершенно равнодушной к чести семьи и к собственному доброму имени, чтобы принимать тайные ухаживания Филипа Уэйкема. Не будь у меня других причин с отвращением относиться к этому союзу, я и тогда не потерпел бы, что имя моей сестры как-то связывают с именем человека, отцу которого настолько ненавистна мысль о нашей семье, что, знай он о намерениях сына, он с презрением оттолкнул бы тебя. Мне казалось, то, что произошло у тебя на глазах перед смертью отца, должно навсегда отвратить твои мысли от Филипа Уэйкема. Так было бы с кем угодно, Мэгги, но за тебя я не поручусь. Я ни в чем за тебя не поручусь. То ты находишь удовольствие в каком-то нелепом самоотречении, то у тебя не хватает решимости противиться тому, что сама находишь дурным.

В словах Тома была заключена жестокая правда — та твердая скорлупа правды, которая только и доступна умам холодным и лишенным воображения. Мэгги всегда сжималась от прямолинейности его суждений: все в ней восставало против них, и в то же время она чувствовала себя униженной, — казалось, он подносил ей зеркало, отражавшее все ее слабости и безрассудства. Это был словно пророческий голос, предрекавший ее будущие падения, — а между тем она, в свою очередь, судила Тома, мысленно повторяя себе, что он ограничен, несправедлив, что ему непонятны те душевные стремления, которые являлись источником всех прегрешений и безумств, делавших ее жизнь в глазах Тома цепью бессмысленных загадок.

Мэгги ответила не сразу: слишком переполнено было ее сердце. Она села и облокотилась на стол. Тщетно было пытаться установить с братом душевную близость. Разве она не встречала всегда отпор? Слова Тома внесли смятение в ее чувства, воскресив в памяти последнюю сцену между отцом и Уэйкемом, и мало-помалу все ее нынешние огорчения отступили перед этим тягостным, но священным воспоминанием. Нет! Она не относится к таким вещам с легкомысленным равнодушием. Том не смеет обвинять ее в этом. Она обратила к нему печальный, задумчивый взгляд и сказала:

— Я знаю, Том, слова мои бессильны переубедить тебя. Но, поверь, мне не так чужды твои чувства, как тебе кажется. Я понимаю не хуже тебя, что при тех отношениях, которые сложились с отцом Филипа, — все иные основания я отвергаю — было бы неразумным, было бы преступным питать надежды на брак, и я давно уже перестала думать о Филипе как о будущем муже... Я говорю тебе правду, и ты не смеешь мне не верить. Ведь я сдержала данное тебе слово: ты не можешь упрекнуть меня во лжи. Я не только не буду поощрять Филипа, но сразу же дам ему понять, что между нами немыслимы никакие иные отношения, кроме дружеских. Ты вправе думать, что мне недостает твердости, но по крайней мере не казни меня презрением за те проступки, которых я еще не совершила.

— Хорошо, Мэгги, — сказал Том, смягченный ее словами. — Я не стану упрямо стоять на своем. Взвесив все доводы, я должен согласиться, что разумнее всего тебе встретиться с Филипом, раз Люси желает, чтобы он бывал у них в доме. Я верю тому, что ты говоришь; точнее, я знаю, что ты сама в это веришь. Мне только хотелось предостеречь тебя. От кого, как не от тебя, зависит, чтобы я был тебе добрым братом?

При этих словах голос Тома слегка дрогнул, и сердце Мэгги вдруг затопила волна нежности, совсем как в детстве, когда они освящали свое примирение, по очереди откусывая от одного пирожка.

— Том, дорогой, я знаю, что ты желаешь мне добра. Я знаю, как много тебе пришлось перенести и как много ты сделал для нас. Мне хотелось бы как-то скрасить твою жизнь, а не причинять тебе лишние огорчения. Ну скажи, ты ведь не считаешь меня совсем неисправимой?

Глядя на горящую нетерпением Мэгги, Том улыбнулся: приятно было видеть его лицо, когда оно вдруг озарялось улыбкой, — серые глаза под нахмуренными бровями могли быть очень ласковыми.

— Нет, Мэгги.

— И я могу оказаться лучше, чем ты думаешь?

— Надеюсь, так оно и будет.

— Ты позволишь мне как-нибудь прийти, напоить тебя чаем и еще раз посмотреть на эту крохотную жену Боба?

— Хорошо. Ну а теперь беги. У меня нет ни одной свободной минуты, — проговорил Том, глядя на часы.

— Даже для того, чтобы поцеловать меня?

Том нагнулся и, поцеловав Мэгги в щеку, сказал:

— Ну, будь умницей. Мне надо еще многое обдумать. Нынче мне предстоит серьезный разговор с дядей Дином.

— Ты будешь завтра у тетушки Глегг? Мы собираемся рано пообедать, чтобы поспеть туда к чаю. Ты непременно должен прийти — Люси поручила передать тебе это.

— Пф! Будто у меня нет других дел, как ходить по гостям, — пробурчал Том и так отчаянно дернул колокольчик, что шнурок остался у него в руке.

— Ой, как страшно! Бегу! — воскликнула Мэгги и, смеясь, скрылась за дверью: между тем Том, как и подобает истинному мужчине, отшвырнул шнурок колокольчика в самый дальний угол комнаты, что было, однако, не так уж далеко... Я льщу себя надеждой, что это небольшое наблюдение, почерпнутое из житейского опыта, найдет сочувственный отклик в сердцах немалого числа всем известных и ныне благоденствующих мужей, когда-то на пороге своего вступления в свет питавших очень большие надежды в очень маленьких комнатках.

ГЛАВА V

Из которой явствует, что Том вскрыл устрицу

— Теперь, Том, когда мы покончили с ньюкаслским делом, — сказал в тот же день мистер Дин племяннику, с которым беседовал у себя в кабинете банка, — я хочу потолковать с тобой еще кое о чем, и, поскольку тебе предстоит провести две-три недели в этом дымном Ньюкасле, где, надо думать, тебе несладко придется, для бодрости духа недурно иметь что-нибудь приятное в перспективе.

Том уже с меньшим нетерпением, чем когда-то, ждал, пока дядюшка, достав табакерку, методично угостит каждую ноздрю доброй понюшкой табака.

— Видишь ли, Том, — проговорил наконец мистер Дин, откидываясь в кресле, — жизнь движется теперь более быстрым шагом, чем во времена моей молодости. Да, сэр, сорок лет назад, когда я был таким же рослым молодцом, как ты сейчас, считалось, что человек должен все свои лучшие годы тянуть оглобли, прежде чем ему удастся завладеть кнутом. Ткацкий станок работал медленно, да и моды менялись не так быстро. Мой парадный костюм служил мне ни много ни мало добрых шесть лет. Во всем был меньший размах — я имею в виду денежные траты, сэр. Этот пар перевернул все! Каждое колесо вертится теперь в два раза быстрее, в том числе и колесо фортуны, как удачно заметил наш мистер Стивен Гест в своей речи на банкете (просто диву даешься, как он всегда ухитряется схватить самую суть, особенно если принять в расчет, что он ничего не смыслит в делах). Не в пример другим, я не сетую на перемены. Торговля открывает человеку глаза, сэр, и если народонаселение на земном шаре и впредь будет увеличиваться, всем нам так или иначе придется поломать голову над новыми изобретениями. Я — обыкновенный коммерсант — вложил свою долю в общее дело. Кто-то сказал, что весьма почетно вырастить два колоса на месте одного, но не менее почетно, сэр, способствовать обмену товарами и доставлять зерна этих колосьев по назначению — то есть голодным. А это как раз по нашей части, сэр, и я считаю, что человек, связанный с занятием подобного рода, может по праву гордиться им.

Том понимал, что дело, о котором намеревался говорить дядя, — не очень спешное: мистер Дин был слишком трезвым и практичным человеком, чтобы позволить своим воспоминаниям или понюшке табака встать на пути интересов торговли. В последние месяцы дядя не раз ронял намеки, позволившие теперь Тому догадаться, что речь пойдет о каком-то предложении, весьма выгодном и лестном для него, Тома. При первых же словах дяди он вытянул ноги, засунул руки в карманы и приготовился слушать многословное вступление, которое в конце концов сведется к тому, что мистер Дин обязан своим преуспеванием в жизни только собственным заслугам и каждому молодому человеку надлежит помнить, что ежели он не добился того же, то это произошло только по его собственной вине.

— Если я не ошибаюсь, Том, скоро будет семь лет, как ты пришел сюда просить меня о месте?

— Да, сэр, теперь мне двадцать три года, — сказал Том.

— Ну, об этом ты мог бы и не упоминать. Ты выглядишь старше, а это важно для дела. Я прекрасно помню, как ты пришел ко мне. С первого взгляда я понял, что из тебя выйдет толк: потому-то я и решил оказать тебе поддержку. И я с удовольствием отмечаю, что был прав, — я вообще редко ошибаюсь! Естественно, поначалу мне было несколько неловко продвигать своего племянника. Но я рад заметить, что ты делаешь мне честь, сэр, и будь у меня сын, я не стал бы огорчаться, если бы он был похож на тебя. — Мистер Дин, постучав пальцами по табакерке, снова открыл ее и, совсем расчувствовавшись, повторил: — Да, я не стал бы огорчаться, если бы он был похож на тебя.

— Очень рад, что вы мною довольны, сэр. Я делаю все, что в моих силах, — сказал Том со свойственной ему гордой независимостью.

— Да, я доволен тобой. Не буду сейчас говорить о том, что ты оказался достойным сыном, хотя и это обстоятельство повысило тебя в моих глазах. Но, как компаньону фирмы, мне пришлось столкнуться с тобой на деловой почве, и я оценил тебя по заслугам. Нашей фирме есть чем гордиться — великолепное предприятие, сэр, и имеются все основания предполагать, что оно будет развиваться и дальше: растет капитал — растут и рынки сбыта. Но есть еще одно условие, необходимое для процветания каждой фирмы, и крупной и мелкой. Это люди, двигающие дело, — люди определенных правил, не какие-нибудь щелкоперы, а те, на кого можно положиться. В этом мы — мистер Гест и я — отдаем себе отчет. Вот, например, три года назад мы взяли в компаньоны Гелла, выделив ему пай на маслобойне. А почему? Да потому, что его заслуги перед фирмой достойны награды. Так всегда бывает, сэр; так было и со мной. Правда, Гелл на десять с лишком лет старше тебя, но ведь у тебя есть другие преимущества.

По мере того как мистер Дин говорил, Томом овладевало беспокойство: ему надо было сказать дяде кое-что, никак не совместимое с предложением, которое, как он ожидал, сейчас последует, и Том опасался, что в силу этого его слова придутся мистеру Дину не по душе.

— Само собой разумеется, — продолжал мистер Дин, покончив с очередной понюшкой, — тот факт, что ты приходишься мне племянником, играет известную роль. Но я должен признать, что не будь этого обстоятельства, твое поведение в истории с банком Пелли все равно побудило бы мистера Геста и меня вознаградить тебя каким-нибудь образом за оказанную нам услугу. Итак, мы решили, принимая во внимание твое усердие и деловые способности, выделить тебе пай, который со временем рады будем увеличить. Мы полагаем, что это во всех отношениях лучше, чем просто повысить тебе оклад. Участие в деле на новых началах придаст тебе вес и послужит той подготовкой, которая позволит мне в будущем переложить часть забот на твои плечи. Пока еще, слава богу, я со всем справляюсь, но годы берут свое — этого отрицать нельзя. Я сказал мистеру Гесту, что побеседую с тобой, и после твоего возвращения с севера мы вновь обратимся к этому предмету и обсудим его во всех подробностях. Неплохая перспектива для двадцатитрехлетнего юнца! Но, надо отдать тебе должное, ты это заслужил.

— Я очень благодарен вам и мистеру Гесту, сэр, и, конечно, понимаю, чем я обязан вам, дядя: ведь это вы определили меня на место, да и потом положили на меня немало сил.

Том произнес это дрогнувшим голосом и остановился.

— Да, да, — подхватил мистер Дин, — я не жалею сил, когда вижу, что будет прок. В свое время я немало повозился с Геллом, без этого он не стал бы тем, что он есть.

— Но мне хотелось бы побеседовать с вами об одной вещи, дядя. Я никогда раньше об этом не заговаривал.

Как вы помните, когда распродавалось имущество моего отца, ваша фирма подумывала о приобретении мельницы; насколько мне известно, вы находили, что это будет выгодное помещение денег, особенно если сделать ее паровой мельницей.

— Да, да, разумеется. Но Уэйкем перехватил ее у нас — он решил это сделать во что бы то ни стало. Он любит перебивать людям дорогу.

— Может быть, я напрасно завел сейчас об этом речь, — продолжал Том, — но лучше, если вы будете знать, что у меня на уме. Мне дорога́ эта мельница. И я хотел бы выполнить последнюю волю отца — он просил меня попытаться вернуть ее когда-нибудь нашей семье: пять поколений Талливеров владели ею. Я обещал. Кроме того, я привязан к этому месту — нигде мне не будет так хорошо, как там. И это приобретение, если оно не противоречит интересам фирмы, позволит мне быстрее выполнить волю отца. Я молчал бы и дальше, не заговори вы сегодня о моих небольших заслугах перед фирмой. Я готов отказаться от самых заманчивых предложений ради того, чтобы вернуть мельницу: я хочу сказать — держать ее под своим присмотром и со временем выкупить у фирмы.

Мистер Дин, внимательно выслушав Тома, погрузился в размышления.

— Понимаю, — сказал он наконец, — понимаю, на что ты рассчитываешь. И это было бы возможно, если бы только Уэйкем пожелал когда-нибудь расстаться со своей собственностью. Но на это рассчитывать не приходится. Он определил туда молодого Джетсома; надо думать, у Уэйкема были свои причины купить мельницу.

— Этот Джетсом — сущий бездельник, — сказал Том. — Оп пристрастился к вину, и я слышал, что дела там идут из рук вон плохо. Об этом мне говорил Люк, наш старый мельник. И еще он говорил, что, если все так пойдет и дальше, он ни за что не останется на мельнице. Вот я и подумал, что, быть может, теперь Уэйкем захочет расстаться с ней. По словам Люка, он весьма озабочен тем, что там творится.

— Что ж, Том, подумаем. Надо будет навести справки и обсудить все с мистером Гестом. Но, видишь ли, это нечто совсем новое, а мы предполагали, что ты и впредь будешь заниматься своим делом.

— Но когда на мельнице все войдет в свою колею, я без труда справлюсь и с тем и с другим. Чем больше работы, тем лучше. Ведь ничего другого у меня в жизни нет.

Горький смысл этих слов, произнесенных устами двадцатитрехлетнего молодого человека, поразил даже нечуткий ко всему, кроме дел, слух мистера Дина.

— Полно тебе, Том, погоди — будет в твоей жизни и другое, когда ты женишься; а это не за горами, если ты и дальше будешь продвигаться так, как сейчас. Что же касается мельницы, то не будем стричь шерсть неродившейся овцы. Но обещаю тебе, я над этим поразмыслю, и, когда ты вернешься, мы все обсудим. А сейчас меня ждет обед. Завтра утром приходи к нам — вместе позавтракаем, и ты простишься перед отъездом с матерью и сестрой.

ГЛАВА VI

Иллюстрирующая закон взаимного тяготения

Вам, без сомнения, уже понятно, что Мэгги вступила в тот период своей жизни, который, по мнению людей, умудренных житейским опытом, открывает перед молодой женщиной ряд блестящих возможностей. Внезапно вовлеченная в водоворот светской жизни Сент-Огга, Мэгги, с ее необыкновенной внешностью, обладавшей к тому же для большинства лиц этого круга всей прелестью новизны, и с более чем скромными туалетами, о которых вы уже получили некоторое представление, слушая оживленные прения Люси и тетушки Пуллет, находилась теперь на решающем повороте своего жизненного пути. На первом же вечере у Люси юный

Торри, не щадя сил, напрягал мускулы своего лица, чтобы «темноглазая девушка там в уголке» могла лицезреть его во всем блеске и великолепии, приданном ему моноклем, а некоторые молодые леди отправились домой с твердым намерением носить отныне только открытые платья с черными кружевами и укладывать волосы короной: «Она, право же, премило выглядит, эта кузина мисс Дин».

Итак, бедной Мэгги, душа которой была отягощена воспоминаниями о былых горестях и предчувствием будущих невзгод, предстояло стать предметом некоторой зависти, а также постоянной темой разговоров элегантных джентльменов, посещающих недавно открывшуюся бильярдную, и прелестных подруг, которые не имеют друг от друга тайн по части туалетов. Правда, сестры Гест, милостиво поддерживавшие отношения с обществом Сент-Огга и слывшие законодательницами высшего тона, отнеслись к манерам Мэгги несколько неодобрительно. Она не склонна была всегда соглашаться с суждениями, принятыми в хорошем обществе, объясняя это тем, что ей трудно решить, насколько они справедливы, — а это нарушало плавное течение разговора и расценивалось как своего рода gaucherie[1]. Но, как известно, дамы порой чувствуют особое расположение к своим новым приятельницам — что, разумеется, можно полностью отнести за счет доброжелательности, — если обнаруживают в них некоторые недостатки. К тому же Мэгги до такой степени были несвойственны милые ужимки и уловки кокетства, которые, согласно традиционному мнению, заставляют мужчин терять голову, что сестры Гест по доброте душевной даже готовы были жалеть ее за неспособность привлечь внимание к своей красоте. Не так уж много преимуществ у нее, у бедняжки! И все же они не могли не признать, что в ней нет ни капли жеманства: резкость и порывистость ее манер — не что иное, как результат затворничества и стесненных об-

---

[1] Неловкость *(фр.)*.

стоятельств. Чудо еще, что в ней нет вульгарности, чего нельзя сказать о других родственниках бедняжки Люси, при одном упоминании о которых сестер Гест всегда слегка коробило. Не слишком-то приятно породниться с такими людьми, как Глегги и Пуллеты; однако, если Стивен вбил себе что-нибудь в голову, противоречить ему бесполезно; и разумеется, ни у кого не нашлось бы возражений против самой Люси — она не могла не нравиться. Люси, конечно, ожидает, что они проявят благосклонность к ее горячо любимой кузине, и Стивен поднял бы шум, если бы в них недостало любезности. При подобных обстоятельствах нельзя было пожаловаться на отсутствие приглашений в Парк-Хауз, как, впрочем, и в другие дома; мисс Дин была слишком популярным и достойным членом сент-оггского общества, чтобы позволить себе пренебречь малейшим знаком внимания по отношению к ней.

И вот Мэгги впервые приобщилась к образу жизни молодой леди: она узнала, как чудесно просыпаться по утрам с мыслью, что впереди беззаботный день и можно делать что угодно или вовсе ничего не делать. Это новое состояние беспечного досуга и непрекращающихся удовольствий, когда легкий ласкающий ветерок в каждом своем дуновении несет запахи весеннего сада, когда то и дело звучит музыка и так приятно совершать медлительные прогулки и так восхитительно грезить, скользя по реке, — все это после долгих лет нужды и лишений должно было подействовать на нее опьяняюще; и уже в первую неделю ее почти перестали преследовать грустные воспоминания и предчувствия. Эта жизнь, бесспорно, нравилась Мэгги; ей нравилось наряжаться по вечерам и чувствовать себя частицей красоты пробуждающейся весны. Теперь ее всегда ожидали восхищенные взгляды, отныне она уже не была заброшенным существом, которое можно бранить и упрекать, постоянно требуя внимания и не считая нужным отвечать тем же. Ей нравилось сидеть одной за роялем в те часы, когда Люси и Стивен выезжали на прогулку, и убеждаться, что не утрачено былое согласие пальцев и клавиш, что вновь оживает между ними связь, которая, подобно родству душ, не может быть уничтожена разлукой, подбирать мелодии, слышанные накануне вечером, и, повторяя их снова и снова, придавать им бóльшую выразительность и страстность. Даже брать аккорды было радостью для Мэгги, и она часто предпочитала тетрадь упражнений музыкальным пьесам, чтобы, отрешившись от себя, острее ощущать простую смену созвучий. Ее способность наслаждаться музыкой — свойство высшего порядка — не была порождена талантом, а, скорее, объяснялась избытком страстности, в высшей степени присущей ее натуре и доводившей все ее недостатки и добродетели до того предела, где они сливаются воедино; это вносило подчас нетерпеливый и требовательный оттенок в ее увлечения, но вместе с тем, не давая ее тщеславию принять форму пустых ухищрений женского кокетства, возвышало его до благородного честолюбия. Но Мэгги вам давно уже знакома, и нет нужды раскрывать перед вами особенности ее характера, вы хотите услышать ее историю, которую едва ли можно предугадать даже при полном понимании натуры; трагедии нашей жизни не определяются всецело тем, что заключено в нас самих. «Характер, — говорит Новалис[1] в своем спорном афоризме, — характер — это судьба». Но не вся судьба. Гамлет, принц датский, был склонен к размышлениям и отличался нерешительностью, и тем не менее перед нами одна из величайших трагедий. Но если бы его отец дожил до глубокой старости, а дядя умер в ранней молодости, легко можно было бы себе представить, что Гамлет, женившись на Офелии, прожил бы свой век, слывя образцом благоразумия, несмотря на излишнее пристрастие к монологам и некоторые саркастические высказывания, обращенные к прекрасной дочери Полония, не говоря уже об откровенной грубости по отношению к своему тестю.

[1] *Новалис* (1772–1801) — немецкий писатель-романтик.

Таким образом, судьба Мэгги пока что сокрыта от нас; мы должны терпеливо следовать ее течению, и тогда она постепенно предстанет перед нами, словно русло не нанесенной на карту реки; мы знаем лишь, что река эта стремительна и полноводна и, подобно всем рекам, имеет свой земной предел. Сама Мэгги, поддавшись очарованию жизни, полной удовольствий, уже не позволяла воображению увлечь себя из этого безмятежного круга, не думала о том, что ждет ее впереди; все ее беспокойство, все страхи, вызванные предстоящей встречей с Филипом, отступили на задний план. Сама того не сознавая, она была не слишком огорчена тем, что встреча эта откладывается.

Филип не явился в тот вечер, когда его ожидали, а от мистера Стивена Геста стало известно, что он уехал на побережье — рисовать с натуры, как предполагал Стивен. И никто не знал, долго ли он там пробудет. Как похоже на Филипа — исчезнуть, не сказав никому ни слова! Только двенадцать дней спустя Филип вернулся и нашел у себя обе записки Люси; он уехал, не подозревая о приезде Мэгги.

Быть может, надо возвратиться к своим девятнадцати годам, чтобы понять до конца всю полноту чувств, владевших Мэгги в эти двенадцать дней, понять, каким продолжительным казался ей этот короткий срок благодаря новизне переживаний и разнообразию ощущений. Дни первого знакомства полны для нас значения, и в нашей памяти им отведено большее место, нежели следующим за ними длительным периодам, которые не так богаты открытиями и впечатлениями. В эти десять дней не много набралось бы часов, когда мистер Стивен Гест не сидел бы подле Люси, не стоял бы возле нее у рояля или не сопровождал бы ее на прогулках; его ухаживание день ото дня становилось все очевиднее — что, надо сказать, отвечало общим ожиданиям. Люси была счастлива — тем более счастлива, что Стивен с приездом Мэгги как будто стал еще оживленнее и занимательнее. Между Мэгги и Стивеном постоянно разгорались шутливые, а подчас и серьезные споры, и в этих словесных поединках оба противника показывали себя с наилучшей стороны, к восхищению кроткой, ни на что не претендующей Люси, которой не раз приходило в голову, что они составят на всю жизнь прелестный квартет, когда Мэгги станет женой Филипа. Так ли уж неправдоподобна мысль, что молодая девушка может, благодаря присутствию третьего лица, чувствовать себя еще более счастливой в обществе своего возлюбленного и не испытывать при этом вспышек ревности, хотя разговор чаще всего обращен к этому третьему лицу? Нет, если эта девушка, как и Люси, наделена душевным равновесием, вполне убеждена в том, что ей известны сердечные тайны обоих, и не подвержена сомнениям, способным без каких-либо очевидных причин поколебать эту уверенность. Кроме того — разве Стивен сидел не подле Люси, не ей подавал руку, не у нее искал поддержки во время споров? Он постоянно окружал ее нежным вниманием и был по-прежнему предупредителен к ней, заботливо выполняя каждое ее желание. По-прежнему ли? Люси казалось, что более прежнего; неудивительно, что истинный смысл перемены ускользнул от нее. Действиями Стивена, казалось, руководил неуловимый голос совести, но даже сам Стивен не отдавал себе в том отчета. Его внимательность к Мэгги выражалась в относительно сдержанной форме, и между ними возникла некоторая отдаленность, не допускавшая возобновления того слабого подобия галантности, которую он позволил себе по отношению к ней в первый день знакомства во время катания на лодке. Если Стивен приходил в тот момент, когда Люси не было в комнате, или Люси ненадолго оставляла их вдвоем, они никогда не обращались друг к другу: Стивен обычно погружался в изучение нотных тетрадей, а Мэгги с необычайным прилежанием склонялась над шитьем. Каждый мучительно, до кончиков ногтей, ощущал присутствие другого. И тем не менее на следующий день оба со страстным нетерпением ждали, чтобы все повторилось снова. Ни один из них не пытался вникнуть в суть происходящего, не задавался мыслью: к чему это приведет? Мэгги сознавала лишь, что жизнь открывает ей нечто совсем новое, и была настолько поглощена своими переживаниями, на которые уходили все силы ее души, что была не в состоянии разобраться или хотя бы отдать себе в них отчет. Стивен намеренно не спрашивал себя ни о чем, боясь признать, что испытывает на себе воздействие, которое не может не сказаться на всем его поведении. Достаточно было Люси войти в комнату, и снова к ним возвращалась непринужденность: Мэгги опять вступала в споры со Стивеном и смеялась над ним, а он, в свою очередь, советовал ей взять пример с такой очаровательной героини, как мисс София Уэстерн[1], которая «с величайшим уважением относилась к суждениям мужчин». Мэгги теперь без смущения могла смотреть на Стивена, чего она по каким-то причинам всегда избегала, если они оставались вдвоем, а он решался просить ее аккомпанировать ему — ведь пальчики Люси были заняты вышиванием для предстоящего базара — и даже читал Мэгги нотации за слишком быстрый темп, что, бесспорно, можно было поставить ей в упрек.

Как-то раз — это было в день возвращения Филипа — Люси неожиданно понадобилось отправиться вечером с деловым визитом к миссис Кен, чье слабое здоровье было подорвано приступом бронхита, который грозил принять хронический характер и мог надолго приковать ее к постели, почему она и была вынуждена сложить с себя обязанности распорядительницы благотворительного базара, передав их в руки других леди, в том числе и Люси. Все это обсуждалось в присутствии Стивена, и он слышал, как Люси обещала перенести обед на более ранний час и в шесть часов заехать за мисс Торри, передавшей ей просьбу миссис Кен.

---

[1] *София Уэстерн* — героиня романа «История Тома Джонса, найденыша» английского писателя Генри Филдинга (1707–1754).

— Вот еще один поучительный пример того, к чему приводят все эти дурацкие базары! — негодующим тоном сказал Стивен, как только мисс Торри покинула комнату. — Они отрывают молодых леди от обязанностей домашнего очага, увлекая их в легкомысленную обстановку вязаных салфеточек и вышитых ридикюлей! Хотел бы я знать, разве истинное призвание женщин не в том, чтобы удерживать мужей дома и выманивать холостяков из дому? Если так будет продолжаться и впредь, связи общества распадутся.

— Нет, нет, этому скоро наступит конец! — смеясь, сказала Люси. — Базар состоится на будущей неделе.

— Благодарение богу! — воскликнул Стивен. — На днях сам Кен говорил о том, что он с неудовольствием наблюдает, как тщеславие выполняет работу благотворительности; но поскольку британцы не обладают достаточным здравомыслием, чтобы примириться с прямым налогом, Сент-Огг может осилить постройку и содержание школ, лишь призвав на помощь людскую суетность.

— Неужели он так и сказал? — с волнением спросила кроткая Люси, широко открывая карие глаза. — Я никогда не слышала от него ничего подобного: мне казалось, он одобряет то, что мы делаем.

— Вас он одобряет, в этом я уверен, — проговорил Стивен, нежно ей улыбаясь. — Правда, ваше желание провести нынешний вечер вне дома кажется весьма злонамеренным, но ведь мне известно, что в основе его лежат добрые побуждения.

— Вы слишком хорошо обо мне думаете, — сказала Люси, качая головой и мило краснея.

На этом разговор окончился. Всем без слов было ясно, что в этот вечер Стивен у них не появится; в силу этого молчаливого уговора он удлинил свой утренний визит и откланялся уже после четырех часов.

Вскоре после обеда Мэгги покинула столовую, предоставив дяде Дину возможность, мирно потягивая вино, клевать носом, а миссис Талливер — блаженно дремать со спицами в руках, чему та охотно предавалась до чая в такие дни, когда у них не собиралось общество; сама Мэгги с Минни на коленях устроилась в гостиной. Она наклонилась, чтобы погладить крохотное шелковистое существо, как бы желая вознаградить его за отсутствие хозяйки, но тут звук шагов и зашуршавший гравий заставили ее поднять голову: по дорожке сада от реки шел Стивен Гест. Непривычно было видеть его в этот час. Он всегда жаловался, что в Парк-Хаузе обедают поздно. Тем не менее это был он — и уже в вечернем костюме: очевидно, он побывал дома и вернулся назад в лодке. У Мэгги запылали щеки и забилось сердце. Впрочем, не было ничего удивительного в том, что она так взволновалась: ей впервые приходилось самой принимать гостей. При виде Мэгги Стивен, не останавливаясь, приподнял шляпу и направился прямо к стеклянной двери, ведущей из сада в комнату, чтобы этим путем попасть в дом. Он тоже покраснел и выглядел настолько глупо, насколько это позволено молодому человеку, наделенному умом и самообладанием; держа в руке свернутые трубочкой ноты, он подошел к Мэгги и с нерешительным видом, показывающим, что он понимает всю неубедительность придуманного на ходу объяснения, произнес:

— Вас, наверное, удивляет мой вторичный визит, мисс Талливер; простите меня за это неожиданное вторжение, но оказалось, что мне необходимо побывать в городе, и один из наших людей привез меня в лодке. Вот я и подумал, что по пути мне следует завезти вашей кузине ноты «Дева из Артуа»; утром я забыл об этом. Не будете ли вы так добры передать их?

— Хорошо, — сказала смущенная Мэгги и, не выпуская из рук Минни, поднялась было с места, но, не зная, что ей делать дальше, снова села.

Стивен, отложив в сторону шляпу и ноты, которые тотчас же скатились на пол, подсел к Мэгги. Никогда раньше он не садился так близко; оба почувствовали всю необычность этого положения.

— Ну, изнеженный баловень! — сказал Стивен, наклоняясь, чтобы потянуть длинное причудливое ухо спаниеля, свисавшее с руки Мэгги.

Замечание это не способствовало завязыванию беседы, и так как говорящий не стал развивать свою мысль, то разговор, естественно, замер. Стивену, продолжавшему гладить Минни, казалось, что он — как это бывает во сне — действует не по своей воле. Удивляясь сам себе, он находил это состояние блаженным и только желал еще, чтобы у него достало смелости посмотреть Мэгги в глаза и чтобы она посмотрела на него, позволила ему один раз заглянуть в эти глубокие, загадочные глаза, и тогда он снова обретет спокойствие и к нему вернется благоразумие. Стивен думал о том, что желание это превратилось у него в своего рода манию: он непрерывно изощрял фантазию, стремясь добиться от Мэгги долгого взгляда, с тем, однако, чтобы это не выходило за рамки приличий и не повлекло за собой неловкости. У Мэгги не было определенных мыслей — лишь ощущение словно от присутствия низко парящей в темноте ширококрылой птицы, ибо, не смея поднять глаз, она ничего не видела перед собой, кроме черной пушистой шерстки Минни.

Молчание это не могло длиться бесконечно; возможно, оно и длилось какой-нибудь краткий миг, который, как минутный сон, лишь показался долгим. Стивен выпрямился, принял свою излюбленную позу, свесив руку за спинку стула, и бросил взгляд на Мэгги. Что бы ей сказать?

— Мне кажется, нынче будет прекрасный закат; вы не собираетесь им полюбоваться?

— Не знаю, — сказала Мэгги и, храбро подняв голову, посмотрела в окно. — Если не буду играть с дядей в криббедж.

Последовало молчание; Минни опять гладят, но собачка достаточно проницательна и не испытывает ни малейшей благодарности, скорее даже готова заворчать.

— Вы любите уединение?

Мэгги не без лукавства взглянула на Стивена и проговорила:

— Не будет ли невежливо, если я скажу «да»?

— Признаю, это был довольно рискованный вопрос со стороны непрошеного гостя, — произнес восхищенный ее взглядом Стивен, твердо решив дожидаться другого. — Но после моего ухода вы еще полчаса сможете наслаждаться одиночеством, — добавил он, доставая часы. — Насколько мне известно, мистер Дин обычно не показывается здесь раньше половины восьмого.

Снова воцарилось молчание, во время которого Мэгги упорно смотрела в окно; потом, с усилием переведя взгляд на Минни, сказала:

— Жаль, что Люси нет дома. Мы не сможем заняться музыкой.

— Завтра вечером у нас прибавится еще один певец, — отозвался Стивен. — Вас не затруднит передать вашей кузине, что возвратился наш общий друг Филип Уэйкем? Я встретил его по пути домой.

Эти слова заставили Мэгги встрепенуться: казалось, ее охватила мгновенная дрожь. Новые образы, вызванные к жизни именем Филипа, наполовину рассеяли сковавшие ее чары. Внезапно обретя решимость, она поднялась с места и, посадив Минни на подушку, подошла к столику, где всегда стояла рабочая корзинка Люси. Стивен был раздосадован и разочарован; он подумал, что, быть может, Мэгги неприятно это неожиданное упоминание имени Уэйкема, — у него вдруг всплыло в памяти то, что Люси рассказывала ему о семейной ссоре. Теперь уже не было никакого смысла оставаться дольше. Мэгги села у столика и занялась работой; вид у нее был гордый и неприступный, а он — он, как последний глупец, примчался к ней! Ненужный, ничем не вызванный визит такого рода не может не показаться смешным и должен возбудить неудовольствие. И конечно, Мэгги догадывается, что он наспех пообедал у себя в комнате только ради того, чтобы скорее быть здесь и застать ее одну.

Какое непростительное мальчишество со стороны двадцатипятилетнего, превосходно воспитанного джентльмена, к тому же не без некоторых познаний в области правовых наук! Но стоит только обратиться к истории — и мы найдем немало примеров, подтверждающих, что это не так уж редко случается.

Неожиданно у Мэгги выскользнул из рук и покатился по полу клубок шерсти, и она привстала, чтобы поднять его. Стивен опередил ее; он посмотрел на нее жалобным, укоризненным взглядом, выразившим что-то совсем новое для Мэгги, которая встретилась с ним глазами в тот момент, когда он подавал ей клубок.

— До свидания, — сказал Стивен, и в голосе его звучала та же досада и жалоба, что сквозила и во взгляде.

Не осмеливаясь протянуть ей руку, он при этих словах заложил обе руки за фалды фрака. Мэгги подумала, что она, должно быть, обидела его своей резкостью.

— Вы не останетесь? — робко спросила она, боясь отвести глаза и этим снова его обидеть.

— Нет, благодарю вас, — сказал Стивен, все еще не отрывая взгляда от этих зачарованных и непокорных глаз — так смотрит томимый жаждой путник на бегущий вдали ручей. — Меня ждет лодка... Вы передадите вашей кузине?

— Да.

— Я говорю о нотах!

— Да.

— И что возвратился Филип.

— Да! (На этот раз имя Филипа не произвело впечатления на Мэгги.)

— Вы не хотите немного пройтись по саду? — с еще большей нежностью в голосе спросил Стивен, но в следующее мгновение он уже досадовал, что она не ответила «нет», потому что, сразу же отвернувшись от него, она подошла к стеклянной двери, и ему не оставалось ничего другого, как, захватив шляпу, последовать за ней. Он захотел хоть чем-нибудь вознаградить себя. — Разрешите предложить вам руку, — сказал он негромко, словно доверяя ей тайну.

Для большинства женщин есть что-то покоряющее в предложении мужчины опереться на его руку: не то чтобы они в этот момент действительно нуждались в поддержке, но ощущение опоры, силы, которая заключена в твердой мужской руке и полностью им предоставлена, отвечает голосу их воображения и неизменно находит отклик. Как бы то ни было, Мэгги приняла предложенную ей руку, и они вместе прошли вокруг лужайки и под свисающей зеленой листвой ракитника, погруженные в то же мечтательное состояние, что и четверть часа назад; только Стивен, добившись от Мэгги долгожданного взгляда, не обнаружил в себе никаких признаков вернувшегося благоразумия, а в затуманенном сознании Мэгги молнией промелькнуло: как случилось, что она здесь? Зачем она вышла из дому?

— Осторожно, не споткнитесь о ступеньку, — проговорил наконец Стивен.

— О, мне уже пора идти, — сказала Мэгги, чувствуя, что ступенька спасла ее. — До свидания.

И, тотчас же высвободив руку, она стремительно бросилась к дому. Мэгги не раздумывала над тем, что внезапное бегство ее лишь усугубит неловкость последнего получаса. Она не в состоянии была ни о чем думать. Упав на низкое кресло, она разрыдалась.

— Филип, Филип, как спокойно нам было в Красном Овраге... О, если бы вернуться к тем временам!

Стивен некоторое время смотрел ей вслед, потом спустился к лодке и вскоре сошел на берег у верфи. Он провел весь вечер в бильярдной, где, не выпуская изо рта сигары, проигрывал партию за партией, но упрямо не уходил. Он твердо решил ни о чем не думать, не вспоминать — достаточно и того, что перед ним неотступно стоит Мэгги: она опирается на его руку, а он глядит в самые ее глаза.

Но пришло время возвращаться домой при бесстрастном свете звезд — и вместе с тем время проклинать свое безрассудство, и он с горечью давал себе зарок никогда не оставаться с Мэгги наедине. Все это сплошное безумие: он влюблен в Люси, всем сердцем привязан к ней и помолвлен — это для него долг чести. Зачем только он встретил эту Мэгги Талливер и теперь мечется и не находит себе покоя: рано или поздно она станет прелестной, своенравной, обожаемой женой другого; сам он никогда не избрал бы ее. Чувствует ли она то же, что и он? Он надеется, что... нет. Ему не следовало приходить. Отныне он сумеет держать себя в руках. Он найдет способ внушить ей неприязнь или даже поссориться с ней. Поссориться с ней? Можно ли поссориться с созданием, у которого такие глаза — непокорные и молящие, высокомерные и смиренные, отстраняющие и влекущие, полные восхитительных противоречий? Видеть, как ее побеждает любовь, — завидный удел... для другого.

Последовало невнятное восклицание, знаменовавшее конец этого немого монолога, и, отбросив последнюю сигару недокуренной, Стивен заложил руки в карманы и зашагал по аллее, обсаженной кустарником. Восклицание это не выражало благодарности судьбе.

ГЛАВА VII

Вновь появляется Филип

Утро следующего дня было дождливым; в такое утро джентльмены, если только безотлагательные дела не удерживают их дома, склонны наносить длительные визиты прекрасным своим соседкам. Моросящий дождь, с которым вполне можно мириться, пока верхом или попросту пешком добираешься до желанной цели, ежеминутно грозит перейти в ливень, одновременно обещая и совсем прекратиться; поэтому ничто, кроме бурной ссоры, не заставит вас раньше времени закончить визит — скрытая неприязнь в таких случаях бессильна. Если же речь идет о влюбленных, то что может быть желаннее для них дождливого английского утра! Солнце в Англии не внушает доверия — шляпки всегда в опасности, а если вам вздумается расположиться на траве, это, скорее всего, повлечет за собой простуду. Зато дождь вполне надежен. Вы надеваете макинтош, мчитесь под дождем и вскоре оказываетесь в гостиной на своем излюбленном месте: немного выше или ниже вашего божества (что для метафизических умов является, в сущности, одним и тем же и объясняет, почему женщинам поклоняются и вместе с тем смотрят на них свысока), в приятной уверенности, что ни одна леди не пожалует с визитом.

— Я думаю, Стивен придет сегодня раньше обычного, — сказала Люси. — Так всегда бывает в дождливые дни.

Мэгги промолчала. Она сердилась на Стивена и готова была, как ей казалось, возненавидеть его. Не будь дождя, она непременно отправилась бы к тетушке Глегг, чтобы не встретиться с ним в этот день. Теперь же ей придется подыскать предлог, чтобы остаться с матерью и не выходить к гостям.

Но Стивен не пришел раньше обычного; его опередил другой, более близкий сосед. Когда Филип вошел в комнату, он собирался лишь издали поклониться Мэгги, полагая, что их дружба составляет для всех тайну, которую он должен оберегать; но Мэгги поднялась ему навстречу, протягивая руку, и он тотчас же понял, что Люси во все посвящена. Эта встреча взволновала обоих, хотя Филип в течение многих часов готовился к ней; впрочем, как и все те, кто не привык рассчитывать на людское благожелательство, он редко терял самообладание и из чрезмерной гордости никогда не выдавал своих чувств. Чуть побледневшее лицо, сжатые ноздри, голос, звучавший несколько напряженней обычного, — все, что посторонний взгляд счел бы признаком холодного равнодушия, было для Филипа единственно возможным выражением его глубокой внутренней драмы. Но Мэгги была подобна музыкальной струне, в которой все рождает отзвук, и, подавая руку Филипу, она почувствовала, что глаза ее наполняются слезами. Это не были слезы горя; скорее, они имели то же происхождение, что слезы женщин и детей, которые, обретя наконец надежную защиту, оглядываются назад на грозившую им опасность. Ибо Филип, до сих пор живший в ее сознании неотделимо от мысли, что Том вправе за это упрекнуть ее, с недавнего времени стал для Мэгги второю совестью, источником силы и спасения. Ее спокойная, нежная привязанность к нему, уходящая корнями в далекое детство, воспоминания о долгих мирных беседах, постепенно развивавших склонности, присущие ее натуре, и самый характер его любви, взывавшей скорее к жалости и женской преданности, чем к тщеславию и прочим эгоистическим свойствам, — все это теперь казалось ей чем-то священным, было тем светлым прибежищем, где она могла искать защиты от искусительных соблазнов, которым должно противиться все лучшее в ней, ибо они лишь внесут гибельное смятение в душу и несчастье в ее судьбу. Эти новые чувства к Филипу победили все сомнения и колебания, которые она иначе испытывала бы, боясь преступить в своих отношениях с ним границы, определенные Томом; и когда, протянув руку Филипу, Мэгги ощутила, что глаза ее наполняются слезами, она даже не пыталась сдержать их. Все произошло так, как предполагала Люси, и она всем сердцем ликовала при мысли, что вновь соединила влюбленных, хотя, при всем своем расположении к Филипу, она не могла не признать, что кузен Том был до некоторой степени прав, возмущаясь внешним несоответствием этой пары, — ведь он был прозаический человек, кузен Том, и не любил поэзии и сказок. Люси немедленно принялась болтать, чтобы помочь Мэгги и Филипу преодолеть неловкость первых минут.

— Весьма похвально с вашей стороны, — начала она своим нежным, тонким голоском, напоминающим щебетание птички, — прийти к нам тотчас же по приезде. Этим вы отчасти искупили вашу вину; пожалуй, я прощу вам, что вы бежали самым непозволительным образом, даже не известив друзей. Вот садитесь сюда, — продолжала она, предлагая ему низкое удобное кресло, — не бойтесь, к вам будут милостивы.

— Плохой правитель получился бы из вас, мисс Дин, — сказал Филип, усаживаясь. — Кто же поверит в вашу строгость? Люди, уповая на вашу снисходительность, не боялись бы совершать проступки.

Люси что-то шутливо возразила ему, но Филип не слышал, что именно, ибо он невольно повернулся к Мэгги, которая, не таясь, смотрела на него тем нежным и испытующим взглядом, каким мы встречаем друзей после долгой разлуки. При каких обстоятельствах они расстались! Филип так живо и по сей день ощущал все случившееся тогда — таким острым и отчетливым было это воспоминание, так властно воскресало в нем все сказанное в последнем разговоре, что ему казалось, будто это было только накануне. И со свойственной ему ревнивой недоверчивостью, которая у неуверенных в себе натур всегда сопровождает сильные чувства, он вообразил, что читает во взгляде Мэгги признаки перемены. Уже то, что он заранее страшился и отчасти ожидал этого, делало неизбежным возникновение у него подобной мысли, поскольку веские доказательства обратного отсутствовали.

— Для меня наступили блаженные дни отдыха, — сказала Мэгги. — Люси, словно добрая волшебница-крестная, в мгновение ока превратила меня из жалкой прислужницы в принцессу. Я с утра до вечера предаюсь удовольствиям — она угадывает каждое мое желание.

— Я уверен — своим присутствием вы доставляете мисс Дин не меньшую радость, — ответил Филип. — Ей приятнее баловать вас, чем целый зверинец маленьких питомцев. У вас, Мэгги, прекрасный вид; перемена сказалась на вас благотворно.

Этот светский разговор продолжался до тех пор, пока Люси, решив положить ему конец, не воскликнула с хорошо разыгранной досадой, что ее ждут неотложные дела, и не покинула комнату.

В ту же минуту Мэгги и Филип оказались рядом и, соединив руки, посмотрели друг на друга с выражением грустной удовлетворенности, подобно вновь свидевшимся друзьям, которых объединяет одна общая печаль.

— Я сказала Тому, что хочу видеть вас, Филип, и, исполняя мою просьбу, он освободил меня от обещания.

Мэгги, со всегдашней своей порывистостью, хотела немедленно дать понять Филипу, как должны сложиться их отношения, но тут же оборвала себя. События, происшедшие сразу же после того, как он сказал ей о своей любви, были настолько мучительны, что у нее не хватило духу первой заговорить о них. Ей казалось, что даже простое упоминание о брате, так жестоко оскорбившем Филипа, неизбежно причинит ему боль. Но Филип, весь поглощенный мыслями о ней, был в этот миг нечувствителен ко всему на свете.

— Значит, мы можем быть хотя бы друзьями, — проговорил Филип.

— А ваш отец не станет возражать? — спросила Мэгги, отнимая руку.

— Никто не властен заставить меня отказаться от вас, Мэгги, если только вы сами того не пожелаете, — сказал Филип, краснея. — Отец не сможет повлиять на это мое решение. Я не подчинюсь ему.

— Тогда ничто не мешает нашей дружбе; мы будем встречаться друг с другом, разговаривать все то время, что я буду гостить у Люси. Мне придется скоро уехать, даже очень скоро, — как только я найду место.

— Это так неизбежно, Мэгги?

— Да, мне не следует долго оставаться здесь; потом будет очень трудно привыкать к той жизни, к которой я рано или поздно должна буду вернуться. Я не хочу ни от кого зависеть и не могу жить у брата, хотя он очень добр ко мне. Том готов обо мне заботиться, но для меня это было бы невыносимо.

Филип какое-то время молчал, затем проговорил прерывающимся, высоким голосом, который выдавал сдерживаемое волнение:

— Разве нет другого выхода, Мэгги? Неужели вы навсегда обрекаете себя на эту жизнь — вдали от тех, кто вас любит?

— Да, Филип, — ответила она, как бы оправдываясь и моля его поверить, что иного выбора у нее нет. — Во всяком случае, пока не изменятся обстоятельства. Что будет дальше, я не знаю. Но я все чаще склоняюсь к мысли, что любовь не принесет мне счастья. В моей жизни она всегда переплеталась со страданием. О, если бы я могла создать себе мир вне любви — как мужчины!

— Вы опять возвращаетесь к прежней мысли, Мэгги, — правда, облекая ее в новую форму, — к той мысли, против которой я всегда восставал, — сказал Филип с оттенком горечи. — Вы боитесь страдания и ищете покоя в самоотречении, а это значит — искалечить и изуродовать себя. Что было бы со мной, попытайся я избегнуть страданий? Мне оставалось бы только призвать на помощь презрение и цинизм, если бы, конечно, я не впал в своего рода манию величия, вообразив, что, коль скоро я не любим людьми, я любимец небес.

Филип говорил все с большей и большей горечью; слова его были не только ответом Мэгги — в них он изливал чувства, владевшие им в эту минуту. Он испытывал мучительную боль. Гордость и деликатность удерживали его от какого бы то ни было намека на слова любви, на любовные обеты, которыми они когда-то обменялись. Ему казалось, что этим он как бы напомнит Мэгги о ее обещании, как бы прибегнет к недостойному, на его взгляд, принуждению. Филип не разрешал себе даже сказать, что сам он не изменился, ибо это тоже походило бы на мольбу. Его любовь к Мэгги больше, чем все иные чувства, носила отпечаток болезненно преувеличенного представления о собственной неполноценности: он думал, что Мэгги, что все вокруг только так и воспринимают его.

В Мэгги громко заговорила совесть.

— Вы правы! — воскликнула она с тем же детским раскаянием, что и прежде, когда он в чем-нибудь укорял ее. — Я знаю, что вы правы. Я слишком много думаю о своих чувствах и недостаточно о чувствах других — о ваших, Филип. Если бы вы всегда были со мной, чтобы бранить и поучать меня! Как много сбылось из того, что вы мне предсказывали!

Мэгги, пока говорила, облокотилась на стол и, опустив голову на руки, смотрела на Филипа с виноватой нежностью, как бы признавая его превосходство; он ответил ей взглядом, выражение которого постепенно обрело для нее свой смысл: ей показалось, что в нем сквозит понимание... Неужели же Филипу удалось проникнуть в то, что сейчас вспомнилось ей? В то, что было связано с возлюбленным Люси? Эта мысль заставила Мэгги содрогнуться, ибо внесла ясность в ее положение и по-новому осветила все происшедшее накануне вечером. Почувствовав в сердце тяжесть, порой сопровождающую внезапную душевную боль, Мэгги невольно убрала руку со стола и изменила позу.

— Что с вами, Мэгги? Что-нибудь случилось? — спросил Филип с неизъяснимым беспокойством: он всегда готов был рисовать в трагическом свете все, что касалось их обоих.

— Нет... ничего, — сказала Мэгги, напрягая всю свою волю. Нельзя допустить, чтобы у Филипа родилась эта чудовищная мысль; она должна гнать ее и от себя. — Ничего, — повторила Мэгги. — Это только игра воображения. Помните, вы когда-то говорили, что рано или поздно мне придется расплачиваться за свое отречение от жизни, — кажется, вы так это называли? Ваши слова оправдались. Я слишком страстно предалась музыке и всем прочим удовольствиям, как только они представились мне.

Она с решительным видом взялась за шитье, а Филип тем временем, наблюдая за ней, терялся в догадках: все ли она ему сказала и не скрывается ли еще что-нибудь за ее словами? Правда, это так похоже на Мэгги — мучиться из-за смутного недовольства собой. Но тут раздался всем знакомый оглушительный звук дверного колокольчика, разнесшийся по всему дому.

— Какое шумное оповещение! — воскликнула Мэгги, полностью овладев собой, хотя и не без некоторого внутреннего трепета. — Куда же девалась Люси?

Люси не осталась глуха к призыву колокольчика и спустя некоторое время, вполне достаточное, чтобы не спеша обменяться приветствиями, ввела Стивена в гостиную.

— Рад вас видеть, старина, — проговорил Стивен, направляясь прямо к Филипу и сердечно пожимая ему руку; Мэгги он поклонился издали. — Великолепно, что вы вернулись! Только зачем же так усердно подражать воробью и устраивать себе резиденцию под самой крышей, да к тому же исчезать и появляться, не извещая об этом слуг? Я раз двадцать, не меньше, взбегал галопом по бесчисленным ступенькам в это ваше святилище искусств, и все понапрасну, хотя слуги уверяли меня, что вы дома. Подобные вещи омрачают дружбу.

— Меня редко кто навещает, и потому я считал излишним ставить слуг в известность о моих отлучках, — сказал Филип, на которого в этот момент угнетающе подействовали мужественная жизнерадостность Стивена и его звучный голос.

— Надеюсь, вы хорошо себя чувствуете, мисс Талливер? — повернувшись к Мэгги, спросил Стивен и с чопорной учтивостью протянул ей руку, всем своим видом показывая, что исполняет долг вежливости.

Мэгги с гордым безразличием подала ему кончики пальцев, ответив: «Благодарю вас, прекрасно». Филип не сводил с них внимательного взгляда; Люси же, привыкшая к этим неожиданным переменам в их обхождении друг с другом, лишь с сожалением подумала, что какая-то инстинктивная антипатия время от времени берет верх над их взаимной благожелательностью. «Мэгги не из тех женщин, что могут нравиться Стивену; а ее раздражают в нем свойства, которые она принимает за самонадеянность» — так объясняла себе все простодушная Люси. Стоило Мэгги и Стивену закончить обмен подчеркнуто любезными приветствиями, как каждый почувствовал себя уязвленным холодностью другого. И Стивен, забрасывая Филипа вопросами о его недавнем путешествии, все время думал о Мэгги и досадовал, что никак не может вовлечь ее в разговор, хотя раньше ему это неизменно удавалось. «У Мэгги и Филипа вид как будто не особенно счастливый, — подумала Люси, — первое свидание, верно, не принесло им радости».

— Мне кажется, все мы немного отсырели от дождя, — сказала она Стивену. — Не заняться ли нам музыкой? Надо воспользоваться тем, что здесь Филип. Спойте нам дуэт из «Мазаньелло»[1] — Мэгги не слышала его, и, я уверена, он ей понравится.

— Ну что ж, начнем! — воскликнул Стивен, направляясь к роялю. — Ла-ла-ла, — пропел он приятным басом, пробуя голос.

— А вы будете аккомпанировать, Филип? — спросила Люси. — Тогда я могла бы продолжать мою работу. Вас это не затруднит? — добавила она, бросая на него милый вопрошающий взгляд и, как всегда, испытывая беспокойство, пришлось ли ее предложение по душе другому; как видно, ей не терпелось вернуться к вышиванию.

Филип просветлел при этих словах, ибо есть ли, кроме сильного страха и горя, такие чувства, которым музыка не приносила бы облегчения? А его в этот момент обуревали чувства глубоко затаенные и столь же сложные по своей сущности, как любое трио или квартет, призванные передать любовь, ревность, смиренную покорность и жгучее подозрение в одно и то же время.

— Для меня это удовольствие, — сказал он, усаживаясь за рояль. — Только таким путем можно восполнить несовершенство человеческой природы и объединить

---

[1] *«Мазаньелло»* — опера французского композитора Д. Обера (1782–1871), известная также под названием «Немая из Портичи».

в себе одновременно три лица — музыканта, певца и слушателя.

— Ну как тут не позавидовать! — воскликнул Стивен. — Мои руки ни на что не годны, — впрочем, кажется, это вообще свойственно людям с государственным складом ума. Поразительная склонность к превосходству умственных способностей над всеми иными! Надеюсь, вы обратили на это внимание, мисс Талливер? — Стивен невольно, по своему обыкновению, апеллировал к Мэгги, и она, покраснев в ответ, не удержалась от колкости.

— Да, я обратила внимание на то, что вы склонны при случае обнаруживать свое превосходство, — сказала она, улыбаясь, и Филипу в эту минуту всей душой хотелось верить, что она не находит эту черту Стивена приятной.

— Будет вам! — воскликнула Люси. — Музыки, музыки! А наши пороки и добродетели мы обсудим в другой раз.

Когда Мэгги слушала музыку, она всегда делала попытку заняться шитьем — и всегда безуспешно. Сегодня она приложила к этому особые усилия, ибо мысль, что Стивену известно, как приятно ей его пение, рождала в ней уже не просто шутливый протест; к тому же она знала — он всегда становится так, чтобы видеть ее. Но старания Мэгги ни к чему не привели: вскоре она выпустила из рук шитье, и все ее благие намерения растворились в душевном волнении, вызванном проникновенным дуэтом. Казалось, волнение это рождало в ней одновременно силу и слабость — силу, толкавшую ее к наслаждениям, и слабость, делавшую ее неспособной противиться им. Когда мелодия неожиданно перешла в минор, Мэгги даже на мгновение привстала, — так велико было ее возбуждение. Бедная Мэгги! Как она была прекрасна, когда оказывалась во власти звуков, беспощадно овладевавших ее душой. Видно было, как вся она трепещет, как, наклоняясь вперед, сжимает руки, чтобы подавить внутреннюю дрожь, а ее широко раскрытые глаза сияют, вновь обретая детское выражение восторженной изумленности, которое всегда возвращалось к ней в счастливые минуты. Люси, обычно сидевшая за роялем и никогда не видевшая Мэгги в таком состоянии, теперь не смогла устоять перед искушением украдкой подойти и поцеловать ее, а Филип, время от времени бросая из-за нот взгляд на Мэгги, думал о том, что никогда не видел ее такой взволнованной.

— Еще, еще что-нибудь! — сказала Люси, когда дуэт исполнили второй раз. — И опять что-нибудь бурное. Мэгги всегда говорит, что любит стремительный поток звуков.

— Тогда мы споем «Поскорей же пустимся в путь». Это как нельзя лучше подходит к дождливому утру. Но в силах ли вы пренебречь вашими священными обязанностями и петь с нами? — проговорил Стивен, обращаясь к Люси.

— О да! — ответила она, смеясь. — Только отыщите, пожалуйста, на этажерке «Оперу нищих»[1]. Она в истрепанном переплете.

— Чрезвычайно полезное указание, если учесть, что там имеется десятка два переплетов, соперничающих своей истрепанностью!

— А пока сыграйте нам что-нибудь, Филип, — сказала Люси, видя, что он перебирает клавиши. — Что это вы сейчас играли? Какая прелестная мелодия! Мне она совсем незнакома.

— Разве вы никогда ее не слышали? — спросил Филип, повторяя мотив уже более отчетливо. — Это из «Сомнамбулы»[2] — «Ah! perchè non posso odiarti»[3]. Я не знаю всей оперы, но, кажется, тенор говорит героине, что будет всегда любить ее, даже если она его покинет.

---

[1] *«Опера нищих»* — музыкально-сатирическая комедия английского поэта Джона Гея и композитора И. К. Пепеуша (1685–1732).

[2] *«Сомнамбула»* — опера итальянского композитора Беллини (1801–1835).

[3] «О! почему я не могу тебя возненавидеть?» *(ит.)*

Когда-то я пел вам это по-английски: «Я буду верен своей любви».

Нельзя сказать, чтобы Филип совсем случайно остановил свой выбор на этой арии; она могла косвенным путем выразить Мэгги то, что он не мог заставить себя сказать ей прямо. Мэгги не пропустила ни слова из того, что Филип говорил Люси, и, когда он запел, она поняла страстную жалобу, заключенную в мелодии. Этот исполненный мольбы голос не обладал высокими достоинствами, но Мэгги он был давно знаком: приглушенно и урывками он пел ей во время прогулок по тропинкам, поросшим травой, в зеленых лощинах и под раскидистым ясенем в Красном Овраге. В словах будто звучал какой-то упрек... Хотел ли этого Филип? Мэгги жалела, что в разговоре с ним ей не удалось более ясно внушить ему, что он должен отказаться от своих надежд и что в силу непреодолимых препятствий любовь их невозможна. Пение Филипа трогало, а не волновало ее; оно навевало воспоминания и мысли, и ее возбуждение сменилось спокойной грустью.

— Уж эти мне теноры! — заметил Стивен, с нотами в руках ожидавший, пока Филип допоет арию. — Вы развращаете прекрасный пол, воспевая в трелях свою сентиментальную любовь и постоянство, которые попираются самым коварным образом. Как видно, только обезглавив вас и поднеся вашу голову на блюде — а так, помнится, поступали со средневековыми трубадурами и труверами, — можно прекратить эти смиренные излияния. Я считаю необходимым предложить противоядие, а тем временем мисс Дин, быть может, найдет в себе решимость оторваться от своих коклюшек.

И Стивен пропел с дерзкой веселостью:

Ужель умру я в муке страстной
Оттого, что ты прекрасна? —

словно наполняя жизнью и бодростью самый воздух комнаты. Люси, всегда гордившаяся Стивеном, что бы он ни делал, засмеялась и, глядя на него с восхищением, подошла к роялю; Мэгги, как ни хотела она противостоять духу песни и певцу, была захвачена и покорена невидимым влиянием: ее увлекала за собой волна, с которой у нее не было сил бороться. Но, полная гневного стремления не выдать себя, она схватила шитье и продолжала с похвальным усердием делать неровные стежки и колоть себе пальцы, не подымая глаз и оставаясь внешне безучастной к тому, что происходит вокруг, до тех пор, пока все три голоса не слились в песне «Поскорей же пустимся в путь».

Боюсь, что в душу Мэгги неминуемо закралось бы чувство тайного удовлетворения, знай она только, как этот дерзкий и самонадеянный Стивен целиком поглощен ею, как быстро его решимость держать себя с ней подчеркнуто равнодушно переходит в раздражающе-непреодолимое желание добиться от нее какого-нибудь знака расположения, обменяться с ней полувзглядом или полусловом. Ему не пришлось долго ждать удобного случая: когда перешли к музыке из «Бури»[1], Мэгги, встав с места, направилась в другой конец комнаты за понадобившейся ей скамеечкой; не участвовавший в это время в пении Стивен, от которого не ускользало ни одно ее движение, угадал ее желание и, предупреждая его, бросился к скамеечке; подняв ее, он посмотрел на Мэгги такими умоляющими глазами, что было бы бессердечием не ответить ему благодарным взглядом. А когда вам под ноги подставляет скамеечку самоуверенный молодой джентльмен, и этот джентльмен, столь уверенный в себе, не совсем вам безразличен, и, становясь вдруг покорным и внимательным, он медлит и склоняется к вам с вопросом, не опасно ли сидеть на сквозняке между окном и камином и не будет ли ему позволено передвинуть для вас рабочий столик, — то, само собой разумеется, все это вызывает предательскую нежность в ответном женском взгляде, особенно если первые жизненные уроки

---

[1] *«Буря»* — музыкальная картина из оперы «Вильгельм Телль» итальянского композитора Россини (1792–1868).

были преподаны вам на прозаическом, будничном языке. Для Мэгги подобные знаки внимания не были привычны, они были чем-то совсем новым в ее жизни, и свойственная ее натуре потребность в поклонении сохранила всю свою первоначальную свежесть. Предупредительно-нежный тон Стивена заставил Мэгги поднять глаза на склонившееся к ней лицо, когда она произносила в ответ: «Нет, благодарю вас», и, вопреки всему, взгляд, которым они обменялись, был полон для них той же прелести, что и накануне.

Со стороны Стивена это был лишь обычный акт вежливости, потребовавший не больше одной-двух минут, и Люси, занятая пением, едва ли обратила на это внимание. Но для Филипа, в душе которого жила уже смутная тревога, готовая находить себе подтверждение в самых незначительных случайностях, неожиданное рвение Стивена и преображенное лицо Мэгги, очевидно отразившее сияющую улыбку, обращенную к ней, составили столь разительный контраст с недавним подчеркнутым безразличием, что он сразу же усмотрел в этом горький для себя смысл. Вновь зазвучавший голос Стивена действовал на его взвинченные нервы так раздражающе, словно то был лязг железа; Филипу даже захотелось извлечь из рояля резкий и пронзительный звук. В действительности он не имел сколько-нибудь разумных оснований заподозрить существование недозволенных чувств между Мэгги и Стивеном — так, по крайней мере, говорил ему здравый смысл, — и ему не терпелось поскорее оказаться дома, чтобы, хладнокровно обдумав ложные впечатления, доказать себе их несостоятельность. Но вместе с тем ему хотелось оставаться до тех пор, пока будет Стивен, — всегда быть с Мэгги, когда с ней Стивен. Бедному Филипу представлялось естественным, более того — неизбежным, что любой мужчина, увидев Мэгги, должен в нее влюбиться. Но у нее нет надежды на счастье, если, увлеченная несбыточными мечтами, она полюбит Стивена; эта мысль окрылила Филипа, позволив ему рассматривать свою любовь к Мэгги в более благоприятном свете. Оглушенный бурей чувств, он стал путать ноты, и Люси уже поглядывала на него с недоумением, когда приход миссис Талливер, позвавшей их завтракать, дал повод Филипу закончить игру.

— А, мистер Филип! — сказал мистер Дин, когда они вошли в столовую. — Давненько я вас не видел. Отец ваш, кажется, в отъезде. На днях я зашел к нему, но мне сказали, что его нет в городе.

— Дела заставили его провести несколько дней в Мадпорте, — ответил Филип, — но он уже возвратился.

— Что, земельное владение по-прежнему его конек?

— Как будто, — проговорил Филип, весьма удивленный этим внезапным интересом к делам отца.

— Так-так, — произнес мистер Дин. — Если я не ошибаюсь, у него имеются земли и по ту и по другую сторону реки?

— Совершенно верно.

— А! — продолжал мистер Дин, разрезая пирог с голубями. — Должно быть, он теперь убедился, что земля — это крепкий орешек, дорогостоящий конек! У меня вот никогда не было конька, я не поддавался своим причудам. Но хуже нет, когда люди воображают, что из конька можно извлечь выгоду. Деньги сыплются из их карманов, как зерно из дырявого мешка.

Люси было несколько не по себе от этой неуместной критики расходов мистера Уэйкема. Но мистер Дин тем и ограничился и в продолжение всего завтрака был необычно задумчив и молчалив. Люси, хорошо изучившая отца и имевшая свои причины интересоваться всем, что касалось Уэйкема, непременно захотела узнать, почему мистер Дин затеял этот разговор. Последовавшее затем молчание утвердило ее в подозрении, что вопросы были заданы неспроста.

Решив выведать у отца то, что ее интересовало, Люси прибегла к испытанному способу, к которому обращалась всегда, когда ей хотелось что-нибудь сказать или о чем-нибудь спросить мистера Дина: по окончании обеда она под благовидным предлогом удалила миссис Талливер из столовой, а сама устроилась на скамеечке у ног отца. Мистер Дин в подобных случаях испытывал наивысшее удовольствие, право на которое, как он полагал, давали ему его заслуги, и готов был даже мириться с тем, что Люси, не любившая, чтобы на нее сыпался табак, завладевала его табакеркой.

— Тебе ведь не хочется спать, папочка? — спросила Люси, придвигая поближе скамеечку и разгибая толстые пальцы, сжимавшие табакерку.

— Пока нет, — отозвался мистер Дин, окидывая взглядом еще одно заслуженное им удовольствие, которое заключал в себе стоящий на столе графинчик. — А могу я узнать, чего хочется тебе? — добавил он с нежностью, ущипнув ее украшенный ямочкой подбородок. — Ты, наверное, ластишься ко мне, чтобы вытянуть у меня из кармана еще несколько соверенов для своего базара? Э?

— Вот ты и ошибся — у меня нет сегодня корыстных мотивов. Мне просто хочется поболтать с тобой. Любопытно, почему тебе сегодня вздумалось расспрашивать Филипа Уэйкема о землях его отца? Это было так странно: ведь ты никогда и словом не упоминал о мистере Уэйкеме, и вдруг тебя почему-то беспокоит, что он попусту тратит свои деньги.

— Это продиктовано деловыми интересами, — ответил мистер Дин, сопровождая свои слова отстраняющим жестом, который должен был показать, что ему нежелательно чье бы то ни было проникновение в эту тайну.

— Но, папа, ты ведь сам всегда говорил, что мистер Уэйкем воспитал Филипа словно барышню; как же ты можешь рассчитывать получить от него какие-либо сведения о делах? Твои неожиданные вопросы прозвучали по меньшей мере странно. У Филипа они вызвали недоумение.

— Глупости, детка! — воскликнул мистер Дин, считавший себя достаточно искушенным в светском обхождении, которое давалось ему не без труда по мере того, как он преуспевал в жизни. — Мне стало известно, что мельница Уэйкема и его земли по ту сторону реки — Дорлкоутская мельница, принадлежавшая раньше, как ты знаешь, твоему дяде Талливеру, — не приносит ожидаемых доходов. Вот я и подумал — не проболтается ли Филип, что его отцу надоела его затея с землей.

— Вот как! А ты купил бы мельницу, папа, если бы мистер Уэйкем пожелал расстаться с ней? — живо подхватила Люси. — О, я хочу все знать об этом; я даже обещаю отдать тебе табакерку, если ты расскажешь мне. Мэгги говорит — они только о том и мечтают, чтобы рано или поздно вернуть себе мельницу. Ведь это последнее желание их отца, высказанное им перед самой смертью.

— Ш-ш, малютка! — сказал мистер Дин, воспользовавшись вновь обретенной табакеркой. — Никому ни слова об этом! Нет почти никаких шансов, что им или кому другому удастся вырвать эту мельницу из рук Уэйкема. А проведай он, что мы покупаем ее с намерением передать Талливерам, — еще менее вероятно, что он расстанется с ней. Сначала он вел себя достаточно прилично в отношении Талливера, но когда человека отхлещут кнутом, подарков от него не жди.

— Знаешь, папа, — начала Люси несколько торжественным тоном, — ты должен довериться мне! Не спрашивай, какие у меня основания говорить с тобой об этом, но можешь не сомневаться — основания серьезные. Помни — я благоразумна, право же так!

— Ну что ж, послушаем.

— Я уверена, что если ты разрешишь мне посвятить во все Филипа Уэйкема, позволишь сказать ему, что ты хочешь купить мельницу и почему ты этого хочешь, объяснить ему, что Том и Мэгги мечтают вернуть ее семье и как для них это важно, — я уверена, он поможет нам в этом. Я не сомневаюсь в его готовности.

— С чего ты это взяла, детка? — спросил мистер Дин с озадаченным видом. — Что Филипу за дело до всего этого? — Затем, бросив проницательный взгляд на дочь, он продолжал: — Уж не думаешь ли ты, что бедный малый к тебе неравнодушен и ты можешь вертеть им как хочешь? (Мистер Дин был спокоен, зная, кому отдано сердце Люси.)

— Нет, папа: ко мне он совершенно равнодушен, так же как и я к нему. Но у меня есть основания быть вполне уверенной в том, что я говорю. Не спрашивай меня ни о чем. А если догадаешься сам — молчи. Только позволь мне поступать так, как я найду нужным.

С этими словами Люси перебралась со скамейки на колени к отцу и поцеловала его.

— Ты уверена, что не натворишь глупостей? — спросил он, любуясь ею.

— Да, папа, вполне уверена. Я очень рассудительна: ведь это от тебя я унаследовала деловые таланты. Разве тебя не привела в восторг моя тетрадь для записи расходов?

— Ну, прекрасно, прекрасно; если только этот юнец умеет держать язык за зубами, то хуже от этого не будет. По правде говоря, шансы у нас невелики. Ну а теперь ступай и дай мне вздремнуть.

ГЛАВА VIII

Уэйкем в новом свете

Не прошло и трех дней после разговора между Люси и ее отцом, нечаянно услышанного нами, — и вот, улучив минуту, когда Мэгги отправилась с визитом к тетушке Глегг, Люси уже в доверительной беседе посвятила во все Филипа. День и ночь Филип с неутихающим волнением перебирал в уме все, что сказала ему Люси, пока наконец у него полностью не сложился план действий. Ему казалось, что у него появилась надежда както изменить отношения с Мэгги или хотя бы устранить одно из препятствий, разделяющих их. С лихорадочной напряженностью шахматного игрока в первом пылу увлечения он рассчитал и взвесил каждый шаг и сам был немало удивлен, неожиданно обнаружив в себе таланты стратега. План его был в равной мере дерзким и осмотрительным. Выждав момент, когда у отца не было более неотложных дел, чем чтение газеты, Филип подошел к нему сзади и, положив ему руку на плечо, сказал:

— Не хочешь ли ты подняться в мою обитель взглянуть на рисунки, отец? Я наконец их развесил.

— Ноги уж не те, Фил: мне трудно взбираться по твоим бесчисленным ступенькам, — проговорил мистер Уэйкем, ласково глядя на сына и откладывая в сторону газету. — Но так и быть, пойдем.

— Как хорошо у тебя здесь, Фил, лучше и не придумаешь, не правда ли? Прекрасное освещение дает эта стеклянная крыша, а? — не преминул, как всегда, сказать он, входя в комнату.

Мистер Уэйкем любил напоминать как себе, так и сыну, что это его отцовское великодушие обеспечило Филипу подобный комфорт. Он был хорошим отцом, и вернись Эмили в этот мир, ей не в чем было бы его упрекнуть.

— Ну, показывай, — сказал он, надевая очки и усаживаясь, чтобы немного отдышаться и осмотреть тем временем картины. — Да у тебя здесь превосходная выставка! Клянусь, твои рисунки ничуть не хуже, чем у этого лондонского художника — как бишь его, — за картину которого Лейберн заплатил уйму денег.

Филип покачал головой и улыбнулся. Сидя на высоком табурете, он что-то нервно чертил графитовым карандашом, чтобы унять внутреннюю дрожь. Он наблюдал за отцом, который встал с места и с благодушным видом рассматривал картины, уделяя этому занятию гораздо больше времени, нежели того требовала его истинная склонность к пейзажу; медленно обойдя комнату, Уэйкем остановился наконец перед мольбертом, где стояли два портрета, большой и маленький, — второй в кожаной рамке.

— Бог мой! Что это у тебя здесь? — воскликнул он, пораженный внезапным переходом от пейзажа к портрету. — Я думал, ты давно уже не пишешь портретов. Кто это такие?

— Это одно и то же лицо, — спокойно и без секунды промедления ответил Филип, — но в разном возрасте.

— А кто именно? — с нарастающей подозрительностью спросил Уэйкем, пристально вглядываясь в большой портрет.

— Мисс Талливер. Маленький портрет, сравнительно удачный, передает, какой она была, когда мы учились с ее братом в пансионе в Кинг-Лортоне; другой, менее удачный, — какой я застал ее после моего возвращения из-за границы.

Уэйкем в бешенстве обернулся; сорвав с себя очки, он с побагровевшим лицом некоторое время стоял и свирепо смотрел на сына, словно подавляя желание одним ударом смести со стула это осмелевшее до дерзости тщедушие. Не спуская с сына гневного взгляда, он засунул руки в карманы и бросился в кресло. Филип не ответил на взгляд отца; по-прежнему внешне спокойный, он продолжал сидеть, не отводя глаз от кончика карандаша.

— Не хочешь ли ты сказать, что поддерживал с ней знакомство после возвращения из-за границы? — проговорил наконец разъяренный Уэйкем, тщетно пытаясь излить свой гнев в словах и тоне, поскольку не мог выразить его решительными действиями.

— Да, в течение целого года — до смерти ее отца — я постоянно виделся с ней. Мы встречались в чаще Красного Оврага, неподалеку от Дорлкоутской мельницы. Я отдал свое сердце мисс Талливер и никогда не полюблю другую. Я всегда мечтал о ней — с тех пор, как увидел ее девочкой.

— Продолжайте, сэр! И вы, разумеется, переписывались с ней все это время?

— Нет. Я впервые сказал ей о своей любви накануне того дня, когда мы расстались. Она обещала своему брату не видеться со мной и не писать мне. Я не уверен, что она любит меня и что она согласилась бы стать моей женой. Но если бы она согласилась, если бы она любила меня, я не задумываясь женился бы на ней.

— И это расплата за всю мою снисходительность, за все, что я для тебя сделал! — с бешенством воскликнул Уэйкем, бледнея и дрожа от ярости и сознания собственного бессилия перед вызывающим спокойствием и непоколебимой твердостью сына.

— Нет, нет, — сказал Филип, впервые поднимая на него глаза. — Я и не думал ни о какой расплате. Ты был снисходительным отцом, но я всегда считал, что твое желание внести в мою жизнь как можно больше радости рождается из привязанности ко мне, и не помышлял, что в угоду твоим чувствам, которых я не разделяю, должен буду пожертвовать единственным шансом на счастье и тем проявить свою благодарность.

— Я думаю, в этом случае большинство сыновей разделяло бы чувства отца, — возразил Уэйкем с горечью. — Отец девушки — грубое, тупое животное — чуть было не убил меня. Весь город это знает. И ее братец не многим лучше — такой же наглец, но более хладнокровный. Ты говоришь, он запретил ей видеться с тобой; он переломает тебе кости, все до единой, за это твое великое счастье, если ты не поостережешься. Но ты, по-видимому, уже принял решение и расценил, во что оно тебе обойдется. Конечно, ты вполне независим от меня: можешь жениться на этой девице хоть завтра, если пожелаешь, — тебе двадцать пять лет. Ты пойдешь своим путем, я — своим. Отныне нас ничто не связывает.

Уэйкем поднялся и направился к двери, но что-то заставило его вернуться, и, вместо того чтобы покинуть комнату, он принялся мерить ее шагами. Филип медлил с ответом, а когда заговорил, в его голосе более, чем когда-либо, звучало язвительное спокойствие:

— Нет. Даже при согласии мисс Талливер я не вправе жениться на ней, если буду располагать только своими средствами. Ведь мое воспитание не подготовило меня ни к какой практической деятельности. Я не могу предложить ей бедность в придачу к уродству.

— А, так вот почему ты цепляешься за меня! Я так и думал, — сказал мистер Уэйкем по-прежнему с горечью, хотя последние слова Филипа причинили ему внезапную боль и расшевелили в нем чувства, владевшие им вот уже четверть века. Он снова бросился в кресло.

— Я ожидал этого, — возразил Филип. — Я слышал, что подобные столкновения часто происходят у отцов с сыновьями. Будь я таким, как другие мужчины моего возраста, я ответил бы на твои злые слова еще более злыми; мы расстались бы, я женился бы на девушке, которую люблю, и у меня было бы столько же шансов на счастье, как и у всех прочих. Но если тебе принесет удовлетворение возможность в корне разрушить все, что ты делал для меня, у тебя есть преимущество перед другими отцами: ты можешь навсегда лишить меня того, что придает жизни цену в моих глазах. — Филип остановился, но отец по-прежнему хранил молчание. — Ты сам знаешь, какого удовлетворения ты ищешь и что руководит тобой, помимо желания утолить бессмысленную злобу, достойную разве невежественного дикаря.

— Бессмысленную злобу! — загремел Уэйкем. — Что ты этим хочешь сказать, черт побери! Может ли человек хорошо относиться к мужлану, который отхлестал его кнутом? К тому же существует его сынок, этот холодный, высокомерный дьявол, который бросил мне в лицо такое оскорбление, что мне его вовеки не забыть. Я не знаю лучшей мишени для пули, да только велика честь для него.

— Я говорю не о том негодовании, которое вызывают у тебя Талливеры, — сказал Филип, имевший основания сочувственно отнестись к такой оценке Тома, — хотя мстительные чувства не стоят того, чтобы за них держаться. Я говорю о твоем стремлении перенести вражду и на беззащитную девушку, у которой достало здравого смысла и высоких душевных свойств не разделять узких предрассудков семьи. Она непричастна к семейной ссоре.

— Это несущественно. Кого интересует, что думает женщина! Важно, из какой она семьи. Для тебя вообще унизительна мысль о женитьбе на дочери старика Талливера.

Впервые в разговоре с отцом Филип утратил спокойствие.

— Мисс Талливер, — покраснев от гнева, сказал он с оскорбительной резкостью, — обладает тем единственным достоинством, которое только и дает право на высокое положение; лишь мелкие души отказывают в этом представителям среднего класса. Она в высшей степени утонченная натура, и ее друзья, каковы бы они ни были, пользуются безупречной репутацией и всеми уважаемы за честность. Весь Сент-Огг признал бы ее более чем равной мне.

Уэйкем метнул настороженно-вопрошающий взгляд на сына, но Филип не смотрел на отца; с оттенком горечи, выдававшим, как тягостно ему это все, он, словно разъясняя свою последнюю мысль, после небольшой паузы добавил:

— Найди хоть одного человека в Сент-Огге, который не сказал бы тебе, что прелестное создание, подобное ей, загубит свою жизнь, если свяжет ее с таким жалким существом, как я.

— Вот еще! — вскакивая с места, воскликнул Уэйкем в порыве оскорбленной гордости, ибо задето было и его самолюбие, и отцовские чувства. — Это чертовски блестящая партия для нее! Все это вздор, случайное увечье не имеет значения, если девушка по-настоящему привязана к мужчине.

— Да, но у девушек обычно не рождается привязанности в подобных случаях, — ответил Филип.

— Что ж, — грубовато возразил Уэйкем, делая попытку вернуть себе первоначальные позиции, — если она не любит тебя, ты мог бы не брать на себя труд говорить о ней и тем самым избавил бы меня от необходимости отказывать тебе в моем согласии на то, что, скорее всего, никогда не произойдет.

Уэйкем, не оглядываясь, большими шагами направился к двери и с шумом захлопнул ее за собой.

Филип был уверен, что в конце концов разговор окажет свое влияние на отца; но происшедшая только что сцена подействовала раздражающе на его нервы, чувствительные, как у женщины. Он решил не спускаться вниз к обеду, так как был не в состоянии вновь встретиться с отцом. Мистер Уэйкем имел обыкновение в те дни, когда у них не было гостей, исчезать по вечерам из дому — часто вскоре после обеда, и так как день клонился к вечеру, Филип запер дверь и отправился бродить, предполагая вернуться к тому часу, когда отца не будет дома. Он забрался в лодку и спустился вниз по реке к любимой деревушке, где и провел остаток дня.

Ранее у него никогда не было повода ссориться с отцом, и им овладела болезненная тревога при мысли, что начавшаяся между ними борьба продлится многие недели, а мало ли что может произойти за это время? Филип не желал отдавать себе отчет, какой смысл он вкладывает в этот невольно возникший у него вопрос. Но будь его чувство к Мэгги признано всеми, у него имелось бы меньше оснований для смутного страха. Он поднялся к себе в мастерскую и устало опустился в кресло, рассянно оглядывая развешанные вокруг виды моря и скал, пока не погрузился в дремоту и ему не привиделось, что бурный мутно-зеленый поток водопада уносит Мэгги, а он беспомощно смотрит, как она стремительно скользит вниз... Но тут ужасающий грохот — так, по крайней мере, ему показалось — заставил его очнуться.

Это отворилась дверь; судя по тому, что сумерки нисколько не сгустились, Филип дремал не более нескольких минут. При виде отца — а это был он — Филип привстал, желая уступить ему место.

— Сиди, я предпочитаю ходить.

Уэйкем несколько раз с внушительным видом прошелся по комнате, потом остановился перед сыном и, засунув руки в карманы, сказал, продолжая недавний разговор, словно он и не прерывался:

— По-видимому, ты нравишься этой девушке, иначе зачем бы она стала тайно встречаться с тобой?

У Филипа забилось сердце и на щеках проступил легкий румянец, тотчас же сбежавший с его лица. Ему нелегко было заговорить:

— Она привязалась ко мне в Кинг-Лортоне, еще девочкой; тогда ее брат поранил себе ногу, и я много времени проводил подле него. Это сохранилось в ее памяти, и с тех пор она считает меня своим другом. У нее не было и мысли о любви, когда мы встретились вновь.

— Но ты в конце концов признался ей в любви? Что же она тебе ответила? — спросил Уэйкем, опять принимаясь ходить по комнате.

— Она сказала, что тоже любит меня.

— Черт побери! Чего же тебе еще нужно? Или она ветреница?

— Она была совсем юной в ту пору, — неуверенно проговорил Филип. — Боюсь, что она еще не разбиралась в своих чувствах. И меня страшит, что наша длительная разлука и события, вставшие между нами, все изменили.

— Но ведь она в городе; я видел ее в церкви. Разве ты не говорил с ней после ее возвращения?

— Говорил; мы встретились у мистера Дина. Но по многим причинам я не мог сказать ей о своих намерениях. Одно из препятствий отпадет, если ты дашь согласие и захочешь увидеть в ней жену твоего сына.

Уэйкем некоторое время молчал, остановившись перед портретом Мэгги.

— Она ничем не напоминает тот тип женщины, к которому принадлежала твоя мать, — выговорил он наконец. — Я видел ее в церкви — она красивее, чем здесь: великолепные глаза и великолепная фигура; но красота ее опасна, и, должно быть, она своенравна. Так ведь?

— У Мэгги доброе, преданное сердце, и в ней есть простота: ей не свойственны ни высокомерие, ни притворство, обычно встречающиеся у женщин.

— Вот как! — сказал Уэйкем. — Красота твоей матери была нежнее — у нее были волнистые каштановые волосы и глаза серые, как у тебя, Фил. Очень жаль, что нет ее портрета.

— И ты не желаешь мне такого же счастья, какое выпало тебе? Это так скрасило бы мою жизнь! Есть ли узы более прочные, чем те, что двадцать восемь лет тому назад связали тебя с матерью? И ведь с каждым годом они всё крепли.

— О, Фил, только ты знаешь меня с хорошей стороны. Мы должны держаться друг друга, насколько возможно. Так что же мне следует делать? Спустимся вниз, и ты все мне расскажешь. Может быть, мне надлежит отправиться с визитом к этой темноглазой барышне?

Теперь, когда между ними не было больше преграды, Филип мог свободно говорить с отцом обо всем, что касалось его отношений с Талливерами, — о желании вернуть этой семье мельницу и земли, о передаче того и другого «Гесту и К°» в качестве промежуточного шага. Убеждая отца, он даже отважился проявить настойчивость, и тот шел ему навстречу с большей готовностью, чем Филип мог предполагать.

— Мне эта мельница ни к чему, — сказал в конце концов Уэйкем с ворчливой уступчивостью. — В последнее время она доставляла мне кучу хлопот. Пусть возместят расходы по ее усовершенствованию, и все. Но об одном не проси меня: я слышать не хочу о молодом Талливере. Если ты способен переварить его ради его сестры — воля твоя. Я же не смогу его проглотить ни под каким соусом.

Ваше воображение подскажет вам, какие чувства владели Филипом, когда на следующий день он отправился к мистеру Дину с намерением сообщить ему, что мистер Уэйкем готов вступить в переговоры, и с каким милым торжеством Люси добивалась от отца признания своих деловых талантов. Мистер Дин был несколько озадачен и заподозрил, что между молодыми людьми происходит что-то такое, к чему он не прочь был бы иметь ключ. Но для человека склада мистера Дина все, что может происходить между молодыми людьми, столь же далеко от реальной деловой жизни, как и то, что происходит у птиц и бабочек, — разумеется, если это не сказывается пагубным образом на денежных интересах; а в данном случае это, безусловно, сказывалось на них весьма благоприятно.

ГЛАВА IX

Благотворительность во всем своем блеске

Апогеем блистательной карьеры Мэгги в избранном обществе Сент-Огга был день благотворительного базара, где она в платье из мягко струящегося белого муслина, хранившегося до тех пор, как я догадываюсь, в сундуках тетушки Пуллет, появилась среди пышно разодетых, но заурядных женщин, выделяясь среди них своей красотой, исполненной простоты и благородства. Вероятно, мы не способны в полной мере оценить, насколько искусственна наша манера держать себя в обществе, пока на нашем пути не встретится существо, наделенное очарованием и вместе с тем простотой: ведь простоту без очарования мы склонны относить за счет дурных манер. Сестры Гест были слишком изысканны, чтобы допустить в своем обращении напыщенность или жеманство, свидетельствующие о претенциозной вульгарности; но так как их палатка была расположена по соседству с той, где находилась Мэгги, всем в этот день особенно бросалось в глаза, что старшая мисс Гест высоко вздергивает подбородок, а мисс Лаура без нужды суетится и разговаривает в тайной надежде привлечь к себе внимание.

Весь хорошо одетый люд Сент-Огга и его окрестностей был налицо; да и право, стоило приехать даже издалека, чтобы увидеть великолепный старинный зал, с уходящими ввысь сводами, резными дубовыми стропилами, массивными двухстворчатыми дубовыми дверьми и светом, льющимся сверху на пестрое сборище внизу. Зал этот был весьма необыкновенным; на стенах его кое-где даже сохранились на полустертом цветном поле изображения геральдических зверей с характерно вытянутой мордой и стоящей дыбом щетиной — лелеемые эмблемы родовитой знати, в старину владевшей этим замком, который являлся ныне общественным достоянием. Прорезанная вверху одной из стен величественная арка венчала дубовые хоры, за ними открывалось пространство, заставленное оранжерейными растениями и стойками с прохладительными напитками, — приятное убежище для праздных джентльменов, утомленных толчеей внизу и желающих занять более благоприятную позицию для наблюдений. Полное соответствие старинного здания его превосходному современному назначению — а оно-то и придавало благотворительности отпечаток истинной элегантности и, воздействуя на тщеславие, способствовало пополнению недостающих средств — было столь разительным, что каждый человек, войдя туда, спешил поделиться своим мнением на этот счет. Вблизи арки, под хорами, была каменная ниша с витражом — одна из освященных веками несообразностей этого зала; здесь подле ниши поместилась палатка Люси — так ей удобнее было расположить множество незатейливых изделий, которые она взяла на свое попечение по просьбе миссис Кен. Мэгги выразила желание занять место у входа в палатку, предпочитая торговать мужскими халатами, нежели шитыми бисером ковриками и прочими изящными вещицами, о которых у нее было лишь смутное представление. Но вскоре эти халаты стали вызывать такой интерес и такое множество вопросов, все проявляли такое назойливое любопытство к их подкладке и прочим особенностям и так жаждали примерить их, что палатка Люси сделалась центром всеобщего внимания. Леди, пренебрегшие халатами и ограничившие себя продажей собственных рукоделий, тотчас же усмотрели фривольность и дурной вкус в пристрастии мужчин к предметам, которые всегда можно получить у самого заурядного портного. Возможно, это слишком заметное восхищение внешностью мисс Талливер, выразившееся в самых различных формах на благотворительном базаре, сказалось на оценке, которую многие из присутствовавших там женщин дали впоследствии поведению Мэгги. Нельзя утверждать, что в милосердных сердцах дам-благотворительниц гнев мог пробудиться только оттого, что их красота осталась непризнанной, — нет, скорее, это объясняется тем, что проступки людей, ранее вызывавших наше одобрение, неизбежно предстают нам потом в самом мрачном свете, хотя бы в силу контраста; да и то обстоятельство, что Мэгги оказалась в этот день в центре внимания, позволило обнаружить в ней известные черты, с которыми позднее также связывали разыгравшиеся события. По мнению всех судей, принадлежавших к прекрасному полу, было что-то вызывающее в открытом взгляде мисс Талливер, что-то неуловимо вульгарное в характере ее красоты, и это ставило ее намного ниже ее кузины мисс Дин; ибо теперь леди Сент-Огга готовы были полностью отказаться в пользу Люси от своих сомнительных притязаний на поклонение мистера Стивена Геста.

Что же касается самой Люси, этой милой крошки, то ее добросердечное торжество после недавно одержанной победы в деле с мельницей и надежды на успех своих планов в отношении Мэгги и Филипа создали у нее в этот день особо приподнятое настроение; и она не испытывала ничего, кроме радости, от единодушного признания привлекательности Мэгги. Правда, и сама она была совершенно прелестна, и Стивен в этом многолюдном собрании был необыкновенно предупредителен к ней, ревностно скупая все вещицы, создававшиеся у него на глазах ее пальчиками, и побуждая всех знакомых мужчин приобретать наиболее прихотливые безделушки. Расставшись со шляпой, он украсил свою голову феской, вышитой ручками Люси; однако, по мнению поверхностных наблюдателей, в этом следовало усматривать не столько комплимент Люси, сколько проявление фатовства. «Гест — настоящий фат, — заметил юный Торри, — но он — привилегированное лицо в Сент-Огге и во всем задает тон: сделай другой что-нибудь подобное, его сразу подняли бы на смех».

Стивен ничего не покупал у Мэгги, пока Люси, понизив голос, не сказала ему с некоторой досадой:

— О чем вы думаете? У Мэгги скоро разберут все вязаные вещи, и получится, что вы ничего у нее не приобрели. Там есть восхитительные гарусные напульсники, мягкие-премягкие. Ступайте к ней.

— Увольте, — сказал Стивен. — Они предназначены для людей с пылким воображением, способных зябнуть в этот теплый день от одной только мысли о снегах Кавказа. Непреклонный разум всегда был, как вам известно, сильной стороной моей натуры. Пусть Филип покупает напульсники. Кстати, почему его не видно?

— Он не любит бывать там, где много людей; но я велела ему прийти. Филип обещал скупить у меня все, чего не возьмут другие. А теперь ступайте к Мэгги.

— Нет-нет, видите — к ней как раз подошел покупатель: старый Уэйкем пожаловал сюда собственной персоной.

Глаза Люси с тревожным вниманием обратились к Мэгги, чтобы посмотреть, как впервые после той печальной и памятной поры она встретится с человеком, который должен возбуждать в ней столь противоречивые чувства; Люси с радостью подумала, что у Уэйкема хватило такта тотчас же завести речь о благотворительном базаре и сделать вид, будто он заинтересован самой покупкой; время от времени он приветливо улыбался Мэгги и, заметив, очевидно, что она бледна и взволнованна, не старался вовлечь ее в разговор.

— Ба, Уэйкем проявляет необыкновенную учтивость к вашей кузине, — сказал вполголоса Стивен, обращаясь к Люси. — Это что — чистое великодушие? Вы когда-то упоминали о семейной ссоре.

— О, я надеюсь, скоро все уладится, — многозначительно ответила Люси, на радостях становясь менее осторожной.

Но Стивен, по всей видимости, не обратил внимания на ее слова: так как подошли покупательницы, он, словно нехотя, перешел на тот конец палатки, где находилась Мэгги и, став поодаль, перебирал в руках безделушки, пока Уэйкем, уже вытащивший к этому времени бумажник, не произвел окончательного расчета.

— Со мной пришел мой сын, — донеслись до него слова Уэйкема, — но он куда-то скрылся, предоставив мне отдать дань благотворительности. Я надеюсь, вы пожурите его за недостойное поведение.

Мэгги молча ответила ему улыбкой и поклоном; Уэйкем повернулся, чтобы уйти, и только тут, заметив Стивена, кивнул ему. Мэгги, чувствуя, что Стивен все еще здесь, стала, не поднимая глаз, считать деньги. Она была довольна, что в этот день он обратил все свое внимание на Люси и не подходил к ней. Обменявшись с утра обычными приветствиями, оба были рады, что держатся на расстоянии друг от друга, как бывает рад больной, у которого после целого ряда неудач хватило наконец решимости не прибегать к опиуму. В последние дни они несколько примирились со своими промахами, возлагая все надежды на внешние обстоятельства, которые должны были вскоре их разлучить, и находя в этом оправдание тому, что менее тщательно скрывали один от другого свои чувства.

Стивен шаг за шагом, словно что-то влекло его против воли, двигался вдоль палатки, пока не оказался наполовину спрятанным складками драпировки, образующей одну из сторон. Мэгги, которая все это время продолжала считать деньги, вдруг услышала слова, произнесенные низким и приятным мужским голосом:

— Вы не очень устали? Позвольте мне что-нибудь принести вам — желе или фрукты. Прошу вас, не отказывайтесь! — Неожиданно мягкий тон этого голоса потряс ее, словно вдруг коснувшиеся слуха звуки арфы.

— О нет, благодарю вас, — едва слышно выговорила она, лишь на мгновение поднимая глаза.

— Но вы так бледны. Я уверен, вы совершенно измучены. Я должен вас ослушаться и все-таки принести вам что-нибудь, — с еще большей настойчивостью упрашивал Стивен.

— Право же, я не смогу сделать ни глотка.

— Вы сердитесь? Чем я провинился? Ну пожалуйста, взгляните на меня.

— Умоляю вас, уходите, — сказала Мэгги, подняв на него беспомощный взгляд и тотчас же устремив его наверх, в дальний угол хоров, наполовину скрытый старым, выцветшим зеленым занавесом. Проговорив эти слова, Мэгги пришла в отчаяние — в ее мольбе было невольное признание; Стивен немедленно обернулся и, следуя за ее взглядом, увидел Филипа Уэйкема, сидевшего в укромном уголке, откуда видна была только та часть зала, где находилась Мэгги. Новая мысль мелькнула у Стивена и, связавшись в его сознании с поведением Уэйкема и намеками Люси, убедила его в том, что между Мэгги и Филипом существовали иные отношения, кроме той детской дружбы, о которой он слышал. Движимый множеством разнообразных побуждений, он не замедлил покинуть зал и, поднявшись на хоры, подошел к Филипу, сел позади него и опустил руку ему на плечо.

— Что вы здесь изучаете, Фил? — спросил он. — Собираетесь писать портрет или задумали изобразить эту каменную нишу с витражом? Черт возьми! Если смотреть из этого темного угла, получается недурная картина. Как удачно обрамляет ее зеленый занавес!

— Я изучаю выражение лица, — отрывисто ответил Филип.

— Вот как! Выражение лица мисс Талливер? По-моему, сегодня оно мрачно-раздраженное, как у изгнанной принцессы, которая вынуждена прислуживать за прилавком. Ее кузина послала меня к ней с любезным предложением принести ей что-нибудь прохладительное, но меня, как всегда, осадили. Кажется, между нами взаимная антипатия: мне редко выпадает честь заслужить расположение мисс Талливер.

— Какой же вы лицемер! — сказал Филип, покраснев от гнева.

— Вот как! Вы считаете, что на основании опыта я должен быть уверен во всеобщем ко мне расположении? В принципе, вы правы, но здесь какое-то грубое нарушение закона.

— Я ухожу, — сказал Филип и порывисто встал.

— Я тоже. Хочется подышать свежим воздухом; здесь становится душно. Я достаточно долго выполнял приятную повинность — поклонялся и прислуживал.

Друзья молча спустились вниз. Филип вышел через наружную дверь во двор, а Стивен со словами: «Да, кстати, мне надо зайти сюда» — прошел дальше по коридору в противоположный конец здания, где городская библиотека занимала несколько комнат. Одна из них была в полном его распоряжении, а это совершенно необходимо джентльмену, когда у него является потребность швырнуть на стол шляпу, с размаху сесть верхом на стул и уставиться в кирпичную стену дома напротив с таким свирепым видом, словно он собирается прикончить гигантского Пифона.

Душевный разлад иной раз толкает человека на те же поступки, что и порок; разница между тем и другим ускользает от постороннего взгляда, который выносит свой приговор, основываясь лишь на сопоставлении действий. Надеюсь, вам ясно, что Стивен не был лицемером, способным ради своих эгоистических целей вести двойную игру, и, однако, его противоречивое поведение (он то отдавался своему чувству, то тщательно его скрывал) могло служить убедительным доводом в пользу обвинения, брошенного ему Филипом.

Тем временем похолодевшая, трепещущая Мэгги сидела в своей палатке с тем мучительным ощущением в глазах, которое возникает, когда мы с трудом сдерживаем слезы. Неужели ее жизнь всегда будет такой? Всегда будет нести в себе источник внутренней борьбы?..

Со всех сторон до нее смутно доносились равнодушно-веселые голоса, и ей хотелось влиться душой в этот беспечный, говорливый поток. Как раз в этот момент пастор Кен — он явился совсем недавно, и теперь, чтобы составить себе суждение о базаре, заложив руки за спину, не спеша прогуливался по середине зала — остановил свой взгляд на Мэгги, потрясенный выражением страдания на ее прекрасном лице. В этот предвечерний час наплыв покупателей уменьшился, так как джентльмены избрали для покупок более раннее время, и палатка Мэгги казалась заброшенной, а сама она сидела совершенно неподвижно. Ее полная безучастность и грусть, затаившаяся в глазах, довершали контраст между нею и другими молодыми леди, которые были веселы, оживленны и деятельны. Пастор Кен словно застыл на месте. Лицо Мэгги, поражающее своей красотой и совсем новое для него, естественно, не могло не привлечь его внимания еще в церкви. Во время его короткого делового визита в дом мистера Дина они были представлены друг другу, но до сих пор у них не было случая обменяться хотя бы словом. Теперь он направился к ней, и она, ощутив чье-то присутствие, заставила себя поднять глаза и приготовилась вступить в разговор. Невольно с детским облегчением освободилась она от сковавшей ее напряженности, когда увидела перед собой пастора Кена. Его некрасивое и уже немолодое лицо, исполненное проникновенной доброты, казалось, говорило о том, что этот человек достиг твердого, надежного берега, но смотрит с ободряющим сочувствием на тех, кто еще борется с бушующими волнами. Оно произвело неизгладимое впечатление на Мэгги и осталось в ее памяти как обещание. Людям в летах, уже пережившим пору сильных страстей, но еще находящимся в том возрасте, когда воспоминания живы и душой не овладело спокойное безразличие, бесспорно, надлежит быть своего рода пастырями; жизнь как бы предназначила их для роли спасителей и защитников заблудших юных душ и жертв безысходного отчаяния. Большинство из нас в какие-то периоды своей ранней молодости готово всем сердцем приветствовать этих самой природой избранных пастырей, даже не носящих церковного облачения, но нередко обречено преодолевать житейские трудности, ни в ком не находя поддержки, как это бы шло с Мэгги до ее девятнадцати лет.

— Боюсь, что ваши обязанности утомили вас, мисс Талливер? — сказал пастор Кен.

— Да, немного, — просто ответила Мэгги, не имея обыкновения из любезности отрицать очевидные факты.

— Я передам миссис Кен, что вы чрезвычайно успешно распорядились ее товарами, — добавил он. — Она будет вам очень признательна.

— О, я этого не заслужила: мужчины наперебой покупали халаты и вышитые жилеты. Мне кажется, каждая на моем месте справилась бы с этим лучше. Я даже не знала, как предлагать эти халаты.

Пастор Кен улыбнулся:

— Я надеюсь, теперь вы станете моей прихожанкой, мисс Талливер, не правда ли? До сих пор вы как будто жили далеко отсюда?

— Я была учительницей в школе и очень скоро опять уеду — на новое место.

— Вот как! А я предполагал, что вы останетесь среди ваших друзей: ведь все они, кажется, живут в этих краях.

— Я должна уехать! — серьезно сказала Мэгги, глядя на пастора Кена с выражением такого полного доверия, словно в этих трех словах хотела поведать ему всю свою историю. Это был один из тех порывов откровенности, которые возникают порой между людьми, случайно повстречавшимися на перепутье или остановившимися передохнуть у края дороги. Ведь всегда существует эта возможность — словом или взглядом поддержать друг у друга веру в братскую связь между людьми.

По каким-то признакам глаза и слух пастора Кена уловили, что краткое признание Мэгги исполнено глубокого значения.

— Я понимаю, — сказал он, — ваше чувство подсказывает вам, что лучше уехать. Однако я надеюсь, это не помешает нам встретиться снова, не помешает мне ближе узнать вас и в случае необходимости быть вам полезным.

Прощаясь, он сердечно пожал ей руку. «У нее какая-то тяжесть на сердце, — подумал он. — Бедное дитя, она, кажется, принадлежит к числу душ,

Природой вознесенных так высоко,
Страданием низвергнутых так низко.

Какая удивительная правдивость в этих прекрасных глазах!»

Вам, наверное, представляется странным, что Мэгги, к многочисленным недостаткам которой относился и неумеренный восторг, с каким она воспринимала восхищение и признание своего превосходства, — восторг, свойственный ей и теперь в неменьшей степени, чем во времена детства, когда, поучая цыган, она мечтала стать их королевой, — получив в этот день обильную дань лестных взглядов и улыбок, не испытала удовлетворения и даже не почувствовала себя окрыленной тщеславной гордостью, которая неизбежно должна была возникнуть в ней оттого, что трюмо Люси во весь рост отразило ее высокую стройную фигуру, с головкой, увенчанной темной массой волос. Мэгги лишь улыбнулась сама себе, и на мгновение все, кроме собственной красоты, перестало для нее существовать. Если бы это состояние души могло продлиться, она не устояла бы перед желанием видеть у своих ног Стивена, предлагающего ей свою любовь, исполненную поклонения и обожания, и жизнь со всеми ее наслаждениями и земными благами. Но было в Мэгги и нечто более сильное, чем тщеславие: страстная преданность тем, кто уже имел право на ее любовь и жалость, воспоминания о высоких порывах души и о былой готовности к самопожертвованию. Это широкое течение под действием внешних событий и внутренних импульсов, приведенных в движение прошедшей неделей, достигло в тот день наивысшего разлива и вскоре захлестнуло и незаметно растворило в себе струю тщеславия.

Филип не сказал ей, что все препятствия со стороны его отца устранены, — на это у него не хватило духу; но он поведал обо всем Люси в надежде, что Мэгги, узнав об этом от кузины, даст ему понять каким-нибудь ободряющим намеком, что новая возможность их сближения будет для нее счастьем. Наплыв противоречивых чувств был так велик, что у Мэгги не нашлось слов, когда Люси, лицо которой сияло восторженной радостью, совсем как у херувимов Корреджо, принесла ей весть о победе; да и Люси едва ли была удивлена, что Мэгги ничем, кроме счастливых слез, не выразила своих чувств, когда услышала, что желание ее отца исполняется и Том в награду за свои многолетние усилия получит наконец мельницу. В последующие дни Люси целиком поглотили хлопоты, связанные с подготовкой к базару, и между кузинами так и не состоялся разговор о вещах более значительных. Филип за это время не раз бывал в доме, но Мэгги не пришлось говорить с ним наедине, и, таким образом, ничье влияние не сказалось на ее тайной борьбе с собой.

Когда базар благополучно окончился и кузины, снова оставшись вдвоем, отдыхали дома, Люси сказала:

— Мэгги, ты не должна послезавтра уезжать к тетушке Мосс. Напиши ей, что по моей просьбе ты откладываешь свой визит, а я пошлю человека. Она не рассердится — позже ты сможешь часто бывать у нее, а сейчас, мне кажется, тебе совсем не время исчезать.

— Но право же, я должна ехать к ней, дорогая, этого нельзя откладывать: я непременно должна повидать тетю Гритти. А у меня так мало времени — ведь двадцать пятого июня я уезжаю на свое новое место.

— Мэгги! — воскликнула Люси, бледнея от изумления.

— Я ничего не говорила тебе, дорогая, — сказала Мэгги, с огромным усилием овладев собой, — ведь ты была так занята. Недавно я отправила письмо нашей старой учительнице мисс Фёрнис и просила ее написать, нет ли у нее для меня места. На днях она сообщила мне, что я могла бы во время каникул взять на свое попечение трех ее учеников-сирот и отвезти их на побережье, а затем она согласна дать мне возможность попробовать силы в качестве учительницы. Вчера я написала, что принимаю ее предложение.

Некоторое время Люси не в состоянии была говорить от обиды.

— Мэгги! — вымолвила она наконец. — Как ты можешь быть такой недоброй... не сказать мне... предпринять такой шаг... и сейчас... А Филип? Я думала, все так хорошо устроилось. О Мэгги, какая же тут причина? Откажись! Позволь мне написать. Ведь теперь ничто не стоит между тобой и Филипом.

— Ты заблуждаешься, — с трудом выговорила Мэгги. — А чувства Тома? Он сказал, что я потеряю его, если стану женой Филипа. И я знаю — он не изменит своему слову, если только что-нибудь не смягчит его.

— Я сама поговорю с ним: он возвращается на этой неделе. Неужели, когда он услышит радостную новость о мельнице, он и тогда не смягчится? Я поговорю с ним и о Филипе. Том всегда уступает мне. И почему ты считаешь его таким упрямым?

— Я должна ехать, — страдальческим голосом сказала Мэгги. — Пусть пройдет некоторое время, Люси. Не настаивай на том, чтобы я осталась.

Не глядя на Мэгги, Люси несколько минут о чем-то молча размышляла. Потом, опустившись на колени перед кузиной и с тревожной внимательностью всматриваясь в ее лицо, спросила:

— Мэгги, может быть, ты недостаточно любишь Филипа, чтобы стать его женой? Не надо ничего скрывать, доверься мне.

Мэгги, крепко сжимая руки Люси, некоторое время безмолвствовала. Ее собственные руки были совсем ледяными... Но когда она заговорила, голос ее звучал чисто и ровно:

— Нет, Люси, я согласилась бы стать его женой. Мне кажется, нет лучшей, нет более высокой цели для меня, чем сделать Филипа счастливым. От него первого я услыхала слова любви. Никто не сможет полностью заменить мне его. Но я не в силах навсегда расстаться с братом. Прошу тебя, не говори со мной больше об этом.

Огорчаясь и недоумевая, Люси подчинилась; после некоторого молчания она сказала:

— Ну что ж, Мэгги, по крайней мере, завтра ты будешь на балу в Парк-Хаузе, повеселишься, послушаешь музыку и уже потом отправишься со своими обязательными визитами. А вот и тетушка пришла звать нас к чаю.

ГЛАВА X

Чары как будто развеяны

Яркий свет, цветы и бальные туалеты шестнадцати танцующих пар, явившихся в сопровождении родителей и опекунов, придавали парадный блеск анфиладе комнат Парк-Хауза. Средоточием этого великолепия была удлиненной формы гостиная, где под воодушевляющие звуки рояля происходили танцы: по одну сторону гостиной находилась библиотека, которую чинно украшал своим присутствием зрелый возраст с неизменными чепцами и картами; по другую ее сторону гостеприимно предлагала прохладу и уединение диванная с примыкавшей к ней оранжереей. В этот вечер Люси впервые сбросила траур, и пышное платье белого крепа подчеркивало ее хрупкое изящество; она была признана королевой бала, ибо это был один из тех званых вечеров мисс Гест сугубо снисходительного тона, где собиралось общество, не включавшее аристократии более высокой, нежели местная, и где широко была представлена сентоггская коммерческая и чиновная знать. Мэгги сначала не захотела принять участие в танцах, объясняя это тем, что забыла все фигуры, — так много лет прошло с тех пор, как она танцевала в пансионе. Она радовалась, что у нее нашлось это оправдание, ибо танцы не веселят, когда тяжело на сердце. Однако в конце концов музыка пробудила в ней неудержимое желание присоединиться к танцующим, хотя перед ней стоял всего лишь этот несносный юный Торри, подошедший вновь, чтобы попытаться уговорить ее. Мэгги предупредила его, что ничего, кроме контрданса, не танцует; но он, разумеется, был готов дожидаться этого высокого блаженства и, несомненно, только с намерением польстить ей время от времени повторял: «Какая тоска!», — имея в виду, что она не танцует вальса, а ему так хотелось бы с ней повальсировать. Наконец настал черед славного старинного танца, в котором мало тщеславия, но зато много веселья, и Мэгги, позабыв о всех своих житейских треволнениях, с детским упоением отдалась его непринужденному ритму, как бы ниспровергавшему претенциозный этикет. Она была исполнена милостивого расположения к юному Торри, чья рука увлекала и поддерживала ее в танце. Глаза и щеки ее пылали тем огнем юного восторга, который вспыхивает от самого легкого дуновения, и ее простое, отделанное кружевом черное платье казалось матовой оправой, оттенявшей драгоценный камень.

Стивен ни разу не пригласил ее на танец, не оказал ей иного внимания, кроме мимолетной учтивости. Образ Мэгги, всегда стоявший перед его внутренним взором, после вчерашнего дня стал сливаться с образом Филипа, наполовину заслонившим его своею тенью: вероятно, между Мэгги и Филипом существовала давняя привязанность, по крайней мере привязанность со стороны Филипа, — значит, Мэгги тоже была несвободна. Итак, говорил себе Стивен, вот еще одно обстоятельство, которое, взывая к его чести, запрещает ему отдаться нахлынувшему чувству, постоянно грозящему его одолеть. Так твердил он себе, а между тем в нем не раз поднимался яростный протест: Стивен содрогался, думая о Филипе, ему мучительно хотелось броситься к Мэгги и самому предъявить на нее права. Тем не менее в этот вечер он не изменил своим намерениям: держался поодаль, почти не смотрел на нее и был неистощимо весел, занимая Люси. Но сейчас он пожирал глазами Мэгги, испытывая страстное желание пинком отшвырнуть юного Торри и занять его место. Стивену еще хотелось, чтобы поскорее закончился танец и он мог бы избавиться от своей дамы. Мысль о том, что ему тоже позволено танцевать с Мэгги, долго держать ее руку в своей руке, подобно жажде, неумолимо овладевала им. Но и сейчас ему казалось, что руки их встречаются в танце — встречаются во все время танца, хотя они и были на отдалении друг от друга.

Стивен едва ли отдавал себе отчет в том, что происходит и каким образом удается ему в промежутке между танцами соблюдать внешнюю учтивость. Когда же он наконец освободился, то увидел Мэгги, сидевшую в одиночестве в дальнем конце гостиной. Он шел к ней, обходя готовящиеся к вальсу пары, и когда Мэгги поняла, что это ее он ищет, она, несмотря на все владевшие ею ранее мысли, ощутила жгучую радость в сердце. В глазах и лице ее еще светился простодушный восторг, рожденный танцем; всем своим существом она стремилась к радости, к нежности; даже ожидавшие ее страдания, казалось, не несли в себе ничего горького — она готова была приветствовать их как проявление жизни, ибо в эту минуту жизнь представлялась ей предельной напряженностью чувств, вознесенных над радостью и страданием.

— Кажется, опять будет вальс, — склоняясь к Мэгги, проговорил Стивен с той затаенной нежностью в голосе и взгляде, о которой грезит юность в лесном уединении, когда теплый воздух наполнен приглушенным воркованьем. Такие взгляды и интонации вносят дыхание поэзии в комнату, где душно от яркого газа и тяжеловесного флирта. — Снова собираются танцевать вальс, от этого бесконечного мелькания кружится голова, да и в комнате так жарко. Не пройтись ли нам?

Он предложил ей руку, и они прошли в диванную, где на столах были разложены гравюры для развлечения гостей, которые, конечно, не удостоят их и взглядом. В этот момент там никого не было. Они прошли дальше, в оранжерею.

— Как странно и неправдоподобно выглядят при этом освещении цветы и деревья, — тихим голосом сказала Мэгги. — Словно они растут в волшебном царстве и никогда не увянут; можно подумать, что они из драгоценных камней.

Говоря это, она смотрела на выстроившиеся в ряд горшки с высокой геранью. Стивен молчал, он смотрел на нее — и разве не прав великий поэт, который, сливая воедино свет и звук, называл темноту безгласной, а свет красноречивым? Свет, сиявший в долгом взгляде Стивена, обладал такой неодолимой силой, что заставил Мэгги повернуть к нему лицо и поднять глаза — так цветок медленно поворачивает свою чашечку навстречу восходящему солнцу. Они нерешительно двинулись дальше, не ощущая, что идут, не ощущая ничего, кроме этого обращенного друг к другу долгого, сосредоточенного взгляда, отмеченного той торжественностью, которая присуща всем высоким человеческим страстям. Владевшая ими обоими мысль, что они должны, что они принудят себя расстаться, наполнила эту минуту молчаливого признания безграничным восторгом.

Они дошли до конца оранжереи и, перед тем как повернуть назад, остановились. Эта остановка заставила Мэгги очнуться: густо покраснев, она отвернулась, отняла у Стивена руку и подошла к цветам. Стивен стоял неподвижный и по-прежнему бледный.

— О, можно мне сорвать эту розу? — проговорила Мэгги, заставляя себя сказать что-нибудь и словами — безразлично какими — рассеять жгучее ощущение невольного и непоправимого признания. — Я плохо обращаюсь с розами, люблю их срывать и вдыхать аромат до тех пор, пока они его не утратят.

Стивен по-прежнему молчал: он был не в состоянии говорить. Мэгги протянула руку к полураспустившейся крупной розе, привлекшей ее внимание. Кто не знает всей прелести женской руки? Какое непередаваемое обещание нежности заключено в ямочках у локтя и в множестве изгибов, плавно переходящих в тонкое запястье с его крошечными, почти неразличимыми впадинками! Две тысячи лет назад красота женской руки так потрясла душу великого скульптора, что он запечатлел ее в Парфеноне, где она, любовно обвивая источенный временем мрамор безглавого изваяния, и по сей день волнует нас. У Мэгги была такая рука, но в ее мягких изгибах трепетала жизнь.

Страстный порыв охватил Стивена; он бросился к этой руке и стал осыпать ее поцелуями.

Но тотчас же Мэгги вырвала руку и, дрожа от ярости и унижения, сверкнула на него гневным взглядом, словно раненая дева-воительница.

— Как вы посмели? — выговорила она сдавленным голосом, в котором звучало глубокое волнение. — По какому праву вы оскорбляете меня?

Она выбежала в соседнюю комнату и там упала на диван, все еще дрожа и задыхаясь.

Страшная кара постигла ее за грех — за то, что она позволила себе миг счастья, который был предательством по отношению к Люси, к Филипу, к лучшим свойствам ее собственной души. Это мгновенное счастье рухнуло, запятнанное, словно проказой, позорным концом: отношение Стивена к ней было иным, чем к Люси, оно было легкомысленным. Что же касается Стивена, то, совершенно ошеломленный, он прислонился к решетке оранжереи; в нем боролись любовь, ярость, стыд и отчаяние — отчаяние оттого, что, утратив самообладание, он так оскорбил Мэгги.

Это последнее чувство одержало верх над всеми иными: желание снова быть подле нее, молить ее о прощении придало ему силы, и не прошло и нескольких минут, как Стивен уже смиренно стоял перед ней. Но возмущение Мэгги еще не улеглось.

— Окажите мне любезность, избавьте меня от вашего присутствия и больше не подходите ко мне, — проговорила она с надменным негодованием.

Стивен резко повернулся и принялся шагать по комнате. Суровая необходимость требовала, чтобы он возвратился в гостиную, и он начинал понимать это. Отсутствовали они так недолго, что, когда он вышел к гостям, вальс еще не кончился.

Мэгги тоже не замедлила появиться в гостиной. Гордость, столь присущая ее натуре, восстала в ней: презренная слабость, увлекшая ее в те пределы, где оказалось возможным так жестоко ранить ее самолюбие, несла в себе и исцеление. Мысли и соблазны последнего месяца должны быть забыты; ничто не прельстит ее теперь; ей легко будет исполнять свой долг, и все прежние благие стремления опять мирно воцарятся в ее душе. Когда она вошла в гостиную, лицо ее еще сохраняло в своем румянце следы пережитого возбуждения, но чувство горделивой уверенности в себе уже бросало вызов всему, что могло бы нарушить ее спокойствие. Мэгги не захотела больше танцевать, но, когда к ней обращались, спокойно и охотно поддерживала разговор. Вернувшись в этот вечер домой, она с легким сердцем поцеловала Люси, почти ликуя от мысли, что тот испепеляющий миг оградит ее теперь от слов и взглядов, отмеченных печатью предательства по отношению к нежной и ни о чем не подозревающей кузине.

На следующее утро Мэгги не удалось уехать в Бассет так рано, как она предполагала. Миссис Талливер, которая должна была сопровождать ее в карете, не умела наспех справляться с домашними делами, и Мэгги, поторопившаяся окончить свои сборы, вынуждена была сидеть в саду, уже готовая к отъезду. Люси была занята в доме упаковкой подарков с благотворительного базара для малышей Бассета, и, когда зазвонил дверной колокольчик, Мэгги встревожилась, как бы Люси не привела к ней Стивена, ибо это, несомненно, был он. Вскоре гость один вышел в сад и сел рядом с ней на скамью. Это не был Стивен.

— Посмотрите, Мэгги, отсюда видны вершины старых шотландских пихт в Красном Овраге, — сказал Филип.

Они молча взялись за руки; впервые за все это время она взглянула на него с прежней, по-детски чистой и нежной улыбкой. Это ободрило Филипа.

— Да, — отозвалась Мэгги, — я часто на них смотрю, и мне так хочется снова увидеть их в лучах заката. Но после приезда я ни разу не была в тех местах, вернее, только раз, когда мы с мамой ходили на кладбище.

— А я бываю там постоянно. Я живу только прошлым — ведь в моей жизни нет ничего другого.

Воспоминания и чувство острой жалости заставили Мэгги взять Филипа за руку. Как часто они бродили так рука об руку в Красном Овраге.

— Я помню там каждый уголок, — сказала она, — помню все, что с каждым из них связано, — и ваши чудесные рассказы о том, чего я никогда не слыхала раньше.

— Вы скоро опять вернетесь туда, не правда ли, Мэгги? — робко спросил Филип. — Ведь мельница теперь станет домом вашего брата.

— Да, но меня там не будет, — ответила Мэгги. — Я только услышу об этом счастье. Я уезжаю. Разве Люси не говорила вам?

— Значит, будущее никогда не сомкнется с прошлым, Мэгги? Эта книга навсегда закрыта?

Серые глаза, так часто смотревшие на Мэгги с мольбой и обожанием, теперь снова были устремлены на нее, и в них светился последний луч надежды; она ответила ему прямым, искренним взглядом.

— Эта книга никогда не будет закрыта, — сказала Мэгги с грустной задумчивостью. — Я не хочу будущего, которое разрушило бы узы прошлого. Но узы, связывающие меня с братом, сильнее всех остальных. Я не смогу сделать то, что разлучило бы меня с ним.

— Это единственная причина, которая никогда не позволит нам соединиться? — спросил Филип, полный отчаянной решимости добиться исчерпывающего ответа.

— Единственная, — со спокойной твердостью ответила Мэгги.

В эту минуту ей казалось, что чаша очарований отброшена и разбита. Возбуждение, вызванное вчерашней сценой, которая вернула Мэгги гордую уверенность в себе, еще не улеглось в ней, и она смотрела в будущее как человек, способный управлять своей судьбой.

Так они сидели, держась за руки, не глядя друг на друга и не произнося ни слова: мысли Мэгги были больше обращены к прошлому, к дням их любви и расставания; она видела Филипа, каким он был в Красном Овраге.

Филип понимал, что, услышав от нее эти слова, он должен быть вполне счастлив: в своей откровенности она была чиста и прозрачна, как горный родник. Почему же он не был счастлив! Вероятно, для того, чтобы утолить ревность, надо обладать даром всеведения, от которого не может укрыться даже самый неуловимый изгиб души.

ГЛАВА XI
На меже

Вот уже четыре дня, как Мэгги гостила у тетушки Мосс, и этой доброй женщине с отуманенными заботой глазами казалось, что никогда еще так ярко не светило раннее июньское солнце; а для многочисленных кузенов и кузин Мэгги ее визит составил эпоху, и они навсегда запомнили каждое ее слово, каждый жест, словно она была воплощением небесной красоты и мудрости.

Окруженная детворой, Мэгги вместе с тетушкой Мосс стояла на мощеной дорожке и кормила цыплят. Был тот мирный час дня, когда на ферме все затихает. Длинные и ветхие хозяйственные постройки вокруг пустынного двора оставались такими же унылыми, как и прежде, но разросшиеся в беспорядке кусты роз уже по-летнему пышно раскинулись над старой садовой оградой, а расположенный на пригорке серый деревянный дом казался при этом ослепительном полуденном солнце погруженным в вековой сон и находился в полной гармонии с разлитой в воздухе дремотной неподвижностью. Мэгги, перекинув шляпку через руку, с улыбкой смотрела на выводок крошечных пушистых цыплят у ее ног, как вдруг тетушка Мосс воскликнула:

— Господи боже мой, кто это въезжает в ворота?

Это был джентльмен на крупной гнедой лошади, взмыленные бока и шея которой свидетельствовали о быстрой езде.

Кровь прихлынула к лицу Мэгги, и сердце ее учащенно забилось. Ее объял ужас, словно внезапно воскрес заклятый враг, лишь на время притворившийся мертвым.

— Кто это, милочка? — спросила тетушка Мосс, видя по выражению лица Мэгги, что всадник ей знаком.

— Это мистер Стивен Гест, — едва слышно ответила Мэгги. — Моей кузины Люси... Близкий друг моей кузины Люси.

Стивен был уже совсем рядом; он соскочил с лошади и шел к ним, на ходу приподнимая шляпу.

— Попридержи-ка лошадь, Уилли, — сказала миссис Мосс своему двенадцатилетнему сыну.

— Благодарю вас, не надо, — проговорил Стивен, беря под уздцы лошадь, нетерпеливо мотавшую головой. — Я должен не мешкая пуститься в обратный путь. Я к вам с поручением, мисс Талливер, — оно чисто личного свойства. Могу я попросить вас отойти со мной на несколько шагов?

Стивен казался измученным и раздраженным — такой вид бывает у человека, которого настолько одолели заботы или тревоги, что ему уже не до еды и не до сна. Он говорил отрывисто, словно неотложность поручения давала ему право не думать о том, как воспримет его визит и просьбу миссис Мосс. Добрая миссис Мосс, заметно робея в присутствии этого, по всей видимости, надменного джентльмена, все еще в душе недоумевала, не следует ли ей снова предложить ему оставить лошадь и войти в дом; но Мэгги, чувствуя всю неловкость создавшегося положения и будучи не в силах хоть что-нибудь сказать в ответ, надела шляпку и направилась к воротам.

Стивен последовал ее примеру; он шел рядом, ведя на поводу лошадь. Они не обменялись ни словом, пока не вышли на межу и не прошли несколько шагов; тогда Мэгги, все это время смотревшая прямо перед собой, повернула обратно и высокомерно, не скрывая своего негодования, сказала:

— Мне нет нужды идти дальше. Не знаю, считаете ли вы деликатными и достойными джентльмена ваши действия, вынудившие меня выйти вместе с вами, или, быть может, в ваши намерения входило еще больше оскорбить меня, навязав мне это свидание?

— Конечно, вы рассержены моим приездом, — сказал Стивен с горечью. — Вас заботит только одно: чтобы не было затронуто ваше женское достоинство; вам нет дела до того, как страдаю я.

Мэгги вздрогнула, как бы под действием едва ощутимого тока.

— Как будто не довольно того, что я совершенно запутался, что я схожу с ума от любви к вам, что, пытаясь остаться верным долгу, я противлюсь самой сильной страсти, на какую только способен человек, — вы еще обращаетесь со мной как с грубым животным, намеренно оскорбляющим вас. Тогда как, будь я только свободен, я сию же минуту просил бы вашей руки, молил бы вас принять мою жизнь, мое состояние и распоряжаться ими так, как вам будет угодно. Я знаю, что я забылся. Я позволил себе непростительную вольность. Я проклинаю себя за это. Но в тот же миг я раскаялся; все это время я терзался раскаянием. Вы не вправе бесповоротно осудить меня: если любишь, как я, всем сердцем, можно на мгновение поддаться порыву; но поверьте, вы должны поверить, — для меня нет большего страдания, чем заставить страдать вас. Чего бы я только не отдал, чтобы загладить свою вину!

Мэгги не решалась заговорить, не решалась повернуть голову. Силы, которые придавало ей негодование, иссякли. Она не осмеливалась выговорить даже слов прощения, готовых вырваться у нее в ответ на это признание.

Они снова оказались у ворот, и Мэгги остановилась, охваченная дрожью.

— Вы не должны мне говорить эти слова, я не должна слушать их, — с мукой в голосе и опустив глаза сказала она Стивену, вставшему перед ней, чтобы загородить путь к воротам. — Мне очень грустно, что я причинила вам столько страданий; но ведь слова здесь напрасны.

— Нет, не напрасны! — с жаром воскликнул Стивен. — Если бы в вашей душе нашлась для меня хоть капля жалости и снисхождения, а не одна жестокая несправедливость — разве это было бы напрасно? Мне легче было бы все снести, если бы я знал, что вы не презираете меня, не считаете наглым фатом. Посмотрите на меня — видите, какой я жалкий и истерзанный; я каждый день делаю по тридцать миль, чтобы только не думать о вас.

Мэгги не могла, не смела взглянуть на него: она уже раньше видела, какое у него измученное лицо.

— Я не думаю о вас плохо.

— Тогда, дорогая, взгляните на меня, — с бесконечной нежностью в голосе молил Стивен. — Не уходите. Дайте мне испытать хоть минутное счастье, дайте почувствовать, что вы меня прощаете.

— Я прощаю вас, — ответила Мэгги, потрясенная тоном, каким это было сказано, и еще больше испуганная тем, что поднималось в ней самой. — Прошу вас, не удерживайте меня. Прошу вас, уезжайте.

Крупная слеза скатилась из-под полуопущенных ресниц.

— Я не могу уехать, не могу оставить вас, — сказал Стивен с еще более страстной мольбой. — Я вернусь снова, если вы так холодно расстанетесь со мной. Я не отвечаю за себя. Но если вы пройдете со мной еще немного, я смогу этим жить. Вы же видите, ваш гнев сделал меня в десять раз более безрассудным.

Мэгги повернула обратно, но Танкред, гнедой конь Стивена, выразил столь энергичный протест против этих бесконечных поворотов, что Стивен, заметив выглянувшего из-за ворот Уилли Мосса, окликнул его:

— Послушай! Попридержи-ка на несколько минут лошадь.

— Нет, нет, — сказала Мэгги поспешно, — тете это покажется странным.

— Не думайте об этом, — нетерпеливо проговорил Стивен. — Она никого не знает в Сент-Огге... Поводи его минут пять взад и вперед, — добавил он, обращаясь к Уилли, потом сделал шаг к Мэгги, и они двинулись дальше. Она должна была идти, иного выхода у нее не было.

— Возьмите меня под руку, — умоляюще сказал Стивен, и Мэгги повиновалась с таким ощущением, будто она скользит вниз, как в ночном кошмаре.

— Неужели этому не будет конца? — начала она, пытаясь словами отогнать гнетущее чувство. — Как это низко, как это постыдно — позволить себе взгляд или слово, о которых Люси... о которых все другие не должны знать. Подумайте о Люси.

— Я думаю о ней, да благословит ее Бог. Если бы не это... — И Стивен положил ладонь на руку Мэгги, лежавшую на сгибе его локтя; им обоим трудно было говорить.

— Я тоже связана, — сделав отчаянное усилие, выговорила наконец Мэгги, — даже если не было бы Люси.

— Вы помолвлены с Филипом Уэйкемом? — спросил Стивен. — Это правда?

— Я считаю себя помолвленной с ним и не выйду замуж ни за кого другого.

Стивен молчал, пока они не свернули на поросшую густой травой тенистую боковую тропинку, и тогда в неистовом порыве у него вырвалось:

— Это неестественно, это чудовищно, Мэгги! Если бы вы любили меня, как я вас, мы бы перешли через все, лишь бы принадлежать друг другу. Мы разорвали бы все ложные узы, порожденные нашей слепотой, и соединились бы навеки.

— Я готова скорее умереть, чем поддаться этому искушению, — медленно и отчетливо произнесла Мэгги, отнимая у него руку: все духовные силы, накопленные в тяжелые годы, пришли ей на помощь в эту решительную минуту.

— Тогда скажите, скажите мне, что я вам безразличен, — почти не помня себя, воскликнул Стивен. — Скажите, что вы любите другого.

На один миг у Мэгги мелькнула мысль сказать Стивену, что ее сердце отдано Филипу, и тем самым избавить себя от необходимости новой борьбы. Но ее губы отказывались произнести эти слова, и она продолжала молчать.

— Если вы действительно любите меня, дорогая, — мягко сказал Стивен, снова завладевая ее рукой, — самое лучшее, единственно возможное для нас — это стать мужем и женой. Пусть это даже причинит комунибудь боль. Все произошло помимо нашей воли, родилось само собою — захватило меня, несмотря на мое сопротивление. Видит бог, я сделал все, чтобы не обмануть надежд, которые на меня возлагали, но только еще больше все запутал, — лучше было мне сдаться сразу.

Мэгги молчала. О, если бы это не было злом, если бы она могла в это поверить и ей больше не надо было бы напрягать свои силы в борьбе с этим течением, стремительным и обволакивающим, как летний разлив реки.

— Скажите «да», дорогая, — проговорил Стивен, наклоняясь и с мольбой заглядывая ей в глаза. — Что нам весь мир, если мы будем принадлежать друг другу?

Он ощущал на лице ее дыхание, губы ее были так близко — но к любви его примешивался благоговейный страх.

Веки и губы Мэгги трепетали, на мгновение взгляд ее широко открытых глаз погрузился в его глаза — таким взглядом смотрит дикая лань, пугливо противясь ласкающей ее руке, — потом Мэгги резко повернула к дому.

— И наконец, — торопливо продолжал он, пытаясь побороть не только ее, но и свои сомнения, — я ведь ничего не разрываю, мы, в сущности, не помолвлены. Если бы Люси лишила меня своей привязанности, я не счел бы себя вправе противиться этому. Если вы не связаны с Филипом словом, мы оба свободны.

— Вы сами не верите в то, что говорите; это не настоящие ваши мысли, — твердо сказала Мэгги. — Вы думаете так же, как и я, что подлинные узы — это те надежды и чувства, которые мы вызываем в сердцах других. Иначе каждое слово — будь только люди уверены в своей безнаказанности — могло бы быть нарушено. И в мире не существовала бы верность.

Стивен молчал, он не находил больше доводов; убеждения, противоположные тем, которые он только что высказал, слишком утвердились в нем за время борьбы с самим собой. Но вскоре у него возникла новая мысль.

— Бывают случаи, когда нельзя оставаться верным своему слову, — сказал он со страстной настойчивостью. — Это неестественно: ведь мы можем только сделать вид, что отдаем свои чувства другим. Это тоже зло, и оно может обернуться несчастьем не только для нас, но и для них. Вы должны понимать это, Мэгги; и вы понимаете.

Он жадно всматривался в ее лицо, желая прочитать в нем, что она уступает. Его сильная рука мягко сжимала ее руку.

Опустив глаза, Мэгги несколько мгновений молчала, потом, вздохнув, начала, глядя на него с глубокой грустью:

— О, это очень сложно; жизнь так сложна! Иногда я думаю, что следует поддаться самому сильному чувству, но оно всегда приходит в столкновение и грозит порвать узы, созданные всей предшествующей жизнью, — те узы, которые ставят людей в зависимость от нас. Если бы жизнь была простой и легкой, как в раю, и мы всегда встречали бы первым того, кто... Я хочу сказать: если бы прошлое не связывало нас долгом, прежде чем придет любовь, — любовь была бы единственным знаком того, что люди должны принадлежать друг другу. Но я знаю, я чувствую, что так не бывает, в жизни мы вынуждены от многого отказываться: кто-то должен жертвовать любовью. Мне не все дано понимать, многое темно для меня, но одно я вижу ясно — я не могу, не должна добиваться своего счастья ценой несчастья других. Любовь естественна; но ведь и сострадание, и преданность, и верность воспоминаниям тоже естественны. Они продолжали бы жить во мне и казнить меня, если бы я ими пренебрегла. Меня преследовали бы страдания, которые я причинила. Наша любовь была бы отравлена. Не настаивайте; помогите мне... Помогите мне, потому что я люблю вас.

Мэгги говорила проникновенно; лицо ее разгорелось, в глазах все полнее выражалась любовь, которая взывала о помощи. Благородство, присущее Стивену, откликнулось на этот призыв, но тотчас же — да и могло ли быть иначе? — это обращенное к нему с мольбой прекрасное лицо обрело над ним новую власть.

— Дорогая, — едва слышно вымолвил он, протягивая к ней руки, чтобы обнять ее, — я вынесу, я сделаю все, что вы пожелаете. Но — один поцелуй, единственный, прощальный, прежде чем мы расстанемся.

Один поцелуй — и затем долгий взгляд, пока Мэгги не сказала трепещущим голосом:

— Пустите меня: нам надо немедленно вернуться.

Она поспешно направилась к дому, и больше они не вымолвили ни слова. Завидев Уилли с лошадью на поводу, Стивен остановился и поманил его рукой; Мэгги вошла в ворота. Миссис Мосс одна стояла на старом крыльце: душевная чуткость подсказала этой доброй женщине, что детей лучше отослать в дом. Для Мэгги, должно быть, большое счастье, что за ней ухаживает такой богатый и красивый джентльмен, но, вернувшись, она, естественно, будет испытывать неловкость — да и счастье ли это? Миссис Мосс, болея душой за Мэгги, хотела и в том и в другом случае встретить ее без свидетелей. Взволнованное лицо племянницы сказало ей достаточно ясно, что если это и было счастье, то тревожное и неверное.

— Присядь хоть ненадолго, моя родная. — Она притянула Мэгги к себе и усадила рядом на скамью: в доме уединиться было негде.

— Тетя Гритти, я очень несчастна. О, если бы я умерла, когда мне было пятнадцать лет! Как легко было тогда отказаться от всего — и как трудно теперь!

Бедная Мэгги обвила руками шею тетушки Мосс и горько разрыдалась.

ГЛАВА XII

Семейное торжество

К концу недели Мэгги, расставшись с доброй тетей Гритти, отправилась, как это было условлено, с визитом к тетушке Пуллет в Гэрум-Фёрз. Тем временем произошли неожиданные события, и в Гэруме предполагался торжественный съезд всей семьи, желавшей обсудить и отпраздновать перемену в судьбах Талливеров, которая, по всей вероятности, окончательно снимет с них тень бесславия, после чего их добродетели воссияют во всей полноте своего блеска, как это бывает после прояснения доселе затемненного светила. Приятно сознавать, что члены пришедшего к власти кабинета министров не являются единственными нашими собратьями, сбирающими дань лестного признания и пышных панегириков: многие почтенные семьи нашего королевства удостаивают своих начинающих входить в честь родственников не менее искренним признанием, которое, будучи свободным от гнета прошлого, вселяет в нас приятную уверенность, что со временем и мы совершенно неожиданно для себя вступим в золотой век, где василиски уже больше не жалят, а волки если и оскаливают зубы, то только в наилюбезнейшей улыбке.

Люси постаралась приехать как можно раньше, чтобы опередить даже тетушку Глегг, ибо ей не терпелось без помех обсудить с Мэгги чудесные новости. Можно вообразить, хотя это и звучит неправдоподобно — так со своей милой рассудительностью говорила Люси, — что даже несчастья других людей (бедняжки!) будто сговорились сделать бедную тетю Талливер и Тома, да и непослушную Мэгги, если только она не будет упрямиться, такими счастливыми, как они того заслуживают после всех своих злоключений. Подумать только — в тот день, в тот самый день, когда Том вернулся из Ньюкасла, этот незадачливый молодой Джетсом, которого мистер Уэйкем пристроил на мельнице, в пьяном виде свалился с лошади и сейчас лежит в тяжелом состоянии в Сент-Огге, так что мистер Уэйкем выразил желание, чтобы покупатели тотчас же вступили во владение мельницей. Это, конечно, ужасно для бедного молодого человека, но, право же, может показаться, будто несчастный случай произошел именно теперь, а не в какое-нибудь другое время, только для того, чтобы Том поскорее получил заслуженную награду за свое похвальное поведение — папа всегда так высоко его ставит! Тетя Талливер, несомненно, должна сейчас же переехать на мельницу и заняться хозяйством Тома: это, бесспорно, потеря для Люси в смысле ее домашнего уюта, зато как приятно думать, что тетушка снова вернется в свой дом и станет постепенно создавать уют уже для себя.

По последнему пункту у Люси имелся весьма хитроумный план, и, когда они с Мэгги, благополучно проделав рискованный путь по отполированным до блеска ступенькам лестницы, очутились в красивой гостиной, где даже солнечные лучи казались чище, чем где бы то ни было, она, как и подобает искусному стратегу, предприняла маневры против наименее защищенных позиций противника.

— Тетя Пуллет, — сказала она и, присев на диван, стала, ласкаясь, расправлять пышные ленты чепца этой достойной леди, — мне хотелось, чтобы вы теперь же решили, что именно из вещей и белья вы дадите Тому: ведь всем известно ваше великодушие, и вы всегда делаете такие чудесные подарки, а если вы подадите пример, за вами последует и тетушка Глегг.

— Ну, ей за мной не угнаться, милочка. — откликнулась миссис Пуллет с необычной для нее живостью, — потому что, уж поверь ты мне, ее полотно ни в какое сравнение с моим не идет. Она не знает в нем толку, и ей вовек не купить такого, даже не пожалей она на это денег. Широкая клетка, да еще олени и лисы, — вот и все, чем может похвалиться ее столовое белье; ни одной скатерти в крапинку, ни одной с ромбами. Да только непорядок это — делить свое белье еще до смерти. Вот уж, — продолжала миссис Пуллет, покачивая головой и бросая взгляд на свою сестрицу Талливер, — вот уж не думала я, когда мы с тобой отбирали себе эти скатерти с двойными ромбами из первой нашей пряжи, что приведется мне дожить до этого. Бог знает, где теперь твои, Бесси!

— Что ж я тут могла поделать, сестрица? — ответила миссис Талливер, по привычке чувствуя себя на положении обвиняемой. — Да разве я того хотела, чтобы лежать по ночам, не смыкая глаз, да раздумывать про свое лучшее выбеленное полотно, которое разошлось теперь по всей округе.

— Не желаете ли мятную лепешечку, миссис Талливер? — произнес дядюшка Пуллет в приятном сознании, что предлагает дешевое и полезное утешение, и для убедительности подкрепляя это своим примером.

— Но, тетя Пуллет, — вмешалась Люси, — у вас так много прекрасного полотна. Ведь если бы у вас были дочери, вам пришлось бы делить его, выдавая их замуж.

— А я разве сказала, что отказываюсь? — возразила миссис Пуллет. — Теперь, когда Тому выпала удача, самое время, чтобы его друзья позаботились о нем и помогли ему. У меня есть скатерти, которые я купила, когда распродавали твое имущество, Бесси. Это я только по доброте душевной купила их, потому что они так даром и пролежали все это время у меня в комоде. Но Мэгги не видать больше моего индийского муслина или чего другого, ежели она снова пойдет в услужение, хотя могла бы составить мне компанию и шить для меня, раз уж она не нужна в доме брата.

«Идти в услужение» — такой формулой определялось, по понятиям Додсонов, положение учительницы или гувернантки; намерение Мэгги возвратиться в это подневольное состояние теперь, когда обстоятельства открывали перед ней более заманчивые возможности, стало камнем преткновения в ее отношениях со всей родней, кроме Люси. Если прежде Мэгги, с ее неуклюжестью подростка, с распущенными, вечно рассыпающимися по спине волосами и вообще подающая сомнительные надежды, была неугодной племянницей, то теперь ее рассматривали одновременно как украшение и подмогу. Эта тема снова подверглась обсуждению в присутствии тетушки и дядюшки Глегг во время чаепития с домашней сдобой.

— Ну-ну! — сказал дядюшка Глегг, добродушно потрепав Мэгги по плечу. — Выбрось из головы эти глупости. Надеюсь, мы никогда больше не услышим от тебя, что ты хочешь поступить на место; ведь ты, верно, подцепила не меньше полудюжины вздыхателей на этом базаре: неужто среди них нет ни одного подходящего молодца на твой вкус? Ну-ка, скажи нам.

— Мистер Глегг! — произнесла его жена своим обычным суровым тоном, но с оттенком той преувеличенной учтивости, которая всегда шла у нее в паре с круто завитой накладкой. — Прошу прощения, но вы слишком легкомысленны для мужчины ваших лет. Чувство долга и уважение к теткам и всем родным, которые так добры к ней, — вот что должно было бы помешать моей племяннице, не спросясь нас, решиться на отъезд, а не какие-то там вздыхатели, ежели мне уж приходится выговаривать это слово, хотя в моей семье о нем и понятия не имели.

— Хе, как же в таком случае они называли нас, когда мы хаживали к ним, сосед Пуллет? В ту пору им сладкими казались наши вздохи, — проговорил мистер Глегг, благодушно подмигивая, а мистер Пуллет при упоминании о сладком прибавил в чай сахара.

— Мистер Глегг, — сказала миссис Глегг, — ежели вы намерены и впредь позволять себе вольности, предупредите меня.

— Полно, Джейн, твой муж шутит, — вмешалась миссис Пуллет. — Пускай себе шутит, покуда у него есть силы и здоровье. Вот у бедного мистера Тилла перекосило рот на сторону, и, сколько бы он ни старался, ему уж теперь не смеяться.

— Не будете ли вы так любезны передать мне вазочку с сахарной пудрой, мистер Глегг, — сказала миссис Глегг, — ежели, конечно, мне будет дозволено прервать ваши шутки. Хотя, по моему разумению, тут больше пристало шутить не родне, а чужим людям, которые видят, как племянница выказывает неуважение старшей сестре матери — той, что еще и глава семьи. Вместо того чтобы приехать и честь честью погостить у нее, она только и делает, что появляется и исчезает все то время, пока в городе, а потом вдруг надумывает совсем уехать, даже не известив об этом тетку. А я-то, как нарочно, вытащила все свои чепцы для переделки — я, которая со всей справедливостью разделила поровну свои деньги...

— Сестрица, — с беспокойством прервала ее миссис Талливер, — я знаю, у Мэгги и в мыслях не было уехать, не погостив у тебя, как и у всех других. Хотя, будь на то моя воля, она бы и вовсе не уезжала. Я тут ни в чем не повинна, потому что твердила ей изо дня в день: «Моя милая, тебе нет никакой нужды уезжать». Только до отъезда осталось еще добрых десять дней, а то и две недели, так что уж она непременно поживет у тебя, да и я стану наведываться, когда смогу, и Люси.

— Бесси, — сказала миссис Глегг, — ежели бы ты, прежде чем говорить, хоть малость поразмыслила, мне не пришлось бы тебе растолковывать, что я считаю пустой затеей откалывать полог кровати и принимать на себя все беспокойства, когда ее срок здесь приходит к концу и когда от Динов не больше четверти часа ходьбы до нашего дома. Мэгги может приходить ко мне спозаранку и оставаться допоздна и еще благодарить судьбу за то, что она послала ей добрую тетушку, до дома которой рукой подать и можно прийти и посидеть у ней. Я-то уж непременно делала бы так в ее годы.

— Ах, Джейн, — молвила миссис Пуллет, — твоим кроватям только на пользу пойдет, ежели будет кому на них спать. А то в этой твоей комнате, что в полоску, просто ужас как плесенью пахнет, да и зеркало ни на что не похоже стало, все пятнами пошло. Я, право же, чуть не умерла от страха, когда ты привела меня туда.

— А вот и Том! — воскликнула Люси, хлопая в ладоши. — Он на Синдбаде, как я его и просила. Я так боялась, что он не сдержит обещания.

При появлении Тома Мэгги вскочила с места, и, подбежав к нему, горячо расцеловала — они впервые виделись после того, как Том узнал, что он скоро сможет вернуться на мельницу. Взяв брата за руку, Мэгги подвела его к столу и усадила рядом. Находиться с Томом в сердечных, ничем не омраченных отношениях было постоянным ее желанием, пустившим настолько глубокие корни, что над ним уже не властны были никакие перемены. В этот вечер он улыбнулся ей доброй улыбкой и спросил: «Как тетя Мосс, Мэгзи?»

— Ну, сэр, — сказал мистер Глегг, протягивая ему руку, — ты теперь важная птица, сумел добиться больших успехов. Счастье привалило тебе гораздо раньше, чем это бывало в старину с нами, но я от всей души рад за тебя — от всей души. Готов поручиться — придет время, и мельница снова станет твоей. Ты не из тех, кто останавливается на полпути.

— Но, надо надеяться, он всегда будет помнить, что это семье своей матери он обязан всем, — сказала миссис Глегг. — Ежели бы он не имел такой родни, ему не в кого было бы пойти и он бы и по сей день мыкался. Наша семья вовек не знала никаких тяжб, банкротств, мотовства или чтобы кто-нибудь умер без завещания.

— Или чтобы кто-нибудь умер так вдруг, — вставила тетушка Пуллет. — Все всегда дожидались врача. Но Том, кажется, пошел в Додсонов — я сразу это сказала. Не знаю, что ты намерена делать, сестрица Глегг, а я намерена дать ему по скатерти всех трех больших размеров, кроме одного, и это не считая простынь. Я не говорю, что я еще собираюсь сделать, но это я сделаю, и, доведись мне завтра умереть, вам придется держать это в уме, мистер Пуллет. Вы, как всегда, запутаетесь в ключах и позабудете, что ключ на третьей полке левого шкафа позади ночных чепцов с широкими завязками — не тех, что с узенькой оборочкой, — это ключ от ящика комода в синей комнате, где лежит ключ от синей кладовой. Конечно, вы всё напутаете, а мне так и не придется это узнать. У вас удивительная память на все мои пилюли и капли, я всегда это за вами признавала, но среди ключей вы как потерянный.

Мрачная перспектива той путаницы, что последует за ее смертью, крайне взволновала миссис Пуллет.

— Вечно ты хватаешь через край, Софи. И что ты все запираешь да отпираешь! — негодующе проговорила миссис Глегг, порицая подобное безрассудство. — Ты преступила границы, положенные в нашей семье. Никто не скажет, что я не запираю замков, но я делаю это с умом, а не зря. А ежели говорить о белье, так я подыщу в подарок моему племяннику то, что пригодится в его хозяйстве: у меня сохранился холст, еще не беленый, который получше иного голландского полотна, и я надеюсь, что, когда Том ляжет на мои простыни, он будет думать о своей тетке.

Том поблагодарил миссис Глегг, но уклонился от обещания размышлять по ночам о ее добродетелях, благо тут вмешался мистер Глегг и перевел разговор на другую тему, спросив у Тома, не намеревается ли мистер Дин ставить на мельнице паровой котел.

У Люси был свой расчет, когда она просила Тома взять Синдбада. Когда пришло время ехать домой, то решено было, что верхом поедет слуга, а Том будет сопровождать мать и Люси в карете.

— Вы уж посидите одна, тетушка, — сказала наша изобретательная молодая леди. — Мне надо о многом поговорить с Томом.

В пылу нежной заботы о Мэгги Люси не могла заставить себя отложить разговор о ней с Томом, который, будучи вне себя от радости при мысли о скором осуществлении его желаний, связанных с мельницей, должен, как она полагала, стать мягким и уступчивым. Природа не снабдила ее ключом к пониманию характера Тома, и она была крайне озадачена и огорчена, заметив неприятную перемену в выражении его лица, когда поведала ему, как Филип воспользовался своим влиянием на мистера Уэйкема. Она рассчитывала, что ее сообщение, являющееся тонким дипломатическим ходом, тотчас же обратит сердце Тома к Филипу и, кроме того, покажет ему, что Уэйкем готов с должным почетом назвать Мэгги своей невесткой. Казалось, так хорошо все складывается, и остается только, чтобы добрый кузен, который всегда так ласково улыбался, глядя на кузину Люси, круто повернул вспять, сказал совершенно противоположное тому, что он утверждал раньше, и объявил, что он, со своей стороны, счастлив забыть старые обиды и Мэгги может, когда ей угодно, соединиться с Филипом; по мнению Люси, ничего не могло быть проще.

Но у людей с теми ярко выраженными положительными и отрицательными свойствами, из которых слагается суровость — сила воли, способность идти кратчайшим путем к цели, скудость воображения и интеллекта и умение обуздывать себя, наряду с потребностью обуздывать других, — у таких людей предрассудки являются естественной пищей для стремлений, не способных найти себе точку опоры в сложном, отрывочном и шатком знании, именуемом истиной. Предрассудок, переданный по наследству, впитанный с молоком матери, заимствованный из того, что говорит молва, сызмала привычный глазу, всегда найдет себе приют у подобных людей: они могут убежденно и решительно его отстаивать, с сознанием своей правоты навязывать другим и восполнять им отсутствие собственных идей; для них он одновременно и посох и дубинка. Всякий предрассудок, отвечающий этим целям, в их глазах непререкаем. Нашего честного, прямолинейного Тома Талливера следует причислить к такой категории людей. Тайное осуждение слабостей отца не помешало ему усвоить его предрассудки и его предубежденность против Уэйкема — человека не слишком твердых правил и не слишком высокой морали; к тому же в этом пункте скрестились разбитые надежды семьи и личная гордость. Предубежденность эта окрепла под влиянием множества других причин, вызвав в Томе отвращение к Филипу и к его союзу с Мэгги. Несмотря на всю власть Люси над ее решительным кузеном, она не добилась ничего, кроме холодного отказа когда-либо дать согласие на этот брак; но, разумеется, Мэгги может поступать как ей вздумается, — ведь она объявила о своем намерении быть независимой. Что же касается его, Тома, то он считает, что верность памяти отца и чувство собственного достоинства обязывают его не вступать ни в какие отношения с Уэйкемом.

Таким образом, ревностное посредничество Люси привело лишь к тому, что у Тома появились опасения, как бы противоестественное желание Мэгги снова поступить на место не сменилось — как это не раз бывало с ней — желанием не менее противоестественным, но уже совсем другого рода, а именно вступить в брак с Филипом Уэйкемом.

ГЛАВА XIII

Уносимые течением

Меньше чем через неделю Мэгги вернулась в Сент-Огг, и внешне жизнь ее потекла почти так же, как до отъезда. Без всяких усилий с ее стороны получалось, что утро она проводила отдельно от Люси, ибо, согласно данному ею слову, должна была навещать тетушку Глегг, и вполне естественно, что в эти последние недели она гораздо больше времени уделяла матери: ведь, кроме всего прочего, необходимо было обсудить все, что было связано с хозяйством Тома. Но Люси ни под каким видом не желала допустить, чтобы кузина отсутствовала и по вечерам: Мэгги всегда должна возвращаться от тетушки Глегг до обеда. «Иначе что же останется мне?» — со слезами на глазах повторяла Люси, надувая губки, — а перед этим никто не мог устоять. И мистер Стивен Гест непонятно почему взял за обыкновение обедать у мистера Дина так часто, как только допускало приличие, хотя раньше он уклонялся от этой чести. В первые дни он каждое утро начинал с того, что твердо решал не обедать там и не появляться по вечерам до тех пор, пока не уедет Мэгги. Он даже замыслил в эту благоприятную июньскую пору отправиться путешествовать: головные боли, на которые он постоянно ссылался, объясняя ими свою рассеянность и молчаливость, являлись достаточно убедительным предлогом для этого. Но путешествие не было предпринято, и к концу четвертого дня никаких определенных решений относительно вечерних визитов не последовало. Он думал о них не иначе как о последних коротких часах, когда ему еще позволено видеть Мэгги, когда можно украсть у судьбы еще одно прикосновение, еще один взгляд. Во имя чего он должен отказываться от этого? Им нечего было скрывать: они всё знали, они признались в своей любви и отреклись друг от друга; скоро они расстанутся. Голос совести и присущее им благородство вынуждают их к этому: Мэгги, из самых глубин своей души воззвав к Стивену, убедила его; но ведь могут же они, прежде чем навсегда разойтись, через разделяющую их пропасть взглядом задержаться друг на друге — и потом отвернуться и терпеливо ждать, чтобы совсем угасло это странное сияние их глаз.

Все это время Мэгги пребывала в какой-то апатии, почти оцепенении, настолько не вяжущемся с ее обычной стремительной и порывистой оживленностью, что Люси должна была бы призадуматься, не будь она убеждена, что враждебность Тома к Филипу и перспектива томительного изгнания, на которое Мэгги сама себя обрекала, — достаточные причины для угнетенного состояния духа. Но это внешнее оцепенение скрывало борьбу чувств, такую ожесточенную, какой Мэгги не знала, не могла даже представить себе во все эти тяжелые годы: ей казалось, что зло, до поры притаившееся в ней, теперь пробудилось к жизни во всеоружии своей неодолимой силы. Были моменты, когда бессердечный эгоизм готов был завладеть ею: почему не Люси, не Филип должны страдать? Она уже страдала многие годы — и кто тогда пожертвовал чем-нибудь ради нее? А теперь, когда вся полнота существования — любовь, богатство, утонченная жизнь, беспечный досуг — все, чего она так страстно желала, стало доступным ей, — почему должна она пойти на жертву и предоставить другим то, что, быть может, им не так нужно? Но в это неистовое смятение чувств со все возрастающей силой врывались прежние, издавна знакомые ей мысли, время от времени подавляя его. Была ли эта жизнь, так манившая ее, той истинной полнотой существования, о которой она мечтала? Что останется тогда от ее воспоминаний о душевных усилиях, от сочувствия к чужой боли, воспитанного в ней годами лишений и преданной любви, от божественного предвидения чего-то, составлявшего святость жизни и более высокого, нежели личные радости? Можно ли, изранив себе ноги, насладиться прогулкой? Так как же сможет она насладиться существованием, в которое вступит, поправ верность и преданность — лучшие свойства своей души? И потом, если боль так страшна ей, как же страшна она другим! «О Боже! не дай мне причинить боль, дай мне силы ее вынести!» Как могла она пасть до того, что ей приходится бороться с искушением, от которого, ей казалось, она так же ограждена, как от преднамеренного злодейства? Когда, в какой проклятый миг впервые ощутила она в себе чувство, пришедшее в столкновение со столь присущим ей прямодушием и благодарностью, со всеми ее сердечными привязанностями, и почему тогда же не отринула его от себя с ужасом, как нечто презренное? И все же, коль скоро она не позволит победить себя этой странной, сладостной, покоряющей силе, коль скоро лишь ей одной придется страдать... та же мысль, что и у Стивена, пробудилась в ее душе: прежде чем навсегда расстаться, они вправе позволить себе мгновения безмолвного признания. И разве Стивен не страдает? Она видела это, видела его все возрастающую болезненную усталость, которая, когда он не делал над собой усилий, переходила в полное безразличие ко всему, кроме возможности смотреть, не отводя глаз, на Мэгги. Могла ли она хоть изредка не ответить на его умоляющий взгляд, повсюду следовавший за нею, словно еле слышный стон любви и боли? Все меньше и меньше способна она была противостоять ему, и вечер наконец свелся для них обоих к мгновениям ответных взглядов; Мэгги и Стивен непрестанно думали об этих мгновениях до тех пор, пока они не наступали, и тогда уже не думали ни о чем другом. Было нечто еще, доставлявшее тайную радость Стивену, — пение; таким путем он мог разговаривать с Мэгги. Вероятно, он сам не понимал, что его толкает к этому желание, идущее вразрез со всеми его решениями, — желание сохранить власть над ее душой. Чтобы понять Стивена, нам достаточно проследить за собственным поведением, и мы тогда обнаружим, что оно диктуется бессознательными побуждениями.

Филип Уэйкем был более редким гостем, но иногда и он появлялся по вечерам. Как-то в час заката, когда все четверо сидели на лужайке, Люси сказала:

— Теперь, когда пришел конец визитам Мэгги к тетушке Глегг, мы будем до самого ее отъезда каждый день кататься на лодке. Из-за этих несносных визитов Мэгги и вполовину не насладилась удовольствием, которое предпочитает всем другим. Разве я не права, Мэгги?

— Предпочитает всем другим способам передвижения, — надеюсь, вы это имели в виду? — проговорил Филип, улыбаясь откинувшейся в садовом кресле Мэгги. — Иначе она предала бы душу призраку этого лодочника, что, по преданию, появляется на Флоссе, и вечно скользила бы в его ладье.

— А вы хотите быть ее лодочником? — подхватила Люси. — Если вы согласны на эту роль, можете присоединиться к нам, мы доверим вам весла. Будь Флосс тихим озером, а не рекой, мы чувствовали бы себя вполне независимыми от мужчин — ведь Мэгги чудесно гребет. Но Флосс не озеро, и нам придется прибегнуть к услугам наших благородных рыцарей, которые — увы! — не так уж стремятся к этому.

Она с шутливым упреком кинула взгляд на Стивена, который расхаживал взад и вперед, тихо напевая фальцетом: «Как жаждет пригубить душа божественный напиток». Стивен не откликнулся на слова Люси, продолжая держаться в стороне; все последнее время он часто вел себя так в присутствии Филипа.

— Вы как будто не расположены кататься на лодке? — сказала Люси, когда Стивен подошел и сел рядом с ней. — Разве вы разлюбили грести?

— О, я не выношу большого общества, — ответил он почти раздраженно. — Я приду, когда не будет никого другого.

От мысли, что эти слова могут обидеть Филипа, Люси покраснела: непривычно было слышать от Стивена подобные вещи, но ему явно нездоровилось все последнее время. Филип покраснел в свою очередь, и не столько от обиды, сколько от смутного подозрения, что угрюмость Стивена как-то связана с Мэгги, поднявшейся при его словах с места и подошедшей к лавровым кустам, чтобы полюбоваться закатом на реке.

— Мисс Дин, приглашая меня, не предполагала, что этим она лишит себя общества остальных, — проговорил Филип. — Я вынужден отказаться от предложенной мне чести.

— Право же, вы не должны отказываться, — сказала Люси, весьма раздосадованная. — Завтра я особенно рассчитываю на ваше присутствие. Прилив начинается в половине одиннадцатого: будет так восхитительно провести два часа в лодке и, добравшись до Лукрета, пешком вернуться домой, прежде чем солнце начнет уж очень пригревать. Почему вы возражаете против прогулки вчетвером? — добавила она, глядя на Стивена.

— Я возражаю не против прогулки, а против того, чтобы в лодке нас было четверо, — ответил Стивен, опомнившись и стыдясь своей неучтивости. — Если бы речь шла о прогулке вчетвером — этим четвертым были бы вы, Фил. Но мы не станем делить между собой высокую честь сопровождать дам. Я поеду в следующий раз.

Этот разговор привел к тому, что Филип вновь начал с тревожным вниманием наблюдать за Стивеном и Мэгги. Когда все они возвратились в дом, решено было заняться музыкой, и, поскольку миссис Талливер и мистер Дин увлеклись игрой в криббедж, Мэгги уединилась, присев к столику с книгами и вязаньем, однако не принималась за работу и в рассеянности слушала музыку. Вскоре Стивен выбрал дуэт, который, по его настойчивой просьбе, должны были петь Люси и Филип: он и раньше не раз просил их об этом, но в этот вечер Филипу казалось, что за каждым словом и взглядом Стивена скрывается какая-то цель, и он пристально наблюдал за ним, сердясь в то же время на свою подозрительность. Разве Мэгги не опровергла все его сомнения? А ведь она была сама правдивость: нельзя было не верить ее словам, ее взгляду во время их последнего разговора наедине. Вероятно, Стивен совершенно очарован ею (да и что могло быть естественнее?); но Филип чувствовал, что поступает низко, пытаясь проникнуть в горестную тайну друга. Тем не менее он не спускал глаз со Стивена, который отошел от рояля, медленно приблизился к столику, где сидела Мэгги, и с небрежным видом принялся перелистывать лежавшие там газеты. Потом он сел спиной к роялю и, прижав локтем газету и опершись головой на руку, погрузился в чтение, словно был увлечен столбцом местных новостей в «Лейсхемском вестнике». В действительности он смотрел на Мэгги, которая, казалось, не обратила внимания на его приближение. Присутствие Филипа давало ей силы для борьбы: ведь всем нам легче проявлять сдержанность там, где на нас взирают с почтением. Но наконец до нее донеслось слово «дорогая», произнесенное с нежной и горькой мольбой — так просит тяжелобольной о том, что должен был бы получить и без просьбы. Она ни разу не слышала этого слова со времени их прогулки в Бассете, когда оно снова и снова срывалось с губ Стивена так же непроизвольно, как если бы то был едва внятный стон. Филип ничего не мог слышать, но, став по другую сторону рояля, он увидел, как Мэгги встрепенулась, потом, покраснев, посмотрела на Стивена и тотчас же с опасением оглянулась на него. Она не подозревала, что Филип следит за ней, но все ее существо пронзил стыд от сознания необходимости что-то скрывать — стыд, заставивший ее подняться с места, подойти и встать позади матери, занятой игрой в криббедж.

Вскоре Филип отправился домой во власти страшного сомнения, смешанного с мучительной уверенностью. Теперь он уже не мог противиться мысли, что между Мэгги и Стивеном существует какое-то обоюдное понимание, и до поздней ночи его болезненно впечатлительная душа была отягощена этим, доводившим его почти до безумия, фактом: он не находил объяснения, способного примирить это обстоятельство со словами и действиями Мэгги. Когда наконец непреодолимая потребность верить в нее с вновь возродившейся силой овладела им, понадобилось не много времени, чтобы ему открылась истина: Мэгги борется, она хочет устранить себя — вот ключ ко всему, что он наблюдал после своего возвращения. Но, вопреки этой уверенности, его одолевали сомнения, которые он не в состоянии был отогнать. Воображение рисовало ему все происшедшее. Стивен до сумасшествия влюблен в Мэгги; он, должно быть, сказал ей об этом; она отвергла его и спешит обратиться в бегство. Но он — откажется ли он от нее, зная, что ее чувство к нему делает ее почти беззащитной, думал Филип с сокрушающим отчаянием.

Когда наступило утро, он испытывал такую слабость, что был не в силах, несмотря на свое обещание, участвовать в речной прогулке. Смятенный и подавленный, он ни на чем не мог остановиться, не мог принять никакого решения. Сперва ему пришла мысль, что надо немедленно увидеть Мэгги и просить ее открыться ему; вслед за тем он начал сомневаться, насколько позволительно его вмешательство. Разве все это время он не навязывал себя Мэгги? В давние годы она произнесла в своем юном неведении некие слова: этого достаточно, чтобы возненавидеть его хотя бы потому, что слова эти стали для нее оковами. И вправе ли он просить, чтобы она открыла ему свои чувства, когда она намеренно таит их от него? Он не должен видеть ее до тех пор, пока не уверится, что им руководит не себялюбивый гнев, а лишь бескорыстная забота о ней. Рано утром он написал и отослал со слугой коротенькую записку Стивену, извещая его, что внезапное недомогание не позволяет ему сдержать слово, данное им мисс Дин. Не будет ли Стивен так любезен, что передаст его извинения и заменит его?

У Люси созрел прелестный план, примиривший ее с отказом Стивена участвовать в прогулке. Она узнала, что ее отец в десять часов поутру едет каретой в Линдум, а ведь Линдум — то самое место, где ей надо непременно побывать, чтобы сделать совершенно необходимые покупки, которые никак нельзя отложить до другого случая; и тетушка Талливер тоже должна ехать, кое-какие покупки имеют отношение и к ней.

— Для тебя ничто не меняется, ты все равно поедешь кататься, — сказала она Мэгги, когда, окончив завтрак, они вместе поднимались по лестнице. — Филип будет здесь в половине одиннадцатого. Утро восхитительное. И не возражай, пожалуйста, грустное создание! Какая польза в том, что я волшебница-крестная, если ты отворачиваешься от всех моих чудес? Не думай о несносном кузене Томе: ничего не случится, если ты разок ослушаешься его.

Мэгги не упорствовала. Она почти радовалась этому плану: может быть, она обретет хоть немного сил и спокойствия, побыв наедине с Филипом, — это было бы возвращением к прежней более спокойной жизни, ибо душевная борьба тех дней казалась ей теперь отдыхом по сравнению с нынешним каждодневным смятением. Она приготовилась к поездке и в половине одиннадцатого уже сидела в гостиной.

Звонок раздался точно в назначенное время. Мэгги с печальной нежностью думала, каким сюрпризом окажется для Филипа их утренняя прогулка вдвоем, как вдруг услышала в холле твердые, быстрые шаги, отнюдь не похожие на шаги Филипа: дверь растворилась, и вошел Стивен Гест.

В первый момент оба были слишком взволнованы, чтобы заговорить. Стивен уже знал от слуг, что все остальные уехали. Мэгги встала и снова села; сердце ее отчаянно билось; Стивен, бросив шляпу и перчатки, молча сел рядом. Она думала, что скоро должен явиться Филип, и с огромным усилием — видно было, как она дрожит, — поднялась, чтобы пересесть на другой стул, подальше.

— Он не придет, — тихо произнес Стивен. — Вместо него еду я.

— О, мы не можем ехать, — выговорила Мэгги, снова опускаясь на место. — Люси не ожидает, она будет огорчена. Почему не придет Филип?

— Он нездоров и просил меня заменить его.

— Люси уехала в Линдум, — сказала Мэгги, поспешно снимая шляпку. Руки ее дрожали. — Мы не должны ехать.

— Хорошо, — мечтательно отозвался Стивен, глядя на нее и перекидывая руку через спинку стула. — Тогда мы останемся здесь.

Он смотрел в самую глубину ее глаз: таинственные и далекие, словно звездная мгла, они в то же время были близкими, полными застенчивой любви. Мэгги сидела не шевелясь — может быть, мгновение, может быть, минуты, — до тех пор, пока не унялась беспомощная дрожь и горячий румянец не окрасил щек.

— Слуга ждет; он понес подушки в лодку, — вымолвила она. — Вы не пойдете, не скажете ему?

— Что мне ему сказать? — почти шепотом проговорил Стивен.

Теперь он смотрел на ее губы.

Мэгги не отвечала.

— Поедемте, — умоляюще шепнул он, поднимаясь и беря ее под руку, чтобы помочь ей подняться. — Нам уже недолго быть вместе.

И они пошли. Мэгги чувствовала, как ее ведут по саду мимо кустов роз, уверенно и нежно помогают сесть в лодку, заботливо укладывают подушки и плащ у ее ног, раскрывают над ней зонт (о котором сама она забыла). Казалось, все та же посторонняя воля, без участия ее собственной, увлекает ее за собой, словно это была приданная ей самой сила, которую своим внезапным действием возбуждает в нас тоническое средство, — ничего другого она не чувствовала. Памяти как бы не существовало.

Они быстро скользили по реке, Стивен греб, и течение несло их мимо домов и деревьев Тофтона, все дальше, мимо залитых солнцем полей и лугов, проникнутых невинной радостью, обращенной без единого упрека к плывущим в лодке. Дыхание молодого, еще не изведавшего усталости дня, восхитительно ритмичный всплеск весел, обрывок песни пролетающей птицы, словно перелившийся через край избыток счастья, сладостное одиночество двух существ, слитых воедино в глубоком ненасытном взгляде, который не нужно отводить, — что еще могло быть в их душах в этот первый час? Томительно нежные, приглушенные возгласы время от времени срывались с уст Стивена, продолжавшего медленно, почти машинально грести; они ни о чем не говорили, ибо что такое слова, как не выражение мыслей? А мыслям не было места в той волшебной дымке, которая окутывала их, мысли принадлежали далекому прошлому и не менее далекому будущему. Мэгги лишь смутно различала берега, мимо которых они плыли, взгляд ее, не узнавая, скользил по селениям, ей было известно, что их еще несколько до Лукрета — там они всегда останавливались и оставляли лодку. Мэгги всегда была склонна к рассеянности, и не было ничего удивительного в том, что она не замечала знакомых мест.

Но наконец Стивен, который греб все более и более вяло, вовсе перестал грести; он отложил весла, скрестил руки на груди и стал смотреть на воду, словно наблюдая за тем, с какой скоростью движется лодка без его помощи. Эта внезапная перемена заставила Мэгги встрепенуться. Она взглянула на уходящие вдаль поля, на близкие берега и поняла, что они ей незнакомы. Страх овладел ею.

— О, мы, кажется, уже миновали Лукрет! — воскликнула она, оглядываясь назад в надежде все же увидеть его. Но ни одного селения вблизи не было. Снова повернувшись к Стивену, она обратила к нему встревоженный, вопрошающий взгляд.

Продолжая смотреть на воду, он проговорил странным, мечтательным и отсутствующим тоном:

— Да... давно.

— О, что же мне делать? — вскричала Мэгги в отчаянии. — Мы вернемся домой так не скоро, а Люси... Господи, помоги мне!

Сжав руки, она разрыдалась, как испуганный ребенок: она думала только о встрече с Люси, о том, что́ прочтет в ее огорченном, недоумевающем взгляде — сомнение или, быть может, заслуженный упрек.

Стивен поднялся, сел с нею рядом и мягко разжал ее стиснутые руки.

— Мэгги, — сказал он проникновенным голосом, полным спокойной решимости, — не будем возвращаться до тех пор, пока ничто уже не сможет нас разлучить, пока мы не станем мужем и женой.

Необыкновенный звук голоса, ошеломляющие слова остановили рыдания Мэгги. Она сидела теперь совсем неподвижно, словно на минуту поверив, что Стивен видит какую-то возможность все изменить, уничтожить злосчастные обстоятельства.

— Поймите, Мэгги, что все произошло помимо нашей воли, вопреки нашим намерениям. Мы никогда не думали, что снова окажемся вдвоем: все это сделали другие. Смотрите, как течение уносит нас вперед, прочь от этих ложных уз, которыми мы тщетно пытались опутать себя. Оно донесет нас до Торби; там мы сможем сойти на берег, наймем карету, которая умчит нас в Йорк, а затем в Шотландию. Мы нигде не задержимся ни на мгновение, пока не будем связаны друг с другом навек — так, что только смерть сможет разлучить нас. Это единственное правильное решение, дорогая, единственная возможность вырваться из этих злосчастных пут. Всё словно сговорилось указать ее нам. Мы ничего не замышляли, ни о чем не думали.

Стивен говорил с настойчивой, страстной убежденностью. Мэгги слушала, переходя от безумной тревоги к безотчетной потребности верить в то, что только течение реки в ответе за все случившееся, что можно скользить вместе с быстрым бесшумным потоком и не надо больше бороться. Но в ее полуусыпленное сознание зловещей тенью вторглись прежние мысли, и внезапный ужас перед гибельным кругом упоения, уже готовым сомкнуться, породил в ней чувство яростного протеста против Стивена.

— Пустите меня! — вскрикнула она в смятении, глядя на него сверкающими от негодования глазами и пытаясь высвободить руки. — Вы хотели отнять у меня возможность выбора. Вы ведь знали, что нас унесло так далеко! Вы осмелились злоупотребить моим доверием. Такой поступок недостоин мужчины.

Раненный этими упреками, Стивен оставил ее и, вернувшись на прежнее место, скрестил на груди руки: он был в отчаянии от той безысходности, которая предстала перед ним после слов Мэгги. Если она не согласится плыть дальше, он должен будет проклинать себя за то, что поставил ее в ложное положение. Ему нестерпимо было знать, что она считает его поведение недостойным: это страшило его даже больше, нежели разлука с ней. Наконец он сказал, с трудом сдерживая бушевавшие в нем чувства:

— Я не заметил, что мы миновали Лукрет, пока не показалось следующее селение; тогда мне пришло в голову, что мы должны плыть дальше. Мне нет оправдания. Я должен был предупредить вас. Этого достаточно, чтобы вы меня возненавидели; ведь вы не любите меня так, как я вас, иначе все было бы для вас безразличным. Хотите, я остановлю здесь лодку, и вы сойдете на берег? Я скажу Люси, что сошел с ума, что вы ненавидите меня, и навсегда уйду из вашей жизни. Вас никто не осудит за то, что я вел себя так непростительно.

Воля Мэгги была парализована. Легче было устоять перед мольбами Стивена, чем перед этой вызванной им к жизни картиной: он страдает, в то время как она оправдана; легче было отвернуться от нежного взора, чем выдержать взгляд, исполненный гнева и боли, который словно отстранял ее, обрекая на эгоистическое одиночество. После слов Стивена ей стало казаться, что все доводы ее совести — не более чем себялюбивая забота о собственном благе. Негодующий огонь в ее глазах угас, и она смотрела на Стивена застенчиво и скорбно. Она осудила его за то, что по его вине преступила границы, — она, которая сама была так слаба.

— Я понимаю, что с вами произошло то же, что и со мной, — проговорила она уже с иным упреком — с упреком любви, взывающей к доверию. Мысль о страданиях Стивена подействовала на нее больше, чем все его доводы: она роковым образом слилась в сознании Мэгги с прежними обязательствами, которые давали ей нравственные силы для сопротивления.

По ее тону, по выражению глаз Стивен понял, что она смягчилась, ему снова открылось небо. Он пересел к ней, взял ее руку и в молчании облокотился на борт лодки, страшась словом или взглядом опять вызвать гнев и возмущение. Ее согласие означало для него жизнь: все остальное было безнадежным, мучительным горем. Так скользили они все дальше, отдыхая в этом молчании, точно в гавани, боясь, как бы порыв чувств вновь не разъединил их, пока не заметили, что погода испортилась: сгустились тучи и легкий бриз превратился в холодный ветер.

— Вы простудитесь, Мэгги, на вас такое легкое платье. Позвольте мне накинуть вам плащ на плечи. Привстаньте на мгновение, дорогая.

Мэгги повиновалась; было какое-то неизъяснимое очарование в том, чтобы подчиняться чужой воле, которая решает и действует за тебя. Укутанная в плащ, она снова села; Стивен взялся за весла — им надо было спешить, чтобы как можно скорее добраться до Торби. Мэгги едва ли сознавала, что ею сказано или сделано нечто бесповоротное. Отказ от борьбы всегда притупляет сознание — это какая-то усыпленность мысли, растворение нашей личности в другой. Обстоятельства вынуждали Мэгги сдаться: лодка уже четыре часа медленно скользила по реке, Мэгги устала, изнемогла, ее утомленные чувства восставали против необходимости покинуть лодку и идти пешком многие мили. Все, казалось, способствовало тому, чтобы она полностью подчинилась неодолимому таинственному чувству, твердившему, что разлука со Стивеном — это смерть души; одно опасение ранить его, обжигая ее как каленым железом, побеждало решимость. К тому же она была полна счастьем настоящего, счастьем видеть его рядом с собой. Ее ослабевшая воля не способна была противиться этому.

Вскоре Стивен заметил, что к ним приближается судно. Во время утреннего прилива их уже обогнало несколько судов, в том числе пароход, шедший в Мадпорт; но в последний час они не встретили ни одного. Стивен внимательно всматривался в это судно, словно оно навело его на новую мысль, потом перевел взгляд на Мэгги.

— Мэгги, дорогая, — сказал он наконец, — если это судно идет в Мадпорт или в какой-нибудь другой город на северном побережье, нам лучше всего просить их взять нас на борт. Вы устали, собирается дождь — нам нелегко будет добраться до Торби в этой лодке. Это торговое судно, но, надеюсь, там можно будет удобно устроить вас. Мы захватим подушки из лодки. Право же, это лучшее из всего, что можно придумать. Они будут рады взять нас: денег у меня с собой достаточно, я хорошо заплачу.

От этих слов сердце Мэгги снова тревожно забилось, но она молчала — все пути были одинаково трудны.

Стивен окликнул судно. Это было голландское торговое суденышко, направлявшееся в Мадпорт, и помощник капитана, англичанин, сообщил сму, что при попутном ветре они будут на месте меньше чем через два дня.

— Мы слишком далеко заплыли, — сказал Стивен, — и я решил добираться до Торби. Но погода ненадежная, и эта леди — моя жена — устанет и проголодается. Примите нас на борт, а лодку возьмите на буксир. Согласны? Я хорошо заплачу.

Мэгги, теперь уже совершенно обессилевшую и трепещущую от страха, подняли на борт, где она вызвала общее восхищение. Помощник капитана опасался, как бы леди не пришлось испытать слишком большие неудобства, — ведь у них нет ни одной каюты шире и длиннее, чем церковная скамья. Но, по крайней мере, они могли похвастаться голландской чистотой, делавшей все остальные недостатки терпимыми. С помощью подушек, взятых из лодки, для Мэгги на корме сразу же соорудили ложе.

Но возможность ходить взад и вперед по палубе, опираясь на руку Стивена, находя поддержку в его силе, — вот что в первую очередь нужно было Мэгги, и только уж потом — пища и отдых. Мэгги откинулась на подушки с сознанием, что в этот день уже ничего нельзя решить. Все должно быть отложено до завтра. Стивен сидел подле Мэгги, держа ее руку в своей; они могли разговаривать только шепотом, глядеть друг на друга только изредка, ибо требуется немалый срок, чтобы притупить любопытство пятерых мужчин и понизить их интерес к красивой молодой чете до того уровня, выше которого, по мнению моряков, он не должен подниматься, если только речь не идет о небе или о воде. Стивен ликовал от счастья. Уверенность, что Мэгги станет его женой, позволила ему отбросить все тревожные мысли за пределы настоящего. Прыжок был сделан: если раньше Стивен терзался угрызениями совести, отчаянно боролся с непреодолимым влечением, колебался, то теперь в нем не было места раскаянию. В несвязных словах он изливал свое счастье, обожание, нежность, веру в то, что их совместная жизнь будет небесным блаженством, что присутствие Мэгги наполнит восторгом каждый его день, что нет для него высшей радости, чем осуществлять все ее желания, что его ничто не страшит, кроме разлуки с ней. Отныне они уже никогда не расстанутся; он всегда будет с ней, все, что у него есть, принадлежит ей и лишь поэтому имеет цену в его глазах. Такие слова, произнесенные тихим прерывающимся голосом — тем самым голосом, который впервые заставил трепетать душу, полную юной страсти, — не производят впечатления на многоопытные сердца, к тому же если их произносят на почтительном расстоянии. Но бедной Мэгги их шептали на ухо, и они были подобны нектару, поднесенному вплотную к жаждущим губам: значит, существует, должна существовать для смертных жизнь радостная и легкая — жизнь, в которой любовь уже не только самопожертвование. Под влиянием страстных слов Стивена видение этой жизни предстало перед ней так ярко и полно, как никогда раньше, и на время заслонило все реальное — все, кроме отблесков отраженного водой вечернего солнца, сливавшихся в сияние обещанного счастья, кроме руки, сжимавшей ее руку, и голоса, обращенного к ней, и глаз, смотревших с глубокой и невыразимой любовью.

Теперь уже видно было, что дождя не будет; тучи, клубясь, уплывали к горизонту, образуя огромный пурпурный вал и причудливые острова той волшебной страны, что открывается нам в час, когда садится солнце, — страны, которую стережет вечерняя звезда. Мэгги предстояло провести ночь на корме; это было лучше, чем находиться внизу. Ее укутали в самые теплые вещи, какие только нашлись на судне. Было еще сравнительно рано, но усталость навеяла на нее дремотное желание полного покоя, и Мэгги опустила голову на подушки, не отводя глаз от алой полосы, слабо догоравшей на западе, где все ярче и ярче сияла одна-единственная золотая звезда. Мэгги подняла глаза на Стивена, который, по-прежнему склонившись над ней, опирался рукой на край борта. За всеми чудесными видениями этих последних часов, непрерывным мягким потоком струившихся вокруг нее и делавших ее совсем безвольной, таилось смутное сознание, что все это преходяще, что утро опять вернет ее к прежней борьбе, к прежним мыслям, которые отомстят ей за это недолгое забвение. Но пока все тонуло в неопределенности, и она погрузилась в сон, убаюканная мягким, струящимся над ней потоком чудесных видений, которые таяли и растворялись, подобно призрачной, волшебной стране на западе.

ГЛАВА XIV

Пробуждение

Мэгги уснула, а Стивен, обессиленный непрерывной многочасовой греблей и душевным напряжением последних двенадцати часов, но слишком взволнованный, чтобы заснуть, далеко за полночь бродил по палубе с сигарой во рту, не видя темной воды, едва замечая звезды над головой, живя лишь будущим — близким и далеким. Наконец усталость победила, и он, завернувшись в брезент, опустился прямо на палубу у ног Мэгги.

Мэгги, уснувшая около девяти часов вечера, спала уже шесть часов, когда забрезжили первые проблески утренней зари. Она пробудилась от тех ярких сновидений, что всегда скользят по краям самого глубокого сна: она была вдвоем со Стивеном среди широкого водного простора, и впереди, в сгущающейся темноте, сияло что-то похожее на звезду, которая росла и росла, пока они не увидели, что это Дева в ладье святого Огга; ладья подплывала все ближе, и Дева эта была Люси, а лодочник — Филип, нет, не Филип, а Том, который, не глядя на них, греб мимо, и Мэгги поднялась, чтобы протянуть к нему руки и позвать его, но от ее движения лодка, где она находилась со Стивеном, перевернулась, и они стали медленно погружаться в воду; и тогда, в судорожном страхе, она как будто проснулась и увидела себя ребенком дома в гостиной, в вечерних сумерках, и брата, который совсем на нее не сердился. Тихая радость, вызванная этим мнимым пробуждением, сменилась впечатлениями подлинного пробуждения: плеска воды о борт судна, звука шагов на палубе и величественного звездного неба. Сначала Мэгги не могла понять, где она, — ее сознание все еще не выбралось из паутины снов. Но вскоре чудовищная истина предстала ей. Стивена с ней не было: она была одна, наедине со своей памятью и своим ужасом. Непоправимое зло, которое запятнает ее жизнь, свершилось: она внесла горе в чужую судьбу — в судьбу тех, кто связан с ней доверием и любовью. Чувство, длившееся несколько коротких недель, вовлекло ее в грех, о котором она никогда не могла думать без содрогания: она обманула доверие и впала в жестокий эгоизм. Расторгнув узы, придававшие долгу высокий смысл, она поставила себя вне закона, не имея отныне иного руководства, кроме своенравного выбора страсти. К чему это ее приведет? К чему уже привело? Она говорила, что готова скорее умереть, чем поддаться искушению. Она и теперь так чувствует — теперь, когда постигла все последствия своего падения еще до того, как оно полностью воплотилось в жизнь. И все же ее многолетние стремления к высокому и прекрасному не остались бесплодными: душа ее, пусть попранная, обманутая и бьющаяся в сетях, намеренно никогда не отдаст предпочтения недостойному. И отдать предпочтение чему? О боже! Не радости, а сознательной жестокости и бессердечию — ибо может ли она забыть Люси и Филипа с их разбитыми надеждами и верой? В ее жизни со Стивеном не будет высоких идеалов: упав так низко, она осуждена блуждать в потемках, влекомая ненадежными побуждениями, потому что утратила ключ к жизни — тот ключ, которым давным-давно так радостно завладела ее страждущая душа. Тогда, в юные годы, Мэгги отреклась от наслаждений, еще ничего не зная о них, прежде чем они стали ей доступными. Филип был прав, когда говорил, что она не может судить о самоотречении, ибо ей казалось, что это состояние безмятежного блаженства. Теперь же, когда самоотречение, владеющее ключом к жизни, несущее в себе любовь, печаль, терпеливое приятие горя, в действительности предстало перед ней, Мэгги почувствовала, как безжалостны тернии его венца. Того, что произошло вчера, уже не воротить, но если бы можно было вычеркнуть из жизни минувший день и заменить его долгими годами безропотного смирения, с каким ощущением покоя склонилась бы она под этим крестом!

Занимался день, и на востоке разлился розовый свет зари. Прошлое настойчиво завладевало Мэгги, все крепче сжимая ее в своих тисках, как это бывает порой, когда остается последняя надежда на спасение. Взгляд ее упал на Стивена, который по-прежнему спал глубоким сном, и Мэгги захлестнула волна непереносимой боли, нашедшей себе выход в долго сдерживаемых слезах. Горше, чем мука расставания, заставлявшая ее с отчаянием взывать о помощи, была мысль о тех страданиях, которые она должна будет причинить ему. Но превыше всего был страх перед собственной слабостью, перед тем, что ее совесть вновь уснет и проснется лишь тогда, когда будет слишком поздно. Слишком поздно! Было уже слишком поздно, она уже нанесла раны. Было слишком поздно, быть может, для всего. Оставалось только бежать прочь, прежде чем свершится последний акт низости, бежать, не позволив себе вкусить счастье, вырванное у сокрушенных сердец.

Вставало солнце, и Мэгги поднялась со своего ложа, зная, что для нее начинается день борьбы. Ресницы ее были влажны от слез; она сидела, с головой укутавшись в шаль, глядя на медленно выплывавший диск солнца. Что-то заставило подняться и Стивена, и, встав со своей жесткой постели, он подошел и сел подле Мэгги. Обостренным инстинктом настороженной любви Стивен с первого же взгляда уловил что-то внушившее ему беспокойство. Его преследовала мысль, что он не сумеет побороть сопротивление, способность к которому была заложена в самой натуре Мэгги. Он не мог отделаться от тягостного сознания, что накануне насильственно лишил ее свободы выбора: слишком развито было в нем чувство чести, чтобы не признать, как недостойно выглядело бы его поведение, если бы не устояла воля Мэгги, и как права была бы она, упрекая его.

Но Мэгги не думала об этом: она остро ощущала в себе гибельную слабость и, готовясь нанести удар, была преисполнена нежности. Она не отняла у Стивена руки, когда он подошел и сел рядом с ней, и улыбнулась ему невеселой улыбкой: ей не хотелось ничем огорчать его, прежде чем настанет минута расставания. Они вместе пили кофе, гуляли по палубе и слушали уверения капитана, что прибудут в Мадпорт не позже пяти часов, а между тем обоих не покидала тревога: Стивен был полон безотчетного страха, который, как он надеялся, рассеется в ближайшие же часы, Мэгги — полна решимости и молча собиралась с силами. Все утро Стивен выражал беспокойство по поводу ее усталости и тех неудобств, которые ей приходится терпеть, говорил о скором прибытии, о том, как они выйдут на берег, об отдыхе, который ожидает ее в карете, словно желая подробностями предстоящего путешествия убедить себя, что все будет так, как он задумал. Долгое время Мэгги ограничивалась короткими ответами, уверяя его, что хорошо провела ночь, что легко переносит плавание — ведь это же не открытое море, — что плыть на этом судне почти так же приятно, как скользить в лодке по Флоссу. Но решимость всегда выдаст себя хотя бы взглядом, и от ощущения, что Мэгги утратила свою пассивность, у Стивена постепенно становилось все тревожнее на сердце. Он стремился, но не осмеливался заговорить с ней о браке, о том, куда они направятся позже, о шагах, которые он предпримет, чтобы поставить в известность о случившемся отца и всех остальных. Он старался убедить себя, что за ее молчаливостью скрывается согласие. Но всякий раз, как он встречался с ней глазами, застывшее в них новое выражение тихой печали усиливало его страх; разговор их все чаще прерывался.

— Вот и Мадпорт, — сказал наконец Стивен. — Теперь, дорогая, — продолжал он, глядя на нее почти радостно, — самое худшее уже позади. На берегу мы сможем двигаться быстрее, это будет зависеть только от нас самих. Через какие-нибудь час-полтора мы снова окажемся вдвоем в почтовой карете: после всего, что вам пришлось перенести, это будет отдыхом.

Мэгги поняла, что настало время говорить: теперь ее молчание было бы жестокостью. Она начала тихо, как и он, но голос ее звучал твердо:

— Мы не будем вдвоем. Мы должны расстаться.

Кровь бросилась в лицо Стивену.

— Не будем? — сказал он. — Я не переживу этого.

Предстояло то, чего он так страшился, — борьба с ней. Они оба молчали, пока спускали шлюпку и переправляли их на пристань. Там стояла кучка зевак и толпились пассажиры, дожидавшиеся отплытия парохода в Сент-Огг. Мэгги показалось, что, когда они сошли на берег и Стивен торопливо вел ее по пристани, кто-то отделился от группы пассажиров и сделал шаг по направлению к ней, как бы желая заговорить. Но, увлекаемая вперед, Мэгги была равнодушна ко всему, кроме предстоявшего ей испытания.

Носильщик проводил их в ближайшую гостиницу при почтовой станции, и Стивен, проходя по двору, приказал готовить карету. Мэгги, как бы не слыша его слов, попросила, чтобы их отвели в комнату, где они могли бы отдохнуть.

Они вошли. Мэгги осталась стоять, и когда Стивен, лицо которого выражало отчаянную решимость, взялся за шнурок колокольчика, она спокойно произнесла:

— Я не еду; мы должны здесь расстаться.

— Мэгги, — бросаясь к ней, сказал Стивен тоном человека, готовящегося к пытке, — вы хотите моей смерти. Что пользы в этом теперь? Решающий шаг сделан.

— Нет, не сделан, — сказала Мэгги. — Мы слишком далеко зашли, и нам никогда не удастся стереть следы того, что случилось. Но дальше я не пойду. Не пытайтесь переубедить меня. Вчера я не могла выбирать.

Что ему было делать? Он стоял, не смея приблизиться к ней, — ею снова мог овладеть гнев, и это воздвигло бы еще одну преграду. Теряя голову от ощущения своей беспомощности, он ходил взад и вперед по комнате.

— Мэгги, — с мольбой и отчаянием сказал он, остановившись перед ней, — сжальтесь надо мной, выслушайте меня! Отныне я буду во всем послушен вам, ничего не сделаю без вашего согласия. Не губите своевольной опрометчивостью наши жизни: это никому не принесет добра и лишь будет причиной новых несчастий. Сядьте, дорогая, не спешите, подумайте о том, что вы собираетесь сделать. Не относитесь ко мне так, будто я недостоин вашего доверия.

Ничто не могло подействовать на Мэгги сильнее, нежели эти слова, но воля ее была всецело сосредоточена на предстоявшем мучительном расставании. Она уже приготовилась к страданию.

— Не надо медлить, — сказала она тихо, но отчетливо, — мы должны здесь же расстаться.

— Мы не можем расстаться, Мэгги! — утрачивая самообладание, воскликнул Стивен. — Я не выдержу этого. К чему подвергать меня таким мукам? Удар — каков бы он ни был — нанесен. Кто выиграет от того, что вы заставите меня потерять рассудок?

— Даже ради вас, — дрожащим голосом сказала Мэгги, — я не начну новую жизнь с того, чего заведомо не должно быть. Все, что я говорила в Бассете, я чувствую и теперь; по-прежнему я готова скорее умереть, чем поддаться этому искушению. Нам лучше было расстаться тогда. Ведь мы все равно к этому пришли.

— Мы не расстанемся, — вырвалось у Стивена, загородившего собой дверь; он уже забыл только что сказанные им слова. — Я не могу примириться с этим; вы доведете меня до безумия. Я за себя не ручаюсь.

Мэгги дрожала. Она поняла, каким нелегким будет расставание. Лишь постепенно, взывая к лучшим сторонам души Стивена, могла она надеяться сломить его сопротивление. Насколько легче было бы бежать, не давая себе опомниться, бежать, пока не ослабела воля. Она села. Стивен, следивший за нею мрачным взглядом, в котором отражалась владевшая им безнадежность, медленно отошел от двери, приблизился, сел рядом с Мэгги и схватил ее руку. Сердце Мэгги билось, как у испуганной птицы, но это прямое противодействие придало ей силы. Она ощутила, как крепнет ее решимость.

— Вспомните, что вы чувствовали совсем недавно, — начала она серьезно и проникновенно, — вспомните, что мы оба чувствовали: мы знали, что не принадлежим себе и должны подавить всякую склонность, которая может толкнуть нас на путь предательства. Мы отступили от нашего намерения, но зло есть зло, и все остается по-прежнему.

— Нет, не по-прежнему, — сказал Стивен. — Мы убедились, что не можем устоять. Чувство, которое влечет нас друг к другу, так велико, что с ним бесполезно бороться. Естественный закон непреодолим — не наша вина, что он сметает все препятствия со своего пути.

— Это неверно, Стивен, — я убеждена, что это неверно. Я без конца думала об этом и поняла, что, если бы мы так судили, любое предательство и жестокость имели бы право на существование: мы оправдали бы нарушение самых священных уз. Раз прошлое не связывает нас, в чем же тогда наш долг? Если бы вы были правы, на земле не знали бы иного закона, кроме мгновенных прихотей страсти.

— Но есть узы, которые не скрепишь одними добрыми намерениями, — возразил Стивен, вставая и снова принимаясь ходить. — Что это за верность, если ее хранят только для вида! Кому нужно постоянство, которое не вызвано любовью?

Мэгги ответила не сразу. Ей приходилось спорить не только с ним. Наконец, страстно желая защитить свои убеждения и перед Стивеном, и перед собой, она сказала:

— Это только на первый взгляд кажется правильным, но когда вдумаешься, видишь, что это не так. Верность и постоянство не означают, что нам позволено поступать, как легче и приятней всего для нас самих; это, скорее, отказ от всего, что угрожает доверию, которое к нам питают другие, от всего, что может причинить несчастье людям, самой жизнью поставленным в зависимость от нас. Если бы мы... если бы я была лучше, благороднее, если бы веления долга были сильнее во мне и я всегда так же остро ощущала их в своем сердце, как сейчас, когда пробудилась моя совесть, враждебное долгу чувство не разрослось бы до такой степени — оно было бы задушено сразу, потому что я искренне молилась бы о помощи. Я должна была бежать не оглядываясь, как бегут от смертельной опасности. Я не нахожу себе оправдания. Я не обманула бы ожиданий Люси и Филипа, если бы не оказалась слабой, эгоистичной, жестокой, способной думать об их страданиях и при этом не испытывать боли, которая дает силы побороть искушение. Что чувствует сейчас Люси? Она верила мне, она любила меня, она была так добра ко мне. Подумайте о ней.

При этих словах у Мэгги перехватило дыхание.

— Я не могу думать о ней, — сказал Стивен и топнул ногой, как бы от нестерпимой боли. — Я могу думать только о вас и больше ни о ком, Мэгги. Вы требуете от человека невозможного. Я прошел через то, что чувствуете вы, и больше не могу к этому возвратиться. К чему вам об этом думать сейчас; ведь вы только терзаете меня! Не в ваших силах оградить их от страданий: в вашей власти лишь уйти от меня, лишив мою жизнь какого бы то ни было смысла. Даже если бы мы вернулись к прошлому, если бы остались верны своему долгу, будь это еще возможно, — непереносимо, чудовищно предположить, что вы когда-нибудь станете женой Филипа — женой человека, которого не любите.

Мэгги вспыхнула; она не в состоянии была говорить. Стивен понял это. Он снова взял ее руку и, глядя на нее со страстной мольбой, сказал:

— Мэгги! Дорогая! Если вы любите меня — вы моя. Никто другой не смеет назвать вас своею. Любовь соединила наши жизни. Никакое прошлое не может отнять у нас прав друг на друга. Мы впервые любим всем сердцем и душой.

Опустив глаза, Мэгги по-прежнему молчала. Стивен трепетал, вновь обретя надежду и предвкушая победу. Но Мэгги подняла глаза, и он не прочел в них того, чего искал: в них были только мука и жалость.

— Нет, Стивен, не всем сердцем и душой, — сказала она с робкой решимостью. — Никогда всем сердцем я не уступала чувству. Существуют воспоминания, и привязанности, и стремление к настоящему добру; они имеют огромную власть надо мной, они никогда не оставят меня надолго, болью и раскаянием они будут возвращаться снова и снова. Я не знала бы покоя, если бы тень греха встала между мной и Богом. Я уже причинила горе — я это знаю, чувствую, но никогда сознательно я не шла на это, ни разу не сказала: «Пусть они страдают, я не пожертвую своим счастьем». У меня никогда не было мысли стать вашей женой, и если бы вы, воспользовавшись минутой, когда мое чувство к вам одерживало верх, добились моего согласия, все равно я не принадлежала бы вам всей душой. Если бы можно было вернуть то утро, я предпочла бы сохранить верность прежним мирным привязанностям и не знать радостей любви.

Стивен выпустил ее руку, порывисто поднялся и, с трудом сдерживая гнев, стал ходить по комнате.

— Господи! — вырвалось у него наконец. — Как жалко выглядит любовь женщины рядом с любовью мужчины! Ради вас я готов на любое преступление, а вы — вы взвешиваете и выбираете. Будь в вас хоть сотая доля моего чувства к вам, разве могли бы вы принести меня в жертву? Но что вам до того, что вы отнимаете счастье всей моей жизни!

Мэгги уронила руки на колени и судорожно сжала их. Ее объял смертельный ужас: словно ослепительные вспышки молнии на какой-то краткий миг открывали ей путь к спасению, а потом, угасая, снова оставляли ее, беспомощную, в кромешной тьме.

— Нет, я не приношу вас в жертву, я не в силах принести вас в жертву, — сказала она, как только к ней вернулась способность говорить. — Но я не могу поверить, будто вы можете быть довольны своей судьбой, зная — а мы это оба знаем, — что наше счастье обернулось горем для других. Мы не вольны в выборе своего или чужого счастья, нам не дано знать, в чем оно заключается. Нам лишь дано выбирать — поддадимся ли мы мгновенному порыву или откажемся от него во имя Божественного голоса в нас самих, во имя тех целей, что освящают нашу жизнь. Я знаю, как трудно придерживаться этих взглядов: я сама не раз изменяла им; но я всегда чувствовала, что стоит мне окончательно отречься от них — и я останусь одна, без света, во мраке этой жизни.

— Но, Мэгги, — сказал Стивен, садясь рядом, — как можете вы не понимать, что события минувшего дня все изменили? Что это за ослепление? Какая упрямая предубежденность застилает вам глаза, не давая ничего видеть? Слишком поздно рассуждать о том, чтó мы могли или должны были бы сделать. Оценивая случившееся самым неблагоприятным образом — а ничего другого нам не остается, — мы должны признать, что положение наше стало иным и то, что прежде было для нас правильным, сегодня невозможно. Надо примириться с собственными поступками и исходить из них. Предположим, мы вступили бы в брак вчера. Что изменилось бы от этого? В глазах людей наша вина не увеличилась бы. Только для нас это имело бы значение, заставив, быть может, и вас признать, — с горечью добавил Стивен, — что узы, связавшие вас со мной, сильнее всех других.

Мэгги снова вспыхнула, но ничего не сказала. И снова Стивен поверил в свою победу — он еще не допускал мысли, что может быть иначе: в жизни бывают испытания, самая мысль о которых настолько невероятна, что мы их даже не боимся.

— Дорогая, — склоняясь к Мэгги и обнимая ее, сказал он с глубочайшей нежностью, — теперь вы моя, моя в глазах всего света — вот чем определяется отныне наш долг. Через несколько часов вы будете моей женой, и тем, кто имеет на нас права, останется только смириться: они должны будут понять, что была сила, способная противопоставить себя их правам.

Широко раскрыв глаза, полные ужаса, Мэгги мгновение смотрела на склонившееся к ней лицо; побледнев, она поднялась с места.

— О, я не способна на это, Стивен! — вырвалось у нее, точно крик боли. — Не просите, не убеждайте меня. Я больше не могу спорить — я не знаю, что разумно; но сердце не позволяет мне сделать это. Я чувствую, я ощущаю сейчас их горе: оно словно клеймом выжжено в моей душе. Я тоже страдала, и некому было пожалеть меня, а теперь я сама заставляю страдать других. Это чувство никогда не исчезнет; оно омрачит и вашу любовь. Мне дорог Филип — по-иному дорог: я помню все, что мы говорили друг другу, знаю, что я была в его жизни единственной надеждой, что была послана ему, чтобы облегчить его участь, — и я покинула его. А Люси? Она тоже обманута — она, которая верила мне больше, чем себе. Я не могу стать вашей женой, не могу построить свое счастье на их страданиях. Не та сила, что влечет нас друг к другу, должна руководить нами; она отторгла бы меня от всего, что для меня свято и дорого. Я не могу вступить в новую жизнь, забыв про это. Я должна вернуться к прошлому и держаться за него, иначе у меня не будет почвы под ногами.

— Боже правый, Мэгги! — воскликнул Стивен, тоже поднявшись и схватив ее руку. — Вы бредите! Как можете вы возвратиться, не обвенчавшись со мной? Вы не подозреваете, что будут говорить о вас, дорогая. Вы не понимаете, как все обстоит на самом деле.

— Нет, понимаю. Но они поверят. Я во всем покаюсь. Люси поверит мне, она простит вас и... и... О, должна же привести к чему-нибудь хорошему наша верность долгу! Стивен, дорогой, позвольте мне уйти! Не навлекайте на меня еще более страшных мук совести. Я никогда не соглашалась всей душой — не соглашусь и теперь.

Стивен выпустил ее руку и почти в беспамятстве от ярости и отчаяния опустился на стул. Несколько мгновений, не глядя на нее, он молчал, а она, встревоженная этой внезапной переменой, смотрела на него с глубокой тоской. Наконец он сказал, по-прежнему не глядя на нее:

— Тогда уходите; оставьте меня; не терзайте меня больше. Я этого не выдержу.

Безотчетно она склонилась над Стивеном и протянула к нему руку, но он отшатнулся от нее, словно от раскаленного железа:

— Оставьте меня!

Мэгги не сознавала, что это конец, когда, не оглядываясь на мрачное, отвернувшееся от нее лицо, вышла из комнаты: она как бы безотчетно выполнила то, что было задумано раньше. Что было потом? Ступени, по которым она спускалась как во сне, плиты тротуара, запряженная почтовая карета, затем улица, поворот, снова улица, где стоял дилижанс, полный пассажиров, и молнией мелькнувшая мысль, что он увезет ее отсюда — быть может, увезет домой. Но она не в состоянии была ни о чем спрашивать; у нее лишь хватило сил молча войти в дилижанс.

Домой, где мать и брат, Филип, Люси... где всё помнит о ее былых испытаниях и невзгодах, куда, как к прибежищу, устремлялась ее душа, где хранятся священные для нее воспоминания, где она будет ограждена от новых падений. Воспоминание о Стивене было подобно нестерпимой пульсирующей боли, и, как всякая боль такого рода, оно пробудило все ее мысли. Но среди них не было мысли о том, что скажут и подумают о ней люди. Любовь, и глубокая жалость, и мучительные угрызения совести не оставляли места для этого.

Дилижанс уносил Мэгги в Йорк — все дальше и дальше от дома; но она об этом узнала, только оказавшись в полночь в этом старинном городе. Это было не столь существенно: наутро она могла возвратиться домой. У себя в кармане Мэгги обнаружила кошелек с деньгами: два дня назад она делала покупки и потом забыла вынуть кошелек из кармана.

Возможно ли, что в ту ночь, когда она лежала в унылой комнате старой гостиницы, воля ее ни разу не дрогнула перед решением стать на путь покаяния и жертв? Победы в битвах жизни даются нелегко; так трудно разрешать ее вопросы! В темноте этой ночи она видела лицо Стивена, обращенное к ней с мучительным, страстным укором. Она мысленно вновь переживала трепетный восторг, который ее всегда охватывал в присутствии Стивена и превращал ее будничное, полное смирения и усилий существование в бездумное и радостное скольжение по жизни. Отвергнутая любовь вновь возвращалась к ней во всем своем беспощадном очаровании, и Мэгги раскрывала навстречу ей объятия, но любовь ускользала, таяла, исчезала, оставляя после себя лишь замирающий звук низкого, волнующего голоса, который говорил: «Ушло — навсегда ушло».

Книга седьмая

ИЗБАВЛЕНИЕ

ГЛАВА I

Возвращение на мельницу

На пятый день после того, как Мэгги и Стивен покинули Сент-Огг, между четырьмя и пятью часами пополудни, Том Талливер стоял на усыпанной гравием дорожке, ведущей к старому дому Дорлкоутской мельницы. Теперь Том был здесь хозяином: он наполовину осуществил предсмертную волю отца и долгими годами неуклонного самоограничения и упорного труда достиг былой респектабельности, составлявшей наследственную гордость Додсонов и Талливеров.

Но в этот тихий летний день лицо Тома, стоявшего на дорожке в ярком свете солнца, не выражало ни радости, ни торжества. И когда он, засунув руки в карманы и низко надвинув на лоб шляпу, чтобы защитить глаза от солнца, принялся шагать по шуршащему гравию, рот его был горько сжат, а строгий лоб над нахмуренными бровями прорезан глубокой складкой. О сестре не было вестей с тех самых пор, как вернувшийся из Мадпорта Боб Джейкин не положил конец всем невероятным предположениям о несчастном случае на реке, объявив, что видел, как Мэгги вместе с мистером Стивеном Гестом сходила на пристань в Мадпорте.

Что за этим последует? Известие о ее замужестве или... Скорее всего, она не вышла замуж; Том, настроенный весьма мрачно, ожидал худшего из всего, что могло случиться: не смерти, а позора.

Пока он шел к дому, устремив глаза на вертящееся с шумом мельничное колесо, к воротам приблизилась хорошо знакомая нам высокая темноглазая девушка и остановилась, глядя на брата. Сердце ее отчаянно билось. С детских лет он внушал ей безграничный страх — тот страх, что рождается в нас, когда мы любим человека неумолимого, безжалостного и непреклонного, образ мыслей которого для нас неприемлем, но чье отчуждение, однако же, непереносимо. Этот страх, так глубоко укоренившийся в ней, терзал Мэгги; но ничто не могло сейчас поколебать ее решимость вернуться к брату — единственному защитнику, данному ей судьбой.

Преследуемая воспоминаниями о собственной слабости, измученная мыслями о причиненном ею горе, Мэгги в своем глубоком унижении почти желала выслушать суровые упреки Тома, желала склониться в безропотном молчании перед его резким, беспощадным осуждением, против которого она некогда так восставала: теперь это казалось ей более чем справедливым, ибо кто был слабее, чем она? Она надеялась, что присутствие тех, чьи слова и взгляды явятся отражением ее собственной совести, послужит поддержкой лучшим ее намерениям; и как смиренно, с каким искренним покаянием примет она эту поддержку!

Мэгги пришлось на день задержаться в Йорке из-за приковавшей ее к постели головной боли, которая была естественным следствием страшного напряжения предшествующих суток. На ее лице и в глазах еще сохранялись следы физических страданий, и вид у нее — она оставалась все в том же платье — был жалкий и несчастный. Подняв щеколду, она медленно вошла в ворота. Том в эту минуту подошел к плотине и не расслышал скрипа порот — его заглушила ревущая вода. Но вот он повернулся, поднял глаза и увидел сестру. Ее жалкий, растерянный вид, казалось, подтверждал худшие его предположения. Побледнев и задрожав от гнева и отвращения, Том остановился. Мэгги тоже остановилась в трех шагах от него. Она прочла ненависть на его лице, почувствовала, как эта ненависть пронизывает ее насквозь, но принудила себя заговорить.

— Том, — еле слышно начала она, — я вернулась к тебе, я вернулась домой, в единственное оставшееся мне прибежище, чтобы все рассказать тебе.

— Мой дом для тебя закрыт, — содрогаясь от ярости, ответил он. — Ты опозорила всех нас, опозорила имя отца. Ты стала проклятьем для лучших своих друзей. Ты вела себя вероломно, низко. Для тебя не существует никаких преград, ничего святого. Теперь, что бы с тобой ни случилось, я умываю руки. Я отрекаюсь от тебя.

В эту минуту в дверях показалась миссис Талливер. Она словно остолбенела, потрясенная внезапным появлением Мэгги и словами Тома.

— Том, — сказала Мэгги уже с большей твердостью, — я не так виновата, как ты думаешь. Я не хотела поддаться своему чувству. Я с ним боролась. Лодку отнесло так далеко, что мне не удалось вернуться во вторник. Я вернулась, как только смогла.

— Больше я ничему не верю, — сказал Том, постепенно переходя от гневного возбуждения первых минут к ледяной непреклонности. — Ты тайно поддерживала отношения со Стивеном Гестом, как когда-то с другим. Он виделся с тобой в Бассете, когда ты гостила у тети Мосс, вы гуляли там с ним вдвоем; должно быть, ты вела себя так, как ни одна порядочная девушка не стала бы вести себя с женихом своей кузины — иначе никогда не случилось бы то, что произошло. Люди в Лукрете видели, как вы плыли мимо; вы проплыли и мимо всех других селений. Вы знали, что вы делаете. Ты воспользовалась Филипом Уэйкемом как ширмой, чтобы обмануть Люси, которая была тебе таким верным другом. Иди и полюбуйся на дело своих рук: она тяжело больна, ни с кем не разговаривает, мать не смеет показаться ей на глаза, чтобы не напомнить о тебе.

Мэгги словно оцепенела — истерзанная душевными муками, она уже не могла провести границу между своим действительным проступком и гневными обвинениями Тома; еще меньше она была способна оправдывать себя.

— Том, — сказала она, до боли стискивая под плащом руки и снова заставляя себя говорить, — какова бы ни была моя вина, я горько раскаиваюсь. Я хотела бы искупить ее. Я все перенесу. Мне нужна поддержка, которая поможет мне остаться на правильном пути.

— Ничто тебе не поможет, — с жестокой горечью воскликнул Том. — Ни честь, ни религия, ни естественное чувство благодарности. А он — он заслуживает того, чтобы его пристрелили, и если бы не... Но ты в десять раз хуже, чем он. Мне глубоко ненавистны и ты сама, и твое поведение. Ты говоришь, что старалась побороть свои чувства, — не верю! Мне тоже пришлось бороться с чувствами. Однако я подавил их. Моя жизнь была более суровой, чем твоя, но я нашел утешение в том, что выполнял свой долг. В моих глазах тебе нет оправдания. У меня есть понятие о том, что хорошо и что дурно, и пусть все это знают. Если тебе что-нибудь понадобится, извести об этом мать. Нуждаться ты не будешь, о деньгах я позабочусь, но в моем доме тебе нет места. Мне невыносимо видеть тебя; достаточно и того, что мне предстоит жить с мыслью о твоем позоре.

С отчаянием в душе Мэгги медленно повернулась, собираясь уйти. Но любовь бедной, испуганной матери оказалась сильнее всех страхов, владевших ею.

— Дитя мое! Я пойду с тобой. У тебя есть мать.

Какое сладостное успокоение нашла убитая горем Мэгги в материнском объятии! В беде вся земная мудрость ничто в сравнении с каплей простой человеческой жалости.

Том круто повернулся и вошел в дом.

— Войдем, доченька, — прошептала миссис Талливер. — Он позволит тебе остаться: ты будешь спать в моей постели. Он не откажет, если я его попрошу.

— Нет, мама, — почти простонала Мэгги. — Я никогда не переступлю этот порог.

— Тогда подожди меня у ворот. Я соберу вещи и уйду с тобой.

Увидев мать, уже совсем одетую и в чепце, Том нагнал ее и вложил ей в руку деньги.

— Мой дом всегда будет твоим домом, мама, — сказал он. — Что бы тебе ни понадобилось, приди и скажи; я уверен, что ты вернешься ко мне.

Слишком перепуганная, чтобы заговорить, миссис Талливер молча взяла деньги. Одно было ясно ее материнскому сердцу: ее место подле несчастной дочери.

Мэгги ожидала мать за воротами; она взяла ее за руку, и некоторое время они шли, не говоря ни слова.

— Мама, — проговорила наконец Мэгги, — пойдем к Люку, он нас приютит.

— У него слишком тесно, моя милая; у них так много детей. Не знаю, куда нам и пойти, разве что к твоим теткам. Только я не смею теперь, — сказала бедная миссис Талливер, окончательно утрачивая в эту тяжелую минуту свой и без того небольшой запас находчивости.

Помолчав немного, Мэгги сказала:

— Тогда пойдем к Бобу Джейкину; он не откажет нам, если только комната не занята.

И они пошли в сторону Сент-Огга, к старинному домику у реки. Боб был дома и находился в удрученном состоянии духа, которое не могли разогнать даже радость и гордость от обладания самым что ни на есть жизнерадостным двухмесячным младенцем, какой когда-либо появлялся на свет в семье принца или же бродячего торговца. Вероятно, Боб не смог бы до конца прочувствовать всю двусмысленность появления Мэгги с мистером Стивеном Гестом на пристани в Мадпорте, если бы ему не довелось видеть, какое впечатление произвело на Тома принесенное им известие; к тому же в последующие дни обстоятельства, придавшие столь предосудительный характер тайному бегству Мэгги, проникнув из высшего круга в среду мальчишек-рассыльных и грумов, сделались всеобщим достоянием. Поэтому, когда, отворив дверь, Боб увидел перед собой сломленную горем и усталостью Мэгги, тот единственный вопрос, который он желал бы задать, — где же мистер Стивен Гест? — замер у него на губах. Бобу хотелось надеяться, что в эту минуту Стивен Гест пребывает в одном из самых раскаленных уголков того убежища, которое, как принято считать, существует в ином мире и уготовано для впавших в смертный грех джентльменов.

Комната оказалась свободной, и обеим миссис Джейкин было отдано распоряжение устроить все наилучшим образом для старой миссис и молодой мисс — увы! — так и оставшейся «мисс». Прямодушный Боб недоумевал, как могло случиться, что мистер Стивен Гест уехал от Мэгги или позволил уехать ей, когда ему дана была возможность с ней не расставаться. Но Боб молчал, не позволял жене задавать вопросы и даже старался не входить в комнату, боясь показаться навязчивым или чрезмерно любопытным, по-прежнему сохраняя к темноглазой Мэгги рыцарственные чувства, которые владели им еще в те времена, когда он принес ей стопку книг, ставшую таким памятным для нее подарком.

Спустя несколько дней миссис Талливер отправилась на мельницу, чтобы навести порядок в хозяйстве Тома. На этом настояла Мэгги: после первого бурного проявления чувств, наступившего, как только отпала настоятельная необходимость действовать, она уже меньше нуждалась в присутствии матери и даже испытывала потребность остаться наедине со своим горем. Но ей пришлось совсем недолго пробыть одной в знакомой нам комнате с окнами на реку: раздался легкий стук, и когда Мэгги, обратив свое грустное лицо к двери, произнесла «войдите», она увидела Боба с ребенком на руках и Мампса, следующего за ним по пятам.

— Мы уйдем, если мешаем вам, мисс, — сказал Боб.

— Нет, я рада тебе, — тихо отозвалась Мэгги, делая тщетную попытку улыбнуться.

Прикрыв за собой дверь, Боб подошел и встал перед Мэгги:

— Вот видите, у нас теперь есть малышка, и я хотел, чтобы вы, мисс, поглядели на нее и взяли на руки, коли вы будете так добры. Потому как мы позволили себе назвать ее в вашу честь, и было бы хорошо, если бы вы хоть самую малость приласкали ее.

Мэгги была не в силах говорить, но она протянула руки и взяла крохотное существо, а Мампс беспокойно повел носом, как бы желая убедиться в том, что руки эти надежные. Сердце Мэгги оттаяло от слов Боба и от самого его появления. Она поняла, что он избрал этот способ, чтобы выразить ей свое уважение и сочувствие.

— Садись, Боб, — выговорила она наконец, и он сел, чувствуя, что язык отказывается ему повиноваться, но как-то по-иному, чем всегда, — отказывается произнести то, что Бобу хотелось бы выразить. — Боб, — сказала немного погодя Мэгги, глядя на младенца и с беспокойством прижимая его к себе, словно боясь, что он вдруг ускользнет из ее сознания и выскользнет из рук. — Я хочу просить тебя об одном одолжении.

— Не надо так говорить, мисс, — сказал Боб, сгребая в ладонь складки кожи на шее Мампса и крепко стискивая их. — Если я что могу для вас сделать — это мне лучше, чем самый дорогой подарок.

— Я хочу просить тебя пойти к пастору Кену и сказать ему, что я здесь и буду очень благодарна, если он придет ко мне, пока нет мамы. Она не возвратится до вечера.

— Я бы мигом обернулся, мисс, — это в двух шагах отсюда, — да только у пастора, как на грех, жена умерла в тот самый день, как я воротился из Мадпорта; завтра ее хоронить будут. Вот ведь жалость какая, что она умерла, да еще теперь, когда вам нужен пастор. Не очень-то мне по душе идти туда нынче вечером.

— О, тогда не надо, Боб, — сказала Мэгги, — мы это отложим на несколько дней, пока пастор Кен не начнет выходить из дому. Но может быть, он решит уехать из города, и подальше от здешних мест, — добавила она, впадая в отчаяние от этой мысли.

— Не такой он человек, мисс, — возразил Боб. — Никуда он не станет уезжать. Он не из тех знатных господ, которые отправляются слезы лить на морские курорты, когда их жены помирают; у него и без того дел хватает. Он зорко блюдет весь приход — это уж так. Он окрестил малышку и потом еще отругал меня, зачем я не хожу по воскресеньям в церковь. Но я сказал ему, что, почитай, три воскресенья из четырех расхаживаю по округе, да еще так привык всегда быть на ногах, что мне не высидеть долго на одном месте... и «господи, сэр, — говорю, — может же быть бродячему торговцу хоть какая поблажка от церкви: ему и так не сладко приходится, говорю, и не след с него строго спрашивать». А как малышка-то у вас пригрелась. Будто она знает вас, мисс; да ей же богу, так оно и есть — небось птица знает, когда утро приходит.

Язык Боба теперь, видимо, окончательно освободился от непривычной для него скованности и даже грозил переусердствовать в своем рвении. Но путь к вопросу, так занимавшему Боба, был крут и каменист, и язык предпочитал вести Боба по гладкой дорожке, не заводя его на непроторенную тропу. Боб почувствовал это и некоторое время молчал, усиленно размышляя над тем, в какой форме он мог бы задать вопрос. Наконец голосом более нерешительным, чем обычно, он произнес:

— Не позволите ли вы спросить вас одну вещь, мисс?

У Мэгги дрогнуло сердце, но она ответила:

— Хорошо, Боб, спрашивай, только если это касается меня, а не кого-нибудь другого.

— Вот что, мисс: вы ни на кого зла не имеете?

— Нет, — ответила Мэгги, вопрошающе глядя на него. — О чем ты?

— О господи, да я о том, мисс, — воскликнул Боб, еще крепче стискивая шею Мампса, — что хорошо, кабы имели и сказали мне, и я бы колотил его до тех пор, пока у меня в глазах темно не станет! А там пусть бы мне пришлось хоть перед судом ответ держать.

— Ах, Боб, — со слабым подобием улыбки сказала Мэгги, — какой ты мне верный друг! Но я никого не хотела бы наказывать, даже если кто-то и был не прав передо мной. Я сама часто бываю не права.

Такая точка зрения озадачила Боба, еще более сгустив мрак вокруг всего, что произошло между Мэгги и Стивеном. Но дальнейшие вопросы, в какую бы искусную форму он их ни облек, были бы назойливы, и Бобу ничего не оставалось делать, как отнести ребенка к нетерпеливо ожидавшей матери.

— А если хотите, чтобы Мампс составил вам компанию, мисс, — сказал Боб после того, как отнес ребенка, — так лучшего друга вам не сыскать: он все понимает да знай себе помалкивает. И уж коли я велю ему, он ляжет перед вами, и станет стеречь вас, и даже не шелохнется — точь-в-точь как он стережет мой тюк. Вы оставьте его при себе на пробу, мисс. Ей-богу, хорошая это штука, когда к тебе привадится этакая бессловесная тварь: уж он не отступится от тебя и не станет морду от тебя воротить.

— Да, оставь его у меня, пожалуйста, — сказала Мэгги, — я рада буду подружиться с Мампсом.

— Мампс! Ложись здесь! — сказал Боб, указывая ему на место у ног Мэгги. — И чтобы ты не смел мне двинуться, покуда тебе не прикажут.

Мампс тотчас же улегся подле Мэгги и не выразил беспокойства, даже когда его хозяин покинул комнату.

ГЛАВА II

Сент-Огг выносит приговор

Через несколько дней весть о возвращении Мэгги облетела Сент-Огг. Очевидно, тайное бегство ее не имело своей целью брак с мистером Стивеном Гестом: так или иначе, он не женился на ней, что, в сущности, сводилось к одному и тому же, коль скоро речь шла о ее виновности. Как правило, мы судим о поступках других людей по конечным результатам — да и возможно ли иначе? — ведь нам неизвестен путь, который приводит к ним. Вернись мисс Талливер после нескольких месяцев изысканного свадебного путешествия уже в качестве миссис Стивен Гест вместе со своим trousseau[1] — пускай оно и было сделано после брака — и со всеми преимуществами, которыми обладает даже самая неугодная жена единственного сына, — общественное мнение Сент-Огга, знающее, как и всюду, что́ надлежит думать по тому или другому поводу, судило бы ее в строгом соответствии с этими результатами. Общественное мнение в таких случаях всегда женского рода; это не свет, а Жены света; они сказали бы, что два молодых существа — причем джентльмен происходит, несомненно, из лучшей семьи Сент-Огга, — оказавшись в ложном положении, вынуждены были избрать линию поведения, которая, мягко выражаясь, была крайне неблагоразумной и причинила немало огорчений и разочарований, в особенности же мисс Дин — этому милому юному созданию. Мистер Стивен Гест, разумеется, вел себя далеко не похвально, но ведь в его годы джентльмены склонны увлекаться до ослепления; и как бы дурно ни было со стороны миссис Стивен Гест принимать знаки внимания от жениха своей кузины (право же, ходили совершенно определенные слухи о помолвке ее с молодым Уэйкемом — сам старый Уэйкем упоминал об этом, однако она так молода — и Филип Уэйкем горбат, знаете ли, — а молодой Гест так обворожителен и, говорят, он буквально ее боготворит (что, конечно, долго не продлится!), и он увез ее в лодке против ее воли — что же ей оставалось делать? Не могла же она после этого возвратиться: все отвернулись бы от нее; и как ей к лицу этот палевый атлас! Кажется, складки спереди нынче в моде — у нее несколько платьев с такими складками, — говорят, он ничего не жалеет для нее. Бедняжка мисс Дин! Она так несчастна; но ведь официальной помолвки не было, и, надо надеяться, морской воздух подействует на нее благотворно. Что ж, в конце концов, если чувства молодого Геста к ней были таковы, для нее же и лучше, что брак расстроился. Какая

[1] Приданым *(фр.)*.

блестящая партия для мисс Талливер и как это романтично! Да, кстати, молодой Гест выставляет свою кандидатуру на следующих парламентских выборах. Поистине, наш век — век коммерции! Молодой Уэйкем совсем лишился рассудка, — впрочем, он всегда был со странностями; но он опять уехал за границу, чтобы окончательно устранить себя, — это лучший выход для молодого человека с подобным физическим недостатком. Мисс Юнит заявила во всеуслышание, что ноги ее не будет у мистера и миссис Стивен Гест. Какие глупости! Зачем делать вид, что ты лучше всех остальных? Общество не могло бы существовать, если бы все стали подобным образом доискиваться подоплеки личной жизни каждого, — и христианство учит нас не осуждать ближних, — скорее всего, мисс Юнит просто не были завезены визитные карточки.

Но результаты, как вы знаете, были не такого рода, чтобы дать основания для снисходительного отношения к происшедшему. Мэгги вернулась без мужа и без trousseau, в том униженном и отверженном состоянии, к которому, как известно, всегда приводит грех; и Жены света, со своим превосходным инстинктом, призванным охранять общество, тотчас же сказали, что поведение мисс Талливер всегда носило весьма злонамеренный характер. Может ли быть что-нибудь отвратительнее? Девушка, так многим обязанная своим друзьям — и она и ее мать видели столько добра от Динов, — расставляет сети, чтобы влюбить в себя жениха своей кузины, которая вела себя по отношению к ней как сестра! Влюбить в себя? Это неподходящее выражение, когда речь идет о такой особе, как мисс Талливер; вернее было бы сказать, что ее побуждала к этому так не идущая женщине вольность и необузданная страсть. В ней всегда было что-то сомнительное. Эти ее отношения с молодым Уэйкемом, которые, говорят, длились многие годы, выглядят весьма неблагопристойно, — право же, это премерзко! Но чего можно ожидать от такой своенравной девицы? В самой внешности мисс Талливер было что-то порочное — изощренный инстинкт Жен света тотчас же распознал это. Что же касается бедного мистера Стивена Геста — он достоин только жалости; в таких случаях двадцатипятилетнего молодого человека не приходится строго судить — он просто жертва наглой интриганки. И всякому ясно, что он действовал не по своей воле, — он отделался от нее, как только ему представилась возможность; в самом деле, то, что они так быстро расстались, набрасывает еще большую тень на нее. Разумеется, он написал письмо, где берет всю вину на себя и, изобразив все в романтическом свете, пытается всячески ее обелить — да иначе он себя вести и не мог! Но утонченный инстинкт Жен света безошибочен, и — благодарение небу! — его не проведешь; в противном случае что сталось бы с Обществом? Подумать только — ее собственный брат выгнал ее из дому, а он уж, можете не сомневаться, хорошо во всем разобрался, прежде чем решиться на такой шаг. Чрезвычайно достойный молодой человек этот мистер Том Талливер: он, несомненно, многого добьется в жизни. Спору нет, позор сестры — тяжелый удар для него. Но, надо полагать, она уберется куда-нибудь подальше от этих мест — в Америку, все равно куда, лишь бы воздух Сент-Огга очистился от ее тлетворного присутствия, столь пагубного для его дочерей. На ней следует поставить крест; все же будем надеяться, что она раскается и Бог простит ей грехи. Богу ведь не приходится заботиться о благе Общества — не то что Женам света.

Потребовалось не менее двух недель, прежде чем этот утонченный инстинкт Жен света окончательно укрепился в своем вдохновенном прозрении; в конце первой недели пришло письмо от Стивена, где он подробно излагал отцу все случившееся и добавлял, что намерен отправиться в Голландию — он побывал у агента в Мадпорте и запасся деньгами, — сейчас он не в силах прийти к какому-нибудь решению. Все это время Мэгги была во власти такой мучительной тревоги, что не задумывалась над тем, как будет воспринято ее поведение светским обществом Сент-Огга: тревога за Стивена, Люси,

Филипа, в которой слились воедино любовь, жалость, раскаяние, подобно разбушевавшейся стихии, неустанно и безжалостно терзала ее душу. Если бы у Мэгги могла возникнуть мысль об ожидающем ее незаслуженном позоре, она сочла бы, что испила эту горькую чашу до дна и что после беспощадных слов брата ей уже не страшно ничье осуждение. Несмотря на все беспокойство за тех, кого она любила и кому причинила горе, она не могла забыть слова Тома — они жили в ее сознании, подобно невыносимой боли, способной навеки отравить и уничтожить даже безоблачное блаженство. Ни разу не мелькнула у Мэгги мысль о возможности вновь обрести счастье: все ее существо было настолько проникнуто страданием, что казалось, никогда уж оно не отзовется на какое-либо иное чувство. Жизнь представлялась ей теперь бесконечным покаянием, и, думая о своем будущем, она молила судьбу лишь об одном — оградить ее от новых падений. Воспоминания о собственной слабости преследовали ее, рисуя фантастические, чудовищные картины того, что могло бы ее постигнуть, и только сознание, что у нее есть надежная защита, вернуло бы Мэгги душевный покой.

Но ей приходилось помнить и о вещах житейских: унаследованная и ставшая привычной любовь к независимости была в ней так сильна, что не позволяла забыть о необходимости зарабатывать свой хлеб, и, так как иных возможностей у нее не было — а ведь она должна была оплачивать комнату у Боба, — ей оставалось лишь, как прежде, заняться шитьем. Она решила уговорить свою мать поскорее возвратиться на мельницу, к Тому; сама же она как-нибудь просуществует в Сент-Огге. Быть может, пастор Кен окажет ей помощь или хотя бы даст совет. Она помнила его прощальные слова на благотворительном базаре, помнила то внезапное ощущение опоры, которое возникло у нее во время беседы с ним, и с томительной надеждой ждала той минуты, когда сможет ему во всем исповедаться.

Каждый день миссис Талливер наведывалась в дом мистера Дина справиться о здоровье Люси; новости были неизменно печальные — пока ничто не могло вывести Люси из состояния слабости и безразличия, наступившего после первого потрясения. О Филипе миссис Талливер ничего не было известно: как и следовало ожидать, те, с кем ей приходилось встречаться, тщательно избегали в разговоре с ней всего, что имело отношение к ее дочери. Наконец, призвав на помощь остаток мужества, миссис Талливер отправилась к сестрице Глегг, которая, надо думать, обо всем хорошо осведомлена; она даже успела побывать в ее отсутствие на мельнице у племянника; впрочем, он, конечно, и словом не обмолвился о том, что между ними произошло.

Как только миссис Талливер ушла, Мэгги надела шляпку. Она решила пойти в пасторский дом, надеясь, что ей удастся повидать пастора Кена: он сам был в глубоком горе, — в этом состоянии чужое горе не досаждает. Впервые после своего возвращения Мэгги вышла из дому; всецело поглощенная предстоящим свиданием, она не думала о том, как неприятно ей будет встречать по пути людей и выдерживать их взгляды. Но стоило ей выбраться из узеньких улочек, как она почувствовала, что привлекает к себе необычное внимание, и в волнении ускорила шаг, боясь повернуть голову направо и налево. Вскоре, однако, она столкнулась лицом к лицу с миссис и мисс Тэрнбул, старинными знакомыми ее семьи; обе они, окинув ее безразличным взглядом, молча посторонились. Это причинило боль Мэгги, но столь велико было ее самоуничижение, что в ней не возникло протеста. «Неудивительно, что со мной не желают разговаривать, — подумала она, — они ведь так привязаны к Люси». Но вот Мэгги поравнялась с группой джентльменов, стоявших у дверей бильярдной, и не могла не заметить, что юный Торри со своим неизменным моноклем в глазу, сделав шаг вперед, поклонился ей с таким небрежным видом, словно приветствовал знакомую служанку бара. Мэгги была слишком гордой натурой, чтобы даже в горе не почувствовать себя уязвленной, и впервые за все время она осознала, что ей грозит иной позор, помимо того, который она заслуженно навлекла на себя, обманув доверие Люси. Наконец она добралась до пасторского дома; здесь, вероятно, ее ждет не только кара, та кара, которая может настигнуть ее где угодно: ведь теперь любой уличный мальчишка, мерзкий и распущенный, посмеет бросить ей оскорбление в лицо. Увы, жалость и сочувствие встречаются в жизни куда реже, чем осуждение, — ими награждают нас лишь люди праведные.

О Мэгги доложили и тотчас же ввели ее в кабинет пастора Кена, который сидел в кресле, прижавшись лицом к головке своей младшей дочери — трехлетней девочки, среди громоздившихся повсюду и, видимо, не интересующих его сейчас книг. Служанка сразу же увела ребенка, и, когда дверь закрылась, пастор сказал, придвигая Мэгги стул:

— Я собирался вас навестить, мисс Талливер, но вы меня опередили; я рад этому.

Мэгги, глядя на него с той детской прямотой, что и тогда, на благотворительном базаре, сказала:

— Я пришла, чтобы все рассказать.

При этих словах глаза ее мгновенно наполнились слезами; волнение, которому она не давала воли во все время своего унизительного пути, должно было вылиться, прежде чем она обретет способность говорить.

— Я вас слушаю, мисс Талливер, — спокойно произнес пастор Кен голосом строгим, но доброжелательным. — Смотрите на меня как на человека, наделенного большим жизненным опытом и, быть может, в силу этого способного вам помочь.

Сначала бессвязно и даже с некоторым трудом, но постепенно все с большей легкостью, ибо всякая исповедь несет в себе успокоение, Мэгги поведала короткую историю своей борьбы, которой суждено было стать началом долгих горестей. Лишь накануне пастор Кен ознакомился с письмом Стивена и сразу же поверил ему —

еще до того, как получил подтверждение из уст Мэгги. Скорбное «Я должна уехать!», невольно вырвавшееся у нее на базаре, осталось в его памяти как доказательство ее душевного смятения.

Мэгги попыталась раскрыть ему во всей полноте чувство, заставившее ее вернуться к матери и брату, заставившее сохранить верность воспоминаниям прошлого. Когда она кончила, пастор Кен некоторое время молчал: он был в затруднении. Встав с места и заложив руки за спину, он несколько раз прошелся по комнате. Затем снова сел и, глядя на Мэгги, сказал:

— Побуждение, заставившее вас вернуться к вашим близким и поселиться в местах, с которыми связывают вас крепчайшие узы, — доброе побуждение, и церковь, верная первоначальным своим основам и предначертаниям, отзывается на это, раскрывая объятия кающимся, никогда не отступая от них, до конца оберегая детей своих, если только они не закоренелые нечестивцы. А взглядам церкви надлежит быть и взглядами общества. Каждый приход должен представлять собой как бы единую семью, возглавляемую духовным отцом и объединенную чувством братства во Христе. Но идея христианской общины забыта — древние обычаи христианского братства не соблюдаются, их не помнят, о них не думают; они сохранились только в той односторонней, полной противоречий форме, которую приняли в узких общинах сектантов; и если бы меня не поддерживала твердая вера в то, что наша церковь в конце концов вновь, и в полной мере, возродит свои первоначальные установления, которые одни лишь отвечают потребностям человеческой природы, я часто падал бы духом, видя у моей паствы такую разобщенность и отсутствие чувства ответственности за ближнего. Сейчас еще более расшатываются и ослабевают все связи, и, принимая решения, люди скорее склонны сообразовываться со своими эгоистическими желаниями, нежели с велениями долга, налагаемого на нас всей прошлой жизнью. Ваша совесть и ваше сердце, мисс Талливер, помогли вам найти верный взгляд на вещи; я говорю вам все это для того, чтобы вы знали, каковы мои истинные чувства и каков был бы мой совет вам, если бы я руководствовался только своими убеждениями, не принимая в расчет иных обстоятельств, которые вам не благоприятствуют.

Пастор Кен умолк. В его словах не было и следа сочувствия к ней; даже что-то холодное и суровое проступало в его голосе и во взгляде. Если бы Мэгги не знала, что за его сдержанностью скрывается благожелательность, она, возможно, была бы испугана и пришла бы в отчаяние. Но так как она не сомневалась в этом, то слушала его с надеждой, твердо веря, что найдет в его словах настоящую помощь.

— Вы еще очень неопытны, мисс Талливер, и поэтому не могли предвидеть то в высшей степени несправедливое заключение, которое будет сделано на основании ваших поступков, — заключение, которое может оказаться губительным для вас, вопреки свидетельствам, с очевидной ясностью восстанавливающим истину.

— О да, я начинаю понимать! — вырвалось у Мэгги, не сумевшей подавить в себе боль от перенесенных обид. — Я знаю, что подвергнусь оскорблениям, что обо мне будут думать хуже, чем я того заслуживаю.

— Вероятно, вам еще неизвестно, — с оттенком живого сочувствия продолжал пастор Кен, — что пришло письмо, которое должно было бы убедить всех, что вы избрали самый трудный, самый тернистый путь и предпочли вернуться на стезю долга — вернуться в ту минуту, когда это было труднее всего.

— О... где он? — с невольным трепетом воскликнула Мэгги, заливаясь румянцем, которому не могло помешать ничье присутствие.

— Мистер Гест уехал за границу; он написал своему отцу обо всем, что произошло. Объяснение его полностью снимает с вас вину, и я надеюсь, что письмо это, когда оно станет известно вашей кузине, окажет на нее благотворное действие.

Дав Мэгги время прийти в себя, доктор Кен продолжал:

— Письмо, как я уже сказал, настолько убедительно, что должно было бы предотвратить все ложные суждения о нас. Не скрою, однако, мисс Талливер, опыт всей моей жизни и все, что мне довелось видеть за последние три дня, заставляют меня опасаться, что никакие доказательства не избавят вас от гибельных последствий этих ложных обвинений. Люди, менее всего способные на борьбу с собой во имя долга — ту, которую пришлось выдержать вам, — первые же отвернутся от вас, ибо они не поверят этому. Боюсь, жизнь ваша здесь будет сопряжена не только с душевными страданиями, но и со множеством унижений. По этой причине — и только по этой — я рекомендовал бы вам обдумать, не будет ли для вас лучше подыскать себе место где-нибудь вдали от Сент-Огга, как вы ранее и предполагали. Я, со своей стороны, приложу все усилия, чтобы помочь вам в этом.

— О, если бы только я могла остаться здесь! — воскликнула Мэгги. — У меня не хватит духу снова жить вдали от родных мест. Это лишит меня всякой опоры. Я буду чувствовать себя одинокой скиталицей, оторванной от прошлого. Я написала той даме, что предложила мне место, и просила ее освободить меня от моего обещания. Если я останусь здесь, то, быть может, смогу каким-нибудь образом искупить свою вину перед Люси, перед всеми. Я попытаюсь убедить их в своем раскаянии. И, — добавила она с вспыхнувшей в глазах прежней гордостью, — я не уеду из-за того, что люди на меня клевещут. Они вынуждены будут отказаться от своих слов. Если же мне и придется уехать, потому что... потому что другие этого хотят, то я сделаю это не сейчас.

— Что ж, — после некоторого размышления сказал пастор Кен, — если вы это твердо решили, можете рассчитывать на то влияние, которое дает мне мое положение в Сент-Огге. Я приходский священник, и мой долг оказать вам помощь и поддержку. Мне остается только добавить, что я всем сердцем заинтересован в вашем душевном спокойствии и благополучии.

— Я хотела бы лишь одного — иметь занятие, которое мне позволило бы заработать себе на жизнь, чтобы ни от кого не зависеть, — сказала Мэгги. — Мне не много надо. Я могу жить там же, где живу сейчас.

— Мне необходимо серьезно подумать над этим, — сказал пастор Кен. — Через несколько дней я буду лучше осведомлен, как настроен приход. Я приду повидать вас, мисс Талливер, и можете быть уверены, я не забуду о вас.

Когда Мэгги ушла, пастор Кен, заложив руки за спину и неподвижно глядя на ковер, долго стоял в тяжелом раздумье, пытаясь найти правильное решение. Тон письма Стивена и сложившиеся сейчас отношения между всеми участниками недавних событий настойчиво наводили его на мысль, что брак Мэгги и Стивена был бы наименьшим злом хотя бы потому, что при иных обстоятельствах они долгие годы не смогут одновременно находиться в Сент-Огге, и Мэгги, если она будет упорствовать в своем намерении остаться здесь, в городе, столкнется с непреодолимыми трудностями. С другой стороны, он, со всей глубиной понимания, что отличает человека, знакомого с нравственными конфликтами и многие годы самоотверженно служившего своим собратьям, вникал в состояние души и совести Мэгги, которое делало для нее согласие на брак кощунством; на ее совесть не следует оказывать давление — принципы, лежащие в основе ее поступков, были надежнее, нежели все рассуждения о возможных последствиях. Опыт подсказывал ему, что всякое вмешательство является средством столь спорным и влечет за собой такую ответственность, что лучше к нему не прибегать без крайней необходимости. Каков может быть исход — попытается ли Мэгги восстановить былые отношения с Люси и Филипом, уступит ли вновь внезапно нахлынувшему на нее чувству, — это было скрыто во мраке, столь непроглядном, что первый же шаг мог повлечь за собой несчастье. Кен был в растерянности, не зная, что ей советовать.

Никто из людей, способных осознать всю сложность борьбы между страстью и долгом, не в силах точно указать тот миг, когда человек теряет последнюю возможность отринуть свою греховную страсть и предается ей целиком и безвозвратно, ибо нет закона, который можно было бы применить ко всем случаям. Кто в наши дни не осудит приемы софистики? Но в стремлении подвергать тщательному и всестороннему изучению все, даже самые незначительные факты, хотя оно и приняло у софистов уродливые формы, таится зерно истины, к которой мы, увы, столь часто оказываемся слепы разумом и глухи сердцем. Во всем, касающемся сферы нравственной жизни, мы неизбежно придем к заключениям поверхностным и ложным, если не будем постоянно держать в центре внимания те особые обстоятельства, которые отличают жизнь данного человека.

Тот, кто думает и говорит готовыми формулами, вызывает невольное отвращение в людях, мыслящих смело и широко, уже с юных лет пришедших к пониманию того, что нашу жизнь, непостижимую в своей сложности, нельзя вместить в рамки словесных формул, что заключить свою душу в плен ходячих фраз — значит подавить в себе все добрые чувства, которые внушаются нам свыше в минуты просветления, порожденного пониманием и сочувствием. Говорить сентенциями свойственно людям с заурядным складом ума; рассуждая о вопросах морали, они исходят исключительно из общих мест, полагая, что верный вывод последует сам собою, а справедливое решение явится в готовом виде, не требуя от них ни терпения, ни проницательности, ни беспристрастности, ни того умения читать в сердцах, какое дается лишь тем, кто на собственном горьком опыте изведал власть соблазна или прожил жизнь напряженную и деятельную, которая всегда порождает в людях готовность сочувствовать всему человеческому.

ГЛАВА III

Показывающая, что старые знакомые способны нас удивить

Когда Мэгги вернулась от пастора Кена, миссис Талливер уже дожидалась ее с новостями о неожиданной позиции, которую заняла тетушка Глегг. До тех пор пока о Мэгги не было никаких вестей, ставни в доме миссис Глегг были наполовину закрыты, а занавески спущены. Она нисколько не сомневалась, что Мэгги утонула: легче было поверить в это несчастье, нежели допустить, что ее племянница и наследница совершила что-либо задевающее семейную честь в самой чувствительной ее точке. Когда же миссис Глегг узнала наконец от Тома о возвращении Мэгги и уразумела из его слов, какое объяснение та дала своему отсутствию, она осыпала племянника суровыми упреками за то, что он позволил себе предположить бог знает что о сестре, когда его никто к тому не принуждал. Если мы не станем защищать свою кровную родню, пока она сохраняет хотя бы подобие чести, кто же тогда, скажите на милость, защитит ее? Не в обычае Додсонов было так легко мириться с мыслью о том, что кто-нибудь из родни совершил проступок, который повлечет за собой изменение завещания. И хотя миссис Глегг еще в те времена, когда никто не проявлял подобной дальновидности, рассуждая о будущем Мэгги, пророчила ей недоброе, все же честь племянницы была для нее бесценным сокровищем, и она не могла допустить, чтобы близкие люди, играя на руку тем, кто хочет лишить девушку доброго имени, выбрасывали ее из родного гнезда и отдавали на поругание всему свету; пусть они повременят по крайней мере до тех пор, пока Мэгги со всей очевидностью не станет позором семьи. Обстоятельства были беспримерные — на памяти миссис Глегг ни с одним из Додсонов не приключалось ничего подобного; но то был случай, когда свойственная ей сила характера, наследственная честность и верность клану слились воедино, как это не раз бывало и в денежных делах, где она неизменно соблюдала высокую справедливость. Так как мистер Глегг, несмотря на всю свою доброту, целиком стал на сторону Люси и был не менее жесток в своем осуждении Мэгги, чем сам мистер Дин, миссис Глегг насмерть поссорилась с ним и, негодуя на свою сестрицу Талливер, которая не сразу явилась к ней за помощью и советом, с утра до ночи сидела, запершись в своей комнате, с неизменным Бэкстером в руках и до тех пор отказывалась принимать посетителей, пока ее муж не принес от мистера Дина известие о письме Стивена. Тогда, обретя надежные боевые позиции, она отложила Бэкстера и приготовилась встретить всех, кому только угодно будет к ней пожаловать. В то время как миссис Пуллет могла лишь, покачивая головой, лить слезы и повторять, что лучше бы умер кузен Эббот и что вообще любые похороны она предпочитает случившемуся, поскольку такого у них в семье никогда не бывало, и непонятно, как теперь себя вести и как показаться в Сент-Огге, где знакомым все об этом известно, — миссис Глегг тешила себя надеждой, что мисс Вул или еще кто-нибудь явится к ней с баснями о ее родной племяннице — и уж она сумеет дать отпор неосмотрительной гостье.

Она снова обрушила град упреков на Тома, и суровость их возросла в той же степени, в какой укрепились ее нынешние позиции. Но Том, как и все закосневшие в своей непреклонности люди, при первой же попытке поколебать его упорство еще более в нем утвердился. Бедный Том! Он судил в пределах своего понимания и сам немало страдал от этого. На основании всей жизни Мэгги, в течение многих лет проходившей у него перед глазами (а в зоркости своих глаз Том никогда не сомневался), он сделал вывод, что его сестра — существо крайне неуравновешенное, с пагубными наклонностями, и ради ее же блага с ней не следует быть снисходительным; чего бы это ему ни стоило, он будет полагаться только на то, чему сам был свидетелем. Том, как и каждый из нас, был ограничен рамками своей натуры; образование, которое он получил, скользнуло по нему, лишь слегка его отполировав. Если вы склонны строго судить его за суровость, я позволю себе вам напомнить, что только широкий умственный кругозор приводит людей к терпимости. Отвращение Тома к Мэгги было тем более сильным, что в самом раннем детстве, когда они, держась за руки, переплетали свои крохотные пальчики, их связывала нежная любовь, а в позднейшие времена — единый долг и единое горе: вот почему теперь вид ее, как он ей и сказал, был ему особенно ненавистен. В этом представителе семьи Додсон тетушка Глегг столкнулась с характером более сильным, нежели ее собственный, — характером, в котором родственные чувства, утратив оттенок приверженности к клану, окрасились непомерной личной гордостью. Миссис Глегг признавала, что Мэгги заслуживает наказания, — не такова она была, чтобы отрицать это: она-то знала, как надлежит вести себя, — но наказание должно соответствовать совершенному проступку, а не поклепу, возводимому чужими людьми, которые, быть может, рады случаю возвеличить этим свою родню.

— Твоя тетушка Глегг обругала меня бог знает как, моя милая, — объявила бедная миссис Талливер, вернувшись домой, — и все за то, что я не приходила раньше: не ей же приходить ко мне первой, сказала она мне. Но потом она говорила со мной как настоящая сестра: прижимиста она, это верно, и угодить ей — видит бог! — не очень-то легко, но про тебя она такие добрые слова говорила, каких мне никогда не доводилось от нее слышать. Она сказала, что хоть и не терпит лишних людей в доме и не по нутру ей доставать лишний прибор и всякие там другие вещи, да еще менять из-за кого-то свои привычки, но тебя, ежели ты явишься к ней с покорностью, она готова принять под свой кров и защитить от злых языков, которые без нужды возводят на тебя напраслину. Я ей на это говорю, что ты и видеть-то никого не можешь, кроме меня, — так ты бедой своей убита;

а она говорит: «Я не стану ее корить, достаточно и чужих людей, которые рады будут это сделать, а буду учить ее уму-разуму, только она должна во всем быть послушна мне». Я просто диву даюсь на Джейн, потому что мне она ничего не прощала и корила меня за все — за то, что не удалось изюмное вино, или пироги перестояли, или уж не знаю за что.

— О мама! — воскликнула несчастная Мэгги; израненное сердце ее содрогнулось при мысли о необходимости ежедневного общения с кем бы то ни было. — Передай тетушке Глегг, что я ей очень благодарна; я приду повидать ее, как только смогу, но пока еще, кроме пастора Кена, я никого не в силах видеть. Я была у него — он даст мне совет и поможет найти работу. Я не могу ни с кем жить, не могу ни от кого зависеть, передай это тетушке Глегг; я сама должна зарабатывать себе на хлеб. А про Филипа ты ничего не слышала — про Филипа Уэйкема? Неужели никто не вспоминает о нем?

— Нет, милая; но я была у Люси и видела твоего дядю: он сказал, что уговорил ее прочитать письмо, и она узнала мисс Гест и задавала ей вопросы; доктор думает, что теперь она начнет поправляться. Что это за жизнь — одни напасти! Сначала законники, а потом, когда, казалось, вот-вот придет удача, вдруг из одной беды да в горшую. — Это было первой жалобой, вырвавшейся у миссис Талливер в присутствии Мэгги; как видно, свидание с сестрицей Глегг воскресило в ней старые привычки.

— Бедная, бедная мама! — воскликнула охваченная жалостью и раскаянием Мэгги, крепко обняв мать. — Я всегда была непослушной и доставляла тебе одни неприятности. И теперь — если бы не я, ты могла бы быть счастливой.

— Эх, моя милая, — сказала миссис Талливер, прижимаясь к нежной щеке, — я должна мириться со своими детьми — других-то у меня не будет, и хоть нет мне с ними удачи, все равно они мне дороги. Чем же мне еще дорожить — мебель-то моя давно разошлась по округе.

И ты уже было стала совсем хорошей; ума не приложу, как это вдруг все перевернулось.

Прошло еще несколько дней, а Мэгги по-прежнему ничего не знала о Филипе; теперь ее больше всего мучило беспокойство о нем; набравшись храбрости, она решила в следующий раз, когда увидит пастора Кена, расспросить его. Но тому ничего не было известно. Старый Уэйкем пребывал в дурном расположении духа после постигших его неприятностей: вслед за разочарованием в молодом Джетсоме — а он, как видно, был сильно к нему привязан, — его постиг новый удар, разрушивший надежды его сына, осуществлению которых он, вопреки своим чувствам, способствовал и даже имел неосторожность упомянуть об этом в Сент-Огге. Он выходил из себя и грубо обрывал всех, кто справлялся у него о сыне. Но Филип едва ли был болен, иначе это стало бы известно — ведь в таком случае обратились бы к врачу; по-видимому, он просто на некоторое время уехал из города. Мэгги терзалась неизвестностью, а воображение настойчиво рисовало ей все, что пришлось выстрадать Филипу. Что он думает о ней?

И вот наконец Боб вручил ей письмо без марки с ее именем на конверте, написанном так хорошо знакомой ей рукой — той рукой, которая некогда начертала ее имя на маленьком томике Шекспира. Миссис Талливер была тут же в комнате, и Мэгги с бешено бьющимся сердцем поспешила подняться наверх, чтобы прочитать письмо без свидетелей. Она читала, задыхаясь от волнения:

«Мэгги!

Я верю вам, я знаю, вы не хотели обмануть меня, вы пытались сохранить верность мне и всем нам. Я не переставал верить в это, хотя иных доказательств, кроме прямоты вашего характера, у меня не было. В ту ночь, после того как мы расстались, я перенес мучительную пытку. То, что я увидел, привело меня к мысли, что вы не свободны, что существует другой, чье присутствие имеет над вами власть, какой я никогда не имел; но все мои сомнения, убийственные сомнения, порожденные яростью и ревностью, победила жившая в моем сердце вера в вашу правдивость. Я убежден, что, как вы тогда сказали мне, вы не хотели порывать связывающие нас узы, что вы отвергли его, что вы противились этому чувству ради Люси, ради меня. Но я не видел пути, который не стал бы для вас роковым, и страх за вас не позволил мне устраниться. Я предвидел, что Гест не отступится от вас, но я верил тогда, как верю и теперь, что непреодолимое тяготение, которое влекло вас друг к другу, проистекало лишь из некоторых свойств вашей натуры и относилось к той области человеческой природы, что лежит вне нашей воли и порождает трагедии в наших судьбах. Я ощущал в вас трепетание тех струн, отсутствие которых постоянно чувствовал в нем. Но быть может, я заблуждаюсь; быть может, я отношусь к вам как художник, который, долго и любовно вынашивая некий образ в своей душе, страшится увидеть свое творение в недостойных руках, потому что не верит, что другой сможет оценить все его значение и красоту.

В то утро я был еще так полон эгоистической страсти, что не мог решиться увидеть вас; к тому же я был совершенно разбит кошмарами бессонной ночи. Помните, когда-то я говорил вам, что, несмотря на отсутствие таланта, я не отрекусь от своего призвания, — как же мог я отречься от вас, смириться с потерей того единственного, что было даровано мне в этой жизни как обещание великой радости, которая придаст новый, божественный смысл предшествующим моим мукам, обещание обновления, которое могло бы превратить всю мою неутоленную тоску в божественное, вечно возрождающееся блаженство?

Жестокие переживания этой ночи подготовили меня к тому, что произошло еще до наступления следующей. Это не явилось для меня неожиданностью. У меня не было сомнений в том, что он убедил вас пожертвовать всем ради него, и я в равной мере не сомневался, что за этим последует известие о вашем браке. Я измерял вашу и его любовь моей любовью. Но я ошибался, Мэгги. Есть в вас что-то более сильное, чем любовь к нему.

Я не буду говорить вам, чтó мне пришлось перенести в течение этого времени. Но даже в тяжких душевных страданиях, в тех непереносимых муках, что претерпевает любовь, очищаясь от эгоистических желаний, одной моей любви к вам было достаточно, чтобы и без иных побуждений удержать меня от самоубийства. Я не мог омрачить тенью смерти праздник вашей радости. Я не мог покинуть мир, в котором жили вы и где я мог вам еще понадобиться; я остался верен тому обету, который когда-то вам дал, — ждать и терпеть. Мэгги, в этом письме я хотел бы убедить вас, что никакие перенесенные мной страдания не являются слишком дорогой ценой за ту новую жизнь, которая открылась мне благодаря моей любви к вам. Вы не должны испытывать горя из-за того, что причинили горе мне. Я рос с тягостным сознанием своего увечья, не надеясь быть счастливым, но, узнав вас, полюбив вас, я обрел то, что примирило — и сейчас примиряет — меня с жизнью. Вы были для моей души тем же, что музыка для слуха, краски для глаз; вы преобразили мою смутную неудовлетворенность в ясность духа, и эта новая жизнь, в которой ваши радости и горести стали значить для меня больше, чем мои собственные, превратила мой негодующий протест в то добровольное смирение, из которого рождается глубокое сочувствие к людям. Я думаю, ничто, кроме сильной и самозабвенной любви, не могло сделать жизнь мою такой полной, и она становится все полнее и полнее, вмещая в себя жизнь других; прежде мне мешало в этом никогда не покидавшее меня чувство мучительной неуверенности. Мне даже порой кажется, что то приятие жизни, которое принесла с собой любовь к вам, может стать для меня источником силы.

Вот почему, любимая, несмотря ни на что, вы были счастьем всей моей жизни. Пусть ни один упрек не обременит вашу душу. Скорее, это я должен упрекать себя за то, что навязал вам свои чувства и невольно заставил вас произнести слова, которые потом обратились для вас в оковы. Вы хотели остаться верной этим словам; вы им остались верны. Я способен оценить вашу жертву, ибо хорошо помню, что́ испытал сам в те проведенные с вами короткие полчаса, когда верил, что вы можете полюбить меня. Мэгги, у меня нет никаких притязаний, нет ничего, кроме надежды, что вы иногда вспомните обо мне с нежностью.

До сих пор я не решался писать вам, опасаясь, что это будет похоже на попытку навязать себя, боясь повторить первоначальную ошибку. Но я знаю, вы не истолкуете моих слов превратно. Должно пройти много времени, прежде чем мы сможем увидеть друг друга: злые языки — даже если бы не было других причин — вынудили бы нас к этому. Но я не уеду. Где бы я ни был, душа моя вечно будет устремлена туда, где находитесь вы. Помните, что я неизменно ваш — ваш, без каких-либо требований, с той преданностью, которая исключает эгоистические желания.

Бог да благословит вас, моя нежная, великодушная Мэгги. И как бы несправедливо вас ни судили, знайте, что в вас никогда не усомнился тот, кто отдал вам свое сердце десять лет тому назад.

Не верьте тем, кто будет говорить, что я болен. У меня обычные головные боли — не сильнее, чем всегда. В дневное время невыносимая жара обрекает меня на неподвижность. Но у меня достаточно сил, чтобы явиться по первому вашему зову и служить вам словом и делом.

Навеки ваш

Филип Уэйкем».

Когда Мэгги, прижимая к себе письмо, в слезах опустилась на колени возле кровати, чувства, теснившие ее грудь, слились в единый приглушенный вопль, в слова, которые вырывались у нее снова и снова:

— О господи, может ли в любви быть такое счастье, которое заставило бы меня забыть о их страданиях?

ГЛАВА IV

Мэгги и Люси

К концу недели пастор Кен пришел к убеждению, что есть только один способ предоставить Мэгги необходимые средства к жизни в Сент-Огге. Несмотря на весь двадцатилетний опыт, приобретенный им на посту приходского священника, он был поражен упорством, с каким, вопреки очевидным фактам, продолжали злословить о Мэгги. До сих пор пастор Кен был окружен даже чрезмерным поклонением: к нему обращались за советом чаще, нежели ему того хотелось. Теперь же, когда он попробовал ради Мэгги заставить сент-оггских дам прислушаться к голосу рассудка, а их совесть — к голосу справедливости, он вдруг почувствовал себя таким же беспомощным, каким оказался бы, попытайся он повлиять на фасон их чепцов. Пастору Кену не решались противоречить, его выслушивали в молчании; но стоило ему покинуть комнату, как его прихожанки, обменявшись мнениями, склонялись к своим прежним мыслям. Поведение мисс Талливер, безусловно, заслуживало порицания — сам пастор Кен не отрицал этого; как же мог он тогда так неосмотрительно давать благоприятное толкование всем ее поступкам? Если даже предположить самое невероятное, а именно — что все, говорившееся о мисс Талливер, неправда, тем не менее подобные толки набрасывают на нее тень, и это должно оттолкнуть каждую женщину, заботящуюся как о своей репутации, так и о благе общества. Для того чтобы взять Мэгги за руку и сказать ей: «Я не верю в твою вину, которая никем не доказана; мои уста никогда не осудят тебя; уши мои будут глухи ко всем наветам; я такая же слабая смертная, как и ты, способная оступиться, оказаться недостаточно стойкой в своих лучших намерениях; твой удел был более суров, чем мой; искушение, ниспосланное тебе, сильнее; соединим же наши усилия, поднимемся и пойдем дальше, не оступаясь и не падая», — для того чтобы сказать все это, потребовалось бы мужество, глубокое сострадание, сознание собственной греховности и все великодушие доверия, потребовался бы ум, не питающий пристрастия к злословию, не склонный возвеличивать себя путем осуждения ближнего, — ум, который, не обольщаясь напыщенными словами, считает, что не существует в мире нравственных целей и высокой религии вне стремления к абсолютной истине и справедливости, вне любви к каждому отдельному человеку, с которым нас сталкивает жизнь.

Дамы Сент-Огга не имели привычки услаждать себя отвлеченными рассуждениями, но у них была излюбленная идея, именуемая Обществом, и она позволяла им с чистой совестью потворствовать своему эгоистическому желанию дурно думать и говорить о Мэгги Талливер и поворачиваться к ней спиной. Конечно, пастор Кен, которому в течение двух лет неумеренно поклонялись все его прихожанки, был весьма разочарован, убедившись в том, что они отстаивают взгляды, противоречащие его собственным. Но взгляды их находились в противоречии и с тем высшим Авторитетом, перед которым они благоговели всю свою жизнь. Этот Авторитет отвечал с исчерпывающей определенностью тем, кто, не желая идти избитым путем, хотел бы узнать, с чего начинаются его обязанности перед обществом. Ответ устремляет наши мысли не к заботе о конечном благе общества, а к заботе о благе каждого попавшего в беду человека.

Нельзя сказать, чтобы в Сент-Огге вовсе не было женщин с отзывчивым сердцем и совестью: вероятно, человеческая доброта была представлена там в такой же пропорции, как и в любом торговом городке того времени. Однако, прежде чем нам повстречается хоть один мужчина с добрым сердцем, способный проявить мужество, нам предстоит встретить множество женщин с сердцами добрыми, но робкими, настолько робкими, что они не поверят в правильность лучших своих побуждений из боязни оказаться в меньшинстве. Мужчин в Сент-Огге нельзя было причислить к разряду мужественных. Кое-кто из них в такой мере питал пристрастие к злословию, что это могло бы придать их разговору характер женской болтовни, если бы они не сдабривали его мужскими шутками и время от времени не пожимали плечами, дивясь неприязни женщин друг к другу. Мужчины Сент-Огга единодушно придерживались того мнения, что им не следует мешаться в женские дела.

Вот отчего, к кому бы ни обращался пастор Кен в надежде заручиться доброжелательным отношением и какой-нибудь работой для Мэгги, его всюду ожидало разочарование. Миссис Джеймз Торри не могла помыслить о том, чтобы взять, хотя бы на время, гувернанткой к своим малолетним детям молодую женщину, о которой «говорят такие вещи», о которой «позволяют себе шутить джентльмены». И страдающая болезнью позвоночника мисс Керк, нуждавшаяся в услугах компаньонки и лектрисы, была искренне убеждена, что направление ума мисс Талливер делает опасным всякое общение с ней. Почему мисс Талливер не приняла предложение миссис Глегг поселиться под ее кровом? Девушке в ее положении не следует пренебрегать подобной добротой. Почему она предпочла остаться в Сент-Огге, а не искала себе места там, где ее не знают? (По-видимому, никто не придавал значения тому, что она будет проявлять свои дурные наклонности вдали от Сент-Огга, в незнакомых семьях.) Должно быть, она очень дерзка и бесчувственна, если пожелала остаться в приходе, где на нее показывают пальцем и, завидев ее, перешептываются.

Пастор Кен, как и все люди с сильным характером, встретившись с противодействием, стал вести себя с большей настойчивостью, нежели того требовала поставленная им цель. Ему нужна была гувернантка, которая приходила бы ежедневно к его младшим детям; и если раньше он колебался, предложить ли Мэгги место в своем доме, теперь намерение бороться всей силой своего личного и пасторского авторитета против клеветы, которая могла бы сломить Мэгги и изгнать ее из родных мест, заставило его решиться на этот шаг. Мэгги с благодарностью приняла его предложение: оно давало ей нужные средства к существованию и вносило в ее жизнь обязанности — дни ее будут заполнены трудом, а одинокие вечера — желанным отдыхом. Для миссис Талливер уже не было необходимости, жертвуя своими удобствами, оставаться с ней, и Мэгги убедила ее вернуться на мельницу.

Теперь всем открылось, что пастор Кен, доселе бывший для своих прихожан воплощением всех добродетелей, имеет свои причуды, а возможно, даже и слабости; мужчины Сент-Огга лукаво усмехались, нисколько не удивляясь желанию пастора Кена видеть перед собой изо дня в день пару красивых глаз, а также его снисходительному отношению к прошлому Мэгги. Женщины, мнение которых играло в этот период не столь важную роль, склонны были рассматривать эти обстоятельства в более мрачном свете. Что, если пастор Кен, обольщенный этой притворщицей, свяжет себя с ней узами? Как видно, нельзя быть до конца уверенной даже в лучшем из мужчин: недаром один из апостолов не удержался от падения и потом горько каялся; и хотя в отречении святого Петра трудно было усмотреть прямой прецедент, зато его раскаяние, весьма вероятно, явится таковым.

Всего лишь несколько недель Мэгги совершала свой ежедневный путь в пасторский дом, а чудовищная возможность того, что она станет женой пастора, уже заставила шептаться весь приход, и леди Сент-Огга начали даже обсуждать, как они должны будут относиться к ней в этой ее новой роли. Стало известно, что пастор Кен однажды утром, когда мисс Талливер давала уроки детям, пробыл полчаса в классной комнате, — что вы, он присутствует там каждое утро! Как-то вечером он проводил ее домой! Да он каждый вечер провожает ее домой, а если нет, навещает по вечерам. До чего же она ловка! Хорошая мать достанется этим детям! Бедная миссис Кен должна перевернуться в гробу от одного того, что спустя всего несколько недель после ее смерти дети отданы на попечение этой девице. Неужели он настолько утратил чувство приличия, что женится на ней до истечения года? Мужские умы были настроены скептически и не допускали такой возможности.

Сестры Гест несколько утешились в своем несчастье, наблюдая подобное безрассудство в своем пасторе: по крайней мере, брат их теперь в безопасности; упорство Стивена, так хорошо им известное, заставляло их постоянно опасаться его возвращения и женитьбы на Мэгги. Они не принадлежали к числу тех, кто отнесся с недоверием к его письму, но и не склонны были полагаться на твердость решения мисс Талливер: они подозревали, что она хотела избежать не брака со Стивеном, а тайного бегства и что надежда на его возвращение удерживает ее в Сент-Огге. Сестры Гест всегда относились к ней неодобрительно; теперь же они считали ее притворщицей и гордячкой, имея такие же основания для этого, как вы и я, для многих наших безапелляционных суждений подобного рода. Если раньше предполагаемый брак с Люси не приводил их в восторг, то теперь ужас перед возможной женитьбой брата на Мэгги, придав силу как их негодованию, так и искреннему сочувствию к этой бедной покинутой девочке, заставлял их страстно желать, чтобы Стивен вернулся и женился на ней. Как только Люси восстановит свои силы, они увезут ее от невыносимой августовской жары на побережье, где, как они, по крайней мере, надеялись, к ним присоединится и Стивен. Едва слухи о Мэгги и пасторе Кене достигли ушей сестер Гест, как они известили о них брата.

Все это время Мэгги имела возможность следить за постепенным выздоровлением Люси, постоянно получая от матери, тетушки Глегг и пастора Кена сведения о ней. Мысли Мэгги неизменно устремлялись к дому дядюшки Дина; она жаждала хотя бы пятиминутного свидания с Люси, жаждала произнести слова раскаяния, услышать из собственных уст Люси и прочитать в ее глазах, что она не верит в преднамеренное предательство тех, кого она любила и кому доверяла. Но Мэгги знала, что, даже если бы гнев дяди не закрыл перед ней двери его дома, волнение, неизбежное в этом случае, могло причинить Люси вред. Увидеть ее, пусть даже словом с ней не обменявшись, — от одного этого Мэгги испытала бы облегчение, ибо ее неотступно преследовало лицо, жестокое в своей кротости, лицо, которое из сумерек ее памяти обращало к ней радостный, нежный взгляд, исполненный любви и доверия, лицо, ставшее теперь грустным и измученным от первого нанесенного сердцу удара. Этот туманный образ становился день ото дня все отчетливее, обретая необыкновенную выразительность и ясность под мстительной рукой раскаяния. Мягкие карие глаза с застывшим в них страданием всегда были устремлены на Мэгги и ранили ее тем сильнее, что она не находила в них упрека. Но никакой надежды на встречу у Мэгги не было. Люси была еще не в состоянии посещать церковь или какое-либо иное место, где Мэгги могла бы ее увидеть; мало того, от тетушки Глегг Мэгги стало известно, что Люси через несколько дней уезжает с сестрами Гест в Скарборо, где, по их словам, они рассчитывают встретиться со Стивеном.

Только те, кому знакома жестокая душевная борьба и страх перед своими эгоистическими желаниями — тот страх, который испытывает бодрствующая над ребенком мать перед снотворным, способным усыпить ее собственные муки, — только те способны понять, что чувствовала Мэгги, когда, услышав от миссис Глегг эту новость, осталась вечером одна в своей комнате.

Мэгги сидела в сумерках без свечи у раскрытого настежь окна, выходившего на реку; томительная духота лишь усиливала тоску, тяжким бременем лежавшую у нее на душе. Облокотившись на подоконник, она безучастно смотрела на стремительное течение реки, пытаясь удержать перед своим внутренним взором нежное грустное лицо, обращенное к ней без укора, а оно, казалось, с каждой минутой уплывало все дальше и дальше, постепенно теряясь за очертаниями возникшей между ними и затемнявшей это лицо фигуры. Услышав скрип творяемой двери, Мэгги подумала, что миссис Джейкин несет ей, как и всегда в это время, ужин. Не имея расположения к пустым разговорам, что бывает следствием отчаяния и усталости, она даже не нашла в себе сил повернуться и сказать, что не будет ужинать: добрая маленькая миссис Джейкин, движимая лучшими побуждениями, непременно стала бы ее уговаривать. Не слыша звука шагов, Мэгги вдруг ощутила, как чья-то рука легко коснулась ее плеча и голос у самого ее уха произнес: «Мэгги!»

Прямо перед ней было лицо — изменившееся, но тем более милое — и карие глаза с их проникающей в душу добротой.

— Мэгги! — повторил тихий голос.

— Люси! — Мучительная боль прозвучала в этом восклицании.

Люси обвила руками шею Мэгги и прильнула к ее пылающему лицу.

— Я украдкой выскользнула из дому, — сказала она почти шепотом, садясь рядом с Мэгги и беря ее за руку. — Я улучила минуту, когда папа и все остальные ушли. Мне помогла Элис. Она ждет меня здесь. Я могу пробыть совсем недолго, уже очень поздно.

Легче было выговорить эти слова, нежели другие. Девушки сидели, глядя друг на друга. Казалось, ничего больше и не будет произнесено, потому что говорить было невыносимо трудно. Обе чувствовали, что слова будут слишком жгучими и вернут их к сознанию непоправимого несчастья. Но по мере того как Мэгги вглядывалась в Люси, все мысли ее отступали, растворяясь в любви и раскаянии, и вместе с рыданиями у нее вырвалось:

— Благослови тебя Господь, Люси, за то, что ты пришла ко мне.

Рыдания заглушили ее слова.

— Мэгги, дорогая, утешься, — проговорила Люси, снова прижимаясь к ней щекой. — Не надо отчаиваться. — Она тихо сидела рядом, надеясь нежной лаской смягчить горе кузины.

— Я не хотела тебя обмануть, Люси, — сказала Мэгги, как только снова смогла говорить. — Меня всегда терзало, что я испытываю чувства, которые должна скрывать от тебя. Но я надеялась, что смогу их побороть, и ты никогда не узнаешь того, что должно было ранить тебя.

— Я верю, дорогая, — сказала Люси. — Верю, что ты не хотела сделать меня несчастной... На всех нас обрушилось горе. Тебе пришлось вынести больше, чем мне, ты отказалась от него, когда... О, ты сделала то, что, наверное, было невыносимо трудно.

Некоторое время они сидели молча, взявшись за руки и прижавшись щекой к щеке.

— Люси, — снова заговорила Мэгги, — он тоже боролся. Он хотел остаться верным тебе. Он к тебе вернется. Прости его — он будет счастлив, когда...

Эти слова, произнесенные с таким конвульсивным усилием, словно она шла ко дну, вырвались у нее из самых глубин души. Охваченная дрожью, Люси молчала.

Раздался легкий стук в дверь. Это была Элис, служанка Люси. Она вошла со словами:

— Я боюсь, что очень поздно, мисс Дин. Они хватятся вас и очень рассердятся, когда увидят, что вас так долго нет.

Люси поднялась и сказала:

— Хорошо, Элис, я иду. Мэгги, в пятницу я уезжаю, — продолжала она, как только за служанкой закрылась дверь. — После возвращения я опять буду здорова и смогу поступать так, как захочу. Я стану очень часто приходить к тебе.

— Люси, — с трудом вымолвила Мэгги, — я буду неустанно молить Бога, чтобы Он дал мне силы никогда больше не причинять тебе боли.

Она сжала маленькую руку, которую держала в своих руках, и подняла глаза на склоненное к ней лицо. Люси навсегда запомнила этот взгляд.

— Мэгги, — сказала она тихо и проникновенно, как на исповеди, — ты лучше меня. Я не могла бы...

Не договорив, она умолкла. И они снова прильнули друг к другу в прощальном объятии.

ГЛАВА V

Последнее испытание

Шла вторая неделя сентября. Мэгги по-прежнему одиноко сидела у себя в комнате, сражаясь со своими, казалось бы, поверженными и вновь оживающими призрачными врагами. Было уже за полночь, дождь, подхлестываемый яростными порывами злобно завывавшего ветра, с силой бил в окно. Уже на следующий день после посещения Люси погода переменилась: после жары и засухи подули холодные ветры, то и дело менявшие направление, и начались ливни; поэтому предполагаемое путешествие Люси было отложено до тех пор, пока погода не установится. В графствах, расположенных в верхнем течении Флосса, давно уже шли проливные дожди, приостановившие даже сбор урожая, а теперь, в последние два дня, они начались и в нижнем течении; старики, покачивая головой, вспоминали, что шестьдесят лет назад, когда в равноденствие случилось быть такой же непогоде, дело кончилось наводнением, которое снесло мост и причинило городу неисчислимые бедствия. Но младшее поколение, видевшее всего лишь несколько незначительных разливов реки, относилось беспечно к этим мрачным воспоминаниям и опасениям. Веривший в свою счастливую звезду Боб Джейкин смеялся над матерью, когда она сокрушалась, что дом их у самой реки; в утешение он говорил ей, что не будь этого, не было бы у них и лодок, а в их положении иметь на случай наводнения лодку — большая удача: ведь нужно же будет как-то доставлять провизию.

Но в эту ночь все жители города, как беззаботные, так и озабоченные, спали мирным сном в своих постелях. Дождь к утру, конечно, пройдет; на памяти младшего поколения бывали опасности и пострашнее — например, оттепель после снегопада, — но и тогда все оканчивалось благополучно; ну а если сбудутся худшие предположения и река выйдет из берегов, то это произойдет внизу, где отлив так стремителен, что унесет бурные воды с собой, и все сведется лишь к временным затруднениям и незначительному ущербу для тех главным образом, кто победнее, но благотворительность тотчас же придет им на помощь.

Итак, в этот поздний час все уже давно спокойно спали — все, кроме тех, кто, подобно Мэгги, бодрствовал в одиночестве. Она сидела в своей маленькой, обращенной окном к реке комнате при слабом свете свечи, который, оставляя все в полумраке, падал на письмо, лежавшее на столе. Это письмо, полученное только сегодня, было одной из причин, заставивших Мэгги забыть о сне: она сидела, не замечая, как бежит время, не думая об отдыхе, ибо мог ли для нее существовать иной отдых, кроме того, далекого, от которого уже не будет пробуждения к этой полной борьбы земной жизни?

За два дня до получения письма Мэгги в последний раз была в доме пастора. Сильные дожди, конечно, помешали бы ей ходить туда, но были к этому и другие причины. До пастора Кена сначала доходили лишь неопределенные слухи о том, какой оборот приняли клевета и сплетни, чернившие имя Мэгги, но недавно он подробно услышал обо всем от одного из своих прихожан, который настойчиво убеждал его отказаться от бесплодной борьбы и не упорствовать в неблагоразумной попытке сломить общественное мнение прихода. Не знавший за собой никакой вины, пастор Кен склонен был упорствовать и дальше, не желая уступать возмутительному, заслуживающему презрения духу злословия, который царил в приходе; но в конце концов на него повлияли соображения об особой ответственности, налагаемой на него духовным званием и обязывавшей его избегать даже видимости греха — той самой видимости, которая зависит от уровня окружающих нас умов. Там, где умы низменны и грубы, круг этой видимости соответственно расширяется. Быть может, думал пастор Кен, в нем говорит упрямство; быть может, его долг — подчиниться. Люди добросовестные почитают своим долгом избирать самый трудный путь, а пастору Кену труднее всего было идти на уступки. Он решил, что должен посоветовать Мэгги на время покинуть Сент-Огг, и приступил к выполнению этой трудной задачи со всей возможной деликатностью, дав ей понять в самых уклончивых выражениях, что его намерение поощрять ее дальнейшее пребывание здесь породило разлад между ним и его прихожанами, и разлад этот может помешать ему в дальнейшем выполнять обязанности священника. Он просил ее позволения написать одному духовному лицу, его другу, который, возможно, возьмет ее гувернанткой к своим детям, а если нет, то порекомендует занятие, подходящее для такой молодой женщины, как она, в чьей судьбе он, пастор Кен, принимает живейшее участие.

Бедная Мэгги с трудом прошептала дрожащими губами: «Благодарю вас — я буду очень признательна». Она шла домой под проливным дождем; душой ее вновь овладело отчаяние. Отныне она должна стать одинокой скиталицей, должна влачить свои дни среди чужих людей, которые будут недоумевать, всегда видя ее безрадостной; ей придется начать новую жизнь, напрягая все силы, чтобы свыкнуться с окружающим, — а она так смертельно устала! Заблудшие души не имеют пристанища, не встречают поддержки; даже тот, кто склонен жалеть их, вынужден поступать жестоко. Но смеет ли она роптать? Смеет ли уклоняться от той епитимьи, налагаемой на нее самой жизнью, в которой ей дана лишь одна возможность — обратив свою греховную страсть в бескорыстную любовь к ближним, облегчать бремя других страдальцев. Весь следующий день Мэгги провела в своей уединенной комнате, темной от нависших туч и завесы дождя; Мэгги думала о будущем и, призывая на помощь терпение, боролась с собой, ибо могла ли она иначе, как в душевной борьбе, обрести покой?

А на третий день — он только что незаметно для нее подошел к концу — пришло письмо, которое сейчас лежало перед ней на столе.

Письмо было от Стивена. Он возвратился из Голландии, он снова в Мадпорте — тайно от своих друзей —

и пишет ей оттуда, адресовав письмо в Сент-Огг лицу, которому вполне мог довериться. С первой до последней строки это был страстный упрек: Стивен взывал к ней, заклиная ее отказаться от бессмысленных жертв, не губить его, не губить себя, не упорствовать в ложном понимании долга, приведшем к тому, что она не ради чьего-нибудь блага, а во имя своей идеи сокрушила все его надежды — надежды человека, любимого ею и любящего ее той всепоглощающей страстью, которая только один раз в жизни рождается в сердце мужчины.

«Они писали мне, что вы выходите замуж за пастора Кена. Как будто я могу этому поверить! Такие же небылицы они, может быть, рассказывают вам обо мне. Быть может, они говорят вам, что я путешествую. Да, тело мое влачилось куда-то, но душой я был прикован к тому страшному месту, где вы меня покинули, где, очнувшись от беспомощной ярости, я увидел, что вас нет со мной. Мэгги! Чье отчаяние может сравниться с моим? Кто еще испытывал такие муки? Кому дано было встретить этот долгий, полный любви взгляд, который запечатлелся в моей душе, навеки изгнав из нее все другие образы? Мэгги, призовите меня к себе, верните меня к жизни, к добру! Они отступились от меня. Все потеряло теперь смысл, все стало мне безразличным. Эти два месяца еще раз убедили меня, что без вас жизнь мне в тягость. Напишите одно только слово, скажите: „Приезжай!“ — и через два дня я буду снова с вами. Мэгги, разве вы забыли, какое это счастье — быть вместе, встречаться взглядом, слышать голос?..»

Когда Мэгги прочла это письмо, она почувствовала, что только сейчас начинается настоящее искушение. Входя в холодный мрак пещеры, мы с еще не растраченным мужеством расстаемся со светом и теплом; но вот уже пройден долгий путь в сырости и мраке, мы устали, силы наши подходят к концу — что, если тогда перед нами откроется выход, который поманит нас к дарующему жизнь свету дня? Естественный порыв — сбросить оковы страдания и ринуться ему навстречу — заставит нас забыть все иные побуждения, по крайней мере до тех пор, пока страдания не останутся позади.

Шли часы, и Мэгги уже стало казаться, что борьба ее напрасна. Шли часы, а все мысли, которые она призывала к себе на помощь, вытеснялись образом Стивена, ожидающего одного ее слова, чтобы быть с нею рядом. Ей незачем было перечитывать письмо: она слышала голос Стивена, по-прежнему имевший неизъяснимую власть над ней. Накануне весь день ее преследовала картина будущего, в котором она одиноко должна нести бремя сожалений, не имея иной поддержки, кроме веры. А здесь стоит протянуть руку — и перед ней открывается иное будущее, которое настойчиво, почти по праву, призывает ее к себе, обещая вместо терпеливой и тяжкой борьбы восхитительную беззаботность, — будущее, где поддержкой ей станет любовь другого. Но не обещанная радость придавала искушению такую силу. Скорбный тон письма Стивена и неуверенность в правильности собственного решения — вот что поколебало чашу весов, вот что заставило Мэгги в какой-то момент вскочить с места и, взяв перо и бумагу, написать: «Приезжай!»

Но тотчас же она содрогнулась от ужаса, осознав, что изменила той Мэгги, какой она была в минуты подъема и душевной ясности, и это постыдное падение причинило ей мучительную боль. Нет, она будет ждать, она будет молиться; покинувший ее свет озарит ее вновь; в ней снова оживет чувство, владевшее ею, когда она бежала от Стивена, найдя в себе силы превозмочь муку и победить любовь, — чувство, которое она испытывала, когда видела Люси, когда читала письмо Филипа, всколыхнувшее в ее душе все, что было связано с мирными днями прошлого.

Далеко за полночь сидела она в полной неподвижности, не меняя позы, не находя в себе сил даже для молитвы, ожидая, что на нее снизойдет свет. И он снизошел — вместе с воспоминаниями, которые никакая страсть не могла заглушить надолго. Далекое прошлое вернулось к ней, возродив дух самоотречения, верность, преданность и былую решимость. Слова, подчеркнутые спокойной рукой в маленькой старой книжке, которые она выучила наизусть когда-то, рвались с уст и изливались в невнятном шепоте, терявшемся в шуме дождя, хлещущего по окну, в громких завываниях и реве ветра: «Я несу крест, я получил его из рук Твоих, и я буду нести его до самой смерти, ибо Ты возложил его на меня».

Но скоро пришли другие слова, почти неслышные из-за рыданий: «Прости меня, Стивен! Все это пройдет. Ты вернешься к ней».

Она взяла письмо, поднесла его к свече, и потом оно медленно догорело в камине. Завтра она напишет Стивену последние слова прощания.

«Я несу крест, я буду нести его до самой смерти... Но как долго надо ждать, прежде чем придет смерть! Я так молода. Хватит ли у меня терпения и сил? Неужели мне предстоит бороться, и оступаться, и раскаиваться? Готовит ли мне жизнь и впредь такие же тяжелые испытания?»

С криком отчаяния Мэгги упала на колени, прижавшись искаженным от горя лицом к столу. Ее душа устремлялась с мольбой к незримому Утешителю, который не покинет ее до последнего часа. Ведь не напрасно посланы ей судьбой эти страдания: разве не познает она тайну долготерпения и всеобъемлющей человеческой любви, вряд ли доступную людям менее грешным, чем она? «О Боже, если мне суждена долгая жизнь, дай мне дожить до того, чтобы приносить счастье и давать утешение...»

Внезапно Мэгги испуганно вздрогнула: ее ног коснулась холодная вода. Она вскочила: вода пробивалась из-под двери, ведущей в коридор. Мэгги не испытала страха, она поняла — это наводнение.

Смятение последних двенадцати часов мгновенно уступило место полному спокойствию; даже не вскрикнув, она поспешила наверх в комнату Боба Джейкина.

Дверь была приоткрыта; Мэгги вошла и тронула Боба за плечо.

— Боб, начался разлив! Вода в доме! Пойдем посмотрим, целы ли лодки.

Она зажгла свечу, а бедная маленькая миссис Джейкин с испуганным воплем схватила на руки дочку. Мэгги поспешила вниз, чтобы посмотреть, быстро ли прибывает вода. С площадки лестницы в ее комнату вела вниз ступенька; вода дошла до нее. Пока Мэгги стояла и смотрела, что-то с ужасающим грохотом ударило в окно, разбив стекло вдребезги и превратив в обломки старую деревянную раму. Следом хлынула вода.

— Это лодка! — вскрикнула Мэгги. — Боб, скорее спускайся, надо удержать лодки!

Ни минуты не колеблясь, она бесстрашно вошла в воду, которая доходила ей до колен, при слабом свете свечи, оставленной на лестнице, вскарабкалась на подоконник и ползком перебралась в застрявшую в окне лодку. Боб не заставил себя ждать. Без сапог, но с фонарем в руке он быстро вбежал в комнату.

— Надо же, обе они здесь, обе лодки, — воскликнул Боб, влезая в ту, где уж находилась Мэгги. — Вот удивительно: и замки и цепи — всё в целости.

Спеша перебраться в другую лодку, чтобы открепить ее и завладеть веслом, Боб в своем возбуждении не думал о той опасности, которая грозила Мэгги. Нам несвойственно страшиться за бесстрашных, когда вместе с ними мы подвергаемся риску; к тому же Боб был целиком поглощен заботой о спасении беспомощных женщин, оставшихся в доме. Оттого что Мэгги уже была на ногах, разбудила всех и, опережая его, руководила всеми действиями, у Боба возникло ощущение, будто она обладает даром помогать другим, сама не нуждаясь в помощи. Мэгги тоже схватила весло; ей удалось высвободить лодку из-под нависшей балки.

— Вода больно уж быстро поднимается, — сказал Боб, — не успеешь оглянуться, как она будет в верхних комнатах: дом стоит совсем низко. Мне бы побыстрее переправить Присси с ребенком и мать в лодку, — думаю, на воде оно вернее: дом старый, на него плохая надежда. И коли я сумею вывести лодку... Но как же вы! — вдруг воскликнул он, подняв фонарь и неожиданно осветив Мэгги, которая, с развевающимися по ветру волосами стояла в лодке, держа в руке весло.

У Мэгги не было времени ответить, потому что, гонимая силой прилива, огромная масса воды обрушилась на прибрежные дома и вынесла обе лодки на водный простор далеко от главного течения реки.

В первый момент Мэгги ни о чем не думала, ничего не чувствовала, кроме того, что ушла вдруг от той жизни, которой она страшилась; это был словно переход в небытие, но без агонии: она была одна в полном мраке наедине с Богом.

Все произошло с такой быстротой, казалось таким нереальным, что нити обычных представлений были разорваны: Мэгги опустилась на скамейку, бессознательно сжимая весло, и долго не отдавала себе отчета в своем положении. Когда она вернулась к действительности, дождь уже прекратился и едва брезживший рассвет, раздвинув темноту, отделил нависший мрак от беспредельной водной поверхности. Мэгги унесла вышедшая из берегов река — это был разлив: кошмар ее детских снов, та Божья кара, о которой не раз говорил отец. При этом воспоминании перед ней встал старый дом, брат, мать — они вместе слушали рассказы отца.

— О господи, где я? Как вернуться домой? — кричала Мэгги в безучастную мглу.

Что происходит сейчас с ними на мельнице? Однажды разлив чуть было не разрушил ее. Быть может, им грозит опасность, гибель — они там совсем одни, отрезаны от всех! Сердце ее сжалось при этой мысли, и она увидела любимые лица, напрасно вглядывающиеся в темноту в ожидании помощи.

Теперь она скользила по спокойной глади воды, — по-видимому, это были затопленные поля. Пока что никакая опасность не угрожала ей, ничто не мешало переноситься сердцем в их старый дом. Напрягая глаза, всматривалась она в завесу мрака, пытаясь по какому-нибудь признаку определить, где она находится, и хотя бы догадаться, где то место, куда в тревоге устремлялась ее душа.

Благодарение богу, унылая водная равнина становится все шире, тучи, затягивающие небосвод, постепенно уходят ввысь, над темной зеркальной гладью медленно проступают какие-то предметы. Да, она, должно быть, в полях — это верхушки деревьев, поднимающихся над живой изгородью. Где же сама река? Оглядываясь назад, Мэгги видела чернеющие ряды деревьев; впереди их не было, — значит, река перед ней. Схватив весло, она направила лодку вперед со всем пылом пробудившейся надежды. Теперь, когда Мэгги вышла из состояния бездеятельности, ей стало казаться, что рассвет наступает быстрее: она уже видела бедных животных, которые, найдя себе прибежище на холме, испуганно жались друг к другу. Работая то одним веслом, то двумя, Мэгги продвигалась вперед в редеющем предутреннем сумраке; мокрая одежда облепила тело, ветер развевал распущенные волосы, но она была нечувствительна ко всему, кроме ощущения собственной силы, рожденной в ней необычайным душевным подъемом. Не только мысль об опасности, грозившей существам, любимым ею с детства, не только надежда принести им спасение — ею владело теперь и необъяснимое чувство примиренности с братом, ибо какая вражда, недоверие, суровость могут устоять перед лицом великого бедствия, когда с жизни спадают все искусственные покровы и требования грозной необходимости единят нас друг с другом? Мэгги смутно сознавала это: сила возродившейся любви к брату заставила ее забыть всю жестокую несправедливость и горькие обиды, причиненные ей недавно, вернув ее к неизгладимым, вечно живым воспоминаниям об их детской дружбе.

Впереди на некотором расстоянии вырастало что-то темное, а рядом с бешеной скоростью неслась река. Да, так оно и есть — это Сент-Огг. Теперь она знала, в каком месте покажутся так хорошо знакомые ей деревья — серебристые ивы и пожелтевшие каштаны, а над ними мелькнет крыша старого дома. Но еще нельзя было уловить ни очертаний, ни красок: все было смутным и расплывчатым. Мэгги налегла на весла, ощущая, как в нее непрерывно вливаются новые силы; казалось, она тратила в этот час отпущенный ей на всю жизнь запас энергии, словно уже не нужный для будущего.

Она должна ввести лодку в русло Флосса, иначе ей не добраться до Рипла и не приблизиться к дому; она поняла это, когда с полной ясностью представила себе старую мельницу. Но что, если ей не удастся вывести лодку из течения и ее отнесет вниз по реке? Впервые со всей отчетливостью у нее возникла мысль о грозящей ей опасности; но выбора у нее не было, не было времени для колебаний: лодка вошла в русло реки. Теперь Мэгги быстро, не прилагая никаких усилий, двигалась вперед; в наступающем рассвете все яснее становились видны приближавшиеся предметы, в которых она угадывала так хорошо знакомые ей деревья и крыши: да, она уже недалеко от неистового мутного потока, в который превратился Рипл.

Великий боже! Что это так стремительно гонят волны Рипла? Эти громоздящиеся обломки могут опрокинуть лодку, и гибель придет слишком рано! Что же это?

Сердце Мэгги забилось в смертельном ужасе. Беспомощно сидела она, отдавшись течению реки, смутно сознавая, что оно увлекает лодку вперед, что надвигается катастрофа. Но страх владел ею недолго; он исчез, едва показались товарные склады Сент-Огга, — значит, она миновала устье Рипла; теперь она должна пустить в ход всю свою ловкость, все свои силы, чтобы справиться с лодкой и, если это возможно, вывести ее из стремнины. Ей уже был виден снесенный мост, видны были мачты судна, выброшенного на мелководье полей. На реке не было ни единой лодки: те, что удалось спасти, были заняты на затопленных улицах города.

С новой решимостью Мэгги взялась за весло и, поднявшись, стала направлять им движение лодки. Был час отлива, убывающая вода придала еще большую скорость течению, и лодку мгновенно вынесло за мост. Из окон домов, выходивших на реку, до Мэгги доносились крики, казалось обращенные к ней. Только вблизи Тофтона ей удалось наконец ввести лодку в спокойные воды. Бросив тоскливый взгляд в ту сторону, где ниже по реке находился дом дяди Дина, она взялась за оба весла и принялась грести изо всех сил, направляя лодку в затопленные поля, назад к мельнице. Уже начали оживать краски, и, приближаясь к дорлкоутским полям, Мэгги стала различать оттенки в листве деревьев и увидела далеко справа старые пихты и каштаны, растущие у самого ее дома. О! Как глубоко они были погружены в воду — гораздо глубже, чем деревья по эту сторону холма. А крыша мельницы — где она? Эти большие обломки, стремительно плывшие по Риплу, — что они означают? Нет, то был не дом. Хотя нижний этаж был затоплен, старый дом стоял прочно, по-прежнему прочно — или, быть может, он разрушен со стороны мельницы?

Трепеща от радости, что она наконец у цели — эта радость заглушила мучительное беспокойство, — Мэгги подплыла к фасаду дома; не слышно было ни звука, не видно ни одного живого существа. Лодка находилась на уровне верхних окон.

Напрягая голос, Мэгги громко позвала:

— Том, где ты? Мама, где ты? Это я, Мэгги!

Скоро из слухового окна под самой крышей дома до нее донесся голос брата:

— Кто там? Вы на лодке?

— Том, это я, Мэгги; где мама?

— Ее здесь нет: уже два дня, как она в Гэруме. Я сейчас спущусь вниз, к окну... Мэгги, ты одна? — с глубоким изумлением в голосе спросил Том, открыв среднее окно — то, что пришлось над самой лодкой.

— Да, Том; Бог помог мне добраться до тебя. Влезай скорее. Есть еще кто-нибудь в доме?

— Нет, — сказал Том, перебираясь в лодку. — Боюсь, что работник утонул: он попал в течение Рипла, когда снесло часть мельницы — на нее обрушились деревья и камни; я долго его звал, но напрасно. Передай мне весла, Мэгги.

Только когда Том оттолкнул лодку и они оказались лицом к лицу среди необъятной водной шири, все значение происшедшего открылось ему с неодолимой силой, заставив заглянуть в те глубины жизни, которые до сих пор были вне пределов его зрения, — а он-то считал свое зрение таким острым! Потрясенный, он был не в состоянии ни о чем спрашивать. Они сидели, безмолвно глядя друг на друга. На усталом, измученном лице Мэгги, казалось, жили одни глаза; побледневшее лицо Тома выражало смиренное раскаяние. Мысль его напряженно работала, хотя уста молчали: не задавая вопросов, он угадал всю историю этого чудесного подвига, совершенного с помощью небесного Промысла. Наконец серо-голубые глаза подернулись туманом и губы нашли слово, которое они смогли выговорить, — забытое детское «Мэгзи!».

Мэгги ответила ему лишь долгими, глубокими рыданиями, в которых боль слилась воедино со сказочно несбыточным счастьем. Как только к ней вернулась способность говорить, она сказала:

— Том, скорее к Люси: мы должны убедиться, что она в безопасности, тогда мы будем помогать другим.

Том греб с неутомимой энергией, и лодка двигалась уже с иной скоростью, чем у бедной Мэгги. Они снова попали в быстрое течение реки; скоро они будут в Тофтоне.

— Парк-Хауз стоит высоко, воде до него не добраться, — сказала Мэгги. — Быть может, Люси там.

Больше ничего не было сказано; река готовила им новую опасность. Наводнение разрушило одну из верфей, и большие деревянные обломки неслись сейчас навстречу лодке. Солнце уже взошло, необъятная водная пустыня простиралась вокруг с ужасающей отчетливостью —

с такой же ужасающей отчетливостью надвигалась на них гибель. Вдоль домов Тофтона плыла лодка, и один из гребцов, заметив опасность, крикнул:

— Берегитесь! Скорее выбирайтесь из течения!

Но было уже поздно; Том, подняв глаза, увидел мчавшуюся к ним смерть. Огромные обломки, сцепленные вместе в роковом содружестве, сплошной стеной преграждали путь.

— Мэгги, это смерть! — низким хриплым голосом сказал Том, выпустив из рук весла и крепко прижимая к себе сестру.

В следующее мгновение лодки уже не было на воде, а плавучая громада в своем злобном торжестве спешила дальше.

Потом показался киль лодки — черная точка на отливающей золотом воде.

Спустя некоторое время лодка всплыла, но брат и сестра остались под водой, навек соединенные в прощальном объятии, вновь пережив в один-единственный чудесный миг те дни, когда, любовно взявшись за руки, они бродили по поросшим маргаритками дорлкоутским лугам.

ЗАКЛЮЧЕНИЕ

Природа исцеляет нанесенные ею раны — исцеляет их солнечным светом и человеческим трудом. Прошло каких-нибудь пять лет, и на лице земли почти не осталось следов опустошительного набега реки. Пятая осень радовала обилием золотых скирд, которые тесными группами высились за уходящими вдаль изгородями; товарные склады и верфи на Флоссе оглашались жизнерадостными голосами — там кипела работа.

И все мужчины и женщины, упомянутые в этой истории, по-прежнему живы — за исключением тех, чей конец нам известен.

Природа исцеляет нанесенные ею раны, но не полностью. Вывороченные деревья уже не пустят корней;

взрытые холмы хранят на себе глубокие рубцы, а если где и появилась новая поросль, то деревья вырастут не те, что прежде, и холмы под своим зеленым покровом несут следы былого бедствия. Для тех, кто смотрит в прошлое, нет полного исцеления.

Дорлкоутская мельница вновь отстроена. Дорлкоутское кладбище — где, придавленная во время наводнения тяжелым камнем, уцелела могила с прахом отца, которого мы когда-то знали, — вновь зазеленело и опять обрело подобающий ему покой.

Около этой обложенной кирпичом могилы вскоре после наводнения был поставлен надгробный памятник для тех двоих, что были найдены в тесном объятии.

Могилу эту посещали два человека. Они никогда не приходили вместе. Радость и горе их обоих были погребены в этой могиле.

Потом один из них стал приходить в сопровождении молодой женщины с милым лицом, — но это было намного позже.

Другой всегда был один. Он сдружился с деревьями Красного Оврага, где в чащах все еще витал над ним дух навсегда ушедшей радости.

На надгробье высечены имена Тома и Мэгги Талливер, а ниже начертано:

«Не разлучились они и в смерти своей».

ОГЛАВЛЕНИЕ

Литературно-художественное издание

ДЖОРДЖ ЭЛИОТ
МЕЛЬНИЦА НА ФЛОССЕ

Ответственный редактор Кирилл Красник
Художественный редактор Татьяна Павлова
Технический редактор Татьяна Раткевич
Корректоры Светлана Федорова, Валентина Гончар

Главный редактор Александр Жикаренцев

Подписано в печать 16.02.2023. Формат издания 76 × 100 1/32.
Печать офсетная. Тираж 4000 экз. Усл. печ. л. 28,2. Заказ № 7575.

Знак информационной продукции
(Федеральный закон № 436-ФЗ от 29.12.2010 г.): 16+

ООО «Издательская Группа „Азбука-Аттикус“» —
обладатель товарного знака АЗБУКА®
115093, г. Москва, вн. тер. г. муниципальный округ Даниловский,
пер. Партийный, д. 1, к. 25

Филиал ООО «Издательская Группа „Азбука-Аттикус“» в Санкт-Петербурге
191123, г. Санкт-Петербург, Воскресенская наб., д. 12, лит. А

Отпечатано с электронных носителей издательства.
ООО «Тверской полиграфический комбинат».
170024, Россия, г. Тверь, пр-т Ленина, 5.
Телефон: (4822) 44-52-03, 44-50-34. Телефон/факс: (4822)44-42-15
Home page — www.tverpk.ru. Электронная почта (E-mail) — sales@tverpk.ru

ПО ВОПРОСАМ РАСПРОСТРАНЕНИЯ ОБРАЩАЙТЕСЬ:

В Москве: ООО «Издательская Группа „Азбука-Аттикус“»
Тел.: (495) 933-76-01, факс: (495) 933-76-19
E-mail: sales@atticus-group.ru; info@azbooka-m.ru

В Санкт-Петербурге: Филиал ООО «Издательская Группа „Азбука-Аттикус“»
Тел.: (812) 327-04-55, факс: (812) 327-01-60. E-mail: trade@azbooka.spb.ru

Информация о новинках и планах на сайтах:
www.azbooka.ru, www.atticus-group.ru

Информация по вопросам приема рукописей и творческого сотрудничества
размещена по адресу: www.azbooka.ru/new_authors/

Y-AKB-31680-01-R